W0222487

3000 Quiz

Ampia **raccolta di quesiti** tratti da **prove reali** e **10 simulazioni d'esame** per la preparazione ai **test di ammissione**

SCIENZE DELLA FORMAZIONE

Accedi ai servizi riservati

Il codice personale contenuto nel riquadro dà diritto a servizi esclusivi riservati ai nostri clienti. Registrandoti al sito **www.edises.it**, dalla tua area riservata potrai accedere a:

- **Numerose video-lezioni**
  Quesiti svolti in aula virtuale e tutoraggio online
- **Infinite esercitazioni**
  Scegli se esercitarti su singole materie, sulle prove degli anni precedenti o se simulare una prova d'esame con le stesse modalità del test reale
- **Ulteriori materiali di interesse**
  Contenuti extra, test attitudinali, prospettive e sbocchi occupazionali ed altro ancora su **www.ammissione.it**

CODICE PERSONALE

Grattare delicatamente la superficie per visualizzare il codice personale.
Le **istruzioni per la registrazione** sono riportate nella Prefazione
Il volume NON può essere venduto né restituito se il codice personale risulta visibile
L'**accesso ai servizi riservati** ha la **durata di 18 mesi** dall'attivazione del codice
e viene garantito esclusivamente sulle edizioni in corso.

3000 Quiz

Ampia **raccolta di quesiti** tratti da **prove reali** e **10 simulazioni d'esame**
per la preparazione ai **test di ammissione**

SCIENZE DELLA FORMAZIONE

editest

EdiTest – 3000 Quiz per Scienze della formazione – XIII edizione

I Edizione 2006

8 7 6 5 4 3 2 1 0
2027 2026 2025 2024 2023

Le cifre sulla destra indicano il numero e l'anno dell'ultima ristampa effettuata

Progetto grafico: curvilinee

Cover Design and Front Cover Illustration: Digital Followers S.r.l.

Fotocomposizione: EdiSES edizioni S.r.l.

Stampato presso: INDUSTRIA Grafica Vulcanica S.r.l. – Nola (NA)

per conto della EdiSES edizioni S.r.l. – Piazza Dante, 89 – Napoli

www.edises.it

ISBN 978 88 9362 626 2

assistenza edises.it

PREFAZIONE

Rivolto a tutti i candidati agli esami di ammissione al corso di laurea magistrale in **Scienze della formazione primaria** e ai corsi di laurea triennale afferenti alla **classe L-19 Scienze dell'educazione e della formazione**, questo volume costituisce un utile strumento di preparazione.

Il testo contiene numerosi **quesiti suddivisi per materia e argomento**, tratti in parte dalle **prove svolte degli ultimi anni**, che vertono sull'intero **programma d'esame** favorendo uno studio sistematico di tutte le materie previste (Competenza linguistica e ragionamento logico, Cultura letteraria, storico-sociale e geografica, Cultura matematico-scientifica) e un'**agevole assimilazione dei concetti**.
Un'ampia parte è dedicata alle **simulazioni d'esame**, simili per struttura e composizione ai test reali di accesso sia a Scienze dell'educazione e della formazione sia a Scienze della formazione primaria, utili per esercitarsi nella soluzione di quiz analoghi a quelli che vengono realmente somministrati e per una **verifica trasversale delle conoscenze**.

Il **codice personale**, contenuto nella prima pagina del volume, consente di accedere a una serie di servizi riservati ai clienti tra cui:

- il **software di simulazione online** (infinite esercitazioni per materia e simulazioni d'esame gratuite);
- **spiegazioni in aula virtuale** di numerosi quesiti, facilmente individuabili nel testo tramite una specifica icona ;
- **materiali e contenuti extra**.

Tutti i materiali e i servizi associati al volume sono accessibili dall'**area riservata** che si attiva mediante registrazione al sito **edises.it**. Per accedere alla tua area riservata segui le istruzioni riportate nella pagina seguente.

ISTRUZIONI PER ACCEDERE AI CONTENUTI E AI SERVIZI RISERVATI

Collegati al sito edises.it

• Se sei registrato al sito

- clicca su **Accedi al materiale didattico**
- inserisci email e password
- inserisci le ultime 4 cifre del codice ISBN, riportato in basso a destra sul retro di copertina
- inserisci il tuo **codice personale** per essere reindirizzato automaticamente all'area riservata

• Se non sei già registrato al sito

- clicca su **Accedi al materiale didattico**
- registrati al sito **edises.it**
- attendi l'email di conferma per perfezionare la registrazione
- torna sul sito **edises.it** e segui la procedura già descritta per utenti registrati

Per problemi tecnici connessi all'utilizzo dei supporti multimediali e per informazioni sui nostri servizi puoi contattarci sulla piattaforma **assistenza.edises.it**

INDICE GENERALE

MATERIE D'ESAME

SEZIONE 1 | Competenza linguistica e ragionamento logico

1 • Logica verbale ... 5
2 • Ragionamento critico ... 67
3 • Logica numerica ... 125
4 • Ragionamento astratto e attitudine visuo-spaziale ... 168

SEZIONE 2 | Cultura letteraria, storico-sociale e geografica

1 • Lingua ... 189
2 • Letteratura italiana ... 201
3 • Storia ... 212
4 • Educazione civica ... 225
5 • Geografia ... 238

SEZIONE 3 | Cultura pedagogico-didattica

1 • Filosofia ... 253
2 • Sociologia ... 265
3 • Pedagogia ... 279
4 • Psicologia ... 292

SEZIONE 4 | Cultura matematico-scientifica

1 • Biologia ... 307
2 • Chimica ... 318
3 • Fisica e Scienze della Terra ... 328
4 • Matematica e Geometria ... 339

SIMULAZIONI D'ESAME

TEST 1 359
TEST 2 365
TEST 3 374
TEST 4 380
TEST 5 386
TEST 6 393
TEST 7 405
TEST 8 415
TEST 9 426
TEST 10 438

ESTENSIONI ONLINE

Test di accesso a Scienze della formazione primaria degli anni precedenti

MATERIE D'ESAME

COMPETENZA LINGUISTICA E RAGIONAMENTO LOGICO

CAPITOLO 1 | Logica verbale

1.1 • I sinonimi ... 5
1.2 • I contrari ... 8
1.3 • Le proporzioni verbali o analogie concettuali ... 9
1.4 • Le classificazioni concettuali ... 15
1.5 • Le prove di vocabolario ... 19
1.6 • Inserzione logica di termini in un contesto ... 20
1.7 • Le prove di comprensione di brani ... 28
Risposte corrette ... 66

CAPITOLO 2 | Ragionamento critico

2.1 • I sillogismi ... 67
2.2 • Le negazioni ... 69
2.3 • Le deduzioni logiche ... 78
2.4 • Relazioni d'ordine: le parentele ... 96
2.5 • Relazioni d'ordine: le età ... 96
2.6 • Relazioni d'ordine: collocazione di oggetti e/o individui ... 97
2.7 • Abilità a ordinare eventi cronologici ... 98
2.8 • Test di logica concatenativa ... 98
2.9 • Relazioni insiemistiche ... 99
2.10 • Test di logica verbale "binomiale" ... 106
2.11 • Altri esercizi di ragionamento critico ... 106
Risposte corrette ... 124

CAPITOLO 3 | Logica numerica

3.1 • Abilità di calcolo mentale ... 125
3.2 • Esercizi con frazioni e percentuali ... 128
3.3 • Esercizi con proporzioni ... 129
3.4 • Esercizi su medie ... 131
3.5 • Esercizi su progressioni aritmetiche e progressioni geometriche ... 132
3.6 • Esercizi con equazioni e sistemi di equazioni di primo grado ... 133

3.7 • Le equazioni simboliche ... 135
3.8 • Esercizi con il calcolo combinatorio ... 137
3.9 • Esercizi con le probabilità ... 139
3.10 • Esercizi su spazio, velocità e tempo ... 141
3.11 • Esercizi sulle pesate ... 142
3.12 • Interpretazione di dati da tabelle (ragionamento critico-numerico) ... 142
3.13 • Interpretazione di dati da grafici ... 146
3.14 • Le serie numeriche (ragionamento numerico) ... 151
3.15 • Le serie alfabetiche ... 154
3.16 • Le serie alfanumeriche ... 156
3.17 • Le serie numeriche nelle configurazioni grafico-geometriche ... 157
3.18 • Le serie con configurazioni particolari ... 160
3.19 • Le matrici quadrate ... 161
3.20 • Esercizi sugli insiemi e sulle ripartizioni ... 162
3.21 • Altri esercizi di logica numerica ... 163
Risposte corrette ... 167

CAPITOLO 4 | Ragionamento astratto e attitudine visuo-spaziale

4.1 • Rotazioni mentali e orientamento spaziale ... 168
4.2 • Le serie ... 168
4.3 • Le matrici ... 171
4.4 • Le proporzioni ... 172
4.5 • Figure da scartare ... 175
4.6 • Scomposizione e ricostruzione di figure geometriche tridimensionali ... 175
4.7 • Altri esercizi di ragionamento spaziale ... 176
4.8 • Attenzione e precisione ... 178
Risposte corrette ... 185

CAPITOLO 1
Logica verbale

1.1 • I sinonimi

1) Individuare tra le alternative proposte un sinonimo del seguente termine: AVALLARE.

A. Permettere
B. Garantire
C. Accodare
D. Perorare
E. Incavare

2) Individuare tra le alternative proposte un sinonimo del seguente termine: PATETICO.

A. Insofferente
B. Sereno
C. Mesto
D. Dubbioso
E. Veloce

3) Individuare tra le alternative proposte un sinonimo del seguente termine: ENDEMICO.

A. Riprovevole
B. Diffuso
C. Certo
D. Raro
E. Probabile

4) Individuare tra le alternative proposte un sinonimo del seguente termine: VAGLIARE.

A. trascurare
B. custodire
C. decidere
D. esaminare
E. rinviare

5) Individuare tra le alternative proposte un sinonimo del seguente termine: IMPLEMENTARE.

A. Serbare
B. Mandare
C. Scardinare
D. Attivare
E. Costruire

6) Individuare tra le alternative proposte un sinonimo del seguente termine: ESAUSTIVO.

A. Finito
B. Esaurito
C. Lavato
D. Sdoppiato
E. Completo

7) Individuare tra le alternative proposte un sinonimo del seguente termine: EUFEMISMO.

A. Femminismo
B. Vandalismo
C. Serbare
D. Perifrasi
E. Operare

8) Individuare tra le alternative proposte un sinonimo del seguente termine: GLABRO.

A. Liscio
B. Limpido
C. Aperto
D. Sereno
E. Pulito

9) Individuare tra le alternative proposte un sinonimo del seguente termine: PAVENTARE.

A. Piastrellare
B. Minare
C. Temere
D. Coprire
E. Impaurire

10) Individuare tra le alternative proposte un sinonimo del seguente termine: ELUDERE.

A. Eleggere
B. Affrontare
C. Aprire
D. Evitare
E. Accogliere

11) Individuare tra le alternative proposte un sinonimo del seguente termine: PLEONASTICO.

A. Indispensabile
B. Vario
C. Superfluo
D. Chiuso
E. Utile

12) Individuare tra le alternative proposte un sinonimo del seguente termine: PRAGMATICO.

A. Sincero
B. Concreto
C. Vivace
D. Curioso
E. Astratto

13) Individuare tra le alternative proposte un sinonimo del seguente termine: EMPIO.

A. Vuoto
B. Irriverente
C. Religioso
D. Calmo
E. Emozionato

14) Individuare tra le alternative proposte un sinonimo del seguente termine: REDIGERE.

A. Abbattere
B. Scrivere
C. Sorreggere
D. Eseguire
E. Cancellare

15) Individuare tra le alternative proposte un sinonimo del seguente termine: ATAVICO.

A. Favorevole
B. Primitivo
C. Stropicciato
D. Semplice
E. Prioritario

16) Individuare tra le alternative proposte un sinoimo del seguente termine: CONCIONE

A. arringa
B. acconto
C. giudizio
D. riepilogo
E. riunione

17) Individuare tra le alternative proposte un sinonimo del seguente termine: LAIDO.

A. Ributtante
B. Sconcio
C. Turpe
D. Sudicio
E. Pulito

18) Individuare tra le alternative proposte un sinonimo del seguente termine: DICOTOMICO.

A. Sincero
B. Vero
C. Aperto
D. Chiaro
E. Duplice

19) Qual è il sinonimo di *panacea*?

A. Benda
B. Focaccia
C. Fasciatura
D. Pane raffermo
E. Rimedio universale

20) Qual è il sinonimo di *stocastico?*

A. Finito
B. Adoperato
C. Impattato
D. Casuale
E. Colorato

21) Qual è il sinonimo di *cadenza*?

A. Precipizio
B. Rialzo
C. Ritmo
D. Instabilità
E. Ribasso

22) Qual è il sinonimo di *ricettivo*?

A. Culinario
B. Sensibile
C. Respinto
D. Fatturato
E. Contraccettivo

23) Qual è il sinonimo di *ferino*?

A. Esordiale
B. Festivo
C. Conclusivo
D. Curiale
E. Animalesco

24) Qual è il sinonimo di *basito*?

A. Accigliato
B. Vizzo
C. Sciupato
D. Attonito
E. Ilare

25) Qual è il sinonimo di *alterco*?

A. Ostacolo
B. Scelta
C. Testardaggine
D. Albagia
E. Litigio

26) Qual è il sinonimo di *ravvivare*?

A. Rassettare
B. Nascere
C. Rianimare
D. Riesumare
E. Rivivere

27) Qual è il sinonimo di *redimere*?

A. Riporre
B. Misurare
C. Mettere
D. Rassettare
E. Liberare

28) Qual è il sinonimo di *sancire*?

A. Dissanguare
B. Santificare
C. Stabilire
D. Passare attraverso
E. Sacrificare

29) Qual è il sinonimo di *indefesso*?

A. Superficiale
B. Stanco
C. Sottosviluppato
D. Integerrimo
E. Instancabile

30) Qual è il sinonimo di *vetustà*?

A. Vecchiezza
B. Divieto
C. Esuberanza
D. Parsimonia
E. Lontananza

31) Qual è il sinonimo di *incongruente*?

A. Irrilevante
B. Cospicuo
C. Contraddittorio
D. Incontinente
E. Misero

32) Qual è il sinonimo di *ingerenza*?

A. Capacità di ingerire
B. Assimilazione
C. Digestione
D. Intromissione
E. Gestione

33) Qual è il sinonimo di *prototipo*?

A. Schema
B. Originale
C. Esemplare tipo
D. Cellula
E. Tipologia

34) Qual è il sinonimo di *debellare*?

A. Riempire
B. Mietere
C. Imbottire
D. Sconfiggere
E. Combattere

35) Qual è il sinonimo di *balìa*?

A. Inganno
B. Spillone
C. Potere
D. Levatrice
E. Badante

36) Qual è il sinonimo di *tralcio*?

A. Ramoscello
B. Brano
C. Traliccio
D. Impedimento
E. Insulto

37) Qual è il sinonimo di *dozzinale*?

A. Pari
B. Numerico
C. Esiguo
D. Abbondante
E. Ordinario

38) Qual è il sinonimo di *altèro*?

A. Estraneo
B. Superbo
C. Umile
D. Remoto
E. Elevato

39) Qual è il sinonimo di *concomitanza*?

A. Coincidenza
B. Fusione
C. Compagnia
D. Sovrapposizione
E. Slittamento

40) Qual è il sinonimo di *farraginoso*?

A. Confuso
B. Arrugginito
C. Insidioso
D. Inceppato
E. Surreale

1.2 • I contrari

41) Indicare il contrario di *evasivo*:

A. destabilizzante
B. preciso
C. elusivo
D. suggestivo
E. sfuggente

42) Indicare il contrario di *sollecito*:

A. veloce
B. negligente
C. ostile

D. avaro
E. vietato

43) Indicare l'unico contrario di *eludere* tra:

A. affrontare
B. tergiversare
C. occultare
D. ingannare
E. compromettere

44) Individuare il termine contrario della parola indicata di seguito: DEMAGOGO.

A. Selvaggio
B. Vigliacco
C. Agitatore
D. Coscienzioso
E. Credulone

45) Individuare il termine contrario della parola indicata di seguito: SFARZOSO.

A. Maestoso
B. Ospitale
C. Ristretto
D. Composto
E. Dimesso

46) Individuare il termine contrario della parola indicata di seguito: LOGORROICO.

A. Ascetico
B. Prolisso
C. Avulso
D. Sintetico
E. Ripetitivo

47) Individuare il termine contrario della parola indicata di seguito: COGENTE.

A. Penoso
B. Ben cotto
C. Gelido
D. Freddo
E. Rinviabile

48) Individuare il termine contrario della parola indicata di seguito: ERESIA.

A. Sacro
B. Apertura
C. Ortodossia
D. Sincerità
E. Divisione

49) Individuare il termine contrario della parola indicata di seguito: PERVICACE.

A. Attaccato
B. Creato
C. Pratico
D. Temerario
E. Arrendevole

50) Individuare il termine contrario della parola indicata di seguito: NEMESI.

A. Schiettezza
B. Ricorrenza
C. Vuoto
D. Perdono
E. Chiusura

1.3 • Le proporzioni verbali o analogie concettuali

51) grafomane : x = y : canto. Una sola delle soluzioni completa correttamente l'eguaglianza di rapporti:

A. x = libro; y = opera
B. x = melomane; y = scrittore
C. x = scrittura; y = lirica
D. x = scrittura; y = melomane
E. x = scrittore; y = musicista

52) Quale tra le coppie di termini proposti completa logicamente la seguente proporzione verbale?
x : provvisorio = stabile : y

A. x = frettoloso y = prorogato
B. x = futile y = improrogabile
C. x = accidentale y = posticipato
D. x = inessenziale y = procrastinabile
E. x = fugace y = prolungato

53) Se scuola sta ad x come ospedale sta ad y, cosa sono rispettivamente x ed y?

A. x = insegnante, y = paziente
B. x = studente, y = insegnante
C. x = studente, y = medico
D. x = impiegati, y = operai
E. x = studente, y = paziente

54) Quale tra le coppie di termini proposti completa logicamente la seguente proporzione verbale?
x : branco = briganti : y

A. x = transumanza y = lupara
B. x = iene y = banditismo
C. x = orda y = saccheggio
D. x = leoni y = latitanza
E. x = lupi y = masnada

55) Joyce: Dublino = x : Lubecca = Bulgakov : y
Quale delle coppie di parole proposte completa correttamente l'uguaglianza?

A. x = Th. Mann; y = Mosca
B. x = Brecht; y = Berlino
C. x = Goethe; y = Dublino
D. x = Mosca; y = Tolstoj
E. x = Amsterdam; y = Puskin

56) Romanticismo sta a Foscolo come x sta ad y:

A. x = Voltaire; y = Dadaismo
B. x = Ungaretti; y = Futurismo
C. x = D'Annunzio; y = Pascoli
D. x = Surrealismo; y = Monti
E. x = Futurismo; y = Marinetti

57) Individuare la coppia di termini che completa la proporzione.
Sbadiglio : sonnolenza = x : y

A. x = viso; y = espressione
B. x = risata; y = buonumore
C. x = sogno; y = dormire
D. x = impazienza; y = ribellione
E. x = raffreddore; y = starnuto

58) determinismo : libertà = x : y
Quale delle coppie proposte si adatta meglio alla proporzione?

A. x = colpevolezza; y = innocenza
B. x = predeterminazione; y = onniscienza
C. x = certezza; y = probabilità
D. x = congettura; y = scienza
E. x = comprensione; y = azione

59) intonso : libro = _______ : _______
Scegliere tra le coppie sotto elencate quella che completa correttamente l'uguaglianza.

A. ignoto : vero
B. gas : inerte
C. insondabile : mistero
D. intatto : colpito
E. inviolato : suolo

60) Quali tra i termini proposti completano correttamente la seguente proporzione?
"lancetta : orologio = x : y"

A. x = fertilizzante; y = contadino
B. x = ala; y = aereo
C. x = canile; y = vaccinazione
D. x = nuvola; y = vento
E. x = biblioteca; y = libro

61) Scegliere nella espressione x : grande = poco : y, la coppia x ed y più plausibile in modo che, tra le varie alternative, il rapporto tra il primo e secondo

termine sia simile o analogo a quello tra terzo e quarto.

A. x = ieri, y = oggi
B. x = piccolo, y = molto
C. x = vuoto, y = pieno
D. x = gallina, y = uovo
E. x = abbastanza, y = sufficiente

62) Scegliere nell'espressione x : vino = conchiglia : y, la coppia x ed y più plausibile in modo che, tra le varie alternative, il rapporto tra il primo e secondo termine sia simile o analogo a quello tra terzo e quarto.

A. x = semi, y = sabbia
B. x = foglia, y = mollusco
C. x = grappolo, y = valva
D. x = uva, y = mare
E. x = botte, y = perla

63) Quali tra i termini proposti completano correttamente la seguente proporzione?
"scala : x = y : foglio"

A. x = piolo; y= risma
B. x = quaranta; y = asso
C. x = 40; y = jolly
D. x = tris; y = fiori
E. x = re minore; y = carta

64) Quali tra i termini proposti completano correttamente la seguente proporzione?
"giornale : emeroteca = x : y"

A. x = giornalaio; y = custode
B. x = albero; y = giungla
C. x = quadro; y = pinacoteca
D. x = giardino; y = sedia
E. x = enoteca; y = vino

65) Quale tra le coppie di termini proposti completa logicamente la seguente proporzione verbale? "x : litografo = chitarra : y"

A. x = ritratto; y = metronomo
B. x = stampa; y = liutaio
C. x = affresco; y = accordi
D. x = scultura; y = plettro
E. x = ipotassi; y = violino

66) Quali tra i termini proposti completano correttamente la seguente proporzione? "Manzoni : Adelchi = x : y"

A. x = Pirandello; y = Questa sera si recita a soggetto
B. x = Leopardi; y = La cavallina storna
C. x = Il piacere; y = D'Annunzio
D. x = Pascoli; y = L'infinito
E. x = Verdi; y = La cavalcata delle valchirie

67) Quali, tra i termini proposti, completano correttamente la seguente proporzione verbale?
"triangolo : x = y : cubo"

A. x = piramide; y = quadrato
B. x = geometria; y = algebra
C. x = tre; y = rettangolo
D. x = solido; y = piano
E. x = angoli; y = lati

68) Quale, tra i termini proposti, completa correttamente la seguente proporzione?
"musicista : orchestra = studente : x"

A. x = insegnanti
B. x = aula
C. x = classe
D. x = truppa
E. x = amici

69) Quali, tra i termini proposti, completano correttamente la seguente proporzione?
"Taranto : x = Terni : y"

A. x = Abruzzo; y = Molise
B. x = Campania; y = Puglia
C. x = Puglia; y = Umbria
D. x = Milano; y = Bologna
E. x = Emilia Romagna; y = Basilicata

70) Quale, tra i termini proposti, completa correttamente la seguente proporzione? "pittore : pennello = scultore : y"

A. x = fornello
B. x = pialla
C. x = forbici
D. x = sega
E. x = scalpello

71) Quali, tra i termini proposti, completano correttamente la seguente proporzione?
"pizzaiolo : pizza = x : y"

A. x = scalpello; y = falegname
B. x = statua; y = scultore
C. x = architetto; y = abitazione
D. x = pennello; y = colore
E. x = tela; y = cavalletto

72) Quale, tra i termini proposti, completa correttamente la seguente proporzione? "faggio : albero = gramigna : x"

A. x = erba
B. x = frutto
C. x = fiore
D. x = animale
E. x = fungo

73) Quali, tra i termini proposti, completano correttamente la seguente proporzione? "rinvenire : recuperare = x : y"

A. x = mangiare; y = bere
B. x = strofinare; y = sfregare
C. x = esplicativo; y = illuminato
D. x = vivere; y = mancare
E. x = disegnare; y = dipinto

74) Quale, tra i termini proposti, completa correttamente la seguente proporzione?
"propenso : x = devoto : infedele"

A. x = ostile
B. x = attento
C. x = positivo
D. x = fedele
E. x = affettuoso

75) Quale, tra i termini proposti, completa correttamente la seguente proporzione? "due e cinquantaquattro : pollice = tre e settecentottantacinque : x"

A. x = gomito
B. x = gallone
C. x = yard
D. x = pollice
E. x = piede

76) Quali, tra i termini proposti, completano correttamente la seguente proporzione verbale? "camicia : x = y : suola"

A. x = bottone; y = cuoio
B. x = giacca; y = stringhe
C. x = manica; y = scarpa
D. x = maglietta; y = calzino
E. x = cotone; y = pianta

77) Quali, tra i termini proposti, completano correttamente la seguente proporzione?
"Renzo Tramaglino : I promessi sposi = x : y"

A. x = Edmondo De Amicis; y = Cuore
B. x = Malerba; y = Le avventure di Tom Sawyer
C. x = Geppetto; y = Le avventure di Pinocchio
D. x = Salgari; y = Le avventure di Pinocchio
E. x = Gargantua; y = I promessi sposi

78) Quali, tra i termini proposti, completano correttamente la seguente proporzione? "cuoco : mestolo = x : y"

A. x = cacciavite; y = bullone
B. x = geometra; y = fiore
C. x = chirurgo; y = bisturi
D. x = ingegnere; y = studio
E. x = cucina; y = ingresso

79) Quale, tra i termini proposti, completa correttamente la seguente proporzione? "porcino : fungo = pesca : x"

A. x = frutto
B. x = fusto
C. x = fiore
D. x = pianta
E. x = foresta

80) Quale, tra i termini proposti, completa correttamente la seguente proporzione? "Lima : Perù = Oslo : x"

A. Svezia
B. Ucraina
C. Finlandia
D. Norvegia
E. Islanda

81) Quali, tra i termini proposti, completano correttamente la seguente proporzione? "Bergamo : x = Foggia : y"

A. x = Lombardia; y = Puglia
B. x = Abruzzo; y = Lombardia
C. x = Piemonte; y = Cuneo
D. x = Lombardia; y = Sicilia
E. x = Basilicata; y = Veneto

82) Quali, tra i termini proposti, completano correttamente la seguente proporzione? "libro : biblioteca = x : y"

A. x = pinacoteca; y = quadro
B. x = quaderno; y = aula studio
C. x = mobile; y = cassetti
D. x = piatto; y = bicchiere
E. x = quadro; y = pinacoteca

83) Quali, tra i termini proposti, completano correttamente la seguente proporzione? "annoiarsi : x = divertirsi : y"

A. x = circo; y = teatro
B. x = sbadiglio; y = risata
C. x = università; y = corso
D. x = sillogismo; y = acronimo
E. x = ragionamento; y = cinema

**84) Quali, tra i termini proposti, completano correttamente la seguente proporzione?
"Manzoni : Il Conte di Carmagnola = x : y"**

A. x = Verga; y = La coscienza di Zeno
B. x = Petrarca; y = Il Conte di Montecristo
C. x = Shakespeare; y = Re Lear
D. x = Pirandello; y = Andromeda
E. x = Monti; y = Amleto

85) Quali, tra i termini proposti, completano correttamente la seguente proporzione? "Messina : Sicilia = x : y"

A. x = Sardegna; y = Sassari
B. x = Sondrio; y = Piemonte
C. x = Trieste; y = Veneto
D. x = Cagliari; y = Calabria
E. x = Brindisi; y = Puglia

**86) Quale, tra i termini proposti, completa correttamente la seguente proporzione?
"clorofilla : pigmento = mercurio : x"**

A. x = gas
B. x = vetro
C. x = metallo
D. x = pasta
E. x = termometro

87) Camilleri : Montalbano = x : y

A. x = Il visconte dimezzato; y = Italo Calvino
B. x = Rousseau; y = Candido
C. x = Renzo; y = Manzoni
D. x = Joyce; y = Alla ricerca del tempo perduto
E. x = Stendhal; y = J. Sorel

**88) Individuare la coppia che completa correttamente l'uguaglianza:
x : Molly Bloom = y : von Aschenbach**

A. x = Londra; y = Berlino
B. x = Dublino; y = Vienna
C. x = Parigi; y = Milano

D. x = Dublino; y = Venezia
E. x = New York; y = Trieste

89) Olimpo : dei = _________ : _________

A. Paradiso : vita eterna
B. Eden : beatitudine
C. cielo : nuvole
D. Parnaso : Muse
E. calvario : croci

90) Cosmo : galassia = _________ : _________

A. vento : correnti
B. nuvole : fumo
C. terra : sabbia
D. stelle : pianeti
E. foresta : albero

91) Coerenza : armonia = _________ : _________

A. costanza : continuità
B. integrazione : concordia
C. dissonanza : rumore
D. frequenza : sonorità
E. convergenza : rapporto

92) Autonomia : dipendenza = _______ : _________

A. garanzia: disimpegno
B. dominio: tirannia
C. libertà: soggezione
D. redenzione: espiazione
E. autarchia: dittatura

93) Sbadiglio : noia = ___________ : _________

A. cammello : deserto
B. alterco : rissa
C. bicicletta : veicolo
D. elettricità : scossa
E. pianto : dolore

94) Spergiuro : verità = _________ : _________

A. tradimento: fedeltà
B. coraggio: paura
C. avvocato: cliente
D. pazienza: indecisione
E. magia: stregoneria

95) Oppresso : libero = _________ : _________

A. triste : gioioso
B. infelice : irritato
C. mare : fiume
D. montagna : collina
E. cavallo : asino

96) Completare i termini mancanti della proporzione:
x : pasta = pomodoro : y

A. x = oliva, y = verdura
B. x = grano, y = salsa
C. x = pesca, y = cucina
D. x = riso, y = vino
E. x = salsa, y = cipolla

97) Completare i termini mancanti della proporzione: insolito : x = y : lento

A. x = capace, y = solito
B. x = forte, y = corpo
C. x = leggero, y = veloce
D. x = indolente, y = leggero
E. x = veloce, y = solito

98) Quale tra le coppie di termini proposti completa logicamente la seguente proporzione verbale:
x : serenità = conciliazione : y

A. x = avvenenza y = rammarico
B. x = oblio y = intesa
C. x = inquietudine y = diverbio
D. x = tolleranza y = intolleranza
E. x = boria y = cruccio

99) Quali tra i termini proposti completano correttamente la seguente proporzione? "Asia : continente = x : y"

A. x = senso; y = vista
B. x = verde; y = blu
C. x = ocra; y = indaco
D. x = sapore; y = salato
E. x = giallo; y = colore

100) Quali tra i termini proposti completano correttamente la seguente proporzione? "suono : immagine = x : y"

A. x = udito; y = vista
B. x = udito; y = tatto
C. x = tatto; y = gusto
D. x = udito; y = gusto
E. x = elice; y = cornea

1.4 • Le classificazioni concettuali

101) Individuare, tra le alternative proposte, il termine da scartare:

A. tuttavia
B. ma
C. oltre
D. però
E. mentre

102) Individuare, tra le alternative proposte, il termine da scartare:

A. polmone
B. fegato
C. stomaco
D. intestino
E. dente

103) Individuare, tra le alternative proposte, il termine da scartare:

A. paraplegico
B. ematologo
C. dermatologo
D. pediatra
E. otorinolaringoiatra

104) Individuare, tra le alternative proposte, il termine da scartare:

A. annuncio
B. comunicato
C. segnalazione
D. avviso
E. avvisaglia

105) Individuare, tra le alternative proposte, il termine da scartare:

A. pentagono
B. trapezio
C. esagono
D. tetraedro
E. triangolo

106) Individuare, tra le alternative proposte, il termine da scartare:

A. neutrone
B. atomo
C. protone
D. bottone
E. elettrone

107) Individuare, tra le alternative proposte, il termine da scartare:

A. antico
B. antisemita
C. antifurto
D. antipatico
E. antitetico

108) Individuare, tra le alternative proposte, il termine da scartare:

A. ticcoso
B. avaro
C. tirato
D. tirchio
E. spilorcio

109) Individuare, tra le alternative proposte, il termine da scartare:

A. dentale
B. redento
C. dentato
D. dentellato
E. tridente

110) Individuare, tra le alternative proposte, il termine da scartare:

A. casuale
B. avventizio
C. ordinario
D. fortuito
E. estemporaneo

111) Individuare, tra le alternative proposte, il termine da scartare:

A. politeismo
B. divisionismo
C. simbolismo
D. cubismo
E. impressionismo

112) Individuare, tra le alternative proposte, il termine da scartare:

A. oboe
B. clavicembalo
C. sassofono
D. clarinetto
E. tromba

113) Indicate quale delle seguenti parole è eterogenea rispetto alle altre:

A. cornea
B. iride
C. patella
D. cristallino
E. retina

114) Individuare, tra le alternative proposte, il termine da scartare:

A. lidio
B. dorico
C. ionico
D. tuscanico
E. corinzio

115) Individuare, tra le alternative proposte, il termine da scartare:

A. animali selvatici vaganti
B. discesa pericolosa
C. attraversamento pedonale
D. divieto di sosta
E. caduta massi

116) Individuare, tra le alternative proposte, il termine da scartare:

A. seta
B. lino
C. cotone
D. lana
E. nylon

117) Individuare, tra le alternative proposte, il termine da scartare:

A. Cimabue
B. Giotto
C. Caravaggio
D. Pinturicchio
E. Bruegel

118) Individuare, tra le alternative proposte, il termine da scartare:

A. Tamigi
B. Tigri
C. Volga
D. Senna
E. Danubio

119) Individuare, tra le alternative proposte, il termine da scartare:

A. De Pisis
B. Boccioni
C. Velazquez
D. Picasso
E. Fattori

120) Individuare, tra le alternative proposte, il termine da scartare:

A. Richelieu
B. Francesco Giuseppe
C. Luigi XIV
D. Carlo Alberto
E. Vittorio Emanuele II

121) Individuare, tra le alternative proposte, il termine da scartare:

A. Picasso
B. Mirò
C. Monet
D. Kafka
E. Renoir

122) Individuare il termine la cui etimologia NON segue la stessa "logica" degli altri:

A. refrigerio
B. artico
C. perfrigerazione
D. raffreddamento
E. frigorifero

123) Individuare, tra le alternative proposte, il termine da scartare:

A. Robespierre
B. Campanella
C. Rousseau
D. Voltaire
E. Beccaria

124) Individuare il termine da scartare:

A. cellulare
C. ferro da stiro
C. netbook
D. fotocamera digitale
E. i-pod

125) Indicare l'unica parola specifica dell'ambito biomedico:

A. antinflativo
B. antifrastico
C. antitetico
D. antimicotico
E. antinomico

126) Individuare il termine NON congruente con gli altri:

A. impressionismo
B. astrattismo
C. decostruttivismo
D. surrealismo
E. cubismo

127) Le parole qui elencate riguardano lo stesso ambito, eccetto una:

A. antagonista
B. trama
C. decisionista
D. protagonista
E. intreccio

128) Quale, tra i termini che seguono, non è coerente con gli altri?

A. Futurismo
B. Simbolismo
C. Decadentismo
D. Verismo
E. Liberismo

129) Identificare tra i seguenti termini quello NON coerente:

A. paradentosi
B. paracadutista
C. parafrasi
D. parapsicologia
E. paradigma

130) Uno degli esempi riportati va escluso dall'elenco perché non omogeneo agli altri:

A. se verrai, vedrai
B. non so se valga la pena
C. se tu sapessi!
D. se lo mise in tasca
E. mi chiedo se ti piacerebbe questo regalo

131) Una delle seguenti parole non possiede la curiosa caratteristica delle altre:

A. ingegni
B. radar
C. ebbe
D. fiuto
E. aveva

132) Individuare nella seguente serie il termine NON omogeneo:

A. poema
B. ballata
C. endecasillabo
D. sonetto
E. canzone

133) Individuate il termine etimologicamente anomalo:

A. panlogismo
B. panteista
C. panflettista
D. paneuropeo
E. panpsichismo

134) Individuate il termine anomalo:

A. mielato
B. mieloso
C. mieloma
D. mellifero
E. mellifluo

135) Individuare il termine anomalo:

A. politico
B. poligamo
C. polimorfo
D. politecnico
E. politeismo

136) Individuare nella seguente serie il termine NON omogeneo:

A. filodendro
B. georgofilo
C. filigrana
D. filarmonia
E. necrofilia

137) Individuate il termine etimologicamente anomalo:

A. eufonico
B. euclideo
C. euforico
D. eupeptico
E. euritmico

138) Individuate il "don" anomalo rispetto agli altri quattro:

A. don Giovanni
B. don Abbondio
C. don Rodrigo
D. don Carlos
E. don Gesualdo

139) Individuare nella seguente serie il termine etimologicamente NON OMOGENEO:

A. olocausto
B. olimpico
C. ologenesi
D. olografo
E. olistico

140) Individuare il termine etimologicamente incongruente:

A. telecomandato
B. telepatico
C. telefonico
D. teleologico
E. telegenico

141) Quale delle parole elencate NON è affine per significato alle altre?

A. Epitaffio
B. Epigramma
C. Epistéme
D. Epigrafe
E. Epigrafia

142) Quattro delle seguenti parole hanno una radice etimologica comune. Individuate quella anomala:

A. antipatia
B. antiquario
C. antibiotico
D. antifonario
E. antiemetico

143) Quale delle parole sotto elencate è etimologicamente anomala?

A. Interdentale
B. Addentato
C. Incidentale
D. Dentellato
E. Tridente

144) Individuare il termine la cui etimologia NON segue la stessa "logica" degli altri:

A. idrovoro
B. divorare
C. mellivoro
D. vorace
E. famelico

145) Individuare il termine la cui etimologia NON segue la stessa "logica" degli altri:

A. antonomasia
B. omonimia
C. pronominale
D. toponomastica
E. omofonia

146) Si individui il termine che NON appartiene alla sfera semantica degli altri quattro:

A. futurismo
B. fauvismo
C. espressionismo
D. epicureismo
E. divisionismo

147) Individuare, tra le alternative proposte, la parola da scartare:

A. motonave
B. automobile
C. bicicletta
D. motocicletta
E. motocarro

148) S'individui il termine che non appartiene allo stesso campo semantico degli altri quattro:

A. abbagliare
B. abbarbagliare
C. accecare
D. abbacinare
E. abbrumare

149) Qual è la parola da scartare?

A. Rinvigorire
B. Spossare
C. Fiaccare
D. Affaticare
E. Logorare

150) Qual è la parola da scartare?

A. Scimpanzé
B. Ghiro
C. Orso
D. Pipistrello
E. Scoiattolo

1.5 • Le prove di vocabolario

151) Il significato di *espellere* è:

A. lasciare la patria
B. mandare in esplorazione
C. cacciare fuori
D. strappare la pelle
E. accogliere

152) Un significato di *parvenza* è:

A. apparizione improvvisa
B. somiglianza vaga

C. equivoco
D. trascuratezza
E. dissolvenza

153) Qual è il significato di *meandro*?

A. Ansa formata da un fiume
B. Pianta ornamentale
C. Legno esotico
D. Tipo di anfibio
E. Animale della savana

154) Nella frase: "Luisa mi ha spiegato il problema in modo affatto persuasivo", *affatto* vuol dire:

A. per niente
B. del tutto
C. piuttosto
D. poco
E. discretamente

155) Qual è il significato della parola *coalizione*?

A. Coordinamento di testi
B. Raccolta di oggetti
C. Alleanza per il conseguimento di fini comuni
D. Costrizione
E. Assembramento

156) Qual è il significato di *masserizie*?

A. Vasto podere con fabbricati
B. Enorme ammasso di rifiuti
C. Struttura per contenere stoviglie
D. Insieme di mobili e suppellettili di una casa
E. Covone di fieno

157) Qual è il significato di *moldavo*?

A. Importuno, molesto
B. Proprio della Moldavia
C. Proprio della mola del mulino
D. Titolo del sovrano dell'India orientale
E. Nome di un dente dell'arcata superiore

158) Qual è il significato di *spianare*?

A. Fare la spia
B. Rendere piano
C. Rompere il silenzio
D. Agitarsi rumorosamente
E. Districarsi

159) Un significato di *ottundere* è:

A. aggirare
B. ostruire
C. smussare
D. pretendere
E. affermare

160) Con *profilassi* si definisce:

A. l'insieme di misure da prendere per evitare il sopraggiungere di malattie
B. lo studio delle caratteristiche di personalità a partire dalle espressioni facciali
C. l'abolizione dei metodi contraccettivi
D. la valutazione del rendimento scolastico nella scuola media
E. l'insieme di misure prese dallo Stato per livellare la bilancia dei pagamenti

1.6 • Inserzione logica di termini in un contesto

161) Completare la seguente frase: *I soci ordinari possono deliberare di _________ all'Accademia venti accademici italiani e altrettanti stranieri.*

A. prodigare
B. disgregare
C. promulgare
D. segregare
E. aggregare

162) Completare la seguente frase: *Il ferro si lega a una proteina, la transferrina, che viene sintetizzata dal fegato ed è ___________ al trasporto degli ioni ferrici nel circolo sanguigno.*

A. supposta

B. anteposta
C. proposta
D. imposta
E. preposta

163) Completetare la seguente frase che si potrebbe leggere in un referto medico: ***Si è provveduto _______________ di un basalioma nella regione temporale sinistra.***

A. all'escissione
B. all'accezione
C. all'eccezione
D. all'accessione
E. all'esecrazione

164) Completare la frase con l'unico aggettivo pertinente: ***restare _________ per la sorpresa.***

A. inaudito
B. indifferente
C. emerito
D. sollecito
E. attonito

165) Completare la frase con l'unico verbo pertinente: ***La legge non può _________ nelle decisioni personali di un adulto tranne che queste non arrechino danno ad altri.***

A. intercalare
B. intromettere
C. interferire
D. interporre
E. interdire

166) "L'uomo è in fondo un animale _______________. Noi lo conosciamo solo in quello stato di ammansimento e di domesticità che è detto civiltà: perciò ci spaventano le rare esplosioni della sua vera natura. Ma fate che vengano tolte le catene dell'ordine legale, e nell'anarchia l'uomo si mostrerà quale esso è". In base al senso generale di questa affermazione di A. Schopenhauer, reintegra nello spazio vuoto l'unica coppia di aggettivi corretta:

A. incauto e sprovveduto
B. selvaggio e feroce
C. coerente e prevedibile
D. buono e altruista
E. prevedibile e abitudinario

167) "Perciò io penso che il ____________ non nasca dal rimpianto di una mala azione già commessa, ma dalla visione della propria colpevole disposizione. La parte superiore del corpo si china a guardare e giudicare l'altra parte e la trova deforme. Ne sente ribrezzo e questo si chiama ____________ . Anche nella tragedia antica la vittima non ritornava in vita e tuttavia il __________ passava. Ciò significava che la deformità era guarita e che ormai il pianto altrui non aveva alcuna importanza. Dove poteva esserci posto per il __________ in me che con tanta gioia e tanto affetto correvo dalla mia legittima moglie? Da molto tempo non m'ero sentito tanto puro."

I. Svevo, *La coscienza di Zeno*

In questo testo uno stesso termine ricorre per quattro volte: qual è?

A. bene
B. pensiero
C. dolore
D. rimorso
E. coraggio

168) Completare la frase con l'unico sostantivo pertinente: ***gli enti locali devono fronteggiare l'attuale crisi __________ nel settore manifatturiero.***

A. dell'indulto
B. del condotto
C. dell'edotto
D. del ridotto
E. dell'indotto

169) Completare la seguente frase con l'unica congiunzione pertinente: "E fin qui, _____ a parlare sia il direttore di un festival culturale che si annuncia imponente, al punto da coinvolgere l'intero Nordest d'Italia, potrebbe sembrare d'essere ancora immersi nella tradizionale filosofia produttiva "made in Veneto".

D. Fertilio, "Corriere della sera", 8/4/2010

A. cosicché
B. poiché
C. benché
D. affinché
E. finché

170) La __________ è la scienza che studia i sintomi morbosi per interpretarli; la __________ è la scienza che descrive gli stati morbosi e ne fa la storia.
Inserite nella frase la coppia di parole opportune:

A. bioetica / anamnestica
B. semeiotica / patologia
C. patologia / diagnostica
D. diagnostica / bioetica
E. patologia / semeiotica

171) "Eccoti: ______________ un veleno anche più pestifero del tuo per le anime umane; e ne uccide in questo odioso mondo più che questi intrugli che t'è vietato vendere. Io a te ho venduto un veleno, non tu a me...".

Shakespeare, *Romeo e Giulietta*, atto V, scena 1

Con queste parole Romeo si rivolge allo speziale che gli ha venduto un veleno. Scegliete l'espressione che, secondo logica, completa correttamente la frase:

A. il mio pugnale
B. la mia riconoscenza
C. il mio nome e il mio casato
D. il cuore
E. l'oro

172) "Per ________________ s'intende la consegna, da parte dello Stato richiesto allo Stato richiedente, di una persona ricercata, o perché oggetto di una sentenza di condanna definitiva ad una pena detentiva o ad una misura di sicurezza privativa della libertà personale, o perché oggetto di una ordinanza di custodia cautelare in carcere".

www.giustizia.it

Tra quelli che seguono, qual è il termine da inserire nello spazio vuoto?

A. Abdicazione
B. Estradizione
C. Surroga
D. Contumacia
E. Denuncia

173) "Le passioni generano spesso altre passioni a loro contrarie. L'avarizia produce talvolta la prodigalità; e la prodigalità l'avarizia; si è spesso irremovibili per __________ e audaci per timidità".

La Rochefoucauld, *Le massime e altri scritti*, tr. it. Mondadori, 1950, massima 11, p. 56.

Dalla riflessione riportata abbiamo eliminato un sostantivo. Lo si reintegri, con UNA delle seguenti alternative, rispettandone la logica e il significato:

A. ostinazione
B. temerarietà
C. debolezza
D. avversione
E. ambizione

174) "CAMERIERE: Con la cena gradisce il vino bianco o il rosso?
GEORGE: Non importa. Sono ________".

J. A. Paulos, *Penso, dunque rido. L'altra faccia della filosofia*, tr. it. Feltrinelli, Milano, 2004, p. 69.

Si individui la conclusione che restituisce senso umoristico alla scenetta:

A. daltonico
B. astemio
C. raffreddato
D. anoressico
E. bulimico

175) Dal brano seguente, abbiamo espunto qualcosa. Lo si reintegri logicamente con UNA delle alternative sottostanti. "Più si è dotati spiritualmente, più si trova che ci sono uomini originali. La gente comune non trova affatto __________ tra gli uomini".

Tratto dal *Pensiero 465* di B. Pascal, tr. it. La spiga, Milano, 2002

A. differenze
B. somiglianze
C. affinità
D. ambiguità
E. rivalità

176) Dal brano seguente, abbiamo espunto qualcosa. Lo si reintegri logicamente con UNA delle alternative sottostanti. "Ciascuno provi ad esaminare il proprio pensiero. Lo troverà rivolto interamente al passato o al futuro. Non pensiamo quasi mai al presente e se ci pensiamo, è solo per prenderne la forza per disporre del futuro. Il presente non è mai il nostro fine. Il passato e il presente sono i nostri mezzi: solo l'avvenire ________ . Così non viviamo mai, ma speriamo di vivere e preparandoci sempre ad esser felici, inevitabilmente non lo siamo mai".

Tratto dal *Pensiero 43* di B. Pascal, tr. it., La spiga, Milano, 2002

A. è grigio
B. è ignoto
C. è il nostro fine
D. c'è negato
E. è il nostro incubo

177) Don Abbondio, dopo le terribili minacce che aveva ricevuto da parte di Don Rodrigo, era colto da angoscia e non sapeva quale soluzione trovare per evitare da un lato le ire di quel potente e per fronteggiare dall'altro le richieste _________, che sarebbe venuto l'indomani mattina. Completare il brano con UNA delle alternative sottostanti:

A. del Padre Cristoforo
B. di don Rodrigo
C. del Nibbio
D. di Renzo
E. del Griso

178) Dal brano seguente abbiamo eliminato qualcosa. Lo si REINTEGRI, rispettandone la logica e il significato, con UNA delle alternative sottostanti. "[...] Tanto perde colui il quale muore vecchissimo che colui il quale muore giovanissimo, perché è soltanto _________ che ci può esser tolto, dato che soltanto questo possediamo e nessuno può perdere ciò che non possiede."

Marco Aurelio, *I ricordi*, X, 28, Einaudi, Torino, 1968

A. il passato
B. il presente
C. il divino
D. il futuro
E. l'eterno

179) Quale delle parole sottoindicate deve essere inserita nella frase seguente perché essa abbia senso compiuto? "Nonostante il suo comportamento potesse far pensare che egli non fosse che un superficiale esibizionista e che la sua opera fosse vuota e mirasse soprattutto *ad épater les bourgeois*, Salvador Dalì curava con attenzione la sua arte e le sue opere mostrano una profonda _________".

A. alterigia

B. unicità
C. concretezza
D. coerenza
E. malinconia

180) L'isola è una colonia, sebbene in molte aree sia __________ e non riceva ordini dalla madre patria.

A. autonoma
B. indifferente
C. collegata
D. sottomessa
E. distante

181) Per Mirò l'arte divenne un rituale _________: carta e pennello erano per lui oggetti particolari e lavorava con essi come se compisse un rito religioso.

A. appassionato
B. sacro
C. esoterico
D. profondo
E. criptico

182) Un raro __________ scoperto recentemente potrebbe in futuro essere utilizzato in agricoltura per proteggere i raccolti da alcune delle più frequenti malattie e per incrementare la produzione. Il __________ è stato isolato nel 1987 ed i suoi effetti sono stati studiati sia in laboratorio sia sul campo in oltre 40 specie di vegetali, dai cereali agli eucalipti. Il __________, che è in grado di formare spore o corpi fruttiferi, colonizza le radici della pianta e ne accelera la crescita. In ciascuna delle specie saggiate, il __________ ha mostrato di saper prevenire gravi malattie delle radici causate da altri _________. Apparentemente il _________ secerne una molecola con proprietà antibiotiche nei confronti di altri _________ competitori. Un'altra proprietà peculiare del nuovo _________ è quella di riuscire ad infettare ogni specie di pianta su cui è stato provato.
Dal testo è stata eliminata una sola parola che ricorre 8 volte. Di quale delle seguenti parole si tratta?

A. plasmide
B. fungo
C. imenottero
D. virus
E. batterio

183) Il 13 ottobre 1765 un giovane viaggiatore scozzese, (...) James Macdonald, arrivava a Ginevra per incontrare Voltaire. Portava con sé un piccolo libro, comparso oltre un anno prima e rapidamente giunto, con quella che veniva ora offerta al patriarca dei Lumi, alla quarta edizione. Fu così che Voltaire seppe di _ (1) _ e della sua opera _ (2) _ e fu così che nel decennio successivo si occupò di casi giudiziari e scrisse in favore delle vittime dell'ingiustizia scritti sempre più finalizzati, anche in senso tecnico, ad una vasta riforma dei diritto penale.

Liberamente tratto dalla prefazione al *Commentario* di Voltaire, ed. Ibis, 1994

Scegliere la coppia di parole che completano correttamente la frase citata:

A. (1) Montesquieu (2) lettere persiane
B. (1) Rousseau (2) Emile
C. (1) Cesare Beccaria (2) Dei delitti e delle pene
D. (1) Jonathan Swift (2) Una modesta proposta
E. (1) Lessing (2) Nathan il saggio

184) Completare correttamente la frase seguente: "L'__, ultima meraviglia della tecnica dei raggi laser, inventata già da Dennis Gabor negli anni Cinquanta, realizza una rappresentazione fotografica tridimensionale a colori".

A. iconografia

B. iperrealismo
C. ecografia
D. tomografia
E. olografia

185) Nella frase "Il monte ___ sono salito" va inserito al posto dei puntini:

A. che
B. sul quale
C. da cui
D. per cui
E. di cui

186) Completare correttamente la frase seguente: "Se avessi avuto meno coraggio, le tue parole mi ____ a desistere dall'impresa".

A. inducessero
B. avessero indotto
C. avevano indotto
D. indurranno
E. avrebbero indotto

187) Indicare quale delle alternative seguenti completa in modo corretto la frase: "Non ____ lo spiritoso, adesso non ____ il momento!".

A. faresti; mi pare
B. farai; sarà
C. fare; è proprio
D. essere; è ancora
E. pare; crederti

188) Completare correttamente la frase seguente: "Se voi ____ più attenti, non fareste questi errori sciocchi".

A. fosse stati
B. steste
C. sarete
D. stesse
E. stasse

189) Completare correttamente la frase seguente: "Stasera ____ restiamo a casa tranquilli: io e te soli!".

A. c'è ne
B. ce n'è
C. ce né
D. cene
E. ce ne

190) Completare la frase "Per non essere interrogato tu ____ un mucchio di scuse".

A. aduresti
B. adurresti
C. adducetti
D. addussi
E. adducesti

191) Completare con il termine più appropriato la frase: "Ci sono funghi che ____ la morte".

A. procurano
B. producono
C. contraggono
D. simulano
E. risolvono

192) Completare correttamente la frase seguente: "Signora, ____ pure i fiori che le piacciono di più!".

A. sceglia
B. sceglie
C. scegli
D. scielga
E. scelga

193) Individuare l'alternativa che completa correttamente la frase "Se fossi io il marito____".

A. l'avessi perdonata
B. la perdonai
C. la perdonassi
D. la perdonerei
E. l'avevo perdonata

194) Completare correttamente la frase seguente: "Se voi ____ un po' in silenzio, capireste meglio".

A. staste
B. stavate
C. steste
D. stesse
E. stiate

195) Individuare la forma verbale che completa correttamente la frase seguente: "Benché non gli ____, tuttavia si arrogò quel titolo".

A. era dovuto
B. aveva riconosciuto
C. fosse stato riconosciuto
D. era stato riconosciuto
E. sarà stato riconosciuto

196) Completare con il termine più appropriato la frase: "La lezione di oggi ____ sulla poetica del Carducci".

A. finirà
B. terrà
C. verterà
D. spiegherà tutto
E. causerà

197) Completare con il termine più appropriato la frase: "Venendo non ho ____ molto traffico".

A. incrociato
B. provato
C. ottenuto
D. rischiato
E. visto

198) Completare con il termine più appropriato la frase: "In previsione della neve, sulle piste già ____ i preparativi".

A. suggono
B. sogliono
C. si addicono
D. corrono
E. fervono

199) Completare correttamente la frase seguente: "La commissione incaricata valuterà attentamente il contenuto della ____ correttiva di cinque milioni di euro".

A. trama
B. tassa
C. spesa
D. manodopera
E. manovra

200) Individuare l'alternativa che completa correttamente la frase: "Ti ____ un regalo, se ____ così gentile da accompagnarmi in stazione".

A. farei – fossi
B. farò – saresti
C. facessi – saresti
D. farei – saresti stato
E. farei – sei stato

201) Completare la frase: "Si dice che nel mondo esistono dei ____ di ciascuno".

A. sosia
B. sosii
C. sosie
D. sosi
E. doppi

202) Completare correttamente la frase seguente: "Il turismo si disegna nel territorio, che diventa ambiente e ____ Le attività debbono essere pianificate con rispetto per la tradizione, tenendo conto delle specificità, pur con un percorso culturale riconducibile a standard più ampi".

A. bosco
B. natura
C. paesaggio
D. tutela

E. risorsa

203) Individuare l'alternativa che dà alla frase seguente senso compiuto e corretto: "Sarebbe utile che ____ un esperto a valutare la difficile contesa".

A. intervenisse
B. sia intervenuto
C. interverrebbe
D. interveniva
E. fosse intervenuto

204) Individuare l'alternativa che completa correttamente la frase: "Di certo ____ il lavoro se ____ per tempo".

A. avesse finito – avrebbe iniziato
B. avrebbe finito – avesse iniziato
C. finirebbe – inizierà
D. finiva – avrebbe iniziato
E. finirà – avesse iniziato

205) Completare la frase: "È un vero peccato che ____ proprio oggi".

A. piova
B. piove
C. pioverebbe
D. pioveva
E. piovve

206) Quale delle seguenti voci verbali completa correttamente la frase: "Ha dilapidato tutto il suo patrimonio malgrado ____ una notevole ricchezza"?

A. possedesse
B. possedeva
C. possiederebbe
D. avrà posseduto
E. possiede

207) Completare con una proposizione comparativa la frase: "Ti telefonerò ____".

A. dopo aver risolto questo problema
B. come mi hai chiesto
C. qualora ci siano novità
D. quando ne avrò voglia
E. anche se sarà tardi

208) Individuare l'alternativa che completa correttamente la frase: "Mi ____ accompagnato, se non ____ rotta la macchina".

A. avesse – si fosse
B. aveva – si era
C. avrebbe – si fosse
D. avrebbe – si sarebbe
E. avrà – si sarebbe

209) Completare con una proposizione avversativa la frase: "Torneremo a casa ____".

A. a lasciare i pacchi
B. ma non sperare di trovare ciò che cerchi
C. per giocare a carte
D. quando comincerà a piovere
E. contro ogni aspettativa

210) Individuare, tra le alternative proposte, quella che completa correttamente la frase seguente: "Quei tessuti trattati in modo da diventare impermeabili all'acqua si dicono ____".

A. idrorepellenti
B. idratati
C. idropulsori
D. idrofili
E. idrometrici

211) Completare la frase: "Se domani piovesse, non ____ andare al mare".

A. si potesse
B. si potrà
C. si può
D. si poteva
E. si potrebbe

212) Nella frase "La richiesta ____ il Ministro deve dare risposta" va inserito al posto dei puntini il pronome:

A. dove
B. cui
C. di cui
D. dalla quale
E. che

213) Quale delle alternative seguenti completa in modo corretto la frase: "Lo aiuterei volentieri, se mi ____ tutta la verità"?

A. racconterebbe
B. racconta
C. raccontava
D. raccontasse
E. avrebbe raccontato

214) Completare la frase: "Il ragazzo ____ l'elenco di tutti i compagni".

A. redesse
B. redisse
C. redette
D. redigette
E. redasse

215) Nella frase "Il cane ____ è stata amputata una zampa" va inserito al posto dei puntini il pronome:

A. cui
B. che
C. di cui
D. del quale
E. a che

216) Completare con il termine più appropriato la frase: "Luigi ____ passare intere serate al computer".

A. verte
B. compie
C. suole
D. fa in modo
E. fa

217) Completare l'espressione " ____ sabato prossimo".

A. si ci può incontrare
B. si incontriamo
C. si ci incontra
D. ci si incrontriamo
E. ci si può incontrare

218) Completare correttamente la frase seguente: "Volevo assaggiare la torta, ma non ____ più nemmeno una fetta".

A. ce n'era
B. ce nera
C. c'è ne era
D. c'è nera
E. c'è n'era

219) Completare correttamente la frase seguente: "Ha espresso quei concetti come se ____ il professore".

A. sarebbe stato
B. era
C. era stato
D. sarebbe
E. fosse stato

220) Individuare l'alternativa che completa correttamente la frase: "Io ____ molto di più, se ne ____ capace".

A. faccio – sarei
B. farei – sarò
C. facessi – fossi
D. farei – sarei
E. farei – fossi

1.7 • Le prove di comprensione di brani

Comprendere il significato di un testo e individuare il messaggio principale

221) "Possiamo dire che due vocazioni opposte si contendono il campo della letteratura attraverso i secoli: l'una tende a fare del linguaggio un elemento senza peso, che aleggia sopra le cose come una nube, o meglio un pulviscolo sottile, o meglio ancora come un campo d'impulsi magnetici; l'altra tende a comunicare al linguaggio il peso, lo spessore, la concretezza delle cose, dei corpi, delle sensazioni. Alle origini della letteratura italiana – e europea – queste due vie sono aperte da Cavalcanti e da Dante. L'opposizione vale naturalmente nelle sue linee generali, ma richiederebbe innumerevoli specificazioni, data l'enorme ricchezza di risorse di Dante e la sua straordinaria versatilità (...).

Nella Vita Nova, Dante tratta la stessa materia del suo maestro e amico, e vi sono parole, motivi, concetti che si trovano in entrambi i poeti: quando Dante vuole esprimere leggerezza, anche nella Divina Commedia, nessuno sa farlo meglio di lui; ma la sua genialità si manifesta nel senso opposto, nell'estrarre dalla lingua tutte le possibilità sonore ed emozionali e d'evocazione di sensazioni, nel catturare nel verso il mondo in tutta la varietà dei suoi livelli e delle sue forme e dei suoi attributi, nel trasmettere il senso che il mondo è organizzato in un sistema, in un ordine, in una gerarchia dove tutto trova il suo posto. Forzando un po' la contrapposizione potrei dire che Dante dà solidità corporea anche alla più astratta speculazione intellettuale, mentre Cavalcanti dissolve la concretezza dell'esperienza tangibile in versi (...).

L'essermi soffermato su Cavalcanti m'è servito a chiarire meglio (almeno a me stesso) cosa intendo per "leggerezza". La leggerezza per me si associa con la precisione e la determinazione, con la vaghezza e l'abbandono al caso (...). La gravità senza peso di cui ho parlato a proposito di Cavalcanti riaffiora nell'epoca di Cervantes e di Shakespeare: è quella speciale connessione tra melanconia e umorismo, che è stata studiata in Saturn and Melancholy (...). Come la melanconia è la tristezza divenuta leggera, così lo humour è il comico che ha perso la pesantezza corporea, quella dimensione di carnalità umana che pur fa grandi Boccaccio e Rabelais (...).

Melanconia e humour mescolati e inseparabili caratterizzano l'accento del Principe di Danimarca che abbiamo imparato a riconoscere in tutti o quasi i drammi shakespeariani sulle labbra dei tanti avatars (cioè incarnazioni) del personaggio Amleto. (...) Non è una melanconia compatta e opaca, ma un velo di particelle minutissime d'umori e sensazioni, un pulviscolo d'atomi come tutto ciò che costituisce l'ultima sostanza della molteplicità delle cose. Confesso che la tentazione di costruirmi uno Shakespeare seguace dell'atomismo lucreziano è per me molto forte, ma so che sarebbe arbitrario. Il primo scrittore del mondo moderno che fa esplicita professione d'una concezione atomistica dell'universo nella sua trasfigurazione fantastica, lo troviamo solo alcuni anni dopo, in Francia: Cyrano de Bergerac".

Italo Calvino, *Lezioni Americane. Lezione I: Leggerezza*

1) Don Chisciotte, l'eroe di Cervantes, è malinconico e insieme comico.
2) Tristezza e umorismo caratterizzano il linguaggio di Amleto.
3) È suggestivo, ma sarebbe una forzatura illecita, leggere Shakespeare come un seguace dell'atomismo classico.
4) Amleto, principe malinconico ma dotato di humour, è unico e inconfondibile nel teatro shakespeariano.
5) Sulla via aperta da Cavalcanti ci sono Cervantes e Shakespeare. Altra è la via aperta da Dante.

UNA sola delle seguenti possibilità può essere RIGOROSAMENTE dedotta dal testo di Calvino.

A. Solo 5
B. Solo 4
C. Sia 2 sia 1
D. Sia 1 sia 3
E. Sia 3 sia 5

222) "Nulla è più affascinante di un antico mistero… Chi era Jack lo squartatore? Shakespeare era Shakespeare? L'enigma storico più gustoso della mia professione, la paleontologia, risale a un quarto di secolo fa. Nel 1953, l'uomo di Piltdown fu definitivamente considerato una frode sicura, perpetrata da uno sconosciuto. Da allora il mio interesse per questo caso non è mai diminuito. In questo articolo, più che chiederci ancora una volta "chi è il colpevole", affronteremo quella che per me è una questione più interessante dal punto di vista intellettuale: come è possibile che qualcuno abbia accettato l'uomo di Piltdown (un uomo dotato di un cranio moderno e di una mascella non modificata di scimmia antropomorfa)?… sono un lettore appassionato di racconti del mistero e non potrò esimermi dall'esprimere la mia opinione su questo enigma… L'ipotesi senza dubbio più interessante è quella che vede nell'affare di Piltdown una burla, messa in atto con una comunicazione alla società britannica di geologia nel dicembre 1912 e spintasi troppo in là, più che un imbroglio vero e proprio. Ma, a parte il divertimento e la polemica, rimane aperta la prima e più importante questione: come è possibile che per più di quarant'anni in ambito scientifico si sia dato credito all'uomo di Piltdown e se ne sia discusso? Si trattava di una creatura improbabile fin dall'inizio, e già nel 1913 David Waterston del King's College di Londra aveva affermato molto chiaramente che quel cranio era umano, mentre la mascella era di scimmia antropomorfa. "A mio parere – concludeva – attribuire la mascella e il cranio allo stesso individuo sarebbe altrettanto folle che cercare di attaccare il piede di uno scimpanzé alle ossa di una coscia e di una gamba essenzialmente umane". La spiegazione corretta era stata a portata di mano fin dall'inizio, ma la speranza, il desiderio e il pregiudizio impedirono che fosse accettata".

Stephen Jay Gould,
Il pollice del panda

Una sola delle seguenti affermazioni è rigorosamente deducibile dal testo riportato.

A. Jay Gould si interroga soprattutto sui motivi che hanno indotto l'autore della frode, o burla, ad agire
B. Jay Gould si chiede perché e come i colleghi scienziati abbiano dato a lungo credito all'affare dell'uomo di Piltdown
C. Nessun paleontologo, in quanto scienziato, ha dato veramente credito alla storia dell'uomo di Piltdown
D. Le passioni negli scienziati non sono mai tanto forti da impedire loro di riconoscere la verità
E. Per una quarantina d'anni nessuno denunciò apertamente l'errore o sospettò la frode nella faccenda di Piltdown

223) "Fra coloro 'che non leggono' i più accorti impareranno a parlare intorno: eccelleranno nell'arte inflazionistica del commento, nella pratica restringitiva della scheda, nella caccia alla citazione intelligente, sapranno maneggiare lo scalpello dell'analisi lineare e diventeranno esperti nella sapiente navigazione fra i 'brani scelti', che conduce sicuramente al diploma di maturità, alla laurea, persino al dottorato... ma non necessariamente all'amore per il libro".

Daniel Pennac, *Come un romanzo*

Una sola delle seguenti affermazioni è rigorosamente dedotta dal testo sopra riportato.

A. Chi non ama i libri può benissimo imparare a condurre analisi accorte e a compilare eccellenti schede riassuntive
B. L'amore per la lettura aborrisce da ogni forma di interpretazione critica o di commento dei libri
C. Orientarsi tra i brani antologicizzati è scolasticamente utile ma è sicuro segno di scarso amore per il libro
D. Le citazioni intelligenti non interessano assolutamente mai chi ama la lettura
E. Analisi, commenti, schede sono i nemici più acerrimi dell'amore per la lettura

224) "I recenti casi di cronaca relativi alle aggressioni di cani all'uomo, hanno fatto emergere la necessità di ulteriori interventi legislativi. È inutile, però, considerare alcune razze canine pericolose a priori, poiché i cani diventano pericolosi non per propria indole, bensì in base al trattamento che ricevono dal proprio padrone. Ciò significa che un cane, a prescindere dalla razza, può diventare pericoloso se maltrattato, mentre può non diventarlo se trattato bene sin dalla nascita. Una legge specifica sulle razze canine considerate pericolose è, pertanto, inefficace". **Quale delle seguenti affermazioni esprime il messaggio principale del brano precedente?**

A. È inutile considerare alcune razze canine pericolose a priori
B. Una legge specifica sulle razze canine considerate pericolose è inefficace
C. Nessuna legge è in grado di condizionare il comportamento dei cani
D. I cani diventano pericolosi in base al trattamento che ricevono
E. Dovrebbero esistere norme più restrittive che regolino il possesso dei cani

225) "La natura imita l'arte, secondo un paradosso di cent'anni fa. Ma è, appunto, solo un paradosso. Prendiamo il misterioso fattaccio di Milano. Una giovane giornalista viene aggredita sulle scale di casa da due criminali italiani, costretta ad aprire, malmenata, legata a un termosifone. È poi derubata di tutto? No, ed è la prima complicazione. I due (ed è la seconda) non toccano i soldi, ma frugano nella scrivania, buttano all'aria i documenti, se ne vanno dopo aver riempito di carta la bocca della vittima. Arriva il marito, giornalista anche lui. Ha problemi (terza complicazione) di mobilità. Ma con lui si sposta anche (quarta complicazione) una scorta della polizia, l'uomo è un esperto di questioni terroristiche, riceve continue minacce di morte, è amico di Arafat, forse ha contatti coi Servizi Segreti. E dove scrive? Su "Famiglia Cristiana", quinta complicazione. Mentre la moglie (complicazione sesta), è collaboratrice della rivista "Polizia moderna". Ce n'è abbastanza per indagare, come si dice, in tutte le direzioni, in troppe direzioni. È questo che l'arte non fa, quando sia praticata come si deve. Goffi, irritanti, tediosi sono quei romanzi in cui l'autore procede per accumulazione, continua a rovesciarti addosso indizi totalmente contraddittori, particolari stravaganti, effettacci dozzinali, personaggi maggiori e minori che non legano, piste e contropiste che si accavallano, colpi di scena che schizzano via dalle dita. L'arte, l'artigianato, non possono permettersi gli eccessi. Solo la natura, la vita, vanno dove vogliono, s'ingorgano dove vogliono, complicano a piacere le loro trame senza curarsi di verosimiglianza, coerenza, plausibilità; e scrivono, è vero, pagine e pagine di romanzo. Ma di un brutto romanzo".

Carlo Fruttero – Franco Lucentini,
Un giallo con troppe complicazioni,
su "La Stampa", 28/5/99

UNA SOLA delle osservazioni che seguono è conseguente all'analisi dalla quale Fruttero e Lucentini sottopongono uno sconcertante fatto di cronaca.

A. Il fatto che la vittima della violenza sia una giovane giornalista dà precise indicazioni sull'identità degli aggressori
B. L'accumulo di indizi che aprono piste di indagine diverse suscita un'attenzione tutta speciale su questa triste vicenda
C. Troppo spesso i giornalisti si compiacciono di complicare, soffermandosi su particolari del tutto irrilevanti, le già complicate vicende che registra la cronaca
D. I romanzieri sanno bene che perché una storia sia avvincente e abbia fortuna deve essere straordinariamente ricca di colpi di scena
E. Spesso la realtà è più incredibilmente complicata e appare quindi meno verosimile dell'invenzione romanzesca

226) "Il più celebre dipinto del XX secolo nasce come illustrazione di un fatto storico: il bombardamento nell'aprile del 1937 della piccola città di Guernica da parte di aerei tedeschi alle dipendenze dei franchismi durante la guerra civile spagnola. Picasso prende spunto da questo episodio, certo drammatico, ma in fondo marginale, per dipingere una tela di vaste dimensioni e farne il manifesto di denuncia contro gli orrori di tutte le guerre, come aveva fatto centotrenta anni prima Goya. Per ottenere questo scopo Picasso non dipinge di getto, ma studia approfonditamente la composizione, analizzando ogni singolo dettaglio in una lunga serie di disegni preliminari, di studi, di prove e di ripensamenti. Le scelte formali sono radicali: il dipinto è praticamente monocromo, come i film e i documentari del tempo, per eliminare ogni possibile seduzione del colore e rendere asciutto e diretto il messaggio mentre, dal punto di vista stilistico, Picasso sceglie il secco e sintetico cubismo. Nel dipinto si mescolano con grande efficacia notazioni quasi di cronaca (lo strazio provocato dalle bombe) con simboli ripresi dal repertorio tradizionale: un uomo caduto stringe una spada mozzata come un antico greco, il cavallo ferito che nitrisce e ricorda modelli dell'arte antica e rinascimentale, l'enigmatico toro appartiene da secoli al folclore spagnolo. Tutta la scena è illuminata da una lampadina che penzola in alto, allusiva del desiderio di 'far luce' su quanto è avvenuto, non lasciare che cada l'ombra dell'oblio. Picasso riesce a essere al tempo stesso realistico e allusivo: non a caso, l'artista volle che la grande tela venisse esposta nel 1951 nel Palazzo Reale di Milano, squarciato dalle bombe durante la seconda guerra mondiale".

In base a quanto si legge nel brano, è possibile affermare che in "Guernica":

A. viene raffigurata la piccola città bombardata durante la prima guerra mondiale
B. vi sono esclusivamente elementi figurativi realistici, al limite della cronaca
C. convivono elementi figurativi realistici e simbolici
D. viene utilizzata la tecnica della policromia

E. sono scrupolosamente rispettate le regole della prospettiva

227) In base a quanto si legge nel brano, in "Guernica" la scelta della monocromia è stata dettata a Picasso dall'intento di:

A. fare del dipinto un manifesto di denuncia contro gli orrori della guerra
B. utilizzare il secco e sintetico cubismo
C. sedurre lo spettatore con giochi di colore
D. porsi in modo originale rispetto alle opere cinematografiche e documentaristiche dell'epoca
E. trasmettere un messaggio diretto e asciutto

228) In base a quanto si legge nel brano, l'autore accosta l'opera di Picasso a quella di Francisco Goya perché in entrambe le opere:

A. è possibile riscontrare un'accesa fantasia e uno spirito visionario
B. ogni singolo dettaglio emerge attraverso una serie di disegni preliminari, di prove e di studi
C. emerge la stessa condanna degli orrori della guerra
D. risalta l'identità non solo dell'oggetto, ma anche delle tecniche compositive tipiche del cubismo
E. coesistono elementi figurativi realistici e simbolici

229) In base a quanto si legge nel brano, è possibile dedurre che la struttura compositiva di "Guernica" è:

A. artificiosa e incomprensibile al primo impatto
B. lineare e ben definita
C. studiata e classica
D. complessa e ben articolata
E. semplice, poiché tutte le figure sono appiattite sullo stesso piano

230) La curiosità, l'intenso desiderio di sapere, non compare nella materia morta, e sembra non essere caratteristica neppure di certe forme di organismi viventi, che, proprio per tale ragione, a gran fatica riusciamo a considerare come viventi. Un albero non mostra curiosità per il suo ambiente, almeno in modo per noi riconoscibile; lo stesso vale per una spugna o un'ostrica: il vento, la pioggia, le correnti dell'oceano apportano loro ciò di cui abbisognano, ed essi ne traggono quello che possono. Se il caso fa sì che ciò che giunge a loro siano il fuoco, un veleno, dei predatori o dei parassiti, essi muoiono stoicamente e tacitamente come sono vissuti. Tuttavia, fin dai primi stadi dell'evolversi della vita, alcuni organismi svilupparono un moto indipendente; ciò costituì per loro un progresso enorme dal punto di vista del controllo dell'ambiente.
Il moto indipendente di cui parla l'autore del brano è un atto di liberazione:

A. dalle correnti dell'oceano
B. dal controllo dell'ambiente
C. dal fuoco
D. dal caso
E. dai predatori

231) Perché, secondo l'autore del brano, si fa fatica a considerare esseri viventi una spugna o un'ostrica?

A. Perché muoiono stoicamente
B. Perché si nutrono passivamente
C. Perché vivono tacitamente
D. Perché sono esseri inanimati di per sé
E. Perché non mostrano curiosità per il loro ambiente

232) Chi porta alle spugne ciò di cui abbisognano?

A. Il fuoco e le correnti dell'oceano
B. Il vento, la pioggia e le correnti dell'oceano

C. I predatori e i parassiti
D. Il vento, le correnti dell'oceano e il fuoco
E. Il vento, il veleno e i predatori

233) "Il cinema è un'arma magnifica per esprimere il mondo dei sogni, delle emozioni, dell'istinto. Il meccanismo creatore delle immagini cinematografiche è, per il suo stesso funzionamento, quello che ricorda meglio, tra tutti i mezzi d'espressione umana, l'attività dello spirito durante il sogno (...) le immagini appaiono e scompaiono come nel sogno grazie a 'dissolvenze'; il tempo e lo spazio diventano flessibili, si allargano o restringono a volontà".

L. Buñuel, *Gli argomenti umani*, Napoli, 1969

Dal brano, secondo l'autore, si evince che il cinema:

A. è l'arte della "dissolvenza" in quanto privilegia immagini fluttuanti e soluzioni spaziali e temporali immaginarie
B. si avvicina di più delle altre arti al mondo dello spirito per l'immaterialità e i mezzi di cui si avvale
C. grazie alla possibilità di dissolvere le immagini o di montarle in sequenze che superano lo spazio e il tempo è l'arte più vicina al sogno
D. è un'arte istintuale come dimostrano le alterazioni nella successione delle immagini e nel concetto di tempo e di spazio
E. riesce a rappresentare il mondo dei sogni mediante immagini e scene irreali che producono emozioni a livello istintuale

La realtà del Caravaggio

Della fondamentale motivazione stilistica della luce del Caravaggio si è largamente parlato, e se ne sono cercate le fonti nella cultura lombarda dove in parte si trovano; ma l'insorgenza del luminismo caravaggesco risulterebbe inspiegabile senza lo stimolo e l'urgenza di comunicare un contenuto simbolico. Intendo simbolico in senso intenzionale, programmatico.

Da questo intento simbolico può essere infine considerata distinta ma comunicante la componente espressiva ed "emozionale": tutto ciò che il luminismo caravaggesco dice ed esprime anche al di là delle più immediate intenzioni. Non hanno dunque un messaggio univoco ma un coacervo di messaggi, nel quale certo hanno la loro parte gli stessi connotati psichici dell'intensità religiosa ed umana di Caravaggio, della sua passionalità, come e soprattutto, in stretta connessione di trauma, l'eco delle inquinanti novità del pensiero post-copernicano in una nuova immaginazione esistenziale e cosmica. Finché al centro anche topografico dell'universo restavano la terra e l'uomo, era naturale relazionare questo mondo-ombelico ad un Dio-testa che lo osservava dall'alto. Quando i mondi e i centri diventano plurimi e sfuggenti, o solo si insinua il sospetto che lo siano, anche il luogo di Dio fluttua nell'universo, e se Dio un luogo ha, non può essere che dentro di noi e dentro alle cose. Non è certo un caso che il Caravaggio, al chiaro e ordinato disegno dello spazio rinascimentale che ha un centro e un perimetro, e che è misurabile attraverso la prospettiva, sostituisca fondali ciechi, uno spazio d'ombra insondabile, dove la luce, bucando, crea uno o più centri irrelati ad un qualsiasi perimetro o ad una distinta periferia («Iddio è spera intelligente, il cui centro è in ogni loco, la circumferentia in nessuno», secondo la proposizione ermetica e neo platonica che Bruno rilanciò con più drastico significato). Né par dubbio che l'angoscia e il disorientamento siano i connotati

espressivi delle grandi ombre divoranti, delle luci consunte nelle opere estreme: le vicende umane lo confermano.
Ma se tutto ciò esiste nell'opera di Caravaggio a livello globalmente espressivo, sarei cauto nel riconoscere questi stessi ingredienti nella ricetta simbolica, in quello che ritengo sia cioè il significato programmatico del luminismo caravaggesco. Non credo infatti che la sua luce-ombra voglia alludere al Dio e all'universo bruniani; tanto meno ci può soccorrere, in questo senso, la dottrina della luce del Patrizi, che forse è più estranea di quella bruniana (con cui ha tuttavia in comune la componente neoplatonica ed ermetica) al pathos espressivo di Caravaggio, e neanch'essa potrà interessare il livello simbolico delle sue intenzioni rappresentative. È solo, la dottrina del Patrizi, un documento dell'importanza e dell'attenzione che si votava alla luce nella speculazione neoplatonica del tempo. Tanto vale, allora, rifarci ancora ai neo-platonici *Dialoghi d'Amore* dove si attribuisce alla luce una decisa preminenza anche formale ed estetica nell'analisi della bellezza, contestando le classiche proporzioni.
Risalendo tuttavia all'indietro, la tesi neo-platonica della luce come "sostanza", essenza delle cose corporee e «corpo incorporeo» rimanda alla matrice agostiniana, che è quella, credo, realmente operante in presa diretta sull'immaginazione luministica del Caravaggio. In sant'Agostino, la valutazione della luce come sostanza è inestricabilmente connessa alla luce come metafora e al suo significato morale di estrazione gnostica: la luce è attributo di Dio e come tale è anche principio di bene, oltre che "lume" ovvero guida, illuminazione: assunto centrale nel pensiero di Agostino è l'assoluta dipendenza dell'intelletto umano da Dio in quanto luce di verità. Per san Tommaso, vanto della mente umana sarà il «lume naturale», che rende capace l'uomo di conoscere, ben distinto dal *lumen gloriae* e dal *lumen gratiae*: premessa questa, in qualche modo, del razionalismo umanistico. Invece per sant'Agostino la conoscenza è pura «visione di Dio», perpetua illuminazione: questa posizione era evidentemente più consona al clima dogmatico della Controriforma. La luce della conoscenza e la luce della grazia sono tutt'uno, dono che scende dall'alto.
Se allora un significato simbolico nella luce di Caravaggio sussiste, questo va ricercato in qualcosa di più basico ed elementarmente religioso, nella vecchia simbologia gnostica (ma anche alchemica, secondo il modello del *Genesi*) del male come tenebra, e nella sua contrapposizione al bene, come la morte si contrappone alla vita.

234) Nella pittura del Caravaggio, la luce:

A. ha due significati distinti ma correlati
B. ha solo un significato stilistico
C. ha solo un significato simbolico
D. è una eredità delle tecniche pittoriche precedenti
E. serve solo a creare uno sfondo

235) La visione del Caravaggio è influenzata da:

A. fattori esclusivamente tecnici
B. la filosofia della tarda scolastica
C. la concezione tolemaica del mondo
D. le idee estetiche del razionalismo
E. la nuova cosmologia copernicana

236) Nella teoria di sant'Agostino la luce:

A. è simbolo del lumen naturale
B. è solo un fenomeno naturale

C. è principio della conoscenza e della grazia
D. non ha alcun significato mistico
E. deriva dalla creazione del sole

237) I fondali del Caravaggio:

A. rivelano una certa fretta compositiva
B. mettono in rilievo i primi piani
C. creano uno spazio d'ombra
D. stabiliscono una razionale prospettiva
E. sono ricchi di molteplici colori

238) Nel luminismo caravaggesco il contrasto luce/ombra:

A. ha una funzione puramente tecnica
B. serve a definire meglio le figure
C. è sempre molto sfumato
D. serve a creare l'illusione della profondità
E. riflette l'antitesi bene/male

239) "Ronald E. Smith, assieme ad alcuni colleghi dell'Università di Washington [...] ha elaborato l'ipotesi che gli studenti molto ansiosi, messi in condizione di ridere durante gli esami, debbano non solo sentirsi più a loro agio, ma anche dare prestazioni più brillanti. [...] I risultati della ricerca di Smith e collaboratori confermano l'ipotesi che l'umorismo abbia proprietà tranquillanti. Infatti, per gli studenti poco ansiosi l'aggiunta dell'umorismo [nella formulazione delle domande d'esame] non ha, praticamente, alcun effetto (è ovvio che gli spunti ridicoli non rendono la prova più facile); per gli studenti molto ansiosi, invece, si nota un netto miglioramento dei risultati, che diventano addirittura superiori a quelli dei compagni con un'ansia limitata. Concludendo: se un giovane ritiene che l'ansia possa far peggiorare il proprio rendimento in un'interrogazione o in un esame, gli sarà utile pensare a qualcosa di comico".

Mario Farné, *Guarir dal ridere. La psicobiologia della battuta di spirito*, Bollati Boringhieri, Torino, 1998, pp. 12-13

Si riconosca, fra le seguenti, l'UNICA notazione che R. E. Smith e collaboratori potrebbero sottoscrivere:

A. la formulazione in termini umoristici delle domande d'esame non darebbe alcun apprezzabile vantaggio a studenti poco ansiosi
B. l'iniezione di modeste dosi d'umorismo potrebbe comportare distrazione e rivelarsi controproducente al fine del superamento degli esami
C. quanto più uno studente è preda dell'ansia tanto più si rivela incapace di cogliere gli spunti umoristici dei quesiti cui è chiamato a rispondere
D. la probabilità di superare un esame cresce in misura inversamente proporzionale al senso umoristico del candidato
E. la probabilità di superare un esame cresce in misura direttamente proporzionale al livello d'ansia del candidato

240) "I bambini insicuri e ansiosi tendono a disegnare figure piccole che occupano timidamente soltanto una parte ridotta dello spazio a disposizione. [...] L'assenza di braccia nei disegni di bambini oltre i sei anni può denotare timidezza, passività, o immaturità intellettuale. [...] Le mani nascoste sono state interpretate come un'espressione di sensi di colpa. [...] Le proporzioni esagerate delle mani sono viste come il simbolo di tendenze aggressive se la figura è un autoritratto. Quando la figura rappresenta invece un genitore o chi fa le sue veci, le mani accentuate possono indicare aggressività subita, anticipata o temuta. [...] Nei disegni di bambini insicuri si osserva di frequente l'instabilità della figura, che oscilla sul sostegno insufficiente di piedi piccoli".

Joseph H. Di Leo, *I disegni dei bambini come aiuto diagnostico*, tr. it. Giunti, Firenze, 1992, pp. 47-60

Solo UNA delle considerazioni seguenti può ritenersi CORRETTAMENTE dedotta dalle premesse contenute nel brano riportato. La si individui:

A. il bambino che si rappresenta con le mani troppo piccole teme probabilmente di subire atti violenti ad opera delle figure parentali
B. le braccia nascoste e i piedi piccoli delle figure disegnate indurrebbero a pensare ad un bambino affetto da spiccati sensi di colpa
C. il disegno di una figura di grandi dimensioni che occupa un'ampia porzione del foglio farebbe pensare ad un bambino ben adattato e libero dall'ansia
D. rappresentando i genitori come figure dalle mani nascoste il bambino opera un'inconsapevole attribuzione della responsabilità delle violenze subite
E. attribuendo nei disegni mani enormi ai genitori o a coloro che ne fanno le veci, i bambini tradiscono le proprie accentuate tendenze aggressive

241) "Esistono molteplici forme di memoria che hanno sede in zone diverse del cervello: la *memoria procedurale* che riguarda le nostre abilità percettive e motorie, e la *memoria dichiarativa* o *esplicita*, distinta in memoria semantica, cioè la capacità di ricordare quanto sappiamo, e memoria episodica, la capacità di ricordare gli eventi. Si deve poi distinguere tra *memoria a breve termine* e *memoria a lungo termine*. Quest'ultima trattiene le informazioni per un lungo lasso di tempo, grazie anche a meccanismi emotivi di consolidamento".

La capacità di andare in bicicletta anche dopo molti anni che non la si usa più può essere attribuita a:

A. memoria semantica
B. memoria procedurale
C. memoria esplicita
D. memoria episodica
E. memoria visiva

242) "La sindrome fenilchetonurica o PKU è la più comune malattia pediatrica congenita dovuta a deficienza enzimatica, causata da diversi tipi di mutazioni recessive a carico di un gene localizzato sul cromosoma 12. Essa è legata all'incapacità di metabolizzare l'amminoacido fenilalanina. Il gene infatti codifica per un enzima che converte in tirosina l'amminoacido fenilalanina. In assenza di tale enzima la fenilalanina si accumula nel sangue e nelle urine, o viene trasformata in acido fenilpiruvico che causa seri danni al sistema nervoso centrale, ritardo mentale e morte precoce. La malattia può essere tenuta sotto controllo mediante una dieta povera di fenilalanina. Gli stati americani ed europei hanno istituito indagini su tutti i neonati per la diagnosi precoce della PKU".

Dalla lettura del brano si può affermare che:

A. il termine fenilchetonuria indica presenza di alti tassi di fenilalanina nel sangue e nelle urine
B. l'amminoacido tirosina si converte in fenilalanina grazie ad un gene localizzato sul cromosoma 12
C. una dieta povera di fenilalanina causa seri danni al sistema nervoso centrale e ritardo mentale
D. la PKU è una malattia genetica dominante dovuta all'alterazione di un singolo gene

E. gli stati americani ed europei raccomandano una dieta povera di fenilalanina per prevenire la PKU

243) "La capacità di provare dolore non può essere rimossa, ma capita, di rado, che qualche individuo ne sia privo dalla nascita. Una vita senza dolore potrebbe sembrare fortunata, ma non lo è. I bambini che non provano dolore non sono a disagio neppure quando stanno a lungo nella stessa posizione: la conseguente mancanza di movimento impedisce al sangue di arrivare alle articolazioni, che nell'adolescenza sono già deteriorate. Le persone che non possono sentire dolore muoiono quasi tutte prima dei trent'anni. Anche i dolori diffusi, o il semplice malessere, sono adattivi. Spingono all'inattività completa, e non solo al riposo delle parti danneggiate. [...] L'inattività favorisce anche, probabilmente, l'efficacia delle difese immunitarie, il ripristino dei tessuti danneggiati e altri adattamenti. I medicinali che fanno sentire meglio una persona malata interferiscono con questi benefici. Una sensazione di benessere indotta dai farmaci può indurre ad attività che interferiscono con gli adattamenti difensivi o con la guarigione".

Randolph M. Nesse e George C. Williams, *Perché ci ammaliamo*, Einaudi, Torino, 1999, p. 46

DUE delle seguenti proposizioni traggono le conclusioni del discorso riportato: le si riconosca.
1) la somministrazione di farmaci può talora risultare controproducente; 2) il dolore fisico, di per se stesso, è comunque qualcosa di sgradevole; 3) chi non sopporta il dolore tende a permanere nella stessa postura; 4) a qualche essere umano la sorte preclude la capacità di provare dolore; 5) a dispetto delle apparenze una vita senza dolore non è una vita fortunata; 6) la capacità di provare dolore non può essere rimossa.

A. La 2 e la 6
B. La 2 e la 3
C. La 2 e la 4
D. La 3 e la 4
E. La 1 e la 5

244) "Nei giardini europei di ogni epoca e stile, fino alla metà del XIX secolo circa, i labirinti erano un elemento essenziale per superare l'uniformità delle varie parti e raggiungere [...] un certo grado di varietà anche in uno spazio estremamente ridotto. [...] La differenza stava nella loro destinazione, nelle particolarità della loro semantica. Nei giardini monastici medievali i labirinti simboleggiavano la vita complessa e intricata dell'uomo. I sette peccati capitali e le sette virtù teologali incontravano l'uomo lungo questo percorso. [...] Pietro I costruì labirinti in tutti i giardini pietroburghesi più famosi, adornandoli immancabilmente con gruppi scultorei ispirati alle favole di La Fontaine. [...] Pietro [il Grande] voleva istruire i suoi sudditi alla cultura secolare europea, indispensabile ai Russi per poter comunicare liberamente con gli stranieri colti. Ma già sotto Pietro i labirinti avevano anche un altro scopo – il divertimento. Pietro amava portare nel labirinto i suoi ospiti e obbligarli a uscirne da soli. Nel periodo romantico i labirinti erano un pretesto per allungare l'itinerario delle passeggiate e cominciarono a cedere il posto ai parnasi [...]".

Dmitrij Sergeevic Lichacev, *La poesia dei giardini*, tr. it. Einaudi, Torino, 1996, pp. 34-35

SOLO UNA delle considerazioni sottostanti si attiene alle affermazioni di Lichacev. La si individui:

A. ai labirinti dei giardini potevano essere attribuite valenze simboliche ma non certo educative e ludiche

B. mirava sempre all'omogeneità del paesaggio e alla brevità delle passeggiate, la predisposizione di labirinti nei giardini
C. la predisposizione di labirinti nei giardini pietroburghesi rispondeva alla sola esigenza dell'istruzione del popolo russo
D. al variare delle epoche storiche, permanevano immutate le funzioni attribuite ai labirinti nei giardini
E. i labirinti dei giardini poterono simboleggiare le vicissitudini e gli erramenti cui si trova esposta l'esistenza umana

245) "Nelle favole di Hans Christian Andersen l'«infelicità emerge man mano che la scrittura diventa più padrona di sé. E anche nei racconti canonici è sempre possibile la doppia lettura: una ingenua, appunto per ragazzi, con finale apparentemente edificante; e una più sottile, più desolata, che spinge a una diversa, se non proprio opposta, interpretazione dell'esito conclusivo. È il caso di uno dei più famosi racconti: il brutto anatroccolo diventa un meraviglioso cigno, ma il lettore adulto è autorizzato a leggere tale metamorfosi come una implacabile sconfitta. La stessa cosa succede al Pinocchio di Collodi, che alla fine si trasforma in bravo ragazzo, fatto di carne e ossa: il burattino è morto, e con lui la gioia di vivere con innocenza e spensieratezza".

Vincenzo Cerami, "Così Andersen mise in fiaba il male di vivere", *Specchio, p. 60,* supplemento a La Stampa del 19-3-2005

La trasformazione del brutto anatroccolo in cigno può essere anche letta, in senso NON edificante, come un'implacabile sconfitta per... (Si scelga la MOTIVAZIONE che rispetta lo spirito delle parole di Cerami):

A. gli altri cigni, data la particolare bellezza del nuovo venuto e il favore da lui incontrato presso i bambini
B. il lettore, che vede smentite le sue ragionevoli aspettative circa l'immancabile, tragica fine del brutto anatroccolo
C. gli altri anatroccoli e tutti gli altri animali, che in precedenza avevano continuamente deriso e maltrattato il brutto anatroccolo
D. il brutto anatroccolo, per il quale la metamorfosi in cigno vale il passaggio da gioia, innocenza e spensieratezza al loro contrario
E. il brutto anatroccolo: non lui ma il cigno in cui ha avuto la fortuna di trasformarsi riesce a farsi accettare dal prossimo

246) "Il contrasto tra Rousseau e Nietzsche può essere illustrato proprio dal diverso atteggiamento che l'uno e l'altro esprimono rispetto alla naturalità e artificialità dell'uguaglianza e della diseguaglianza. Nel discorso sull'origine della diseguaglianza, Rousseau parte dalla considerazione che gli uomini sono nati uguali, ma la società civile, vale a dire la società che si sovrappone lentamente allo stato di natura attraverso lo sviluppo delle arti, li abbia resi diseguali. Nietzsche, al contrario, parte dal presupposto che gli uomini siano per natura diseguali (ed è un bene che lo siano, perché fra l'altro una società fondata sulla schiavitù come quella greca era, proprio in ragione dell'esistenza degli schiavi, una società evoluta) e soltanto la società, con la sua morale del gregge, con la sua religione della compassione e della rassegnazione, li ha resi tutti eguali. Quella stessa corruzione, che per Rousseau ha generato la diseguaglianza, ha generato, per Nietzsche, l'uguaglianza. Là dove Rousseau vede diseguaglianze artificiali, e quindi da condannare e da abolire perché in contrasto con la fondamentale eguaglianza della natura, Nietzsche vede un'eguaglianza artificiale, e quindi da esecrare in quanto riduttiva della benefica diseguaglianza che la natura ha voluto regnasse tra gli uomini. L'antitesi non potrebbe essere più radicale: in nome dell'eguaglianza naturale, l'egualitario condanna la diseguaglianza sociale; in nome della diseguaglianza naturale, l'inegualitario condanna l'uguaglianza sociale. (...) L'idea qui formulata, secondo cui la distinzione tra sinistra e destra corrisponde alla differenza tra egualitarismo e inegualitarismo (...) si pone ad un tale livello di astrazione che può servire tutt'al più a distinguere due tipi ideali. (...) Ripeto ancora una volta che non sto dicendo che una maggiore eguaglianza è un bene e una maggiore diseguaglianza un male. Come ho detto sin dall'inizio, sospendo ogni giudizio di valore (...). Del resto, se l'eguaglianza può essere interpretata negativamente come livellamento, la diseguaglianza può essere interpretata positivamente come riconoscimento della irriducibile singolarità di ogni individuo. Non c'è ideale che non sia acceso da grande passione. La ragione o meglio il ragionamento che adduce argomenti pro e contro per giustificare le scelte di ciascuno di fronte agli altri, e prima di tutto di fronte a se stessi, viene dopo. Per questo i grandi ideali resistono al tempo e al mutar delle circostanze e sono, l'uno all'altro, irriducibili. La spinta verso una sempre maggiore eguaglianza tra gli uomini è, come aveva osservato nel secolo scorso Tocqueville, irresistibile. (...) Mai come nella nostra epoca sono state messe in discussione le tre fonti principali di diseguaglianza, la classe, la razza, il sesso. La graduale parificazione delle donne agli uomini, prima nella piccola società famigliare, poi nella più grande società civile e politica, è uno dei segni più certi dell'inarrestabile cammino del genere umano verso l'eguaglianza".

Norberto Bobbio, *Destra e Sinistra*, Donzelli, Roma 1994

UNA sola di queste deduzioni è conseguente al testo riportato. Quale?

A. Le contrastanti concezioni di "stato di natura" di Rousseau e Nietzsche sono state assunte come fondamento di diversi progetti ideali
B. Se l'adesione al partito dell'eguaglianza è per lo più passionale, aderire al partito opposto è generalmente frutto di un procedimento, pur discutibile, di analisi razionale
C. Il vedere nella diseguaglianza il riconoscimento della irriducibile singolarità dell'individuo caratterizza il nicianesimo che, in quanto sconfitto dalla storia, è destinato a scomparire
D. Ai movimenti di sinistra, in quanto caratterizzati dall'utopia egualitaria, Bobbio riconosce una funzione inequivocabilmente e innegabilmente più positiva che ai movimenti di destra
E. Che la storia proceda verso una sempre maggiore eguaglianza implica che la concezione ispirata a Nietzsche, che sostiene la diseguaglianza, prima o poi cesserà di esistere

247) "In una certa regione il numero assoluto di soggetti che è stato guarito da una condizione morbosa, che definiremo come U, sempre mortale se non trattata, è molto elevato, ma varia da uno all'altro dei centri specializzati. Data l'importanza anche sociale della malattia U, il numero di questi centri è progressivamente aumentato negli ultimi vent'anni e attualmente è ritenuto sufficiente a trattare, secondo schemi condivisi e regolarmente aggiornati e controllati, tutti i pazienti che nella regione si ammalano della malattia in questione. La differenza del numero assoluto dei soggetti guariti nei diversi centri è però significativa, e ha probabilmente radici complesse".

Il testo GIUSTIFICA peraltro UNA SOLA delle seguenti ipotesi esplicative, quale?

A. Una mancata aderenza ai protocolli di terapia da parte di alcuni centri
B. L'insufficiente specializzazione di alcuni centri
C. Un differente aggiornamento dei diversi centri
D. Il diverso anno di inizio dell'attività del centro
E. L'effetto di schemi terapeutici diversi

248) "Arrivare a una comprensione del Furioso, non dico piena ma ricca, non è facile, come non lo è per ogni libro che abbia molte facce diverse. Occorrerebbe (...) poter afferrare la ricchezza poliedrica del mondo ariostesco nella sua molteplicità sfaccettata (...). E bisognerebbe poter apprezzare la maestria con cui il narratore struttura la sua opera intrecciando tanti fili e portandoli tutti avanti con perspicua chiarezza; (...) Bisognerebbe insomma possedere una cultura letteraria acquisita con il lavoro di una vita e insieme una umanità intelligente e una sensibilità acuta per l'arte (...) Un patrimonio quasi impossibile da mettere insieme, e chi può sperare di possederlo? Solo gli sciocchi possono sperare di raggiungere tanta profondità di comprensione perché in possesso di questa o di quella competenza settoriale, o perché asserviti all'ultimo metodo venuto di moda. Ma è sufficiente, per un'opera come l'Orlando Furioso, anche accontentarsi di meno, assai meno. Procurarsi le informazioni indispensabili, liberarsi di ideologismi e preconcetti scolastici, e leggere... con il gusto di leggere, sapendo che un'opera letteraria è frutto, e quindi può esser fonte, di mille interessi e piaceri diversi: godere con umiltà di quelle invenzioni, di quel narrare sapientemente orchestrato, di quella musicale armonia. Io, purtroppo, so poco o niente di musica, ignoro le nozioni elementari necessarie ad analizzare la struttura di un brano, e sono, lo so, incapace di spiegarmi tecnicamente le emozioni che mi procura l'ascolto. Ma non per questo rinuncio a sentir musica, anzi! Ascolto e riascolto, conscio che tanto di quell'arte e del godimento che essa potrebbe procurarmi mi è precluso per sempre; ma tuttavia ascolto, e godo quello che natura e cultura consentono. Non dovrebbe esser lo stesso per chi è poco esperto di letteratura, ma non per questo è disposto a rinunciare alla ricchezza di conoscenze e di gioia che un'opera letteraria come il Furioso racchiude?".

Giuseppe Petronio, *Il piacere di leggere*, Oscar Mondadori

UNA SOLA delle seguenti affermazioni è rigorosamente DEDUCIBILE dal testo di Giuseppe Petronio, quale?

A. È un atto di presunzione pretendere di esaurire la conoscenza del Furioso grazie alla padronanza di tecniche interpretative anche molto aggiornate
B. È sufficiente per apprezzare il Furioso un orecchio naturalmente educato a cogliere la sapiente orchestrazione della narrazione
C. È inutile, per chi ama la musica e la vuole godere, procurarsi le nozioni necessarie a comprenderne la struttura
D. È possibile godere della lettura del Furioso anche senza alcuna preparazione preventiva

E. Natura e cultura permettono di godere un'opera d'arte tanto a chi non ha competenze tecniche quanto a chi ne ha

249) "Sulla memorizzazione di immagini "visive" venne fatto da A. de Groot un esperimento relativo al gioco degli scacchi. Egli dispose i pezzi secondo posizioni prese da partite effettivamente giocate e mostrò la scacchiera ai soggetti per cinque secondi; poi tolse i pezzi e chiese ai soggetti di ricostruire le posizioni. I maestri e i grandi maestri furono capaci di ricostruire le posizioni (con circa 20-24 pezzi sulla scacchiera) quasi senza errori, mentre i principianti riuscirono a mala pena a sistemare in modo corretto qualche pezzo e i giocatori di medio calibro si collocarono a metà tra i campioni e i principianti. Ma il fatto notevole fu che quando si mostrarono ai maestri e ai grandi maestri altre scacchiere con lo stesso numero di pezzi disposti a caso, la loro capacità di ricostruire le posizioni non si rivelò maggiore di quella dimostrata dai principianti di fronte alle partite vere; i principianti, invece, si dimostrarono mediocri come lo erano stati precedentemente".

Herbert A. Simon, *Le scienze dell'artificiale*, Il Mulino, Bologna 1988

L'esperimento condotto avalla UNA SOLA delle seguenti ipotesi, quale?

A. L'informazione sulla scacchiera è meglio memorizzabile per i maestri perché registrata sotto forma di relazioni sensate e conosciute tra i pezzi
B. I campioni di scacchi hanno doti speciali per memorizzare le immagini visive
C. I fenomeni di visualizzazione dipendono essenzialmente dalla struttura neurologica individuale
D. Se non un maestro, un grande maestro può sicuramente registrare fino a 24 pezzi di informazione in cinque secondi
E. Oltre ad una eccezionale capacità di memorizzazione, i maestri degli scacchi possiedono una particolare capacità di concentrazione

250) "Ci sono diversi modi possibili di leggere Marshall McLuhan a poco più di trent'anni dalla pubblicazione originale di *Understanding Media*, che in italiano venne tradotto come *Gli strumenti del comunicare* perché media, nel 1967, era ancora una parola sconosciuta ai più... Leggere *Gli strumenti del comunicare* significa sentirsi invitati non ad accogliere delle idee ma a completarle, non a seguire un testo ma a starci dentro, un po' come certi cult movies sembrano piuttosto un invito a travestirci con i loro abiti che a seguire una storia. (...) Leggendolo attentamente ci si rende conto che l'asistematicità di McLuhan è più apparente che reale, e che al fondo quello che egli propone è una vera e propria filosofia della storia. Secondo McLuhan, si può leggere l'intera storia umana come una successione di forme di comunicazione (...). La prima rottura, in una socialità primitiva fatta di comunicazione essenzialmente verbale, è stata rappresentata per McLuhan dalla scrittura. Mentre nell'oralità la comunicazione è sempre partecipata, richiede non solo la compresenza, ma anche la co-attività di diversi interlocutori, la scrittura separa radicalmente l'emissione del messaggio dalla sua ricezione (...). L'alfabeto fonetico completa questa trasformazione (...). La scrittura prima, l'alfabeto fonetico poi, segnano il passaggio da società 'fredde' (con questo termine, preso dal linguaggio jazzistico, McLuhan definiva le forme di comunicazione partecipative, che trasmettono messaggi incompleti e invitano il ricettore a completarli) a società 'calde', basate su forme di comunicazione non partecipative, affidate generalmente a un solo senso, che bombardano la mente del ricettore con messaggi 'completi' e immutabili. Da allora, sulla base della dialettica 'caldo/freddo' si può, secondo McLuhan, riscrivere per intero i cicli della storia umana: alla calda antichità classica fa seguito un medioevo raffreddato dal ritorno delle società occidentali a forme di comunicazione in larghissima prevalenza orali; questo a sua volta si rovescia, con la stampa, in un'epoca di nuovo calda. Con la stampa, secondo McLuhan, che alla 'Galassia Gutenberg' ha dedicato uno dei suoi libri più noti, la separazione fra azione e reazione si esaspera ulteriormente (...). Alla fine dell'Ottocento, con l'elettrificazione, si ha di nuovo un rovesciamento (...); il telegrafo prima, poi il telefono e la radio, ci riportano alla simultaneità, ci propongono dei messaggi che non solo consentono, ma richiedono la nostra partecipazione, creano una possibilità di contatto di tipo orale, ma esteso all'intero pianeta (...). Il raffreddamento inaugurato da Edison viene coronato, secondo McLuhan, dalla televisione, medium apparentemente passivizzante ma che in realtà richiede un'alta partecipazione dello spettatore (...). Del personal computer McLuhan, morto nel 1980, non fece in tempo a occuparsi, ma è evidente a chi legga l'ultimo capitolo degli Strumenti che per McLuhan l'informatizzazione completava la fase di raffreddamento della civiltà avviata da Edison (...). È una filosofia della storia che deve molto a Marx, (...) ma McLuhan attribuisce la funzione rivoluzionaria non al movimento organizzato, ma alla forza stessa delle cose, al messaggio che sta nei media. Di qui il tono profetico, ma al tempo stesso conservatore. McLuhan si è proposto come profeta di una rivoluzione che c'è già stata, teorico radicale di uno sradicamento che è nei fatti. Per questo la parola chiave di McLuhan è 'consapevolezza' e i suoi testi si offrono come strumenti per prendere consapevolezza di quello che già è, per capire quello che, in fondo, già sappiamo".

Peppino Ortoleva,
L'uomo e il suo messaggio

Tra le affermazioni qui riportate individuare la sola coerente con il pensiero di McLuhan.

A. Da Edison fino al PC si conclude e culmina la fase di allontanamento dalla comunicazione orale primitiva, di cui si è ormai persa ogni caratteristica
B. La diffusione della stampa, la Galassia Gutenberg, ha permesso una personalizzazione dell'acquisizione del sapere
C. Più della radio, la televisione, affidandosi quasi esclusivamente alla vista, invita ad una recezione passiva e acritica
D. L'alfabeto fonetico rese possibile un nuovo tipo di comunicazione, più freddo perché meno condizionato dalla gestualità
E. *Gli Strumenti del comunicare* di McLuhan può essere considerato una forma di comunicazione fredda, in quanto le idee che vi sono espresse esigono di essere completate dal lettore

251) "Non è chiaro se l'effetto serra esista veramente e riscaldi la Terra ma di certo la polemica sull'argomento è rovente, come dimostra lo scontro in corso negli Usa sul film 'L'alba del giorno dopo', che mentre scrivo deve ancora uscire. Non esistono dubbi sul fatto che le attività antropiche causano l'emissione di anidride carbonica nell'atmosfera, dubbi e polemiche sorgono tuttavia quando si intende valutare sulla base di misure e di modelli teorici l'impatto che questa emissione ha sul clima. (...) In tempi ormai remoti la Terra ha subito variazioni climatiche brutali e ben documentate, basti pensare all'era glaciale, variazioni certo non legate all'attività dell'uomo. Lungo l'arco dei secoli la radiazione solare potrebbe subire o avere subito variazioni tali da alterare il clima terrestre ben al di fuori delle competenze del protocollo di Kyoto. Siamo condannati alla navigazione a vista e rimango scettico sia davanti al catastrofismo demagogico e scontato dei profeti di sventura sia verso il futuro radioso dei trionfalisti".

Tullio Regge, *Effetto serra. Un imprevisto ci salverà*, La Stampa, 29/4/2004

UNA SOLA delle seguenti affermazioni È AUTORIZZATA dall'articolo citato di Tullio Regge.

A. È cosa ben chiara per uno scienziato che il protocollo di Kyoto è un espediente demagogico scientificamente irrilevante
B. Le radiazioni solari non influenzano le variazioni climatiche
C. La convinzione che le attività antropiche causino emissione di anidride carbonica nell'atmosfera non ha alcun fondamento scientifico
D. Mai comunque sulla Terra si sono verificate variazioni climatiche evidenti e importanti come nel nostro tempo
E. La valutazione dell'impatto sul clima dell'emissione di anidride carbonica nell'atmosfera è dubbia e controversa

252) "Fa attenzione alle forme con cui costruisce il contadino. Perché sono patrimonio tramandato dalla saggezza dei padri. Cerca però di scoprire le ragioni che hanno portato a quella forma. Se i progressi della tecnica consentono di migliorare la forma, bisogna sempre adottare questo miglioramento. [...] Sii vero. La natura sopporta soltanto la verità. Va d'accordo con i ponti a travi reticolati in ferro, ma rifiuta i ponti ad archi gotici con torri e feritoie. Non temere di essere giudicato non moderno. Le modifiche al modo di costruire tradizionale sono consentite soltanto se rappresentano un miglioramento, in caso contrario attieniti alla tradizione. Perché la verità, anche se vecchia di secoli, ha con noi un legame più stretto della menzogna che ci cammina al fianco".

Adolf Loos, *Parole nel vuoto*, Adelphi, Milano 1990

UNO SOLO dei giudizi sotto riportati È a rigore ricavato dal discorso di Loos. Quale?

A. La natura ama la verità e accoglie male i frutti della tecnologia
B. Nelle forme tradizionali popolari c'è un senso che merita di essere riscoperto
C. Chi non comprende il senso della tradizione non può essere un vero innovatore
D. Siamo sempre più legati alle menzogne di moda che alle verità fuorimoda
E. Gli strumenti moderni impongono sempre una modernizzazione delle forme

253) "Molti [...] sosterrebbero che il modo migliore per aiutare i poveri è favorire la crescita dell'economia. Essi credono nell'economia del trickle down o permeabile, quella cioè che, goccia a goccia, dovrebbe prima o poi far arrivare i vantaggi della crescita anche ai poveri. La teoria economica del trickle down non è mai stata molto più di una credenza, un articolo di fede. Nell'Inghilterra del XIX secolo, l'indigenza sembrava in aumento anche se, nel complesso, il paese prosperava. La crescita degli anni Ottanta in America ci fornisce l'esempio drammatico più recente: in pieno progresso economico, i più poveri hanno visto ridursi ulteriormente i loro redditi reali. [...] E quando lasciai la Casa Bianca per andare alla Banca mondiale, portai con me lo stesso scetticismo nei confronti di questo tipo di politica: se non aveva funzionato negli Stati Uniti, perché mai avrebbe dovuto funzionare nei paesi in via di sviluppo? Se da una parte è vero che non è possibile ridurre in modo significativo la povertà senza una crescita economica sostenuta, non è vero l'opposto: non è detto che la crescita vada a vantaggio di tutti. Non è vero che l'alta marea solleva tutte le barche...".

Joseph E. Stiglitz, *La globalizzazione e i suoi oppositori*, Einaudi, Torino 2002

Quale delle seguenti affermazioni È COERENTE con il pensiero di Stiglitz?

A. La diminuzione della povertà non è un problema che riguardi l'economia
B. Crescita economica e diminuzione della povertà non sono correlate
C. Crescita economica e diminuzione della povertà sono inversamente proporzionali
D. La crescita economica è condizione necessaria a contrastare efficacemente la povertà
E. La crescita economica è condizione sufficiente a contrastare efficacemente la povertà

254) "È famoso come poeta dialettale piemontese, ma di professione faceva il medico. Edoardo Ignazio Calvo nacque a Torino il 13 ottobre 1773, nella casa dove suo padre visitava i pazienti. Per il figlio desiderava un futuro simile. Le insistenze paterne furono tali che si iscrisse alla facoltà di Medicina e si laureò con una tesi in latino sullo scorbuto. Sebbene avesse affrontato quegli studi controvoglia, alla professione si dedicò con intelligenza e capacità; proprio mentre curava i malati di tifo nell'antica sede dell'ospedale San Giovanni Battista, contrasse anche lui l'infezione, morendone esattamente due secoli fa. Nonostante [...] l'intensa attività letteraria (scrisse favole esopiche e satire politiche) trovò anche il tempo di scrivere un interessante lavoro scientifico a proposito di piante e animali velenosi, in cui si schierava contro le false credenze da Plinio in poi, e faceva una rassegna rapida delle testimonianze attendibili sui veleni presenti in natura".

Anna Buoncristiani, *Il poeta che sperimentò il vaccino antivaiolo*, Tutto Scienze-La Stampa, 28/4/2004

UNA SOLA delle seguenti considerazioni È AUTORIZZATA dall'articolo citato. Quale?

A. Il tifo era, nei secoli scorsi, una malattia sempre mortale
B. Non era possibile per un figlio, nei secoli passati, ribellarsi all'autorità paterna
C. L'esercizio di un'attività intensa in campo medico assorbe tutte le energie di chi vi si dedica generosamente
D. Capitava, nel '700, che uno studioso, pur giovane, desse un contributo originale alla cultura sia scientifica sia letteraria
E. Il ricorso alle erbe in campo medico, è sempre sicuro, in quanto fondato su incontrovertibili esperienze millenarie

255) "Dopo Mario Draghi arriva Antonio Catricalà. Dopo la Banca d'Italia, anche l'Antitrust bastona le banche per i costi troppo alti dei conti correnti. 'I correntisti spendono in media 182 euro l'anno, molto di più che nel resto d'Europa' accusa l'autorità presieduta da Catricalà, che da un anno ha ricevuto dall'istituto di via Nazionale la competenza della tutela della concorrenza bancaria e che ieri ha diffuso le conclusioni della sua indagine conoscitiva sul caro sportello. Tale indagine ha preso spunto da un'analisi avviata congiuntamente dalle due autorità e poi proseguita e approfondita autonomamente dall'Antitrust. Del resto anche la Banca d'Italia, come ha fatto sapere sabato il Governatore, ha sviluppato il suo monitoraggio. E non v'è dubbio che l'esito di entrambe le verifiche e dello studio fatto recentemente dalla Commissione di Bruxelles confermino, seppur con cifre e parametri diversi, la circostanza che il correntista italiano è penalizzato rispetto agli altri cittadini europei. Per l'Antitrust, che sollecita la portabilità del conto corrente, allo sportello in Italia si spendono in media circa 182 euro all'anno, contro per esempio i 35 euro dell'Olanda o i 65 di Belgio e Regno Unito, i 99 della Francia o i 108 della Spagna. E ciò perché il "nostro sistema creditizio è meno competitivo". La vera sorpresa sta nella scoperta fatta dagli uomini di Catricalà. E cioè la minore convenienza per il cliente dei conti correnti a canone, ovvero a costo fisso mensile o annuale, pubblicizzati dalle banche come i più economici. Dall'indagine infatti è emerso che i conti meno costosi sono in nove casi su dieci quelli 'a consumo', seguiti dai conti a canone con operazioni illimitate e infine, i più cari, quelli a canone con operazioni limitate. I più convenienti in assoluto, con costi inferiori del 60%, sono comunque i conti online. È stato fatto anche un sondaggio per tipologia familiare: i nuclei monoreddito spendono in media da 177,2 a 208,8 euro l'anno. Quelle bireddito circa 196,3 euro. I giovani in cerca del primo impiego 76,3 euro e i pensionati 96,6 euro".

Stefania Tamburello, *Caro-sportello, antitrust contro le banche,* Corriere della sera

In base al brano è deducibile che Antonio Catricalà:

A. è succeduto a Mario Draghi alla presidenza dell'Antitrust
B. presiede l'Antitrust
C. presiede una banca
D. è il presidente dell'Antitrust e della Banca d'Italia
E. presiede la Banca d'Italia

256) In base a quanto riportato nel brano, quale tra le seguenti affermazioni è esatta?

A. I conti correnti spagnoli forniscono un reddito inferiore rispetto ai conti correnti olandesi
B. È sempre più vantaggioso essere un correntista italiano che un correntista olandese
C. Nel Regno Unito i costi dei conti correnti sono sensibilmente più alti che in Belgio
D. Il costo medio per tenere aperto un conto corrente è superiore in Spagna che in Francia
E. I conti correnti a canone, ovvero a costo fisso mensile o annuale, sono i più economici

257) "Hong Kong, Singapore, Taiwan, Cina, Malaysia, Thailandia, Indonesia, Filippine, India, tutto il Centro e il Sudamerica, Australia, Nuova Zelanda, Sudafrica, Paesi europei dell'ex blocco comunista (Russia, Ungheria, Repubblica Ceca, Slovacchia e così via). A esclusione dei primi tre – che comunque sono tradizionalmente inclusi nell'area degli emergenti perché molto dipendenti dalle economie vicine e per l'alta volatilità dei loro mercati azionari – sono questi i Paesi emergenti, caratterizzati da un reddito pro capite inferiore alla media (secondo i dati della World Bank) e da un tasso di crescita dell'economia sensibilmente più elevato di quello dei Paesi già sviluppati: negli anni '90 il Pil dei Paesi asiatici è cresciuto al ritmo del 10% annuo, e la previsione della World Bank è che nel XXI secolo il tasso di sviluppo sia vicino al 7,5%, cioè tre volte la crescita stimata dei Paesi occidentali. Lo sviluppo in America Latina e nell'Est europeo, sebbene di molto inferiore a quello dei Paesi asiatici, dovrebbe essere doppio rispetto a quello dei Paesi occidentali. Gli investitori spaventati dalle borse emergenti dovrebbero ricordare che alla fine dell'Ottocento gli stessi Stati Uniti erano considerati dai ricchi europei un grande Paese emergente. Investirvi era un'avventura ai limiti dell'azzardo: frodi e fallimenti (inclusi quelli di alcuni enti pubblici come lo Stato del Mississippi) erano all'ordine del giorno. Ciononostante gli Stati Uniti sono emersi come la più forte economia mondiale e Wall Street si è rivelato il maggior investimento del XX secolo. Allo stesso modo, alla fine degli anni '60 il Giappone era un mercato emergente (o riemergente dalla sconfitta della seconda guerra mondiale); grazie alla determinazione e alla imprenditorialità dei suoi abitanti, ha prodotto un miracolo economico che lo ha proiettato rapidamente nel club delle grandi potenze. Un investimento di 10.000 dollari nella borsa giapponese nel 1962 si sarebbe trasformato in un capitale di 1,5 milioni di dollari alla fine del 1997, nonostante la pessima performance del Kabuto-cho (la borsa di Tokyo) negli anni '90".

Marco Liera e Andrea Beltratti,
Capire la borsa. Guida all'investimento,
Il Sole 24 ore

Quale di queste affermazioni è esatta, relativamente al brano?

A. Le economie emergenti garantiscono margini di guadagno molto alti
B. Nessun Paese africano appartiene alla sfera delle economie emergenti
C. Taiwan appartiene più che altro per convenzione, oltre che per la volatilità del suo mercato azionario, ai Paesi considerati emergenti
D. I tassi di crescita dei vari Paesi emergenti sono determinati dalla World Bank
E. Le Repubbliche islamiche appartengono anch'esse ai Paesi emergenti

258) Quale tra le seguenti affermazioni è ricavabile dal testo?

A. L'economia europea si avvia ad un lento declino
B. Nel corso del Novecento l'economia degli Stati Uniti ha fatto un tale balzo in avanti da superare quella europea
C. Sebbene abbiano un'economia in forte crescita, i Paesi asiatici non potranno mai superare gli Stati Uniti che sono la maggiore potenza economica mondiale
D. In futuro dovrebbe essere l'Africa la nuova economia emergente
E. Il prodotto interno lordo dell'America Latina cresce a un ritmo inferiore rispetto a quello dell'Europa dell'Est

259) Il Giappone:

A. non ha mai conosciuto tra il '62 e il '97 momenti di cattivo andamento della propria economia
B. è un Paese troppo piccolo per poter contare a livello globale pur avendo oggi un'economia piuttosto forte
C. tra il '62 e il '97 ha più che centuplicato il valore del proprio mercato azionario

D. è un paese con forti tradizioni politiche e sociali
E. ha conosciuto un miracolo economico nella seconda metà del Novecento grazie alla competitività delle sue tecnologie digitali

260) "Con la diffusione del cristianesimo, nel terzo e nel quarto secolo, l'educazione liberale impostata sui canoni greci – che aveva contraddistinto un uomo (e a volte una donna) di cultura durante i precedenti ottocento anni – venne sempre più considerata inadatta per i cristiani. Nel 415 Ipazia, una studiosa di matematica nota per la sua erudizione e per la sua bellezza, venne brutalmente assassinata da una banda di monaci al servizio dell'arcivescovo San Cirillo. Nel 529 l'Accademia di Atene, fondata da Platone circa mille anni prima, fu chiusa dalle autorità ecclesiastiche perché era troppo 'pagana'. Nell'Europa occidentale il declino della cultura fu accelerato dalle ripetute invasioni degli ostrogoti, dei visigoti, dei vandali e degli unni. Gli unni di Attila invasero l'Italia settentrionale nel 452. Roma stessa venne conquistata nel 476 dai goti di Odoacre e l'ultimo imperatore romano, Romolo Augustolo, fu da essi deposto. In seguito, ci furono poche opportunità per studiare la geometria e l'astronomia, dal momento che queste discipline possono essere apprese soltanto attraverso un costoso processo educativo formale, che richiede tempo, sforzi e insegnanti preparati. Presupposti di questo genere esistono solo quando c'è un'élite sufficientemente benestante e interessata a investire nello studio il tempo, il denaro e gli sforzi necessari. Nella nuova Europa cristiano-barbarica, con le sue élite militari ed ecclesiastiche, la cultura astratta aveva scarsa importanza. E per questo, senza un mercato di insegnanti e di studenti, non potevano svilupparsi istituzioni per l'apprendimento. L'Europa feudale, dopo tutto, non aveva bisogno di una matematica che andasse oltre i conti da mercato. Non è tanto l'assenza della matematica e della scienza in una società a essere sorprendente, ma piuttosto il fatto che tali forme di cultura si siano sviluppate di tanto in tanto in qualche luogo. L'oscurità che scese sull'Europa fu aggravata dalla conquista araba dell'Africa settentrionale e dell'Asia occidentale dopo il 622, evento che provocò l'interruzione degli ultimi legami commerciali tra l'Europa e le società più progredite dell'Oriente, isolando in questo modo il continente nella sua ignoranza. Il dominio totale del cristianesimo, una religione mistica con una teologia illogica, sfavorì lo sviluppo del pensiero logico anche (e forse soprattutto) presso i pochi che sapevano leggere. In confronto allo splendore intellettuale dell'Età Ellenistica, è come se in Europa, durante il Medio Evo, fosse stata 'spenta la luce'. A noi, che ci troviamo a vivere cinquecento anni dopo il Rinascimento, il fatto che l'Europa sia gradualmente uscita dalla sua ignoranza può sembrare un segno dell'inevitabilità del progresso. Ma anche se a un certo momento deve esserci stata una qualche apertura verso la conoscenza secolare, la rivoluzione scientifica che seguì può essere attribuita alla fiamma della matematica greca che fu tenuta accesa in Oriente. E la sopravvivenza di questa fiamma non era per niente inevitabile, anzi. Costantinopoli rimase la capitale dell'impero bizantino dopo la caduta di Roma. Romana quanto a struttura politica, greca quanto a lingua, cristiana quanto a religione, continuò a essere uno dei centri più importanti della cultura cristiana per più di mille anni. Tuttavia, la religione estese sempre più il suo dominio sulla vita intellettuale, e per quanto le antiche opere di Euclide e di Tolomeo fossero conservate nelle biblioteche, sempre meno furono coloro che si dedicarono al loro studio".

Secondo l'autore del brano, la diffusione della religione cristiana ha:

A. permesso la conservazione delle opere antiche
B. portato cultura e conoscenza in Europa
C. spostato l'attenzione degli studiosi dalla scienza all'etica
D. favorito lo studio della geometria e dell'astronomia
E. causato il declino della cultura scientifica

261) "Il cinema si esprime attraverso immagini in movimento, unite a una colonna sonora. L'illusione del movimento è data dal fatto che sullo schermo vengono proiettati 24 fotogrammi al secondo, a una velocità tre volte superiore al tempo di persistenza di un'immagine sulla retina (pari a 1/10 di secondo); in un tempo così rapido, naturalmente, l'occhio non riesce a distinguere separatamente ogni singolo fotogramma, ma li fonde insieme ricevendo l'impressione del movimento. L'immagine ha una forte adesione alla realtà, il movimento e il sonoro l'arricchiscono e ne rendono più viva ed efficace la fruizione. In questo modo il cinema giunge al ricevente in modo diretto, producendo l'impressione di trovarsi ad assistere all'azione nel momento stesso del suo svolgimento, di non essere di fronte a una finzione, ma alla realtà. Gli spettatori che hanno assistito alla prima proiezione pubblica (28 dicembre 1895) dell'arrivo di un treno alla stazione in uno dei primi filmati dei fratelli Lumière, gli inventori del cinematografo, fuggirono spaventati. Oggi il pubblico non è più così ingenuo, ma ugualmente si appassiona, come se fosse vera, alla storia proiettata sullo schermo, anche se riconosce la differenza fra immagine filmica e realtà ripresa, ben conosce come sia determinante il ruolo dell'autore (il regista) che rielabora i materiali di base, e sa che il cinema apre la porta su un'altra dimensione, del tutto immaginaria. La soggettività del cinema si manifesta su due piani: innanzitutto il mondo rappresentato è il risultato della fantasia e dell'elaborazione dell'autore; ma la soggettività interviene anche nel rapporto fra lo spettatore e quanto è proiettato sullo schermo, poiché ciascuno di noi coglie in modo personale la situazione rappresentata, la integra con quanto sa già e con le aspettative che si è costruito, e in questo modo partecipa alla definizione del senso del film".

Dal brano è possibile dedurre che il significato di un film:

A. è universale
B. non è univoco
C. non può essere diverso da quello progettato dal regista
D. è univoco
E. si presta a un'unica interpretazione

262) "Gli spin-off sono le scissioni di rami d'azienda, operazioni poste in essere per massimizzarne il valore. La scissione di una parte dell'attività (magari quella più profittevole e/o a maggiori potenzialità) può infatti essere interpretata positivamente dal mercato, che vede con maggiore chiarezza e focalizzazione un particolare business che altrimenti resterebbe in una situazione di opacità. Tipici esempi di scissioni sono gli spin-off dei rami immobiliari delle aziende (Unim scissa dall'Ina), ma anche delle attività su Internet degli ex monopolisti delle telecomunicazioni (Terra Networks da Telefonica de España oppure T-Online da Deutsche Telekom). Nelle operazioni di spin-off la creazione di valore può essere spettacolare ma talvolta eccessiva: valga per tutti l'esempio di Palm dalla 3Com del marzo 2000. 3Com è un'azienda californiana con due linee business: la prima è il computer networking, in cui subisce la durissima concorrenza del numero uno mondiale, Cisco. La seconda è la produzione di Pda (personal digital assistant), computer tascabili senza fili che hanno avuto uno straordinario successo a partire dal 1995: un business nel quale la 3Com è sempre stata leader mondiale con il marchio Palm Pilot. Nel novembre 1999 3Com, quotata al Nasdaq, ha una capitalizzazione di Borsa di oltre 10,5 miliardi di dollari. L'attesa dello spin-off di Palm fa salire la capitalizzazione fino a 42 miliardi all'inizio del marzo 2000. 3Com effettivamente scorpora la divisione Palm collocandone in borsa il 5% (e rimanendo proprietaria del restante 95%) giovedì 2 marzo 2000, a un prezzo di 38 dollari per azione. Il debutto di Palm al Nasdaq è spettacolare: la matricola apre le contrattazioni toccando un massimo a 165 dollari, per poi ripiegare in chiusura a 95. Un prezzo sufficiente a valutare Palm 53,4 miliardi, più di quanto valesse la 'mamma' 3Com".

Marco Liera e Andrea Beltratti, *Capire la borsa. Guida all'investimento*, Il Sole 24 ore

Secondo il brano:

A. la scissione di un ramo d'azienda che coinvolse Palm avvenne perché 3Com intendeva valorizzare un marchio già forte sul mercato
B. il marchio Palm nasce come spin-off nel momento in cui 3Com decise di investire nella propria produzione di Pda
C. il debutto di Palm al Nasdaq è deludente
D. 3Com decise di creare uno spin-off per valorizzare un marchio che sul mercato si era indebolito dopo aver conosciuto un notevole successo a partire dal 1995
E. il marchio Palm Pilot era uno spin-off di 3Com già prima del marzo 2000; a partire da quella data, cambiò nome in Palm

263) "Tutti noi siamo convinti di saper distinguere immediatamente e senza ambiguità, tra vari oggetti, quelli naturali e quelli artificiali: una roccia, una montagna, un fiume o una nube sono oggetti naturali; un coltello, un fazzoletto, un'automobile sono oggetti artificiali. Ma appena si analizzano tali giudizi ci si accorge che essi non sono né immediati né del tutto obiettivi. Sappiamo che il coltello è stato forgiato dall'uomo per un uso, per una prestazione progettata in precedenza. L'oggetto materializza quindi l'intenzione preesistente da cui ha tratto origine e la sua forma è giustificata dalla prestazione a cui era destinato ancor prima della sua effettiva realizzazione. Nulla di simile per il fiume o per la roccia che sappiamo o pensiamo modellati dal libero gioco di forze fisiche alle quali non sapremmo attribuire alcun 'progetto'. Tutto ciò naturalmente è valido se si ammette il postulato fondamentale del metodo scientifico secondo cui la Natura è oggettiva e non proiettiva".

Se si ammette il postulato fondamentale del metodo scientifico citato nel brano:

A. gli oggetti naturali possono essere considerati artificiali se usati per un fine determinato
B. la natura non agisce con un "progetto"

C. gli oggetti naturali sono modellati dal libero gioco di forze fisiche
D. è sicuramente corretta la distinzione fra oggetti naturali e artificiali
E. in natura tutto avviene per caso

264) "Io vorrei dire a questa generazione:
imparate a memoria qualche verso di verità o bellezza.
Potrebbe servirvi nella vita.
Mio marito non ebbe niente a che fare col fallimento della banca: (...)
fu mandato in prigione e io rimasi con i bimbi,
a doverli nutrire, e vestire e mandare a scuola.
E io lo feci, e li avviai nel mondo ben puliti e robusti,
e tutto per la saggezza del poeta Pope:
– Recita bene la tua parte, in questo consiste l'onore –"

Edgar Lee Masters, *Spoon River Anthology*, trad. Fernanda Pivano, Einaudi, Torino

La signora George Reece, di cui questo è l'epitaffio, esprime qui la concezione che ha Edgar Lee Masters della vita e dell'arte, concezione che noi possiamo così interpretare (INDICARE l'affermazione INCONGRUENTE col testo citato):

A. noi uomini siamo come attori a cui è stata assegnata una parte. Che sia da protagonista o da comparsa non importa, importa interpretarla bene
B. chi è colpito dalla sventura e offeso dall'ingiustizia è costretto a subire gli eventi, e proprio per questo viene spinto alla disperazione
C. non è vero, come talora sembra, che siamo del tutto impotenti di fronte al destino: il poeta saggio ci insegna che sta a noi decidere se viverlo con viltà o con dignità
D. la poesia, se è rivelazione di una verità nella forma della bellezza, può costituire una inestimabile ricchezza per chi ne comprende e ne fa proprio il messaggio
E. nel mondo nessuno è padrone del proprio destino, ma tutti possono scegliere come viverlo ed è questo che conta

265) "Negli ultimi cento anni l'acidità della pioggia e della neve nella zona Est degli Stati Uniti e nel Nord dell'Europa è aumentata di più di 30 volte, con il risultato che il pH dei laghi e dei fiumi in queste zone è diminuito da 5,6 a circa 5,0. La pioggia acida si forma nell'atmosfera per reazione dell'acqua con gli ossidi di zolfo e azoto derivanti dalla combustione del carbone e del petrolio, che contengono appunto piccole quantità di zolfo e di azoto. Così la pioggia diventa in realtà una soluzione diluita di acidi fosforico e nitrico".

Quale delle seguenti affermazioni NON può essere dedotta dalla lettura del brano precedente?

A. Nell'acqua piovana è contenuto acido solforico
B. L'acido solforico si forma per interazione dell'acqua con ossidi di zolfo
C. Nell'acqua piovana è contenuto acido nitrico
D. Il pH dei laghi e dei fiumi è diminuito di 30 volte nelle zone interessate dalle piogge acide
E. Gli ossidi di zolfo e di azoto derivano dalla combustione di impurità contenute nel carbone e nel petrolio

Identificare il presupposto (o supposizione implicita) di un ragionamento

266) "Dal momento che deve esistere un limite al finanziamento pubblico alle Università, si è pensato di ponderare l'assegnazione di questi fondi, assegnando una priorità più bassa a materie che portano poco beneficio alla società. Alcune discipline, come Medicina, Ingegneria o Informatica dovrebbero essere ben supportate, perché, come è evidente, hanno un grande valore per la comunità. Materie come Storia, Letteratura e Arte dovrebbero ricevere finanziamenti decisamente minori. Queste materie, principalmente, sono di interesse del singolo studente, e una società ricca dovrebbe assegnare delle sovvenzioni a queste materie da piacere personale. Tuttavia, occorre riconoscere che il futuro della società risiede nello sviluppo e nella formazione di quelle persone che apporteranno un contributo maggiore".

Quale delle seguenti frasi deve essere un presupposto su cui si fonda questo ragionamento?

A. Lo studio di Storia, Letteratura e Arte porta un beneficio basso alla società
B. Medicina, Ingegneria e Informatica non sono materie interessanti da studiare
C. Una società ricca non dovrebbe finanziare materie di interesse individuale
D. Le materie che sono di interesse individuale possono essere comunque di beneficio per la società
E. La formazione delle persone che apporteranno un contributo maggiore alla società richiede un aumento dei finanziamenti pubblici alle Università

267) "Molti guidatori infrangono deliberatamente le leggi sulla circolazione, sia perché sono convinti che la probabilità di essere scoperti sia molto bassa, sia perché, anche se vengono scoperti, le sanzioni non sono un deterrente sufficiente. Ad esempio, persone cui non verrebbe mai in mente di rubare dei soldi, neanche se ne avessero bisogno, non si preoccupano del fatto di superare regolarmente il limite di velocità di 30 miglia all'ora, neanche in strade dove ci sono bambini che giocano. Quindi, è chiaro che, per ridurre drasticamente il numero di incidenti stradali, bisogna solamente identificare più automobilisti che infrangono le regole e aumentare le sanzioni a queste persone".

Quale delle seguenti affermazioni è un presupposto su cui si basa questo ragionamento?

A. Se le sanzioni per i furti fossero meno severe, le persone non si preoccuperebbero di rubare dei soldi quando ne hanno bisogno
B. I guidatori che sono stati condannati per reati stradali non si preoccupano del fatto di continuare a infrangere la legge
C. Se le sanzioni per i reati stradali fossero aumentate, i guidatori non infrangerebbero le regole così spesso
D. Infrangere le leggi sulla circolazione costituisce una causa di incidenti stradali in misura significativa
E. Il numero di incidenti stradali sta aumentando perché gli automobilisti stanno ignorando le leggi sulla circolazione

268) "Alcune associazioni di automobilisti sostengono che la sicurezza sulle strade nei centri urbani aumenterebbe riducendo o addirittura rimuovendo la segnaletica stradale verticale e orizzontale. In alcune città olandesi, per esempio, sono stati eliminati i segnali di stop e di precedenza, la segnaletica orizzontale e le strisce pedonali. La circolazione stradale è migliorata e gli incidenti sono diminuiti. Se altri Paesi adottassero misure simili, le strade sarebbero più sicure".

Su quale supposizione implicita si basa il brano precedente?

A. La segnaletica stradale nei centri urbani distrae gli automobilisti e i pedoni
B. La rimozione della segnaletica stradale è il modo migliore per aumentare la sicurezza stradale e ridurre il numero di incidenti nei centri urbani
C. Alcune associazioni di automobilisti sostengono che la segnaletica nei centri urbani non sia mai necessaria
D. L'aumento della sicurezza stradale migliorerà la circolazione del traffico nei centri urbani
E. Automobilisti e pedoni di altri Paesi reagirebbero come quelli olandesi se la segnaletica stradale venisse rimossa

269) "Immagini terribili sul terremoto di Haiti sono state immediatamente diffuse in tutto il mondo, e, il giorno successivo, il mondo intero aveva visto l'entità del danno nel suo complesso. Chiaramente, il problema principale era mandare gli aiuti dall'aeroporto alle zone più lontane, e con le strade in gran parte bloccate l'unico metodo percorribile era usare gli elicotteri. Le nazioni più grandi del mondo avrebbero dovuto vergognarsi del fatto che il cibo non stesse raggiungendo chi ne avevano bisogno, e che ancora una settimana dopo, i soccorsi dipendevano dall'abilità e dal coraggio di chi guidava i camion tentando di raggiungere quei posti".

Quale delle seguenti affermazioni è un presupposto su cui si fonda questo ragionamento?

A. Le immagini non sono riuscite a spingere le grandi nazioni del mondo a organizzare operazioni di soccorso dopo il terremoto
B. Le nazioni più grandi del mondo avevano a disposizione elicotteri che avrebbero potuto raggiungere Haiti in una settimana
C. Le agenzie di soccorso sono state in grado di far entrare a Haiti camion ma non elicotteri
D. A Haiti c'era cibo a sufficienza per tutti durante le settimane dopo il terremoto
E. Gli abitanti di Haiti sono stati in grado di ripulire le strade in una settimana dal terremoto

270) "Sempre più frequentemente, nell'ambito dei processi, viene permesso ai bambini di testimoniare, a condizione che ciò avvenga in videoconferenza e alla presenza di un adulto. Il comportamento dei bambini è stato oggetto di numerosi studi psicologici e, in un particolare esperimento, alcuni bambini venivano condotti in una stanza al cui interno vi era il loro giocattolo preferito. L'adulto, dopo aver chiesto al bambino di non guardare il giocattolo in sua assenza, usciva poi dalla stanza. Durante l'assenza dell'adulto il bambino veniva osservato di nascosto. Quando l'adulto rientrava, chiedeva al bambino se avesse guardato il giocattolo o meno. Quasi tutti i bambini, indipendentemente dalla loro età, pur avendo guardato il giocattolo, negavano di averlo fatto. Ciò dimostra che i bambini non sono idonei a testimoniare nei processi".

Su quale supposizione implicita si basa il brano precedente?

A. I bambini, quando vengono interrogati riguardo al proprio comportamento, mentono per evitare problemi

B. La reazione dei bambini in tribunale è diversa da quella degli adulti
C. I processi sono complicati e difficili da gestire per i bambini
D. La maggior parte degli esperimenti ha riguardato esclusivamente il comportamento dei bambini stessi
E. Dato che i bambini mentono riguardo al proprio comportamento, possono mentire anche riguardo al comportamento altrui durante i processi

271) "Recentemente, è stata suggerita la possibilità di completare alcuni corsi di laurea in due anni, invece dei tre anni previsti. Ma i professori delle Facoltà di Ingegneria e Medicina sostengono che il primo anno serve a far raggiungere lo stesso livello a tutti studenti in matematica e fisica, che in passato veniva raggiunto durante le scuole superiori. Alla fine del secondo anno sono pochi gli studenti che hanno raggiunto il livello che raggiungevano gli studenti di 40 anni fa. Lauree da due anni non sono realistiche, certamente non lo sono per Ingegneria".

Quale delle seguenti affermazioni è un presupposto su cui si fonda questo ragionamento?

A. Matematica e fisica sono materie più importanti per ingegneria di quanto lo fossero 40 anni fa
B. Gli esami scolastici oggi sono più facili di quanto non fossero 40 anni fa
C. Gli studenti di Ingegneria sono meno motivati di quanto lo fossero 40 anni fa
D. Corsi di laurea di due anni avranno la stessa quantità di insegnamenti annuali dei corsi di laurea da tre anni
E. Corsi di laurea da due anni otterranno maggiore successo tra gli studenti dei corsi di laurea triennali

272) "In uno studio recente, un'azienda farmaceutica ha rilevato che la spesa per una pastiglia particolare utilizzata per curare il morbo di Alzheimer, nel Regno Unito, variava notevolmente in base alle regioni. L'Alzheimer è associato all'età avanzata. In alcune zone la spesa era inferiore a £1 per ogni persona sopra i 65, mentre in altre era di ben £10 a persona. Queste pastiglie sono la cura più efficace attualmente disponibile per questa patologia. Pertanto, questo è un altro esempio di 'lotteria del codice postale', in cui l'efficacia di una cura a una patologia dipende dal luogo in cui si vive".

Quale delle seguenti affermazioni è un presupposto su cui si fonda questo ragionamento?

A. L'azienda farmaceutica che ha svolto l'indagine non ha interesse a vendere le pastiglie
B. Non ci sono variazioni regionali nel numero di persone che appartengono al gruppo degli over 65
C. Non ci sono variazioni regionali nell'incidenza del morbo di Alzheimer nel gruppo degli over 65
D. Le pastiglie hanno un effetto particolarmente positivo che blocca il progredire del morbo di Alzheimer
E. Non è possibile contrarre il morbo di Alzheimer sotto i 65 anni

273) "L'istruzione universitaria non deve essere volta a produrre il maggiore numero di laureati al costo, nel breve termine, più basso possibile. Non sarebbe utile alla generazione degli studenti di oggi e, anche solo da un punto di vista economico, nel lungo termine, non promuoverebbe la prosperità. È una pratica diffusa, che ha scarse possibilità di successo, quella di risparmiare sui costi di produzione, anche quando l'unico interesse è quello di ottenere un profitto da quest'attività. Ma in ogni caso, l'istruzione universitaria ha uno scopo ben più ampio della semplice promozione della prosperità economica".

Quale delle seguenti affermazioni è un presupposto su cui si basa questo ragionamento?

A. Lo scopo principale dell'istruzione universitaria è quello di promuovere la prosperità economica della comunità sul lungo termine
B. Le politiche di taglio dei costi, con molta probabilità ridurranno il grado di successo dell'istruzione universitaria nel raggiungimento del proprio obiettivo generale
C. Le università dovrebbero essere gestite in modo da generare un profitto, ma dovrebbero anche promuovere altri valori che non hanno a che fare con il denaro
D. Lo scopo principale dell'istruzione universitaria è quello di rendersi utile alla generazione di studenti di oggi
E. Più il produttore spende nella produzione di un bene, più è probabile che il profitto finale sia alto

274) "Gli uccelli migratori che non sono in grado di volare su lunghe distanze senza riposare, nei loro voli da e verso l'Africa devono percorrere le distanze sul mare più brevi e quindi attraversano lo Stretto di Gibilterra. Per questi uccelli, alcuni dei quali sono molto rari, è fondamentale che questa rotta rimanga aperta. Per questo motivo, è importante che i piani per costruire delle turbine eoliche sulle colline nei dintorni dello Stretto di Gibilterra non vengano messi in atto".

Quale delle seguenti affermazioni è un presupposto da cui dipende questo ragionamento?

A. Le turbine eoliche che sono state pianificate renderanno pericoloso per gli uccelli migratori percorrere la loro rotta
B. Non ci sono piani per costruire turbine eoliche in altre zone lungo la costa
C. Gli uccelli che migrano attraverso lo Stretto di Gibilterra sono vicini all'estinzione
D. Le turbine eoliche devono essere costruite sulle colline
E. Altre specie di uccelli sono in grado di volare per più tempo e, quindi, riescono a migrare percorrendo altre rotte

275) "A differenza delle autostrade di molti paesi europei, le autostrade britanniche sono state costruite con le corsie d'emergenza da utilizzare in caso di guasti o emergenze. La proposta di utilizzare le corsie di emergenza per diminuire la congestione del traffico nelle ore di punta dovrebbe essere respinta. Costituirebbe un disagio per i servizi di emergenza perché, quando le corsie di emergenza fossero in uso, sarebbe difficile per i veicoli di emergenza riuscire a raggiungere l'incidente. E non sarebbe neanche così probabile riuscire a ridurre la congestione in modo significativo, perché sarebbe difficile rimuovere i veicoli distrutti che causano l'intasamento e, comunque, il volume del traffico sta crescendo notevolmente ogni anno. Ma la ragione più importante è che dovremmo cercare di mantenere il tasso relativamente buono della sicurezza sulle autostrade britanniche. Si devono cercare altri metodi per decongestionare la circolazione".

Quale delle seguenti affermazioni è un presupposto su cui si fonda il ragionamento sopra espresso?

A. Gli incidenti accadono con maggiore probabilità quando le autostrade sono bloccate dal traffico
B. Modificare il progetto delle autostrade britanniche non risolverà il problema della congestione del traffico
C. La congestione della circolazione nelle autostrade britanniche non è un problema importante
D. Il tasso di sicurezza sulle autostrade britanniche è il migliore d'Europa
E. Il tasso positivo della sicurezza delle autostrade è attribuibile in parte alla presenza di corsie d'emergenza

276) "Un rene può essere prelevato in modo sicuro da una persona in vita per salvare un altro paziente che sta morendo. Dato che la domanda per il trapianto renale eccede il numero di reni donati a disposizione, nel Regno Unito, la legge che vieta di vendere uno dei propri reni dovrebbe essere abolita, perché così si potrebbe aumentare il numero di trapianti renali andati a buon fine. La gente si preoccupa che ciò diventi uno sfruttamento delle persone povere come potenziali donatori da parte di pazienti ricchi. Ma vendere il proprio rene per dare sostegno alla propria famiglia non è molto diverso da mantenere la propria famiglia svolgendo un lavoro pericoloso. Alcuni pazienti hanno comprato un rene e si sono sottoposti al trapianto in altri paesi, dove il rischio di morire durante questa operazione può essere alto".

Quale delle seguenti affermazioni è un presupposto su cui si fonda il ragionamento espresso sopra?

A. Alcune persone nel Regno Unito avrebbero intenzione di vendere un rene
B. Vendere il proprio rene è meno pericoloso di alcuni lavori
C. I poveri non hanno le risorse per ricevere un trapianto renale
D. Modificare la legge assicurerebbe un numero adeguato di reni per il trapianto
E. I trapianti renali svolti in altri paesi raramente vanno a buon fine

277) "Per far colpo su una donna, un uomo non deve essere né bello né ricco: l'unica caratteristica necessaria è il senso dell'umorismo. Un sondaggio ha rivelato che per 8 donne su 10 questa qualità è più importante dell'aspetto fisico e dei soldi. È sufficiente leggere gli annunci on-line per verificare che l'80% delle donne desidera corteggiatori con un buon senso dell'umorismo".

Su quale supposizione implicita si basa il brano precedente?

A. Uomini e donne hanno opinioni diverse in merito a ciò che rende una persona attraente
B. Gli uomini ricchi e di bell'aspetto hanno uno scarso senso dell'umorismo
C. L'opinione delle donne che hanno partecipato al sondaggio e di quelle che pubblicano annunci on-line rispecchia il pensiero di tutte le donne
D. Fino al momento del sondaggio non si dava il giusto peso al senso dell'umorismo
E. Oltre al senso dell'umorismo sono importanti anche altre caratteristiche, quali l'attenzione e la gentilezza

278) "La teoria linguistica dell'età critica sostiene che i bambini che non hanno acquisito la prima lingua entro i dieci anni non saranno più in grado di acquisirla. Tale teoria ha implicazioni per l'apprendimento di una seconda lingua. Dato che esiste un periodo limitato entro cui i bambini acquisiscono la prima lingua, ne consegue che quello stesso periodo sia il migliore per apprendere altre lingue. Si dovrebbe quindi introdurre l'insegnamento delle lingue straniere nelle scuole il prima possibile".

Su quale supposizione implicita si basa il brano precedente?

A. Gli insegnanti di scuola primaria sanno parlare e insegnare le lingue straniere
B. L'apprendimento di una lingua equivale all'apprendimento di qualsiasi altra materia come storia o matematica
C. I bambini bilingui hanno appreso entrambe le lingue durante il periodo critico
D. Il ragionamento precede il linguaggio
E. L'apprendimento di una seconda lingua equivale o è molto simile all'apprendimento della prima lingua

279) "Il golfista francese Jean Van de Velde, a quanto pare, ha buttato via la sua grande opportunità di vincere gli Open Championship, dopo aver perso quello che può essere descritto solamente come un vantaggio irraggiungibile. La maggior parte dei giocatori sarebbe stata sconvolta se la vittoria gli fosse stata soffiata via in quel modo. Ma, in un'intervista, Van de Velde ha puntualizzato che, dopo tutto, si tratta solo di un gioco: nella vita accadono cose peggiori, ha detto. Davvero? Può essere incoraggiante osservare un atteggiamento così filosofico da parte di uno sportivo che gioca ai massimi livelli, ma questo spiega anche ottimamente il motivo per cui la vittoria gli sia sfuggita. A quei livelli, bisogna essere convinti che non possa accadere niente di più brutto di una sconfitta".

Quale delle seguenti affermazioni è un presupposto su cui si fonda il ragionamento espresso sopra?

A. Niente, nello sport, è più brutto della sconfitta
B. Van de Velde avrebbe dovuto preoccuparsi di più della sconfitta
C. Van de Velde è stato molto sfortunato nell'ultima fase del gioco
D. Se Van de Velde avesse tenuto di più alla vittoria, avrebbe vinto
E. Chiunque può vincere tornei ai massimi livelli, se crede di riuscirci

280) "Gli atleti che hanno il grosso potenziale di attrarre pubblico sia dal vivo che in televisione si aspettano di essere ricompensati economicamente per le loro capacità e per le ore consacrate agli allenamenti. Tuttavia, grossi premi di denaro per apparizioni televisive non aiutano affatto le future generazioni di atleti che hanno bisogno di tempo libero dal lavoro e di strutture adatte per riuscire a sviluppare il proprio potenziale. L'unica soluzione giusta è quella di riscuotere un tributo dallo stipendio degli atleti migliori per far sì che ci sia denaro per aiutare le leve emergenti. Altrimenti il fardello ricadrà su tutti i contribuenti, oppure sui futuri atleti e le loro famiglie, con il risultato che alcuni di loro si fermeranno semplicemente a causa della mancanza di denaro".

Quale delle seguenti affermazioni è un presupposto su cui si fonda il ragionamento sopra espresso?

A. La maggior parte degli atleti migliori proviene da ceti sociali poveri
B. Non è giusto che tutti i contribuenti debbano sovvenzionare l'atletica
C. Gli atleti migliori meritano i lauti compensi che ricevono in cambio ai loro sforzi

D. I paesi che forniscono un aiuto economico ai giovani atleti producono più vincitori
E. Non è possibile riuscire ad allenarsi e avere un lavoro part-time

281) "Il successo nell'America di oggi, è misurato in larga parte dalla quantità di beni materiali che si possiedono. Se non si possiede nessun bene materiale, si viene visti come dei falliti. Chi possiede pochi beni materiali, quindi, deve provare un forte senso di fallimento".

Quale delle seguenti affermazioni è un presupposto su cui si fonda questo ragionamento?

A. Conferire un'importanza esagerata al possesso di beni materiali provoca problemi sociali
B. In America, chi non possiede molti beni materiali vuole essere considerato una persona di successo
C. La maggior parte degli americani di oggi hanno avuto successo
D. Il successo può essere misurato con precisione
E. Un desiderio eccessivo di possesso di beni materiali è psicologicamente dannoso

Riconoscere le affermazioni che rafforzano o indeboliscono un'argomentazione

282) Quale delle seguenti asserzioni potrebbe essere inequivocabilmente confutata sulla base di uno o più dati sperimentali precisi?

A. La genialità è sempre conseguente ad un'educazione familiare affettuosa, aperta e stimolante
B. La gelosia è sintomo inequivocabile di un'insicurezza di cui il geloso può non essere cosciente
C. Tutti i conflitti hanno la loro origine in interessi economici, anche se non sempre chiaramente individuabili
D. Le persone invidiose hanno sempre un inconsapevole o inconfessato complesso di inferiorità
E. L'invidia nasce dalla convinzione, spesso inconsapevole, di essere superiori agli altri

283) "Si teme che gli antichi relitti nel Mediterraneo vengano danneggiati dalla pesca a strascico. Alcune compagnie esperte di recupero sostengono che dovrebbero essere recuperati per proteggerli da ulteriori danni. Alcuni reperti potrebbero essere esposti nei musei, mentre altri venduti per finanziare le operazioni di recupero. Tuttavia, gli archeologi ritengono che il recupero dei relitti riduca il loro valore storico. Pertanto, la soluzione migliore è lasciare i relitti dove si trovano e fare in modo che la pesca a strascico non avvenga nelle loro vicinanze".

Quale delle seguenti affermazioni, se considerata vera, indebolisce quanto sostenuto dal brano?

A. I relitti vengono danneggiati dalla pesca a strascico
B. I ritrovamenti potrebbero non valere abbastanza da coprire i costi del recupero
C. Nelle compagnie private esperte di recupero non lavorano archeologi qualificati
D. Limitare la pesca a strascico avrebbe effetti economici negativi
E. La posizione esatta di alcuni dei relitti non è nota

284) "Recenti ricerche di laboratorio condotte in Italia hanno mostrato che le cellule tumorali sono rivestite da una proteina che impedisce al sistema immunitario di attaccarle. Occorre dunque studiare un farmaco che consenta di eliminare tale proteina". **Quale delle seguenti affermazioni indebolisce la precedente argomentazione?**

A. Le cellule tumorali sono di difficile individuazione
B. I tumori sono più diffusi nei giovani rispetto agli anziani
C. I farmaci antiproteici sono molto costosi
D. Le persone colpite da tumore hanno un sistema immunitario più forte di quello delle persone sane
E. La proteina che riveste le cellule tumorali è essenziale per una corretta funzionalità epatica

285) "Un recente studio condotto in Italia mostra che il numero di delitti è continuamente aumentato nel corso degli ultimi dieci anni. È dunque essenziale introdurre anche in Italia la pena di morte". **Quale delle seguenti affermazioni rafforza la precedente argomentazione?**

A. La pena di morte va contro i principi della religione cattolica
B. La pena di morte non è un provvedimento degno di un Paese civile
C. Il rischio di subire una condanna a morte indurrebbe numerosi criminali a non commettere delitti
D. L'introduzione della pena di morte sarebbe fortemente osteggiata dalla Chiesa cattolica
E. I Paesi nei quali vige la pena di morte hanno statistiche sulla criminalità peggiori di quelle italiane

286) "È appena stato dimostrato, utilizzando i raggi X, che un dipinto nel nostro museo locale è recente, e quindi non è stato realizzato da un pittore antico, come invece si pensava. Ciò ha causato un enorme declino del suo valore, andando dall'ordine di milioni a quasi nulla. Ciononostante, nessun esperto di arte era stato in grado di rilevare che non era 'quello vero': ciò significa che il valore di un quadro è determinato da chi lo ha dipinto e non da un qualunque merito artistico intrinseco". **Quale delle seguenti affermazioni, se vera, rafforzerebbe al massimo l'argomentazione sopra riportata?**

A. Molti pittori antichi hanno modificato il proprio stile nel corso della loro carriera
B. Durante verifiche controllate, gli esperti di arte si sono dimostrati molto abili nell'identificare i pittori di lavori che non avevano mai visto prima
C. I lavori di alcuni falsari dell'arte ora vendono a prezzi molto elevati
D. I lavori dei pittori antichi sono venduti a prezzi maggiori rispetto ai dipinti moderni
E. Finché la sua vera origine non è stata scoperta, il dipinto nel nostro museo era notoriamente ritenuto un'opera d'arte

287) "I paesi industrializzati moderni usano una quantità pro capite di metalli, acqua, petrolio, carbone, e prodotti in legno molto maggiore dei paesi in via di sviluppo, la maggior parte della quale viene importata dai paesi in via di sviluppo. Questa è una conseguenza naturale di uno standard di vita migliore nei paesi industrializzati di oggi. Anche presupponendo che la popolazione dei paesi in via di sviluppo rimanesse fissa ai livelli attuali, ne conseguirebbe che, se lo standard di vita di questi paesi raggiungesse quello dei paesi industrializzati di oggi, un aumento considerevole della produzione e, di conseguenza, del consumo di risorse, sarebbe inevitabile".

Quale delle seguenti affermazioni, se vera, indebolirebbe al massimo l'argomentazione sopra riportata?

A. È probabile che nuovi sviluppi tecnologici dei processi industriali ridurranno la necessità di un alto consumo di risorse
B. La popolazione dei paesi industrializzati moderni sta aumentando a un tasso molto più lento rispetto ai paesi in via di sviluppo
C. È probabile che la popolazione dei paesi in via di sviluppo, nel prossimo decennio, aumenti considerevolmente
D. Il salto tra lo standard di vita nei paesi industrializzati moderni e nei paesi in via di sviluppo è aumentato negli ultimi vent'anni
E. La produzione di molte delle risorse necessarie alla produzione industriale è sempre più costosa

288) "Gli scienziati hanno creato un modello per mostrare il modo in cui il clima subirebbe delle variazioni se, nell'arco di cinquant'anni, il mondo improvvisamente smettesse di bruciare combustibili fossili che producono emissioni di CO_2. Il modello ha supposto che, fino a quel momento, il livello della concentrazione di CO_2 nell'atmosfera sarebbe doppio rispetto a quello dell'epoca pre-industriale. Gli scienziati hanno calcolato che sebbene il livello di CO_2 crollerebbe perché gli oceani la assorbirebbero, solamente un quarto della CO_2 nell'atmosfera sarebbe assorbita in questo modo prima che gli oceani raggiungano il punto di saturazione. Il risultato sarebbe una riduzione minima delle temperature medie globali nei prossimi 1000 anni, si verificherebbero siccità in modo regolare, e il livello del mare salirebbe di un metro. Quindi se i calcoli della quantità di CO_2 che gli oceani possono assorbire sono corretti, non sarà possibile evitare conseguenze disastrose dovute al cambiamento climatico".

Quale/i delle seguenti affermazioni identifica/identificano un punto debole nel ragionamento sopra?

1) Sarà impossibile smettere improvvisamente di bruciare combustibili fossili in tutto il mondo.
2) Può essere possibile ridurre considerevolmente i livelli di diossido di carbonio nel corso dei prossimi cinquant'anni.
3) Alcune previsioni fatte in passato sul cambiamento climatico sono risultate poco accurate.

A. 1 e 2
B. Solo la 1
C. Solo la 2
D. Solo la 3
E. 2 e 3

289) "L'ossitocina, conosciuta come 'l'ormone dell'amore', è un ormone che viene rilasciato dal corpo delle madri durante la nascita. Studi scientifici hanno dimostrato che quando si inala questo ormone tramite spray nasale, si migliora nel riconoscimento delle emozioni degli altri, ed è più facile riuscire a percepire le altre persone come affi dabili e disponibili. La notizia di questa infl uenza positiva sulla socievolezza ha dato il via a un ottimismo sul fatto che si possano curare condizioni patologiche come l'autismo e la schizofrenia. Gli spray all'ossitocina si possono trovare online e oggi vengono usati da genitori che curano i propri figli autistici. Sebbene i test clinici siano in corso, l'utilizzo dell'ossitocina come cura non è ancora stato approvato. Quindi i genitori di figli autistici stanno causando un danno alla salute dei propri figli, utilizzando quegli spray".

Quale delle seguenti affermazioni, se vera, indebolirebbe questo ragionamento?

A. Alcune ricerche hanno svelato che l'ossitocina può stimolare sentimenti di invidia
B. Gli effetti dell'ossitocina sugli individui varia in base al tipo di cultura in cui sono immersi
C. La quantità di ossitocina negli spray che sono venduti online è troppo bassa per avere qualunque effetto sui bambini
D. Gli studi scientifici sull'ossitocina non hanno mai utilizzato i bambini come soggetti per i propri esperimenti
E. L'ossitocina riduce la fiducia e la collaborazione in persone ansiose e sensibili al rifiuto

290) "Alla polizia dovrebbe essere dato il permesso di utilizzare l'idrante contro le folle in rivolta, regolamentando con precisione le circostanze in cui è appropriato utilizzarlo. La polizia ritiene che l'idrante sia un mezzo efficace per disperdere le folle, provocando meno lesioni rispetto a una rivolta non controllata o ad altri metodi di controllo. Tentando di sedare una rivolta che stava avvenendo nelle strade di città importanti, l'anno scorso, la polizia ha perso tempo prezioso aspettando direttive generali dei politici che temevano che un uso poco appropriato degli idranti potesse scatenare le critiche dell'opinione pubblica. Direttive chiare su quando utilizzare gli idranti potrebbero essere definite, ad esempio, per sedare una folla in rivolta che fa uso di missili e bombe, o anche per difendere i vigili del fuoco o i soccorritori che possono essere in pericolo".

Quale delle seguenti affermazioni, se vera, rafforzerebbe al massimo l'argomentazione sopra riportata?

A. Un'indagine svolta recentemente su 2000 persone ha rilevato che l'opinione pubblica è fortemente favorevole all'utilizzo di idranti
B. Gli idranti costano più di 1 milione di sterline l'uno e devono essere utilizzati a coppie
C. Per disperdere una folla in rivolta, gli idranti non sono più efficaci del gas lacrimogeno o dei proiettili di gomma
D. L'utilizzo di un idrante non richiede una formazione né risorse speciali
E. L'utilizzo degli idranti influenzerebbe in modo negativo gli innocenti oltre che i colpevoli

291) "L'industria sciistica vacanziera è stata accusata di danneggiare l'ambiente. Ma non ha senso. Se si dicesse di smettere di mandare le persone a sciare, si dovrebbe concludere di smettere di mandare le persone in vacanza. Ciò che causa lo scioglimento dei ghiacciai non è lo sci, ma è l'energia che viene sprecata da chi viaggia anche quando non è necessario. È stato calcolato che il trasporto dei turisti da e verso un villaggio sciistico rappresenti il 74% del consumo energetico del villaggio, il che vuol dire che la quantità di energia utilizzata dai villaggi stessi è relativamente bassa. Poiché molti skilift sono alimentati da energia rinnovabile, le persone, quando sono sulle piste da sci, sono responsabili per un'emissione di CO_2 inferiore a quella prodotta quando tornano a casa, durante la loro vita quotidiana".

Quale delle seguenti affermazioni indica un punto debole del ragionamento espresso sopra?

1) Il fatto che tutti i viaggi danneggino l'ambiente non prova che l'industria sciistica vacanziera non danneggi l'ambiente.
2) Il 26% del consumo energetico di un villaggio sciistico può essere ritenuto un valore alto se paragonato ad altri tipi di villaggi turistici.
3) L'industria sciistica vacanziera può danneggiare l'ambiente in modi che non sono correlati al livello di consumo energetico.

A. 1, 2 e 3
B. Solo 1 e 2
C. Solo 3
D. Solo 1
E. Solo 2

292) "L'87% della popolazione mondiale è destrimane. La civiltà umana è organizzata in modo tale da mettere nelle migliori condizioni la maggior parte della popolazione. I mancini dovrebbero quindi essere considerati disabili e ricevere un supporto adeguato".
Quale delle seguenti affermazioni, se vera, indebolisce questo ragionamento?

A. Attrezzi manuali, strumenti musicali e forbici sono progettati per la maggior parte delle persone
B. I mancini hanno abilità spaziali più scarse, il che li rende più soggetti a incidenti stradali e altri incidenti gravi
C. I mancini hanno più probabilità di soffrire di problemi di salute, quali allergia, depressione, epilessia e disturbi del sonno
D. Molti mancini, a scuola, sono stati forzati a scrivere con la mano destra
E. La percentuale di scienziati, atleti, attori, musicisti e politici mancini è maggiore del 13%

Individuare il passaggio logico errato

293) Quanti dei seguenti ragionamenti risultano logicamente attendibili?
PRIMO RAGIONAMENTO: Ogni volta che conquista una vetta, Messner si concede una bella bevuta. Adesso ha appena conquistato una vetta. Dunque si concederà una bella bevuta.
SECONDO RAGIONAMENTO: Ogni volta che vince il Tour de France, Armstrong si concede una bevuta. Adesso si concede una bevuta. Dunque ha appena vinto il Tour de France.
TERZO RAGIONAMENTO: Rossi ha appena vinto una gara. Ogni volta che vince una gara, Rossi fa impennare la moto. Dunque adesso Rossi farà impennare la moto.
QUARTO RAGIONAMENTO: Bearzot sta fumando la pipa. Dopo aver vinto una partita, Bearzot fuma sempre la pipa. Dunque Bearzot ha appena vinto una partita.

A. Tutti
B. Una
C. Due
D. Tre
E. Nessuno

294) Quale espressione NON descrive gli eventi in modo sequenziale?

A. Il cielo si annuvolò e venne a piovere
B. Cadde da eroe e fu sepolto nel sacrario
C. Il milite morì e fu ferito
D. Nacque a Recanati e morì presso Napoli
E. La spia fu scoperta e condannata

295) "All'età di 11 anni, i figli di genitori che non fumano, in media, sono più alti dei figli di genitori che fumano. È quindi evidente che il fumo passivo, in questo caso l'inalazione del fumo dei genitori, tende a bloccare il tasso di crescita dei giovani".

Se anche l'evidenza empirica è corretta, due delle seguenti affermazioni mostrano che la conclusione è rischiosa. Quali?

1) Potrebbe essere che, in media, i genitori che fumano, rispetto ai non fumatori, dedichino agli alimenti una porzione minore del reddito
2) Potrebbe essere che, quando raggiungono i 13 anni, i figli di genitori che fumano, in media, siano alti come i figli di genitori che non fumano
3) Potrebbe essere che, se presi singolarmente, siano molti gli undicenni con genitori che fumano che sono decisamente più alti di altri undicenni i cui genitori non hanno mai fumato
4) Potrebbe essere che una tendenza genetica a crescere più velocemente durante l'infanzia sia legata a una propensione di dipendenza dal tabacco

A. La 2 e la 4
B. La 3 e la 4
C. La 1 e la 2
D. La 1 e la 3
E. La 1 e la 4

296) "In Gran Bretagna, quasi 25.000 veicoli l'anno prendono fuoco. Ciononostante, è stato stimato che, solo il cinque per cento degli automobilisti porta un estintore a bordo. Se si riuscisse a spingere più automobilisti a tenere un estintore a bordo, allora il numero di incendi potrebbe essere ridotto considerevolmente".

Quale delle seguenti affermazioni esprime al meglio il motivo per cui questo ragionamento è difettoso?

A. Trascura la possibilità che l'incendio possa non essere estinto con l'estintore
B. Ignora il fatto che esistano milioni di automobilisti a cui non si incendia mai la macchina
C. Presume che se si porta un estintore a bordo, si riuscirà a estinguere l'incendio
D. Ignora il fatto che esistano tipi diversi di estintori per diversi tipi di incendio
E. Implica che il verificarsi di un incendio alla macchina sia correlato alla mancanza di un estintore

Individuare ragionamenti analoghi

297) Tutti gli abbinamenti esprimono lo stesso concetto tranne che in un caso. Indicare quale:

A. gli onesti non vanno derisi / nessun onesto deve essere deriso
B. non tutti sono belli / qualcuno non è bello
C. tutte le idee vanno rispettate / non c'è nessuna idea che non vada rispettata
D. non sempre chi grida più forte ha ragione / chi parla piano ha sempre ragione
E. nessuno è senza colpa / tutti hanno qualche colpa

298) "Per vincere una partita, una squadra di calcio deve segnare più gol della squadra avversaria. Una squadra ha bisogno di un bravo attaccante per segnare molti gol. L'attaccante della Bolandia non è bravo, quindi la Bolandia non vincerà molte partite".

Quale delle seguenti affermazioni segue la stessa struttura logica del suddetto ragionamento?

A. I mammiferi sono animali che allattano la propria prole. I cuccioli di delfino vengono allattati, quindi i delfini devono essere dei mammiferi

B. Le piante hanno bisogno di acqua e di luce per crescere bene. Vi è stata siccità quest'anno, quindi l'erba è stata tagliata di rado
C. Per ottenere una promozione bisogna far bene il proprio lavoro. Ci si deve impegnare molto per far bene il proprio lavoro. Martina non si impegna molto, quindi non otterrà una promozione
D. Se si è ricchi si può acquistare una Ferrari. Riccardo non è ricco, quindi non può acquistare una Ferrari
E. La ferita sulla mano di Giovanni è infetta. Non potrà guarire se non verrà curato. Giovanni dovrebbe andare dal medico

299) Argomentazione: Il governo dovrebbe dotare i "piatti pronti" di etichette che specificano le avvertenze per la salute, come è stato fatto per le sigarette. Le avvertenze non impediscono alla gente di fumare, ma perlomeno non lasciano dubbi sul fatto che il fumo metta a rischio la salute, o addirittura la vita, rendendo così la scelta adeguatamente informata. Di recente, il numero di piatti pronti venduti nei supermercati è aumentato notevolmente. Sono più veloci e semplici da usare e non richiedono abilità culinarie, tuttavia tendenzialmente contengono sale, grassi, zuccheri e conservanti in dosi massicce, comportando effetti negativi sulla salute nel lungo termine. Limitarsi a elencare gli ingredienti sulla confezione, e affidarsi al fatto che il consumatore conosca quali siano potenzialmente dannosi per la salute, non è una misura sufficiente.

Dichiarazione: *Lo stato ha la responsabilità di promuovere la sanità pubblica, ma non quella di impartire ordini a persone adulte su cosa debbano o non debbano fare con il proprio corpo.*

Quale delle seguenti opzioni descrive al meglio il modo in cui questa breve asserzione si pone nei confronti dell'argomentazione?

A. È in netta contrapposizione con l'argomentazione
B. Riformula la conclusione principale dell'argomentazione
C. Non riesce a focalizzare il punto della questione: non la contraddice né la supporta
D. Offre un sostegno condizionato all'argomentazione
E. È una parafrasi di una delle premesse principali dell'argomentazione

300) "Se si vuole guadagnare uno stipendio buono, al giorno d'oggi, bisogna acquisire molta esperienza di lavoro all'estero. Visto che ho sempre voluto guadagnare uno stipendio buono, è ovvio che lascerò questo paese per un certo periodo".

Quale delle seguenti affermazioni ricalca maggiormente il ragionamento utilizzato nell'argomentazione sopra riportata?

A. Se il Ministro degli Esteri riesce a portare le due parti al dialogo, c'è una buona possibilità che si raggiunga la pace. La pace è una cosa che entrambe le parti cercano, quindi il Ministro presto parlerà a entrambi
B. Se il dottore pensa che dovrebbe esserti permesso di alzarti dal letto per un pochino, vuol dire che stai recuperando bene dall'operazione. Hai recuperato molto più velocemente di quanto lei pensasse, quindi ti alzerai spesso d'ora in poi
C. Se avessi più tempo da passare su questo progetto, sono sicuro che avrebbe successo. Mi hanno detto che non mi daranno tempo a sufficienza, quindi il progetto non avrà successo

D. Annie dice che se davvero vuole vincere la Maratona di Londra, dovrà allenarsi duramente ogni giorno. Mi ha detto che è determinata a vincere la Maratona di Londra, ciò significa che lavorerà sodo per il suo programma di allenamento giornaliero da ora in poi

E. Sam sapeva che se avesse voluto scrivere il copione di un film, avrebbe dovuto imparare le tecniche adatte. Si è iscritto a un corso per imparare a scriverlo, quindi presto scriverà il suo primo copione

RISPOSTE CORRETTE

1) B	51) D	101) C	151) C	201) A	251) E
2) C	52) E	102) E	152) B	202) E	252) B
3) B	53) E	103) A	153) A	203) A	253) D
4) D	54) E	104) E	154) B	204) B	254) D
5) D	55) A	105) D	155) C	205) A	255) B
6) E	56) E	106) D	156) D	206) A	256) D
7) D	57) B	107) A	157) B	207) B	257) C
8) A	58) C	108) A	158) B	208) C	258) B
9) C	59) E	109) B	159) C	209) B	259) C
10) D	60) B	110) C	160) A	210) A	260) E
11) C	61) B	111) A	161) E	211) E	261) B
12) B	62) E	112) B	162) E	212) B	262) A
13) B	63) A	113) C	163) A	213) D	263) B
14) B	64) C	114) A	164) E	214) E	264) B
15) B	65) B	115) D	165) C	215) A	265) D
16) A	66) A	116) E	166) B	216) C	266) A
17) D	67) A	117) E	167) D	217) E	267) D
18) E	68) C	118) B	168) E	218) A	268) E
19) E	69) C	119) C	169) C	219) E	269) B
20) D	70) E	120) A	170) B	220) E	270) E
21) C	71) C	121) D	171) E	221) E	271) D
22) B	72) A	122) B	172) B	222) B	272) C
23) E	73) B	123) B	173) C	223) A	273) B
24) D	74) A	124) B	174) A	224) B	274) A
25) E	75) B	125) D	175) A	225) E	275) E
26) C	76) C	126) C	176) C	226) C	276) A
27) E	77) C	127) C	177) D	227) E	277) C
28) C	78) C	128) E	178) B	228) C	278) E
29) E	79) A	129) B	179) D	229) D	279) D
30) A	80) D	130) D	180) A	230) D	280) B
31) C	81) A	131) D	181) B	231) E	281) B
32) D	82) E	132) C	182) B	232) B	282) A
33) C	83) B	133) C	183) C	233) C	283) E
34) D	84) C	134) C	184) E	234) A	284) E
35) C	85) E	135) A	185) B	235) E	285) C
36) A	86) C	136) C	186) E	236) C	286) E
37) E	87) E	137) B	187) C	237) C	287) A
38) B	88) D	138) B	188) B	238) E	288) C
39) A	89) D	139) B	189) E	239) A	289) C
40) A	90) E	140) D	190) E	240) C	290) A
41) B	91) B	141) C	191) A	241) B	291) A
42) B	92) C	142) B	192) E	242) A	292) E
43) A	93) E	143) C	193) D	243) E	293) C
44) D	94) A	144) E	194) C	244) E	294) C
45) E	95) A	145) E	195) C	245) E	295) E
46) D	96) B	146) D	196) C	246) A	296) E
47) E	97) E	147) C	197) E	247) D	297) D
48) C	98) C	148) E	198) E	248) A	298) C
49) E	99) E	149) A	199) E	249) A	299) D
50) D	100) A	150) A	200) A	250) E	300) D

CAPITOLO 2
Ragionamento critico

2.1 • I sillogismi

1) Completare correttamente il seguente sillogismo: "Tutte le api impollinano i fiori. Alcuni insetti non impollinano i fiori. Dunque ______ non sono api".

A. alcuni insetti
B. alcune api
C. tutti i fiori
D. tutti gli insetti
E. alcuni fiori

2) "Nessuna margherita è un animale – ogni cane è un animale – dunque _______ è una margherita". Si individui il corretto completamento del sillogismo proposto.

A. nessun cane
B. ogni animale
C. qualche animale
D. ogni margherita
E. qualche margherita

3) "Tutti i gatti sono istintivi e tutti gli animali istintivi sono mammiferi. Alcuni mammiferi possono nuotare. Dunque ____". Una sola delle deduzioni qui elencate completa correttamente il sillogismo:

A. gli animali che possono nuotare sono mammiferi
B. è impossibile che alcuni gatti non possano nuotare
C. tutti i mammiferi sanno nuotare
D. non è impossibile che alcuni gatti possano nuotare
E. è impossibile che alcuni gatti possano nuotare

4) "Nessun cane è alato. Alcuni animali sono alati". Indicare con quale delle seguenti conclusioni può essere completato il sillogismo proposto.

A. Alcuni cani sono animali
B. Alcuni animali alati sono cani
C. Nessun essere alato è un cane
D. Alcuni animali non sono cani
E. Alcuni esseri alati non sono animali

5) "Tutti i marescialli sono valorosi – nessun valoroso è delinquente, dunque ____ è maresciallo". Si individui il corretto completamento del sillogismo proposto.

A. nessun delinquente
B. qualche maresciallo
C. ogni delinquente
D. qualche delinquente
E. ogni maresciallo

6) "Nessun diamante è un essere parlante – qualche animale è un essere parlante – dunque ____ non è un diamante". Si individui il corretto completamento del sillogismo proposto.

A. nessun animale
B. qualche animale
C. ogni essere parlante
D. ogni diamante
E. ogni animale

7) "Tutti i leoni mangiano le verdure – alcuni felini non mangiano le verdure. Dunque ____ non sono leoni". Si individui il corretto completamento del sillogismo proposto.

A. le verdure

B. alcuni leoni
C. alcune verdure
D. i felini
E. alcuni felini

8) "Tutti i dentisti sono ricchi. Nessun ricco è una persona triste. Quindi ____ è un dentista". Si individui il corretto completamento del sillogismo proposto.

A. qualche ricco
B. quasi tutti i ricchi
C. ogni ricco
D. soltanto un ricco
E. nessuna persona triste

9) "Tutti i molussi hanno il perto, i tungsteni hanno il perto, quindi i tungsteni sono molussi". Il sillogismo proposto è ____

A. verosimile
B. vero
C. inesistente
D. vero o falso a seconda del significato di tungsteni
E. falso

10) "Nessun ingenuo è cattivo – qualche cattivo è adulto – dunque ____ non è ingenuo". S'individui il corretto completamento del sillogismo:

A. ogni cattivo
B. qualche adulto
C. qualche ingenuo
D. ogni adulto
E. qualche cattivo

11) "Tutti i condottieri sono coraggiosi; nessun coraggioso è dissimulatore; dunque ________ è condottiero". Si individui il corretto completamento del sillogismo:

A. nessun dissimulatore
B. qualche dissimulatore
C. nessun coraggioso
D. ogni dissimulatore
E. qualche condottiero

12) "Nessun minerale è animato – qualche esistente è animato – dunque _______ non è minerale". S'individui il corretto completamento del sillogismo:

A. ogni minerale
B. qualche minerale
C. ogni animato
D. qualche esistente
E. ogni esistente

13) "Tutti i piccioni mangiano le fave – alcuni uccelli non mangiano le fave – dunque ______ non sono piccioni". S'individui il corretto completamento del sillogismo:

A. alcune fave
B. tutti gli uccelli
C. le fave
D. alcuni uccelli
E. alcuni piccioni

14) "I bugiardi sono ingiusti – i bugiardi sono uomini – dunque ____ sono ingiusti". Si individui il corretto completamento del sillogismo:

A. alcuni bugiardi
B. i bugiardi
C. alcuni uomini
D. alcuni giusti
E. tutti gli uomini

15) "Nessuna pianta ha le ali – tutti gli alberi sono piante – dunque ___ ha le ali". Si individui il corretto completamento del sillogismo:

A. qualche pianta
B. ogni pianta
C. qualche albero
D. nessun albero
E. nessuna pianta

16) "Ogni uomo è mammifero – qualche animale è uomo – dunque ____ è mammifero". Si individui il corretto completamento del sillogismo:

A. ogni animale
B. ogni uomo
C. qualche uomo
D. ogni mammifero
E. qualche animale

17) "Nessun calciatore è zoppo – alcuni uomini sono zoppi – dunque ____ non sono calciatori". Si individui il corretto completamento del sillogismo:

A. tutti gli uomini
B. alcuni calciatori
C. alcuni uomini
D. alcuni zoppi
E. tutti gli zoppi

18) "Nessuna pianta è animale – ogni uomo è animale – dunque ____ è pianta". Si individui il corretto completamento del sillogismo:

A. qualche animale
B. ogni animale
C. qualche uomo
D. ogni pianta
E. nessun uomo

19) "Tutti gli eccessi sono biasimevoli – alcune passioni non sono biasimevoli – dunque ____ non sono eccessi". S'individui il corretto completamento del sillogismo:

A. alcuni eccessi
B. tutti i biasimevoli
C. alcune passioni
D. tutti gli eccessi
E. tutte le passioni

20) "Tutti i notai sono ricchi. Nessun ricco è una persona insicura. Quindi ____ è un notaio". Si individui il corretto completamento del sillogismo:

A. soltanto un ricco
B. qualche persona insicura
C. ogni ricco
D. qualche ricco
E. nessuna persona insicura

2.2 • Le negazioni

21) "È sbagliato negare che è falso che lo studente non abbia studiato". Basandosi sulla precedente affermazione, individuare quale delle seguenti alternative è esatta.

A. Si può affermare con certezza che lo studente ha studiato
B. Lo studente ha studiato
C. Lo studente è stato verosimilmente punito dal professore
D. Non si sa se lo studente abbia studiato
E. La frase proposta non ha senso

22) "Non è possibile dubitare della necessità di impedire che Marco non vada in palestra". Qual è il corretto significato della precedente affermazione?

A. L'affermazione proposta è priva di un senso logico
B. È necessario che Marco non vada in palestra
C. È necessario che la palestra impedisca a Marco di andarci
D. È necessario che la palestra permetta a Marco di andarci
E. È necessario che Marco vada in palestra

23) "Non è possibile negare la falsità della tesi secondo la quale il cerchio non è una figura perfetta". Qual è il corretto significato della precedente affermazione?

A. È falso affermare che il cerchio sia una figura perfetta
B. Non è possibile sapere con certezza se il cerchio sia una figura perfetta o meno

C. È corretto affermare che non si può sapere se il cerchio è una figura perfetta
D. Il cerchio non è una figura perfetta
E. Il cerchio è una figura perfetta

24) "È corretto negare che è vero che la *Dama con ermellino* non è stata dipinta da Leonardo da Vinci". Sulla base dell'affermazione proposta, quale delle frasi seguenti non è errata?

A. Non si può affermare che la "Dama con ermellino" sia stata dipinta da Leonardo da Vinci
B. La "Dama con ermellino" non è un dipinto
C. Non si sa chi abbia dipinto la "Dama con ermellino"
D. La "Dama con ermellino" è stata dipinta da Leonardo da Vinci
E. La "Dama con ermellino" non è stata dipinta da Leonardo da Vinci

25) La negazione logica della proposizione "Non è permesso ai minori di 18 anni di frequentare il parco comunale dalle ore 20.00 alle ore 8.00" è ...

A. chiunque può frequentare il parco comunale dalle ore 8.00 alle ore 20.00
B. il parco comunale è chiuso dalle ore 20.00 alle ore 8.00
C. solamente i minorenni possono frequentare il parco comunale dalle ore 20.00 alle ore 8.00
D. chiunque può frequentare il parco comunale dalle ore 20.00 alle ore 8.00
E. i maggiorenni possono frequentare il parco comunale dalle ore 20.00 alle ore 8.00

26) La negazione della frase "tutti sono alti e almeno uno non è triste" è ...

A. "qualcuno è alto o nessuno è triste"
B. "esiste almeno uno non alto e triste"
C. "tutti quelli che sono alti sono tristi"
D. "nessuno è alto e almeno uno è triste"
E. "qualcuno non è alto o tutti sono tristi"

27) "Non si può escludere che, se Umberto non avesse sostituito la ruota, l'auto avrebbe subito molti danni". In base alla precedente affermazione, quale delle seguenti è certamente vera?

A. È possibile che l'auto avrebbe subito molti danni qualora Umberto avesse sostituito la ruota
B. Se l'auto avesse subito molti danni, è possibile che Umberto non avrebbe sostituito la ruota
C. L'auto avrebbe riportato molti danni se Umberto non avesse sostituito la ruota
D. È possibile che l'auto avrebbe subito molti danni qualora Umberto non avesse sostituito la ruota
E. È possibile che l'auto non abbia subito alcun danno, sebbene Umberto abbia sostituito la ruota

28) La negazione della frase "gatto che miagola non graffia" è ...

A. "tutti i gatti che non miagolano non graffiano"
B. "esiste almeno un gatto che miagola e graffia"
C. "tutti i gatti che miagolano graffiano"
D. "esiste almeno un gatto che non miagola e graffia"
E. "tutti i gatti che non graffiano miagolano"

29) "I carabinieri non avevano avuto la possibilità di escludere che il locale potesse essere utilizzato per coprire serate a luci rosse". In base alla precedente affermazione, quale delle seguenti è certamente vera?

A. Il locale veniva utilizzato per coprire serate a luci rosse

B. È possibile che il locale potesse essere utilizzato per coprire serate a luci rosse
C. Il locale veniva utilizzato per addestrare le giovani a prostituirsi
D. Non è possibile che il locale potesse essere utilizzato per coprire serate a luci rosse
E. I carabinieri avevano la certezza che il locale venisse usato per coprire serate a luci rosse

30) Negare l'affermazione: "chi ama la propria città la tiene pulita".

A. Ci sono cittadini che amano la loro città e la puliscono
B. C'è almeno un cittadino che pulisce la propria città ma non la ama
C. C'è almeno un cittadino che ama la propria città ma non la tiene pulita
D. Non c'è alcun cittadino che ami e pulisca la sua città
E. Chi pulisce la propria città la ama

31) C'è una casa con almeno due porte; si consideri l'affermazione:
Esiste una chiave che apre tutte le porte di casa, ma non la porta della cantina.
Indicare quale tra le seguenti frasi costituisce la negazione dell'affermazione riportata sopra.

A. Per ogni chiave, esiste una porta che non è quella della cantina che viene aperta da quella chiave
B. Esiste una chiave che apre tutte le porte di casa, compresa quella della cantina
C. Nessuna chiave apre tutte le porte
D. Esiste una chiave che non apre nessuna porta, se non quella della cantina
E. Per ogni chiave, o esiste una porta che non è quella della cantina che non viene aperta da quella chiave, oppure quella chiave apre la porta della cantina

32) "L'esame grafologico non ha consentito di dimostrare l'impossibilità che l'autore della lettera minatoria sia la persona arrestata". Qual è il corretto significato della precedente affermazione?

A. L'esame grafologico ha dimostrato che l'autore della lettera minatoria non può essere la persona arrestata
B. È molto probabile che l'autore della lettera minatoria sia la persona arrestata
C. L'esame grafologico non ha dimostrato che l'autore della lettera non è la persona arrestata
D. L'esame grafologico ha dimostrato che l'autore della lettera è la persona arrestata
E. È impossibile che l'autore della lettera sia la persona arrestata

33) Alessandro afferma: "Se Rossi parte in pole position arriva primo". Quale delle seguenti proposizioni è la NEGAZIONE di quella di Alessandro?

A. Rossi può non vincere anche se parte in pole position
B. Se Rossi non parte in pole position non vince
C. Rossi può non partire in pole position e non vincere
D. Rossi può arrivare primo anche se non parte in pole position
E. Rossi non vince mai ogni volta che parte in pole position

34) "Non si può escludere che, se Marta non avesse vinto la lotteria, il marito l'avrebbe lasciata". In base alla precedente affermazione, quale delle seguenti è certamente vera?

A. È possibile che il marito di Marta l'avrebbe lasciata qualora lei non avesse vinto la lotteria

B. Se il marito di Marta l'avesse lasciata, è possibile che lei non avrebbe vinto la lotteria
C. È possibile che il marito di Marta l'avrebbe lasciata, qualora lei avesse vinto la lotteria
D. Se il marito di Marta non l'avesse lasciata, è possibile che lei avrebbe vinto la lotteria
E. Il marito di Marta l'avrebbe lasciata se lei non avesse vinto la lotteria

35) "Non si può escludere che, se Matteo non avesse chiamato la polizia, il ladro l'avrebbe fatta franca". In base alla precedente affermazione, quale delle seguenti è certamente vera?

A. È possibile che il ladro l'avrebbe fatta franca qualora Matteo non avesse chiamato la polizia
B. Il ladro l'avrebbe fatta franca se Matteo non avesse chiamato la polizia
C. È possibile che il ladro l'avrebbe fatta franca, qualora Matteo avesse chiamato la polizia
D. Il ladro l'avrebbe fatta franca, se Matteo avesse chiamato la polizia
E. Se il ladro l'avesse fatta franca, è possibile che Matteo non avrebbe chiamato la polizia

36) "Non si può escludere che, se Bruno non avesse perso il biglietto, l'addetto alla sicurezza l'avrebbe fatto entrare nel cinema". In base alla precedente affermazione, quale delle seguenti è certamente vera?

A. Se l'addetto alla sicurezza avesse fatto entrare Bruno nel cinema, è possibile che quest'ultimo non avrebbe perso il biglietto
B. Se l'addetto alla sicurezza avesse fatto entrare Bruno nel cinema, sicuramente quest'ultimo non avrebbe perso il biglietto
C. È possibile che l'addetto alla sicurezza avrebbe fatto entrare Bruno nel cinema, qualora quest'ultimo avesse perso il biglietto
D. È possibile che l'addetto alla sicurezza avrebbe fatto entrare Bruno nel cinema qualora quest'ultimo non avesse perso il biglietto
E. L'addetto alla sicurezza avrebbe fatto entrare Bruno nel cinema se quest'ultimo avesse mostrato il biglietto

37) "Non si può escludere che, se Rita non avesse avvertito del ritardo, i genitori si sarebbero preoccupati". In base alla precedente affermazione, quale delle seguenti è certamente vera?

A. Se i genitori si fossero preoccupati, certamente Rita non avrebbe avvertito del ritardo
B. I genitori si sarebbero preoccupati se Rita avesse dimenticato di avvertire del ritardo
C. È possibile che i genitori si sarebbero preoccupati, qualora Rita avesse avvertito del ritardo
D. È possibile che i genitori si sarebbero preoccupati qualora Rita non avesse avvertito del ritardo
E. Se i genitori si fossero preoccupati, è possibile che Rita non avrebbe avvertito del ritardo

38) "È senza dubbio corretta la teoria che nega la verità dell'affermazione secondo cui è possibile che la vita esista su altri pianeti". Dalla precedente affermazione si deduce che:

A. la verità è che la vita esiste su altri pianeti
B. gli astronomi effettuano osservazioni regolari e scientifiche
C. la vita esiste su altri pianeti
D. la vita non può esistere su altri pianeti

E. è possibile che la vita esista su altri pianeti

39) "Non si può escludere che, se Paolo non avesse lasciato a casa la macchina fotografica, la vacanza sarebbe stata indimenticabile". In base alla precedente affermazione, quale delle seguenti è certamente vera?

A. Se la vacanza fosse stata indimenticabile, Paolo non avrebbe lasciato a casa la macchina fotografica
B. È possibile che la vacanza sarebbe stata indimenticabile, qualora Paolo avesse lasciato a casa la macchina fotografica
C. La vacanza sarebbe stata indimenticabile se Paolo avesse avuto con sé la macchina fotografica
D. È possibile che la vacanza sarebbe stata indimenticabile qualora Paolo non avesse lasciato a casa la macchina fotografica
E. Se la vacanza fosse stata indimenticabile, è possibile che Paolo non avrebbe lasciato a casa la macchina fotografica

40) "La testimonianza del giardiniere non ha permesso di dimostrare l'impossibilità che Francesco amasse Maddalena". Qual è il corretto significato della precedente affermazione?

A. La testimonianza del giardiniere ha dimostrato che Francesco odiava Maddalena
B. È impossibile che Francesco non amasse Maddalena
C. La testimonianza del giardiniere non ha dimostrato che Francesco non amava Maddalena
D. È impossibile che Francesco amasse Maddalena
E. La testimonianza del giardiniere ha dimostrato che Francesco amava Maddalena

41) "L'esame del curriculum vitae non ha consentito di dimostrare l'impossibilità che il candidato possegga i requisiti per l'assunzione". Qual è il corretto significato della precedente affermazione?

A. L'esame del curriculum del candidato ha dimostrato che il candidato possiede i requisiti per l'assunzione
B. L'esame del curriculum del candidato ha dimostrato che il candidato non può possedere i requisiti per l'assunzione
C. L'esame del curriculum del candidato non ha dimostrato che il candidato può possedere i requisiti per l'assunzione
D. L'esame del curriculum vitae non ha dimostrato che il candidato non possiede i requisiti per l'assunzione
E. È impossibile che il candidato possegga i requisiti necessari per essere assunto

42) "Non si può negare che siano improponibili sia l'annullamento totale che la conferma totale dei risultati di quei dispositivi elettronici che impediscono agli automobilisti di violare impunemente i limiti di velocità". Qual è il corretto significato della precedente osservazione?

A. Nessuna delle altre alternative è corretta
B. Gli automobilisti possono violare impunemente i limiti di velocità
C. È proponibile l'annullamento parziale dei risultati di quei dispositivi elettronici che impediscono agli automobilisti di violare impunemente i limiti di velocità
D. I risultati di quei dispositivi elettronici che impediscono agli automobilisti di violare impunemente i limiti di velocità sono totalmente inaffidabili

E. È inaccettabile vietare agli automobilisti di violare impunemente i limiti di velocità

43) "Almeno una delle case di Parigi ha le tegole rosse". Negare questa affermazione significa affermare che:

A. a Parigi almeno due case hanno le tegole rosse
B. a Parigi quasi tutte, ma non tutte, le case hanno le tegole rosse
C. Parigi è l'unica città senza una casa con le tegole rosse
D. a Parigi tutte le case hanno le tegole rosse
E. a Parigi nessuna casa ha le tegole rosse

44) "È sbagliato non ammettere che le precauzioni prese non sono bastate per impedire il rovesciamento della barca". Basandosi sulla precedente affermazione, individuare quale delle seguenti alternative è esatta.

A. Si può affermare che le precauzioni prese sono state sufficienti per impedire il rovesciamento della barca
B. La barca si è rovesciata nonostante le precauzioni prese
C. Bisogna ammettere che non è stata presa alcuna precauzione per impedire il rovesciamento della barca
D. Le precauzioni che si possono prendere per impedire il rovesciamento di una barca sono inefficaci
E. Grazie alle precauzioni prese la barca non si è rovesciata

45) "In base alle notizie in suo possesso, il giornalista ha scritto che non è falsa l'ipotesi secondo cui l'incendio non è doloso". Basandosi sulla precedente affermazione, quale delle seguenti alternative è vera?

A. Sicuramente l'incendio non è doloso
B. L'incendio è doloso in base alle notizie in possesso del giornalista
C. L'incendio non è doloso in base alle notizie in possesso del giornalista
D. Non vi è nessun elemento valido per sostenere che l'incendio non sia doloso
E. Le notizie in possesso del giornalista lo hanno indotto in errore

46) "Non è possibile negare l'inesistenza di un'automobile dotata di freno a mano idraulico". Qual è il corretto significato della precedente affermazione?

A. Esiste almeno un'automobile dotata di freno a mano idraulico
B. Non esiste alcuna automobile dotata di freno a mano idraulico
C. Nessuna automobile è dotata di freno a mano meccanico
D. Tutte le automobili sono dotate di freno a mano idraulico
E. Le automobili dotate di freno a mano idraulico sono più diffuse di quelle dotate di freno a mano meccanico

47) "È assurdo contestare che è sbagliato non riconoscere che il film di Antonio è stato visto da molte persone". Basandosi sulla precedente affermazione, individuare quale delle seguenti alternative è esatta.

A. Il film di Antonio non è stato visto da molte persone
B. Molte persone hanno visto il film di Antonio
C. Non si può evitare di negare che non sia corretto non affermare che il film di Antonio sia stato visto da molte persone
D. Non è possibile stabilire se il film di Antonio sia stato visto da molte o poche persone

E. Il film di Antonio è stato contestato da molte persone

48) "È assurdo negare l'inesistenza di un testimone che abbia assistito al delitto della contessa". La precedente affermazione significa che:

A. si è in presenza di un caso poliziesco molto intricato
B. il delitto della contessa è stato visto da almeno un testimone
C. è sicuro che non esiste una persona che non sia stata testimone del delitto della contessa
D. non esiste alcun testimone che abbia assistito al delitto della contessa
E. al delitto della contessa hanno assistito molti testimoni

49) "Non si può non negare che il signor Rossi non manifesti in modo non chiaro la sua avversità verso il signor Verdi". Se la precedente affermazione è vera, allora è vero che:

A. il signor Rossi non manifesta in modo non chiaro la sua avversità verso il signor Verdi
B. il signor Rossi non può manifestare in modo non chiaro la sua avversità verso il signor Verdi
C. il signor Verdi è ostile al signor Rossi
D. il signor Rossi manifesta in modo non chiaro la sua avversità verso il signor Verdi
E. il signor Rossi manifesta in modo evidente e aperto la sua avversità verso il signor Verdi

50) La negazione di "ogni cane abbaia" è:

A. c'è un cane che non abbaia
B. se non abbaia non è un cane
C. ogni cane non abbaia
D. nessuna delle altre risposte
E. c'è un cane che abbaia

51) La frase "Non garantisco che sia insostenibile negare il contrario della veridicità delle mie affermazioni" significa:

A. io dico sempre il vero
B. io non conosco la verità
C. io mento
D. io posso dire il vero
E. io non so mentire

52) "Non esiste alcun elemento probatorio che consenta di eliminare la possibilità che l'imputato sia estraneo al fatto". Dalla precedente affermazione si deduce che:

A. l'imputato è estraneo al fatto
B. è possibile che l'imputato sia estraneo al fatto
C. è impossibile che l'imputato sia estraneo al fatto
D. vi sono prove sull'estraneità dell'imputato al fatto
E. l'imputato non è estraneo al fatto

53) "Non si può escludere che, se Davide non avesse perso gli occhiali, l'esecuzione del pezzo musicale sarebbe stata perfetta". In base alla precedente affermazione, quale delle seguenti è certamente vera?

A. È possibile che l'esecuzione del pezzo musicale sarebbe stata perfetta qualora Davide non avesse perso gli occhiali
B. È possibile che l'esecuzione del pezzo musicale sarebbe stata perfetta, qualora Davide avesse perso gli occhiali
C. L'esecuzione del pezzo musicale sarebbe stata perfetta se Davide avesse avuto con sé gli occhiali
D. Se l'esecuzione del pezzo musicale fosse stata perfetta, è possibile che Davide avrebbe trovato gli occhiali
E. Non si può escludere che, se Davide avesse perso gli occhiali, l'esecuzione

del pezzo musicale non sarebbe stata perfetta

54) "È assurdo contestare che è sbagliato non riconoscere che la mostra dei quadri di Picasso è stata visitata da molte persone". Basandosi sulla precedente affermazione, individuare quale delle seguenti alternative è esatta.

A. Non si può evitare di negare che non è corretto non affermare che la mostra dei quadri di Picasso è stata visitata da molte persone
B. La mostra dei quadri di Picasso è stata contestata da molte persone
C. Molte persone hanno visitato la mostra dei quadri di Picasso
D. Non è possibile stabilire se la mostra dei quadri di Picasso sia stata visitata da molte o poche persone
E. La mostra dei quadri di Picasso non è stata visitata da molte persone

55) "L'esame dei reperti ritrovati non ha consentito di dimostrare l'impossibilità che il gioiello scoperto sia d'oro". Qual è il corretto significato della precedente affermazione?

A. L'esame dei reperti ritrovati ha dimostrato che il gioiello scoperto non può essere d'oro
B. È impossibile che il gioiello scoperto sia d'oro
C. L'esame dei reperti ritrovati ha dimostrato che il gioiello scoperto è d'oro
D. L'esame dei reperti ritrovati non ha dimostrato che il gioiello scoperto non è d'oro
E. L'esame dei reperti ritrovati ha dimostrato che il gioiello scoperto non è d'oro

56) "Non si può escludere che, se Francesco non avesse perso il denaro, la trattativa si sarebbe risolta con un successo". In base alla precedente affermazione, quale delle seguenti è certamente vera?

A. Se la trattativa fosse stata un successo, è possibile che Francesco avrebbe trovato il denaro
B. È possibile che la trattativa sarebbe stata un successo, qualora Francesco avesse perso il denaro
C. La trattativa sarebbe stata un successo se Francesco avesse avuto con sé il denaro
D. È possibile che la trattativa sarebbe stata un successo qualora Francesco non avesse perso il denaro
E. Non si può escludere che, se Francesco avesse perso il denaro, la trattativa non sarebbe stata un successo

57) "Non si può escludere che, se Livio non si fosse ferito, la gara di atletica l'avrebbe vinta lui". In base alla precedente affermazione, quale delle seguenti è certamente vera?

A. La gara di atletica sarebbe stata vinta da Livio se fosse stato sano
B. Se la gara di atletica fosse stata vinta da Livio, quest'ultimo non si sarebbe ferito
C. È possibile che la gara di atletica sarebbe stata vinta da Livio qualora Livio non si fosse ferito
D. Se la gara di atletica non fosse stata vinta da Livio quest'ultimo sicuramente non si sarebbe ferito
E. È possibile che la gara di atletica l'avrebbe vinta Livio qualora Livio si fosse ferito

58) "Non si può escludere che, se Matteo non si fosse infortunato, avrebbe vinto". In base alla precedente affermazione, quale delle seguenti è certamente vera?

A. È possibile che Matteo avrebbe vinto qualora egli non si fosse infortunato

B. È possibile che Matteo avrebbe vinto, qualora egli si fosse infortunato
C. Se Matteo avesse vinto, è possibile che egli sarebbe stato esente da infortuni
D. Matteo avrebbe sicuramente vinto qualora egli non si fosse infortunato
E. Matteo avrebbe vinto se egli fosse stato esente da infortuni

59) "Nessun computer può sostituire il cervello umano". Se la precedente affermazione è FALSA, allora si può essere certi che:

A. non esistono computer che possono sostituire il cervello umano
B. esiste almeno un computer che può sostituire il cervello umano
C. esistono diversi computer che possono sostituire il cervello umano
D. il cervello umano è insostituibile
E. c'è solo un computer che può sostituire il cervello umano

60) "La visita ortopedica non ha consentito di dimostrare l'impossibilità che il legamento del pollice sia rotto". Qual è il corretto significato della precedente affermazione?

A. La visita ortopedica ha dimostrato che il legamento del pollice non può essere rotto
B. La visita ortopedica ha dimostrato che il legamento del pollice non può essere integro
C. La visita ortopedica ha dimostrato che il legamento del pollice è rotto
D. La visita ortopedica non ha dimostrato che il legamento del pollice non è rotto
E. La visita ortopedica non ha dimostrato che il legamento del pollice è rotto

61) "Non è possibile negare la falsità della tesi secondo la quale l'uomo non è un animale sociale". Qual è il significato corretto dell'affermazione precedente?

A. Non è possibile sapere con certezza se l'uomo sia un animale sociale o meno
B. L'uomo è un animale sociale
C. È corretto affermare che non si può sapere se l'uomo è un animale sociale
D. È falso affermare che l'uomo sia un animale sociale
E. L'uomo non è un animale sociale

62) È stata respinta la prova che nega che A è uguale a B, ma non è stata acquisita alcuna prova del contrario. Quindi:

A. A è sicuramente diverso da B
B. A è sicuramente uguale a B
C. A potrebbe essere uguale a B
D. A è diverso da B al 100%
E. A è uguale a B al 99%

63) "Non è impossibile che la bottiglia ritrovata sulla spiaggia possa contenere un messaggio". In base alla precedente affermazione, quale delle seguenti è certamente vera?

A. La bottiglia ritrovata sulla spiaggia potrebbe contenere un messaggio
B. La bottiglia ritrovata sulla spiaggia conteneva un messaggio
C. La bottiglia ritrovata sulla spiaggia non conteneva un messaggio
D. Non è possibile che il messaggio nella bottiglia fosse leggibile
E. La bottiglia ritrovata sulla spiaggia non poteva contenere un messaggio

64) Si consideri il famoso detto popolare: "Non tutte le ciambelle riescono col buco". Quale delle seguenti proposizioni è la NEGAZIONE di questo asserto?

A. In tutte le ciambelle è presente almeno un buco
B. Non tutti i dolci in cui è presente un buco sono ciambelle
C. In tutte le ciambelle non è presente alcun buco
D. In alcune ciambelle non è presente alcun buco
E. Non tutti i dolci in cui non è presente un buco sono ciambelle

65) Negare che "ogni uomo ha un nemico" equivale a dire che:

A. tutti gli uomini non hanno nemici
B. nessun uomo ha un nemico
C. esistono uomini senza nemici
D. tutti sono nemici di ogni uomo
E. ogni uomo non ha un nemico

66) Negare che "ogni cane ha almeno un padrone" equivale a dire che:

A. esistono cani senza padroni
B. ogni cane non ha un padrone
C. nessun cane ha un padrone
D. tutti sono padroni di ogni cane
E. tutti i cani non hanno padroni

67) Negare che "ogni gatto miagola" equivale a dire che:

A. c'è un gatto che miagola
B. se non miagola non è un gatto
C. ogni gatto non miagola
D. nessun gatto miagola
E. c'è un gatto che non miagola

68) Negare che "ogni uomo ha un cane" equivale a dire che:

A. tutti gli uomini non hanno cani
B. tutti i cani sono di ogni uomo
C. esistono uomini senza cane
D. ogni uomo non ha un cane
E. nessun uomo ha un cane

69) Dal punto di vista logico, negare che "ogni uomo ha un amico" equivale a dire che:

A. nessun uomo ha un amico
B. ogni uomo non ha un amico
C. esistono uomini senza amici
D. tutti gli uomini non hanno amici
E. tutti sono amici di ogni uomo

70) Negare la frase "Tutti gli arbitri vestono di nero" significa affermare che:

A. almeno un arbitro non veste di nero
B. almeno un arbitro veste di bianco
C. tutti gli arbitri vestono di bianco
D. numerosi arbitri non vestono di nero
E. qualche arbitro veste di nero

2.3 • Le deduzioni logiche

Implicazioni logiche

71) "I bambini sono buoni. Alcuni genitori sono alti. Chi è buono dorme. Non tutti i nonni bevono il caffè. Chi dorme sogna. Chi beve il caffè non dorme". Individua la conclusione corretta.

A. Alcuni bambini bevono caffè
B. I genitori sognano
C. I bambini sognano
D. Le persone alte sono genitori
E. I genitori bevono più caffè dei nonni

72) "Tutti i baristi sono affabili; Amedeo è un ottimista; tutte le persone ottimiste sono affabili". In base alle precedenti affermazioni, quale delle seguenti è necessariamente vera?

A. Amedeo è un barista
B. Tutti i baristi sono ottimisti
C. Chi non è un barista non è affabile
D. Nessun barista è ottimista
E. Amedeo è affabile

73) "I gatti sono ladri. Alcuni ladri vanno in giro di notte. I nottambuli vanno in giro di notte". Individuare la conclusione corretta.

A. È possibile che alcuni gatti siano nottambuli
B. I gatti derubano i nottambuli
C. Tutti i nottambuli sono ladri
D. I ladri miagolano
E. Tutti i gatti sono nottambuli

74) "Tutti gli attori sono vanitosi. Lorenzo è un attore". In base alle precedenti informazioni, quale delle seguenti affermazioni è certamente vera?

A. Lorenzo è vanitoso
B. Nessuna delle altre alternative è corretta
C. Tutte le persone vanitose sanno recitare
D. Lorenzo non è vanitoso
E. Tutte le persone vanitose sono attori

75) "Tutti gli attori di teatro sono artisti preparati; Sara è un'artista preparata; tutti gli artisti preparati hanno frequentato numerose scuole d'arte". In base alle precedenti affermazioni, quale delle seguenti è necessariamente vera?

A. Sara non ha frequentato numerose scuole d'arte
B. Chi ha frequentato numerose scuole d'arte è un artista preparato
C. Chi non ha frequentato numerose scuole d'arte non può essere un attore di teatro
D. Sara è un'attrice di teatro
E. Chi ha frequentato numerose scuole d'arte non può essere un attore di teatro

76) "Tutti i motociclisti sono estroversi. Valentino è audace. Tutti i motociclisti sono audaci". In base alle precedenti affermazioni, quale delle seguenti è necessariamente vera?

A. Valentino è estroverso
B. Nessun motociclista è audace e introverso
C. Valentino è un motociclista
D. Nessun motociclista è audace ed estroverso
E. Tutti gli estroversi sono audaci

77) "Tutti i baristi sono loquaci. Paolo è un barista". In base alle precedenti informazioni, quale delle seguenti affermazioni è certamente vera?

A. Paolo è loquace
B. Nessuna delle altre alternative è corretta
C. Paolo non ama bere
D. Tutte le persone loquaci sono baristi
E. Paolo ama bere

78) "Tutti gli avvocati sono buoni oratori. Alessandro è un buon oratore". In base alle precedenti informazioni, quale delle seguenti affermazioni è necessariamente vera?

A. Gli oratori sono più eloquenti degli avvocati
B. Nessuna delle altre risposte è corretta
C. I buoni oratori sono tutti avvocati
D. Alessandro non è un avvocato
E. Alessandro è un avvocato

79) "Tutti i medici lavorano in ospedale. Cesare lavora in ospedale". In base alle precedenti informazioni, quale delle seguenti affermazioni è necessariamente vera?

A. Cesare non è un medico
B. Cesare è un barelliere
C. Chi lavora in ospedale è medico
D. Cesare è un medico
E. Nessuna delle altre risposte è corretta

80) "Enrico è muscoloso; tutti gli atleti sono muscolosi; Daniele è un atleta". In base alle precedenti informazioni, quale delle seguenti affermazioni è necessariamente vera?

A. Enrico è un atleta
B. Chi è muscoloso è un atleta
C. Daniele è meno muscoloso di Enrico
D. Enrico è più muscoloso di Daniele
E. Daniele è muscoloso

81) "Tutti i calzolai sono meticolosi; Massimo è fortunato; tutte le persone fortunate sono meticolose". In base alle precedenti affermazioni, quale delle seguenti non è necessariamente vera?

A. Tutte le alternative sono vere
B. Massimo è un calzolaio
C. Massimo è meticoloso
D. Chi non è meticoloso non può essere un calzolaio
E. Non esistono persone fortunate non meticolose

82) "Fabio è intelligente; tutti i professori sono intelligenti; Pietro è un professore". In base alle precedenti informazioni, quale delle seguenti affermazioni è necessariamente vera?

A. Le persone intelligenti sono tutte professori
B. Pietro e Fabio lavorano nella stessa scuola
C. Tutte le persone intelligenti sono abili insegnanti
D. Pietro è intelligente
E. Fabio è un professore

83) "Tutti i pasticcieri sono grassi; Antonio è grasso; tutte le persone grasse sono socievoli". In base alle precedenti affermazioni, quale delle seguenti è necessariamente vera?

A. Chi non è socievole non è un pasticciere
B. Antonio è un pasticciere
C. Chi è socievole è grasso
D. Alcuni pasticceri sono magri
E. Chi non è socievole può essere grasso

84) Se tutti gli uomini hanno la barba e tutti i militari sono uomini, quale affermazione fra le seguenti è vera?

A. Tutti gli uomini fanno il servizio militare
B. Tutti gli uomini non hanno la barba
C. Tutti i militari non hanno la barba
D. Tutti i militari hanno la barba
E. Solo i militari portano la barba

85) "Tutti i vigili del fuoco sono atletici; Piero è coraggioso; tutte le persone coraggiose sono atletiche". In base alle precedenti affermazioni, quale delle seguenti è necessariamente vera?

A. Tutti i vigili del fuoco sono coraggiosi
B. Piero è atletico
C. Tutte le persone coraggiose sono vigili del fuoco
D. Piero è un vigile del fuoco
E. Non esistono vigili del fuoco coraggiosi

86) "Stefano è una persona paziente; tutti i cacciatori sono persone pazienti; Carlo è un cacciatore". In base alle precedenti informazioni, quale delle seguenti affermazioni è necessariamente vera?

A. Carlo è una persona paziente
B. Le persone pazienti sono cacciatori
C. Chi non caccia è impaziente
D. Stefano è un cacciatore
E. Stefano e Carlo sono cacciatori

87) "Marco ama i dolci; chi è magro non ama i dolci; chi è attivo è magro". Se le precedenti affermazioni sono vere, allora è certamente FALSO che:

A. le persone che amano i dolci non sono magre

B. Marco è attivo
C. chi è attivo non ama i dolci
D. non tutte le persone magre sono attive
E. Marco non è magro

88) "Tutti i cuochi amano la buona cucina. Tutti gli attori mangiano spesso al ristorante. Chi ama la buona cucina mangia spesso al ristorante". Se le precedenti informazioni sono vere, quale delle seguenti affermazioni è necessariamente vera?

A. Chi ama la buona cucina non può essere un attore
B. Tutti i cuochi mangiano spesso al ristorante
C. Chi mangia spesso al ristorante è un attore o un cuoco
D. Chi ama la buona cucina è un cuoco
E. Tutti gli attori amano la buona cucina

89) "Tutti i parrucchieri sono simpatici; Mauro è simpatico; tutti i parrucchieri sono baffuti". In base alle precedenti affermazioni, quale delle seguenti è necessariamente vera?

A. Mauro è un parrucchiere
B. Tutte le persone simpatiche sono baffute
C. Nessun parrucchiere è simpatico e privo di baffi
D. Tutte le persone baffute sono simpatiche
E. Mauro è baffuto

90) "Anna ha i capelli neri. Tutte le persone con i capelli neri sono simpatiche". Se le precedenti informazioni sono vere, quale delle seguenti affermazioni è necessariamente vera?

A. Anna è simpatica
B. Le persone simpatiche si chiamano Anna
C. Le persone simpatiche non hanno i capelli neri
D. Le persone che si chiamano Anna non sono simpatiche
E. Le persone con i capelli neri si chiamano Anna

91) "Giuseppe è sardo; tutte le persone con i capelli neri sono italiane; tutti i sardi sono italiani". Se le precedenti informazioni sono vere, quale delle seguenti è necessariamente vera?

A. Giuseppe ha i capelli neri
B. Tutte le persone con i capelli neri sono sardi
C. Tutti i sardi si chiamano Giuseppe
D. Tutti i sardi hanno i capelli neri
E. Giuseppe è italiano

92) "Cosimo è milanese; tutte le persone con gli occhi celesti sono italiane; tutti i milanesi sono italiani". Se le precedenti informazioni sono vere, quale delle seguenti è necessariamente vera?

A. Tutti i milanesi si chiamano Cosimo
B. Tutti i milanesi hanno gli occhi celesti
C. Cosimo ha i capelli neri
D. Tutte le persone con gli occhi celesti sono milanesi
E. Cosimo è italiano

93) "Giacomo ama la marmellata. La marmellata è un dolce. Chi ama la marmellata adora la montagna". Se le precedenti affermazioni sono vere, quale delle seguenti è necessariamente vera?

A. Giacomo mangia marmellata solamente quando va in montagna
B. Chi ama la marmellata non può non amare i dolci
C. Giacomo adora tutti i dolci
D. Giacomo adora la montagna solamente quando mangia la marmellata
E. Giacomo adora la montagna

94) Se "Francesco va a scuola e tutti i bambini che vanno nella stessa scuola hanno il motorino", quale delle seguenti affermazioni è vera?

A. La mamma di Francesco deve comprare un motorino
B. Francesco non usa mai il motorino
C. Francesco usa sempre il motorino
D. Il motorino di Francesco è nero
E. Non si può dire che Francesco non abbia il motorino

95) "Tutti coloro che amano la natura sono felici; Gennaro ama la natura; chi è felice non si ammala mai". Se le precedenti informazioni sono corrette, quale delle seguenti affermazioni NON rappresenta una conclusione corretta?

A. Gennaro non si ammala mai
B. Gennaro è felice
C. Chi è felice ama la natura
D. Gennaro non si ammala mai perché è felice
E. Gennaro è felice e non si ammala mai

96) "Tutti gli argentini amano il tango. Diego ama il tango". In base alle precedenti informazioni, quale delle seguenti affermazioni è certamente vera?

A. Diego non è argentino
B. Gli argentini non amano il tango
C. Nessuna delle alternative è corretta
D. Le persone che amano il tango sono tutte argentine
E. Diego è argentino

97) "Tutti i pompieri sono coraggiosi. Tutti i marinai sono coraggiosi. Tutti i marinai amano il mare". Se le precedenti informazioni sono corrette, quale delle seguenti informazioni addizionali consentirebbe di concludere che tutti i pompieri amano il mare?

A. Tutte le persone coraggiose amano il mare
B. Tutti i marinai sono anche pompieri
C. Chi ama il mare è un marinaio
D. Tutti i pompieri sanno nuotare
E. Non ci sono pompieri che siano anche marinai

98) "Andrea è una persona simpatica; tutti i giovani sono simpatici. Gino è un giovane". In base alle precedenti informazioni, quale delle seguenti affermazioni è necessariamente vera?

A. Andrea è giovane
B. Andrea e Gino sono giovani
C. Le persone simpatiche sono giovani
D. Chi non è giovane è antipatico
E. Gino è una persona simpatica

99) "Annamaria ama le patatine fritte; chi è magro non ama le patatine fritte; chi è attivo è magro". Se le precedenti affermazioni sono vere, allora è certamente FALSO che:

A. Annamaria non è magra
B. non tutte le persone magre sono attive
C. le persone che amano le patatine fritte non sono magre
D. Annamaria è attiva
E. chi è attivo non ama le patatine fritte

100) "Un recente studio ha mostrato che negli ultimi 20 anni il peso medio degli italiani è salito del 5%. Più in particolare, il peso medio dei cittadini del Centro-Nord è cresciuto del 6%, mentre quello dei cittadini del Meridione è cresciuto del 3%". Quale delle seguenti conclusioni può essere dedotta dalle informazioni riportate sopra?

A. I cittadini del Centro-Nord sono più numerosi dei cittadini del Meridione
B. Nessuna delle altre alternative è corretta

C. Alcuni cittadini del Centro-Nord sono immigrati dal Meridione
D. I cittadini del Centro-Nord hanno un peso medio superiore rispetto ai cittadini del Meridione
E. I cittadini del Centro-Nord sono mediamente aumentati di peso di 3 chilogrammi in più rispetto ai cittadini del Meridione

101) "Tutti i professori sono colti; Maurizio è colto; tutti i professori sono affascinanti". In base alle precedenti affermazioni, quale delle seguenti è necessariamente vera?

A. Tutte le persone affascinanti sono colte
B. Nessun professore è colto e privo di fascino
C. Maurizio è affascinante
D. Tutte le persone colte sono affascinanti
E. Maurizio è un professore

102) "Tutte le amiche di Alessandra sono veliste, e tutte le veliste sono abbronzate". Determinare, sulla base di queste sole informazioni, quale delle seguenti deduzioni è corretta.

A. Lisa non è abbronzata, quindi non è una delle amiche di Alessandra
B. Lisa non è velista, quindi non è abbronzata
C. Lisa è abbronzata quindi è una amica di Alessandra
D. Lisa non è amica di Alessandra, quindi non è abbronzata
E. Lisa è una velista abbronzata, quindi è amica di Alessandra

103) "Tutti gli studenti amano i libri. Chi partecipa ad assemblee è sovente un rivoluzionario. Alcuni rivoluzionari sono studenti". Se le precedenti affermazioni sono vere, quale delle seguenti deduzioni è infondata?

A. Chi ama i libri è un rivoluzionario
B. Alcuni studenti è probabile che partecipino ad assemblee
C. Chi partecipa alle assemblee può amare i libri
D. Non si può dire che chi studia non ama i libri
E. È possibile che alcuni rivoluzionari amino i libri

104) Al termine dell'ultima riunione di condominio, ognuno dei 12 inquilini seduti intorno al tavolo ha gridato: "Voi state tutti mentendo!". Ammesso che non si possa dire contemporaneamente il vero e il falso, quanti sono i coinquilini che dicono il vero?

A. 1
B. 2
C. 6
D. 0
E. 12

105) "Il Presidente Rossi promette che, se verrà eletto, non aumenterà le tasse per i cittadini". In quale dei seguenti casi si è certi che il Presidente Rossi non ha mantenuto la promessa?

A. Il Presidente Rossi non viene eletto e le tasse per i cittadini non aumentano
B. Il Presidente Rossi viene eletto e le tasse per i cittadini aumentano
C. Il Presidente Rossi non viene eletto e le tasse per i cittadini diminuiscono
D. Il Presidente Rossi viene eletto e le tasse rimangono invariate
E. Il Presidente Rossi non viene eletto e le tasse per i cittadini aumentano

Date le premesse, è vero che

106) "Se gli studenti si applicano, conseguiranno la promozione". Se quanto affermato è vero, quale delle seguenti affermazioni è sicuramente vera?

A. Se uno studente è promosso, allora si è applicato
B. Se uno studente è promosso, non è detto che si sia applicato
C. Verranno promossi solo gli studenti che si sono applicati
D. Se uno studente non si applica, verrà bocciato
E. Verranno bocciati tutti gli studenti che non si sono applicati

107) Se non è vero che è necessario essere maschio per essere alto più di 1.70 m, allora sarà sicuramente vero che:

A. è sufficiente essere maschio per essere più alto di 1.70 m
B. i maschi e le femmine sono più alti di 1.70 m
C. non è sufficiente essere maschio per essere più alto di 1.70 m
D. almeno una femmina è più alta di 1.70 m
E. è necessario non essere maschio per essere più alto di 1.70 m

108) Se l'affermazione "tutti i piloti sono persone colte" è FALSA, quale delle seguenti proposizioni è certamente vera?

A. Alcuni piloti non sono persone colte
B. Almeno un pilota non è una persona colta
C. Almeno un pilota è colto
D. Nessun pilota è una persona colta
E. I piloti leggono poco

109) "Non esiste torta senza ciliegina". Se la precedente affermazione è FALSA, quale delle seguenti affermazioni è vera?

A. Ogni torta ha una ciliegina
B. Esiste almeno una torta senza ciliegina
C. Tutte le torte sono senza ciliegina
D. Nessuna torta ha la ciliegina
E. Non vi sono ciliegine senza torta

110) "Se Francesco lavora, allora Anna non fa le pulizie". Se l'argomentazione precedente è vera, quale delle seguenti è certamente vera?

A. Anna e Francesco fanno le pulizie insieme
B. Se Anna fa le pulizie, allora Francesco lavora
C. Mentre Anna lavora, Francesco fa le pulizie
D. Se Francesco non lavora, allora Anna non fa le pulizie
E. Se Anna fa le pulizie, allora Francesco non lavora

111) Se non è vero che in ogni città italiana c'è almeno un rione in cui tutti i residenti sono stranieri allora si può affermare che:

A. in ogni città c'è almeno un residente italiano in tutti i rioni
B. c'è almeno una città italiana che ha almeno un residente italiano in ogni rione
C. in ogni città c'è almeno un rione in cui tutti i residenti sono italiani
D. c'è almeno una città che ha solo residenti italiani in ogni rione
E. in ogni città vi sono residenti italiani in tutti i rioni

112) "Non esiste una piazza senza fontana". Se la precedente affermazione è falsa, quale delle seguenti è necessariamente vera?

A. Esiste almeno una piazza con una fontana
B. Esiste almeno una piazza senza fontana
C. Tutte le piazze hanno una fontana
D. Tutte le piazze non hanno una fontana
E. Nessuna piazza ha una fontana

113) "Strada scivolosa in caso di versamento di olio". Se la precedente af-

fermazione è vera, allora è possibile dedurre che:

A. se non c'è un versamento di olio la strada non è scivolosa
B. se c'è un versamento di olio la strada non è scivolosa
C. se non c'è un versamento di olio la strada è scivolosa
D. se c'è un versamento di olio la strada è scivolosa
E. se c'è un versamento di olio non è detto che la strada sia scivolosa

114) "Renato indossa un paio di scarpe da ginnastica in questo momento". In base alla precedente informazione, quale delle seguenti affermazioni è sicuramente esatta?

A. Renato non fa mai ginnastica
B. Renato porta sempre le scarpe
C. Renato è spesso a piedi nudi
D. Renato non è a piedi nudi
E. Renato fa spesso ginnastica

115) "Se Michele rimane a lavorare allora Rossella studia con Cristina". Se la precedente affermazione è vera, allora è sicuramente vero che:

A. se Michele è rimasto a lavorare, significa che Rossella non ha studiato con Cristina
B. se Michele non rimane a lavorare allora Rossella non studia con Cristina
C. se Rossella ha studiato con Cristina, vuol dire che Michele è rimasto a lavorare
D. se Rossella non ha studiato con Cristina, significa che Michele non è rimasto a lavorare
E. Rossella studia con Cristina solo se Michele rimane a lavorare

116) "Chi non rispetta il codice della strada viene sanzionato amministrativamente". In base alla precedente affermazione, è necessariamente vero che:

A. chi non viene sanzionato amministrativamente ha rispettato il codice della strada
B. chi non viene sanzionato amministrativamente non è detto che non abbia rispettato il codice della strada
C. il codice della strada è rispettato da tutti
D. chi rispetta il codice della strada non viene sanzionato amministrativamente
E. chi viene sanzionato amministrativamente non ha rispettato il codice della strada

117) Se l'affermazione "Tutti i fiumi italiani hanno regime torrenziale" è falsa, quale delle seguenti proposizioni è necessariamente vera?

A. Almeno un fiume italiano non ha regime torrenziale
B. Nessun fiume italiano ha regime torrenziale
C. Almeno un fiume italiano ha regime torrenziale
D. Almeno due fiumi italiani non hanno regime torrenziale
E. Alcuni fiumi polacchi hanno regime torrenziale

118) Se l'affermazione "nessun contadino è sereno" è falsa, quale delle seguenti alternative è necessariamente vera?

A. Alcuni contadini sono sereni
B. Tutti i contadini sono sereni
C. Nessun contadino è agitato
D. Tutti i contadini sono agitati
E. Almeno un contadino è sereno

119) "Se i candidati si applicano, conseguiranno l'idoneità". Sulla base dell'af-

fermazione precedente, quale delle seguenti affermazioni è vera?

A. Se un candidato non si applica, non conseguirà l'idoneità
B. Conseguiranno l'idoneità solo candidati che si sono applicati
C. Se un candidato consegue l'idoneità è possibile che si sia applicato
D. Tutte le altre affermazioni sono vere
E. Se un candidato si applica, conseguirà il massimo risultato

120) Se "Archimede era un genio" allora è certo che:

A. dopo di lui non sono esistiti più geni
B. è esistito almeno un uomo che era un genio
C. solo i matematici greci erano geni
D. Archimede è l'uomo più intelligente che sia mai esistito
E. i greci erano dei geni

121) "Francesca prenderà un 8 se e solo se non commetterà errori di distrazione". Se la precedente affermazione è vera allora è certamente vero che:

A. se Francesca non commetterà errori di distrazione, non prenderà 8
B. se Francesca commetterà solo qualche errore di distrazione, allora prenderà 8
C. se Francesca non prenderà 8, non riuscirà a conseguire a fine anno la media dell'8
D. se Francesca non prenderà 8, vorrà dire che avrà commesso errori di distrazione
E. se Francesca commetterà un solo errore di distrazione, allora prenderà 8

122) Se "in una libreria ci sono diversi scaffali con libri di matematica e di chimica; negli scaffali dove ci sono almeno due libri ce ne è almeno uno di chimica" allora è vero che:

A. se in uno scaffale c'è un solo libro, questo è di chimica
B. il numero dei libri di matematica in uno scaffale è sempre inferiore al numero di libri di chimica
C. in uno scaffale che contiene due libri potrebbero non esserci libri di matematica
D. uno scaffale che contiene tre libri ne ha sempre due di matematica
E. in uno scaffale che contiene due libri c'è necessariamente un libro di matematica

123) "Chi non ha studiato, viene bocciato". In base alla precedente affermazione, è necessariamente vero che:

A. chi viene bocciato non ha studiato
B. chi non viene bocciato ha studiato
C. chi ha studiato può essere bocciato
D. chi ha studiato non viene bocciato
E. è sufficiente aver studiato per non essere bocciato

124) "La pallavolo è uno sport molto seguito a Cuba, ma ultimamente non riscuote più l'attenzione che aveva in passato". Quale delle seguenti affermazioni è vera, in base alle informazioni fornite?

A. A Cuba oggi ci sono sport più seguiti della pallavolo
B. A Cuba in passato c'era più interesse per lo sport
C. La pallavolo è lo sport più amato dai cubani
D. La pallavolo oggi non si pratica più a Cuba
E. La pallavolo in passato a Cuba riscuoteva maggiore interesse

125) Ugo dice: "Se questa sera non lavoro vengo al pub. Se Mara è tornata da Milano porto anche lei". La sera, al pub non c'è nessuno. Sicuramente:

A. Ugo lavora e Mara non è tornata da Milano
B. Mara è tornata da Milano e Ugo non lavora
C. Mara era stanca e Ugo ha rinunciato
D. Ugo lavora
E. Mara non è tornata da Milano

Date le premesse, non è necessariamente vero che

126) "Arturo andrà a sciare se e solo se comprerà gli scarponi". In base alla precedente affermazione, quale delle seguenti non è necessariamente vera?

A. Se Arturo non comprerà gli scarponi, non andrà a sciare
B. Se Arturo non comprerà gli scarponi allora non andrà a sciare
C. È sufficiente che Arturo compri gli scarponi perché vada a sciare
D. Se Arturo è andato a sciare allora ha comprato gli scarponi
E. Anche se Arturo comprerà gli scarponi, potrebbe non andare a sciare

127) "Paolo avrà una salute di ferro se e solo se prenderà le medicine". In base alla precedente affermazione, quale delle seguenti non è necessariamente vera?

A. Anche se Paolo prenderà le medicine, potrà non avere una salute di ferro
B. Se Paolo non prenderà le medicine, non avrà una salute di ferro
C. È sufficiente che Paolo prenda le medicine per avere una salute di ferro
D. È necessario che Paolo prenda le medicine per avere una salute di ferro
E. È sufficiente che Paolo non prenda le medicine per non avere una salute di ferro

128) "Solo se la rappresentazione teatrale è in atto, gli spettatori non parlano a voce alta". In base alla precedente affermazione, quale delle seguenti non è necessariamente vera?

A. Se la rappresentazione teatrale non è in atto, gli spettatori parlano a voce alta
B. Se gli spettatori non parlano ad alta voce significa che la rappresentazione teatrale è in atto
C. È sufficiente che la rappresentazione teatrale non sia in atto perché gli spettatori parlino a voce alta
D. Se gli spettatori parlano a voce alta allora vuol dire che la rappresentazione teatrale non è in atto
E. Se gli spettatori parlano a voce bassa allora vuol dire che la rappresentazione teatrale è in atto

Date le premesse, è falso che

129) "Sergio, Claudia, Nico e Adamo possiedono ciascuno un solo animale. I loro animali sono un coniglio, un canarino, un tigrotto e un pesce palla. L'animale di Nico ha 4 zampe; quello di Sergio ha il pelo; Adamo ha un uccellino e sia Claudia sia Nico non possiedono tigrotti". Quale delle seguenti affermazioni è falsa?

A. Adamo ha un canarino
B. Claudia ha un pesce
C. Sergio ha un coniglio
D. Sergio ha un tigrotto
E. Nico ha un coniglio

130) "I beati stanno giocando contro gli ubriachi. I beati hanno già vinto più partite degli ubriachi". Se gli ubriachi vincessero la partita in corso, quale delle seguenti affermazioni risulterebbe necessariamente falsa?

A. Gli ubriachi perderanno sicuramente la prossima partita
B. Il numero delle partite vinte dagli ubriachi potrebbe essere maggiore

rispetto al numero delle partite vinte dai beati

C. Gli ubriachi potrebbero sopravanzare i beati vincendo anche la prossima partita

D. Il numero delle partite vinte dagli ubriachi potrebbe comunque restare inferiore rispetto al numero di partite vinte dai beati

E. Il numero delle partite vinte dagli ubriachi potrebbe uguagliare il numero di partite vinte dai beati

131) Nel deserto ci sono 3 accampamenti:

- l'accampamento X si trova a 30 km ad ovest rispetto all'accampamento Z;
- l'accampamento Y si trova a 40 km a sud rispetto all'accampamento X;
- la distanza tra l'accampamento Z e l'accampamento Y è di 50 km.

La capacità di trasmissione radio varia da accampamento ad accampamento. Il segnale radio dall'accampamento X copre un raggio di 10 km; dall'accampamento Y copre un raggio di 20 km e dall'accampamento Z copre un raggio di 40 km.

Quale delle seguenti affermazioni NON è corretta?

A. Un soldato che riceve un segnale dall'accampamento X capta sempre il segnale dall'accampamento Z, ma non capta mai il segnale dall'accampamento Y

B. È possibile che un soldato capti un segnale trasmesso dall'accampamento Y e dall'accampamento X, ma non possa captare un segnale dall'accampamento Z

C. È impossibile per un soldato in pattugliamento nel deserto captare un segnale trasmesso da tutti e tre gli accampamenti

D. È possibile che un soldato capti un segnale trasmesso dall'accampamento Y e dall'accampamento Z, ma non possa captare un segnale dall'accampamento X

E. Un soldato che riceve un segnale dall'accampamento Y può non essere in grado di captare un segnale dall'accampamento Z e neanche di captare un segnale dall'accampamento X

132) "I sostenitori del vitalismo 'scientistico' sono stati numerosi ed annoverano nelle loro file scienziati di grande valore. Ma, mentre una cinquantina d'anni or sono i vitalisti si reclutavano fra i biologi (il più noto dei quali, H. Driesch, abbandonò l'embriologia per dedicarsi alla filosofia), oggi essi provengono soprattutto dalle scienze fisiche, come Elsasser e Polanyi. Ed è comprensibile che la stranezza degli esseri viventi abbia colpito i fisici in misura ancor maggiore dei biologi. Per quanto riguarda, ad esempio, Elsasser, il suo atteggiamento è in sintesi il seguente: le proprietà strane degli esseri viventi, l'invarianza e la teleonomia, non violano probabilmente la fisica, ma esse non sono spiegabili appieno in termini di forze fisiche e di interazioni chimiche, rilevate dallo studio dei sistemi non viventi. È dunque indispensabile ammettere che alcuni principi i quali si sommerebbero a quelli della fisica, operano nella materia vivente e non nei sistemi non viventi, dove di conseguenza essi, come principii elettivamente vitali, non possono essere reperiti. Sono questi principi (o leggi biotoni che, per usare la terminologia di Elsasser) che è necessario chiarire".

Sulla base della lettura del testo sopra riportato, quale delle seguenti affermazioni è FALSA?

A. Il vitalismo scientistico tenta di spiegare le proprietà strane degli esseri

viventi, quali l'invarianza e la teleonomia
B. I sostenitori del vitalismo scientifico al giorno d'oggi provengono prevalentemente dalle scienze fisiche
C. Elsasser definisce "leggi biotoniche" i principi che operano nella materia vivente
D. Elsasser sosteneva che tutti i fenomeni viventi sono spiegabili in termini di interazioni chimiche e forze fisiche
E. Elsasser ammette che alcuni principi sommantisi alle leggi della chimica e della fisica operano nella materia vivente e non nei sistemi non viventi

133) "Secondo il critico d'arte Giovanni Morelli, attivo negli ultimi decenni del XIX secolo, particolari considerati di solito senza importanza, o addirittura triviali, 'bassi', forniscono una chiave privilegiata per accedere ai prodotti più elevati dello spirito umano. «I miei avversari – scriveva ironicamente Morelli – si compiacciono di qualificarmi per uno il quale non sa vedere il senso spirituale di un'opera d'arte e per questo dà una particolare importanza a mezzi esteriori, quali le forme della mano, dell'orecchio, e persino, horribile dictu, di un così antipatico oggetto qual è quello delle unghie». Ma questi dati marginali sono, per Morelli, rivelatori, perché costituiscono i momenti in cui il controllo dell'artista, legato alla tradizione culturale, si allenta per cedere il posto a tratti puramente individuali, «che gli sfuggono senza che egli se ne accorga»".

Carlo Ginzburg, *Miti, Emblemi, Spie*

Le frasi sotto riportate sono state tutte, meno una, tratte dal saggio su Morelli del quale qui è stata citata una parte significativa. Individuare, perché incongruente, la frase indebitamente inserita:

A. I grandi artisti non sono influenzati dalle norme della tradizione, a cui per lo più si contrappongono
B. Data l'attenzione evidente per gli elementi inconsci dell'attività dell'artista, si può comprendere come Morelli abbia interessato Freud
C. I nostri piccoli gesti inconsapevoli possono rivelare il nostro carattere più di qualunque atteggiamento formale
D. Se la realtà è opaca, esistono zone privilegiate – spie, indizi – che consentono a un osservatore attento di decifrarla
E. Grazie al suo metodo indiziario Morelli fu in grado di proporre nuove attribuzioni nei principali Musei d'Europa

●●○ Date le premesse, si può dedurre che

134) Thomas Malthus scrisse nel "*Saggio sui principi della popolazione*" che la crescita di popolazioni di piante o animali, ivi compreso l'uomo, segue una progressione geometrica, mentre la capacità di aumentare le fonti di cibo segue una progressione aritmetica.

Quale delle seguenti risposte è logicamente collegata all'affermazione di Malthus?

A. Non esiste conflitto tra progressione aritmetica e progressione geometrica
B. Una popolazione in espansione si appropria delle fonti di cibo di altre popolazioni
C. Una popolazione in espansione scatena l'aggressività delle popolazioni confinanti
D. Le popolazioni si espandono occupando spazi appartenenti ad altre popolazioni confinanti più deboli
E. Le fonti di cibo limitano automaticamente l'espandersi di una popolazione

135) Da "Chi dorme non piglia pesci" segue logicamente:

A. chi piglia pesci non dorme
B. chi piglia pesci dorme
C. nessuna delle altre alternative proposte
D. chi non piglia pesci dorme
E. chi non piglia pesci non dorme

136) L'italiano che afferma che tutti gli italiani sono sempre bugiardi dice:

A. una affermazione perfettamente verificabile
B. il vero
C. una bugia
D. niente di nuovo
E. una cosa ovvia

137) "Dopo mesi di indagini, la guardia di finanza ha arrestato un professionista coinvolto in un giro di tangenti". Da quanto esposto, una sola delle deduzioni ricavate è indiscutibile:

A. qualcuno ha giocato sulla sua ingenuità
B. la sua è stata una debolezza passeggera
C. era in combutta con uno o più complici
D. tutti i professionisti sono corrotti
E. c'è stato un errore di persona

138) In un romanzo il nipote "con la sua ritrosa ironia" dice allo zio: "Tu, zione, corteggi la morte". Se ne deduce correttamente che:

A. lo zio desidera morire
B. lo zio teme che il nipote voglia la sua eredità
C. il nipote parla della morte come di una donna sgradevole
D. il nipote proietta sullo zio un suo desiderio inconscio
E. il nipote desidera la morte dello zio

139) Di un gruppo di persone si sa che non è vero che "tutti i maschi sono originari della Sicilia". Se ne può dedurre che in quel gruppo:

A. tutte le persone originarie della Sicilia sono femmine
B. c'è almeno un maschio che non è originario della Sicilia
C. tutte le femmine sono originarie della Sicilia
D. c'è almeno una persona originaria della Sicilia che non è maschio
E. c'è almeno una femmina che non è originaria della Sicilia

140) Lucia, Francesco e Roberta parlano dei loro viaggi futuri. Lucia afferma: "Se Roberta andrà a Londra, anch'io andrò a Londra". Francesco afferma: "Esattamente due di noi andranno a Londra". Da queste affermazioni possiamo dedurre con certezza che:

A. Lucia andrà a Londra
B. Lucia non andrà a Londra
C. Roberta e Lucia andranno a Londra
D. Roberta andrà a Londra
E. Francesco andrà a Londra

141) Se tutti gli elefanti hanno la proboscide e nessun quadrupede ha le piume, possiamo affermare che:

A. nessun elefante ha le piume
B. tutti i quadrupedi hanno le piume
C. tutti i quadrupedi hanno la proboscide
D. alcuni elefanti hanno le piume
E. nessun quadrupede ha la proboscide

142) "In un villaggio egiziano tutti i camerieri sono tedeschi e tutti i tedeschi sono biondi". Ne consegue che:

A. alcuni camerieri tedeschi sono biondi
B. tutti i biondi sono tedeschi

C. tutti i tedeschi sono camerieri
D. tutti i biondi sono camerieri
E. tutti i camerieri sono biondi

143) "Strada scivolosa in caso di ghiaccio". Se la precedente affermazione è vera allora è possibile dedurre che:

A. se c'è ghiaccio la strada non è scivolosa
B. se non c'è ghiaccio la strada è scivolosa
C. se non c'è ghiaccio la strada non è scivolosa
D. se c'è ghiaccio la strada è scivolosa
E. la strada è scivolosa solo in presenza di ghiaccio

144) Se tutti gli elefanti hanno la coda e nessun quadrupede ha le ali, possiamo affermare che:

A. tutti i quadrupedi hanno la coda
B. alcuni elefanti hanno le ali
C. alcuni quadrupedi hanno la coda
D. nessun quadrupede ha la coda
E. nessun elefante ha le ali

Condizione necessaria

145) "Se e solo se c'è umidità, apro la finestra". In base al precedente assunto, quale delle seguenti affermazioni è certamente vera?

A. Quando apro la finestra non è detto che ci sia umidità
B. A volte, anche se c'è umidità, non apro la finestra
C. Se apro la finestra c'è sempre umidità
D. Quando apro la finestra non so se c'è umidità
E. Se apro la finestra significa che c'è umidità

146) "Solamente dopo la riunione Aldo e Giacomo possono andare a cena". Se la precedente informazione è corretta, quale delle seguenti affermazioni NON rappresenta una conclusione corretta?

A. Anche se la riunione è terminata, può darsi che Aldo e Giacomo non siano andati a cena
B. Se la riunione è terminata, allora Aldo e Giacomo sono andati a cena
C. Se Aldo e Giacomo sono andati a cena, allora la riunione è terminata
D. Se Aldo e Giacomo non sono andati a cena, allora la riunione non è terminata
E. Se la riunione non è terminata, allora Aldo e Giacomo non possono andare a cena

147) Imparerai che per un intervallo *I* di numeri reali vale la seguente proprietà: *I* è compatto se e solo se è chiuso e limitato. Senza che tu debba conoscere il significato dei termini in oggetto, scegli tra le seguenti affermazioni l'unica che consegue necessariamente dalla proprietà enunciata.

A. Se *I* è limitato ma non compatto, allora *I* è chiuso
B. Se *I* non è chiuso oppure non è limitato, allora *I* è compatto
C. Se *I* è chiuso oppure è limitato, allora *I* è compatto
D. Se *I* è chiuso e compatto, allora *I* non è limitato
E. Se *I* non è limitato, allora *I* non è compatto

148) "Soltanto se vi è silenzio, Luca riesce ad addormentarsi". In base alla precedente affermazione, è necessariamente vero che:

A. se vi è silenzio, sicuramente Luca riesce ad addormentarsi
B. è sufficiente che vi sia silenzio perché Luca riesca ad addormentarsi

C. se Luca non riesce ad addormentarsi, significa che non vi è silenzio
D. Luca riesce ad addormentarsi anche se non vi è silenzio
E. se non vi è silenzio Luca non riesce ad addormentarsi

149) "Solo se conservati nel congelatore, i surgelati non subiscono alterazioni". In base alla precedente affermazione, quale delle seguenti alternative non è necessariamente vera?

A. Se non sono conservati nel congelatore, i surgelati subiscono alterazioni
B. Condizione necessaria perché i surgelati non subiscano alterazioni è che siano conservati nel congelatore
C. Se non vengono conservati nel congelatore, i surgelati subiscono alterazioni
D. I surgelati alterati non sono stati conservati nel congelatore
E. I surgelati non alterati sono stati conservati nel congelatore

150) "Se e solo se mangio i dolci, ingrasso". In base alla precedente informazione, quale delle seguenti affermazioni è certamente vera?

A. A volte, anche se mangio i dolci, non ingrasso
B. Quando ingrasso non è detto che io abbia mangiato i dolci
C. Se mangio dolci dimagrisco
D. Ingrasso solo prima di mettermi a dieta
E. Quando ingrasso è perché ho mangiato i dolci

151) "Solo se avvolti nella carta stagnola, gli alimenti cotti al forno non si deteriorano". In base alla precedente affermazione, quale delle seguenti non è necessariamente vera?

A. Le altre deduzioni sono tutte vere
B. Gli alimenti cotti al forno che si deteriorano non sono stati avvolti nella carta stagnola
C. Se non vengono avvolti nella carta stagnola, gli alimenti cotti al forno si deteriorano
D. Condizione necessaria perché gli alimenti cotti al forno non si deteriorino è che siano avvolti nella carta stagnola
E. Gli alimenti cotti al forno che non si deteriorano sono stati avvolti nella carta stagnola

152) "Se e solo se nevica, accendo il camino". In base alla precedente informazione, quale delle seguenti affermazioni è certamente vera?

A. Se accendo il camino significa che nevica
B. Quando accendo il camino non sempre sta nevicando
C. Accendo il camino solo dopo aver raccolto la legna
D. Se non accendo il camino significa che nevica
E. A volte, anche se nevica, non accendo il camino

153) "Solo se vado a dormire presto, rendo al massimo sul lavoro". In base alla precedente affermazione, è necessariamente vero che:

A. se vado a dormire tardi, sicuramente rendo al massimo sul lavoro
B. è possibile che renda al massimo sul lavoro anche se non vado a dormire presto
C. se non rendo al massimo sul lavoro, significa che non sono andato a dormire presto
D. se vado a dormire presto, sicuramente rendo al massimo sul lavoro
E. se non vado a dormire presto, non rendo al massimo sul lavoro

154) "Solamente dopo aver lavato la macchina si può lucidarla". Se la precedente informazione è corretta, quale delle seguenti affermazioni non rappresenta una conclusione corretta?

A. Se la macchina è stata lucidata allora è stata lavata
B. Se la macchina non è stata lucidata allora non è stata lavata
C. È possibile che, dopo aver lavato la macchina, non si possa lucidarla
D. Se la macchina non è stata lavata allora non può essere lucidata
E. Perché la macchina sia lucidata, è necessario che sia prima lavata

155) "Solo se l'amministratore mi procura le chiavi, posso aprire i cancelli". In base alla precedente affermazione, è necessariamente vero che:

A. se non posso aprire i cancelli, significa che l'amministratore non mi ha procurato le chiavi
B. se l'amministratore mi procura le chiavi, sicuramente posso aprire i cancelli
C. se l'amministratore non mi procura le chiavi, non posso aprire i cancelli
D. è impossibile aprire i cancelli se l'amministratore mi procura le chiavi
E. è possibile aprire i cancelli anche se l'amministratore non mi procura le chiavi

156) "Se e solo se la Polizia scorterà il pullman dei tifosi, l'ordine pubblico nella città sarà garantito". In base alla precedente affermazione, è necessariamente vero che:

A. se la Polizia scorta il pullman dei tifosi, l'ordine pubblico nella città non sarà garantito
B. se la Polizia non scorta il pullman dei tifosi, l'ordine pubblico nella città non sarà garantito
C. anche se il pullman dei tifosi viene scortato dalla Polizia, l'ordine pubblico nella città potrebbe non essere garantito
D. non è sufficiente che il pullman dei tifosi venga scortato perché l'ordine pubblico sia garantito nella città
E. per garantire l'ordine pubblico nella città, occorre che la Polizia scorti il pullman dei tifosi fino alla stazione dei treni

157) "Solo se la nave lancia l'SOS, arrivano i soccorsi". In base alla precedente affermazione, è necessariamente vero che:

A. se la nave non lancia l'SOS, i soccorsi non arrivano
B. se non arrivano i soccorsi, significa che la nave non ha lanciato l'SOS
C. se la nave lancia l'SOS, sicuramente arrivano i soccorsi
D. è possibile che arrivino i soccorsi anche se la nave non lancia l'SOS
E. è impossibile che arrivino i soccorsi se la nave lancia l'SOS

158) "Solo se Luisa telefona, Stefano le dà un passaggio in automobile". In base alla precedente affermazione, è necessariamente vero che:

A. è possibile che Stefano dia a Luisa un passaggio in automobile anche se lei non telefona
B. se Luisa non telefona, Stefano le dà un passaggio in automobile
C. se Stefano non dà un passaggio in automobile a Luisa, significa che lei non ha telefonato
D. se Luisa non telefona, Stefano non le dà un passaggio in automobile
E. se Luisa telefona, sicuramente Stefano le dà un passaggio in automobile

159) "Se torno a casa presto, vado a giocare a tennis". In base alla precedente affermazione, è necessariamente vero che:

A. vado a giocare a tennis solo se torno a casa presto
B. se vado a giocare a tennis, significa che sono tornato a casa presto
C. se torno a casa tardi, non vado a giocare a tennis
D. se torno a casa tardi, vado a giocare a tennis
E. se non sono andato a giocare a tennis, vuol dire che non sono tornato a casa presto

160) "Solo se l'insegnante assente telefona entro le ore nove, il preside provvede a chiamare un supplente". In base alla precedente affermazione, è necessariamente vero che:

A. è possibile che il preside provveda a chiamare un supplente anche se l'insegnante assente non telefona entro le ore nove
B. se l'insegnante assente non telefona entro le ore nove, il preside provvede a chiamare un supplente
C. se il preside non provvede a chiamare un supplente, significa che l'insegnante assente non ha telefonato entro le ore nove
D. se l'insegnante assente telefona entro le ore nove, sicuramente il preside provvede a chiamare un supplente
E. se l'insegnante assente non telefona entro le ore nove, il preside non provvede a chiamare un supplente

161) "È necessario che il tram sia in orario affinché Sabina arrivi in tempo al lavoro". Se la precedente informazione è vera, allora è possibile dedurre che:

A. se il tram non è in orario allora Sabina arriva in tempo al lavoro
B. se il tram non è in orario allora Sabina non arriva in tempo al lavoro
C. se Sabina non arriva in tempo al lavoro allora il tram non è in orario
D. se il tram è in orario allora Sabina arriva in tempo al lavoro
E. se Sabina arriva in tempo al lavoro allora il tram non è in orario

162) "Solo se il camino è acceso, si avverte l'atmosfera natalizia". In base alla precedente affermazione, è necessariamente vero che:

A. se il camino è acceso, sicuramente non si avverte l'atmosfera natalizia
B. se non si avverte l'atmosfera natalizia, significa che il camino non è acceso
C. se il camino non è acceso, non si avverte l'atmosfera natalizia
D. si può avvertire l'atmosfera natalizia anche con il camino spento
E. nessuna delle alternative è corretta

Condizione sufficiente

163) L'affermazione "quando mangio troppo mi viene mal di stomaco" implica che:

A. a volte capita che non abbia mal di stomaco pur avendo mangiato troppo
B. se ho mal di stomaco vuol dire che ho mangiato troppo
C. se non mi viene mal di stomaco allora non ho mangiato troppo
D. o mangio troppo o mi viene mal di stomaco
E. non ho mal di stomaco pur avendo mangiato troppo

164) Quale delle seguenti proposizioni equivale a dire che "condizione sufficiente affinché la proposizione Q sia vera è che sia vera la proposizione P"?

A. Se P è vera, allora Q è vera
B. Se Q è vera, allora P è vera
C. Se P è falsa, allora Q è falsa

D. P è vera se e solo se Q è vera
E. P è falsa se e solo se Q è falsa

165) "Se il mandorlo è in fiore, la rosa marcisce. Se la begonia marcisce il papavero sboccia. Inoltre o il mandorlo è in fiore o la begonia marcisce". In base alle precedenti affermazioni è sicuramente vero che:

A. il mandorlo è in fiore e il papavero sboccia
B. la rosa marcisce o il papavero sboccia
C. il papavero sboccia
D. la rosa marcisce e il papavero sboccia
E. la rosa e la begonia marciscono

166) "Se lascerò accesa la mia lampada troppo a lungo, la lampadina si fulminerà". Se la precedente affermazione è vera, quale delle seguenti alternative è necessariamente vera?

A. Se non lascerò la lampada accesa troppo a lungo, la lampadina non si fulminerà
B. Se la lampadina non si è fulminata, allora non ho lasciato la lampada accesa troppo a lungo
C. Se la lampadina si è fulminata, vuol dire che ho lasciato la lampada accesa troppo a lungo
D. Se la lampadina si è fulminata, allora non ho lasciato la lampada accesa troppo a lungo
E. Se la lampadina non si è fulminata, allora non è detto che io non abbia lasciato accesa la lampada troppo a lungo

167) "È sufficiente che piova perché i prezzi della frutta e della verdura diminuiscano". Se la precedente informazione è vera, quale delle seguenti affermazioni è certamente vera?

A. È necessario che piova perché i prezzi della frutta e della verdura diminuiscano
B. Se i prezzi della frutta e della verdura diminuiscono significa che è piovuto
C. È possibile che i prezzi della frutta e della verdura diminuiscano senza che sia piovuto
D. Se non piove allora i prezzi della frutta e della verdura non diminuiscono
E. Se i prezzi della frutta e della verdura aumentano significa che è piovuto

168) Condizione sufficiente, ma non necessaria, affinché al Liceo Pitagora l'anno scolastico si concluda con una festa è che le interrogazioni terminino entro la fine del mese di maggio. Determinare quale delle seguenti situazioni è INCOMPATIBILE con l'affermazione precedente.

A. Nel 2006 uno studente è stato interrogato il 4 giugno, e poi c'è stata la festa
B. Nel 2008 le interrogazioni sono terminate a marzo, e poi non c'è stata la festa
C. Nel 2010 uno studente è stato interrogato il 3 aprile, e poi non c'è stata la festa
D. Da quando esiste il Liceo Pitagora la festa c'è stata ad anni alterni
E. Nel 2003 uno studente è stato interrogato il 4 giugno, e poi non c'è stata la festa

169) "Se Gabriella è in ufficio, allora Tommaso è all'asilo nido". Se l'argomentazione precedente è vera, quale delle seguenti è certamente vera?

A. Se Gabriella è in ufficio, allora Tommaso non è all'asilo nido
B. Se Tommaso non è all'asilo nido, allora Gabriella non è in ufficio
C. Se Tommaso è all'asilo nido, allora Gabriella è in ufficio
D. Gabriella e Tommaso non possono mai essere all'asilo nido insieme

E. Se Gabriella non è in ufficio, allora Tommaso non è all'asilo nido

170) "Se Luigi continua a fumare, si ammalerà". Se l'affermazione precedente è vera, allora è vero anche che:

A. se Luigi non si ammalerà, significa che ha smesso di fumare
B. se Luigi si ammalerà, sarà a causa di un tumore
C. se Luigi smette di fumare, vivrà a lungo in buona salute
D. se Luigi si ammalerà, sarà a causa del fumo
E. se Luigi non si ammalerà, significa che non ha smesso di fumare

2.4 • Relazioni d'ordine: le parentele

171) "Sonia ha una sorella di nome Concetta ed un fratello di nome Michele, che ha sposato la sorella del marito di Sonia". Che relazione c'è tra Concetta e la moglie di Michele?

A. Sono sorelle
B. Sono cognate
C. Sono semplici conoscenti
D. Sono consuocere
E. Sono cugine acquisite

172) Se il padre di Luigi è fratello della madre di Marco, in che rapporto di parentela è Marco con la madre di Luigi?

A. Nipote
B. Cognato
C. Fratello
D. Cugino
E. Zio

173) Paola non ha sorelle. Chi è la sorella del figlio del nonno materno della figlia di Paola?

A. Paola stessa
B. Una cugina di Paola
C. Non esiste tale persona
D. La mamma di Paola
E. Una zia di Paola

174) "Mario è il secondogenito di una coppia con due figli, e sua moglie è figlia unica. Uno dei nonni del figlio di Mario ha una figlia che si chiama Francesca, la quale ha due anni meno di Mario". Date queste premesse, chi è la Francesca di cui si parla nel testo?

A. Una figlia di Mario
B. La moglie di Mario
C. La sorella di Mario
D. La madre di Mario
E. Una zia di Mario

2.5 • Relazioni d'ordine: le età

175) Franco è più giovane di Sandro; Alessio è più giovane di Franco ma è più vecchio di Marco. Chi è il più giovane dei quattro ragazzi?

A. Alessio
B. Sandro
C. Marco
D. Franco
E. I dati non sono sufficienti per rispondere

176) "Se Antonio, Mario e Luca sono tre fratelli: Antonio è maggiore di Mario, questi è minore di Luca che, a sua volta, è meno grande anche di Antonio", si ha che:

A. Mario è il più piccolo
B. Antonio è il più piccolo
C. Luca è il più grande
D. Mario è il mediano
E. Antonio e Mario sono coetanei

177) "J è più anziano di K ma più giovane di L. K e L sono entrambi più gio-

vani di M. N è più anziano di J. Se le precedenti informazioni sono corrette, X è più anziano di J se è anche vero che: 1) X è più anziano di N; 2) N è più giovane di L e X è più giovane di M; 3) X e M hanno la stessa età". Quali sono le condizioni sicuramente corrette?

A. Solo 1)
B. 1) e 3)
C. 1), 2) e 3)
D. Solo 3)
E. Solo 2)

178) "Laura ha tre sorelle, Flavia, Sara e Alice, e due fratelli, Diego e Vincenzo. Si sa che:
1) Diego è il maggiore di tutti;
2) Vincenzo è più grande di Sara e Flavia (non necessariamente in quest'ordine) ma più piccolo di Laura e Alice (non necessariamente in quest'ordine)".
In base alle informazioni precedenti è FALSO affermare che:

A. Laura è più grande di Sara
B. Flavia è più piccola di Alice
C. Alice non può essere la terza in ordine di età
D. Alice è più grande di Sara
E. Sara non può essere la seconda in ordine di età

2.6 • Relazioni d'ordine: collocazione di oggetti e/o individui

179) Se Mirco è più vicino ad Assunta che non a Benedetta, e Assunta è più vicina a Mirco che non a Benedetta, allora Benedetta è più vicina:

A. a nessuno
B. ad Assunta
C. le informazioni fornite non consentono di stabilirlo con certezza
D. sia a Mirco che ad Assunta
E. a Mirco

180) La maestra d'asilo mette in fila indiana sei bimbe, i cui nomi sono: Anna, Bianca, Claudia, Diana, Eva, Federica. Sapendo che Eva viene subito dopo Federica, che Bianca è la seconda della fila e che fra lei ed Anna vi è una sola bambina, si dica chi è l'ultima della fila.

A. Eva
B. Federica
C. Claudia
D. Anna
E. Diana

181) Al *Festival di San Romolo* la canzone di *Malva* riceve più voti di quella dei *Dromedari*, che a sua volta riceve più voti di quella di *Tito Acciaio*. La canzone di *Fred Fedeli* riceve più voti sia di quella dei Dromedari che di quella dei *Cognati Simili*.
Quale delle seguenti affermazioni è sicuramente corretta?

A. La canzone di *Malva* riceve più voti di quella dei *Cognati Simili*
B. La canzone di *Malva* riceve più voti di quella di *Fred Fedeli*
C. La canzone dei *Cognati Simili* riceve più voti di quella dei *Dromedari*
D. La canzone dei *Dromedari* riceve più voti di quella dei *Cognati Simili*
E. La canzone di *Fred Fedeli* riceve più voti di quella di *Tito Acciaio*

182) Se A viene prima di C, E viene prima di C, C viene prima di D e A viene prima di E, una delle seguenti affermazioni è falsa (F) mentre tutte le altre sono vere (V):
1) A è la prima della serie
2) E viene dopo D
3) E non è l'ultima della serie

4) E viene prima di D
5) L'ordine non è alfabetico
Quale tra le seguenti è dunque la sequenza corretta?

A. 1:V 2:V 3:V 4:V 5:F
B. 1:F 2:V 3:V 4:V 5:V
C. 1:V 2:V 3:V 4:F 5:V
D. 1:V 2:V 3:F 4:V 5:V
E. 1:V 2:F 3:V 4:V 5:V

2.7 • Abilità a ordinare eventi cronologici

183) Se oggi è lunedì, qual è il giorno successivo al giorno che precede il giorno prima di domani?

A. Sabato
B. Mercoledì
C. Martedì
D. Domenica
E. Lunedì

184) Se oggi è giovedì, qual è il giorno precedente al giorno che segue dopodomani?

A. Venerdì
B. Lunedì
C. Martedì
D. Domenica
E. Sabato

185) Nell'affollatissimo bar di Mario, ogni mattina il signor Rossi, il signor Verdi ed il signor Bianchi vanno a prendere un caffè. Il signor Rossi arriva sempre per primo e non ha fretta, il signor Verdi arriva sempre per secondo ed ha fretta, mentre il signor Bianchi arriva sempre per terzo ed ha molta fretta. I tre clienti, non appena hanno bevuto il proprio caffè, vanno via, pertanto possono incontrarsi al bar oppure no. Mario conosce le necessità dei suoi tre clienti abituali e cerca di soddisfarle, compatibilmente con la necessità di servire anche gli altri avventori. Pertanto, egli serve prima il signor Bianchi (che ha molta fretta), poi il signor Verdi (che ha fretta) e poi il signor Rossi (che non ha fretta).
In quale ordine sicuramente Mario non ha potuto servire i tre clienti abituali?

A. Sig. Rossi, sig. Bianchi e sig. Verdi
B. Sig. Rossi, sig. Verdi e sig. Bianchi
C. Sig. Bianchi, sig. Verdi e sig. Rossi
D. Sig. Bianchi, sig. Rossi e sig. Verdi
E. Sig. Verdi, sig. Rossi e sig. Bianchi

186) Gabriele si allena in piscina ogni lunedì, mercoledì e sabato. In uno dei rimanenti giorni della settimana Gabriele gioca a calcio. Sapendo che il giorno dopo gli allenamenti di nuoto Gabriele non svolge alcuna attività fisica, qual è il giorno in cui gioca a calcio?

A. Domenica
B. Mercoledì
C. Giovedì
D. Martedì
E. Venerdì

2.8 • Test di logica concatenativa

187) "Delle tre banche d'affari ABI, EBI e OBI almeno due sono svizzere. Si sa, inoltre, che se ABI è svizzera anche EBI lo è, che se OBI è svizzera lo è anche ABI, e che tra EBI e OBI almeno una è non svizzera". In base a queste informazioni, quale delle seguenti è sicuramente vera?

A. ABI non è svizzera e EBI è svizzera
B. OBI non è svizzera e EBI è svizzera
C. EBI non è svizzera e OBI è svizzera
D. ABI, OBI e EBI sono svizzere
E. OBI è svizzera e EBI non è svizzera

188) Aldo, Bruno, Carlo, Donato ed Eugenio durante una gita pernottano in una locanda dove hanno a disposizione tre camere singole e una doppia. Nessuno vuol dormire con Eugenio, perché russa troppo sonoramente. Aldo accetta di dividere la camera doppia solo con Carlo o con Bruno. Bruno dice che andrà nella doppia solo con Donato. Se ne deduce, necessariamente, che:

A. uno dei due, tra Aldo e Bruno, dormirà sicuramente nella camera doppia
B. Aldo e Bruno dormiranno nella camera doppia
C. nella camera doppia dormirà Aldo oppure Donato
D. Eugenio, Carlo e Donato dormiranno nelle camere singole
E. Eugenio, Aldo e Bruno dormiranno nelle camere singole

2.9 • Relazioni insiemistiche

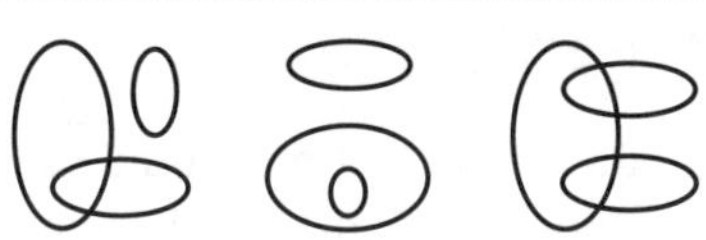

DIAGRAMMA 1 DIAGRAMMA 2 DIAGRAMMA 3

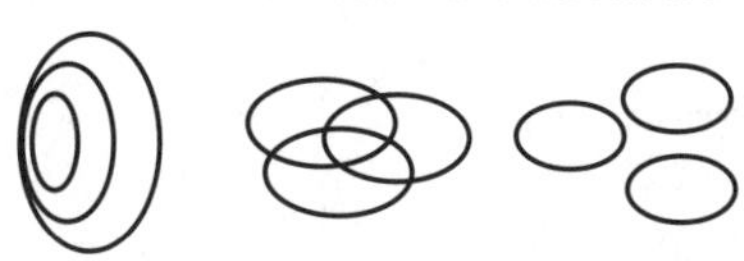

DIAGRAMMA 4 DIAGRAMMA 5 DIAGRAMMA 6

189) Individuare quale diagramma soddisfa la relazione insiemistica esistente fra i tre termini seguenti: Tramvieri, Edicolanti, Persone di nome Giorgio.

A. Diagramma 1
B. Diagramma 6
C. Diagramma 3
D. Diagramma 4
E. Diagramma 2

190) Individuare quale diagramma soddisfa la relazione insiemistica esistente fra i tre termini seguenti: Riviste settimanali, Edicole, Pubblicazioni periodiche.

A. Diagramma 3
B. Diagramma 5
C. Diagramma 4
D. Diagramma 1
E. Diagramma 2

191) Individuare quale diagramma soddisfa la relazione insiemistica esistente fra i tre termini seguenti: Elefanti, Animali, Baobab.

A. Diagramma 2
B. Diagramma 1
C. Diagramma 3
D. Diagramma 4
E. Diagramma 5

192) Individuare quale diagramma soddisfa la relazione insiemistica esistente fra i tre termini seguenti: Numeri positivi, Numeri negativi, Operazioni.

A. Diagramma 5
B. Diagramma 1
C. Diagramma 3
D. Diagramma 2
E. Diagramma 6

193) Individuare quale diagramma soddisfa la relazione insiemistica esistente fra i tre termini seguenti: Fotografie, Dipinti, Cornici.

A. Diagramma 6
B. Diagramma 4
C. Diagramma 5
D. Diagramma 1
E. Diagramma 3

194) Individuare quale diagramma soddisfa la relazione insiemistica esistente fra i tre termini seguenti: Deputati, Avvocati, Senatori.

A. Diagramma 1
B. Diagramma 3
C. Diagramma 5
D. Diagramma 2
E. Diagramma 6

195) Individuare quale diagramma soddisfa la relazione insiemistica esistente fra i tre termini seguenti: Feste religiose, Natale, Festa del lavoro.

A. Diagramma 4
B. Diagramma 2
C. Diagramma 6
D. Diagramma 5
E. Diagramma 3

196) Individuare quale diagramma soddisfa la relazione insiemistica esistente tra i tre termini seguenti: Satelliti, Pianeti, Stelle.

A. Diagramma 3
B. Diagramma 1
C. Diagramma 2
D. Diagramma 6
E. Diagramma 4

197) Individuare quale diagramma soddisfa la relazione insiemistica esistente fra i tre termini seguenti: Sigarette, Accendini, Tumori.

A. Diagramma 6
B. Diagramma 2
C. Diagramma 1
D. Diagramma 3
E. Diagramma 5

198) Individuare quale diagramma soddisfa la relazione insiemistica esistente fra i tre termini seguenti: Minorenni, Biondi, Bruni.

A. Diagramma 3
B. Diagramma 1
C. Diagramma 4
D. Diagramma 6
E. Diagramma 2

199) Individuare quale diagramma soddisfa la relazione insiemistica esistente fra i tre termini seguenti: Ristoranti, Locali pubblici, Camerieri.

A. Diagramma 5
B. Diagramma 4
C. Diagramma 2
D. Diagramma 3
E. Diagramma 1

200) Individuare quale diagramma soddisfa la relazione insiemistica esistente fra i tre termini seguenti: Americani, Architetti, Sportivi.

A. Diagramma 1
B. Diagramma 2
C. Diagramma 6
D. Diagramma 5
E. Diagramma 4

201) Individuare quale diagramma soddisfa la relazione insiemistica esistente fra i tre termini seguenti: Belgi, Inglesi, Nazioni.

A. Diagramma 1
B. Diagramma 2
C. Diagramma 6
D. Diagramma 4
E. Diagramma 3

202) Individuare quale diagramma soddisfa la relazione insiemistica esistente tra i tre termini seguenti: Uomini con i capelli rossi, Poeti, Libri.

A. Diagramma 4
B. Diagramma 2
C. Diagramma 6
D. Diagramma 1
E. Diagramma 3

203) Individuare quale diagramma soddisfa la relazione insiemistica esistente fra i tre termini seguenti: Riviste, Enciclopedie, Prodotti della casa editrice Mondadori.

A. Diagramma 3
B. Diagramma 2
C. Diagramma 4
D. Diagramma 6
E. Diagramma 5

204) Individuare quale diagramma soddisfa la relazione insiemistica esistente fra i tre termini seguenti: Abitazioni, Mobili, Tappeti.

A. Diagramma 1
B. Diagramma 6
C. Diagramma 5
D. Diagramma 3
E. Diagramma 2

205) Individuare quale diagramma soddisfa la relazione insiemistica esistente fra i tre termini seguenti: Alberi, Falegnami, Tavoli.

A. Diagramma 4
B. Diagramma 6
C. Diagramma 5
D. Diagramma 1
E. Diagramma 3

206) Individuare quale diagramma soddisfa la relazione insiemistica esistente fra i tre termini seguenti: Agricoltori, Trattori, Campi.

A. Diagramma 4
B. Diagramma 5
C. Diagramma 6
D. Diagramma 3
E. Diagramma 1

207) Individuare quale diagramma soddisfa la relazione insiemistica esistente fra i tre termini seguenti: Mucche, Pecore, Allevatori.

A. Diagramma 5
B. Diagramma 1
C. Diagramma 3
D. Diagramma 6
E. Diagramma 4

208) Individuare quale diagramma soddisfa la relazione insiemistica esistente fra i tre termini seguenti: Maestri di scuola, Inglesi, Analfabeti.

A. Diagramma 6
B. Diagramma 1
C. Diagramma 3
D. Diagramma 4
E. Diagramma 2

209) Individuare quale diagramma soddisfa la relazione insiemistica esistente fra i tre termini seguenti: Sedie, Oggetti di legno, Arredatori d'interni.

A. Diagramma 6
B. Diagramma 3
C. Diagramma 4
D. Diagramma 2
E. Diagramma 1

210) Individuare quale diagramma soddisfa la relazione insiemistica esistente fra i tre termini seguenti: Italiani, Inglesi, Filosofi.

A. Diagramma 2
B. Diagramma 1
C. Diagramma 3
D. Diagramma 4
E. Diagramma 6

211) Individuare quale diagramma soddisfa la relazione insiemistica esistente fra i tre termini seguenti: Competizioni sportive, Olimpiadi, Maratoneti.

A. Diagramma 1
B. Diagramma 3
C. Diagramma 4
D. Diagramma 2
E. Diagramma 5

212) Individuare quale diagramma soddisfa la relazione insiemistica esistente tra i tre termini seguenti: Cani, Cavalli, Quadrupedi dal pelo marrone.

A. Diagramma 6
B. Diagramma 1
C. Diagramma 2
D. Diagramma 3
E. Diagramma 5

213) Individuare quale diagramma soddisfa la relazione insiemistica esistente fra i tre termini seguenti: Agrumi, Bevande, Spremute.

A. Diagramma 3
B. Diagramma 6
C. Diagramma 1
D. Diagramma 2
E. Diagramma 4

214) Individuare quale diagramma soddisfa la relazione insiemistica esistente fra i tre termini seguenti: Capi d'abbigliamento, Giacche, Armadi.

A. Diagramma 4
B. Diagramma 6
C. Diagramma 2
D. Diagramma 3
E. Diagramma 1

215) Individuare quale diagramma soddisfa la relazione insiemistica esistente fra i tre termini seguenti: Delfini, Animali, Mammiferi.

A. Diagramma 3
B. Diagramma 4
C. Diagramma 6
D. Diagramma 5
E. Diagramma 1

216) Individuare quale diagramma soddisfa la relazione insiemistica esistente tra i tre termini seguenti: Anziani, Panettieri, Grissini.

A. Diagramma 2
B. Diagramma 4
C. Diagramma 3
D. Diagramma 6
E. Diagramma 1

217) Individuare quale diagramma soddisfa la relazione insiemistica esistente fra i tre termini seguenti: Uomini celibi, Uomini coniugati, Persone diplomate.

A. Diagramma 5
B. Diagramma 1
C. Diagramma 2
D. Diagramma 6
E. Diagramma 3

218) Individuare quale diagramma soddisfa la relazione insiemistica esistente fra i tre termini seguenti: Lavoratori dipendenti, Persone di nome Luigi, Residenti a Teramo.

A. Diagramma 2
B. Diagramma 1
C. Diagramma 5
D. Diagramma 3
E. Diagramma 4

219) Individuare quale diagramma soddisfa la relazione insiemistica esistente fra i tre termini seguenti: Fiumi, Gange, Laghi.

A. Diagramma 3
B. Diagramma 4
C. Diagramma 6
D. Diagramma 2
E. Diagramma 1

220) Individuare quale diagramma soddisfa la relazione insiemistica esistente fra i tre termini seguenti: Tovaglioli, Posate, Bicchieri.

A. Diagramma 2
B. Diagramma 4
C. Diagramma 3
D. Diagramma 6
E. Diagramma 1

221) Individuare quale diagramma soddisfa la relazione insiemistica esistente fra i tre termini seguenti: Disoccupati, Giovani, Impiegati.

A. Diagramma 1
B. Diagramma 2
C. Diagramma 5
D. Diagramma 4
E. Diagramma 3

222) Individuare quale diagramma soddisfa la relazione insiemistica esistente fra i tre termini seguenti: Bevitori di vino, Astemi, Olandesi.

A. Diagramma 1
B. Diagramma 3
C. Diagramma 2
D. Diagramma 5
E. Diagramma 4

223) Individuare quale diagramma soddisfa la relazione insiemistica esistente fra i tre termini seguenti: Città di mare, Città inglesi, Parigi.

A. Diagramma 2
B. Diagramma 4
C. Diagramma 1
D. Diagramma 6
E. Diagramma 3

224) Individuare quale diagramma soddisfa la relazione insiemistica esistente fra i tre termini seguenti: Panettieri, Fiorai, Rosette.

A. Diagramma 2
B. Diagramma 5
C. Diagramma 1
D. Diagramma 3
E. Diagramma 6

225) Individuare quale diagramma soddisfa la relazione insiemistica esistente fra i tre termini seguenti: Persone colte, Cantanti, Buongustai.

A. Diagramma 5
B. Diagramma 3
C. Diagramma 1
D. Diagramma 6
E. Diagramma 4

226) Individuare quale diagramma soddisfa la relazione insiemistica esistente fra i tre termini seguenti: Alpinismo, Atletica leggera, Danza.

A. Diagramma 6
B. Diagramma 5
C. Diagramma 1
D. Diagramma 4
E. Diagramma 2

227) Individuare quale diagramma soddisfa la relazione insiemistica esistente fra i tre termini seguenti: Libri di Storia, Libri con più di 500 pagine, Libri pubblicati nel 2005.

A. Diagramma 1
B. Diagramma 6
C. Diagramma 4
D. Diagramma 3
E. Diagramma 5

228) Individuare quale diagramma soddisfa la relazione insiemistica esistente fra i tre termini seguenti: Fiumi vietnamiti, Fiumi, Fiumi asiatici.

A. Diagramma 5
B. Diagramma 4
C. Diagramma 1

D. Diagramma 2
E. Diagramma 3

229) Individuare quale diagramma soddisfa la relazione insiemistica esistente fra i tre termini seguenti: Vocali, Consonanti, Parole.

A. Diagramma 3
B. Diagramma 4
C. Diagramma 6
D. Diagramma 5
E. Diagramma 1

230) Individuare quale diagramma soddisfa la relazione insiemistica esistente fra i tre termini seguenti: Oggetti in pelle, Borse da viaggio, Pellettieri.

A. Diagramma 5
B. Diagramma 4
C. Diagramma 6
D. Diagramma 1
E. Diagramma 3

231) Individuare quale diagramma soddisfa la relazione insiemistica esistente fra i tre termini seguenti: Sinfonie, Canzoni folkloristiche, Flauti.

A. Diagramma 3
B. Diagramma 2
C. Diagramma 1
D. Diagramma 6
E. Diagramma 4

232) Individuare quale diagramma soddisfa la relazione insiemistica esistente fra i tre termini seguenti: Pasta, Alimenti, Prima colazione.

A. Diagramma 1
B. Diagramma 2
C. Diagramma 3
D. Diagramma 5
E. Diagramma 6

233) Individuare quale diagramma soddisfa la relazione insiemistica esistente fra i tre termini seguenti: Giornalisti, Indro Montanelli, Scienziati.

A. Diagramma 2
B. Diagramma 1
C. Diagramma 4
D. Diagramma 3
E. Diagramma 5

234) Individuare quale diagramma soddisfa la relazione insiemistica esistente fra i tre termini seguenti: Editori, Arnoldo Mondadori, Giornali.

A. Diagramma 2
B. Diagramma 3
C. Diagramma 5
D. Diagramma 1
E. Diagramma 6

235) Individuare quale diagramma soddisfa la relazione insiemistica esistente fra i tre termini seguenti: Artisti, Cantanti, Mina.

A. Diagramma 1
B. Diagramma 3
C. Diagramma 4
D. Diagramma 5
E. Diagramma 6

236) Individuare quale diagramma soddisfa la relazione insiemistica esistente fra i tre termini seguenti: Olimpiadi, Palloni, Calciatori.

A. Diagramma 1
B. Diagramma 3
C. Diagramma 4
D. Diagramma 6
E. Diagramma 2

237) Individuare quale diagramma soddisfa la relazione insiemistica esistente fra i tre termini seguenti: Sciatori, Articoli sportivi, Piste da sci.

A. Diagramma 5
B. Diagramma 6
C. Diagramma 1
D. Diagramma 3
E. Diagramma 2

238) Individuare quale diagramma soddisfa la relazione insiemistica esistente fra i tre termini seguenti: Scarpe da ginnastica, Sportivi, Poliglotti.

A. Diagramma 2
B. Diagramma 1
C. Diagramma 6
D. Diagramma 4
E. Diagramma 3

239) Individuare quale diagramma soddisfa la relazione insiemistica esistente fra i tre termini seguenti: Telefilm, Cartoni animati, Registi.

A. Diagramma 1
B. Diagramma 2
C. Diagramma 6
D. Diagramma 4
E. Diagramma 5

240) Individuare quale diagramma soddisfa la relazione insiemistica esistente fra i tre termini seguenti: Penisole, Corea, Sicilia.

A. Diagramma 3
B. Diagramma 4
C. Diagramma 6
D. Diagramma 2
E. Diagramma 1

241) Individuare quale diagramma soddisfa la relazione insiemistica esistente fra i tre termini seguenti: Numeri primi, Numeri pari, Numeri dispari maggiori di 10.

A. Diagramma 1
B. Diagramma 3
C. Diagramma 6
D. Diagramma 4
E. Diagramma 2

242) Individuare quale diagramma soddisfa la relazione insiemistica esistente fra i tre termini seguenti: Laureati, Pensionati, Mecenati.

A. Diagramma 3
B. Diagramma 4
C. Diagramma 6
D. Diagramma 5
E. Diagramma 1

243) Individuare quale diagramma soddisfa la relazione insiemistica esistente fra i tre termini seguenti: Medicinali, Antibiotici, Infermieri.

A. Diagramma 2
B. Diagramma 1
C. Diagramma 6
D. Diagramma 5
E. Diagramma 3

244) Individuare quale diagramma soddisfa la relazione insiemistica esistente fra i tre termini seguenti: Giovani, Epatopatici, Bevitori di vino.

A. Diagramma 1
B. Diagramma 5
C. Diagramma 6
D. Diagramma 4
E. Diagramma 2

245) Individuare quale diagramma soddisfa la relazione insiemistica esistente fra i tre termini seguenti: Biondi, Calvi, Castani.

A. Diagramma 3
B. Diagramma 2
C. Diagramma 6
D. Diagramma 5
E. Diagramma 1

246) Individuare quale diagramma soddisfa la relazione insiemistica esistente fra i tre termini seguenti: Atleti, Tedeschi, Bruni.

A. Diagramma 5
B. Diagramma 3
C. Diagramma 4
D. Diagramma 1
E. Diagramma 2

247) Individuare quale diagramma soddisfa la relazione insiemistica esistente fra i tre termini seguenti: Pittori, Mario Sironi, Imitazioni.

A. Diagramma 1
B. Diagramma 6
C. Diagramma 3
D. Diagramma 2
E. Diagramma 4

248) Individuare quale diagramma soddisfa la relazione insiemistica esistente fra i tre termini seguenti: Tartarughe, Animali marini, Gatti.

A. Diagramma 6
B. Diagramma 2
C. Diagramma 3
D. Diagramma 4
E. Diagramma 1

2.10 • Test di logica verbale "binomiale"

249) Ci sono due persone di sesso diverso, una bionda e una mora. La persona bionda dice "Io sono un uomo" mentre la persona mora dice "Io sono una donna". Se almeno uno dei due mente quale delle seguenti affermazioni risulta necessariamente vera?

A. La donna è mora e l'uomo è biondo
B. Solo la donna mente
C. Solo l'uomo mente
D. La donna è bionda e l'uomo è moro
E. La donna è mora

250) Ci sono due persone di sesso diverso, una alta e una bassa. La persona bassa dice "Io sono una donna" mentre la persona alta dice "Io sono un uomo". Se almeno uno dei due mente quale delle seguenti affermazioni risulta necessariamente vera?

A. La donna è alta e l'uomo è basso
B. Sia la donna che l'uomo sono alti
C. La donna è bassa e l'uomo è alto
D. Sia la donna che l'uomo sono bassi
E. Solo l'uomo mente

2.11 • Altri esercizi di ragionamento critico

251) In una conferenza stampa, alla domanda se il nuovo acquisto, Petermass, avrebbe giocato nel grande incontro di sabato, l'allenatore ha risposto: "Solo se Fredericks non è in forma".
Tre dei giornalisti presenti hanno commentato la notizia nel modo seguente:
– Jed ha scritto: "Se Fredericks è in forma, Petermass non giocherà."
– Ned ha scritto: "Se Fredericks non è in forma, Petermass giocherà."
– Ted ha scritto: "Se Petermass non giocherà significa che Fredericks è in forma".
Chi di loro ha esposto i fatti nel modo giusto?

A. Solo Jed e Ted
B. Solo Ted
C. Solo Jed
D. Solo Jed e Ned
E. Solo Ned

252) Un produttore di software vuole installare alcuni programmi su quattro dischi da 2 G. Rior-

ganizza i programmi in ordine decrescente di dimensione e salva ogni programma nel primo disco disponibile che ha spazio sufficiente.
Quale dei seguenti procedimenti usa lo stesso metodo del ragionamento sopra esposto?

A. Un idraulico utilizza tubi lunghi 2 m e vuole tagliarli. Taglia alternativamente i pezzi più lunghi e più corti di cui ha ancora bisogno dal primo tubo disponibile che sia lungo abbastanza
B. Un idraulico utilizza tubi lunghi 2 m e vuole tagliarli. Riorganizza le misure che gli occorrono in ordine decrescente di lunghezza e taglia ogni lunghezza dal primo tubo disponibile che sia lungo abbastanza
C. Un idraulico utilizza tubi lunghi 2 m e vuole tagliarli. Prende le misure nell'ordine del suo elenco e taglia ogni lunghezza dal primo tubo disponibile che sia lungo abbastanza
D. Un idraulico utilizza tubi lunghi 2 m e vuole tagliarli. Riorganizza le misure che gli occorrono in ordine crescente di lunghezza e taglia ogni lunghezza dal primo tubo disponibile che sia lungo abbastanza
E. Un idraulico utilizza tubi lunghi 2 m e vuole tagliarli. Calcola la combinazione giusta per raggiungere 2 m e taglia i tubi di queste dimensioni. Per i restanti taglia la prossima lunghezza dal primo tubo disponibile che sia lunga abbastanza

253) È facile che, in futuro, pochi turisti visitino le città. Il Mining Museum è l'unica attrazione turistica che c'è in città che abbia mai attratto visitatori in numero considerevole. Ora il Museo sta per chiudere.
Quale delle seguenti frasi ricalca più fedelmente la struttura del ragionamento?

A. L'unico motivo per il quale mi viene il mal di testa è che sono allergico ai latticini. Non li sto più mangiando, quindi probabilmente smetterò di avere mal di testa
B. Ogni volta che vado in una casa dove c'è un gatto, comincio a starnutire. Tu hai un gatto in casa. Comincerei a starnutire se ci entrassi
C. Non posso mangiare nulla che contenga glutine di grano. Purtroppo la pasta è fatta con il grano e contiene glutine. Quindi non posso mangiare pasta
D. Se Moira fosse punta da un'ape e non prendesse subito queste medicine, potrebbe morire. Quindi dovrà portarsele sempre dietro
E. Il mio sfogo cutaneo è stato causato da questo detersivo in polvere. Lo sfogo iniziò quando ho cominciato a farne uso e ritornò quando smisi di usarlo

254) L'affermazione "per ogni persona c'è una persona che è più capace della prima" è equivalente a:

A. esiste una persona tale che ogni altra persona è più capace di lei
B. esiste una persona che è più capace di tutte le altre persone
C. non esiste alcuna persona tale che nessuno è più capace di lei
D. non per ogni persona ogni altra persona è più capace di lei
E. per ogni persona ogni altra persona è più capace di lei

255) Quale delle seguenti affermazioni ha lo stesso significato dell'asserzione "Chiunque può imparare a disegnare"?

A. Nessuno può imparare a disegnare

B. Esistono solo due persone che possono imparare a disegnare
C. Non tutti possono imparare a disegnare
D. Non esiste una persona che non possa imparare a disegnare
E. Esiste una persona che può imparare a disegnare

256) Quale delle seguenti frasi è logicamente equivalente a "Nessuno sport è dannoso per la salute"?

A. Vi è almeno uno sport dannoso alla salute
B. Non esiste uno sport dannoso per la salute
C. La vita sedentaria può essere dannosa per la salute
D. Vi è almeno uno sport che non è dannoso per la salute
E. Tutti gli sport fanno bene alla salute

257) Se un professore vuol far restare in classe esattamente le femmine di Milano, quale delle seguenti istruzioni deve impartire?

A. "Escano i maschi di Milano e le femmine non di Milano"
B. "Escano le femmine di Milano e i maschi non di Milano"
C. "Escano gli studenti non di Milano"
D. "Escano i maschi di Milano e gli studenti non di Milano"
E. "Escano i maschi non di Milano"

258) Dubito che tu abbia capito. Una sola delle cinque formulazioni traduce il concetto:

A. di certo non hai capito
B. probabilmente hai capito
C. di certo hai capito
D. spero che tu abbia capito
E. non sono certo che tu abbia capito

259) Quale delle seguenti affermazioni equivale a dire: "Non tutti i laureati in Medicina veterinaria fanno il veterinario"?

A. Non esiste un laureato in Medicina veterinaria che non faccia il veterinario
B. Tutti i laureati in Medicina veterinaria fanno un lavoro diverso dal veterinario
C. Vi è almeno un laureato in Medicina veterinaria che non fa il veterinario
D. Tutti i laureati in Medicina veterinaria fanno i veterinari
E. Nessun laureato in Medicina veterinaria fa il veterinario

260) L'affermazione "non tutti gli oggetti di lusso sono prodotti nelle gioiellerie" equivale a:

A. alcuni oggetti di lusso non sono prodotti nelle gioiellerie
B. tutti gli oggetti di lusso sono prodotti nelle gioiellerie
C. non tutti gli oggetti prodotti nelle gioiellerie sono oggetti di lusso
D. alcuni oggetti prodotti nelle gioiellerie non sono oggetti di lusso
E. tutti gli oggetti di lusso vengono prodotti fuori dalle gioiellerie

261) Quale delle seguenti frasi è logicamente equivalente a: "Gli assenti non hanno mai ragione"?

A. I presenti hanno talvolta torto
B. Chi ha torto è sempre assente
C. I presenti hanno sempre ragione
D. Gli assenti hanno sempre torto
E. I presenti hanno sempre torto

262) È impossibile nascondere l'inutilità dei continui divieti alla circolazione automobilistica in città. Qual è il corretto significato della precedente affermazione?

A. È utile vietare la circolazione automobilistica in città
B. È utile permettere la circolazione non automobilistica in città
C. È inutile permettere la circolazione non automobilistica in città
D. Non si può vietare la circolazione automobilistica in città
E. È impossibile affermare che si può nascondere l'inutilità dei continui divieti alla circolazione automobilistica in città

263) La frase "nell'ultimo campionato di calcio tutte le partite giocate dalla Football Stars sono finite in parità o con vittorie soltanto casalinghe" è logicamente equivalente a:

A. nell'ultimo campionato di calcio la Football Stars non può aver pareggiato partite casalinghe
B. nell'ultimo campionato di calcio la Football Stars ha sempre vinto in casa
C. nell'ultimo campionato di calcio la Football Stars ha sempre perso fuori casa
D. nell'ultimo campionato di calcio la Football Stars ha sempre pareggiato fuori casa
E. nell'ultimo campionato di calcio la Football Stars ha sempre vinto fuori casa

264) "La prima cosa che fa il naufrago Robinson Crusoe, appena approdato sull'isola, è costruirsi un calendario, per sapere quando è domenica e sentirsi idealmente parte di una comunità." (spiega Paolo Spinicci, professore di filosofia teoretica all'Università di Milano) Orologi e calendari hanno sempre avuto questa funzione: scandire il *tempo obiettivo* ma si sono scontrati con la difficoltà di tenere insieme gli eventi astronomici usati per definire l'anno, i mesi e i giorni, cioè la rivoluzione della Terra intorno al Sole, le fasi lunari e la rotazione della Terra su se stessa. In Editti nel 237 a. C., durante il regno di Tolomeo III Emergete, fu promulgato a Canopo un editto in cui si prescriveva l'inserzione di un giorno ogni quattro anni per evitare lo sfasamento del calendario rispetto al ciclo solare. Bisognava intervenire per impedire la *distruzione dell'ordine cosmico.* Oggi la necessità di questo aggancio tra tempo umano e tempo cosmico è avvertita in modo meno drammatico: il tempo, come dimostra l'ora legale, si plasma sulle esigenze della società, anche contro il corso del Sole. La marcia verso un orario uguale per tutti è stata lenta. Probabilmente è iniziata in Europa nel XIV secolo, con la diffusione degli orologi meccanici sui campanili. Ma quelli scandivano un tempo locale che valeva solo per il villaggio.

(Luca Fraioli, "*Tempi moderni. Così l'umanità ha deciso di sincronizzarsi*", in Il venerdì di Repubblica, n. 940, 24 marzo 2006)

Nel testo si sostiene che (s'identifichi la risposta corretta):

A. gli adattamenti del calendario erano eventi periodici frequenti a cui tutti erano abituati
B. l'ora legale poté affermarsi in Europa con il passaggio dalla società agricola a quella industriale
C. l'ora legale è fondata su un principio opposto a quello che ha determinato le riforme storiche dei calendari perché antepone le esigenze della società al corso del sole
D. le variazioni dei calendari erano avversate da alcune religioni perché determinavano la distruzione dell'ordine cosmico
E. i calendari, attraverso interventi aggiuntivi, riportavano la giornata al ritmo del sole esclusivamente per rispettare i ritmi dei riti religiosi

265) Quando l'agricoltura si diffuse a latitudini più elevate, venne inevitabilmente confinata in gran parte ad altipiani ben drenati e con terreni leggeri, sebbene questi fossero necessariamente meno produttivi delle terre basse e alluvionali: l'aratro semplice, infatti, non poteva domare questi terreni più ricchi.

(L. White, *Tecnica e società nel medioevo*, Il Saggiatore, Milano, 1967)

SOLO UNA, delle cinque considerazioni seguenti, è condivisa dall'autore. L'agricoltura primitiva si diffonde negli altipiani perché:

A. le terre basse erano più lavorabili ma poco ricche e quindi meno produttive
B. i terreni leggeri erano più facilmente arabili dei ricchi ma duri terreni di pianura
C. l'invenzione dell'aratro semplice aveva permesso di arare anche i pendii
D. i terreni a latitudini più elevate erano meno produttivi
E. il lavoro di aratura andava perso con le frequenti alluvioni

266) "All'inizio il bottone fu trattato come fosse un ornamento, fabbricato e venduto dai gioiellieri. Le donne erano disposte a spendere e a fare spendere talmente tanti denari ai famigliari per tale acquisto, da incorrere nel rigore delle leggi contro il lusso [...]. Progressivamente la funzione pratica dei bottoni passò in primo piano e i bottoni furono fatti di ottone o di rame, o di vetro [...]. I bottoni permisero per la prima volta alle donne del XIII secolo di portare vesti aderenti che danno slancio alla figura, e di modellare la forma del braccio con maniche strette. Al desiderio di sfoggiare comunque grande quantità di tessuto, indice di ricchezza, che l'uso dei bottoni evidentemente contrasta, si supplì con lo strascico e con la sovrapposizione di diversi capi di vestiario [...]. I bottoni però, oltre a permettere di aprire e chiudere lo scollo degli abiti e le maniche, resero quest'ultime addirittura completamente staccabili. [...] Il detto: "È un altro paio di maniche" ci giunge proprio dal Medioevo, quando per necessità pratica, o [...] per esigenza decorativa, le maniche potevano essere riposte in una cassapanca lontano dall'abito di cui facevano parte. Di solito in casa si portavano maniche di tipo modesto, più ricercato ed elegante quando si usciva."

(Da Chiara Frugoni, *Medioevo sul naso. Occhiali, bottoni e altre invenzioni medievali*, Laterza, Roma-Bari, 2001, pp. 102-103)

Solo UNA delle affermazioni seguenti è CORRETTAMENTE dedotta dalle premesse contenute nel brano. La si individui:

A. i bottoni consentirono alle donne medievali l'agognata economia di tessuto nella confezione dei loro abiti
B. l'introduzione dei bottoni consentì di dotare gli abiti femminili di maniche adeguate
C. nell'Alto Medioevo, prima dell'invenzione dei bottoni, a nessuno era venuto in mente di sovrapporre diversi capi di vestiario
D. con il passar del tempo i bottoni divennero sempre più elaborati nelle forme e nei materiali e conseguentemente sempre più costosi
E. l'introduzione dei bottoni non rispose originariamente ad un'impellente esigenza pratica

267) «Un giovanotto in vacanza telefona a casa e parla con il fratello. "Come sta il gatto Oscar?"
"Il gatto è morto, morto stamattina."
"Terribile... gli ero così affezionato, lo sai. Non potevi dirmelo in un modo più morbido?"
"E come?"
"Avresti potuto dirmi che il gatto stava sul tetto. La prossima volta che avessi chiamato, potevi dirmi che non eri riu-

scito a farlo scendere, e alla fine, per gradi, avresti potuto darmi la notizia."
"Hai ragione, mi dispiace."
"Lascia stare. Come sta la mamma?"
"......................."»

J. A. Paulos, *Penso, dunque rido. L'altra faccia della filosofia*, tr. it. Feltrinelli, Milano, 2004, p. 144

Si INDIVIDUI la conclusione che rispettando l'impalcatura logica e discorsiva della scenetta, le restituisce il suo tetro e cinico umorismo:

A. "È stupita, pensava di averlo mancato..."
B. "È sul tetto..."
C. "Non ha voluto cucinare il gatto..."
D. "È inciampata nel gatto..."
E. "È mancata..."

268) Quando si dice "maggioranza" si denota una procedura, la regola del gioco accettata in democrazia, la regola secondo la quale vengono adottate le decisioni. [...] Quando invece si parla di "minoranze", si parla di quei gruppi che esercitano una influenza determinante sul processo di formazione delle opinioni.

(*G. Sartori*, Democrazia e definizioni, *Il Mulino, Bologna 1959*)

L'autore definisce "minoranze" (SOLO UNA, delle cinque considerazioni proposte, è condivisa dall'autore):

A. le aggregazioni minoritarie che però influenzano giudizi e comportamenti collettivi
B. le procedure di votazione aventi esito negativo
C. l'insieme dei gruppi minoritari che non accettano le regole democratiche
D. gli oppositori ai cambiamenti di opinione imposti dalla maggioranza
E. i gruppi che non accettano le regole del gioco della democrazia

269) Se si fa pratica con uno strumento musicale, si migliorerà a suonare. Io non ho fatto pratica con il pianoforte, quindi non sono migliorato. Tra due mesi ho un esame. Quindi devo allenarmi ogni giorno se voglio che la mia prestazione sia buona.

Quale delle seguenti affermazioni ricalca maggiormente la struttura di questo ragionamento?

A. Chi fa un mestiere diventa più bravo a svolgerlo. Tutti i mastri artigiani hanno passato lungo tempo a praticare la propria arte. È impossibile diventare esperti senza fare pratica
B. Se ci si allena duramente in uno sport, si diventerà più bravi. Io non mi sono allenata duramente al trampolino, quindi non sono migliorata. C'è una gara il mese prossimo. Quindi devo lavorare sodo se voglio che la mia prestazione sia buona
C. L'allenamento rende perfetti. Mi sono allenato duramente a suonare il violino quindi, presto, dovrei essere perfetto. Tra poco tempo ho una gara che mi aspetto assolutamente di vincere
D. Se ci si allena duramente nella corsa si diventerà più veloci. Mi sono allenato duramente per diventare più veloce, e ho cominciato a vincere le gare. C'è una gara la prossima settimana. Se voglio vincere devo continuare ad allenarmi
E. Se si fa pratica con il violoncello, si diventerà più bravi a suonarlo. Dawn non ha fatto molta pratica ma è migliorata, quindi deve averne fatta abbastanza. Può anche riuscire a superare l'esame del terzo livello il mese prossimo

270) Tutti gli alberi hanno le foglie. La quercia è un albero. Quindi le querce hanno le foglie.

Quale delle seguenti affermazioni ricalca maggiormente la struttura di questo ragionamento?

A. Tutte le piante hanno le foglie. Quella foglia è una foglia di quercia. Quindi tutte le piante sono querce
B. Tutti gli alberi hanno le foglie. Quella pianta non è un albero. Quindi quella pianta non ha le foglie
C. Tutti gli alberi hanno le foglie. Quella pianta ha le foglie. Quindi quella pianta è un albero
D. Tutte le foglie crescono sugli alberi. Le piante hanno le foglie. Quindi le piante sono alberi
E. Tutte le querce hanno le foglie. Quell'albero ha le foglie. Quindi quell'albero è una quercia

271) Viaggiare in prima classe equivale a viaggiare con tutte le comodità. Monica non viaggia in prima classe, quindi non avrà tutte le comodità.
Quale delle seguenti affermazioni ha la stessa struttura logica del suddetto ragionamento?

A. Viaggiare in prima classe equivale a viaggiare con tutte le comodità. Monica viaggia in prima classe, quindi starà viaggiando con tutte le comodità
B. Indossare scarpe troppo strette equivale ad avere dolore ai piedi. Le scarpe di Monica non sono troppo strette, quindi Monica non avrà dolore ai piedi
C. Indossare delle scarpe troppo strette equivale ad avere dolore ai piedi. Monica ha dolore ai piedi, quindi le sue scarpe saranno troppo strette
D. Viaggiare in seconda classe equivale a viaggiare con molte altre persone. Monica non viaggia con molte altre persone, quindi non starà viaggiando in seconda classe
E. Viaggiare in seconda classe equivale a viaggiare con molte altre persone. Monica viaggia con molte altre persone, quindi starà viaggiando in seconda classe

272) Per poter richiedere il visto per una vacanza-lavoro in Australia sono necessari due requisiti: bisogna dimostrare di avere un conto corrente con un saldo di almeno € 1.000 e avere un'età massima di 30 anni. Giulia ha più di 30 anni, quindi non è idonea per richiedere tale visto. Quale delle seguenti affermazioni segue la stessa struttura logica del suddetto ragionamento?

A. Per candidarsi alla presidenza degli Stati Uniti, bisogna essere nati in territorio statunitense e bisogna avere un'età superiore ai 40 anni. John è nato negli Stati Uniti ed ha 50 anni, quindi è idoneo per candidarsi alla presidenza degli Stati Uniti
B. Una borsa di studio viene offerta solo agli studenti che si sono laureati con il massimo dei voti e che sono stati già ammessi a una scuola di dottorato. Marco non si è laureato con il massimo dei voti, quindi non è idoneo per richiedere la borsa di studio
C. Molte professioni hanno limiti d'età. L'esercito non recluta nessuno che abbia più di 30 anni. Giovanni ha 25 anni, quindi è idoneo per richiedere di arruolarsi nell'esercito
D. Per vincere una medaglia d'oro alle Olimpiadi, bisogna partecipare ai giochi olimpici. Rita ha vinto una medaglia d'oro, quindi deve aver partecipato alle Olimpiadi
E. Per apparire sulla copertina di una rivista bisogna essere famosi. Luca deve essere più famoso di quanto tutti pensassero, dato che è apparso sulla copertina di una rivista nel del mese di aprile

273) Analizzare le seguenti affermazioni:
1) Ci sono meno ratti che persone.
2) Non ci sono più persone che ratti.
3) Ci sono almeno tanti ratti quante persone.
4) Non ci sono più ratti che persone.
Due delle affermazioni sopra riportate si equivalgono. Quali?

A. 2 e 4
B. 2 e 3
C. 1 e 3
D. 1 e 4
E. 3 e 4

274) Puoi diventare un buon pianista se cominci a suonare quando sei ancora piccolo. Tu hai cominciato quando eri già adulto, quindi non puoi diventare un buon pianista. Quale delle seguenti affermazioni presenta la stessa struttura di questo ragionamento?

A. I bambini parlano fluentemente due lingue se cominciano a parlarle da quando sono molto piccoli. Mio figlio ha imparato due lingue quando era piccolo, quindi ora le parla correntemente
B. Puoi curarti il mal di testa se hai intenzione di provare l'agopuntura. Ma tu rifiuti di provare l'agopuntura, quindi non riuscirai a curare il mal di testa
C. Puoi diventare un buon cantante se hai un tono di voce perfetto. Tu sei un buon cantante, quindi devi avere un tono di voce perfetto
D. Puoi evitare di diventare sovrappeso se fai sufficiente esercizio fisico. Tu fai esercizio fisico sufficiente, quindi non diventerai sovrappeso
E. I bambini soffrono meno di otite se prendono l'olio di fegato di merluzzo. I miei figli soffrono pochissimo di otite, quindi non hanno bisogno di prendere l'olio di fegato di merluzzo

275) La teoria della relatività di Einstein è una teoria rivoluzionaria. Solo i grandi scienziati sanno formulare teorie rivoluzionarie, quindi Einstein dovrebbe essere definito un grande scienziato. Quale delle seguenti affermazioni ha la stessa struttura logica del suddetto ragionamento?

A. Il dipinto di Marco non è una grande opera d'arte. Solo i grandi artisti producono grandi opere d'arte, quindi Marco non può essere definito un grande artista
B. Il dipinto *Impressione. Levar del sole* di Monet è una grande opera in tutti i sensi. Solo chi è davvero un grande artista ha il talento per produrre grandi opere, quindi dovremmo definire Monet un grande artista
C. La grande arte scaturisce esclusivamente da grandi artisti. Leonardo da Vinci può essere definito un grande artista, quindi la *Gioconda* è una grande opera d'arte
D. Van Gogh è un grande artista. I grandi artisti producono grandi opere. Questa non è una grande opera d'arte, quindi non può essere stata dipinta da Van Gogh
E. Manet è un grande artista e i grandi artisti hanno prodotto le opere d'arte più importanti. Questo quadro è stato dipinto da Manet, quindi deve trattarsi di una grande opera d'arte

276) La quantità di tempo che le persone dedicano, nel corso della vita, a spostarsi da A a B è rimasta costante nella storia. Quindi, l'avvento di mezzi di trasporto ad alta velocità comporta semplicemente che le persone coprano distanze più lunghe.

Quale delle seguenti affermazioni ricalca al meglio la struttura di questo ragionamento?

A. L'aumento della proprietà immobiliare è sempre stato proporzionale all'aumento del reddito medio. Quindi, l'aumento della costruzione di immobili significa che la gente ha redditi più alti
B. Il rapporto tra la somma che serve per ripagare un mutuo e le spese totali di una famiglia è sempre stato costante. Quindi un aumento del prezzo del cibo comporta un aumento del debito
C. La proporzione tra case nuove e vecchie sul mercato è sempre stata costante. Quindi un aumento nello sviluppo immobiliare significa che più case vecchie saranno restaurate
D. Con un tasso d'interesse fisso sul mutuo, un aumento dei prezzi delle case comporterà un aumento dell'inflazione
E. L'entità di un mutuo ha sempre rappresentato circa 3 o 4 volte il reddito annuale di una persona. Quindi un aumento dei redditi medi risulterà in un aumento dell'entità dei mutui

277) Se Nusra dovesse trovare un lavoro che le interessa sul serio, deve essere preparata a guadagnare molto meno di adesso. Tuttavia, siccome non ha intenzione di sacrificare il suo stipendio attuale, non troverà un lavoro che le interessi.
Quale delle seguenti affermazioni ricalca al meglio il ragionamento su cui si fonda questa argomentazione?

A. Se Lopez vuole ottenere risultati migliori a scuola, deve lasciare il suo lavoro part-time. Dice sempre di voler andare meglio a scuola, quindi, ovviamente, dovrà lasciare il lavoro
B. Se Paul e Lisa vogliono avere un matrimonio felice, devono parlarsi di più. Durante le sedute di terapia di coppia, tuttavia, hanno dimostrato che per loro è impossibile riuscirci, quindi il loro matrimonio non sarà felice
C. Se Carl e Tesfa procederanno con il divorzio, devono essere sicuri di non voler dare un'altra chance al loro matrimonio. Entrambi hanno insistito sul fatto che il divorzio sia l'unica opzione, quindi è inutile fare altre sedute di terapia di coppia
D. Se Myra vuole cominciare un'attività in proprio, ha bisogno di almeno £ 5000 per coprire i costi iniziali. Ha solo £1000 a disposizione, quindi dovrà chiedere un prestito alla banca per il resto della somma
E. Se Julie e Mike vogliono adottare un bambino, devono essere in grado di dimostrare che hanno una relazione stabile. Sfortunatamente, il loro matrimonio non è mai stato propriamente stabile, quindi dovranno lavorare sodo per migliorarlo

278) Si considerino le seguenti affermazioni:
- **Rongfeldt non si trova più a nord di Sgybo**
- **Sgybo si trova più a sud di Rongfeldt**
- **Sgybo si trova a nord almeno quanto Rongfeldt**

Cosa si evince da queste tre affermazioni?

A. Nessuna delle tre è logicamente equivalente
B. La prima è logicamente equivalente alla terza, ma non alla seconda
C. La prima è logicamente equivalente alla seconda, ma non alla terza
D. La seconda è logicamente equivalente alla terza, ma non alla prima
E. Tutte e tre sono logicamente equivalenti

279) "Con i suoi canoni, Bach ci offre un primo esempio della nozione che qui definiremo degli Strani Anelli. Il fenomeno dello Strano Anello consiste nel fatto di ritrovarsi inaspettatamente, salendo o scendendo lungo i gradini di qualche sistema gerarchico, al punto di partenza (nel nostro esempio il sistema è quello delle tonalità musicali). (...) A mio avviso, le più belle e imponenti realizzazioni visive del concetto di Strano Anello si trovano nell'opera del grafico olandese M.C. Escher, vissuto tra il 1898 e il 1971. Escher ha creato alcuni disegni che sono tra i più intellettualmente stimolanti di tutti i tempi. Molti hanno la loro ispirazione in paradossi, illusioni o doppi sensi. I matematici furono tra i primi ammiratori dei disegni di Escher, e si capisce perché: spesso essi sono basati su princìpi matematici di simmetria o di regolarità... Ma in un disegno tipicamente escheriano c'è molto di più di semplici simmetrie e regolarità; c'è spesso un'idea di fondo che viene realizzata in forma artistica. In particolare lo Strano Anello è uno dei temi più frequenti dell'opera di Escher; (...) pensiamo all'interessante "Mani che disegnano", dove si vedono due mani ognuna delle quali disegna l'altra: è uno Strano Anello a due componenti. (...) Il concetto di Strani Anelli contiene quello di infinito: un anello infatti non è proprio un modo per rappresentare un processo senza fine in modo finito? (...) E come gli anelli di Bach e di Escher fanno appello ad intuizioni molto semplici e antiche come la scala musicale o la scala di un edificio, così la scoperta ad opera di K. Gödel di uno Strano Anello in un sistema matematico trae le sue origini da intuizioni semplici e antiche. La scoperta di Gödel, nella sua forma essenziale, comporta la traduzione in termini matematici di un antico paradosso della filosofia. Si tratta del cosiddetto paradosso di Epimenide, o paradosso del mentitore. Epimenide era un cretese che pronunciò questo paradosso immortale: "Tutti i Cretesi sono mentitori". Una versione più incisiva di questo enunciato è semplicemente: "Io sto mentendo"; o ancora: "Questo enunciato è falso".

Douglas R. Hofstadter, *Gödel, Hescher, Bach: un'eterna Ghirlanda Brillante*, Adelphi, 1992

Questo enunciato è un paradosso perché (UNA SOLA risposta è ESATTA):

A. non è lecito generalizzare giudicando gli uomini per categorie
B. Epimenide era considerato l'emblema stesso del mentitore
C. l'affermazione risulta contemporaneamente vera e falsa
D. Erodoto nega con fermezza che i Cretesi siano bugiardi
E. l'affermazione è contraddittoria, quindi è vero il suo contrario

280) Esistono ragionamenti induttivi e deduttivi. Quanti dei seguenti diversi ragionamenti sono INDUTTIVI?

Rag. 1) Tutte le volte che ho mangiato la pizza a Napoli l'ho trovata buonissima; un mio collega, di passaggio nella città partenopea per lavoro, ne è rimasto entusiasta; non c'è nessuno tra i miei amici che sono stati a Napoli che non vada matto per la pizza fatta laggiù. I napoletani sanno fare la pizza.

Rag. 2) Tutti quelli che pensano di poter fare a meno degli altri sono degli incoscienti. Luciana è convinta di poter vivere da sola in un rifugio alpino sperduto in alta quota; lei non si rende conto degli innumerevoli pericoli ai quali può andare incontro.

Rag. 3) Visitare il centro storico e lanciare la classica monetina nella fontana di Trevi è nei sogni d'ogni turista tedesco

in visita alla Capitale; Werner è un giovane turista tedesco appena arrivato a Roma e dunque non vede l'ora di trovarsi a tu per tu con la celebre fontana.
Rag. 4) Nessuna persona dabbene uscirebbe da un locale senza pagare il conto. Con la scusa di dover prendere qualcosa dalla macchina, Paolo, dopo aver cenato, ha lasciato a bocca asciutta il proprietario della pizzeria; non si può dire che Paolo sia una brava persona.

A. Nessuno
B. Due
C. Tre
D. Uno
E. Quattro

281) Esistono ragionamenti deduttivi e induttivi. Quanti dei seguenti diversi ragionamenti sono DEDUTTIVI?
Rag. 1) Quelli che pensano di poter giudicare gli altri sono stupidi; Marina trincia sempre giudizi sulle sue amiche; non si può dire che Marina sia intelligente.
Rag. 2) Tutti i cani che ho posseduto avevano un ottimo fiuto; Argo, il cane di mio nonno, è un eccellente cane da tartufi; Pallina, il barboncino della zia, riesce sempre a scovare la caramella nascosta nel giardino; i cani hanno un formidabile fiuto.
Rag. 3) Ho puntato sul tredici ed ho perso; ho puntato sul venti ed ho perso; ho puntato sul quattro ed ho perso; non ho fortuna nel gioco.
Rag. 4) Tutti quelli che si preparano a visitare un paese straniero farebbero bene a studiarne anche gli usi e costumi; Mario, da due mesi impegnato nella preparazione del suo viaggio in Cina, non dovrebbe dimenticare d'informarsi circa le consuetudini cinesi a tavola.

A. Nessuno
B. Tutti
C. Tre
D. Due
E. Uno

282) Se Marco ha due fratelli e tre sorelle, Maria, una delle sorelle di Marco, quante sorelle e fratelli avrà?

A. 3 sorelle e 2 fratelli
B. I dati forniti dal problema non consentono di stabilirlo con certezza
C. 2 sorelle e 3 fratelli
D. 2 sorelle e 2 fratelli
E. 3 sorelle e 3 fratelli

283) Si considerino le seguenti coppie: Carlo e Diana, Francesco e Giulia, Luigi e Mara. Chi è la compagna di Alessio?

A. Lucia
B. Belinda
C. Federica
D. Sabrina
E. Margherita

284) Quale dei seguenti ragionamenti è necessariamente corretto?

A. Chi beve vodka si ubriaca, Sergio non beve vodka, quindi Sergio non si ubriaca
B. Chi beve vodka si ubriaca, Sergio si ubriaca, quindi Sergio non beve vodka
C. I ragionamenti riportati nelle altre opzioni sono tutti corretti
D. Chi beve vodka si ubriaca, Sergio non si ubriaca, quindi Sergio non beve vodka
E. Chi beve vodka si ubriaca, Sergio si ubriaca, quindi Sergio beve vodka

285) Si considerino le seguenti coppie: Cosimo e Domenica, Franco e Giorgia, Luca e Maria. Chi è la compagna di Alessandro?

A. Carla
B. Maria
C. Giorgia

D. Giulia
E. Benedetta

286) Si dovrebbero addestrare ratti allo scopo di bonificare i campi minati. Alcuni esperimenti hanno dimostrato che i ratti sono troppo leggeri per saltare in aria e che amano compiere azioni ripetitive. L'impiego di animali consentirebbe lo svolgimento di compiti pericolosi con un uso minore di macchinari e, soprattutto, ridurrebbe il rischio di morte per gli esseri umani. Quale delle seguenti affermazioni esprime il principio alla base di questo ragionamento?

A. Si dovrebbero utilizzare le vespe per rilevare gas nocivi nell'aria grazie al loro olfatto sviluppato
B. Si dovrebbero addestrare i primati a compiere alcune mansioni ordinarie e ripetitive
C. Gli esseri umani dovrebbero utilizzare i roditori nonostante questi trasmettano malattie
D. In futuro i macchinari per bonificare i campi minati andrebbero eliminati
E. Chi non ama svolgere lavori ripetitivi non dovrebbe bonificare i campi minati

287) Lo schema riportato di seguito deve essere riempito con le lettere A, B, E, F, I, L, O, P, U.
Per riempire lo schema occorre osservare le seguenti regole:
- **nella prima colonna da sinistra vanno sistemate solo vocali in ordine alfabetico crescente dall'alto verso il basso;**
- **nella terza colonna da sinistra vanno sistemate solo consonanti in ordine alfabetico crescente dall'alto verso il basso;**
- **nella seconda e terza riga vanno sistemate lettere in ordine alfabetico crescente da sinistra verso destra.**

Quale lettera deve essere necessariamente collocata nel cerchio in posizione centrale?

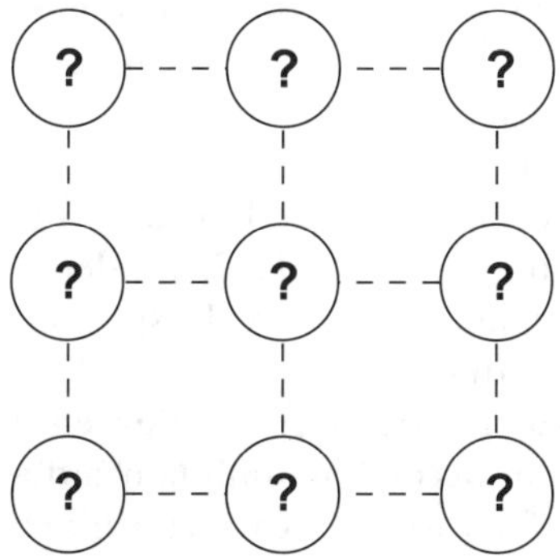

A. La lettera U
B. La lettera I
C. La lettera O
D. La lettera F
E. La lettera L

288) Una gallina ha fatto i pulcini. Maria dice: "Sono nati tre pulcini e sono gialli". Gianni dice: "Sono nati due pulcini gialli e due neri". Anna dice: "Sono nati solo pulcini gialli". Quanti pulcini sono nati, sapendo che una e una sola delle precedenti affermazioni è falsa?

A. 4
B. 2
C. 6
D. 3
E. Non è possibile stabilire il numero con certezza

289) Le spese mediche per gli interventi di chirurgia estetica non necessari dovrebbero essere interamente sostenute dai pazienti.
Quale delle seguenti affermazioni esprime il principio alla base di questo ragionamento?

A. I genitori di bambini con Bisogni Educativi Speciali (BES) dovrebbero poter usufruire di ulteriori sostegni da parte dei servizi sociali e degli enti locali

B. Le protesi estetiche difettose considerate rischiose per la salute dovrebbero essere rimosse senza alcun costo per il paziente dal Servizio Sanitario Nazionale
C. Se si sceglie di cercare lavoro in una città lontana da quella di residenza si dovrebbero sostenere le spese di viaggio o di trasloco
D. Un paziente trasportato d'urgenza al pronto soccorso in ambulanza dovrebbe far ritorno a casa con mezzi propri se dimesso
E. Coloro che pur non essendo disabili parcheggiano deliberatamente nei posti riservati ai disabili non dovrebbero stupirsi di venire multati

290) In un racconto per bambini ci sono tre tipi di mostri, Bongles, Crannies e Dervies. Alcuni Bongles (ma non tutti) sono Crannies e tutti i Crannies sono Dervies.
Quale delle seguenti frasi sicuramente NON è vera?

A. Alcuni Bongles sono Dervies
B. Alcuni Dervies sono sia Bongles che Crannies
C. Tutti i Crannies sono Bongles o Dervies, o entrambi
D. Nessun Dervies è un Bongles
E. Alcuni Dervies non sono né Bongles né Crannies

291) Ogni automobilista in Inghilterra paga la stessa cifra per la tassa stradale, a prescindere da quanto in realtà usufruisca della strada: chi percorre poche miglia, come 1.000, paga la stessa cifra di chi ne percorre 20.000. È ingiusto. La tassa stradale dovrebbe essere frammentata e l'importo innalzato con un aumento della tassa sulla benzina. Questo cambiamento farebbe sì che quelli che usano di più la strada, devono pagare una cifra maggiore. Questo risultato non porterebbe solo a un sistema più giusto, ma anche a entrate maggiori.
Quale delle seguenti affermazioni illustra al meglio il principio su cui si fonda il ragionamento sopra riportato?

A. Chi guadagna più del doppio di un salario medio dovrebbe pagare molto di più per le cure dentistiche
B. Chi va a lavorare in treno ogni giorno dovrebbe pagare una tariffa minore rispetto a chi viaggia solo occasionalmente
C. Le tariffe telefoniche dovrebbero essere più alte per le aziende, rispetto ai privati, perché usano il sistema solamente per guadagnare soldi
D. Si dovrebbero ricevere cure mediche gratuite solo se non ci si può permettere di pagarle
E. I canali televisivi dovrebbero essere pagati con un abbonamento di modo che solamente chi li guarda paga per vederli

292) Il trattamento che molti paesi riservano agli immigrati non autorizzati spesso è crudele e cinico. Perfino i rifugiati provenienti da regioni devastate dalla guerra o colpite da una carestia possono ritrovarsi in prigione appena arrivano, o possono essere deportati verso il posto stesso da cui sono fuggiti. È una decisione terribile da dover prendere, ma se facciamo un'eccezione alla legge per una persona, dovremmo fare la stessa eccezione per tutti. Se si permette ad alcuni immigrati clandestini di rimanere, anche gli altri devono essere trattati allo stesso modo, e nessun paese – specialmente quelli che sono già sovrappopolati – può fisicamente ospitare il numero di persone che si raggiungerebbe. La legge deve essere applicata rigorosamente, anche se ciò implica mandare via persone davvero bisognose.

Quale delle seguenti affermazioni illustra al meglio il principio su cui si basa l'argomentazione sopra riportata?

A. La crescita del congestionamento del traffico urbano implica che in futuro il numero di macchine che possono entrare nei centri di alcune città dovrà essere limitato
B. Tutti i taccheggiatori devono essere perseguiti, perché in caso se ne lasci andare uno, tutti gli altri, giustamente, si aspetterebbero la stessa clemenza
C. Vista la regolamentazione anti-incendio, il numero di persone che possono andare al concerto deve essere controllato severamente
D. Non esiste una regola unica che possa essere applicata a tutti i prigionieri che chiedono la libertà per buona condotta: ogni caso è a sé e deve essere trattato con obiettività
E. Se non ci sono posti ospedalieri a sufficienza per tutti quelli che ne hanno bisogno, i casi più urgenti devono essere curati per primi, anche se altre persone hanno aspettato a lungo

293) Nei dibattiti sul clima, c'è una tendenza a sottovalutare soluzioni singole come l'energia eolica, carburanti alternativi, o investimenti nel trasporto pubblico, perché ognuna di queste, presa singolarmente, non risolverà la crisi climatica. Tuttavia, non esiste, e mai esisterà, un'unica soluzione al cambiamento climatico. Quando per un problema non esiste una soluzione unica, i tentativi di migliorare la situazione non dovrebbero essere scartati sulla base del fatto che non risolvano il problema nella sua interezza. Dovremmo lasciare da parte i battibecchi e andare in direzione della promozione di singole iniziative che hanno un qualunque effetto benefico, per quanto piccolo, sul cambiamento climatico.

Quale delle seguenti affermazioni illustra al meglio il principio su cui si fonda questo ragionamento?

A. Per affrontare il problema dell'obesità ci vuole una campagna nazionale che promuova un maggiore esercizio fisico, anche se dovesse essere dannoso per le articolazioni
B. La pace nel mondo può essere garantita solamente da un governo su scala mondiale
C. Le scuole dovrebbero tornare ai metodi tradizionali nell'insegnamento della lettura, dato che nuove iniziative non sono riuscite ad aumentare gli standard
D. Gli scienziati, non lo Stato, dovrebbero essere responsabili per la ricerca di soluzioni ai problemi ambientali
E. Il coprifuoco non dovrebbe essere rifiutato sulla base del fatto che, da solo, non risolverà il problema dei comportamenti antisociali

294) È necessario che la legge prevenga l'abuso di test genetici richiesti dalle compagnie assicurative. Nuovi test genetici possono rivelare la probabilità che un individuo soffra di patologie debilitanti o addirittura fatali nel corso della vita. Senza una regolamentazione, le compagnie assicurative potrebbero rendere questi test obbligatori e far pagare un'assicurazione più alta alle persone che sono a rischio. Tutto ciò sarebbe ingiusto. Nessuno sceglie i propri geni; si nasce con quelli. Le persone non dovrebbero essere penalizzate per cose su cui non hanno controllo.

Quale delle seguenti affermazioni illustra al meglio il principio su cui si fonda questo ragionamento?

A. Alcune persone hanno perso tutto nell'alluvione. Le loro compagnie di assicurazione sono responsabili delle loro perdite. Quindi il governo non dovrebbe aiutarli
B. Philip non dovrebbe essere aiutato a pagare i suoi debiti, per quanto possa dispiacere della sua situazione. Lo sapeva dall'inizio che la sua iniziativa imprenditoriale era molto rischiosa
C. Tre persone non sono state adeguatamente informate sulla possibilità di perdite economiche quando hanno preso parte al progetto. I loro consulenti finanziari dovrebbero perdere la licenza
D. I ritardi nei pagamenti, normalmente, vengono sanzionati con una multa. Ma il pagamento di Jamuna è stato trattenuto perché i dipendenti delle poste erano in sciopero, quindi non dovrebbe essere costretta a pagare la multa
E. Kylie non l'ha fatto di proposito sbagliare la propria contabilità, ma dovrebbe pagare comunque la multa. Avrebbe dovuto accertarsi che i conti fossero corretti

295) Non paghiamo una quota fissa per l'elettricità, il gas o il telefono indipendentemente da quanto li utilizziamo. Perché quindi a qualcuno viene richiesto di farlo quando si parla dell'acqua? Chi usa relativamente poca acqua non dovrebbe finanziare chi ne usa tanta. I contatori dell'acqua, quindi, dovrebbero essere introdotti in tutte le regioni non appena possibile.

Quale delle seguenti affermazioni evidenzia meglio il principio su cui si fonda questo ragionamento?

A. La strada nuova sarà finanziata dai pedaggi, invece che dalle tasse
B. La nostra città sta mettendo a disposizione dei bidoni per il riciclaggio in modo che i residenti che vogliono fare la raccolta differenziata possono farlo
C. Il governo sta risarcendo i proprietari delle case che sono state danneggiate dall'alluvione
D. Chi ha difficoltà a pagare la tassa della televisione può pagarla in rate mensili
E. Quando andiamo a mangiare fuori in gruppo dividiamo il conto per il numero di persone che hanno cenato

296) Un utilizzo sempre maggiore dei telefoni cellulari sul treno e al ristorante dimostra una grave mancanza di considerazione per le altre persone. Sì, certamente, è comodissimo riuscire a gestire la tua attività mentre sei in viaggio o stai aspettando il pranzo e, che ci piaccia o no, la tecnologia fa parte del nostro mondo. Ma nessuno ha voglia di ascoltare una parte della noiosa conversazione di qualcuno mentre sta mangiando o durante un viaggio. Chi sta telefonando si lamenterebbe subito se io cominciassi a leggere il giornale ad alta voce, disturbando la sua chiamata. Pertanto, visto che le persone dovrebbero trattare gli altri allo stesso modo in cui si aspettano di essere trattati dagli altri, i telefoni cellulari non dovrebbero essere utilizzati liberamente sui treni e nei ristoranti.

Quale delle seguenti affermazioni illustra al meglio il principio su cui si fonda questo ragionamento?

A. Ti lamenteresti se i tuoi figli ti facessero ascoltare la loro musica, quindi non dovresti imporre loro le tue scelte sulla musica

B. La calma e il relax sono la chiave per una vita felice; quindi dovremmo evitare motivi di stress non necessari che il mondo moderno tecnologico porta con sé
C. Nessuno dovrebbe cercare di riportare indietro le lancette dell'orologio, specialmente quando si parla di tecnologia; pertanto dovresti accettare qualche fastidio in nome del progresso e della comodità
D. Il fastidio di una persona è la comodità di un'altra: quindi dovremmo essere più tolleranti verso i comportamenti altrui
E. Sui treni non ci dovrebbero essere posti di prima classe, perché tutti i paganti dovrebbero essere trattati allo stesso modo

297) Se qualcosa che faccio causa la morte di qualcuno, ovviamente, io sono responsabile per questa morte. Sono, però, allo stesso modo, responsabile della morte di qualcuno se è il risultato di qualcosa che non ho fatto? Ad esempio, se sparo a qualcuno, la sua morte è avvenuta per colpa mia. Ma se mi rifiuto di dare dei soldi a una persona che sta morendo di fame e questa persona muore perché io non le ho dato i soldi per comprarsi da mangiare, sono responsabile della sua morte? Se io non fossi mai vissuto, questa persona sarebbe morta di fame comunque, mentre la persona a cui ho sparato non sarebbe morta per colpa mia. Quindi, fare qualcosa rende più responsabili per le conseguenze che ne derivano, rispetto a non fare qualcosa.

Quale delle seguenti affermazioni illustra il principio che sostiene l'autore nel passaggio sopra riportato?

A. Le persone più responsabili per l'alto tasso di criminalità sono quelle che infrangono la legge, non le autorità locali che non riescono a dare il giusto supporto ai programmi di prevenzione del crimine
B. Il programma per la prevenzione del crimine non funziona perché attribuisce la responsabilità dei crimini alle autorità locali, le quali hanno risorse insufficienti per attuarli
C. Molte persone che vengono mandate in prigione commettono altri crimini una volta usciti, il che dimostra che la prigione non riesce a far prendere consapevolezza ai criminali delle proprie azioni
D. Le condanne ai lavori socialmente utili funzionano meglio della prigione perché fanno sì che la mente dei detenuti si concentri sulle conseguenze dirette provocate da un comportamento anti-sociale
E. Il rifiuto da parte del governo di finanziare programmi di prevenzione del crimine li rende responsabili per l'alto tasso di criminalità

298) Se lo Stato stanzia dei finanziamenti per l'arte significa che una parte delle tasse pagate da ognuno sarà utilizzata per finanziare musei e teatri. Ma alcuni contribuenti non hanno mai messo piede in un museo o un teatro e quelli che invece godono di questi servizi solitamente se lo possono permettere senza problemi. Visto che nessuno dovrebbe essere forzato a sovvenzionare servizi che non usa, le tasse dei contribuenti non dovrebbero essere usate per finanziare l'arte.

Quale delle seguenti affermazioni è un'applicazione del principio su cui si fonda il ragionamento espresso in questo passaggio?

A. Senza il supporto del governo, molti aspetti della vita culturale della nazione sarebbero accessibili solamente ai benestanti

B. Il sistema dei trasporti di Londra non dovrebbe essere sovvenzionato dalle tasse dei contribuenti, perché alcuni di loro non vanno mai a Londra

C. L'istruzione dovrebbe essere finanziata dalle tasse dei contribuenti perché è un servizio che porta benefici alla nazione intera

D. Chi si può permettere un'assicurazione sanitaria privata dovrebbe comunque pagare un contributo al sistema sanitario pubblico

E. Se il finanziamento pubblico per le gallerie d'arte fosse revocato e sostituito da quote di iscrizione, chi è veramente interessato all'arte continuerebbe a visitarle

299) Recentemente è nata una grande preoccupazione per la questione delle trasfusioni di sangue. Alcuni donatori di sangue hanno contratto la MCJ, la forma umana della BSE, conosciuta come la "mucca pazza". C'è una bassissima possibilità che anche chi ha ricevuto il loro sangue abbia contratto la MCJ. Per quanto basso sia il rischio, non c'è niente che si possa fare per curare questa malattia e informare il paziente scatenerebbe il panico. Per questi motivi, il servizio sanitario nazionale non dovrebbe prendere provvedimenti per informare le persone che possono essere a rischio.

Quale delle seguenti affermazioni applica il principio utilizzato nel ragionamento sopra espresso?

A. Non informare i passeggeri del motivo per cui il treno è stato ritardato per cause di forza maggiore

B. Non informare i passeggeri di un aereo, durante una turbolenza, del rischio, seppure piccolo, che l'aereo sia danneggiato

C. Non informare un bambino piccolo che ha ottenuto un risultato scarso nel test diagnostico pedagogico

D. Non informare un bambino che è stato adottato dell'identità dei suoi genitori biologici

E. Non informare un paziente che ha contratto una malattia mortale

300) Lanciato nel gennaio 2008 come parte della risposta dell'amministrazione USA alla crisi finanziaria, il "Consiglio per una buona educazione finanziaria", sebbene non sia senza meriti, non è necessariamente il modo migliore per affrontare la situazione, specialmente nel caso del tracollo dei mutui subprime. È certamente vero che molti mutui subprime sono stati concessi a mutuatari che potevano non averne compreso i rischi. Spesso non si erano neanche accorti che la rata mensile sarebbe aumentata all'aumentare dei tassi di interesse. I mutuatari subprime che avevano un tasso regolabile, la cui restituzione del mutuo è aumentata solo del 7%, hanno rappresentato più del 40% delle riappropriazioni iniziate nel quarto trimestre del 2007. Si sarebbe potuta evitare questa situazione con una maggiore consapevolezza e una migliore educazione finanziaria dei mutuatari? Non abbiamo bisogno che un semplice Comitato ci dica qual è la soluzione più semplice: non concedere mutui subprime.

Quale delle seguenti affermazioni illustra il principio su cui si fonda questo ragionamento?

A. Non avrebbe senso ritirare i superalcolici dalla vendita se si potesse fare un lavoro migliore istruendo le persone sui pericoli che derivano dal consumo di questi prodotti

B. Creare comitati che analizzino i problemi causati dal consumo di superalcolici non è necessario. Sarebbe più efficace se i produttori di alcol applicassero delle etichette di avvertimento sui loro prodotti
C. Tentare di istruire le persone sui pericoli che derivano dal consumo di superalcolici non ha senso. Avrebbe più senso se le persone potessero semplicemente non comprarli
D. Tentare di istruire le persone sui pericoli che derivano dal consumo di superalcolici è inutile. Le persone, comunque, ignorerebbero questi avvertimenti
E. Creare comitati che analizzino i problemi causati dal consumo di superalcolici è inutile. Raramente, un comitato raggiungerebbe un consenso all'unanimità

RISPOSTE CORRETTE

1) A	51) D	101) B	151) B	201) C	251) C
2) A	52) B	102) A	152) A	202) D	252) B
3) D	53) A	103) A	153) E	203) A	253) A
4) D	54) C	104) A	154) B	204) B	254) C
5) A	55) D	105) B	155) C	205) B	255) D
6) B	56) D	106) B	156) B	206) C	256) B
7) E	57) C	107) D	157) A	207) D	257) D
8) E	58) A	108) B	158) D	208) C	258) E
9) E	59) B	109) B	159) E	209) E	259) C
10) B	60) D	110) E	160) E	210) C	260) A
11) A	61) B	111) B	161) B	211) D	261) D
12) D	62) C	112) B	162) C	212) D	262) E
13) D	63) A	113) D	163) C	213) D	263) D
14) C	64) A	114) D	164) A	214) C	264) C
15) D	65) C	115) D	165) B	215) B	265) B
16) E	66) A	116) A	166) B	216) E	266) E
17) C	67) E	117) A	167) C	217) E	267) B
18) E	68) C	118) E	168) B	218) C	268) A
19) C	69) C	119) C	169) B	219) D	269) B
20) E	70) A	120) B	170) A	220) D	270) D
21) B	71) C	121) D	171) B	221) E	271) B
22) E	72) E	122) C	172) A	222) B	272) B
23) E	73) A	123) B	173) A	223) C	273) B
24) D	74) A	124) E	174) B	224) E	274) B
25) D	75) C	125) D	175) C	225) A	275) B
26) E	76) B	126) E	176) A	226) A	276) E
27) D	77) A	127) A	177) B	227) E	277) B
28) B	78) B	128) D	178) C	228) B	278) B
29) B	79) E	129) C	179) C	229) C	279) C
30) C	80) E	130) B	180) A	230) D	280) D
31) E	81) B	131) B	181) E	231) D	281) D
32) C	82) D	132) D	182) E	232) B	282) C
33) A	83) A	133) A	183) E	233) A	283) B
34) A	84) D	134) E	184) E	234) A	284) D
35) A	85) B	135) A	185) D	235) C	285) E
36) D	86) A	136) C	186) E	236) D	286) A
37) D	87) B	137) C	187) B	237) B	287) D
38) D	88) B	138) A	188) C	238) B	288) D
39) D	89) C	139) B	189) C	239) C	289) C
40) C	90) A	140) A	190) E	240) D	290) D
41) D	91) E	141) A	191) A	241) B	291) E
42) C	92) E	142) E	192) E	242) D	292) B
43) E	93) E	143) D	193) A	243) A	293) E
44) B	94) E	144) E	194) B	244) B	294) D
45) C	95) C	145) E	195) B	245) C	295) A
46) B	96) C	146) D	196) D	246) A	296) A
47) B	97) A	147) E	197) A	247) D	297) A
48) D	98) E	148) E	198) A	248) E	298) B
49) D	99) D	149) D	199) C	249) D	299) B
50) A	100) A	150) E	200) D	250) A	300) C

CAPITOLO 3
Logica numerica

3.1 • Abilità di calcolo mentale

1) In un tamponamento a catena in autostrada sono coinvolte 13 automobili. Quanti sono i paraurti danneggiati?

A. 22
B. 26
C. 24
D. 18
E. 13

2) Stai partecipando ad una gara motociclistica. Ad un certo punto superi il terzo. In quale posizione ti trovi?

A. Quarto
B. Ultimo
C. Secondo
D. Terzo
E. Primo

3) Due interi hanno somma 5 e prodotto –24. Quanto vale il minore di tali interi?

A. 1
B. 8
C. –8
D. –3
E. 2

4) Un gioco ha le seguenti regole: se un numero è divisibile per 5 vale 5 punti; se è divisibile per 3 vale 4 punti. In base a tali regole, quale dei seguenti numeri vale di più?

A. 18
B. 42
C. 9
D. 276
E. 40

5) Due interi hanno somma 9 e prodotto 18. Quanto vale il minore di tali interi?

A. 4
B. 1
C. 2
D. 0
E. 3

6) Qual è il numero il cui quadruplo più tre è uguale a settantacinque?

A. 18
B. 17
C. 72
D. 20
E. 78

7) La somma di due numeri è –4. La loro differenza è 0. I due numeri sono...

A. –2 e 2
B. 3
C. –2 e –2
D. 4
E. 2 e 2

8) La somma di due numeri è 18. La loro differenza è –6. I due numeri sono...

A. 6 e –12
B. 6 e 12
C. –3 e –8
D. –6 e –12
E. –6 e 12

9) Se aumentiamo un numero di 175 unità e poi lo riduciamo di 77 unità, otteniamo 376. Che numero è?

A. 273
B. 275
C. 276
D. 278
E. 277

10) Se riduciamo un numero di 150 unità e poi lo aumentiamo di 175 unità, otteniamo 420. Che numero è?

A. 445
B. 410
C. 405
D. 415
E. 395

11) Sommando 10 al doppio di un numero si ottiene il suo quadruplo diminuito di 2. Qual è il numero?

A. 0
B. 8
C. 6
D. 4
E. 2

12) Qual è il numero che aggiunto a 7428 dà per risultato 9310?

A. 1902
B. 1872
C. 1890
D. 1892
E. 1882

13) Qual è il numero che diminuito di 724 dà per risultato 399?

A. 1123
B. 1121
C. 1124
D. 1122
E. 1128

14) Antonio vuole far rientrare tutte le sue pecore nei recinti dell'ovile. Inizialmente fa entrare 9 pecore in ciascun recinto, ma gli restano 2 recinti vuoti. Allora fa entrare 6 pecore in ciascun recinto, ma in questo modo 3 pecore non trovano spazio nei recinti.
Quante pecore possiede Antonio?

A. 54
B. 45
C. 36
D. 27
E. 63

15) Due interi hanno somma –4 e prodotto 4. Quanto vale il maggiore di tali interi?

A. –1
B. –3
C. I due numeri sono uguali
D. 2
E. 4

16) Due interi hanno somma 5 e prodotto 4. Quanto vale il maggiore di tali interi?

A. 1
B. 4
C. 2
D. 3
E. 5

17) Qual è il numero il cui quadruplo meno 2 è uguale a 26?

A. 30
B. 7
C. 28
D. 14
E. 25

18) Qual è il risultato della somma "1 + 2 + 3 + 4 + 5 + 6 + 7 + 8 + 9 + 10 + … + 26 = ?"

A. 351

B. 306
C. 406
D. 291
E. 320

19) Teresa vuole installare alcune mensole in una nicchia di 80 cm di larghezza dove riporvi 100 libri con spessore di 25 mm l'uno e 62 libri con spessore di 35 mm l'uno. Ha in progetto di acquistare 560 cm di legname per realizzare le mensole e non ha intenzione di riporre i due tipi di libri su una stessa mensola. Qual è il numero massimo di libri in più che Teresa può acquistare prima di dover installare altre mensole?

A. 15
B. 24
C. 12
D. 35
E. 32

20) La somma di due numeri è 7. La loro differenza è 7. I due numeri sono:

A. –2 e –5
B. 1 e 6
C. –1 e 6
D. 7 e 0
E. 0 e –7

21) Sostituisci ad ogni lettera una cifra in modo che il risultato della moltiplicazione sia esatto. "A7 × 1B = 17CD". Quanto vale la più bassa delle cifre inserite?

A. 6
B. 5
C. 0
D. 4
E. 3

22) Sostituisci ad ogni lettera una cifra in modo che il risultato della moltiplicazione sia esatto. "72 × A7 = 3BCD". Quanto vale la più alta delle cifre inserite?

A. 7
B. 9
C. 8
D. 5
E. 6

23) Francesco acquista dei bigliettini per invitare alcuni amici alla sua festa di compleanno. In cartoleria i bigliettini vengono venduti singolarmente al prezzo di € 0,43 l'uno, oppure in confezioni da 6 al prezzo di € 1,92 a confezione. Francesco acquista 8 confezioni. Dopo avere spedito gli inviti si rende conto che gli sono serviti solo 38 bigliettini.
Quanto ha speso Francesco più del necessario per acquistare i bigliettini di invito?

A. € 3,64
B. € 1,06
C. € 4,70
D. € 1,72
E. € 2,98

24) Se la parola "ognuno" è scritta bene, calcolate il risultato di "35 – 7 × 3", altrimenti calcolate il risultato di "31 – 42 + 17".

A. 27
B. 84
C. 6
D. 56
E. 14

25) Se la parola "abazzia" è scritta bene, calcolate il risultato di "5 + 11 × 5", altrimenti calcolate il risultato di "(31 – 4) : 3".

A. 31
B. 275
C. 9
D. 60
E. 30

26) Se la parola "coscente" è scritta bene, calcolate il risultato di "35 – 7 × 3", altrimenti calcolate il risultato di "31 – 42 + 17".

A. 84
B. 6
C. 14
D. 56
E. 10

27) Una regola di elaborazione trasforma l'ottupla (8, 6, 4, 5, 2, 9, 1, 7) in (6, 8, 4, 5, 2, 9, 1, 7) e quest'ultima in (6, 4, 8, 5, 2, 9, 1, 7). Individuare l'ottupla successiva secondo la stessa regola.

A. (6, 4, 8, 5, 2, 9, 1, 7)
B. (6, 4, 8, 2, 5, 9, 1, 7)
C. (6, 4, 8, 5, 9, 2, 1, 7)
D. (6, 4, 5, 8, 9, 2, 1, 7)
E. (6, 4, 5, 8, 2, 9, 1, 7)

28) Qual è il numero che diminuito di 90 dà per risultato 14?

A. 124
B. 114
C. 94
D. 134
E. 104

29) Due interi hanno somma – 10 e prodotto 25. Quanto vale il minore di tali interi?

A. I due numeri sono uguali
B. 0
C. –1
D. –4
E. 2

30) Due interi hanno somma 10 e prodotto 9. Quanto vale il minore di tali interi?

A. 3
B. 4
C. 2
D. 5
E. 1

3.2 • Esercizi con frazioni e percentuali

31) Gaia ha letto i 4/5 del suo libro. Sapendo che ha letto 96 pagine, quante pagine le restano da leggere?

A. 35
B. 24
C. 40
D. 22
E. 36

32) Si vogliono ripartire 91 biscotti in tre piatti in modo che il primo piatto contenga un terzo dei biscotti del secondo e il secondo piatto un terzo dei biscotti del terzo piatto. Quanti biscotti conterrà il secondo piatto?

A. 33
B. 24
C. 21
D. 31
E. 30

33) Al supermercato le confezioni di caffè da 500 g sono sempre in offerta speciale, tuttavia le offerte variano di settimana in settimana:

- **Settimana 1: una confezione da 250 g in omaggio con l'acquisto di 2 confezioni;**
- **Settimana 2: 25% di sconto sul prezzo intero;**
- **Settimana 3: una confezione in omaggio con l'acquisto di 3 confezioni;**
- **Settimana 4: 10% di sconto sul prezzo indicato e ulteriori 100 g in omaggio;**
- **Settimana 5: con l'acquisto di una confezione, la seconda è a metà prezzo.**

Sebbene le quantità cambino, il costo del caffè per 100 g in ciascuna delle

offerte sopra elencate rimane invariato tutte le settimane, eccetto una: quale?

A. Settimana 1
B. Settimana 2
C. Settimana 3
D. Settimana 4
E. Settimana 5

34) Una palestra ha venduto 400 abbonamenti in ottobre e 480 in novembre. In dicembre si è registrato un decremento del 15% rispetto al mese precedente. A quanto ammonta la variazione percentuale degli abbonamenti venduti nel mese di dicembre rispetto a quelli di ottobre?

A. Non ci sono elementi sufficienti per rispondere
B. 1%
C. 5%
D. –5%
E. 2%

35) L'anno scorso le automobili straniere importate in Italia sono state 250.000, mentre quest'anno sono salite del 40%. Quest'anno si è registrato un 30% di importazioni dal mercato giapponese.
Quante sono state le auto straniere NON giapponesi importate quest'anno?

A. 420.000
B. 245.000
C. 210.000
D. 90.000
E. 270.000

36) In una comunità di 5000 persone il 5% dei membri viene colpito da una malattia infettiva, che richiede il ricovero nel 50% dei casi; quanti ricoveri sono avvenuti?

A. 150
B. 50
C. 200
D. 100
E. 125

37) Il cartello promozionale di un negozio recita:
Ogni 200 euro spesi, vi diamo un buono da 20 euro, spendibile al prossimo acquisto.
Tancredi, passando, riflette su quanto sia lo sconto effettivo praticato dal negozio. Quale osservazione è quella corretta?

A. Il massimo sconto ottenibile mediante questa promozione è del 20%
B. Il massimo sconto ottenibile mediante questa promozione è maggiore del 10%
C. Il massimo sconto ottenibile mediante questa promozione è minore del 10%
D. Il massimo sconto ottenibile mediante questa promozione è del 10%
E. Il massimo sconto ottenibile mediante questa promozione è minore del 2%

38) Il proprietario di una fabbrica di orecchini, in occasione della festa dell'8 marzo, vuole fare un regalo alle sue 100 dipendenti donne. Poiché sa che il 10% di esse porta un solo orecchino e che il rimanente si divide in parti uguali tra chi non ne porta affatto e chi ne porta due, quanti orecchini dovrà far preparare?

A. 100
B. 90
C. 45
D. 200
E. 180

3.3 • Esercizi con proporzioni

39) Tre ragazzi mangiano tre pizze in tre ore. Quante pizze mangiano nove ragazzi in nove ore?

A. 9
B. 15
C. 27
D. 22
E. 18

40) Se 4 impiegati compilano 24 pratiche in 10 minuti, quanti impiegati sarebbero teoricamente necessari per compilare 120 pratiche in 3000 secondi?

A. 10
B. 4
C. 6
D. 8
E. 15

41) Se due conigli mangiano 8 carote in un'ora, in quanto tempo 25 conigli mangeranno 50 carote?

A. 30 minuti
B. 50 minuti
C. 60 minuti
D. 40 minuti
E. 20 minuti

42) Tre panettieri preparano un cornetto rispettivamente in 4, 5 e 6 minuti. Quanto impiegano a preparare insieme 37 cornetti?

A. 2 ore
B. 1 ora e 35 minuti
C. 50 minuti
D. 2 ore e 30 minuti
E. 1 ora

43) Un impiegato può completare 28 pratiche per ogni ora. Se in un giorno lavorativo di 8 ore si accumulano 6720 pratiche da chiudere in giornata, quanti impiegati saranno necessari?

A. 28
B. 30
C. 32
D. 35
E. 34

44) Tre marinai sbucciano un sacco di patate rispettivamente in 6, 8 e 12 ore. Quante ore impiegano a sbucciare insieme le patate di 33 sacchi?

A. 88
B. 26
C. 24
D. 176
E. Non è possibile rispondere in base ai dati forniti

45) Se 6 muratori, lavorando allo stesso ritmo, impiegano 50 minuti per costruire un muretto, quanto impiegherebbe uno solo di essi per costruire lo stesso muretto?

A. 5 ore
B. 250 minuti
C. 2 ore
D. 4 ore
E. 270 minuti

46) Due meccanici sono in grado di riparare 6 automobili in 3 ore. Quanti meccanici saranno necessari per riparare 22 auto in 5 ore?

A. Almeno 7
B. Almeno 8
C. Almeno 6
D. Almeno 5
E. Almeno 10

47) Un solo pasticciere prepara 5 torte in 2 ore e mezza. Quanti pasticcieri dovrebbero lavorare, allo stesso ritmo, per preparare 12 torte in un'ora e mezza?

A. 6
B. 7
C. 3
D. 5
E. 4

48) Tre formiche spostano un mucchio di sabbia rispettivamente in 20, 30 e 60 giorni. Quanto tempo impiegano a spostare lo stesso mucchio di sabbia lavorando insieme?

A. 15 giorni
B. 10 giorni
C. 25 giorni
D. 5 giorni
E. 20 giorni

3.4 • Esercizi su medie

49) In una squadra di calcio vi sono 11 giocatori. L'età media è 22 anni. Durante una partita un giocatore viene espulso; l'età media dei giocatori rimasti diviene allora 21 anni. Che età ha il giocatore che è stato espulso?

A. 35 anni
B. 32 anni
C. 31 anni
D. 33 anni
E. 30 anni

50) In una prima ci sono 3 ragazzi per ogni 2 ragazze. L'età media dei ragazzi è 14 anni e 2 mesi, quella delle ragazze 13 anni e 4 mesi. Qual è l'età media della classe?

A. 13 anni e 4 mesi
B. Il risultato dipende dal numero di alunni della classe
C. 13 anni e 8 mesi
D. 13 anni e 10 mesi
E. 13 anni e 6 mesi

51) In un gruppo di 10 amici, 3 ragazzi hanno 24 anni ciascuno, 4 ragazzi hanno 27 anni ciascuno e 3 ragazzi hanno 30 anni ciascuno. Qual è l'età media del gruppo?

A. 26 anni
B. 25 anni
C. 27 anni
D. 28 anni
E. 27,5 anni

52) Filippo ha conseguito un voto di 3 punti superiore rispetto a quello di Rocco, Giovanni di sei punti inferiore rispetto a quello di Rocco. Quanto vale la media dei voti conseguiti da Filippo, Rocco e Giovanni?

A. È di 3 punti inferiore rispetto al voto conseguito da Rocco
B. È di due punti inferiore rispetto al voto conseguito da Rocco
C. È pari al voto conseguito da Rocco
D. È di un punto inferiore rispetto al voto conseguito da Rocco
E. È di un punto superiore rispetto al voto conseguito da Rocco

53) Uno studente modello ha calcolato la sua media su tutte le 9 materie, esclusa la matematica. Tale media è pari a 8. Dopo l'interrogazione la professoressa gli comunica che il suo voto finale in matematica è 7. Quale sarà la nuova media dello studente?

A. 8
B. 7
C. 7,5
D. 7,8
E. 7,9

54) Un calciatore ha disputato 6 partite segnando in media un gol a partita. Dopo la squalifica di un turno ritorna in campo ed in due partite segna 4 gol. Quale sarà la nuova media di realizzazione di gol per partita disputata?

A. 1,6
B. 1,5
C. 2
D. 1,25
E. 1,2

3.5 • Esercizi su progressioni aritmetiche e progressioni geometriche

55) La popolazione di una coltura batterica raddoppia ogni 2 minuti. Quanti minuti approssimativamente serviranno affinché tale popolazione cresca da 1.000 a 500.000 batteri?

A. 16
B. 12
C. 10
D. 14
E. 18

56) Su Marte il 12 novembre 10 marziani possiedono una cuffia; nei giorni successivi il numero dei marziani che possiedono una cuffia raddoppia ogni giorno. Qual è il primo giorno al termine del quale almeno 10.000 marziani avranno una cuffia?

A. 26 novembre
B. 24 novembre
C. 28 novembre
D. 25 novembre
E. 22 novembre

57) Una colonia di batteri vive sulla superficie di uno stagno, dove una volta al giorno ogni batterio si riproduce per scissione, cioè ogni giorno ogni batterio si divide in due dando origine a due batteri uguali. Se un biologo inizia la sua osservazione all'alba del 1° aprile 2010 e conta un solo batterio, mentre all'alba del 30 aprile 2010 osserva che un ottavo della superficie dello stagno è ricoperta dai batteri, in quale data la superficie dello stesso stagno sarà per la prima volta completamente ricoperta dai batteri?

A. All'alba del 3 maggio 2010
B. Dipende dalla superficie dello stagno
C. All'alba del 29 luglio 2010
D. Dopo il 1° dicembre 2010
E. All'alba del 7 maggio 2010

58) In uno stagno c'è una bellissima ninfea, che ogni giorno raddoppia la sua estensione e in 30 giorni copre tutto lo stagno. Quanto tempo impiega per coprirne la metà?

A. Dipende dalla grandezza dello stagno
B. 2 giorni
C. 15 giorni
D. 7 giorni
E. 29 giorni

59) Una pianta geneticamente modificata raddoppia la sua altezza ogni giorno. Al nono giorno comincia a ridurre la sua altezza con una velocità doppia. Dopo quanti giorni dall'inizio sarà ritornata alla sua altezza iniziale?

A. 15
B. 13
C. 12
D. 10
E. 14

60) Una palla è talmente elastica che, dopo ogni rimbalzo sul terreno, raggiunge i 2/5 dell'altezza precedente. Da quale altezza è stata fatta cadere se dopo 4 rimbalzi raggiunge ancora i 32 centimetri?

A. 2 metri
B. 12,5 metri
C. 60 metri
D. 5 metri
E. 10 metri

61) Un'ameba spaziale cade in un lago. Ogni giorno raddoppia la sua estensione e in 100 giorni diventa così grande da ricoprire l'intera superficie del lago. In quanti giorni ne aveva coperto un quarto?

A. Dopo 25
B. Dopo 96
C. Dopo 98
D. Dopo 88
E. Dopo 30

62) Se ad ogni generazione la popolazione mondiale si quadruplicasse, partendo da Adamo ed Eva, dopo quante generazioni si arriverebbe a 2048 persone?

A. 3
B. 5
C. 6
D. 2
E. 7

3.6 • Esercizi con equazioni e sistemi di equazioni di primo grado

63) Lucia noleggia una macchina per 18 euro più 0,10 euro per chilometro percorso. Carlo noleggia una macchina per 25 euro più 0,05 euro per chilometro percorso. A fine giornata, dopo aver percorso la stessa distanza pagano entrambi lo stesso importo. Quanti chilometri hanno percorso?

A. 150
B. 140
C. 135
D. 120
E. 100

64) Giacomo ha oggi 14 anni in più di Paolo. Se tra 10 anni Giacomo avrà il doppio degli anni di Paolo, quanti anni avrà Giacomo tra 5 anni?

A. 23
B. 19
C. 9
D. 21
E. 33

65) Papà e mamma Tuttosale hanno diversi figli, di cui 3 sono maschi. Se ogni figlio maschio avesse 3 sorelle, quanti sarebbero in tutto i membri della famiglia Tuttosale?

A. 17
B. 19
C. 8
D. 11
E. 14

66) Determinare quel numero il cui quadrato diviso a metà è uguale a 50.

A. 8
B. 7
C. 22
D. 10
E. 18

67) Andrea, Barbara, Camillo e Dario hanno ricevuto 450.000 euro in eredità. Ad Andrea spetta il doppio di Barbara, a Camillo spetta una volta e mezzo la cifra di Andrea e a Dario il triplo di Barbara. Quanto riceve Dario?

A. 200.000 euro
B. 150.000 euro
C. 120.000 euro
D. 100.000 euro
E. 250.000 euro

68) Se Francesco avesse 6 euro in più di Davide, essi avrebbero in totale 34 euro. Ma Francesco ha 6 euro meno di Davide. Quanti euro ha Francesco?

A. 8
B. 12
C. 10
D. 16
E. 14

69) Durante l'ultimo week-end, Pamela, Paola, Giuseppe e Gabriella hanno guadagnato insieme 405 euro. Pamela

ha lavorato il doppio del tempo di Paola; Paola ha lavorato la metà del tempo di Giuseppe; Gabriella ha lavorato il doppio del tempo di Pamela. Essi decidono di dividere i loro guadagni in modo imparziale. Quanti euro toccano a Pamela?

A. 90
B. 180
C. 120
D. 45
E. 150

70) Se un lingotto d'oro pesa 1/2 chilo più la metà del suo peso, quanto pesa il lingotto?

A. 2 chili
B. 200 grammi
C. 1 chilo
D. 1.500 grammi
E. 500 grammi

71) Due colleghi sono stati assunti nello stesso giorno: uno aveva il doppio dell'età dell'altro.
Anni dopo la ditta fallisce: in quel momento il maggiore ha 20 anni più del minore.
A quale età è stato assunto il minore?

A. 35 anni
B. 30 anni
C. 20 anni
D. 15 anni
E. 25 anni

72) Se: $X + Y = 3$; $X = 2Z + 13$; $Z + Y = 0$ allora Y è uguale a:

A. –10
B. +10
C. –4
D. –6
E. +3

73) Se: $X + Y = 6$; $X = Z + 2$; $Z + 2Y = 0$ allora Y è uguale a:

A. –4
B. +8
C. +4
D. –6
E. +10

74) Il costo di un'auto è dato da 9.000 euro più un terzo del costo stesso. Qual è il costo dell'auto?

A. 13.500 euro
B. 13.000 euro
C. 14.500 euro
D. 15.000 euro
E. 12.500 euro

75) La somma di due numeri, di cui il primo è triplo del secondo, è 456. Quanto valgono i due numeri?

A. 332 e 124
B. 336 e 120
C. 333 e 123
D. 330 e 126
E. 342 e 114

76) Due mele e due pere costano 1,10 €; tre mele e una pera costano 1,05 €. Allora tre pere e una mela costano:

A. 1,25 euro
B. 1,15 euro
C. 1,10 euro
D. 1,30 euro
E. 1,20 euro

77) Un gelataio prepara 20 kg di gelato e lo rivende nel corso della giornata in coni piccoli da 1,20 euro di due palline e coni grandi da 1,60 euro e di tre palline. Da ogni kg di gelato ha ricavato 12 palline; alla fine della giornata, ha incassato in totale 137,60 euro. Quanti coni grandi ha venduto?

A. 32

B. 24
C. 48
D. 17
E. 43

78) Un pensionato ha passato la sua vita per un quarto da ragazzo, per un ottavo da giovane, per metà al lavoro. Da 9 anni non lavora più. Quanti anni ha adesso?

A. 66
B. 70
C. 72
D. 74
E. 64

79) Se al doppio di un numero si aggiunge 4, si ottiene il triplo del numero considerato diminuito di 4. Di quale numero si tratta?

A. 6
B. 9
C. 11
D. 8
E. 10

80) La somma di tre numeri naturali consecutivi è 132. Quanto vale il minore dei tre numeri considerati?

A. I dati forniti dalla domanda non consentono di stabilirlo con certezza
B. 43
C. 41
D. 42
E. 40

81) Marco ha speso per il suo viaggio di nozze i 5/4 di quello che ha speso Claudia. Sapendo che la differenza tra il costo di un viaggio e l'altro è pari a 700 euro, quanto ha speso Marco?

A. 2.800 euro
B. 1.000 euro
C. 3.500 euro
D. 6.300 euro
E. 3.800 euro

82) Ad una domanda per un sondaggio 3/4 degli intervistati ha risposto 'SÌ', 1/5 ha risposto 'NO' e 4 hanno risposto 'NON LO SO'. Quanti sono gli intervistati?

A. 90
B. 78
C. 92
D. 80
E. 66

83) Si è chiesto a 440 studenti: "Quale squadra preferisci?". Le preferenze per la "Roma" erano i 3/8 di quelle per l'"Inter", e il loro numero complessivo era sette volte il numero delle scelte di altre squadre. Quanti hanno scelto altre squadre?

A. 120
B. 75
C. 105
D. 55
E. 280

84) Si è chiesto a 440 studenti: "Quale squadra preferisci?". Le preferenze per la "Roma" erano i 3/8 di quelle per l'"Inter", e il loro numero complessivo era sette volte il numero delle scelte di altre squadre. Quanti hanno scelto la "Roma"?

A. 105
B. 120
C. 280
D. 55
E. 85

3.7 • Le equazioni simboliche

85) Se 4 × # + 1 = 7 × (# – 2), allora # è uguale a:

A. 1/2
B. 5
C. 13
D. 9
E. 7

86) Se la lettera N identifica una qualunque cifra numerica (singola), la lettera P identifica una qualunque cifra (singola) pari e la lettera D identifica una qualunque cifra (singola) dispari, allora la scrittura DNND rappresenta un numero:

A. pari di 2 cifre
B. dispari di 4 cifre
C. pari di 4 cifre
D. divisibile per 2
E. dispari di 3 cifre

87) Se CIG significa cifra (singola) divisibile per 6, COG significa cifra (singola) divisibile per 9 e CEG significa cifra (singola) divisibile per 2, allora con quale scrittura può essere espresso il numero 94?

A. CEG CIG
B. CIG COG
C. COG CIG
D. CIG CEG
E. COG CEG

88) Se CUG significa cifra (singola) divisibile per 5, CIG significa cifra (singola) divisibile per 4 e CEG significa cifra (singola) divisibile per 3, allora con quale scrittura può essere espresso il numero 84?

A. CIG CIG
B. CEG CIG
C. CUG CIG
D. CUG CEG
E. CIG CUG

89) Se la lettera N identifica una qualunque cifra numerica (singola), la lettera P identifica una qualunque cifra (singola) pari e la lettera D identifica una qualunque cifra (singola) dispari, allora la scrittura DDD rappresenta un numero:

A. pari di quattro cifre
B. dispari di tre cifre
C. divisibile per due
D. divisibile per tre
E. pari di tre cifre

90) Se la lettera A identifica una qualunque cifra (singola), la lettera L identifica una qualunque cifra (singola) pari e la lettera Q identifica una qualunque cifra (singola) dispari, allora QALL è un numero:

A. dispari di quattro cifre
B. pari di due cifre
C. pari di quattro cifre
D. dispari di due cifre
E. pari di tre cifre

91) Se ZIP significa cifra (singola) divisibile per 5, ZAP significa cifra (singola) divisibile per 4 e ZOP significa cifra (singola) divisibile per 6, allora con quale scrittura può essere espresso il numero 84?

A. ZOP ZAP
B. ZIP ZAP
C. ZAP ZIP
D. ZAP ZAP
E. ZOP ZIP

92) Se BARI = 2, DENTE = 2, GINOCCHIO = 4, PREZZEMOLO = ?

A. 14
B. 4
C. 8
D. 6
E. 10

93) Se BARI = 4, DENTE = 5, GINOCCHIO = 9, PREZZEMOLO = ?

A. 8
B. 12
C. 14
D. 10
E. 18

94) Se 2 è "B", 5 è "E", 10 è "L", come si scrive "MESTOLO" usando numeri invece di lettere?

A. 5 – 11 – 10 – 13 – 17 – 18
B. 11 – 5 – 17 – 18 – 13 – 10 – 13
C. 11 – 5 – 17 – 18 – 13 – 11 – 13
D. 10 – 13 – 17 – 18 – 5 – 11 – 5
E. 11 – 5 – 18 – 17 – 13 – 10 – 13

95) Se 3 è "B", 12 è "E", 21 è "H", come si scrive "GIOCARE" usando numeri invece di lettere?

A. 33 – 34 – 24 – 6 – 5 – 7 – 12
B. 18 – 24 – 36 – 6 – 0 – 45 – 12
C. 18 – 24 – 36 – 6 – 1 – 45 – 12
D. 30 – 32 – 26 – 22 – 40 – 32
E. 18 – 24 – 33 – 6 – 1 – 45 – 12

96) Se ZAP significa cifra (singola) divisibile per 7, ZUP significa cifra (singola) divisibile per 5 e ZEP significa cifra (singola) divisibile per 4, allora con quale scrittura può essere espresso il numero 48?

A. ZEP ZUP
B. ZAP ZAP
C. ZUP ZEP
D. ZEP ZAP
E. ZEP ZEP

97) A ciascuna delle seguenti parole è associato un valore numerico, seguendo sempre lo stesso criterio logico.
ANANAS → 3; SALSA → 3; MASSA → 3; NESSO → 4; MESTO → 5; MAESTRA → 6;
Quale valore numerico andrebbe assegnato alla parola STATUTO mediante lo stesso criterio logico adoperato in precedenza?

A. 4
B. 6
C. 5
D. 3
E. 7

98) Sostituisci ad ogni lettera una cifra differente in modo che il risultato della moltiplicazione sia esatto: "A6 × 3B = 2C6D". Quanto vale la più bassa delle cifre inserite?

A. 3
B. 0
C. 5
D. 4
E. 2

99) Se:
❤ + ★ = 7 + ✸
✸ + ❤ = 3
6 + ❤ = 3
allora:

A. ❤ = 3
B. ❤ = 9
C. ★ = 16
D. ✸ = 0
E. ❤ = 16

3.8 • Esercizi con il calcolo combinatorio

100) Quanti terni si possono formare con 90 numeri differenti?

A. 45.040
B. 117.480
C. 640.560
D. 12.340
E. 13.520

101) Un pittore dispone di 8 colori e vuole colorare un suo disegno in tanti modi quanti sono possibili combinando due colori, senza mai ripetere le combinazioni: quante combinazioni differenti sono possibili?

A. 28
B. 21
C. 56
D. 48
E. 36

102) Quante parole, anche prive di senso, si possono ottenere anagrammando le lettere della parola "terno"?

A. 75
B. 100
C. 80
D. 60
E. 120

103) Un barista dispone di 6 liquori diversi. Mescolandone in parti uguali tre alla volta, quanti aperitivi diversi può preparare?

A. 18
B. 25
C. 15
D. 12
E. 20

104) Quanti anagrammi distinti è possibile ottenere con le lettere della parola "ZOO"?

A. 2
B. 4
C. 3
D. 6
E. 5

105) Quanti sono i numeri di quattro cifre che si possono scrivere usando solamente le tre cifre 5, 6, 7?

A. 85
B. 75
C. 90
D. 81
E. 60

106) Utilizzando solo i caratteri "0" e "1", quante sequenze diverse di 5 caratteri si possono scrivere?

A. 25
B. 38
C. 32
D. 36
E. 40

107) Dieci persone si incontrano ad una riunione di lavoro. All'inizio ed alla fine dell'incontro ciascuno stringe la mano a tutti gli altri. Quante strette di mano ci sono state complessivamente?

A. 45
B. 60
C. 90
D. 75
E. 80

108) Il numero di parole di tre lettere, anche prive di senso, che si possono ottenere usando 10 lettere, non necessariamente tutte distinte, è uguale a:

A. 600
B. 500
C. 900
D. 1.000
E. 800

109) Quante cinquine si possono formare con 90 numeri differenti?

A. 43.949.268
B. 128.428.968
C. 1.325.156
D. 1.248.168
E. 8.124.568

110) Quante parole, anche prive di significato, si possono scrivere con tre lettere diverse dell'alfabeto inglese?

A. 15.600
B. 13.500
C. 14.500

D. 12.600
E. 10.500

111) In quanti modi differenti 5 persone si possono sedere su 3 poltrone, libere e allineate, di un cinema?

A. 120
B. 30
C. 60
D. 70
E. 90

112) Ho a disposizione tanti cubi quanti ne voglio e dipingo ogni loro faccia con i colori rosso o verde. Quanti cubi diversi posso ottenere?

A. 10
B. 24
C. 64
D. 6
E. 36

113) Dipingiamo le quattro facce di un tetraedro regolare con quattro colori diversi: rosso, bianco, giallo, azzurro. Quanti diversi tetraedri possiamo ottenere?
N.B.: si considerino uguali due tetraedri se coincidono in seguito a opportuni movimenti rigidi di rotazione e traslazione

A. 24
B. 1
C. 16
D. 2
E. 6

114) Un negozio di giocattoli ordina al fornitore una partita di cubetti, chiedendo che tre facce siano colorate di nero e tre di bianco. Il padrone del negozio immaginava, erroneamente, che questa indicazione fosse sufficiente ad avere cubetti identici. Il fornitore, invece, si presenta con tutti i diversi tipi di cubetti che soddisfano i requisiti del negoziante.
Quanti sono i tipi diversi?

A. 3
B. 20
C. 2
D. 6
E. 12

3.9 • Esercizi con le probabilità

115) Paolo ha 10 paia di calzini accoppiati. Se perde 7 calzini, qual è il maggior numero di paia di calzini accoppiati che gli possono rimanere?

A. 5
B. 4
C. 7
D. 3
E. 6

116) Marco, Claudio, Luca e Paolo stanno giocando a poker con tutte le carte dall'otto (8, 9, 10, J, Q, K e asso). Che probabilità (%) ha Paolo di vedersi servito un colore (tutte e 5 le carte dello stesso seme)?

A. 0,5%
B. 0,09%
C. 0,3%
D. 1%
E. 0,01%

117) Lanciando due dadi contemporaneamente, qual è la probabilità di ottenere per somma 3?

A. 1/3
B. 1/18
C. 1/12
D. 1/36
E. 1/8

118) Estraendo una pallina da un'urna contenente 12 palline verdi, 15 rosse e

9 nere, calcolare la probabilità che essa sia rossa oppure nera.

A. 4/5
B. 2/3
C. 3/5
D. 1/5
E. 1/2

119) Estraendo una pallina da un'urna contenente 100 palline, di cui 25 blu, 15 rosse e 60 gialle, qual è la probabilità che esca una pallina rossa?

A. 5/20
B. 20/3
C. 20%
D. 3/20
E. 30%

120) Estraendo una carta da un mazzo di 40 carte, calcolare la probabilità che non esca una figura.

A. 5/7
B. 3/5
C. 4/5
D. 70%
E. 2/3

121) Nel lancio di un dado, qual è la probabilità che esca un numero dispari o maggiore di 4?

A. 1/7
B. 1/2
C. 1/4
D. 2/3
E. 1/3

122) Nel gioco della tombola, qual è la probabilità che esca alla seconda estrazione il numero 17, in caso non sia uscito nella prima estrazione?

A. 1/89
B. 1/90
C. 12/90
D. 8/90
E. 1

123) La probabilità che estraendo a caso uno dei novanta numeri della tombola, si estragga un numero divisibile per 2 e per 3 è:

A. 90/6
B. 4/90
C. 1/6
D. 1/3
E. 6/90

124) In un'urna sono contenute 50 palline numerate da 1 a 50. Estraendo una pallina dall'urna, determinare la probabilità che esca un numero divisibile per 7 compreso tra 15 e 45.

A. 8%
B. 40%
C. 30%
D. 15%
E. 20%

125) Estraendo una pallina da un'urna contenente 12 palline verdi, 18 rosse e 6 nere, calcolare la probabilità che essa sia verde oppure nera.

A. 1/2
B. 3/5
C. 4/5
D. 2/3
E. 3/4

126) Una scatola contiene 5 palline blu, 6 palline verdi e 7 palline gialle. Si supponga di essere bendati in modo da non poter sbirciare nella scatola: quante palline dovreste prendere al minimo per essere sicuri di averne almeno quattro dello stesso colore?

A. 24
B. 13
C. 21

D. 18
E. 10

127) Lanciando un dado, che probabilità c'è di ottenere un numero maggiore di 2?

A. 2/3
B. 2
C. 1/2
D. 2/6
E. 1/3

128) Calcolare la probabilità che nel lancio di due dadi il punteggio di una faccia sia doppio di quello dell'altra.

A. 1/6
B. 1/5
C. 1/4
D. 1/2
E. 1/3

129) La probabilità che nel lancio di due dadi si ottenga somma 5 rispetto a quella che si ottenga somma 10 è:

A. maggiore
B. un terzo
C. un mezzo
D. minore
E. uguale

130) La probabilità che, lanciando due dadi, il prodotto dei numeri usciti sia un multiplo di 5 è:

A. 11/36
B. 2/5
C. 1/3
D. 3/7
E. 1/4

3.10 • Esercizi su spazio, velocità e tempo

131) Un atleta ha ridotto il proprio tempo di percorrenza di una certa distanza del 20% al mese negli ultimi tre mesi. Se inizialmente copriva la distanza in 2'05", quanto impiega ora?

A. 1'04"
B. 1'15"
C. 1'12"
D. 50"
E. 70"

132) Un impiegato percorre tutte le mattine 10 minuti a piedi alla velocità di 6 km/h, poi fa un tragitto lungo dieci volte tanto in treno alla velocità di 120 km/h e infine una corsa in autobus di 5 minuti alla velocità di 60 km/h. Quanto vale complessivamente lo spazio percorso dall'impiegato?

A. 15,6 km
B. 18,6 km
C. 17 km
D. 18 km
E. 16 km

133) In un momento X, un treno che corre a 30 km/h precede un treno che corre a 50 km/h. Quanti km distano l'uno dall'altro se occorreranno 15 minuti al treno più rapido per raggiungere il più lento?

A. 5
B. 8
C. 6
D. 7
E. 2,5

134) Luca e Giovanni partono nello stesso momento sulla stessa strada di 300 km che collega Firenze a Milano. Luca parte da Firenze a 60 km/h, Giovanni parte da Milano e viaggia a 90 km/h. Dove e quando si incontreranno?

A. Dopo due ore, a 120 km da Milano
B. Dopo tre ore, a 120 km da Milano
C. Dopo quattro ore, a 120 km da Firenze

D. Dopo quattro ore, a 120 km da Milano
E. Dopo due ore, a 120 km da Firenze

135) Un uomo a cavallo parte alle 7 del mattino percorrendo in media 20 km/h. Un motociclista parte dallo stesso punto alle 11 e raggiunge l'uomo a cavallo dopo 2 ore. Qual è la velocità del motociclista?

A. 120 km/h
B. 80 km/h
C. 45 km/h
D. 60 km/h
E. 100 km/h

3.11 • Esercizi sulle pesate

136) Liam ha 6 accendini apparentemente identici, uno dei quali è però più pesante degli altri. Avendo a disposizione una bilancia a due piatti, quante pesate saranno sufficienti per essere certi di individuarlo?

A. 2
B. 3
C. 4
D. 5
E. 6

137) Il professor Albert, noto scienziato di fama internazionale, vuole sbalordire i suoi studenti con un esperimento. Egli possiede 22 palline identiche esternamente, tutte di peso uguale tranne una che ha un peso inferiore del 10% rispetto alle altre 21. Con una bilancia ultraprecisa con due piatti, il professor Albert afferma che egli sarà in grado di individuare la pallina meno pesante con sole 5 pesate e che non è possibile farlo con un numero inferiore di pesate.
Sta affermando il vero?

A. No, sono necessarie almeno 6 pesate
B. No, sono necessarie almeno 21 pesate
C. Sì, 5 è il numero minimo di pesate necessarie
D. No, in quanto bastano al massimo 4 pesate
E. No, sono necessarie almeno 11 pesate

138) Tre amici decidono di pesarsi su una bilancia pubblica, usando solo una moneta. Senza ragionare, non si sono accorti che potrebbero pesarsi direttamente uno per uno. Quindi, prima, salgono John e Ivan, e la bilancia segna 90 kg. Ivan scende e sale Kevin; ora la bilancia segna 95 kg. Infine John scende e Ivan risale; la bilancia segna 99 kg. I tre ragazzi rimangono quindi con il problema di calcolare il proprio peso singolarmente. Quanto pesa John?

A. 45 kg
B. 55 kg
C. 50 kg
D. 48 kg
E. 43 kg

139) Lucia possiede 13 anelli apparentemente identici, uno dei quali è però più pesante degli altri. Avendo a disposizione una bilancia a due piatti, quante pesate saranno sufficienti per essere certi di individuarlo?

A. 3
B. 6
C. 7
D. 8
E. 5

3.12 • Interpretazione di dati da tabelle (ragionamento critico-numerico)

Rispondere ai quesiti 140-144 facendo riferimento alla tabella di seguito riportata.

Assetto Finanziario (dati in migliaia di euro): la seguente tabella mostra il bilancio di un'azienda per gli anni 2004 e 2005.

Operazioni	2005	2004
Vendite	?	2122
Costi di vendita	–1989	–1764
Profitto Lordo	449	358
Spese Amministrazione	–182	–177
Profitto Netto	267	?

140) Qual era il valore delle vendite nel 2005 (in migliaia di euro)?

A. 2438
B. 2442
C. 2468
D. 2122
E. 2112

141) Qual era il valore del profitto netto nel 2004 (in migliaia di euro)?

A. 267
B. 192
C. 171
D. 252
E. 181

142) Il profitto netto nel 2005 è pari a circa:

A. il 30% delle vendite
B. il 10% delle vendite
C. il 20% delle vendite
D. il 5% delle vendite
E. il 25% delle vendite

143) Nel 2005 il rapporto tra profitto netto e lordo rispetto all'anno precedente:

A. è aumentato di circa il 10%
B. non si può dire nulla
C. si è ridotto di circa il 10%
D. si è ridotto di circa il 20%
E. è aumentato di circa il 20%

144) Qual è la voce che nel 2005 ha subito la variazione percentuale minore rispetto all'anno precedente?

A. Spese Amministrazione
B. Costi di vendita
C. Vendite
D. Profitto Lordo
E. Profitto Netto

Rispondere ai quesiti 145-149 facendo riferimento alla tabella di seguito riportata.

Stati dell'Unione Europea: nella seguente tabella sono mostrati dati relativi ad alcuni paesi dell'Unione Europea.

Paese	Superficie (km/q)	Popolazione (milioni)	Seggi nel Parlamento Europeo
Malta	316	0,4	5
Irlanda	70000	3,7	13
Finlandia	338000	5,2	14
Ungheria	93000	10	24
Belgio	30158	10,2	24
Spagna	504782	39,4	54
Italia	301263	57,7	78
Germania	356854	82,1	99

145) Per i paesi riportati in tabella, quale delle seguenti affermazioni è vera?

A. La Spagna è il paese più popoloso e Malta quello meno esteso
B. La Germania è il paese più esteso e la Spagna il più popoloso
C. Malta è il paese meno popoloso e la Finlandia il più esteso
D. La Spagna è il paese più esteso e la Germania è quello più popoloso
E. La Germania è il paese più popoloso e l'Irlanda il meno esteso

146) Quanto vale la densità di abitanti per chilometro quadrato in Finlandia?

A. 30 abitanti per chilometro quadrato
B. 0,5 abitanti per chilometro quadrato
C. 1,5 abitanti per chilometro quadrato
D. 10 abitanti per chilometro quadrato
E. 15 abitanti per chilometro quadrato

147) È vero che:

A. la superficie dell'Italia è circa il doppio di quella dell'Ungheria
B. la superficie dell'Ungheria è circa il doppio di quella del Belgio
C. la superficie dell'Italia è circa dieci volte quella del Belgio
D. la superficie della Spagna è circa il doppio di quella della Germania
E. la superficie della Finlandia è maggiore di quella della Germania

148) Quale paese ha la rappresentanza maggiore nel Parlamento Europeo in rapporto alla propria popolazione?

A. L'Italia
B. La Spagna
C. La Finlandia
D. Malta
E. La Germania

149) Sapendo che il Parlamento Europeo ha 732 seggi in totale, quale % di questi seggi è occupata da parlamentari italiani?

A. Circa il 3%
B. Circa il 17%
C. Circa l'11%
D. Circa il 7%
E. Circa il 20%

Rispondere ai quesiti 150-154 facendo riferimento alla tabella di seguito riportata.

Tariffe aeree: nella tabella sono riportate le tasse, le quote assicurative e le tariffe dei voli aerei per Barcellona da diversi aeroporti italiani. Il costo totale di un biglietto è la somma delle tasse aeroportuali, della quota assicurativa e della tariffa vera e propria.

Aeroporto di partenza	Tasse Aeroportuali	Quota Assicurativa	Tariffa per Barcellona	
			Sola Andata	Andata e Ritorno
Roma Fiumicino	€ 12,50	€ 2,50	€ 62,00	€ 100,00
Milano Malpensa	€ 11,00	€ 3,00	€ 55,00	?
Napoli	€ 9,50	€ 4,50	?	€ 120,00
Genova	€ 15,00	€ 2,50	€ 59,00	€ 75,90
Palermo	€ 11,00	€ 3,50	€ 100,00	€ 142,90

150) Sapendo che il volo andata e ritorno ha una tariffa doppia rispetto al volo di sola andata, quale sarà il totale delle spese (tasse, assicurazione e tariffa aerea) per un passeggero che acquista un biglietto di andata e ritorno da Milano?

A. Euro 124,00
B. Euro 110,00
C. Euro 69,00
D. Euro 114,00
E. Euro 121,00

151) Sapendo che il volo di sola andata ha una tariffa pari a 2/3 di quella del volo andata e ritorno, quale sarà il totale delle spese (tasse, assicurazione e tariffa aerea) per un passeggero che acquista un biglietto di sola andata da Napoli?

A. Euro 134,00
B. Euro 89,50
C. Euro 80,00
D. Euro 84,50
E. Euro 94,00

152) Se la compagnia che gestisce l'aeroporto di Genova, attuando una promozione, decide di offrire gratuitamente la quota assicurativa e di ridurre ad 1/3 le tasse aeroportuali, quale sarà il totale delle spese per due passeggeri che acquistano un biglietto ciascuno di sola andata da Genova?

A. Euro 148,00
B. Euro 128,00
C. Euro 64,00
D. Euro 133,00
E. Euro 161,80

153) Per quanto riportato in tabella, quale aeroporto presenta la migliore offerta di volo sola andata per Barcellona, considerando il totale delle spese (tasse, assicurazione e tariffa aerea)?

A. Milano Malpensa
B. Roma Fiumicino
C. Genova
D. Napoli
E. Palermo

154) Se, partendo da Palermo, con un volo di sola andata si ottiene uno sconto sulla tariffa del 30% ma si è soggetti ad una ulteriore spesa per adeguamento carburante pari ad euro 15,00, quale sarà il costo totale del biglietto aereo (tasse, assicurazione, tariffa ed adeguamento carburante)?

A. Euro 85,00
B. Euro 129,53
C. Euro 129,50
D. Euro 99,50
E. Euro 84,50

Rispondere ai quesiti 155-157 facendo riferimento alla tabella di seguito riportata.

Estratto di Conto Corrente: la seguente tabella riporta la lista dei movimenti su un conto corrente nel mese di febbraio.

Descrizione Operazione	**Movimenti (€)**		**Data**
	Dare	**Avere**	
Riporto Saldo Mese Gennaio		**20.345,76**	**30/01/2018**
Spese Tenuta Conto	2,00		01/02/2018
Spese Invio Postale Estratto Conto	1,80		01/02/2018
Prelievo Sportello Automatico	250,00		10/02/2018
Addebito Bolletta Telefonica	120,67		15/02/2018
Bonifico Vostro Favore		300,00	16/02/2018
Pagamento Carta di Credito	144,99		18/02/2018
Accredito Emolumenti		1.313,54	21/02/2018
Addebito Bolletta Energia Elettrice	86,42		25/02/2018
Interessi su Titoli		114,23	28/02/2018
Saldo al 28/02/2018		**21.467,65**	**28/02/2018**

155) A quanto ammonta la somma di denaro depositata sul conto corrente dopo l'addebito della bolletta telefonica del 15 febbraio?

A. Euro 20.091,96
B. Euro 19.971,29
C. Euro 20.720,23
D. Euro 19.554,88
E. Euro 20.345,76

156) In totale, qual è la somma di denaro che viene prelevata dal conto corrente durante tutto il mese di febbraio?

A. Euro 1727,77
B. Euro 250,00
C. Euro 520,12
D. Euro 605,88
E. Euro 265,66

157) A quanto ammonta la somma di denaro depositata sul conto corrente dopo l'addebito della bolletta di energia elettrica del 25 febbraio?

A. Euro 21.363,42
B. Euro 21.267,00
C. Euro 21.353,42
D. Euro 20.345,76
E. Euro 21.581,88

Rispondere ai quesiti 158-160 facendo riferimento alla tabella di seguito riportata.

Linee di lavorazione industriale: in tabella sono riportati i dati relativi a 5 linee di lavorazione industriale dello stesso prodotto.
Le ore di produzione giornaliere indicano il numero di ore in cui, in un giorno, la linea è tenuta in produzione. La produzione massima giornaliera indica, nelle ore di produzione giornaliere, quale sarebbe il quantitativo massimo di prodotti costruiti sulla linea se essa fosse efficiente al 100%: tale produzione non corrisponde a quella reale nelle ore di operatività della linea.

Linea	Ore di produzione giornaliere	Produzione massima giornaliera	Produzione reale giornaliera	Efficienza %
1	24	2880	2160	75%
2	18	3240	1944	?
3	18	2700	1080	40%
4	16	?	2304	80%
5	12	720	720	100%

158) Qual è l'efficienza della Linea 2?

A. 75%
B. 60%
C. 72%
D. 80%
E. 66%

159) Qual è la produzione massima giornaliera della Linea 4?

A. 1.080
B. 2.304
C. 2.880
D. 2.700
E. 2.512

160) Con tutte le linee a regime massimo, quanti pezzi si produrrebbero in un giorno?

A. 12.420
B. 11.844
C. 12.240
D. 8.208

3.13 • Interpretazione di dati da grafici

Rispondere ai quesiti 161-164 facendo riferimento al grafico di seguito riportato.

Suddivisione del Mercato: il seguente grafico a torta mostra la suddivisione del mercato tra alcune società che si occupano di nuove tecnologie.

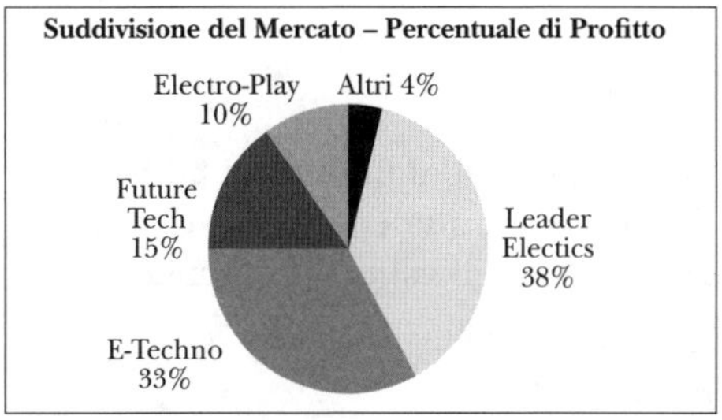

161) Oltre la metà del profitto del mercato è detenuto dalle seguenti compagnie:

A. Future Tech, Electro-Play e gli Altri
B. E-Techno e Future Tech
C. Leader Electrics e Future Tech
D. Leader Electrics e Electro-Play
E. E-Techno e Electro-Play

162) Se il profitto della Leader Electrics è pari a 95 milioni di euro, quanto sarà il profitto totale del mercato?

A. 240 milioni di euro
B. 200 milioni di euro
C. 250 milioni di euro
D. 190 milioni di euro
E. 185 milioni di euro

163) Quante volte è maggiore il profitto della Future Tech rispetto a quello della Electro-Play?

A. 3 volte
B. 2 volte
C. 1 volta e mezzo
D. 2 volte e mezzo
E. 3 volte e mezzo

164) Se il profitto della Electro-Play raddoppiasse a scapito della Future Tech, quale sarebbe la nuova quota di mercato di quest'ultima società?

A. 3%
B. 5%
C. 4%
D. 6%
E. 7%

Rispondere ai quesiti 165-168 facendo riferimento ai grafici di seguito riportati.

Analisi della Forza Lavoro: i due seguenti grafici a torta mostrano la forza lavoro maschile e femminile nei diversi settori di un'azienda.

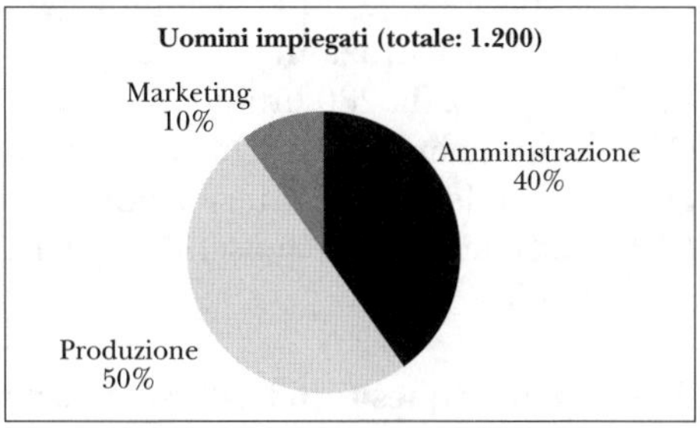

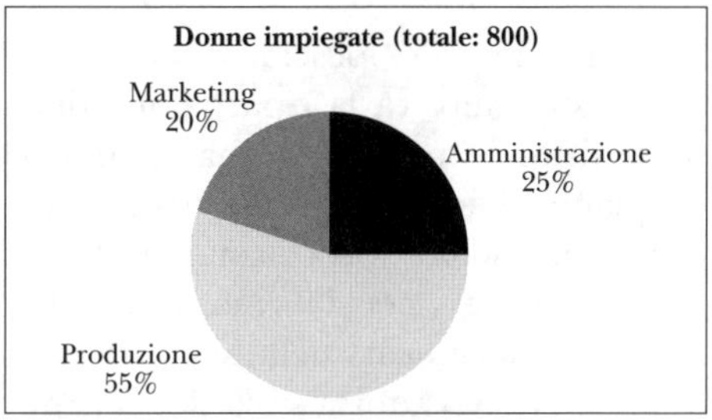

165) Qual è la percentuale di uomini impiegati nell'Amministrazione?

A. 50%
B. 10%
C. 25%
D. 20%
E. 40%

166) Quante donne sono impiegate nel Marketing?

A. 10
B. 20
C. 240
D. 160
E. 25

167) Quante persone in totale lavorano nella Produzione?

A. 1.040
B. 1.050

C. 105
D. 1.000
E. 1.100

168) Cosa si può dire con certezza sulla forza lavoro impiegata nel Marketing?

A. È superiore a quella impiegata nell'Amministrazione
B. È composta da 280 unità
C. È composta maggiormente da uomini
D. Nessuna delle altre affermazioni
E. La sua componente maschile è pari a 110 unità

Rispondere ai quesiti 169-172 facendo riferimento al grafico di seguito riportato.

Ripartizione delle Spese: il seguente grafico a torta mostra la ripartizione delle spese di una impresa che ha affrontato un piano di aggiornamento del proprio profilo aziendale (torta a sinistra). La sezione delle spese per la formazione è ulteriormente specificata nelle sue differenti voci nel grafico a torta sulla destra. Supponiamo che il totale delle spese affrontate dall'impresa sia pari a euro 60.000.

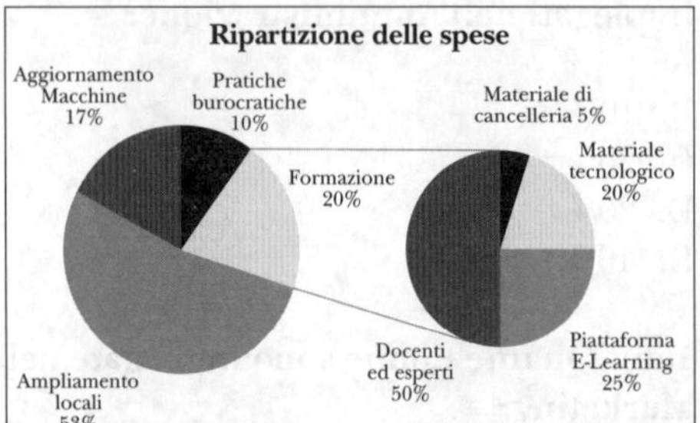

169) A quanto ammonterebbe la quota delle spese per l'ampliamento dei locali?

A. Euro 31.800
B. Euro 35.100
C. Euro 40.200
D. Euro 36.000
E. Euro 24.600

170) A quanto ammonterebbe la quota di spesa affrontata per il pagamento dei docenti e degli esperti di formazione?

A. Euro 5.500
B. Euro 10.000
C. Euro 6.000
D. Euro 5.000
E. Euro 8.000

171) Se le spese affrontate dall'impresa per l'acquisto della piattaforma e-learning fossero pari a euro 4.000, quanto sarebbe il totale delle spese per la formazione affrontate dall'impresa?

A. Euro 45.000
B. Euro 4.500
C. Euro 16.000
D. Euro 60.000
E. Euro 20.000

172) Se le spese di cancelleria affrontate dall'impresa fossero pari a euro 1.200, quanto sarebbe il totale delle spese affrontate dall'impresa?

A. Euro 24.000
B. Euro 40.000
C. Euro 100.000
D. Euro 20.000
E. Euro 120.000

Rispondere ai quesiti 173-174 facendo riferimento al grafico di seguito riportato.

Costo all'ingrosso: il seguente grafico a barre in pila mostra il costo totale di un prodotto a seconda del quantitativo di pezzi che viene acquistato. Ad un costo fisso si aggiunge, di volta in volta, un costo variabile che diminuisce all'aumentare del quantitativo di prodotti ordinati.

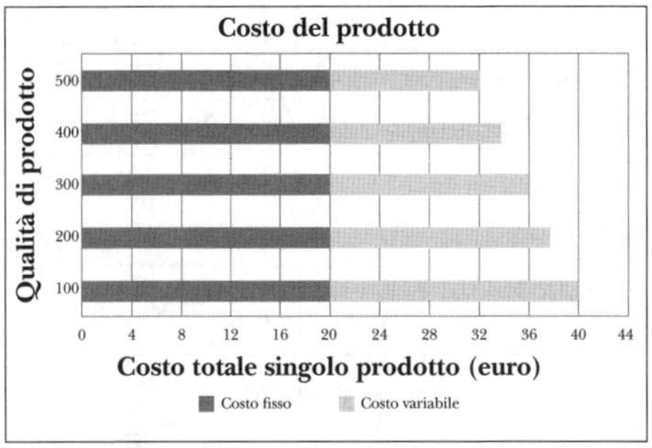

173) A quanto ammonta il costo fisso per un qualsiasi quantitativo di prodotti acquistato?

A. Euro 20,00
B. Euro 19,00
C. Euro 40,00
D. Euro 16,00
E. Euro 18,00

174) A quanto ammonta il costo variabile se acquistiamo 200 prodotti?

A. Euro 16,00
B. Euro 36,00
C. Euro 18,00
D. Euro 20,00
E. Euro 38,00

Rispondere ai quesiti 175-177 facendo riferimento al grafico di seguito riportato.

Numero di centrali nucleari: il seguente istogramma mostra il numero di centrali nucleari presenti in diversi paesi nel 1980 e nel 2000.

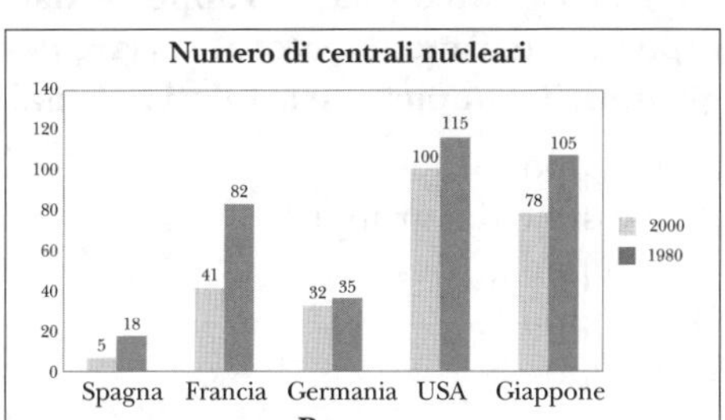

175) Quante erano le centrali nucleari in Germania nel 1980?

A. 41
B. 78
C. 6
D. 32
E. 82

176) Quante centrali nucleari sono state costruite in Giappone dal 1980 al 2000?

A. 25
B. 15
C. 27
D. 40
E. 30

177) Il numero delle centrali nucleari in Francia dal 1980 al 2000:

A. è raddoppiato
B. è diminuito del 41%
C. si è dimezzato
D. è aumentato del 41%
E. è triplicato

Rispondere ai quesiti 178-180 facendo riferimento ai grafici di seguito riportati.

Vendite di automobili: sono presentati di seguito due grafici. Il primo grafico (istogramma) mostra i modelli di auto venduti dalla casa automobilistica Racex a clientela maschile e femminile. Il secondo grafico (torta) mostra, in particolare, come si suddivide per età la clientela che ha acquistato il modello Arrow.

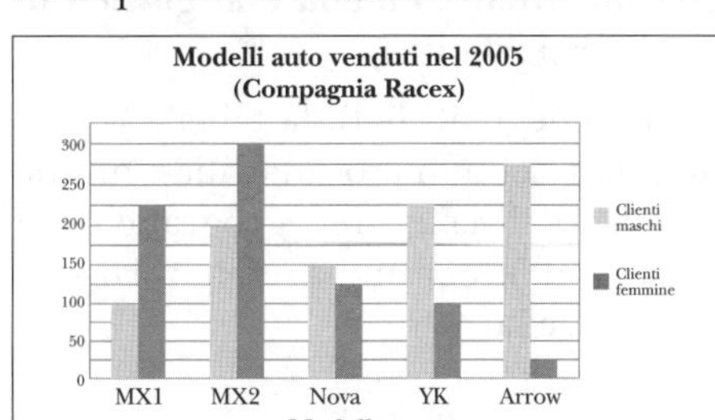

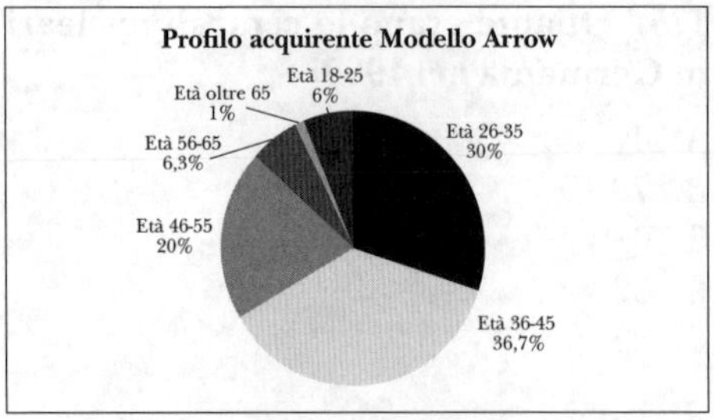

178) A quante unità ammonta la clientela femminile del modello Nova?

A. 100
B. 125
C. 150
D. 110
E. 140

179) Qual è la percentuale di vendite a clientela maschile del modello MX2?

A. 35%
B. 30%
C. 25%
D. 40%
E. 45%

180) Quante auto sono state vendute a clientela maschile?

A. 1050
B. 950
C. 1025
D. 975
E. 1000

Rispondere ai quesiti 181-185 facendo riferimento alla tabella e al grafico di seguito riportati.

Numero degli affiliati: la tabella riassume i dati del numero di affiliati di una società in diverse aree geografiche. Il grafico ad istogramma è in relazione con la tabella.

	2003	2004	2005
Giappone	24	25	26
USA e Canada	25	27	29
Europa	?	30	33
Cina	18	25	30
Totale	99	107	?

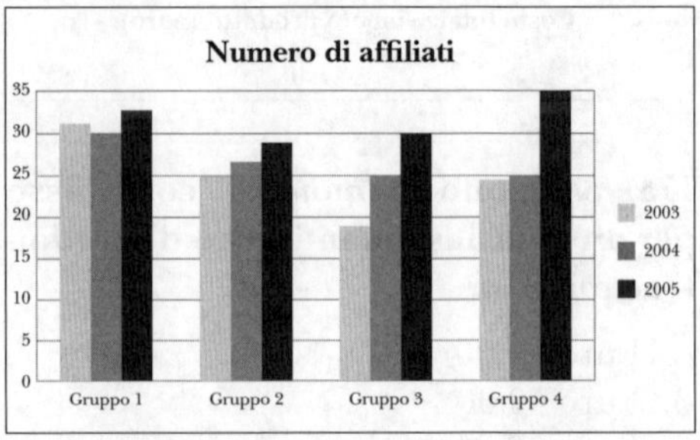

181) Qual è il totale degli affiliati nel 2005?

A. 117
B. 118
C. 116
D. 115
E. 114

182) Qual è il numero degli affiliati in Europa nel 2003?

A. 33
B. 32
C. 30
D. 29
E. 34

183) Nel grafico quale gruppo di dati rappresenta l'andamento, al variare degli anni, del numero di affiliati in Cina?

A. Gruppo 4
B. Nessuno dei gruppi
C. Gruppo 2
D. Gruppo 1
E. Gruppo 3

184) Il Gruppo 4 di dati del grafico rappresenta l'andamento, al variare degli anni, del numero di affiliati in:

A. Cina
B. Europa
C. nessuna delle aree indicate
D. Giappone
E. USA e Canada

185) Qual è il gruppo di dati, presente nel grafico, che non mostra una crescita costante, cioè un andamento in cui il numero di affiliati di un anno è sempre maggiore dell'anno precedente?

A. Gruppo 3
B. Gruppo 4
C. Gruppo 1
D. Tutti i gruppi mostrano una crescita costante
E. Gruppo 2

3.14 • Le serie numeriche (ragionamento numerico)

186) Qual è il numero mancante?
3 ? 9 12 15 18 21

A. 0
B. 8
C. 19
D. 6
E. 16

187) Qual è il numero mancante?
2 7 12 17 22 ? 32

A. 13
B. 28
C. 10
D. 27
E. 21

188) Qual è il numero mancante?
1 2 2 4 ? 8 8 16

A. 5
B. 3
C. 3
D. 4
E. 1

189) Qual è il numero mancante?
17 ? 18 15 19 14 20 13

A. 18
B. 19
C. 16
D. 15
E. 26

190) Qual è il numero mancante?
45 36 28 ? 15 10 6

A. 22
B. 10
C. 18
D. 13
E. 21

191) Qual è il numero mancante?
2 1 3 2 4 ? 5

A. 9
B. 10
C. 3
D. 6
E. 7

192) Qual è il numero mancante?
4 9 ? 25 36 49

A. 18
B. 28
C. 21
D. 16
E. 14

193) Qual è il numero mancante?
103 204 305 ? 507

A. 233
B. 244
C. 416
D. 190
E. 406

194) Qual è il numero mancante?
132 243 354 465 ?

A. 576
B. 230
C. 676
D. 130
E. 176

195) Qual è il numero mancante?
1 5 25 125 ?

A. 500
B. 475
C. 625
D. 200
E. 305

196) Qual è il numero mancante?
3 4 6 8 ? 24

A. 52
B. 130
C. 18
D. 0
E. 92

197) Completa la seguente successione:
"2, 1, 3, 5, 4, 6, 8, ..., ..."

A. 8, 9
B. 7, 9
C. 9, 10
D. 10, 9
E. 6,9

198) Completa la seguente successione: "7, 11, 13, 18, 19, ..., 25, 32"

A. 19
B. 22
C. 25
D. 20
E. 31

199) Completa la seguente successione: "85, 70, 50, 25, ..."

A. 0
B. –2
C. 5
D. –5
E. –10

200) Completa la seguente successione: "25 – 37 – 46 – ... – 55"

A. 52
B. 45
C. 50
D. 43
E. 48

201) Completa la seguente successione: "51, 35, 27, 23, ..."

A. 29
B. 15
C. 33
D. 21
E. 27

202) Completa la seguente successione: "20, 27, 34, ..."

A. 43
B. 42
C. 41
D. 40
E. 45

203) Completa la seguente successione: "9, 6, 8, 5, 7, 4, ..."

A. 2
B. 5
C. 6
D. 9
E. 3

204) Completa la seguente successione: "5, 10, 12, 24, 26, ..., ..."

A. 52, 54
B. 50, 52
C. 48, 50
D. 48, 54
E. 44, 52

205) Completa la seguente successione: "23, 28, 40, ..., 57, 62, 74"

A. 47
B. 45
C. 51
D. 49
E. 43

206) Completa la seguente successione: "2, 4, 3, 9, 8, ..."

A. 64
B. 24
C. 13
D. 11
E. 18

207) Completa la seguente successione: "44, ..., 34, 29"

A. 43
B. 38
C. 39
D. 45
E. 42

208) Date le serie di numeri 9, 12, 15; 5, 12, 11 e 14, 18, 23, completare, seguendo la stessa regola, la serie 10, 24, ?, scegliendo il terzo elemento tra le alternative proposte di seguito.

A. 20
B. 21
C. 22
D. 25
E. 34

209) Individuare il numero mancante nella seguente serie: 42 39 37 34 ?

A. 38
B. 31
C. 43
D. 32
E. 33

210) Se x è il numero mancante nella seguente sequenza:
1, 1; 9, 3; 25, 5; 49, 7; x, 9; ...
dire quante tra le seguenti conclusioni sono corrette:
$x > 9$
$x > 98$
$x < 100$
$x < 50$

A. 2
B. 1
C. 0
D. 3
E. 4

211) Qual è il numero da inserire nella terza riga al posto di x?
... 16 8 4 2 1 2 ...
... 24 12 6 3 6 3 ...
... 112 56 28 14 7 x ...

A. x = 7
B. x = 14
C. x = 3
D. x = 2
E. x = 4

212) Completa la seguente successione: 3, ..., 12, 24

A. 8
B. 5
C. 2
D. 6
E. 4

213) Completa la seguente successione: 1, 1, 2, 3, 5, 8, 13, 21, ...

A. 42
B. 30
C. 34
D. 40
E. 29

214) Completa la seguente successione: 17, 31, 14, 24, ..., 17, 8

A. 11
B. 13
C. 31
D. 17
E. 8

215) Completa la seguente successione: 10, 25, 37, ..., 52

A. 10
B. 37
C. 46
D. 42
E. 31

3.15 • Le serie alfabetiche

216) Completa la seguente successione: A, C, E, G, ...

A. J
B. I
C. A
D. K
E. B

217) Completa la seguente successione: A, D, G, L, ...

A. O
B. N
C. M
D. R
E. Q

218) Completa la seguente successione: E, L, Q, V, D, ..., ...

A. H, Q
B. I, P
C. H, P
D. I, Q
E. H, N

219) Completa la seguente successione: U, D, T, Q, C, S, S, ..., ...

A. V, K
B. O, S
C. D, I
D. T, S
E. O, N

220) Completa la seguente successione: ..., R, N, H, D

A. T
B. U
C. V
D. S
E. Z

221) Completa la seguente successione: Z, U, R, N, G, ...

A. B
B. Z
C. F
D. H
E. A

222) Completare la seguente successione, utilizzando l'alfabeto italiano: V; 11; T; 15; R; 19; ?; ?

A. S; 20
B. P; 23
C. O; 21
D. R; 22
E. T; 21

223) Completa la seguente successione: ..., A, R, C, A

A. O
B. V
C. H
D. Q
E. B

224) Completa la seguente successione: B, E, H, ..., P, S

A. T
B. R
C. M
D. V
E. O

225) Completa la seguente successione: Q, U, B, F, ..., P, T

A. H
B. K
C. J
D. L
E. M

226) Completa la seguente successione: P, L, N, H, L, F, ...

A. H
B. K
C. E
D. F
E. D

227) Completa la seguente successione: M, L, H, E, ...

A. A
B. D
C. B
D. C
E. F

228) Completa la seguente successione: U, S, P, L, ...

A. G
B. E
C. D
D. F
E. C

229) Individuare la lettera che completa la serie:

C A D E I ?

A. Q
B. P
C. O
D. C
E. R

230) Individuare la lettera che completa la serie:
F I G L H ?

A. N
B. M
C. O
D. C
E. S

231) Individuare la lettera che completa la serie:

A B D H ?

A. M
B. R
C. P
D. T
E. S

232) Individuare la lettera che completa la serie:
L N H L F H ?

A. L
B. F
C. N
D. D
E. O

233) Individuare la lettera che completa la serie:
B H E M H P ?

A. N
B. E
C. S
D. M
E. B

234) Individuare la lettera che completa la serie: D E G M ?

A. S
B. U
C. E
D. T
E. O

235) Individuare la lettera che completa la serie:
N M O I S ?

A. O
B. D
C. C
D. Z
E. A

3.16 • Le serie alfanumeriche

236) Completa la seguente successione: C8, H6, F11, K3, ...1

A. A
B. D
C. E
D. B
E. C

237) Completa la seguente successione: A17, G11, P2, K7, ...

A. M5
B. M7
C. N6
D. N9
E. N5

238) Completa la seguente successione: "C6, H16, F12, ..."

A. M18
B. L16
C. T40
D. J14
E. W38

239) Completa la seguente successione: "G8, K12, S20, ..."

A. R32
B. F7
C. P12
D. N18
E. M18

240) Individuare, tra le alternative proposte, l'elemento che completa la seguente successione: 3, U, 13, R, 23, O, 33, ?

A. L
B. Q
C. M
D. N
E. 43

241) Completa la seguente successione: "X, 7, V, 11, T, 15, R, 19, ..., ..."

A. U, 23
B. S, 25
C. P, 23
D. V, 25
E. O, 25

242) Completa la seguente successione: D4, H8, N12, S...

A. 17
B. 16
C. 15
D. 13
E. 14

243) Completa la seguente successione: C3, B6, E12, D24, G48, ...

A. H98
B. F88
C. G96
D. L98
E. F96

244) Proseguire la serie alfanumerica: 7n9n1o 1o3p5p 5q7q9r 9r1s3s 3t5t7u ...

A. 9v1v7z
B. 7u8u1v
C. 7u9v1z
D. 7u9v1v
E. 7u1v9v

245) Proseguire la serie alfanumerica: 6b9v2c 3u6D9t 0e3s6f 7r0G3q 4h7p0i ...

A. 1o4L7n
B. 4L7m8n
C. 2n5M8m
D. 1n4M7m
E. 2o5L1o

246) Completare correttamente la seguente successione, utilizzando l'alfabeto italiano: E; 5; I; 6; Q; 11; U; 17; ?; ?

A. D; 23
B. F; 29
C. E; 23
D. I; 26
E. D; 28

3.17 • Le serie numeriche nelle configurazioni grafico-geometriche

247) Quale dei seguenti numeri integra la serie?

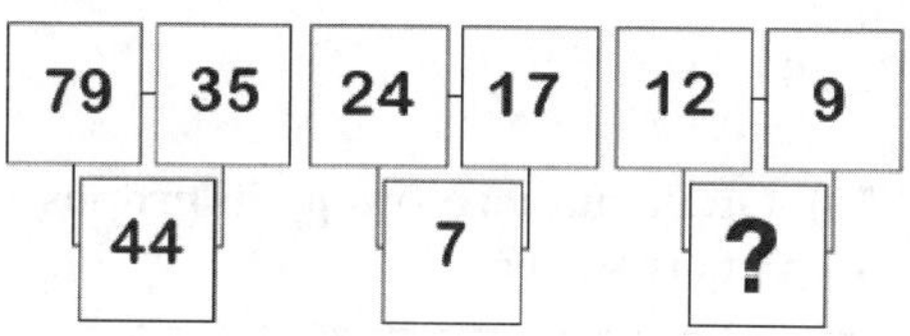

A. 77
B. 15
C. 3
D. 79
E. 89

248) Quale dei seguenti numeri integra la serie?

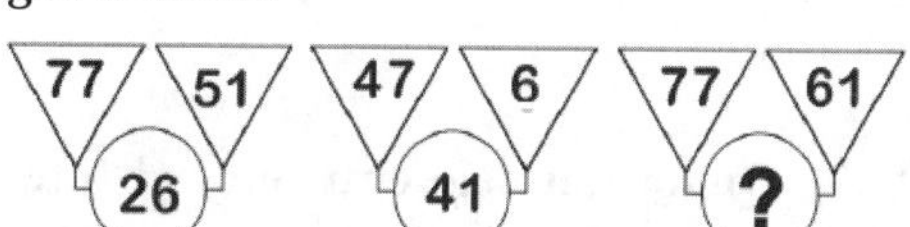

A. 16
B. 79
C. 77
D. 13
E. 3

249) Quale dei seguenti numeri integra la serie?

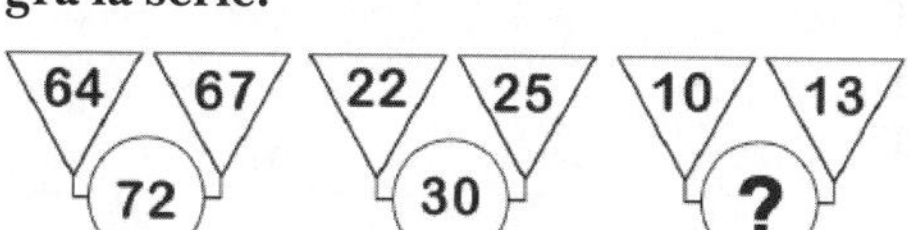

A. 18
B. 3
C. 16
D. 50
E. 77

250) Quale dei seguenti numeri completa la serie proposta?

A. 21
B. 26
C. 17
D. 3
E. 28

251) Quale dei seguenti numeri completa la serie proposta?

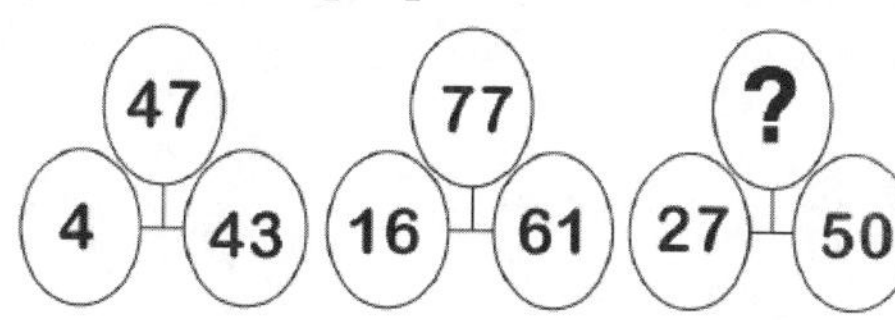

A. 77
B. 70
C. 68
D. 80
E. 78

252) Quale numero tra quelli proposti completa la serie?

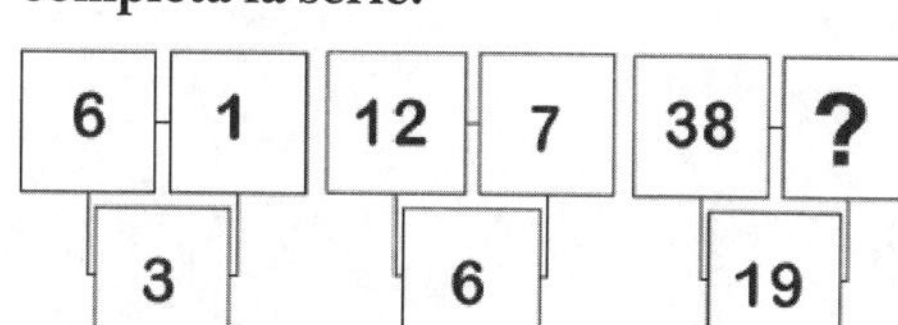

A. 43
B. 35
C. 33
D. 40
E. 31

253) Quale numero tra quelli proposti completa la serie?

41	23	36	14
82	46	72	?

A. 26
B. 28
C. 32
D. 38
E. 30

254) Quale numero tra quelli proposti completa la serie?

44	23	38	17
88	46	76	?

A. 28
B. 34
C. 30
D. 32
E. 36

255) Quale dei seguenti numeri integra la serie?

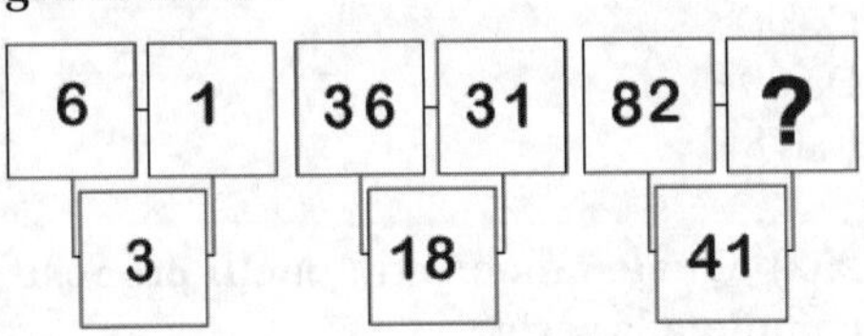

A. 1
B. 72
C. 3
D. 77
E. 50

256) Quale numero tra quelli proposti completa la serie?

10	20	28	25
30	60	84	?

A. 75
B. 70
C. 100
D. 78
E. 50

257) Quale numero tra quelli proposti completa la serie?

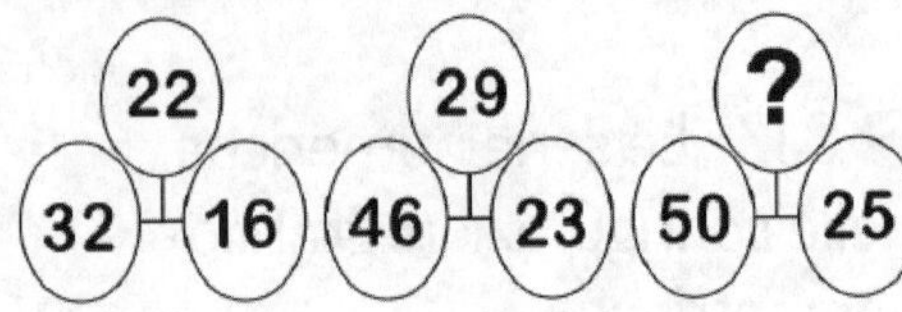

A. 31
B. 34
C. 32
D. 28
E. 29

258) Quale numero tra quelli proposti completa la serie?

30	10	14	35
90	30	42	?

A. 115
B. 110
C. 100
D. 95
E. 105

259) Quale dei seguenti numeri integra la serie?

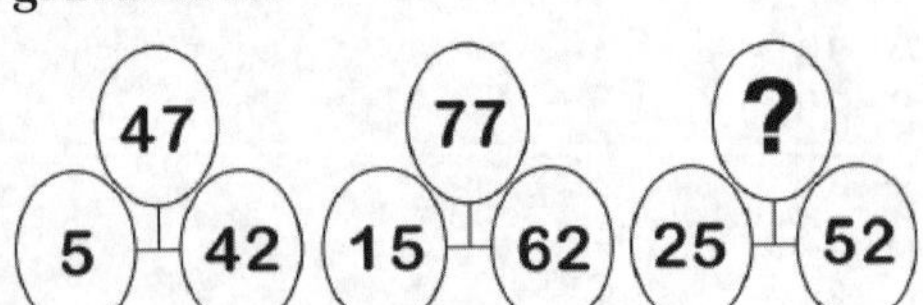

A. 77
B. 76
C. 71
D. 78
E. 29

260) Quale dei seguenti numeri integra la serie?

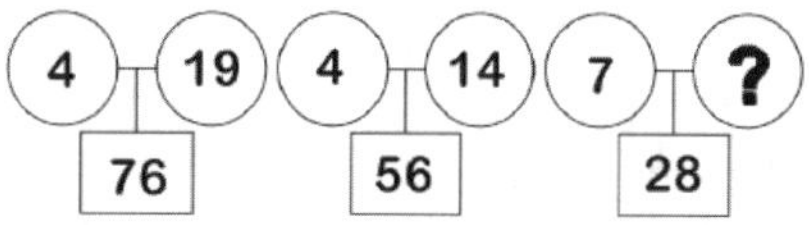

A. 76
B. 17
C. 90
D. 4
E. 8

261) Quale dei seguenti numeri completa la serie proposta?

17	27	39	54
30	40	52	?

A. 76
B. 67
C. 81
D. 32
E. 57

262) Quale numero tra quelli proposti completa la serie?

A. 14
B. 16
C. 20
D. 22
E. 18

263) Quali dei numeri seguenti completano le serie proposte?

12	22	30	27
36	66	90	?

13	23	31	28
39	69	93	?

A. 89 e 92
B. 81 e 84
C. 60 e 48
D. 75 e 78
E. 84 e 87

264) La coppia di numeri che completa le serie proposte è:

24	36	48	60
52	64	76	?

25	37	49	61
53	65	77	?

A. 66 e 89
B. 78 e 79
C. 38 e 39
D. 88 e 89
E. 74 e 75

265) Quale delle seguenti coppie di numeri integra le serie di seguito proposte?

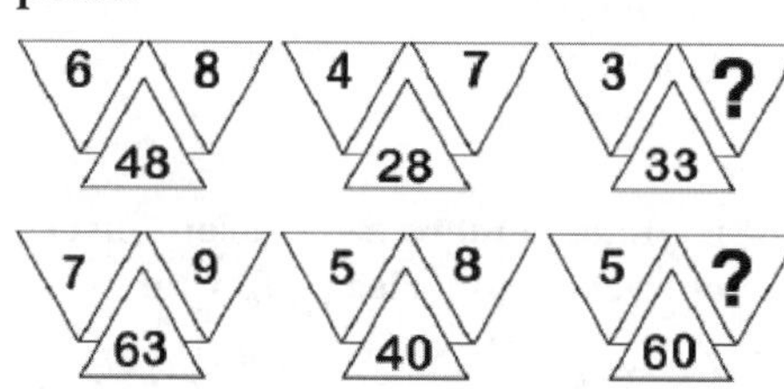

A. 5 e 11
B. 11 e 12
C. 48 e 12
D. 9 e 12
E. 56 e 12

266) Quali dei seguenti numeri integrano le serie proposte?

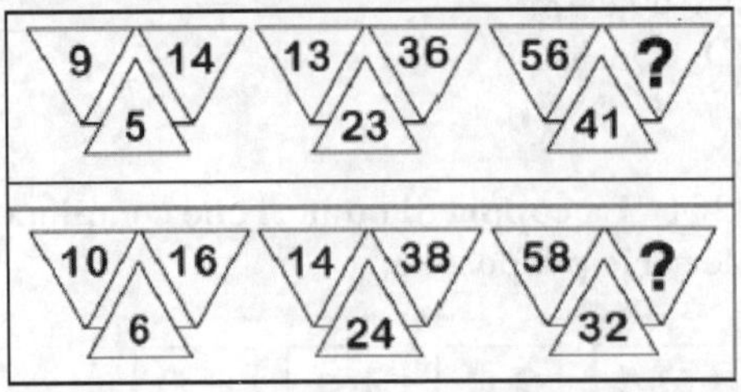

A. 26 e 19
B. 86 e 35
C. 62 e 55
D. 97 e 90
E. 47 e 40

267) Quale numero deve essere inserito nella serie numerica proposta?

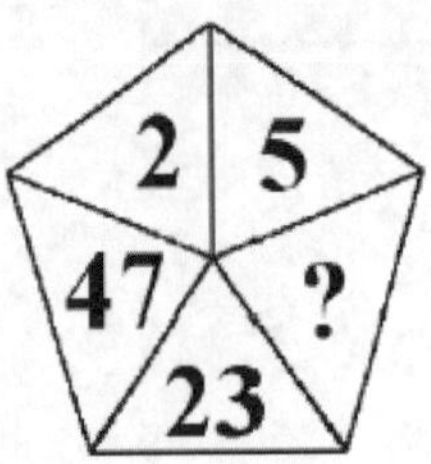

A. Il numero 6
B. Il numero 15
C. Il numero 9
D. Il numero 12
E. Il numero 11

268) Quale numero deve essere inserito nella serie numerica proposta?

A. Il numero 81
B. Il numero 38
C. Il numero 40
D. Il numero 36
E. Il numero 45

269) Quale numero può essere inserito nella serie numerica proposta?

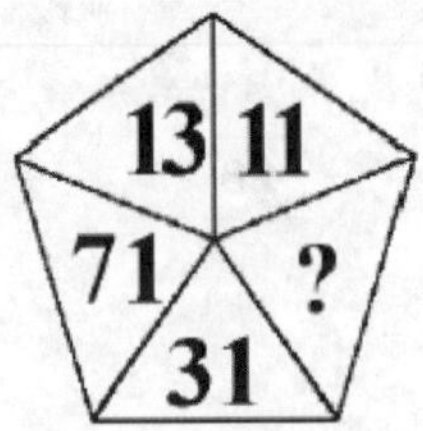

A. Il numero 49
B. Il numero 53
C. Il numero 51
D. Il numero 87
E. Il numero 67

270) Quale numero può essere inserito nella serie numerica proposta?

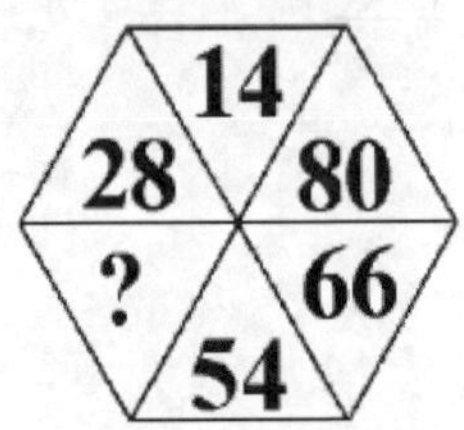

A. Il numero 40
B. Il numero 39
C. Il numero 41
D. Il numero 49
E. Il numero 45

3.18 • Le serie con configurazioni particolari

271) Quale dei seguenti numeri completa la serie proposta?

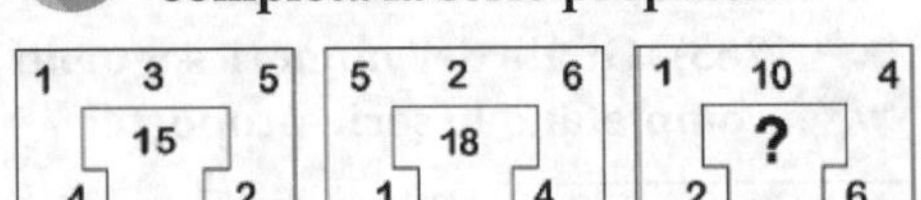

A. 23
B. 30
C. 29
D. 25
E. 27

272) Quale dei seguenti numeri integra la serie?

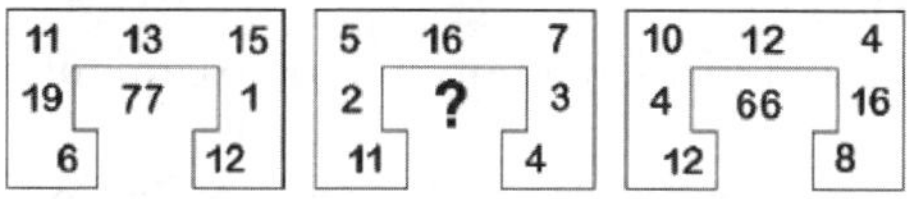

A. 38
B. 46
C. 48
D. 52
E. 50

273) Quale numero deve essere inserito al posto del "?" per completare la serie?

A. 18
B. 14
C. 12
D. 20
E. 16

274) Quale dei seguenti numeri integra la serie?

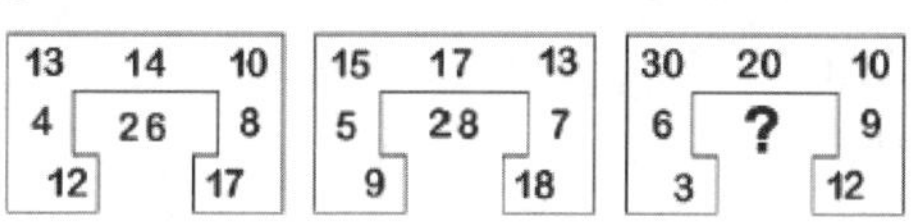

A. 28
B. 25
C. 30
D. 33
E. 35

275) Quale dei seguenti numeri integra la serie?

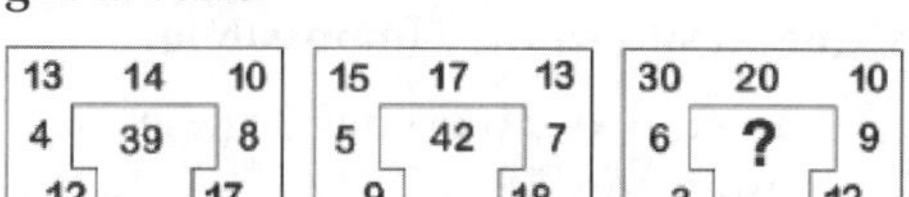

A. 45
B. 48
C. 60
D. 54
E. 43

276) Quale dei seguenti numeri integra la serie?

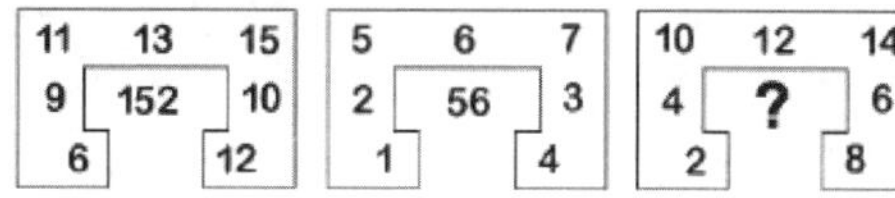

A. 150
B. 112
C. 30
D. 42
E. 75

277) Quale numero deve essere inserito al posto del "?" per completare la serie?

A. 30
B. 29
C. 28
D. 31
E. 32

3.19 • Le matrici quadrate

278) Individuare il numero mancante nella seguente matrice:

7 3 21
6 4 24
18 9 ?

A. 3
B. 45
C. 28
D. 504
E. 162

279) Individuare il numero mancante nella seguente matrice:

8 3 5
2 ? 0
7 0 7

A. 4
B. 0
C. 2
D. 5
E. 7

280) Individuare il numero mancante nella seguente matrice:
6 0 6
5 4 1
8 ? 2

A. 7
B. 0
C. 2
D. 6
E. 3

3.20 • Esercizi sugli insiemi e sulle ripartizioni

281) In un ristorante 15 avventori stanno seduti, 10 mangiano una torta. Con questi dati si può concludere con certezza che il numero totale *N* degli avventori è:

A. $N > 25$
B. $N = 25$
C. $N \geq 15$
D. $N < 15$
E. $N > 15$

282) Per il suo acquario Michele ha acquistato 50 pesci fra neon, guppy, black angel e clown loach. 46 non sono guppy, 33 non sono clown loach e i neon sono uno in più dei black angel. Quanti sono i neon?

A. 15
B. 13
C. 11
D. 12
E. 14

283) Cinquanta famosi matematici sono riuniti a congresso. Non tutti sono distratti. Però, presi a caso due matematici, almeno uno dei due è distratto. Dunque, necessariamente i congressisti distratti sono:

A. almeno 2, ma possono essere meno di 25
B. 49
C. 25
D. 50
E. più di 25, ma non si può dire quanti

284) Ad un ricevimento la contessa Viendalmare vuole sistemare i 40 invitati in tavoli da 4. Purtroppo la contessa si rende conto che comunque si dispongano gli invitati c'è sempre almeno un tavolo di sole donne. Quante sono almeno le donne invitate?

A. 39
B. 9
C. 31
D. 21
E. 10

285) Per la festa di compleanno di Luigi, Alessandra ha acquistato 80 dolci tra sfogliatelle, cannoli, cassatine e babà. 46 non sono cannoli, 55 non sono babà e le sfogliatelle sono 3 in più delle cassatine. Quante sono le sfogliatelle?

A. 6
B. 4
C. 5
D. 12
E. 11

286) Ad un corso universitario partecipano 80 studenti. Di questi, 45 parlano inglese e 60 sono ragazze. Determinare, sulla base di questa sola informazione, quale delle seguenti situazioni è impossibile.

A. I ragazzi che parlano inglese sono esattamente 13
B. Le ragazze che parlano inglese sono esattamente 23
C. Tutti i ragazzi parlano inglese
D. Nessuno dei ragazzi parla inglese
E. Nessuno dei ragazzi parla inglese

287) In una scatola ci sono 50 penne; non tutte sono penne rosse. Se però si prendono due penne qualsiasi dalla scatola, almeno una delle due è rossa. Quante sono le penne rosse contenute nella scatola?

A. 25
B. 26
C. 19
D. 39
E. 49

288) Una libreria ha 6 ripiani; ponendo su ciascuno di essi 21 libri, si occupano solo i primi 4 ripiani. Se si volesse occupare tutta la libreria, invece, quanti libri bisognerebbe disporre su ogni ripiano facendo in modo che il numero di libri sia lo stesso su ogni ripiano?

A. 14
B. 17
C. 18
D. 15
E. 16

289) In una casa editrice, in cui lavorano 50 redattori, stanno per essere pubblicate due nuove collane: Ammissioni universitarie e Concorsi pubblici. Sapendo che 30 redattori si occuperanno della collana Ammissioni universitarie, 20 della collana Concorsi pubblici, 5 di nessuna delle due collane, quanti redattori si occuperanno di entrambe le collane?

A. 10
B. 12
C. 20
D. 15
E. 5

290) "In un cinema ci sono 200 spettatori: 40 sono italiani, 50 sono donne, e 60 preferiscono i film di genere fantasy". Sulla base di queste informazioni, di quanti spettatori si può affermare con certezza che sono allo stesso tempo italiani, donne e amanti del genere fantasy?

A. Di cento
B. Di dieci
C. Di nessuno
D. Di cinquanta
E. Di quaranta

3.21 • Altri esercizi di logica numerica

291) Nel paese dove vivo, tutti i numeri telefonici sono composti da sei cifre e cominciano con 58. Per sbaglio ho strappato e buttato via un pezzettino di carta dove mi ero scritto il numero di telefono di un amico che vive qui vicino. L'unico pezzo che ho ritrovato è quello raffigurato qui sotto.
Quanti numeri di telefono possibili in questo paese sarebbero coerenti con il pezzetto del mio biglietto?

A. 2
B. 10
C. 22
D. 12
E. 11

292) In un dado normale, la somma delle facce opposte è 7. Di seguito sono raffigurate quattro prospettive dello stesso dado, in cui i numeri sono disposti in modo diverso da un dado normale. Sulla faccia che non si vede c'è il numero due.
Quanti puntini ci sono nella faccia opposta al numero due, in questo dado?

A. 4
B. 5
C. 6
D. 1
E. 3

293) Un nastro di 150 cm è annodato intorno a un libro che misura: 30 cm × 20 cm × 2 cm, come da figura sotto.
Dopo aver fatto e legato un nodo, sono avanzati 24 cm di nastro.
Un secondo pezzo di nastro, lungo anch'esso 150 cm, viene usato per legare un pacco di numerose copie del libro tutte impilate una sopra l'altra con le copertine che combaciano. Vengono legati con un nodo simile a quello usato per il primo pacco e, stavolta, non avanza nessun pezzo di nastro.
Quante copie ci sono nel secondo pacco?

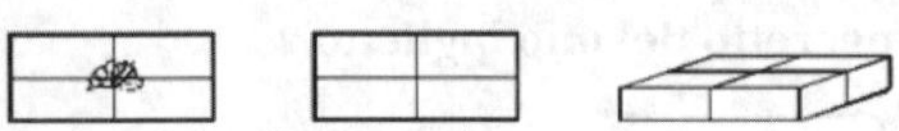

A. 15
B. 3
C. 12
D. 8
E. 4

294) La figura di seguito riportata mostra su una mappa la posizione di tre ornitologi. I quadrati sulla mappa sono lunghi 1000 m per lato.
Gli ornitologi stanno cercando un falcone ferito cui è stato impiantato un radiotrasmettitore.
Ogni ornitologo ha un dispositivo di tracciamento. L'indicatore della direzione non funziona ma la forza del segnale dà un'indicazione sulla distanza dall'uccello.
Gli ornitologi hanno le seguenti informazioni sulla distanza che li separa dall'uccello.

- **Gordon è nella posizione 22,06; la forza del segnale indica più di 500 m e meno di 2000 m.**
- **Helen è nella posizione 23,06; la forza del segnale indica più di 100 m e meno di 2000 m.**
- **Ingrid è nella posizione 23,08; la forza del segnale indica più di 1100 m e meno di 1800 m.**

In quale dei seguenti punti potrebbe trovarsi l'uccello?

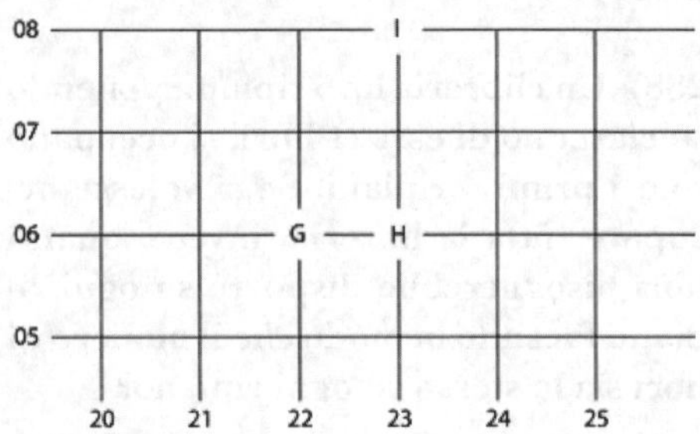

A. 24,07
B. 22,05
C. 22,07
D. 21,06
E. 23,07

295) 100 palline di cibo per polli servono a nutrire un pollo grosso e due piccoli per un giorno. 175 palline servono a nutrire due polli grossi e tre piccoli per un giorno.
Quale delle seguenti affermazioni non è vera?

A. Un pollo piccolo può essere nutrito per più di un giorno con 30 palline di cibo
B. Un pollo grosso ha bisogno del doppio di palline rispetto a un pollo piccolo
C. 50 palline di cibo sono sufficienti per nutrire un pollo grosso per un giorno
D. Due polli grossi e quattro piccoli hanno bisogno di 200 palline di cibo al giorno

E. Tre polli grossi e dieci piccoli hanno bisogno di 450 palline di cibo al giorno

296) In una gara a premi di sollevamento pesi il vincitore riceve 100 euro se riesce a sollevare 80 kg. Poi riceve 10 euro per i successivi 5 kg in più, 15 euro per i secondi, e il premio aumenta di 5 euro per ogni unità addizionale da 5 kg che riesce a sollevare.
Il vincitore della gara ha sollevato 110 kg. Quanti soldi riceve?

A. 130 euro
B. 160 euro
C. 235 euro
D. 240 euro
E. 310 euro

297) Devo ricordarmi così tanti codici numerici a quattro cifre che non riesco a farli stare tutti in testa. Le banche dicono che non dovresti scrivere i PIN delle tue carte di credito e tenere il foglietto nel portafoglio insieme alle carte. Per ovviare a questo problema, ho ideato un codice che dovrebbe essere sufficientemente complicato da confondere qualunque ladro. Metto i numeri in codice in questo modo: 1 = A, 2 = B fino a 9 = I, 0 = J e poi scrivo i numeri in codice al contrario, quindi 1234 è scritto DCBA. Infine, in fondo a ogni numero in codice aggiungo una lettera in più dalla A alla J per definire a cosa si riferisce il codice: C sta per carta di credito; F sta per telefono; B per lucchetto della bici; E per carta della Banca Eastern e D per il tesserino per entrare nel palazzo dove lavoro (*Denton Building Society*). La mia lista si presenta così.
Qual è il codice del lucchetto della mia bici?

A	D	G	E	F
C	J	D	B	E
B	G	F	A	C
G	J	A	C	D
D	F	G	C	B

A. 7613
B. 4356
C. 3764
D. 5741
E. 4673

298) Un'insegnante di una scuola frequentata da ragazzi tra gli 11 e i 16 anni stabilisce un codice numerico per aprire la porta della classe. L'insegnante ha un metodo per ricordarselo. Utilizza:
- **le due cifre del suo mese di nascita a rovescio (ad esempio, febbraio è 02, a rovescio è 20);**
- **poi l'età dei bambini della sua classe all'inizio dell'anno con le cifre invertite;**
- **e infine, la data del giorno del suo compleanno nel mese, sempre al contrario.**

Quale dei seguenti non può essere il codice per aprire la porta?

A. 215150
B. 602124
C. 903121
D. 701131
E. 115191

299) I tre supermercati della zona in cui abito, in questo periodo, stanno proponendo tutti le seguenti offerte per i miei cereali preferiti che mangio a colazione.
Se compri un pacco standard, il secondo è a metà prezzo.
Il prezzo di un pacco standard è scontato di 1/3.
Il prezzo normale di un pacco standard ma con il 25% di prodotto in più.

Quali offerte sono equivalenti in termini di prezzo per quantità unitaria di cereali?

A. Solo 2 e 3
B. Solo 1 e 2
C. Solo 1 e 3
D. 1, 2 e 3
E. Nessuna

300) Un'indagine ha rivelato che, nel 1990, in Gran Bretagna, il 40% della popolazione adulta fumava. Inoltre, nel 1991, a seguito di una campagna antifumo, fumava solo il 30% della popolazione adulta britannica. Il numero dei fumatori era diminuito del 10%. Tuttavia, chi aveva organizzato la campagna, nei cartelloni pubblicitari, riportava una diminuzione del 25% del numero dei fumatori.
I cartelloni pubblicitari degli organizzatori della campagna riflettevano:

A. la variazione del numero di fumatori espressa come percentuale della popolazione nel 1991
B. la variazione del numero di fumatori espressa come percentuale dei fumatori nel 1990
C. la variazione della dimensione della popolazione espressa come percentuale della popolazione nel 1990
D. la variazione del numero di fumatori espressa come percentuale della popolazione nel 1990
E. la variazione del numero di fumatori espressa come percentuale dei fumatori nel 1991

RISPOSTE CORRETTE

1) C	51) C	101) A	151) E	201) D	251) A
2) D	52) D	102) E	152) B	202) C	252) C
3) D	53) E	103) E	153) A	203) C	253) B
4) E	54) D	104) C	154) D	204) A	254) B
5) E	55) E	105) D	155) B	205) B	255) D
6) A	56) E	106) C	156) D	206) A	256) A
7) C	57) A	107) C	157) C	207) C	257) A
8) B	58) E	108) D	158) B	208) C	258) E
9) D	59) C	109) A	159) C	209) D	259) A
10) E	60) B	110) A	160) A	210) A	260) D
11) C	61) C	111) C	161) C	211) B	261) B
12) E	62) B	112) A	162) C	212) D	262) B
13) A	63) B	113) D	163) C	213) C	263) B
14) B	64) A	114) C	164) B	214) A	264) D
15) C	65) C	115) E	165) E	215) C	265) B
16) B	66) D	116) B	166) D	216) B	266) D
17) B	67) B	117) B	167) A	217) A	267) E
18) A	68) A	118) B	168) B	218) B	268) D
19) E	69) A	119) D	169) A	219) E	269) B
20) D	70) C	120) D	170) C	220) C	270) A
21) D	71) C	121) D	171) C	221) E	271) A
22) C	72) B	122) A	172) E	222) B	272) C
23) E	73) A	123) C	173) A	223) E	273) A
24) E	74) A	124) A	174) C	224) C	274) C
25) C	75) E	125) A	175) D	225) D	275) A
26) B	76) B	126) E	176) C	226) A	276) B
27) E	77) A	127) A	177) A	227) A	277) A
28) E	78) C	128) A	178) B	228) B	278) E
29) A	79) D	129) A	179) D	229) B	279) C
30) E	80) B	130) A	180) B	230) B	280) D
31) B	81) C	131) A	181) B	231) B	281) C
32) C	82) D	132) E	182) B	232) D	282) A
33) A	83) D	133) A	183) E	233) D	283) B
34) E	84) A	134) E	184) C	234) B	284) C
35) B	85) B	135) D	185) C	235) E	285) D
36) E	86) B	136) A	186) D	236) E	286) B
37) C	87) E	137) D	187) D	237) A	287) E
38) A	88) A	138) E	188) D	238) C	288) A
39) C	89) B	139) A	189) C	239) B	289) E
40) B	90) C	140) A	190) E	240) A	290) C
41) A	91) D	141) E	191) C	241) C	291) E
42) E	92) B	142) B	192) D	242) A	292) D
43) B	93) D	143) A	193) E	243) E	293) E
44) A	94) B	144) A	194) A	244) D	294) C
45) A	95) B	145) D	195) C	245) A	295) E
46) D	96) E	146) E	196) C	246) E	296) C
47) E	97) C	147) C	197) B	247) C	297) C
48) B	98) B	148) D	198) C	248) A	298) B
49) B	99) C	149) C	199) D	249) A	299) E
50) D	100) B	150) A	200) A	250) A	300) B

CAPITOLO 4
Ragionamento astratto e attitudine visuo-spaziale

4.1 • Rotazioni mentali e orientamento spaziale

1) Individuare la figura che corrisponde alla prima composizione vista allo specchio.

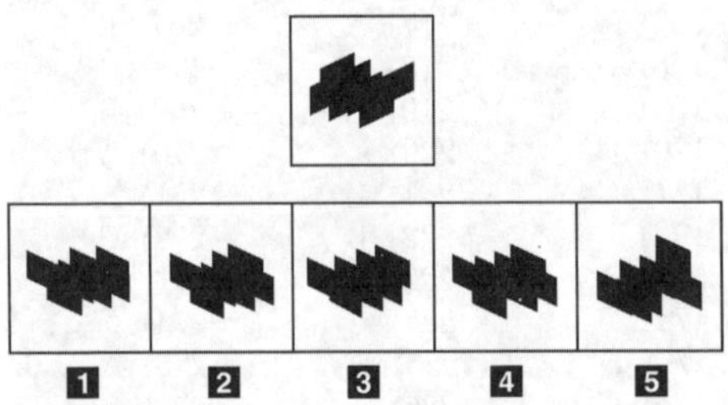

A. Figura 5
B. Figura 1
C. Figura 3
D. Figura 2
E. Figura 4

2) Individuare la figura che corrisponde alla prima composizione vista allo specchio.

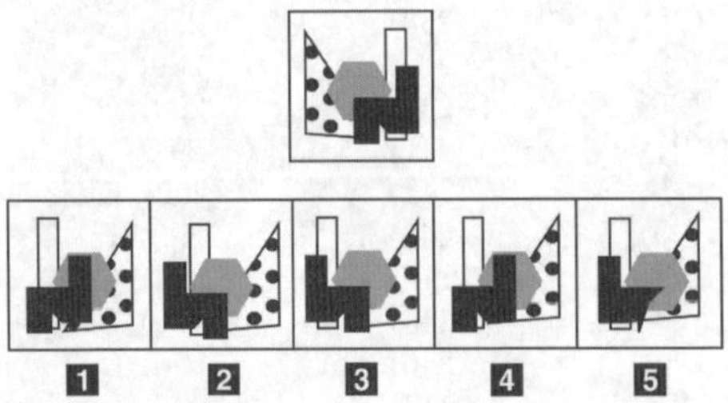

A. Figura 4
B. Figura 2
C. Figura 5
D. Figura 3
E. Figura 1

3) Quale, tra le figure proposte, è uguale a quella data ruotata in senso antiorario di 350°?

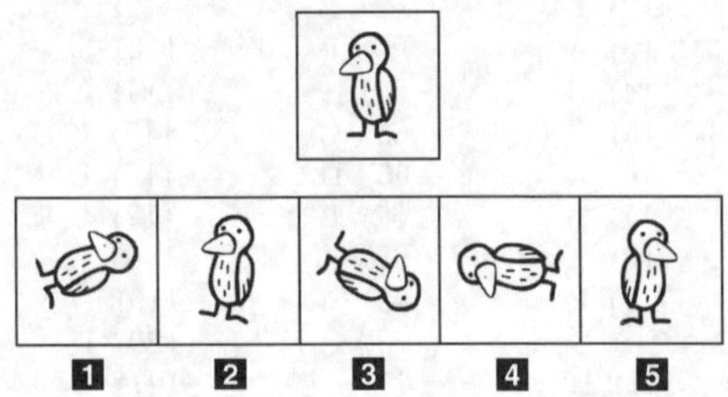

A. Figura 1
B. Figura 2
C. Figura 4
D. Figura 5
E. Figura 3

4.2 • Le serie

4) Individuare la figura che completa correttamente la prima serie.

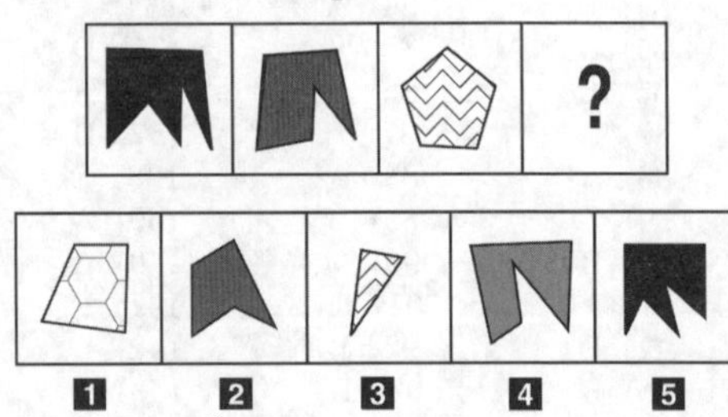

A. Figura 5
B. Figura 2
C. Figura 4
D. Figura 1
E. Figura 3

5) Completare correttamente la serie incompleta di figure.

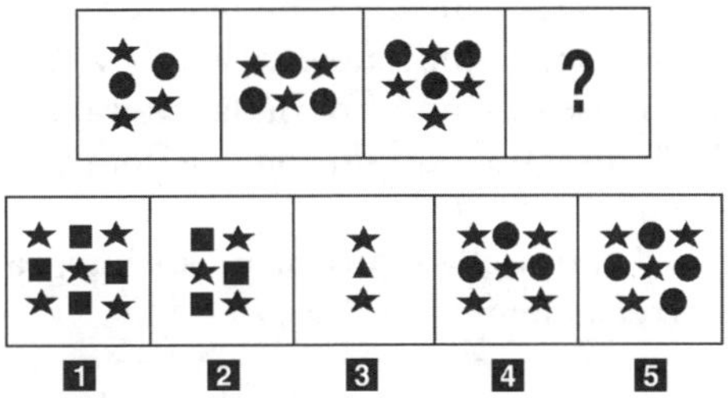

A. Figura 2
B. Figura 4
C. Figura 3
D. Figura 5
E. Figura 1

6) Individuare la figura che completa la serie proposta.

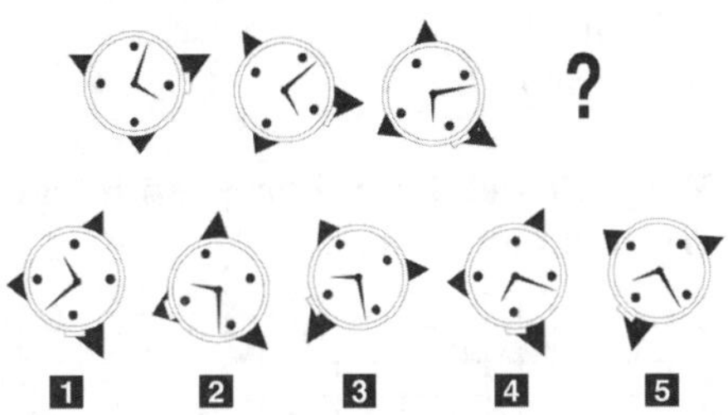

A. Figura 2
B. Figura 3
C. Figura 1
D. Figura 4
E. Figura 5

7) Quale figura completa la serie?

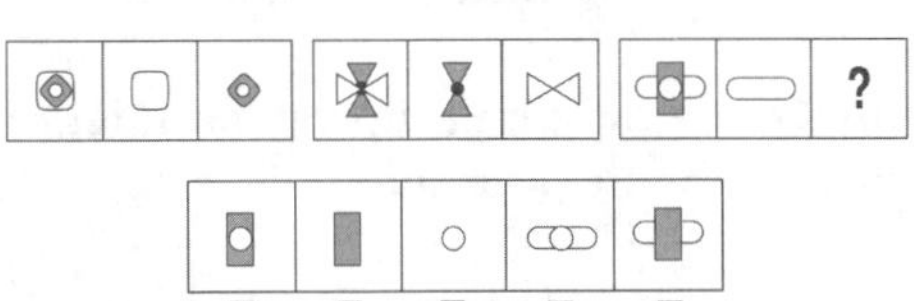

A. Figura 4
B. Figura 2
C. Figura 5
D. Figura 1
E. Figura 3

8) Individuare la figura che completa la serie.

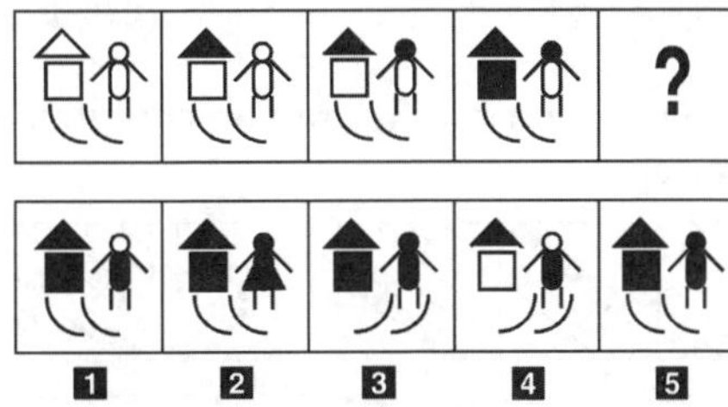

A. Figura 2
B. Figura 5
C. Figura 3
D. Figura 4
E. Figura 1

9) Si osservi la serie incompleta di figure: quale delle alternative proposte la completa correttamente?

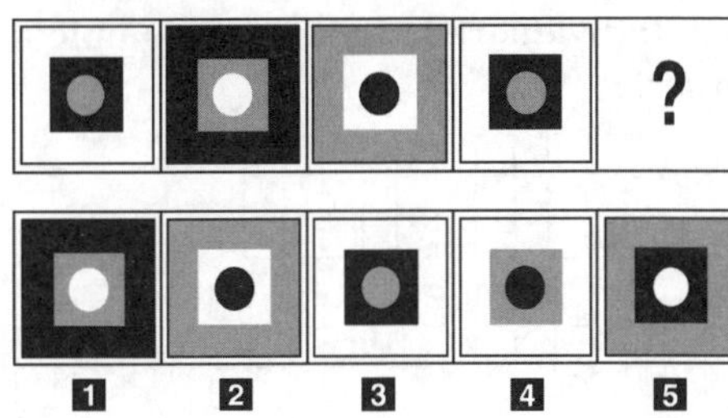

A. Figura 2
B. Figura 5
C. Figura 3
D. Figura 4
E. Figura 1

10) Individuare la figura che completa la serie.

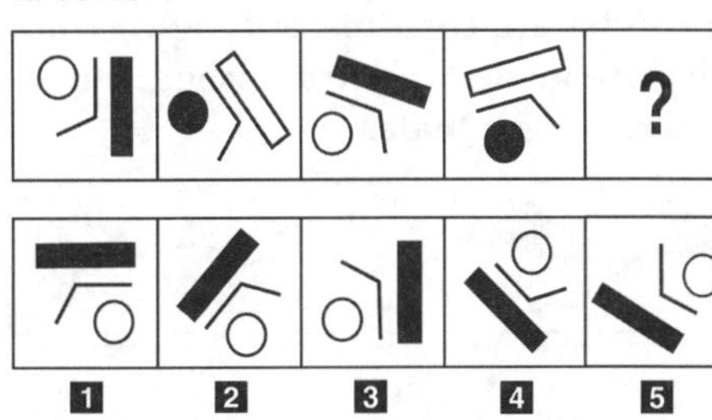

A. Figura 2
B. Figura 4

C. Figura 3
D. Figura 1
E. Figura 5

11) Individuare la figura che completa la serie.

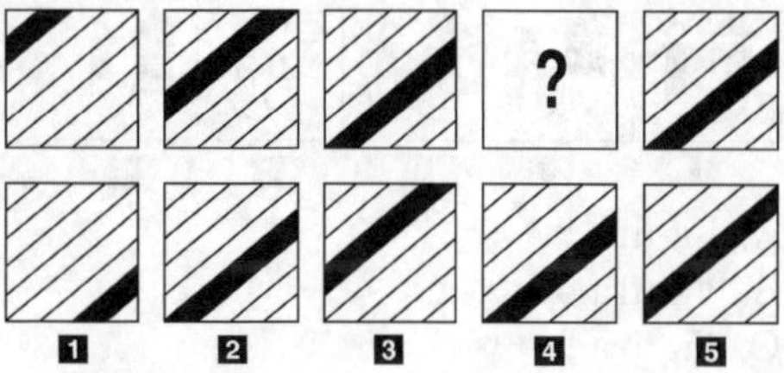

A. Figura 5
B. Figura 1
C. Figura 2
D. Figura 3
E. Figura 4

12) Individuare la figura che completa la serie.

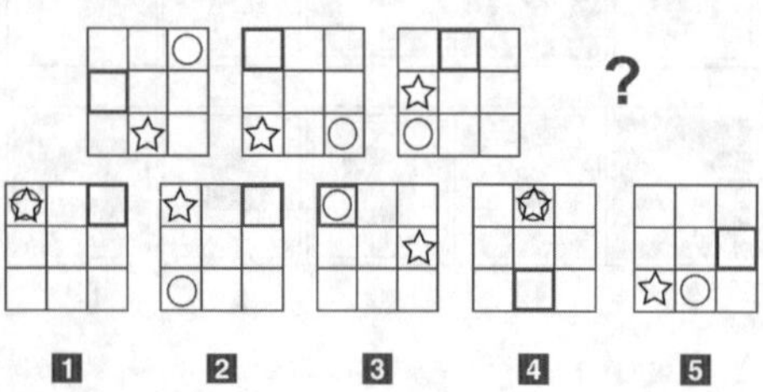

A. Figura 4
B. Figura 3
C. Figura 5
D. Figura 2
E. Figura 1

13) Uno solo dei disegni contrassegnati con lettere costituisce il logico completamento della serie di disegni numerata da 1 a 5. Quale?

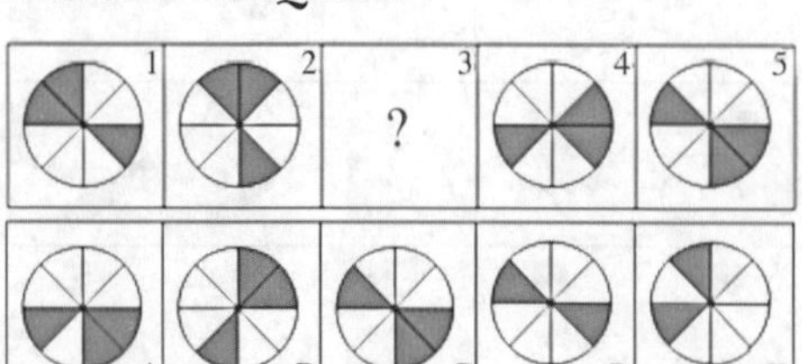

A. Il disegno indicato con la lettera C
B. Il disegno indicato con la lettera D
C. Il disegno indicato con la lettera A
D. Il disegno indicato con la lettera B
E. Il disegno indicato con la lettera E

14) Quale delle figure proposte integra correttamente la serie?

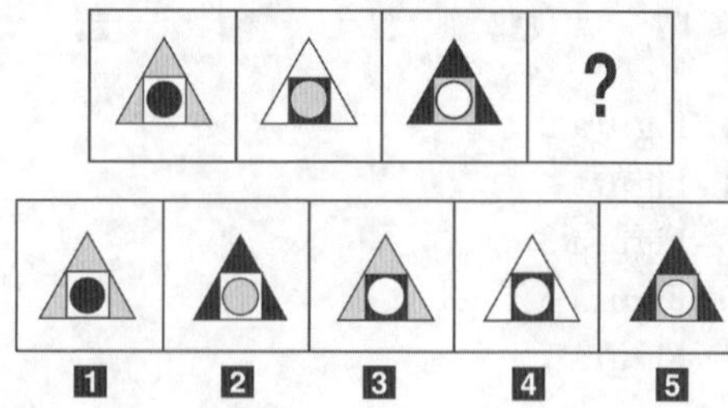

A. Figura 2
B. Figura 4
C. Figura 5
D. Figura 1
E. Figura 3

15) Quale dei disegni proposti integra correttamente la serie?

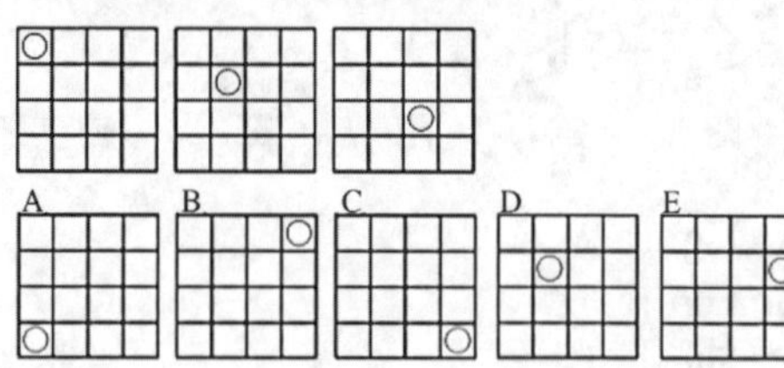

A. Il disegno indicato con la lettera E
B. Il disegno indicato con la lettera C
C. Il disegno indicato con la lettera D
D. Il disegno indicato con la lettera B
E. Il disegno indicato con la lettera A

16) Quale dei disegni proposti integra correttamente la serie?

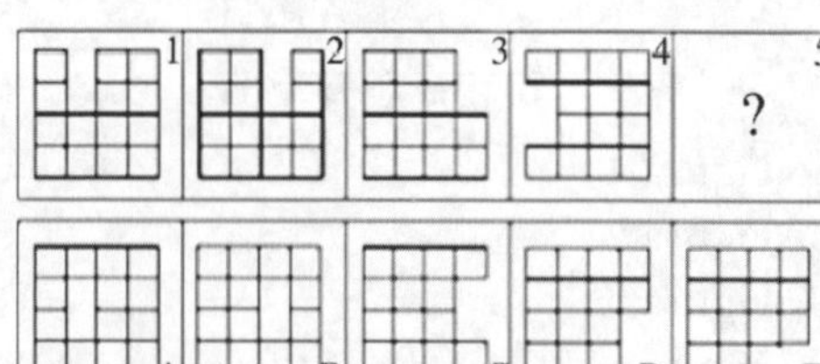

A. Il disegno indicato con la lettera C
B. Il disegno indicato con la lettera B
C. Il disegno indicato con la lettera A
D. Il disegno indicato con la lettera D
E. Il disegno indicato con la lettera E

17) Quale delle figure proposte integra correttamente la serie?

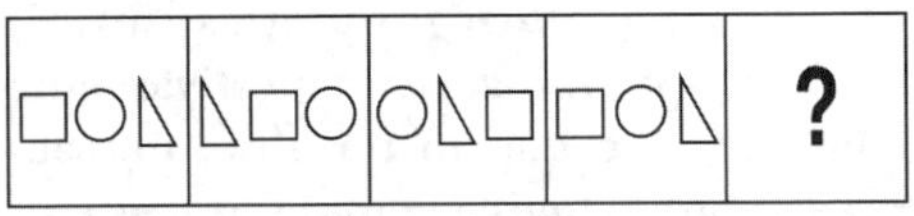

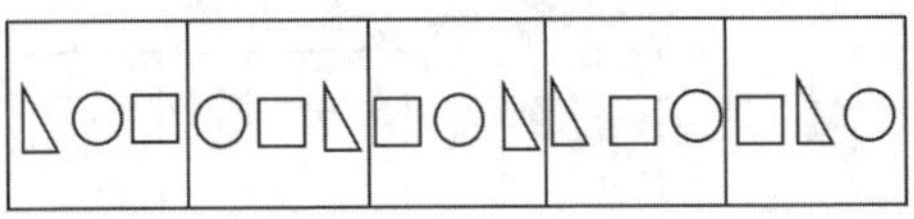

1 2 3 4 5

A. Figura 4
B. Figura 5
C. Figura 1
D. Figura 2
E. Figura 3

4.3 • Le matrici

18) Data la seguente configurazione, individuate la figura mancante.

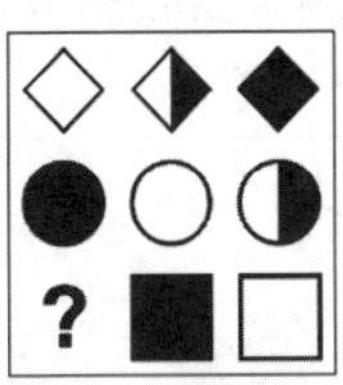

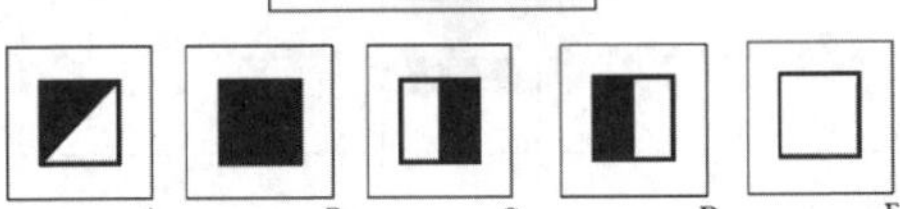

A B C D E

A. La figura C
B. La figura D
C. La figura A
D. La figura B
E. La figura E

19) Data la seguente configurazione, individuate la figura mancante.

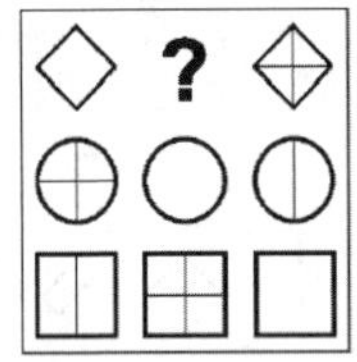

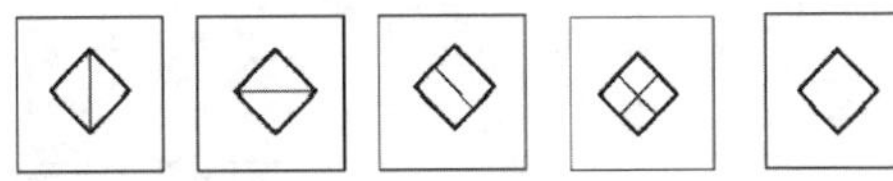

A B C D E

A. La figura contrassegnata con la lettera D
B. La figura contrassegnata con la lettera C
C. La figura contrassegnata con la lettera A
D. La figura contrassegnata con la lettera B
E. La figura contrassegnata con la lettera E

20) Data la seguente configurazione, individuate la figura mancante.

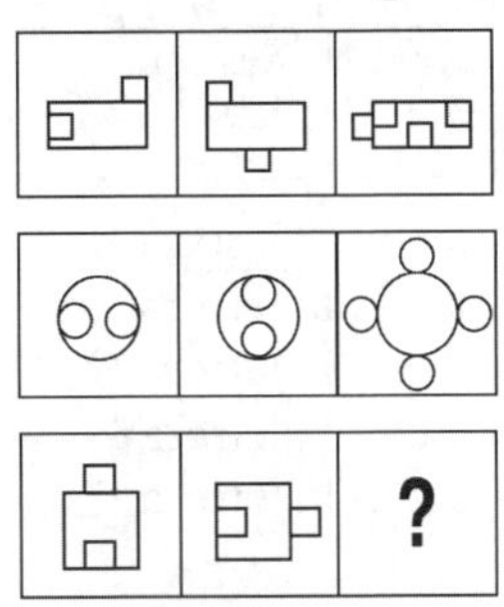

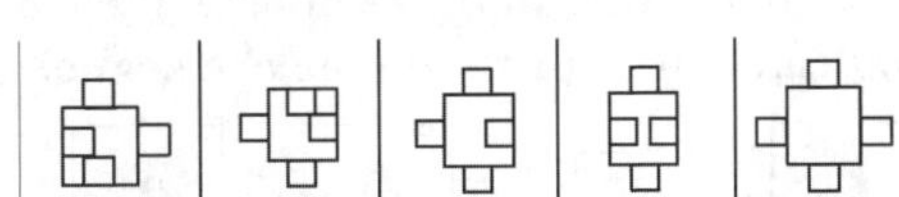

A B C D E

A. Figura C
B. Figura B
C. Figura A
D. Figura E
E. Figura D

21) Quale semicirconferenza integra correttamente la serie?

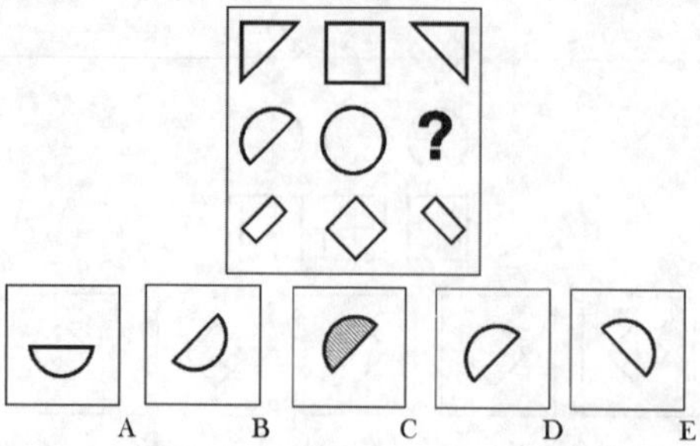

A. Quella contrassegnata con la lettera D
B. Quella contrassegnata con la lettera B
C. Quella contrassegnata con la lettera C
D. Quella contrassegnata con la lettera A
E. Quella contrassegnata con la lettera E

4.4 • Le proporzioni

22) Quale tra le figure proposte integra logicamente la proporzione che segue?

A. La figura indicata con la lettera E
B. La figura indicata con la lettera A
C. La figura indicata con la lettera C
D. La figura indicata con la lettera B
E. La figura indicata con la lettera D

23) Quale tra le figure proposte integra logicamente la proporzione che segue?

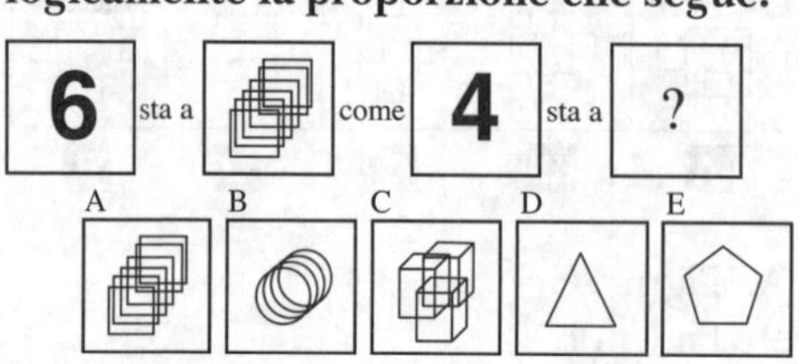

A. La figura indicata con la lettera A
B. La figura indicata con la lettera B
C. La figura indicata con la lettera C
D. La figura indicata con la lettera D
E. La figura indicata con la lettera E

24) Dopo aver osservato i primi due termini della proporzione, individuare fra i cinque disegni proposti (A, B, C, D, E) quali, inseriti rispettivamente come terzo e quarto termine, ne rappresentano il logico completamento.

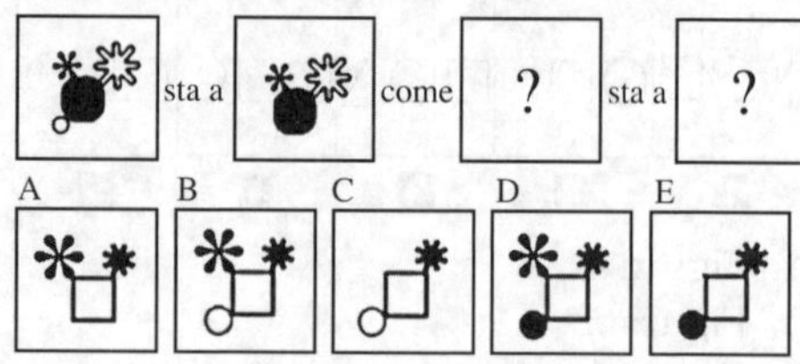

A. I disegni indicati con le lettere D e A
B. I disegni indicati con le lettere B e D
C. I disegni indicati con le lettere B e A
D. I disegni indicati con le lettere C e A
E. I disegni indicati con le lettere C e E

25) Quale tra le figure A, B, … è corretto inserire come quarto termine della proporzione che segue?

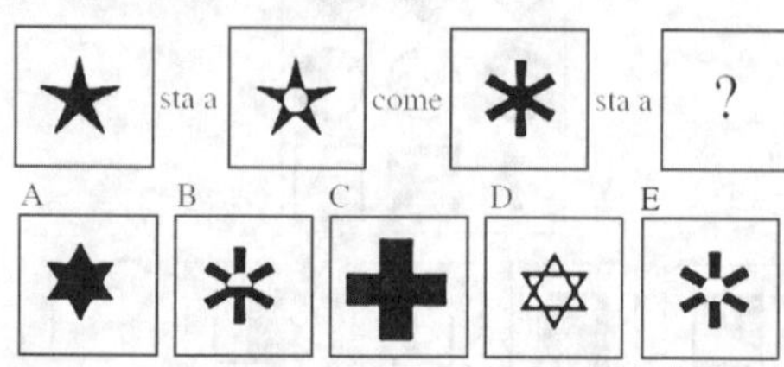

A. La figura A
B. La figura B
C. La figura D
D. La figura C
E. La figura E

26) Individuare fra le figure proposte quella che è logico inserire quale terzo termine della proporzione data:

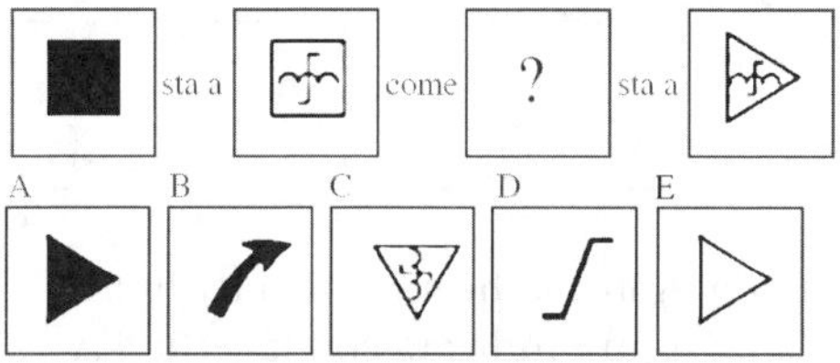

A. La figura indicata con la lettera D
B. La figura indicata con la lettera A
C. La figura indicata con la lettera B
D. La figura indicata con la lettera C
E. La figura indicata con la lettera E

27) Individuare fra le cinque figure/risposta quelle che, inserite rispettivamente come terzo e quarto termine della proporzione, ne rappresentano, per analogia, il logico completamento.

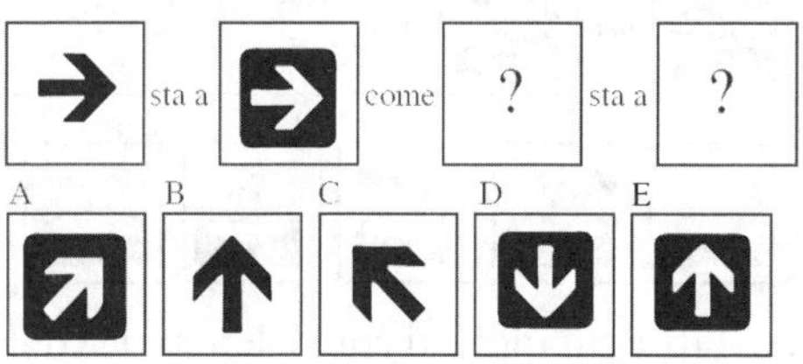

A. Le figure indicate con le lettere C e A
B. Le figure indicate con le lettere B e D
C. Le figure indicate con le lettere D e B
D. Le figure indicate con le lettere B e A
E. Le figure indicate con le lettere B e E

28) Individuare fra le cinque figure quelle che inserite rispettivamente come terzo e quarto termine della proporzione ne rappresentano, per analogia, il logico completamento.

A. Le figure indicate con le lettere A e E
B. Le figure indicate con le lettere B e D
C. Le figure indicate con le lettere C e D
D. Le figure indicate con le lettere A e C
E. Le figure indicate con le lettere C e E

29) Dopo aver osservato i primi due termini della proporzione, individuare fra i cinque disegni proposti (A, B, C, D, E) quali, inseriti rispettivamente come terzo e quarto termine, ne rappresentano il logico completamento.

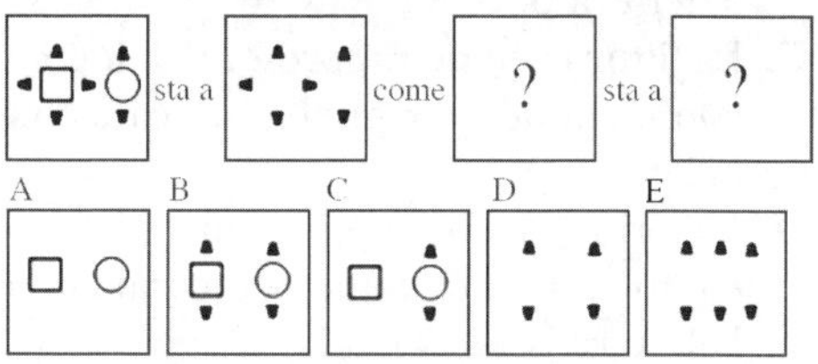

A. I disegni indicati con le lettere D e A
B. I disegni indicati con le lettere B e D
C. I disegni indicati con le lettere B e A
D. I disegni indicati con le lettere C e A
E. I disegni indicati con le lettere C e E

30) Individuare fra le figure proposte quella che è logico inserire quale terzo termine della proporzione data:

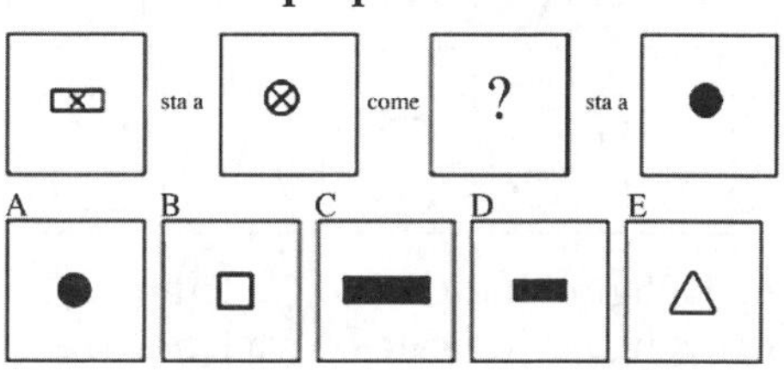

A. La figura indicata con la lettera C
B. La figura indicata con la lettera A
C. La figura indicata con la lettera D
D. La figura indicata con la lettera B
E. La figura indicata con la lettera E

31) Individuare fra le figure proposte quella che è logico inserire quale terzo termine della proporzione data:

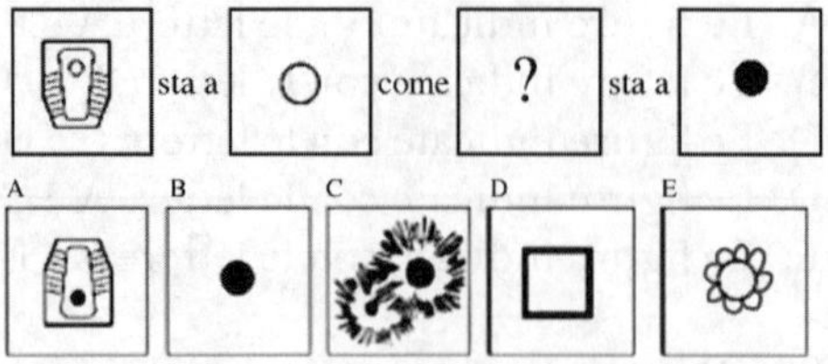

A. La figura che ne rappresenta il logico completamento è quella indicata con la lettera A
B. La figura che ne rappresenta il logico completamento è quella indicata con la lettera B
C. La figura che ne rappresenta il logico completamento è quella indicata con la lettera D
D. La figura che ne rappresenta il logico completamento è quella indicata con la lettera E
E. La figura che ne rappresenta il logico completamento è quella indicata con la lettera C

32) Individuare fra le figure proposte quella che è logico inserire quale quarto termine della proporzione data:

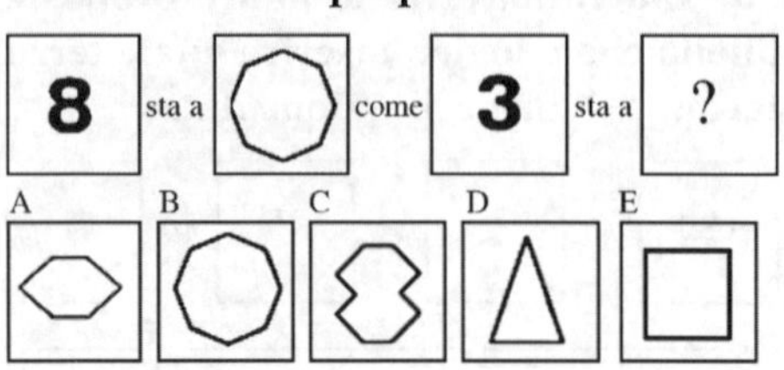

A. La figura indicata con la lettera A
B. La figura indicata con la lettera B
C. La figura indicata con la lettera E
D. La figura indicata con la lettera C
E. La figura indicata con la lettera D

33) Individuare fra le figure proposte quella che è logico inserire quale terzo termine della proporzione data:

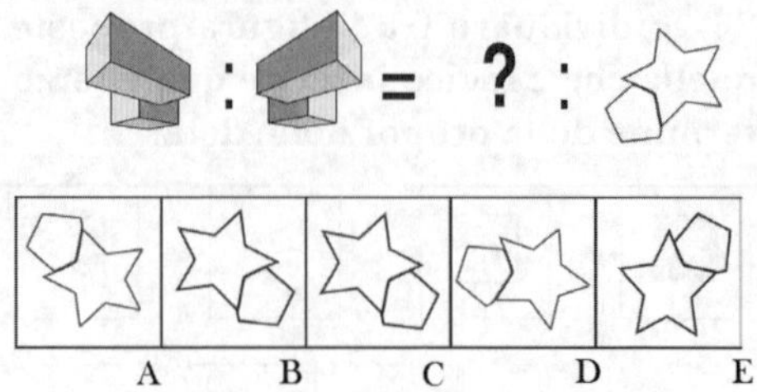

A. La figura indicata con la lettera C
B. La figura indicata con la lettera A
C. La figura indicata con la lettera D
D. La figura indicata con la lettera B
E. La figura indicata con la lettera E

34) Dopo aver osservato i primi due termini della proporzione, individuare fra i cinque disegni proposti (A, B, C, D, E) quali, inseriti rispettivamente come terzo e quarto termine, ne rappresentano il logico completamento.

A. I disegni indicati con le lettere D ed E
B. I disegni indicati con le lettere B e D
C. I disegni indicati con le lettere B e C
D. I disegni indicati con le lettere C e D
E. I disegni indicati con le lettere A e D

35) Quali tra le figure/risposta della seconda riga è corretto utilizzare per completare la proporzione della prima riga lasciata incompleta?

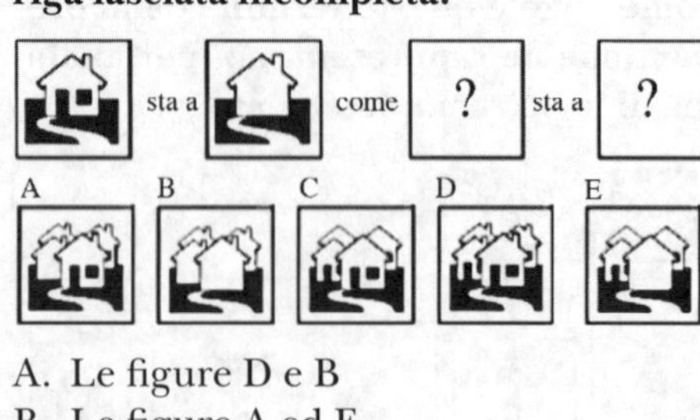

A. Le figure D e B
B. Le figure A ed E

C. Le figure D e A
D. Le figure C e D
E. Le figure D ed E

36) Quali tra le figure/risposta della seconda riga è corretto utilizzare per completare la proporzione della prima riga lasciata incompleta?

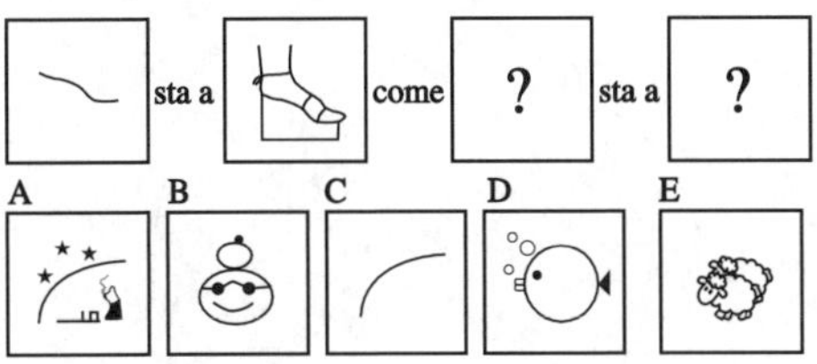

A. Le figure C e D
B. Le figure A e C
C. Le figure C e B
D. Le figure C e A
E. Le figure E e C

4.5 • Figure da scartare

37) Individuare la figura da scartare.

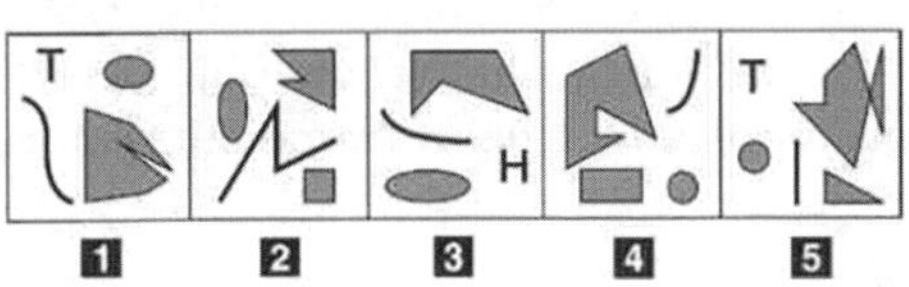

A. Figura 5
B. Figura 3
C. Figura 2
D. Figura 1
E. Figura 4

38) Individuare la figura da scartare.

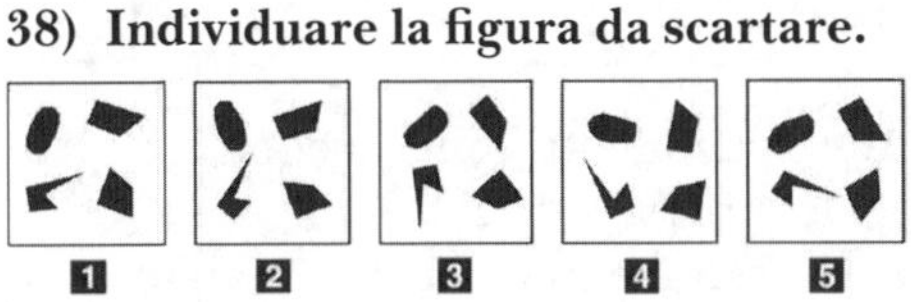

A. Figura 3
B. Figura 5
C. Figura 2
D. Figura 4
E. Figura 1

4.6 • Scomposizione e ricostruzione di figure geometriche tridimensionali

39) Quale delle figure corrisponde alla composizione volumetrica della figura piana data?

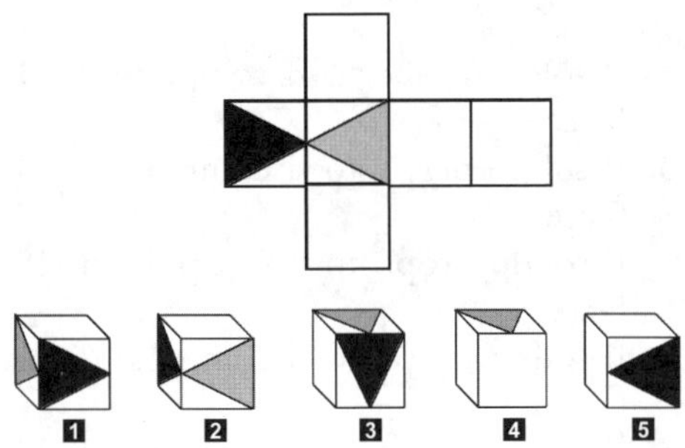

A. Figura 1
B. Figura 4
C. Figura 3
D. Figura 5
E. Figura 2

40) Quale delle figure corrisponde alla composizione volumetrica della figura piana data?

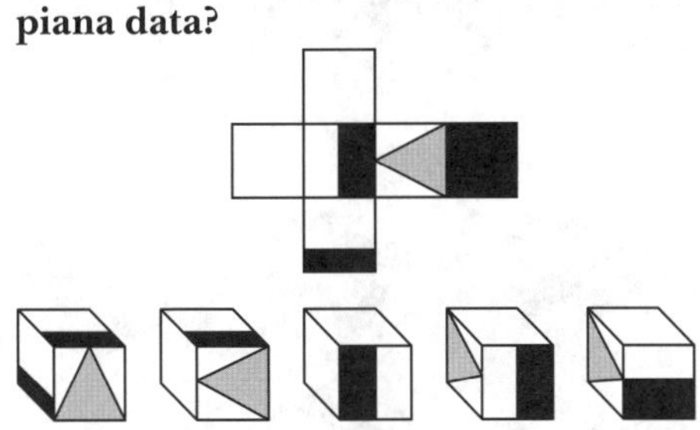

A. Figura 2
B. Figura 4
C. Figura 3
D. Figura 5
E. Figura 1

41) Dopo aver osservato attentamente il disegno proposto, indicare l'affermazione corretta.

A. Il solido proposto si compone di 17 facce
B. Il solido proposto si compone di 14 facce
C. Il solido proposto si compone di 18 facce
D. Il solido proposto si compone di 15 facce
E. Il solido proposto si compone di 16 facce

42) Lo sviluppo raffigurato qui di seguito è stato piegato per formare un cubo. Quale dei seguenti cubi è stato formato?

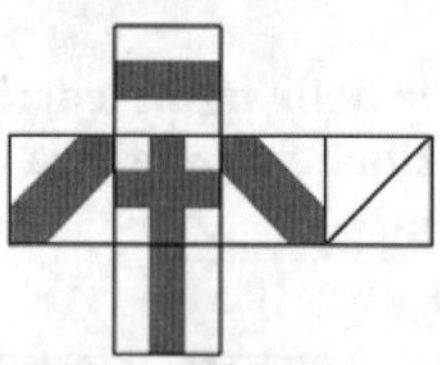

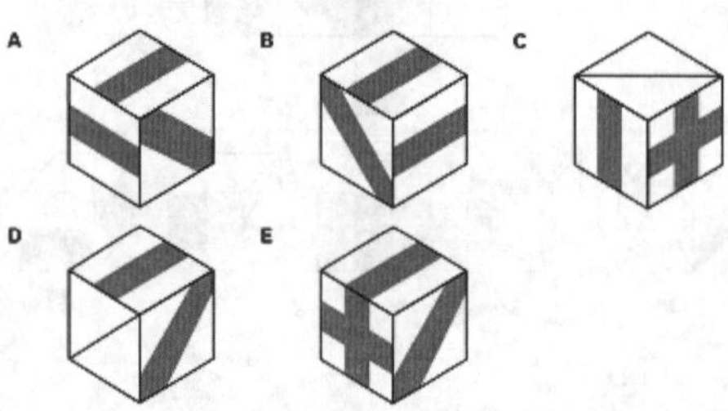

A. Figura D
B. Figura A
C. Figura E
D. Figura C
E. Figura B

43) Da quante facce è composto il solido 5?

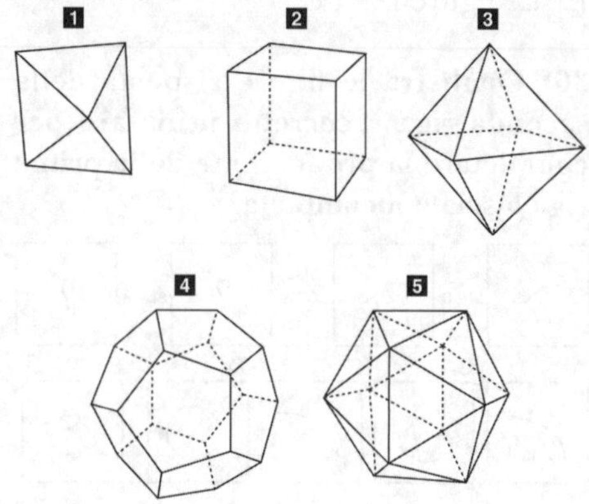

A. 10 facce
B. 20 facce
C. 12 facce
D. 18 facce
E. 16 facce

4.7 • Altri esercizi di ragionamento spaziale

44) La figura che segue può essere scomposta in 4 dei 6 frammenti riportati. Quali?

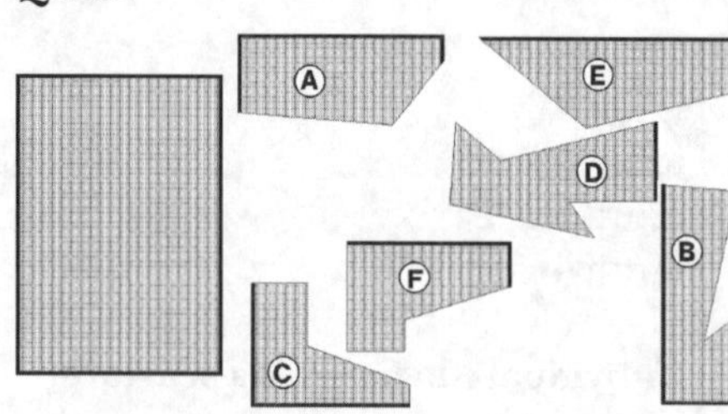

A. I frammenti contrassegnati con le lettere A, C, D, E
B. I frammenti contrassegnati con le lettere A, B, D, E
C. I frammenti contrassegnati con le lettere B, C, D, F

D. I frammenti contrassegnati con le lettere A, C, D, F
E. I frammenti contrassegnati con le lettere A, B, C, D

45) La figura che segue può essere ricomposta soltanto con tre dei cinque frammenti proposti. Quali?

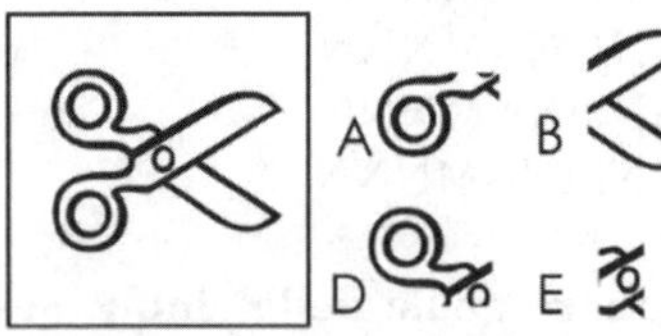

A. Frammenti A, C e E
B. Frammenti A, B e D
C. Frammenti B, C e D
D. Frammenti C, D e E
E. Frammenti A, B e C

46) È possibile con sole sei rette separare ciascun pallino da tutti gli altri?

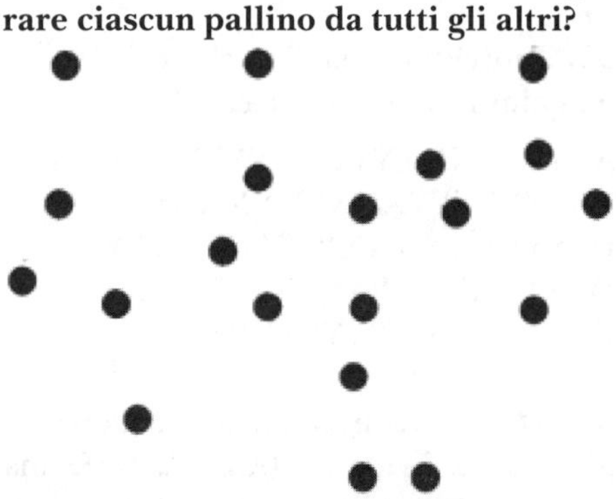

A. No, se ne impiegano minimo 9
B. Sì
C. No, se ne impiegano minimo 8
D. No, se ne impiegano minimo 7
E. No, se ne impiegano minimo 10

47) La figura che segue può essere scomposta in 4 degli 8 frammenti riportati. Quali sono i frammenti residui?

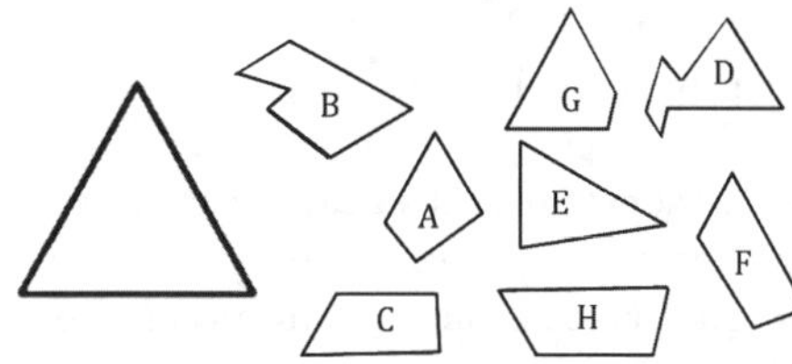

A. I frammenti contrassegnati con le lettere A, C, F, H
B. I frammenti contrassegnati con le lettere A, C, D, H
C. I frammenti contrassegnati con le lettere A, C, E, F
D. I frammenti contrassegnati con le lettere B, C, D, G
E. I frammenti contrassegnati con le lettere A, B, C, F

48) La figura che segue può essere ricomposta soltanto con 4 dei 6 frammenti proposti. Quali?

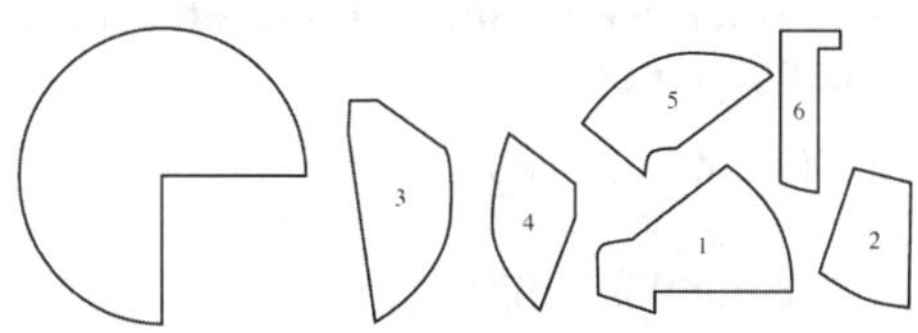

A. Frammenti 1, 3, 4 e 6
B. Frammenti 1, 2, 3 e 4
C. Frammenti 1, 2, 4 e 5
D. Frammenti 1, 3, 4 e 5
E. Frammenti 2, 3, 4 e 5

49) La figura che segue può essere ricomposta soltanto con 4 dei 6 frammenti proposti. Quali?

A. Frammenti 1, 2, 3 e 6
B. Frammenti 2, 4, 5 e 6
C. Frammenti 1, 2, 3 e 6

D. Frammenti 2, 3, 4 e 5
E. Frammenti 1, 2, 3 e 4

50) Osservando attentamente le cinque figure proposte è possibile notare che quattro di esse presentano elementi di omogeneità. Quali?

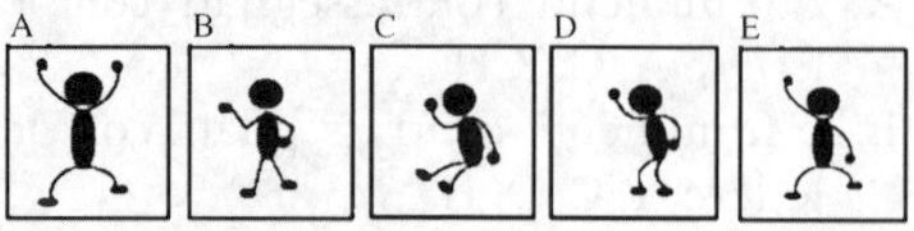

A. Figure A B D E
B. Figure B C D E
C. Figure A B C E
D. Figure A C D E
E. Figure A B C E

4.8 • Attenzione e precisione

51) Individuare quale delle serie di numeri o lettere è identica a quella data: 3663999936663

A. 3663399996663
B. 3663999936663
C. 3639969936663
D. 3663999396663
E. 3663993336663

52) Individuare quale delle cinque serie di numeri o lettere è identica a quella data: 88080080080808

A. 88080088080808
B. 88080080080808
C. 88080080080008
D. 80080080080808
E. 88080080080888

53) Individuare quale delle cinque serie di numeri o lettere è identica a quella data: ILLILIILIIILIILLI

A. ILLILIILIIILLLLI
B. ILLILILIIIILIILLI
C. ILLILIILILLIILLI
D. ILLILIILIIILIILLI
E. ILLILIILIIILIILLL

54) Individuare quale delle cinque serie di numeri o lettere è identica a quella data: MMNMNNNNMNNN

A. MMNMNNNMNNNN
B. MMNNMNNNMNNN
C. MMMNNNNNMNNN
D. MMNMNNNNMNNN
E. MMNMNMNNMNNN

55) Individuare quale delle cinque serie di numeri o lettere è identica a quella data: RPRPPRRRRPRRPR

A. RPRPPRPRRPRRPR
B. RPRPPPRRRPRRPR
C. RPRPPRRRRPRRPR
D. RPRPPRRRRPRPPR
E. RPRPPPRRRPRRPR

56) Individuare la riga che contiene il maggior numero di lettere X:

A. YYXYXXXYYYXXXYYXYXY
B. YYXYYYYXXXYXXXXXYYY
C. YYYXXXXXXXXXYYYYYYY
D. XYYXXYXXYYXXXYXYYXY
E. XYYXXYXXYYYYXYXYYXY

57) Quale delle seguenti sequenze è identica a hy;opx97;th:13:32+tq:& ma proposta in senso contrario?

A. &:qt+23:31:ht;97xpo;yh
B. &:qt+23:31-th;79xpo;yh
C. &:qt+23:31:ht;79xpo;yh
D. &:qt+23;13:ht;79xpo;yh
E. &:qt+26:31:ht;79xpo;yh

58) Indicare in quale dei seguenti gruppi è riproposta l'identica stringa alfanumerica:
78AB+11AC-8A1H:1A1X-332&-7XK+233(/

A. 78AB+11AC-8A1H:1A1X-332@-7XK+233(/
B. 78AB+11AC-8A1H:1A1X-332&-7XK+233[/
C. 78AB+11AC-8A1H:1A1X-332&-7XK+233(/
D. 78AB+11AC-8A1H:1A1Y-332&-7XK+233(/
E. 78AB+11AC-8A1H:1A1X-332&-7XK+253(/

59) Individuare la riga che contiene il maggior numero di lettere B:

A. PPPPPBBBPBBPPPPBPPPP
B. PPBPBBPBPPBPPPBPPPPP
C. PPPBPPBBPPBBPPPBPPBP
D. PPPBPPPBPPPBPPPBPPBB
E. PPPBPPPBPPBBPPPBPPBP

60) Individuare la riga che contiene il maggior numero di lettere N:

A. VNVNNVNNVNV
B. VNVNVNVVNVN
C. VVNNVVNVNVN
D. NVVNNVNNVVV
E. VNVNNVNVVNV

61) Individuare la riga che contiene un numero di "×" uguale al numero di "+":

A. ×××+++××++×++××++
B. ××++××++×+×++××+
C. ×××+×××++++++×××+
D. ××+××+++××+×××++×++
E. ××++××++××+×++××+

62) Se dalla seguente sequenza "SSILVVTSAELIIAICSCL" si escludessero le lettere dei termini "STIVALI" e "SCIALLE", si otterrebbe la sequenza:

A. LSSLV
B. SSCIV
C. IACIV
D. SVSIV
E. SSLSV

63) Quale dei seguenti gruppi alfanumerici ripropone in senso inverso la sequenza "HgUmOsWFbH"?

A. HbFWOsmUgH
B. HbWFsOmUgH
C. HbFWsOmUgH
D. HbFWsOmgUH
E. HbFOsWmUgH

64) Se dalla seguente sequenza "VAAPEREPAPADEREPPPAI" si escludessero le lettere dei termini "PAPERE" e "PAPAVERI", si otterrebbe la sequenza:

A. PAAEDD
B. PAEPDE
C. PAAPPD
D. AAEPPD
E. APEEPD

65) Se dalla seguente sequenza "ELANPPOLOMZONOARODDMNA" si escludessero le lettere dei termini "POMODORO" e "MELANZANA", si otterrebbe la sequenza:

A. POLND
B. POLLD
C. POOND
D. POLNP
E. PONLR

66) Se dalla seguente sequenza "MCIANMCOCFACMENALECGNIE" si escludessero le lettere dei termini "MECCANICO" e "FALEGNAME", si otterrebbe la sequenza:

A. CCNM
B. GMCI
C. CMCNA
D. CNMCI
E. CNNCI

67) Quale delle seguenti alternative contiene una lettera ripetuta esattamente cinque volte?

A. WWTGWGTTGWTG
B. GGHTHTHGGTGT
C. XXXDQXDDDQQQ
D. EETRRETRETTR
E. MMNNIMNMNIII

68) Individuare la riga che contiene il maggior numero di lettere A:

A. AAVVVAVVAAAAAAAAAVVVAAAV
B. AAVVVAVAAAAAAAAAAAVVVAAAV
C. VVAVAVAVVVAAAVAAVVVAAAA
D. AAVAAAVAAAVVVAVAAVVAVVA
E. VVAAAAAAVVAAVAAAVAVAAAAVV

69) Si osservi il testo che segue: "Using the links below you can obtain answers to the most common questions about the EUROPA site (FAQ). You can also consult recent statistics on the use of EUROPA and the results of surveys conducted among its users". Esso contiene:

A. 10 lettere "maiuscole"
B. 13 vocali "u"
C. 16 consonanti "s"
D. 8 vocali "a"
E. 15 vocali "i"

70) Quale delle seguenti sequenze è uguale a 143GM2900967HD?

A. 143GM2900976HD
B. 143GM2900967HD
C. 143GM2909067HD
D. 143GM2090967HD
E. 143GN2901967HD

71) In quale dei seguenti gruppi il numero 1 non segue il numero 9?

A. P H L G 1 9 A V Q B O J 9 1 9 U I-GLIJKS1UBW9
B. P H L G 1 9 A V Q B O J P 1 9 U I-GLIJK91UBW9
C. P H L 9 1 9 A V Q B O J L 1 9 U I-GLIJKS1UBW9
D. P H L G 1 9 A V Q B O J E 1 9 U I-GLIJKS1UBW9
E. P H L G 1 8 A V Q D O J E 9 1 U I-GLIJKS1UBW9

72) Quale dei seguenti gruppi alfanumerici, letto in senso contrario, è uguale a SK1LGWEGPOIDSFH?

A. HFSDIOMPEWGL1KS
B. HFSDIMPGEWGL1KS
C. HFSDIOPQEWGL1KS
D. HFSDIOPGEWGL1KS
E. HFSBIOPGEWFL1KS

73) In quale dei seguenti gruppi alfanumerici sono contenuti tutti gli elementi indicati nella seguente stringa: SD678YTTWIHIXD834RT9?

A. 34RT9SD678YPQIXD8TTW
B. 34RT9SD67LPIHIXD8TTW
C. 34RT9SD678YIHIXD8TTW
D. 34RT9SD968YIHIXD8TTW
E. 34RT9SS678YIHIYD8TTW

74) Considerando che il segno "+" identifica "-", il segno "-" identifica "+", il segno "×" identifica ":", il segno ":" identifica "×", in quale delle seguenti alternative è riproposta la seguente stringa: $32 + (12 \times 4) - (216 \times 6) + 39 =$ tenuto conto di quanto detto in precedenza?

A. $32 - (12 : 4) + (216 : 6) + 39 =$
B. $32 - (12 : 4) - (216 : 6) - 39 =$
C. $32 - (12 : 4) + (216 : 6) - 39 =$
D. $32 - (12 \times 4) + (216 \times 6) - 39 =$
E. $32 + (12 : 4) + (216 : 6) - 39 =$

75) In quale dei seguenti gruppi il numero 2 è preceduto dalla lettera Q?

A. JKF2Z2ILZKQWLJFZQQN-2CIJQFUEI
B. JKF2Z2I2QQWLJ2FZQN2QJQFU-IRLE
C. JKF2Z2IQQWLJFZ2QCIJQILFUIR-FE
D. JKF2Z2IQ2QWLJFZQN2CIJQFUIR-VE
E. JKF2X2I2QQYLJFZQN2CIJTFUIR-VE

76) "123456789ABCDEFGHILM-NOPQRSTUVZ". Da questo gruppo alfanumerico sono state prelevate le lettere che formano la parola "IMPOSTARE" ed i numeri "726". Restano pertanto le lettere e i numeri:

A. 134589BCDFGHLMQUVZ
B. 134589BCDFGHLNQUVZ
C. 134589BCDEGHLNQUVZ
D. 134689ABCDFGHLMNPQUVZ
E. 1345898BCFFGHMNQUVZ

77) Indicare quale dei seguenti gruppi numerici è identico a: 38823+8378+889 +89384+734822398

A. 38823+8378+889+89384+734838398
B. 38823+8378+889+89384+734838498
C. 38823+8378+889+89384+734822398
D. 38823+8378+889+89483+734822398
E. 38823+8478+889+89384+534822398

78) Indicare quale delle seguenti sequenze è uguale a: 7Y9K4VW9B5NH67

A. 7J9K4VW9B5NH67
B. 7Y9KU4W9B5NH67
C. 7Y9K4VW9B5NH67
D. 7Y9H4VW9B5NH67
E. 7Y9K4WW9D5NH67

79) Quante vocali e quante consonanti sono presenti rispettivamente nel termine "GASTROPROTETTORE"?

A. 6 e 10
B. 9 e 6
C. 8 e 8
D. 7 e 9
E. 10 e 7

80) In quale dei seguenti gruppi alfanumerici sono contenuti tutti gli elementi indicati nella seguente stringa: DF354F76HJ09LM1356SF?

A. 56SFDF364F76HJ09LM13
B. 56SFDF354F76HJ09LM13
C. 56SFDO354F76HJ09LM13
D. 56SFDP354F76HJ09LM13
E. 56SFCF355F76KJ09LM13

81) In quale dei seguenti gruppi il numero 1 non segue il numero 3?

A. LZ13XCVBN1M-PI3PYT13RWQL31IH
B. LZ31XCVBN1MPI3PYT13RWQL-1DIH
C. LZ13XCVBN1MPI31YT13RWQL-1DIH
D. LZ13XCVBN1MPI3PYT13RWQL-1DIH
E. LV31XCVBN1MPI3PYT16RWQL-1DIH

82) Considerando che il segno "+" identifica "-", il segno "-" identifica "+", il segno "×" identifica ":", il segno ":" identifica "×", in quale delle seguenti alternative è riproposta la seguente stringa: (40 × 3) + (320 × 80) = tenuto conto di quanto detto in precedenza?

A. (40 × 3) – (320 × 80) =
B. (40 : 3) – (320 × 80) =
C. (40 : 3) + (320 : 80) =
D. (40 : 3) – (320 : 80) =
E. (40 : 3) – (340 : 80) =

83) Indicare quale dei seguenti gruppi numerici è identico a: 87345+5613+689+18383+432923495

A. 87345+5613+689+18482+432923495
B. 87345+5613+689+18383+432923495
C. 87345+5613+689+18383+432934395
D. 87345+5613+689+18383+432934295
E. 87345+5613+686+18383+432923495

84) Quale delle seguenti sequenze è identica a -em;fh:17;ks:26+39-yd-=l: ma proposta in senso contrario?

A. :l=-yd-93+62:sk;77:hf;me-
B. =l-dy-93+62,sk;71:hf;me-
C. :l=-dy-93+62xks;71:hf;me-
D. :l=-dy-93+62:sk;71:hf;me-
E. :l=-dy+93+62:sh;71:hf;me-

85) Individuare la riga che contiene un numero di "punti esclamativi" uguale al numero di "punti interrogativi":

A. !!!???!!!???!!!???
B. !!?????!!!!??!!??
C. ?!!!!???!!!!!?!!!??????
D. !!!?!!???!!???!!!!???
E. !!!???!!!!!???!!!???

86) Quante volte è presente nel gruppo numerico che segue la sequenza 872?
349088722983872901123872598908787286872424734784587259872487261256 1

A. 8
B. 7
C. 9
D. 14
E. 12

87) Individuare la stringa alfanumerica che contiene la lettera L preceduta da un numero pari:

A. K87I9SW41LFDG67LAGHH6568FV
B. NSGRS45L41F4317DSZ45L547ZS5
C. K87I9SW46LFDG67LAGHH6568FV
D. JE5LGHB658893VW421L35L5VFR8
E. XDR5479L8V54G65LJHU7I8JKHY5

88) In quale dei seguenti gruppi il numero 7 non segue il numero 9?

A. MZ97XCBL7UIH79OTUIH9RU-IKR7Q
B. MZ79XCBL7UIH79OTU-IH97UIKR7Q
C. MZ79XCBL7UIH97OTUIH9RU-IKR7Q
D. MZ79XCBL7UIH79OTUIH9RU-IKR7Q
E. MZ79XCBL7UIH97OTUIH9RU-IKR7Q

89) Indicare in quale delle seguenti alternative viene rispettata la regola di alternanza "vocale-consonante".

A. oderaxetuixidic
B. oderaxetupafestxidic
C. oderaxetzixidic
D. oderaxetupafesixidic
E. odoraxitupafastxidic

90) Individuare tra le alternative quella che contiene un'inesattezza rispetto a:
Stambecchi Carla, Via Enrico Martini 18/A, Crema (CR)
Carbone Daniela, Via C.L. Prisco 22, Castellammare Di Stabia (NA)
Oppido Luigi, Via Stendhal 17, Crotone (KR)
Luigi Alessandrini, Via Botteghelle 76, San Giorgio a Cremano (NA)

A. Carbone Daniela, Via C.L. Prisco 22, Castellammare Di Stabia (NA)
B. Luigi Alessandrini, Via Botteghelle 76, San Giorgio a Cremano (NU)
C. Stambecchi Carla, Via Enrico Martini 18/A, Crema (CR)
D. Oppido Luigi, Via Stendhal 17, Crotone (KR)
E. Luigi Alessandrini, Via Botteghelle 76, San Giorgio a Cremano (NA)

91) Individuare tra le alternative quella che contiene un'inesattezza rispetto a:

Colucci Maria, Via Orazio 37, Miggiano (LE)
Adami Carla, Via Cavour 42, Marina Di Nocera Terinese (CZ)
Pavon Rosa, Via Roma 20, Verona (VR)

A. Adami Carla, Via Cavour 42, Marina Di Nocera Terinese (CZ)
B. Pavon Massimo, Via Roma 20, Verona (VR)
C. Pavon Rosa, Via Roma 20, Verona (VR)
D. Colucci Maria, Via Orazio 37, Miggiano (LE)
E. nessuna alternativa risponde correttamente al quesito

92) Dopo aver osservato il disegno proposto indicare quale affermazione è corretta.

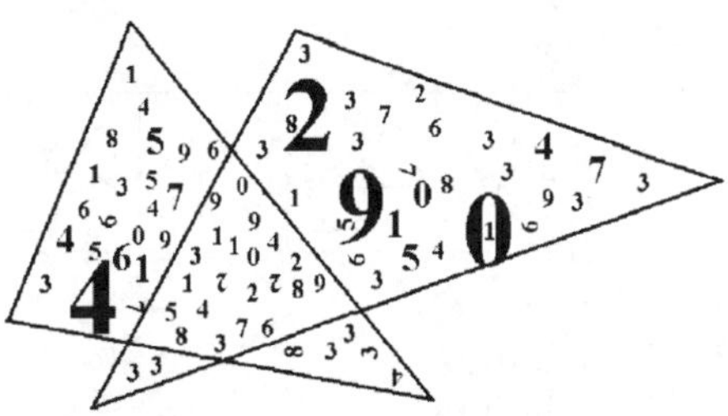

A. Il numero 9, contenuto in entrambe le figure, è presente 5 volte
B. Tra i numeri comuni alle due figure non è presente il 5
C. I numeri comuni alle due figure sono 21
D. In nessuna delle figure è presente il numero 8
E. I numeri comuni alle due figure sono 30

93) Indicare quale affermazione riferita al contenuto delle tre figure è corretta.

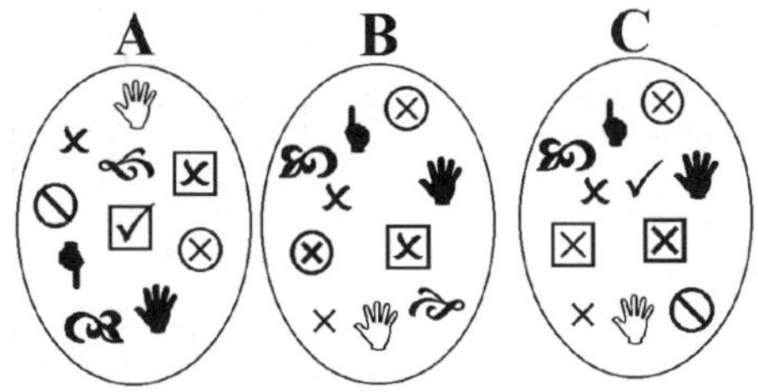

A. A e C contengono lo stesso numero di elementi
B. A rispetto a B contiene più mani
C. B e C contengono un numero diverso di elementi
D. Tutti i disegni contengono gli stessi elementi
E. A e B contengono un numero diverso di elementi

94) Dopo aver osservato attentamente il disegno, indicare quale affermazione non è corretta.

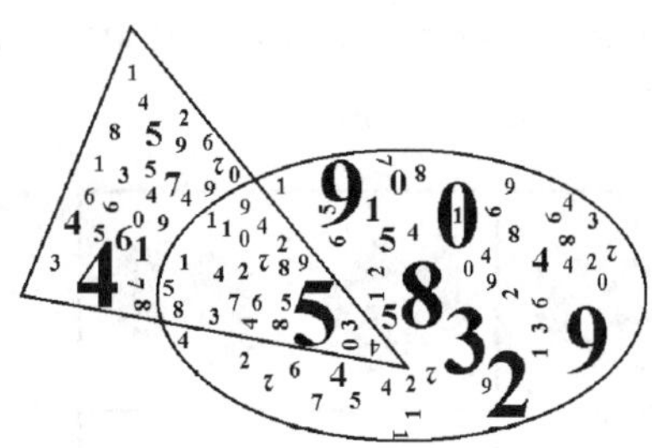

A. I numeri contenuti solo nel triangolo sono 51
B. I numeri contenuti nell'ellisse sono più di quelli contenuti nel triangolo
C. I numeri contenuti sia nell'ellisse che nel triangolo sono più di 20
D. I numeri contenuti sia nell'ellisse che nel triangolo sono meno di 30
E. I numeri contenuti solo nel triangolo sono meno di 60

95) Partendo dalla disposizione illustrata è possibile spostando tre sole graffe ottenere quattro quadrati?

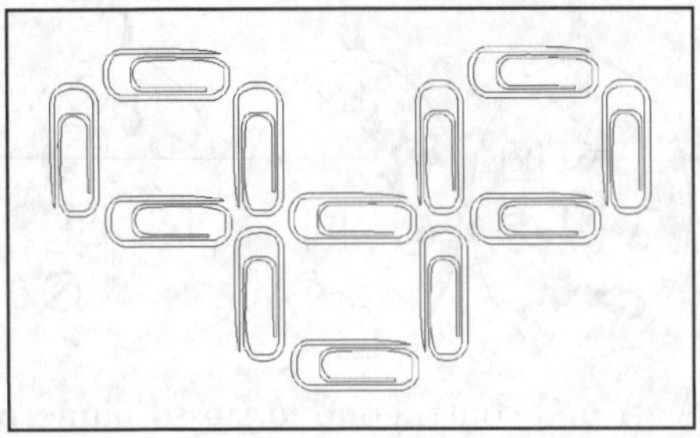

A. Sì, formando un quadrato grande suddiviso in quattro
B. No, è possibile formare solo tre quadrati adiacenti
C. Sì, è possibile formare quattro quadrati separati tra loro
D. No
E. No, è possibile formare solo due quadrati adiacenti

96) Dopo aver osservato attentamente le sei valigie apparentemente uguali indicare quale tra le seguenti affermazioni è errata.

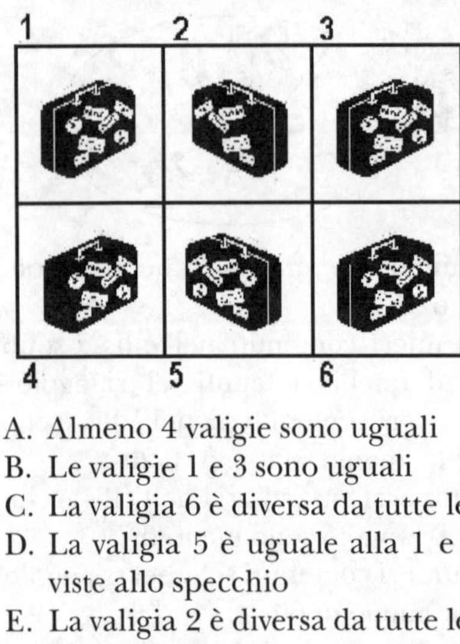

A. Almeno 4 valigie sono uguali
B. Le valigie 1 e 3 sono uguali
C. La valigia 6 è diversa da tutte le altre
D. La valigia 5 è uguale alla 1 e alla 3 viste allo specchio
E. La valigia 2 è diversa da tutte le altre

97) In quale figura è possibile collocare il punto nella giusta posizione?

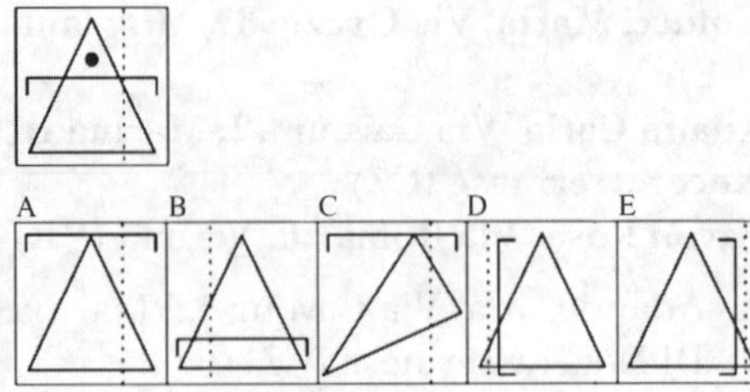

A. Nella figura D
B. Nella figura B
C. Nella figura A
D. Nella figura C
E. Nella figura E

98) In quale figura è possibile collocare il punto nella giusta posizione?

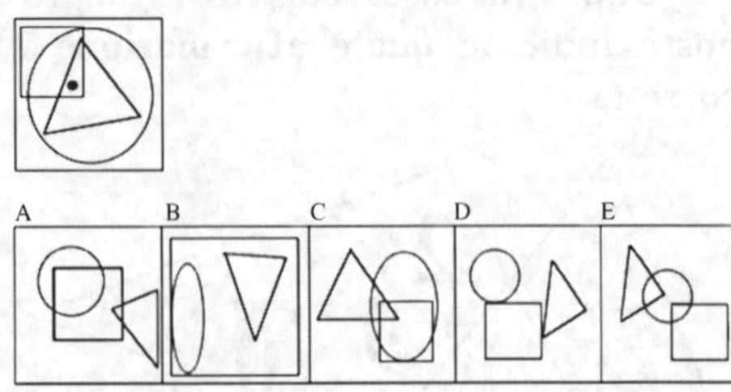

A. Nella figura B
B. Nella figura A
C. Nella figura C
D. Nella figura D
E. Nella figura E

99) Il numero di ∏ più il numero di μ è uguale a:

¥	R	Q	•	•	Q	»	*f*	¥	∏
f	@	μ	*f*	R	¥	μ	»	μ	μ
μ	¥	Q	μ	•	•	μ	*f*	¥	@
Q	@	R	¥	»	R	•	¥	μ	•
R	»	•	@	μ	¥	@	Q	*f*	*f*
¥	∏	Q	R	•	Q	μ	@	R	μ
∏	*f*	*f*	μ	¥	μ	•	¥	@	¥
R	@	Q	•	μ	¥	»	∏	Q	¥
•	»	R	μ	*f*	Q	∏	@	@	*f*
Q	¥	»	Q	R	∏	¥	∏	»	Q

A. 22
B. 18
C. 21
D. 20
E. 25

100) Dopo aver osservato attentamente le sei figure apparentemente uguali indicare quale tra le seguenti affermazioni è corretta.

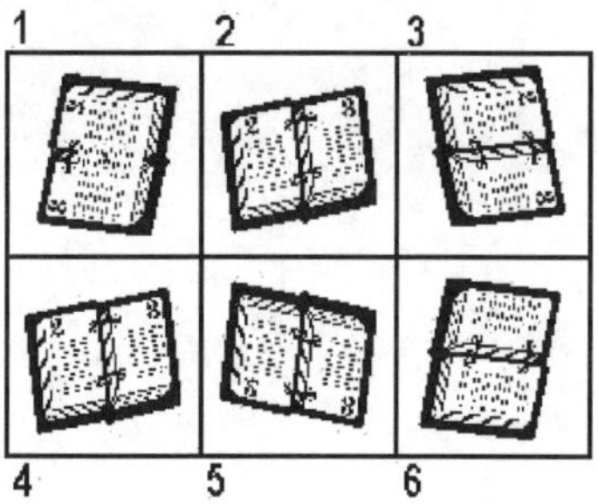

A. Le figure 2 e 4 sono diverse
B. La figura 6 è uguale alla 5 ruotata di 90 gradi
C. La figura 3 è uguale alla 2 e alla 4 ruotata di 90 gradi
D. Cinque figure sono uguali tra loro
E. Tre figure sono uguali fra loro

RISPOSTE CORRETTE

1) D	18) A	35) A	52) B	69) B	86) A
2) D	19) C	36) D	53) D	70) B	87) C
3) B	20) B	37) A	54) D	71) D	88) D
4) D	21) E	38) A	55) C	72) D	89) D
5) D	22) B	39) E	56) D	73) C	90) B
6) D	23) B	40) E	57) C	74) C	91) B
7) D	24) C	41) B	58) C	75) D	92) C
8) B	25) E	42) C	59) C	76) B	93) C
9) E	26) B	43) B	60) A	77) C	94) A
10) A	27) E	44) B	61) B	78) C	95) A
11) B	28) E	45) B	62) B	79) A	96) A
12) E	29) B	46) B	63) C	80) B	97) B
13) D	30) C	47) C	64) D	81) D	98) C
14) D	31) A	48) C	65) A	82) D	99) A
15) B	32) E	49) E	66) D	83) B	100) C
16) C	33) A	50) B	67) B	84) D	
17) A	34) C	51) B	68) B	85) A	

CULTURA LETTERARIA, STORICO-SOCIALE E GEOGRAFICA

CAPITOLO 1 | Lingua

1.1 • Analisi grammaticale e logica 189
1.2 • Uso dei verbi 196
1.3 • Ortografia 198
Risposte corrette 200

CAPITOLO 2 | Letteratura italiana

2.1 • Letteratura antica (dalle origini al Cinquecento) 201
2.2 • Letteratura moderna 204
2.3 • Letteratura contemporanea 207
Risposte corrette 211

CAPITOLO 3 | Storia

3.1 • Storia antica e medievale 212
3.2 • Storia moderna 215
3.3 • Storia contemporanea 219
Risposte corrette 224

CAPITOLO 4 | Educazione civica 225

Risposte corrette 237

CAPITOLO 5 | Geografia

5.1 • Geografia fisica 238
5.2 • Geografia economica e umana 246
Risposte corrette 249

CAPITOLO 1
Lingua

1.1 • Analisi grammaticale e logica

1) Quale frase contiene la congiunzione errata rispetto al contesto?

A. Ti ascolterò purché non mi fai perdere tempo
B. Pensi che debba comprare del pesce oppure della carne?
C. Posto che insisti ti ascolterò per questa volta
D. I tuoi amici non c'erano e neppure quelli di Mirco
E. Tu ed io andremo sempre d'accordo

2) Quale frase contiene il sostantivo nella forma plurale errata?

A. I chirurghi operano in ospedale
B. I drammaturghi lavorano a teatro
C. I filologhi sono studiosi di letteratura
D. Gli astronauti viaggiano nello spazio
E. Gli operatori ecologici si occupano del verde pubblico

3) Quale frase contiene il pronome errato rispetto al contesto?

A. Ci si siede o si resta in piedi?
B. Senti, lasciacimi abituare
C. Ci siete riuscito facilmente signore, complimenti
D. Eccovi, finalmente, vi aspettavo
E. Questa è la nostra casa, ve ne sono altre simili nei dintorni

4) Quale frase contiene il pronome errato rispetto al contesto?

A. Come sta, Monsignore? Lo vedo pallido
B. Nonostante lo avessi avvertito non se lo ricordò
C. Glielo dici tu o preferisci che lo faccia io?
D. Lo so, lo so, glielo avreste dovuto riferire
E. Persero il controllo in prossimità dell'albero e ci si schiantarono contro

5) Quale frase contiene un errore nel superlativo?

A. Sei il più volenteroso della scolaresca
B. Sandro è abilissimo in queste cose
C. Ho incontrato un'attrice celebrissima
D. Ha dipinto un quadro astrusissimo per sua madre
E. Quel piatto di lasagne sembra buonissimo

6) Quale frase contiene il sostantivo nella forma plurale errata?

A. I capodogli sono cetacei
B. Mi hanno regalato due portapane d'argento molto belli e costosi
C. Non ho potuto prenotare i due vagoni-letto come mi avevi chiesto
D. Riuscirono a demolire i contrafforte del castello
E. Devo comprare tre apribottiglie nuovi perché gli altri sono rotti

7) Si identifichi, fra le seguenti proposizioni, quella che NON contiene errori.

A. Prendo un taxi, purché arriva presto

B. Si ritiene che l'opera di Aristarco, se con molte imprecisioni, sia un punto di riferimento dell'astronomia classica
C. Matteo ha regalato al babbo una nuova serie di cacciaviti che userà per le piccole riparazioni
D. Vollero provare a pattinare, ma caddero subitamente
E. La malattia della nonna iniziò con improvvisi e frequenti capigiri

8) Completare correttamente la seguente frase con una congiunzione coordinativa. "Va bene in tutto, ... in latino".

A. Mai
B. Purché
C. Anche
D. Affatto
E. Sempre

9) Completare la frase seguente utilizzando, se possibile, il comparativo organico dell'aggettivo. "Quella persona, rispetto a tante altre, è ...".

A. Più buona
B. Migliore
C. Il più maggiore
D. Il più meglio
E. Il massimo

10) Completare la frase seguente con il superlativo assoluto organico dell'aggettivo. "I viticoltori sono molto soddisfatti: la vendemmia quest'anno è stata...".

A. Ottima
B. Migliore
C. Più migliore
D. Buona
E. Notevole

11) Completare la seguente frase con un aggettivo indefinito: "Ti chiedo... libri".

A. Interessanti
B. Questi
C. Alcuni
D. Codesti
E. Quei

12) Individuare fra le seguenti alternative il *nome collettivo*.

A. Campagna
B. Fulmine
C. Stormo
D. Acqua
E. Suono

13) Individuare quale fra le seguenti alternative NON è un accrescitivo.

A. Bonaccione
B. Torrone
C. Portone
D. Muraglione
E. Cordone

14) La frase "Giovanni è tanto affezionato quanto te" contiene un:

A. comparativo di maggioranza
B. comparativo di uguaglianza
C. accrescitivo
D. superlativo relativo
E. superlativo assoluto

15) Qual è il superlativo relativo dell'aggettivo *caldo*?

A. Più caldo
B. Caldissimo
C. Il più caldo
D. Molto caldo
E. Bollente

16) Quale tra i seguenti pronomi indefiniti NON può mai essere usato come aggettivo?

A. Nessuno
B. Alquanto
C. Qualcuno
D. Parecchio
E. Altrettanto

17) Quale fra le seguenti alternative è un *nome difettivo*?

A. Nozze
B. Matrimonio
C. Consorte
D. Cerimonia
E. Sposa

18) Individuare il grado di alterazione dell'aggettivo *magrolino*.

A. Comparativo
B. Peggiorativo
C. Diminutivo
D. Accrescitivo
E. Superlativo

19) Tra le alternative proposte, individuare quella composta da due aggettivi.

A. Lungomare
B. Grigioverde
C. Bassorilievo
D. Terremoto
E. Sottobanco

20) Individuare, tra i seguenti sostantivi, quello NON composto.

A. Cantautore
B. Ottentotto
C. Tirapiedi
D. Paravento
E. Poggiapiedi

21) Il comparativo di maggioranza di *basso* è:

A. assai basso
B. inferiore
C. il più basso
D. infimo
E. imo

22) Il termine *marinaio* è:

A. un sostantivo composto
B. un sostantivo derivato
C. un sostantivo dispregiativo
D. un sostantivo alterato
E. un sostantivo difettivo

23) Individuare quale, tra le frasi che seguono, contiene un verbo usato transitivamente.

A. La pioggia colpisce i vetri
B. Ci stabilimmo in una casetta vicino al mare
C. Carola e Marta sono andate in vacanza in Austria
D. Mi vergognai moltissimo per quello sgarbo
E. Laura si lava le mani

24) Si consideri la seguente domanda: "Chi ha telefonato?". La parola *chi* si definisce:

A. una congiunzione
B. una preposizione
C. un pronome interrogativo
D. un articolo determinativo
E. un sostantivo

25) Indicare, tra le frasi che seguono, quella in cui è presente un avverbio di dubbio.

A. Durante l'estate mi sono allenato molto
B. Probabilmente domani pioverà
C. Mangerei volentieri un gelato
D. Il corteo procedeva lentamente
E. Come è buffo questo disegno

26) Quale tipologia di aggettivi non è presente nella seguente frase: "sulle loro povere facce, ingenue e miti, si aprivano quei meravigliosi occhi azzurri, dolci e calmi"?

A. Qualificativi
B. Dimostrativi
C. Possessivi
D. Indefiniti
E. Determinativi

27) La formazione del plurale di un aggettivo deve tenere conto di diversi fattori, ad esempio la presenza in una frase di sostantivi e aggettivi con esso concordati. Quale delle seguenti opzioni è corretta?

A. Nessuna delle risposte proposte è corretta
B. Ho una giacca e una camicia bianchi
C. Ho una giacca e una camicia bianche
D. Ho una giacca e una camicia bianca
E. Tutte le opzioni proposte sono corrette

28) Tra le voci verbali che seguono, quale è coniugata correttamente al modo indicativo, tempo passato prossimo, seconda persona plurale?

A. Che tu sia tornato
B. Suoneremmo
C. Avete dormito
D. Vedrai
E. Sveglia!

29) Relativamente al valore d'uso dei tempi verbali, si può affermare che il futuro anteriore esprime:

A. un evento che accadrà in un futuro lontanissimo
B. un evento che deve ancora concludersi nel futuro
C. un evento che accadrà nel futuro, che sarà già compiuto prima che se ne realizzi un altro
D. un evento che accadrà a lungo nel futuro
E. un evento che probabilmente non accadrà

30) Fra le seguenti frasi individuare quella che contiene un predicato nominale:

A. la zia è arrivata ieri da Roma
B. fantasticare è sognare a occhi aperti
C. il presidente è in Senato
D. la mamma è entrata ora in casa
E. il sindaco è al Comune

31) Relativamente al valore d'uso dei modi e dei tempi verbali, si può affermare che l'infinito passato, rispetto al tempo della proposizione principale, indica:

A. un rapporto di anteriorità
B. un rapporto di posteriorità
C. un rapporto di contemporaneità
D. un valore sostantivato
E. un rapporto d'appartenenza

32) Relativamente al valore d'uso dei tempi verbali, si può affermare che il passato remoto indica:

A. un'azione che accadeva abitualmente nel passato
B. la durata di un'azione passata
C. qualcosa iniziato, avvenuto e terminato nel passato
D. un'azione compiuta in un periodo di tempo non ancora concluso
E. un'azione iniziata nel passato e conclusa nel presente

33) Relativamente al valore d'uso dei modi e dei tempi verbali, si può affermare che i verbi copulativi:

A. devono essere accompagnati da un complemento oggetto
B. devono essere accompagnati da un aggettivo o da un sostantivo
C. sono sempre accompagnati da un soggetto esplicito
D. anche da soli hanno sempre senso compiuto
E. sono a volte accompagnati da un soggetto

34) Tra le seguenti frasi, individuare quella che trasforma il seguente periodo ipotetico della possibilità in periodo ipo-

tetico della realtà: "Se finissi di leggere, ti restituirei il libro".

A. Se finisco di leggere, ti restituisco il libro
B. Se avessi finito di leggere, ti avrei restituito il libro
C. Se finirò di leggere, ti restituirei il libro
D. Se finissi di leggere, ti restituirò il libro
E. Se avessi finito di leggere, ti restituirò il libro

35) Il termine *davvero* è:

A. una locuzione avverbiale
B. un avverbio di quantità
C. un avverbio di modo
D. un avverbio di affermazione
E. una locuzione di tempo

36) Il termine *passeggiata* è un sostantivo:

A. primitivo
B. derivato
C. promiscuo
D. alterato
E. relativo

37) Nell'espressione "tutti sanno" che funzione grammaticale svolge il termine *tutti*?

A. Aggettivo dimostrativo
B. Pronome indefinito
C. Pronome dimostrativo
D. Aggettivo indefinito
E. Aggettivo interrogativo

38) Si completi con un avverbio di modo la seguente frase: "Il gatto si sdraia ... sul divano".

A. Con pigrizia
B. Comodamente
C. Morbido
D. Sempre
E. Leggiadro

39) "Ho visto con questi miei occhi tua sorella che usciva con l'ombrello, con apparente tranquillità". Indicare l'alternativa che riporta tutti e nel giusto ordine i complementi introdotti dalla preposizione *con* nella frase precedente.

A. Mezzo, unione, modo
B. Unione, compagnia, mezzo
C. Modo, mezzo, modo
D. Mezzo, modo, mezzo
E. Compagnia, mezzo, modo

40) Nella frase "Per il mio compleanno Dario mi ha regalato un libro di poesie di Nazim Hikmet", *di Nazim Hikmet* è un complemento:

A. d'agente
B. di limitazione
C. di specificazione
D. di argomento
E. di causa efficiente

41) Nella frase: "L'amica di tua sorella è una persona straordinaria dal carattere dolce", *dal carattere dolce* è un complemento di:

A. modo
B. specificazione
C. qualità
D. quantità
E. termine

42) Individua nella frase seguente il complemento di tempo: "L'inverno scorso, a memoria degli anziani, è stato il più rigido che abbiamo patito negli ultimi sessant'anni".

A. A memoria
B. Il più rigido
C. Negli ultimi sessant'anni
D. Degli anziani

E. Abbiamo patito

43) Nella frase "Maggio è il mese che preferisco per viaggiare in Grecia: il caldo e l'afa si fanno sentire solo per poche ore!", il complemento di tempo è:

A. maggio
B. per poche ore
C. il mese
D. in Grecia
E. il caldo e l'afa

44) Nella frase "I soldati romani combatterono coraggiosamente per la conquista di nuove terre per l'impero", *per la conquista* è un complemento di:

A. scopo
B. causa
C. termine
D. mezzo
E. moto

45) Individuare il complemento di stato in luogo nella frase seguente: "Oggi rimarrò in casa tutto il giorno, in città verrò domani".

A. in città
B. tutto il giorno
C. in casa
D. domani
E. oggi

46) Nella frase "Me lo mangio in un boccone" la parola *lo* è:

A. articolo
B. complemento oggetto
C. predicato verbale
D. soggetto
E. congiunzione

47) Quale proposizione subordinata contiene la frase "Lucia esce mentre dovrebbe restare a casa a studiare"?

A. Temporale
B. Finale
C. Concessiva
D. Condizionale
E. Avversativa

48) Qual è la proposizione concessiva nella frase "Sono certo che non mi abbia ascoltato sebbene io abbia ragione quando insisto tanto"?

A. Sono certo
B. Che non mi abbia ascoltato
C. Sebbene io abbia ragione
D. Quando insisto tanto
E. Che non mi

49) Qual è la proposizione principale nella frase "Mario sa che è troppo tardi per chiedere scusa perché Marcella è arrabbiata"?

A. Mario sa
B. Che è troppo tardi
C. Per chiedere scusa
D. Perché Marcella è arrabbiata
E. Tardi per chiedere

50) Quale proposizione subordinata si trova nella frase "Il bambino è così timido da rimanere troppo spesso in silenzio"?

A. Proposizione consecutiva
B. Proposizione condizionale
C. Proposizione modale indiretta
D. Proposizione causale
E. Proposizione finale

51) Qual è il soggetto della frase "Anche se è necessario mentire è sempre una brutta cosa perché è disonesto"?

A. Anche se è necessario
B. Mentire
C. È sempre una brutta cosa
D. Perché è disonesto
E. Necessario

52) Qual è il vocativo nella frase "Senti, cara Silvia, devi dirmi perché hai insultato Lucio"?

A. Senti
B. Cara Silvia
C. Devi dirmi
D. Perché hai insultato Lucio
E. Lucio

53) Qual è il soggetto della frase "Confessare è sempre un gesto lodevole perché è onesto"?

A. È sempre un gesto lodevole
B. Perché è onesto
C. È sempre
D. Confessare
E. Un gesto lodevole

54) Quale proposizione subordinata contiene la frase "Anche se mi odia non lo condanno"?

A. Causale
B. Oggettiva
C. Condizionale
D. Concessiva
E. Temporale

55) Qual è l'inciso nella frase "Ti confesso di aver scoperto la verità Marta, mia cara, quando sono tornata"?

A. Ti confesso
B. Di aver scoperto la verità
C. Mia cara
D. Quando sono tornata
E. Marta

56) "Le cronache ci riferiscono che la partita, giocata a porte chiuse, si è svolta regolarmente e senza aver bisogno di una sorveglianza particolare". Qual è, in questo periodo, la subordinata relativa?

A. E senza aver bisogno
B. Che la partita si è svolta regolarmente
C. Giocata a porte chiuse
D. Le cronache ci riferiscono
E. Di una sorveglianza particolare

57) Quale delle alternative proposte è una subordinata strumentale che completa correttamente la seguente proposizione? "Andrai dalla nonna...".

A. Perché devi lasciarle il regalo
B. Così da farle un po' di compagnia
C. Usando il tram?
D. Correndo come al solito?
E. Perché devi chiederle scusa

58) Quale delle seguenti frasi contiene un complemento di mezzo o strumento?

A. Usciva sempre con l'ombrello
B. Lo raggirò con scuse subdole
C. Col tempaccio di oggi resto in casa
D. Il caffè con il latte non mi piace
E. L'ho visto correre felice per i campi

59) Quale delle seguenti frasi contiene una proposizione oggettiva?

A. Esci prima che sia troppo tardi!
B. Va'! E che Dio ti protegga!
C. Pretendo di sapere dove è mia figlia!
D. Man mano che parlava capivamo
E. Vieni a sentire cosa racconta Tina

60) Quale delle frasi seguenti contiene una proposizione dichiarativa?

A. In ciò l'uomo si distingue dalle bestie, che ha l'uso della ragione
B. Di lui mi colpì tutto: l'intelligenza, l'umanità, la creatività, l'umiltà
C. Mi disturba molto sapere che ti ha confessato il nostro segreto
D. Non desidero altro che morire velocemente
E. Ti sei preparato per l'esame?

61) Nel periodo "Andava ad una velocità tale che gli fu impossibile evitare

l'ostacolo", la proposizione "*che gli fu impossibile*" è:

A. una finale
B. una temporale
C. una causale
D. una consecutiva
E. una relativa

1.2 • Uso dei verbi

62) Quale frase contiene un verbo riflessivo?

A. Quando si rese conto dell'accaduto era troppo tardi
B. L'imputato si accusò davanti alla giuria
C. La tela si strappò e il quadro fu danneggiato
D. Si dice che "l'erba del vicino è sempre più verde"
E. La cascina è stata abbattuta

63) Quale frase contiene un verbo al passivo?

A. È stato denunciato un crimine efferato
B. È stato lui ad accusarmi
C. È stato facile scoprire la verità
D. È chiaro che Massimo è innocente
E. Il lago era scuro

64) Quale frase contiene un verbo in forma riflessiva apparente?

A. Si cospargeva il corpo di unguenti profumati
B. Il gatto si leccava accuratamente per ripulirsi
C. Si graffiava con le unghie per la rabbia
D. Si deturpava truccandosi in modo vistoso e pesante
E. Si appoggiò al muro

65) Individuare quale, tra le seguenti voci verbali, è un condizionale presente attivo.

A. Sciogliesti
B. Discutesti
C. Raddrizzeresti
D. Indulgesti
E. Comprasti

66) Individuare quale fra le seguenti forme verbali è un trapassato prossimo.

A. Si arrese
B. Si è arresa
C. Si era arresa
D. Si fu arresa
E. Si arrenderà

67) Individuare tra le seguenti forme verbali il congiuntivo passato passivo del verbo *prendere*:

A. siate stati presi
B. foste stati presi
C. sareste stati presi
D. siate presi
E. sarete presi

68) Indicare, tra le seguenti alternative, qual è un participio passato.

A. Cognato
B. Commento
C. Asciutto
D. Distrutto
E. Selciato

69) Individuare quale fra le seguenti forme verbali è al modo imperativo.

A. Fai
B. Facciate
C. Fanno
D. Facendo
E. Fatto

70) Individuare, fra le seguenti alternative, il participio presente.

A. Eloquenti
B. Galante
C. Perdenti

D. Guanti
E. Fanti

71) La corrispondente forma attiva di *saranno incoronati* è:

A. incoronano
B. incoroneranno
C. hanno incoronato
D. avranno incoronato
E. sono incoronati

72) La prima persona plurale del congiuntivo presente del verbo *essere* è:

A. saremo
B. siano
C. saremmo
D. siamo
E. fossimo stati

73) Quale frase contiene un verbo impersonale?

A. Certi accadimenti mi sconcertano per la loro violenza incontenibile
B. Nei momenti di bisogno si rivolge sempre ai suoi amici più cari
C. Accadde che il cane non lo riconobbe e lo azzannò
D. Certe necessità sono difficili da soddisfare
E. Non conviene inimicarsi i vicini di casa

74) Individuare fra le seguenti alternative il verbo intransitivo.

A. Abolire
B. Affidare
C. Abbacinare
D. Abbisognare
E. Lodare

75) Indicare, tra le seguenti voci verbali, il futuro anteriore.

A. Avrai demolito
B. Avresti demolito
C. Hai demolito
D. Avevi demolito
E. Demolisti

76) Individuare fra le seguenti alternative il verbo transitivo.

A. Crepitare
B. Saltellare
C. Rompere
D. Singhiozzare
E. Squittire

77) Quale frase contiene il modo verbale errato rispetto al contesto?

A. Per quanto possa sforzarmi non ce la farò mai
B. Se reagivi in modo diverso avresti risolto il problema
C. Se fossi sincera mi diresti la verità
D. Non so chi sia stato a fare questo scempio
E. Chi pensi sia stato a fare questo imbroglio?

78) Quale frase contiene l'ausiliare errato?

A. Non mi sono voluto adeguare alla loro decisione
B. Non ho potuto arrampicarmi sulla cima dell'albero
C. Non ho voluto adeguarmi alla loro decisione
D. La notizia è stata edulcorata dalla stampa
E. Se non mi avessi avvisata sarebbe stato un guaio

79) Quale frase contiene un verbo al passivo?

A. Quelli furono momenti davvero drammatici
B. Quando furono sicuri del disastro intervennero subito
C. I naufraghi furono avvistati dai soccorritori

D. I giorni che seguirono furono difficili
E. Non è stato facile farla ragionare

80) Quale frase contiene l'ausiliare errato?

A. Ho fatto tardi e non ho potuto passare da te
B. Se avesse potuto avvisarmi avrei cercato di aiutarla
C. Anche se è piovuto a dirotto non ci sono pozzanghere
D. Ha proprio declinato l'invito di sua sorella?
E. Non hanno potuto avere accesso alle scale

81) Individuare fra le seguenti alternative quale è un participio passato.

A. Affricato
B. Gelato
C. Minuto
D. Gelido
E. Afflato

82) Quale, tra i seguenti termini, NON è un verbo?

A. Promano
B. Dipano
C. Allontano
D. Caimano
E. Accomuno

1.3 • Ortografia

83) Quale frase contiene un errore di punteggiatura?

A. Gli intimò: "Fermati!".
B. Gli suggerì, di fermarsi
C. Gli disse di fermarsi.
D. Gli sussurrò: "Perché non ti fermi?".
E. Gli implorò: "Ti prego, fermati"

84) Quale frase contiene un errore ortografico?

A. Nella scansia trovarono l'arma del delitto
B. La rimproverava con fare irritante e insopportabile
C. Lalla lo stava lodando con fare cansonatorio
D. La conferenza illustrava scoperte inedite e originali
E. Bisogna riordinare la stanza

85) Quale frase contiene un errore di punteggiatura?

A. Ecco, ecco, che cosa mi nascondeva quel malvagio
B. Ecco qui: ti ho portato ciò che volevi
C. Ecco tutta la verità; non ho altro da aggiungere
D. Senti, stavolta mi hai davvero seccata!
E. Non ci posso credere ... sei proprio tu!

86) Quale frase contiene un errore ortografico?

A. Rita è proprio una ragazza combattiva e volitiva
B. Tuo fratello Raffaele è proprio un reietto
C. Con il latte caiato si produce un tipo di formaggio
D. Lo imbavagliarono e lo lasciarono legato nel garage
E. Marianna e Raffaele sono gemelli omozigoti

87) Qual è l'esatta divisione in sillabe di *deflagrazione*?

A. De-flag-ra-zi-o-ne
B. De-fla-gra-zi-o-ne
C. De-flag-ra-zio-ne
D. De-fla-gra-zio-ne
E. Def-lag-razio-ne

88) Quale frase contiene un errore di punteggiatura?

A. Ascolta; tu passa da me e le telefoneremo insieme
B. Dopo la lite se ne andò; solo più tardi ne riparlammo
C. Ho appreso la notizia: è stata una sciagura tremenda
D. Se non ti amassi, sai, me ne sarei già andato
E. Perché mi parli così? Cosa ti ho fatto?

89) Quale frase contiene un errore di punteggiatura?

A. Se proprio insisti, mi fermo a cena da te stasera
B. Se ne sei certo, ma proprio certo, allora ti credo
C. Ora, sono proprio stanco; lasciami stare
D. Vuoi che ti segua ora? A quest'ora della notte?
E. Vogliamo uscire stasera? Dai, ti aspetto

90) Qual è l'esatta divisione in sillabe di *transizione*?

A. Tran-si-zio-ne
B. Tran-si-zi-o-ne
C. Tran-siz-i-one
D. Trans-i-zio-ne
E. Tra-nsi-zi-o-ne

91) Quale frase contiene un errore di punteggiatura?

A. Ero certo, Marisa, che stavi mentendo
B. Lo sapevo, Carlo: non posso mai fidarmi di te
C. Sapevo, Gilda; che mi avresti telefonato
D. Confessa! Chi ha sottratto il denaro dalla cassa?!
E. Non avevo dubbi sulla tua onestà, credimi

92) Quale frase contiene un errore ortografico?

A. Gli agglomerati urbani sono orrendi
B. La negoziazione andò per le lunghe
C. Dovette pagare una franchigia salata
D. Ha seri problemi di degglutizione
E. Il traffico urbano è snervante

93) Quale frase contiene un errore di punteggiatura?

A. Ciao. Mi Chiamo Laura. E tu come ti chiami?
B. Se ne andò. Anni dopo lo rincontrai: mi parve invecchiato
C. Incredibile! Non posso credere alle mie orecchie!
D. Dai, dai che ce la fai!
E. Il film in programmazione non è adatto ai bambini, mi spiace

94) Qual è l'esatta divisione in sillabe di *superstizioso*?

A. Su-per-sti-zio-so
B. Su-per-sti-zi-o-so
C. Su-pers-ti-zio-so
D. Su-pers-ti-zi-o-so
E. Supers-ti-zi-oso

95) Quale frase contiene un errore ortografico?

A. I tuoi ragionamenti capziosi mi disturbano
B. Il suo atteggiamento coercittivo mi spaventa
C. Le sue ragioni sono inoppugnabili e finirà per avere la meglio
D. La sua gloria imperitura segnerà il trionfo della giustizia sul male
E. Il notebook rosa che hai acquistato è davvero carino

96) Quale frase contiene un errore di punteggiatura?

A. Voglio sapere, adesso, dove sei stato

B. Sai dirmi l'ora, per favore?
C. Sai dirmi, con certezza, dove si trova?
D. Voglio, sapere adesso, dove sei stato
E. Buongiorno! Vorrei sapere, per piacere, il prezzo del cappotto in vetrina

97) Quale dei seguenti termini NON è scritto correttamente?

A. Giaggiolo
B. Liliacee
C. Efferratezza
D. Impiastro
E. Intermittenza

98) Quale frase contiene un errore ortografico?

A. Hanno rivocato lo spirito di un morto
B. Le spese sono state ridimensionate
C. La ricchezza va ridistribuita
D. Le tue rimostranze mi seccano molto
E. Questa stanza è stata messa a soqquadro

99) Quale frase contiene un errore di punteggiatura?

A. Eppure l'ho visto, ne sono convinta!
B. Basta! Devi finirla con queste storie!
C. Era esasperata. Così decise di andarsene
D. Mi disse. “Arrangiati!”
E. Ed io le risposi: non preoccuparti, è tutto a posto

100) Quale frase contiene un errore di punteggiatura?

A. Ne sono proprio convinto: è così, davvero
B. Tra poco, tra qualche giorno, vedrò mia madre
C. Davvero, sei andato a cena con lui, ieri sera?
D. Se vuoi, ma solo se vuoi, puoi fermarti da me
E. Ero stanca, proprio tanto stanca

RISPOSTE CORRETTE

1) A	21) B	41) C	61) D	81) B
2) C	22) B	42) C	62) B	82) D
3) B	23) A	43) B	63) A	83) B
4) A	24) C	44) A	64) A	84) C
5) C	25) B	45) C	65) C	85) A
6) D	26) D	46) B	66) C	86) C
7) C	27) C	47) E	67) A	87) D
8) C	28) C	48) C	68) D	88) A
9) B	29) C	49) A	69) A	89) C
10) A	30) B	50) A	70) C	90) A
11) C	31) A	51) B	71) B	91) C
12) C	32) C	52) B	72) D	92) D
13) B	33) B	53) D	73) C	93) A
14) B	34) A	54) D	74) D	94) A
15) C	35) D	55) C	75) A	95) B
16) C	36) B	56) C	76) C	96) D
17) A	37) B	57) C	77) B	97) C
18) C	38) B	58) B	78) B	98) A
19) B	39) A	59) C	79) C	99) D
20) B	40) C	60) A	80) A	100) C

CAPITOLO 2
Letteratura italiana

2.1 • Letteratura antica (dalle origini al Cinquecento)

1) In quale canto della *Divina Commedia* si incontrano Paolo Malatesta e Francesca da Rimini?

A. Nel canto V del Purgatorio
B. Nel canto V del Paradiso
C. Nel canto V dell'Inferno
D. Nel canto X dell'Inferno
E. Nel canto VI dell'Inferno

2) In quale lingua è espressa la lirica d'amore dei Trovatori?

A. In lingua d'oil
B. In lingua d'oc
C. In volgare
D. In italiano
E. In dialetto

3) Fra i primissimi documenti in lingua volgare se ne trova uno molto particolare; di quale si tratta?

A. L'indovinello veronese
B. Il Cantico di Frate Sole
C. La disputa della rosa e della viola
D. Donna de Paradiso
E. La Divina Commedia

4) Quale fra queste è un'opera di San Francesco d'Assisi?

A. Gentil donzella, di pregio nomata
B. Meravigliosamente Dolente, triste e pien di smarrimento
C. Gioiosamente canto
D. Donna de Paradiso
E. Il Cantico di Frate Sole

5) Chi è il poeta di *Al cor gentil rempaira sempre amore*?

A. Guido Cavalcanti
B. Guido Guinizzelli
C. Dante Alighieri
D. Lapo Gianni
E. Francesco Petrarca

6) La corte di Federico II di Svevia fu culla di un'importante scuola letteraria; quale?

A. La scuola barocca
B. La scuola toscana
C. La scuola siciliana
D. La scuola stilnovista
E. La scuola fiorentina

7) In che opera Dante usa la terzina di endecasillabi a rima incatenata?

A. Nelle Rime
B. Nel De vulgari eloquentia
C. Nella Monarchia
D. Nella Divina Commedia
E. Nel Convivio

8) Quale fra le seguenti è una ballata di Guido Cavalcanti?

A. S'i fosse foco, arderei 'l mondo
B. Al cor gentil rempaira sempre amore
C. Perch'i' no spero di tornar giammai
D. Donne ch'avete intelletto d'amore
E. Amore, che ne la mente mi ragiona

9) Di quanti libri consta il *De vulgari eloquentia*?

A. Sarebbe dovuto essere di quattro libri, ma Dante scrisse solo il primo e parte del secondo
B. Di quattro libri
C. Di due libri
D. Di tre libri
E. Di cinque libri

10) In quanti cerchi è suddiviso l'Inferno dantesco?

A. In trentatré cerchi
B. In nove cerchi
C. In trentaquattro
D. In diociotto cerchi
E. In dieci cerchi

11) Per Machiavelli che cosa l'uomo può opporre alla fortuna?

A. La costanza
B. La fede
C. La virtù
D. Non può opporre nulla
E. L'amore

12) Quale tra queste è una novella del *Decameron*?

A. Lisabetta da Messina
B. Le ninfe
C. La caccia e l'insidia di Cupido
D. La predica delle Profezie
E. Il Filostrato

13) Dove nacque Torquato Tasso?

A. A Parma
B. A Napoli
C. A Ferrara
D. A Bologna
E. A Sorrento

14) La corte Estense a quale poeta è legata?

A. A Angelo Poliziano
B. A Torquato Tasso
C. A Pietro Bembo
D. A Pico della Mirandola
E. A Carlo Goldoni

15) La *Gerusalemme liberata* si svolge:

A. durante la caduta dell'impero romano d'oriente
B. durante la seconda crociata
C. durante la caduta dell'impero romano d'occidente
D. durante la prima crociata
E. durante la prima guerra punica

16) Il nome di Pietro Bembo è legato:

A. al Dolce stil novo
B. al Romanticismo
C. al Petrarchismo
D. alla corte Estense
E. al Verismo

17) Francesco Guicciardini scrisse:

A. Dei Delitti e delle pene
B. I Discorsi sopra la prima deca di Tito Livio
C. L'Arte della Guerra
D. La Storia d'Italia
E. Il Canzoniere

18) A quale opera si riallaccia *L'Orlando furioso*?

A. Alla Gerusalemme liberata di Torquato Tasso
B. All'Orlando innamorato del Boiardo
C. All'Aminta di Torquato Tasso
D. Al Principe di Niccolò Machiavelli
E. Al Decameron di Boccaccio

19) Che cosa ha scritto Michelangelo Buonarroti?

A. Il Diario
B. Le Rime
C. Le Vite d'artisti
D. L'Estetica

E. I Masnadieri

20) I *Discorsi sopra la prima deca di Tito Livio* di Machiavelli riguardano:

A. il problema della dittatura
B. la costituzione dello Stato
C. il rovesciamento del potere costituito
D. lo Stato come istituzione
E. il ritorno allo status quo ante

21) Quale fra le seguenti è un'opera di Matteo Maria Boiardo?

A. Il Morgante
B. L'Orlando furioso
C. Le Stanze per la giostra
D. L'Orlando innamorato
E. Frate Cipolla

22) Chi ha scritto il *Convivio*?

A. Bembo
B. Boccaccio
C. Dante
D. Petrarca
E. Castiglione

23) La *Mandragola* di Machiavelli è:

A. un trattato d'erboristeria
B. un dramma
C. una tragedia
D. una commedia
E. una novella

24) Quanti sono i protagonisti del *Decameron* di Boccaccio?

A. 10 (7 donne e 3 uomini)
B. 7 (3 donne e 4 uomini)
C. 10 (5 donne e 5 uomini)
D. 6 (4 donne e 2 uomini)
E. 10 (3 donne e 7 uomini)

25) Il sonetto di Dante *Guido i vorrei/che tu Lapo ed io* a quale Guido si riferisce?

A. Guido Malatesta
B. Guido Guinizzelli
C. Guido Gozzano
D. Nessuno tra quelli citati
E. Guido Cavalcanti

26) Chi viene preso come modello di Principe nell'opera di Machiavelli?

A. Cesare Borgia
B. Lorenzo de' Medici
C. Giuliano de' Medici
D. Federico II di Svevia
E. Cesare Beccaria

27) Di chi sono i versi "Rosa fresca aulentissima (...)"?

A. Cielo d'Alcamo
B. Giacomo Leopardi
C. Gaspara Stampa
D. Giovanni Boccaccio
E. Francesco Petrarca

28) Quale poema mitologico di Poliziano è considerato la prima opera teatrale in volgare di un argomento pagano?

A. Favola d'Orfeo
B. Orlando innamorato
C. Nencia da Barberino
D. Orazia
E. Alla lucciola

29) Quale fra le seguenti opere di Tommaso d'Aquino è considerata tra le più intense della filosofia medievale?

A. Itinerarium mentis in Deum
B. Summa Theologiae
C. Chronicon
D. Pange Lingua
E. Nessuna delle altre

30) Un componimento lirico con struttura metrica variabile si definisce:

A. strambotto
B. trionfo
C. ode
D. quartetto

E. verso

31) Nelle *Stanze per la giostra* di Poliziano cosa significa la parola "stanza"?

A. Discorso in versi
B. Endecasillabo
C. Sonetto
D. Canzone
E. Strofa

32) Quale delle seguenti opere di Francesco Petrarca NON è in latino?

A. L'Africa
B. I Trionfi
C. Il Secretum
D. Le epistole
E. De viris illustribus

33) A quale genere letterario appartiene l'*Orlando Furioso*?

A. Romanzo
B. Poema cavalleresco
C. Dramma pastorale
D. Tragedia
E. Commedia dell'arte

34) Chi ha scritto le *Considerazioni sui discorsi del Machiavelli*?

A. Giovanni Boccaccio
B. Giovanni della Casa
C. Francesco Guicciardini
D. Ludovico Ariosto
E. Angelo Poliziano

35) Chi è il guardiano del Purgatorio dantesco?

A. Giuda Iscariota
B. Catone Uticense
C. Mercurio
D. Diomede
E. Il Minotauro

36) In quale canto della *Divina Commedia* Dante conia il termine "dolce stil novo"?

A. XIV del Purgatorio
B. XXXIII del Purgatorio
C. XXIV del Purgatorio
D. III del Paradiso
E. V dell'Inferno

37) Chi è l'autore de *Gli Asolani*?

A. Guicciardini
B. Ariosto
C. Bembo
D. Pretarca
E. Machiavelli

2.2 • Letteratura moderna

38) Chi fu il massimo esponente del Barocco letterario italiano?

A. Galileo Galilei
B. Giambattista Marino
C. Torquato Tasso
D. Ludovico Ariosto
E. Guido Cavalcanti

39) Nel 1816 scoppia in Italia una polemica letteraria; quale?

A. La polemica classico-illuminista
B. La polemica illuminista
C. La polemica classicista
D. La polemica classico-romantica
E. La polemica tardo-barocca

40) A chi sono indirizzate le lettere di Jacopo Ortis?

A. A Ugo Foscolo
B. A Teresa
C. A Lorenzo Alderani
D. A Napoleone
E. Al giovane Werther

41) Quale fu il motivo che portò alla stesura dei *Sepolcri* di Foscolo?

A. L'emanazione dell'editto di Nantes
B. L'emanazione dell'editto di Saint-Cloud

C. La morte di Napoleone
D. La morte dell'amica Luigia Pallavicini
E. La soppressione della cattedra di cui era titolare su ordine di Napoleone

42) Chi ha scritto la *Bassvilliana*?

A. Pietro Metastasio
B. Ugo Foscolo
C. Vittorio Alfieri
D. Vincenzo Monti
E. Alessandro Manzoni

43) Una fra le seguenti non è una tragedia di Vittorio Alfieri; quale?

A. Saul
B. Mirra
C. Prometeo
D. Antigone
E. Caio Gracco

44) Che cos'è il *Giorno* di Giuseppe Parini?

A. Un poema allegorico
B. Un poema satirico
C. Una tragedia
D. Una commedia sullo stile di Goldoni
E. Un dramma

45) Gaetano Filangieri fu:

A. uno scapigliato
B. un romantico
C. un classicista
D. un illuminista
E. un verista

46) Quale giornale aveva come scopo la diffusione dell'utile e la guerra ai pregiudizi?

A. Il Caffè
B. Lacerba
C. Il Politecnico
D. Il Regno
E. L'Osservatore veneto

47) Solo una fra le seguenti opere è di Carlo Goldoni; quale?

A. Mirra
B. Mandragola
C. Giorno
D. Bottega del caffè
E. Gerolamo Medebach

48) Quando fu l'epoca dei "lumi"?

A. Verso la metà dell'Ottocento
B. All'inizio del Settecento
C. Verso la metà del Settecento
D. All'inizio del Novecento
E. All'inizio dell'Ottocento

49) Quale fu il maggiore poeta dell'Arcadia?

A. Giambattista Felice Zappi
B. Pietro Metastasio
C. Giambattista Vico
D. Francesco Redi
E. Gian Vincenzo Gravina

50) Quale fra le seguenti opere non è di Pietro Metastasio?

A. Semiramide
B. Didone abbandonata
C. Mandragola
D. Catone in Utica
E. Artaserse

51) Qual è il tema della poesia del Marino?

A. La meraviglia
B. La paura
C. L'educazione
D. La morale
E. La religione

52) Che cosa ha scritto Alessandro Tassoni?

A. La secchia rapita
B. Didone abbandonata
C. Marzo 1821

D. Saul
E. Semiramide riconosciuta

53) Chi ha riformato il melodramma?

A. Pirandello
B. Metastasio
C. Brecht
D. Alfieri
E. Goldoni

54) Tommaso Campanella è autore di:

A. La Scienza nuova
B. Dialogo sopra i due Massimi Sistemi del Mondo
C. Le Confessioni
D. La città del sole
E. De rerum natura iuxta propria principia

55) "Questo matrimonio non s'ha da fare...": chi pronuncia questa famosa frase?

A. L'Innominato
B. Uno dei bravi di Don Rodrigo
C. Don Rodrigo
D. Don Abbondio
E. Fra' Cristoforo

56) Di quale genere letterario *I promessi sposi* sono il più celebre esempio italiano?

A. Romanzo d'appendice
B. Romanzo storico
C. Romanzo gotico
D. Romanzo d'avventura
E. Romanzo d'amore

57) Il personaggio della Monaca di Monza nel celebre romanzo di Alessandro Manzoni è realmente esistito?

A. Sì, si tratta di Marianna De Leyva, religiosa italiana e protagonista di uno scandalo che sconvolse Monza
B. No, è un personaggio inventato dal Manzoni
C. Sì, Manzoni trae fedelmente l'identità della Monaca di Monza dalla storia dell'epoca
D. Sì, si tratta di una giovane donna spagnola che scelse di ritirarsi in monastero a Monza
E. Sì, si tratta di una ragazza costretta alla prostituzione da un potente barone; per sfuggirvi si nascose in un convento di Monza

58) Chi è l'autore de *Dei delitti e delle pene*?

A. Alessandro Manzoni
B. Cesare Beccaria
C. Carlo Imbonati
D. Giuseppe Parini
E. Alessandro Verri

59) A quale sonetto appartengono i versi "Né mai più toccherò le sacre sponde ove il mio corpo fanciulletto giacque," (...)?

A. Alla sera
B. Il sabato del villaggio
C. All'Italia
D. A Zacinto
E. Il cinque maggio

60) Chi è la protagonista de *La locandiera* di Carlo Goldoni?

A. Colombina
B. La Pisana
C. Lucia
D. Mirandolina
E. Proserpina

61) Quale fra questi aggettivi è il più appropriato a descrivere la filosofia di Tommaso Campanella?

A. Empirista
B. Razionalista
C. Sensista
D. Idealista

E. Romantico

62) Chi è l'autore del *Dialogo sopra i due massimi sistemi del mondo tolemaico e copernicano*?

A. Cartesio
B. Giambattista Vico
C. Galileo Galilei
D. Leonardo da Vinci
E. Marco Polo

63) Quali sono le *tre tragedie della libertà* scritte da Vittorio Alfieri?

A. Filippo – Antigone – Polinice
B. L'uno – I pochi – I troppi
C. La congiura de' pazzi – Virginia – Timoleone
D. Merope – Saul – Mirra
E. Nessuna delle risposte è corretta

64) In quale delle seguenti opere Vittorio Alfieri, studiando i limiti che i regimi tirannici pongono all'esplicazione della personalità, giunge a giustificare il tirannicidio?

A. Della virtù sconosciuta
B. L'antidoto
C. Il divorzio
D. Del principe e delle lettere
E. Della tirannide

65) Un'importante opera poetica di Giuseppe Parini è la raccolta delle:

A. Odi
B. Rime
C. Canzoni
D. Poesie
E. Odi barbare

66) Nel 1827 e nel 1840 uscirono la prima e la seconda edizione di un famoso romanzo che l'autore aveva sottoposto, nel frattempo, a un'accurata revisione linguistica. Di quale romanzo si tratta?

A. Fermo e Lucia
B. I Promessi sposi
C. Don Chisciotte
D. Il ritratto di Dorina Grey
E. Nessuna delle risposte è corretta

67) Da quale opera furono ispirate *Le ultime lettere di Jacopo Ortis* di Ugo Foscolo?

A. "I dolori del giovane Werther" di J.W. Goethe
B. "Il giorno" di G. Parini
C. "Le mie prigioni" di S. Pellico
D. "I canti di Ossian" di J. Macpherson
E. "Il ritratto di Dorian Gray" di O. Wilde

2.3 • Letteratura contemporanea

68) Chi ha scritto *Elias Portolu*, *Cenere* e *Cosima*?

A. Grazia Deledda
B. Dacia Maraini
C. Giuseppe Verga
D. Luigi Pirandello
E. Elsa Morante

69) Chi è il protagonista di *Senilità* di Italo Svevo?

A. Zeno Cosini
B. Emilio Brentani
C. Mattia Pascal
D. Alfonso Nitti
E. Anna Karenina

70) Quale fra le seguenti opere NON è di Italo Svevo?

A. La coscienza di Zeno
B. Una vita
C. Senilità
D. Dedalus
E. Diario per la fidanzata

71) Una fra queste NON è un'opera di Ignazio Silone; quale?

A. Un viaggio a Parigi
B. Fontamara
C. Pane e vino
D. Il segreto di Luca
E. Novelle della Pescara

72) Una fra queste NON è un'opera di Salvatore Quasimodo; quale?

A. Ed è subito sera
B. Giorno dopo giorno
C. Il falso e il vero verde
D. Il porto sepolto
E. Con il piede straniero sopra il cuore

73) Chi ha scritto *Il barone rampante*?

A. Andrea De Carlo
B. Pier Vittorio Tondelli
C. Italo Svevo
D. Italo Calvino
E. Arrigo Boito

74) Chi ha scritto *Ragazzi di vita* e *Una vita violenta*?

A. Pier Paolo Pasolini
B. Pier Vittorio Tondelli
C. Aldo Busi
D. Andrea De Carlo
E. Vasco Pratolini

75) Quale fra queste NON è un'opera di Leonardo Sciascia?

A. Nuovo commento
B. A ciascuno il suo
C. Il giorno della civetta
D. Todo modo
E. Una storia semplice

76) Chi è l'autore di *La tregua*?

A. Italo Calvino
B. Luigi Pirandello
C. Giovanni Verga
D. Primo Levi
E. Giosuè Carducci

77) Di quale celebre romanzo è autore Giorgio Bassani?

A. Un Fenoglio alla prima guerra mondiale
B. Il Bell'Antonio
C. Il giardino dei Finzi Contini
D. Conversazione in Sicilia
E. Il giardino delle vergini suicide

78) Quale fra i seguenti romanzi NON è di Alberto Moravia?

A. La Romana
B. La Ciociara
C. Il Bell'Antonio
D. Agostino
E. Gli indifferenti

79) Qual è la raccolta di versi più celebre di Umberto Saba?

A. Il Canzoniere
B. I Canti
C. I Canti orfici
D. Le Rime
E. Novelle per un anno

80) Chi è l'autore di *Ossi di seppia*?

A. Giuseppe Ungaretti
B. Eugenio Montale
C. Salvatore Quasimodo
D. Edoardo Sanguineti
E. Dino Campana

81) Quale romanzo di Italo Svevo fu concepito come una confessione psicoanalitica?

A. Una vita
B. Senilità
C. La coscienza di Zeno
D. Corto viaggio sentimentale
E. Le confessioni di un vegliardo

82) Qual è il tema di *Sei personaggi in cerca d'autore* di Pirandello?

A. Il parricidio
B. L'adulterio
C. L'incesto
D. L'incomunicabilità
E. L'uxoricidio

83) A quale poesia del Pascoli appartengono i seguenti versi? "(...) Ritornava una rondine al tetto: / l'uccisero: cadde tra spini: / ella aveva nel becco un insetto: / la cena de' suoi rondinini. / (...) Anche un uomo tornava al suo nido: / l'uccisero; disse: Perdono; / e restò negli occhi aperti un grido: / portava due bambole in dono... (...)".

A. Il gelsomino notturno
B. X Agosto
C. La cavallina storna
D. Lavandare
E. La grande proletaria si è mossa

84) A quale poesia di Gabriele D'Annunzio appartengono i seguenti versi? "Taci. Su le soglie / del bosco non odo / parole che dici / umane; ma odo / parole più nuove / che parlano gocciole e foglie / lontane. (...)".

A. Nella belletta
B. La sera fiesolana
C. La pioggia nel pineto
D. I pastori
E. Sogno di un tramonto d'autunno

85) Chi è l'autore de *Il Gattopardo*?

A. Antonio Fogazzaro
B. Gabriele D'Annunzio
C. Giuseppe Tomasi di Lampedusa
D. Luigi Capuana
E. Alberto Moravia

86) A quale corrente letteraria appartiene Luigi Capuana?

A. Al Simbolismo
B. Al Verismo
C. All'Estetismo
D. Al Sensismo
E. Allo Sperimentalismo

87) Da quale sonetto di Giosuè Carducci sono tratti i seguenti versi? "L'albero a cui tendevi / la pargoletta mano, / il verde melograno / da' bei vermigli fior, / nel muto orto solingo / rinverdì tutto or ora, / e giugno lo ristora / di luce e di calor. / (...)".

A. Pianto antico
B. San Martino
C. Davanti San Guido
D. Alla stazione in una mattina d'autunno
E. Giambi ed Epodi

88) Quale fra questi autori è considerato un classicista?

A. Giovanni Pascoli
B. Alessandro Manzoni
C. Giosuè Carducci
D. Attilio Bertolucci
E. Emilio Praga

89) Per gli Scapigliati qual è l'oggetto della poesia?

A. La patria
B. Il sentimento
C. I temi già introdotti dal tardo Romanticismo
D. Il vero
E. La natura

90) Chi era l'autore del sonetto *Langueur* dove comparve per la prima volta la parola "decadenza", da cui prese nome il movimento artistico-letterario omonimo?

A. Arthur Rimbaud
B. Charles Baudelaire
C. Stéphane Mallarmé
D. Paul Verlaine

E. Thomas Mann

91) Quale fra queste opere NON è di Umberto Eco?

A. Sette anni di desiderio
B. Lector in fabula
C. Il pendolo di Foucault
D. Il gioco del rovescio
E. Vertigine della lista

92) L'opera di Italo Calvino *Marcovaldo ovvero le stagioni in città*:

A. è una raccolta di venti racconti
B. è un romanzo
C. fa parte della trilogia "I nostri antenati"
D. è una novella
E. è una favola

93) Chi è il protagonista di *Una vita violenta* di Pasolini?

A. Guglielmo da Baskerville
B. Andrea
C. Anguilla
D. Tommasino
E. Ntoni

94) Chi è l'autore del libro di poesie *Verrà la morte e avrà i tuoi occhi*?

A. Giacomo Leopardi
B. Cesare Pavese
C. Andrea De Carlo
D. Alda Merini
E. Elsa Morante

95) *Le ceneri di Gramsci* di Pasolini è:

A. un libro di poesia
B. un romanzo
C. un film
D. un trattato politico
E. una raccolta di immagini

96) Chi è l'autore di *La scomparsa di Majorana*?

A. Nero Wolfe
B. Elio Vittorini
C. Agatha Christie
D. Leonardo Sciascia
E. Pier Paolo Pasolini

97) In quale romanzo è protagonista Arturo Bandini?

A. "L'isola di Arturo" di Elsa Morante
B. "Chiedi alla polvere" di John Fante
C. "Sostiene Pereira" di Antonio Tabucchi
D. "Il Libro dell'inquietudine" di Fernando Pessoa
E. "Il piacere" di Gabriele D'Annunzio

98) Chi è l'autore del romanzo *Il castello di Udine*?

A. Marcel Proust
B. Carlo Emilio Gadda
C. Vasco Pratolini
D. Cesare Pavese
E. Enzo Siciliano

99) Chi è l'autrice di *Canne al vento*?

A. Dacia Maraini
B. Elsa Morante
C. Oriana Fallaci
D. Grazia Deledda
E. Alda Merini

100) *Tra un fiore colto e l'altro donato l'inesprimibile nulla* è un componimento di:

A. Eugenio Montale
B. Giuseppe Ungaretti
C. Salvatore Quasimodo
D. Aldo Palazzeschi
E. Charles Baudelaire

RISPOSTE CORRETTE

1) C	21) D	41) B	61) C	81) C
2) B	22) C	42) D	62) C	82) D
3) A	23) D	43) C	63) C	83) B
4) E	24) A	44) B	64) E	84) C
5) B	25) E	45) D	65) A	85) C
6) C	26) A	46) A	66) B	86) B
7) D	27) A	47) D	67) A	87) A
8) C	28) A	48) C	68) A	88) C
9) A	29) B	49) B	69) B	89) D
10) B	30) C	50) C	70) D	90) D
11) C	31) E	51) A	71) E	91) D
12) A	32) B	52) A	72) D	92) A
13) E	33) B	53) B	73) D	93) D
14) B	34) C	54) D	74) A	94) B
15) D	35) B	55) B	75) A	95) A
16) C	36) C	56) B	76) D	96) D
17) D	37) C	57) A	77) C	97) B
18) B	38) B	58) B	78) C	98) B
19) B	39) D	59) D	79) A	99) D
20) D	40) C	60) D	80) B	100) B

CAPITOLO 3
Storia

3.1 • Storia antica e medievale

1) Come si chiamava l'ultimo re di Roma?

A. Tullio Ostilio
B. Tarquinio il Superbo
C. Servio Tullio
D. Anco Marzio
E. Tarquinio Prisco

2) Nel 476 Odoacre, re degli Eruli, depone l'ultimo imperatore romano d'Occidente. Chi era costui?

A. Romolo Augustolo
B. Giulio Nepote
C. Giuliano
D. Valente
E. Petronio Massimo

3) Nel 73 a.C. l'Italia fu sconvolta da una ribellione servile, chi ne era alla guida?

A. Crasso
B. Silla
C. Spartaco
D. Pompeo
E. Publio Clodio

4) Come si chiamava il grande condottiero mongolo che tra il 1206 e il 1227 si impadronì di gran parte dell'Asia?

A. Timur Lenk detto "Tamerlano"
B. Batu Kahn
C. Gengis Khan
D. Kubilay Kahn
E. Khasar Khajiun

5) Da chi fu combattuta la battaglia di Maratona del 490 a.C.?

A. Da romani e greci
B. Da ateniesi e persiani
C. Da bizantini e ottomani
D. Da romani e macedoni
E. Da bizantini e greci

6) Chi era Teodorico il Grande?

A. Re dei Visigoti
B. Re degli Eruli
C. Re dei Vandali
D. Re ostrogoto d'Italia
E. Re degli Unni

7) Nel 728 il sovrano longobardo Liutprando cedette formalmente a papa Gregorio II dei territori che andarono a formare il primissimo nucleo del potere temporale della Chiesa, che sarebbe durato fino al 1870. Come si chiama questa donazione?

A. Donazione di Benevento
B. Donazione di Roma
C. Donazione di Ravenna
D. Donazione di Sutri
E. Donazione del Sannio

8) In quale anno Carlo Magno venne incoronato Imperatore?

A. 800
B. 771
C. 788
D. 811
E. 801

9) La leggendaria guerra di Troia fu combattuta da:

A. Greci e Persiani
B. Greci e Troiani
C. Troiani e Persiani
D. Greci e Fenici
E. Romani e Troiani

10) Quale regione dei balcani l'Imperatore Traiano conquistò tra il 101 ed il 106 d.C. facendone una nuova provincia romana?

A. Dalmazia
B. Illiria
C. Macedonia
D. Dacia
E. Cilicia

11) Da quale popolo fu fondata la città di Cartagine?

A. Fenici
B. Etruschi
C. Greci
D. Numidi
E. Celti

12) Gli Aztechi furono una delle grandi civiltà precolombiane che si sviluppò nella regione meso-americana dell'attuale:

A. California
B. Nicaragua
C. Colombia
D. Messico
E. Perù

13) Chi fu il primo re di Israele?

A. David
B. Salomone
C. Saul
D. Samuele
E. Golia

14) Nel 732 d.C. si svolge la battaglia di Poitiers nella quale l'esercito franco arresta l'invasione araba. Chi fu il re franco che fermò l'invasione?

A. Carlo Magno
B. Pipino il Breve
C. Carlo Martello
D. Ludovico il Pio
E. Giovanni II

15) Come si chiama la più grande unità amministrativa dei possedimenti stranieri della antica Roma?

A. Diocesi
B. Colonia
C. Prefettura
D. Provincia
E. Regione

16) Chi erano gli "Opliti"?

A. Soldati dell'Impero Persiano
B. Soldati della fanteria pesante greca antica
C. Rematori schiavi dell'antica Grecia
D. Una formazione di cavalleria pesante nell'esercito macedone
E. Ufficiali dell'Impero Romano

17) Nel 367 a.C. a Roma, con le leggi Licinie-Sestie, viene permesso:

A. il festeggiamento dei ludi secolari
B. l'uso delle armi anche a donne e bambini
C. l'accesso ai giochi olimpici anche alle donne
D. l'accesso alle magistrature ai plebei
E. l'accesso ai palazzi imperiali ai plebei

18) Chi successe alla morte di Carlo Magno?

A. Ludovico il Pio
B. Carlomanno
C. Lotario
D. Carlo il Calvo

E. Desiderio

19) Nel 494 a.C. la plebe romana, stanca di combattere per una città che non le riconosce i propri diritti, si ritira in armi sul Monte sacro (secessione della plebe). Quali furono le cause che fecero rientrare a Roma i plebei?

A. L'abolizione della monarchia e l'introduzione di organi assembleari elettivi a suffragio universale (maschile)
B. Due concessioni fondamentali: il diritto per i plebei di riunirsi in una propria assemblea (*concilium plebis*) e il diritto di nominare i propri magistrati (tribuni della plebe)
C. L'accesso a tutte le cariche pubbliche anche per i plebei
D. La distribuzione di terre demaniali a cittadini poveri contro un modesto canone di affitto annuo
E. Due concessioni fondamentali: terre demaniali per i meno abbienti e accesso alle cariche pubbliche

20) L'imperatore Caracalla nel 212 d.C. concesse la cittadinanza romana:

A. alle popolazioni galliche e iberiche
B. a tutta la popolazione italica
C. alle popolazioni barbare della Germania
D. a tutti i sudditi dell'impero romano
E. alla popolazione alamanna

21) Che cosa fu il Grande Scisma d'Occidente del 1378?

A. Il tentativo francese di creare una Chiesa nazionale autonoma
B. La separazione formale tra la Chiesa di Roma e la Chiesa di Bisanzio
C. I cardinali francesi si opposero al ritorno del papa a Roma ed elessero un proprio antipapa ad Avignone
D. La riforma luterana e l'inizio del protestantesimo
E. Il tentativo inglese di creare una Chiesa anglicana autonoma

22) Con quale provvedimento il cristianesimo divenne la religione ufficiale dell'Impero romano?

A. Editto di Milano
B. Concilio di Nicea
C. Concilio di Costantinopoli
D. Editto di Tessalonica
E. Nessuno tra i provvedimenti citati

23) L'antica capitale dell'Impero Azteco era Tenochtitlan, situata dove oggi sorge:

A. Città del Messico
B. Città del Guatemala
C. Managua
D. San Francisco
E. Hermosillo

24) In quale anno si consumò definitivamente lo scisma d'Oriente, tra il Papa e il Patriarca di Costantinopoli?

A. 1309
B. 1215
C. 1054
D. 1096
E. 1000

25) Il 1° dicembre 1167, con il giuramento di Pontida, i Liberi Comuni si alleano contro l'imperatore:

A. Ottone IV di Brunswick
B. Federico I Hohenstaufen detto il Barbarossa
C. Federico II duca di Svevia
D. Enrico VI di Hohenstaufen
E. Enrico I d'Inghilterra

26) Che cos'è il *cursus honorum*?

A. È la carriera politica del cittadino romano dove tutte le cariche della

magistratura devono essere ricoperte, in ordine crescente e a distanza di almeno due anni l'una dall'altra
B. È la carriera militare nell'esercito romano
C. È l'elezione dei due consoli che restano in carica per un anno e non possono essere subito rieletti
D. È la nomina onorifica attribuita ai "grandi" dal Senato romano
E. È la preparazione alle alte cariche del Senato

27) Come si chiamava il condottiero gallico che verrà da Cesare catturato ed imprigionato nel carcere romano di Tulliano?

A. Vercingetorige
B. Brenno
C. Genserico
D. Orgetorige
E. Ladislao

28) Quando si svolse la prima guerra punica combattuta tra Roma e Cartagine?

A. Fra il 149 a.C. e il 146 a.C.
B. Dal 29 a.C. al 19 a.C.
C. Dal 219 a.C. al 202 a.C.
D. Dal 264 a.C. al 241 a.C.
E. Dal 222 a.C. al 238 a.C.

29) Quale fu il primo imperatore romano a non essere di origine italica?

A. Caligola poiché nato ad Anzio
B. Caracalla poiché nato in Gallia
C. Aureliano poiché nato in Illiria
D. Diocleziano poiché nato in Dalmazia
E. Traiano poiché nato in Hispania

30) In quale anno fu assassinato Caio Giulio Cesare?

A. 56 d.C.
B. 44 a.C.
C. 96 d.C.
D. 135 a.C.
E. 54 d.C.

3.2 • Storia moderna

31) Quali erano le quattro Repubbliche Marinare?

A. Bari - Pisa - Genova - Venezia
B. Amalfi - Genova - Venezia - Ragusa
C. Amalfi - Genova - Pisa - Venezia
D. Amalfi - Bari - Genova - Venezia
E. Bari - Genova - Pisa - Ragusa

32) Nel 1743 Austria, Inghilterra e regno di Sardegna firmano il Trattato di Worms con lo scopo di:

A. dichiarare guerra alla Spagna
B. cacciare gli Aragona dall'Italia
C. dichiarare guerra alla Prussia
D. cacciare i Borbone dall'Italia
E. allontanare il papa dalla sede italiana

33) Chi era Martin Lutero?

A. Un teologo tedesco
B. Uno dei capi della rivolta contadina in Germania, un riformatore estremista
C. Un teologo svizzero e fondatore della Chiesa Riformata Svizzera
D. Un umanista e teologo francese
E. Un monaco agostiniano docente di teologia biblica presso l'università di Wittenberg

34) In che anno Francia e Spagna firmano la pace dei Pirenei che pone fine alla guerra franco-spagnola?

A. Nel 1660
B. Nel 1659
C. Nel 1759
D. Nel 1669
E. Nel 1559

35) Quale regione italiana era diventata la signoria di Cesare Borgia, detto il Valentino?

A. Romagna
B. Umbria
C. Marche
D. Abruzzi
E. Toscana

36) Nel 1534 in Inghilterra il Parlamento, con l'Atto di Supremazia, riconosce come capo della Chiesa d'Inghilterra re:

A. Carlo V
B. Enrico VIII
C. Enrico III
D. Guglielmo II
E. Giorgio I

37) Mantova dal 1328 al 1707 fu governata:

A. dagli Estensi
B. dai Visconti
C. dai Gonzaga
D. dai Malatesta
E. dai Medici

38) Tra chi fu combattuta la battaglia di Lepanto del 1571?

A. Tra aragonesi e l'Impero Ottomano
B. Tra francesi e aragonesi
C. Tra austriaci e francesi
D. Tra l'Impero ottomano e la Lega Santa
E. Tra l'Impero ottomano e gli austriaci

39) Nel 1664 gli inglesi tolsero New Amsterdam agli olandesi ribattezzandola:

A. New York
B. Boston
C. Baltimora
D. Filadelfia
E. Washington

40) Con l'affissione alla porta del duomo di Wittenberg delle Tesi, Lutero dichiara pubblicamente la rottura con la chiesa di Roma dando origine allo scisma protestante. In che anno furono affisse?

A. 1567
B. 1517
C. 1541
D. 1535
E. 1534

41) In che cosa consisteva la questione delle indulgenze?

A. È la concezione che suddivide la storia umana e quella del Popolo di Dio in particolare, in differenti periodi, età, ere o "dispensazioni". In ciascuno di quei periodi Dio avrebbe impartito particolari grazie, stabilito leggi, istituzioni, privilegi ecc. da considerarsi solo propri a quei periodi e non ad altri
B. Esiste un numero determinato di persone destinate ad essere in eterna comunione con Dio, mentre il resto dell'umanità segue la via del peccato fino alle sue estreme e giuste conseguenze
C. Verso il 1500 si diffuse la pratica dell'acquisto dell'indulgenza, ovvero il "peccatore" poteva comprare l'indulgenza in modo da accelerare il passaggio dell'anima dal purgatorio al paradiso
D. È lo studio della salvezza nel senso della liberazione dal male e dalle conseguenze della morte o come sopravvivenza dell'anima
E. È il divieto di predicazione ai questuanti, il dovere di residenza come condizione per la rendita dei benefici ecclesiastici e l'obbligo di residenza dei vescovi nelle loro diocesi

42) Come si concluse la famosa "disfida di Barletta" tenutasi il 13 febbraio 1503 tra tredici cavalieri italiani di stanza a Barletta ed altrettanti francesi?

A. Con la vittoria dei francesi
B. Con la vittoria degli italiani
C. Morirono tutti i cavalieri
D. L'intervento papale mise fine allo scontro senza vinti né vincitori
E. L'intervento delle popolazioni del luogo mise fine allo scontro senza né vinti né vincitori

43) Chi viene considerato il fondatore della scienza politica moderna?

A. Francesco Guicciardini
B. Lorenzo de' Medici
C. Girolamo Savonarola
D. Francesco Mario Pagano
E. Niccolò Machiavelli

44) In che anno terminò il cosiddetto scisma d'Occidente?

A. Nel 1427
B. Nel 1517
C. Nel 1417
D. Nel 1327
E. Nel 1527

45) In che anno il Congresso di Filadelfia approva la Dichiarazione d'indipendenza degli Stati Uniti d'America?

A. Nel 1775
B. Nel 1773
C. Nel 1783
D. Nel 1776
E. Nel 1789

46) Nel 1534 in Inghilterra venne dichiarato l'Atto di Supremazia ad opera del re Enrico VIII. Di cosa si trattava?

A. Dell'atto di supremazia della corona di Inghilterra su quella di Scozia
B. Della scissione della chiesa anglicana da quella cattolica, proclamata per decreto dallo stesso re
C. È un testo normativo che sanciva il passaggio per eredità delle cariche feudali maggiori
D. Chiariva i rapporti con i feudatari e regolamentava le questioni giurisdizionali interne e con gli Stati esteri
E. Dell'atto di supremazia della corona d'Inghilterra sulle colonie americane

47) L'editto di Nantes fu un decreto che pose termine alla serie di guerre di religione che avevano devastato la Francia dal 1562 al 1598, emanato dal re di Francia:

A. Francesco II
B. Carlo IX
C. Luigi XIII
D. Enrico IV
E. Enrico VIII

48) Nel 1572 Caterina de' Medici tentò di ricomporre la frattura fra protestanti e cattolici francesi. Come?

A. Con la promulgazione dell'Editto di Saint-Germain
B. Con l'abolizione dell'Editto di Saint-Germain
C. Con il matrimonio fra sua figlia Margherita e il re di Navarra, il protestante Enrico di Borbone
D. Con l'attentato al capo ugonotto Gaspard de Coligny
E. Nessuna risposta è corretta

49) In che periodo si svolsero i lavori del Concilio di Trento?

A. 1542 – 1561
B. 1545 – 1563
C. 1527 – 1560
D. 1536 – 1572
E. 1537 – 1545

50) In quale avvenimento storico si colloca la storia di Giovanna D'Arco, la "pulzella d'Orleans"?

A. Durante la guerra dei Tre Enrichi
B. Durante la guerra dei Sette Anni
C. Durante la guerra dei Trenta Anni
D. Nella guerra delle Due Rose
E. Nella guerra dei Cent'Anni tra Francia e Inghilterra

51) Nel corso della Rivoluzione Francese per "Terrore" si intende:

A. il periodo durante il quale i giacobini attuarono una fortissima repressione politica
B. il tentativo dei contadini di abolire con la forza la feudalità nelle campagne
C. il tentativo della borghesia di ripristinare con la forza il potere monarchico
D. il periodo durante il quale i girondini attuarono una fortissima repressione politica
E. la paura che serpeggiava fra i nobili

52) La guerra delle due rose fu una sanguinosa lotta dinastica combattuta in Inghilterra tra il 1455 ed il 1485 tra due diversi rami della casa regnante dei Plantageneti:

A. Stuart e Tudor
B. Tudor e York
C. Lancaster e York
D. Stuart e Windsor
E. Windsor e Lancaster

53) Il predominio spagnolo su tutta l'Italia venne definito nel 1559 con la pace di:

A. Augusta
B. Cateau-Cambrésis
C. Noyon
D. Lodi
E. Cambrai

54) In che anno Luigi XIV di Francia (detto Re Sole) sottomise alla monarchia la Chiesa cattolica francese (Chiesa gallicana)?

A. 1789
B. 1775
C. 1815
D. 1682
E. 1816

55) Nel 1660 in Inghilterra fu restaurata la monarchia ad opera di:

A. Elisabetta I
B. Oliver Cromwell
C. Giorgio I
D. Giacomo II
E. Carlo II

56) Che cosa sancì il Concilio di Trento?

A. Negò validità alla dottrina protestante affermando, fra le altre cose, che la Bibbia e l'insegnamento della Chiesa sono sullo stesso piano e che deve esistere un ordine sacerdotale distinto dai fedeli
B. Negò validità alla dottrina protestante introducendo però un nuovo rito della Messa, che portò al superamento, di fatto, del latino e delle pratiche religiose medievali
C. Accettò in seno alla Chiesa cattolica una parte della dottrina protestante abolendo alcune pratiche cattoliche come le indulgenze, i pellegrinaggi, la venerazione dei santi e delle reliquie
D. Negò validità alla dottrina protestante affermando che la salvezza cristiana non può ottenersi senza la liberazione economica, politica, sociale e ideologica, come visibili segni della dignità umana
E. Approvò la teoria calvinista della predestinazione degli Eletti e venne evi-

denziato il ruolo della libertà umana nella propria salvezza

57) Con la pace di Westfalia del 1648 quale potenza ottenne il predominio sul Baltico?

A. Polonia
B. Danimarca
C. Svezia
D. Russia
E. Germania

58) La guerra di successione spagnola fu determinata dal fatto che:

A. Carlo II d'Asburgo, per evitare che la Spagna passasse in mano francese, aveva indicato come legittimo erede al trono di Spagna l'imperatore austriaco Giuseppe I d'Asburgo
B. Carlo II, morto nel novembre del 1700, aveva designato come erede universale suo nipote Filippo d'Angiò, pronipote di Luigi XIV, con la clausola che le due corone di Francia e di Spagna non potessero mai essere riunite
C. Luigi XIV non voleva affidare al nipote il trono di Spagna, come contenuto nel testamento di Carlo II d'Asburgo
D. Carlo II d'Asburgo, morto senza eredi discendenti, aveva indicato nel suo testamento come erede al trono di Spagna Luigi XIV
E. Carlo II d'Asburgo, per evitare che la Spagna passasse in mano francese, aveva indicato come legittimo erede al trono di Spagna Leopoldo d'Asburgo

59) La Costituzione francese del 1791 prevedeva:

A. un sistema monocamerale senza diritto del re di interferire sul parlamento
B. un sistema bicamerale, con una camera elettiva e una di nomina regia
C. un sistema bicamerale cui spettava il potere legislativo, con il diritto di veto sospensivo per il re
D. il potere esecutivo esercitato dal re, ma sottoposto al controllo dell'Assemblea legislativa, e il potere giudiziario esercitato dai magistrati non più di nomina regia
E. un sistema monocamerale cui spettava il potere legislativo, con diritto di veto definitivo per il re

60) Carlo V abdicò, cedendo i suoi domini ereditari del ramo spagnolo, a favore del figlio:

A. Filippo III
B. Ferdinando il Cattolico
C. Filippo II
D. Ferdinando d'Asburgo
E. Filippo il Bello

3.3 • Storia contemporanea

61) Il Giappone coinvolge nella guerra gli USA quando attacca a sorpresa la base aeronavale di Pearl Harbor, nelle isole Hawaii. In quale anno avviene questo attacco?

A. 1940
B. 1943
C. 1944
D. 1941
E. 1938

62) I punti cardine del "New Deal", il programma attuato dal Presidente americano Roosevelt negli anni compresi tra i due conflitti mondiali, furono il sostegno all'agricoltura, la lotta alla disoccupazione e lo sviluppo del sindacalismo. L'enunciato proposto è corretto?

A. No, il "New Deal" aveva come punti cardine il sostegno all'industria a

scapito dell'agricoltura e l'ostilità al sindacalismo
B. No, il "New Deal" non fu attuato negli anni compresi tra i due conflitti mondiali, ma negli anni Sessanta
C. No, il "New Deal" non fu avviato dal Presidente Roosevelt, ma dal Presidente Carter
D. Sì
E. No, il "New Deal" aveva come punto cardine solo il sostegno alla piccola e media industria

63) Luigi Einaudi e Benedetto Croce, nel secondo dopoguerra italiano, furono esponenti di rilievo:

A. del Partito socialista italiano
B. del Partito comunista italiano
C. del Partito liberale italiano
D. della Democrazia cristiana
E. del Partito radicale italiano

64) Gli USA, nel 1949, costituirono un'alleanza militare di difesa, la NATO, alla quale si contrappose, nel 1955, un'alleanza sottoscritta tra l'URSS e i Paesi dell'Europa orientale nota come Patto di Varsavia. È corretto l'enunciato proposto?

A. Sì
B. No, nel 1949 venne costituito il Patto di Varsavia e nel 1955, di conseguenza, la NATO
C. No, la NATO venne costituita nell'immediato primo dopoguerra
D. No, il Patto di Varsavia venne costituito soltanto nel 1985, a seguito della dissoluzione dell'URSS
E. No, le date proposte nel quesito sono errate

65) In quale anno il Gran Consiglio del Fascismo approvò le leggi razziali e in cosa consistevano?

A. Furono deliberate nel 1928. Si trattava di una serie di provvedimenti che limitavano gravemente la libertà dei soli musulmani stranieri in Italia
B. Emanate nel 1921, si prefiggevano di espellere tutti gli stranieri dall'Italia e dalle colonie di Libia e Tunisia
C. Furono deliberate nel 1938. Si trattava di una serie di provvedimenti che limitavano gravemente la libertà degli Ebrei italiani e decretavano l'espulsione dal Paese degli Ebrei stranieri
D. Furono deliberate nel 1945. Si trattava di una serie di provvedimenti che limitavano la libertà di culto degli Ebrei italiani ma che di fatto non vennero mai applicate
E. Furono deliberate nel 1928. Si trattava di una serie di provvedimenti che limitavano la possibilità, per gli Ebrei italiani, di lavorare presso industrie militari

66) Il Presidente statunitense che, d'intesa col comando militare supremo, decise di stroncare ogni ulteriore resistenza giapponese ordinando i bombardamenti atomici di Hiroshima e Nagasaki dell'agosto 1945 fu:

A. Carter
B. Truman
C. Roosevelt
D. Nixon
E. Kennedy

67) Una delle grandi opere che fornirono le infrastrutture per il rilancio della produzione italiana nei primi anni del Novecento fu il traforo del Sempione, terminato nel 1906 quando a capo del governo vi era:

A. Giolitti
B. Depretis
C. Einaudi
D. Gramsci
E. Spadolini

68) Da chi era presieduto il Governo italiano che presentò al Parlamento, nel 1899, alcune leggi eccezionali che prevedevano pesanti limitazioni al diritto di associazione, di riunione e alla libertà di stampa?

A. Giuseppe Garibaldi
B. Luigi Pelloux
C. Camillo Benso di Cavour
D. Gabriele D'Annunzio
E. Vittorio Emanuele II

69) Nel 1945 in Italia, subito dopo la liberazione, si forma un governo provvisorio guidato da un leader del Partito d'Azione e del CLN; di chi si tratta?

A. Giovanni Leone
B. Ferruccio Parri
C. Giuseppe Saragat
D. Enrico Mattei
E. Giovanni Spadolini

70) In quale data Hitler fu chiamato a presiedere il governo?

A. Aprile 1922
B. Luglio 1943
C. Gennaio 1933
D. Dicembre 1939
E. Marzo 1938

71) Artefici della Carta Atlantica, nella quale vennero fissati, nell'agosto 1941, i principi di una politica comune tra Inghilterra e Stati Uniti, furono:

A. Truman e Carter
B. Truman e Churchill
C. Roosevelt e Churchill
D. Nixon e Churchill
E. Truman e Roosevelt

72) Nel 1978 un illustre statista democristiano, che si adoperava per un incontro tra le forze politiche del centro e della sinistra, fu rapito e ucciso. Chi era?

A. Aldo Moro
B. Giacomo Matteotti
C. Alcide De Gasperi
D. Enrico Mattei
E. Enrico Berlinguer

73) Per quello che riguarda la riforma elettorale, Giolitti estese il diritto di voto:

A. a tutti i cittadini, maschi e femmine
B. a tutti i cittadini maschi
C. anche ai cattolici e ai socialisti
D. a tutti i cittadini maschi con un reddito superiore alle ventimila lire annue
E. a tutti i cittadini maschi che avessero compiuto 22 anni

74) Nel corso del secondo conflitto mondiale, quando fu annunciato l'armistizio tra il Regno d'Italia e gli angloamericani?

A. 8 settembre 1943
B. 25 luglio 1943
C. 6 giugno 1944
D. 4 novembre 1940
E. 25 aprile 1945

75) In quale anno vi fu la marcia fascista su Roma?

A. 1924
B. 1919
C. 1922
D. 1920
E. 1921

76) In quale anno fu costruito il muro di Berlino?

A. 1961
B. 1968
C. 1953
D. 1946
E. 1951

77) Alla caduta del fascismo chi era sul trono italiano?

A. Umberto II
B. Umberto I
C. Vittorio Emanuele II
D. Vittorio Emanuele III
E. Vittorio Emanuele I

78) Il nome in codice con il quale i nazisti intendevano l'invasione dell'Unione Sovietica era:

A. Operazione Compass
B. Operazione Torch
C. Operazione Leone Marino
D. Operazione Barbarossa
E. Operazione Steppa

79) L'americano Neil Armstrong, con la missione Apollo 11, è il primo uomo a mettere piede sulla Luna. Che anno era?

A. 1969
B. 1967
C. 1971
D. 1968
E. 1972

80) La definizione del XX secolo come "secolo breve" è di:

A. Max Weber
B. Ernesto Galli della Loggia
C. Eric J. Hobsbawn
D. Giovanni Sabbatucci
E. Michel Foucault

81) Nel 1893 Giolitti è costretto a dimettersi:

A. perché la sua coalizione perse le elezioni
B. perché coinvolto nello scandalo della Banca Romana
C. perché era fallito l'ennesimo tentativo italiano di penetrare in Abissinia
D. per la feroce repressione di alcuni moti popolari
E. per gravi motivi di salute che lo portarono in breve tempo alla morte

82) Da quali potenze fu invasa la Polonia nel 1939?

A. Urss e Lituania
B. Germania e Urss
C. Germania e Finlandia
D. Germania e Ungheria
E. Urss e Cina

83) In che anno avvennero gli attentati mafiosi in cui trovarono la morte i giudici Giovanni Falcone e Paolo Borsellino?

A. Nel 1999
B. Nel 1994
C. Nel 1978
D. Nel 1992
E. Nel 1982

84) Quando e in quale località gli Stati Uniti furono attaccati a sorpresa dai giapponesi nel corso del secondo conflitto mondiale?

A. Il 23 agosto 1939 nelle Isole Midway
B. Il 10 giugno 1940 a Guadalcanal
C. Il 7 dicembre 1941 a Pearl Harbor
D. Il 10 luglio 1943 nelle Filippine
E. Il 25 novembre 1940 nel Mar dei Caraibi

85) Nel giugno del 1924 il segretario dei Socialisti riformisti fu rapito e ucciso dai fascisti dopo aver pubblicamente denunciato in Parlamento i brogli e le intimidazioni squadriste durante le elezioni del 1924. Chi era?

A. Carlo Rosselli
B. Eugenio Colorni
C. Giovanni Amendola
D. Giacomo Matteotti
E. Giuseppe Di Vittorio

86) Il piano Marshall:

A. fu varato dal Presidente Wilson insieme all'istituzione della Società delle Nazioni
B. fu varato dagli USA nel secondo dopoguerra
C. fu alla base del New Deal
D. venne pensato da Hitler per attaccare l'URSS
E. indirizzò lo sviluppo urbanistico di Londra

87) Dove e in quale anno fu assassinato John Fitzgerald Kennedy?

A. Nel 1967 a Houston
B. Nel 1961 a Chicago
C. Nel 1965 a Boston
D. Nel 1963 a Dallas
E. Nel 1968 a Washington

88) In quale anno avvenne il colpo di stato in Cile?

A. 1973
B. 1968
C. 1975
D. 1977
E. 1976

89) Quale movimento politico fu fondato a Parigi nel 1929 da un gruppo di esuli antifascisti, tra cui emerse come leader Carlo Rosselli?

A. Giustizia e Libertà
B. Mazzini Society
C. Concentrazione Antifascista
D. Brigate Garibaldi
E. Forza Nuova

90) Chi è il maggior rappresentante del pensiero politico federalista del Risorgimento?

A. Felice Cavallotti
B. Carlo Cattaneo
C. Gabriele Rosa
D. Giuseppe Mazzini
E. Giuseppe Garibaldi

91) Chi era Augusto Pinochet?

A. Dittatore del Cile dal 1973 al 1990
B. Capo delle forze armate argentine fino al 1983
C. Dittatore del Paraguay fino al 1989
D. Dittatore del Venezuela dal 1948 al 1958
E. Presidente della repubblica cilena dal 1950 al 1995

92) Come si chiama il luogo dove avvenne il 17 aprile 1961 un tentativo di invasione di Cuba effettuato da 1.511 esuli cubani emigrati negli Stati Uniti (Brigata 2506)?

A. Baia di Guantanamo
B. Isola della Gioventù (Isla de la Juventud)
C. Baia dei porci
D. Sierra Maestra
E. Baia di Hudson

93) Qual era la sede del governo della Repubblica Sociale Italiana?

A. Venezia
B. Verona
C. Milano
D. Salò
E. Torino

94) Charles De Gaulle esortò i francesi alla resistenza lanciando un drammatico appello dai microfoni di:

A. Radio Francia
B. Radio Parigi Libera
C. Radio Maquis
D. Radio Londra
E. Radio Resistenza

95) In quale città si assisté al massacro di Piazza Tien'anmen del 1989?

A. Shenzhen

B. Hong Kong
C. Shanghai
D. Canton
E. Pechino

96) Nel 1969, Yasser Arafat divenne il Presidente del Comitato Esecutivo dell'Organizzazione:

A. Movimento per la jihad islamica in Palestina
B. Hamas
C. OLP (Organizzazione per la Liberazione della Palestina)
D. Congresso Islamico Mondiale
E. Al Qaida

97) Che cosa avvenne il 12 dicembre 1969 in Italia?

A. Un tentativo di colpo di Stato (Golpe Borghese)
B. Il sequestro di Aldo Moro
C. La strage di Piazza Fontana
D. La caduta del governo democristiano guidato da Mariano Rumor
E. L'attentato a Giovanni Paolo II

98) Da chi fu redatto il "Manifesto di Ventotene" durante il periodo di confino negli anni '40?

A. Altiero Spinelli ed Ernesto Rossi
B. Riccardo Bauer e Silvio Trentin
C. Carlo Rosselli e Nello Rosselli
D. Norberto Bobbio e Aldo Garosci
E. Sandro Pertini e Primo Levi

99) Da quali nazioni venne combattuta la "guerra dei sei giorni" nel 1967?

A. Israele contro Egitto, Siria e Giordania
B. Israele contro Egitto, Siria e Libano
C. Israele contro Egitto e Libia
D. Egitto contro Giordania e Libano
E. Libano contro Giordania e Siria

100) In quale anno le truppe statunitensi si ritirarono dal Vietnam?

A. 1985
B. 1968
C. 1975
D. 1979
E. 1965

RISPOSTE CORRETTE

1) B	21) C	41) C	61) D	81) B
2) A	22) D	42) B	62) D	82) B
3) C	23) A	43) E	63) C	83) D
4) C	24) C	44) C	64) A	84) C
5) B	25) B	45) D	65) C	85) D
6) D	26) A	46) B	66) B	86) B
7) D	27) A	47) D	67) A	87) D
8) A	28) D	48) C	68) B	88) A
9) B	29) E	49) B	69) B	89) A
10) D	30) B	50) E	70) C	90) B
11) A	31) C	51) A	71) C	91) A
12) D	32) D	52) C	72) A	92) C
13) C	33) E	53) B	73) B	93) D
14) C	34) B	54) D	74) A	94) D
15) D	35) A	55) E	75) C	95) E
16) B	36) B	56) A	76) A	96) C
17) D	37) C	57) C	77) D	97) C
18) A	38) D	58) B	78) D	98) A
19) B	39) A	59) D	79) A	99) A
20) D	40) B	60) C	80) C	100) C

CAPITOLO 4

Educazione civica

1) Un cittadino che abbia 40 anni può aspirare ad essere eletto:

A. Presidente della Repubblica
B. solo alla carica di Deputato
C. sia alla carica di Senatore sia alla carica di Deputato
D. a tutti gli incarichi citati
E. solo alla carica di Senatore

2) A quale organo la Costituzione attribuisce la funzione giudiziaria?

A. Alla Magistratura
B. Al Governo
C. Alla Corte Suprema
D. Al Parlamento
E. Al Ministero dell'Interno

3) La sede della Camera dei Deputati è:

A. Palazzo Madama
B. Palazzo Montecitorio
C. Palazzo Farnese
D. Palazzo Chigi
E. La Consulta

4) In quale anno è stato introdotto l'istituto del divorzio in Italia?

A. Nel 1948 con la Costituzione
B. Nel 1975 e confermato col referendum del 1980
C. Nel 1980
D. Nel 1970 e confermato con un referendum popolare nel 1974
E. Nel 1975

5) A norma del dettato costituzionale la Camera dei Deputati e il Senato della Repubblica sono eletti per cinque anni; tale periodo è indicato con il termine:

A. legislatura
B. governatorato
C. reggenza
D. quinquennio istituzionale
E. direttorio

6) In Italia le nomine dei magistrati:

A. sono stabilite dalla Corte di Cassazione
B. sono di esclusiva competenza dei nove giudici costituzionali eletti dal Parlamento in seduta comune
C. hanno luogo per concorso
D. sono di competenza del Presidente della Repubblica
E. sono stabilite esclusivamente dal Consiglio superiore della magistratura

7) Quale organo dell'ONU ha sede a L'Aia?

A. L'Assemblea Generale
B. Il Consiglio europeo
C. La Corte di giustizia
D. Il Consiglio di Sicurezza
E. Il Segretario generale

8) Chi ha il potere di sciogliere anticipatamente le Camere?

A. Il Ministro dell'Interno
B. Il Senato
C. Il Presidente del Consiglio dei Ministri
D. Il Presidente della Corte Costituzionale
E. Il Presidente della Repubblica

9) Secondo la Costituzione italiana, chi ha la sovranità?

A. Il popolo che la esprime delegando il potere decisionale o esercitandolo direttamente
B. Il Presidente della Repubblica
C. La Corte Costituzionale
D. Direttamente il popolo italiano
E. Il Parlamento

10) Dove è la sede del Parlamento Europeo?

A. A Monaco, in Germania
B. A Strasburgo, in Francia
C. A Madrid, in Spagna
D. A Ginevra, in Svizzera
E. A Roma, in Italia

11) Il Parlamento in seduta comune NON si riunisce per:

A. eleggere i senatori a vita
B. eleggere il Presidente della Repubblica
C. assistere al giuramento di fedeltà alla Repubblica e di osservanza della Costituzione del Presidente della Repubblica
D. eleggere un terzo dei membri del Consiglio Superiore della Magistratura
E. eleggere cinque membri della Corte costituzionale

12) Una Costituzione si dice flessibile quando le norme costituzionali possono essere abrogate o modificate:

A. solo da leggi speciali
B. solo da una particolare procedura
C. da leggi ordinarie
D. da leggi regionali
E. da altre leggi costituzionali

13) Quali sono i principali organi dell'ONU?

A. Parlamento, Consiglio dei ministri, Consiglio di Sicurezza
B. Assemblea generale, Consiglio di sicurezza, Segretario generale
C. Assemblea generale, Assemblea decisionale, Cancellierato
D. Parlamento, Camera dei Comuni, Premierato
E. Consiglio di sicurezza e Assemblea generale

14) È possibile appartenere contemporaneamente alle due Camere?

A. No, la Costituzione italiana vieta l'appartenenza contemporanea alle due Camere
B. Sì, lo prevede espressamente la Costituzione italiana
C. La Costituzione italiana prevede la possibilità di contemporanea appartenenza alle due Camere soltanto per chi abbia illustrato la patria per particolari meriti
D. La Costituzione italiana prevede la possibilità di contemporanea appartenenza alle due Camere soltanto per chi abbia superato i sessanta anni di età
E. La Costituzione italiana prevede la possibilità di contemporanea appartenenza alle due Camere soltanto per gli ex Presidenti della Repubblica

15) Le leggi sono promulgate:

A. dalla Camera dei deputati
B. dal Senato della Repubblica
C. da entrambe le Camere
D. dal Presidente della Repubblica
E. dal Presidente del Consiglio dei ministri

16) Cosa si intende per "cittadinanza"?

A. Il diritto a possedere una carta d'identità
B. Il documento che dichiara l'appartenenza di una persona ad uno Stato

C. L'appartenenza di un cittadino ad uno Stato, e quindi l'insieme dei diritti e doveri che un cittadino possiede nei confronti di tale Stato
D. L'appartenenza di una persona ad una città che si trova in un determinato Stato
E. Il Comune di residenza

17) La Corte Costituzionale è l'organo che giudica sulla:

A. legittimità delle leggi e dei regolamenti amministrativi
B. legittimità delle leggi e degli altri atti aventi forza e valore di legge
C. legittimità delle leggi e degli altri atti aventi forza di legge rispetto al Trattato della Unione Europea
D. lesione dei diritti fondamentali dell'uomo
E. costituzionalità dei disegni di legge

18) Dove ha sede la Presidenza del Consiglio dei Ministri?

A. A Palazzo Chigi, a Roma
B. A Palazzo Grazioli, a Roma
C. A Palazzo Madama, a Roma
D. A Palazzo del Quirinale, a Roma
E. Alla Farnesina

19) Una legge pubblicata sulla Gazzetta Ufficiale, salvo diversi termini in essa stabiliti, entra in vigore:

A. dopo un mese dal giorno della pubblicazione
B. il giorno stesso della pubblicazione
C. dopo sei mesi dalla pubblicazione
D. dopo quindici giorni dalla pubblicazione
E. dopo una settimana dalla pubblicazione

20) Quando è stata costituita l'ONU?

A. Nel 1955
B. Nel 1918
C. Nel 1945
D. Nel 1935
E. Nel 1948

21) Quale dei seguenti è l'organo di indirizzo e controllo politico-amministrativo dell'Amministrazione comunale?

A. Difensore civico comunale
B. Consiglio comunale
C. Segretario Comunale
D. Giunta comunale
E. Sindaco

22) In base alla Costituzione italiana, la libertà personale è:

A. inviolabile
B. sacra
C. assoluta
D. totale
E. soggettiva

23) È un atto avente forza di legge emanato dal potere esecutivo per delega del potere legislativo:

A. il referendum
B. il Decreto del Presidente della Repubblica
C. il Decreto legislativo
D. il Decreto ingiuntivo
E. il Decreto Legge

24) La capacità di eleggere e di essere eletti Senatori si acquista, rispettivamente:

A. a 18 e a 40 anni
B. a 25 e a 50 anni
C. a 21 e a 50 anni
D. a 25 e a 40 anni
E. a 18 e a 50 anni

25) L'amnistia si ha quando:

A. viene condonata in tutto o in parte la pena inflitta

B. lo Stato rinuncia ad accertare e/o punire alcuni tipi di reato
C. viene concessa al condannato la possibilità di uscire dal carcere o dal riformatorio
D. il condannato a pene detentive viene ammesso alla libertà condizionata
E. il condannato all'ergastolo usufruisce di una riduzione della pena

26) Quale dei seguenti non ha ricoperto la carica di Presidente della Repubblica?

A. Giulio Andreotti
B. Francesco Cossiga
C. Enrico De Nicola
D. Oscar Luigi Scalfaro
E. Giovanni Leone

27) I primi dodici articoli della Costituzione italiana contengono:

A. i principi fondamentali
B. i diritti e doveri dei cittadini
C. l'ordinamento della Repubblica
D. la formazione delle leggi
E. i rapporti etico-sociali

28) Da chi sono svolte le funzioni del Presidente della Repubblica nel caso che egli non possa adempierle?

A. Dal Presidente del Consiglio dei ministri
B. Da nessuno; si indice necessariamente l'elezione del nuovo Presidente della Repubblica
C. Dal Presidente della Camera dei deputati
D. Dal Presidente del Senato
E. Dal Presidente della Corte Costituzionale

29) La crisi di Governo si determina quando:

A. un Ministro viene indagato
B. il Governo perde la fiducia delle Camere
C. la situazione economica del Paese è critica
D. le opposizioni lo richiedono
E. il Presidente della Repubblica sfiducia il Parlamento

30) Il disegno di legge è una proposta di legge presentata al Parlamento:

A. dal Consiglio di Stato
B. da almeno 50.000 elettori
C. da qualunque parlamentare
D. da almeno cinque Consigli regionali
E. dal Governo

31) Tra gli istituti specializzati dell'ONU, quale opera per favorire la conoscenza e la comprensione reciproca fra i popoli?

A. Fondo Monetario Internazionale (FMI)
B. Organizzazione Internazionale del Lavoro (OIL)
C. Organizzazione Mondiale della Sanità (OMS)
D. Organizzazione delle Nazioni Unite per l'Educazione, la Scienza e la Cultura (UNESCO)
E. Alto Commissariato delle Nazioni Unite per i rifugiati (UNHCR)

32) Quale delle seguenti istituzioni ha il compito di controllare le finanze dell'Unione Europea?

A. Banca centrale europea
B. Corte dei conti europea
C. Comitato economico e sociale europeo
D. Parlamento europeo
E. Corte di giustizia dell'Unione Europea

33) Cosa stabilisce la Costituzione italiana in merito ai rapporti tra lo Stato e la Chiesa cattolica?

A. La Costituzione italiana all'art. 7 stabilisce che la Chiesa cattolica si trova in posizione di completa dipendenza dallo Stato italiano

B. La Costituzione italiana non affronta in alcun modo la questione dei rapporti tra Stato e Chiesa cattolica
C. La Costituzione italiana recita che "lo Stato e la Chiesa cattolica sono, ciascuno nel proprio ordine, indipendenti e sovrani"
D. Che in proposito non hanno alcun valore i Patti Lateranensi
E. Che i rapporti tra lo Stato e la Chiesa cattolica devono essere stabiliti da leggi ordinarie

34) Il Presidente della Repubblica italiana può sciogliere le Camere?

A. Sì, lo scioglimento delle Camere costituisce l'unica funzione attribuita al Presidente della Repubblica dalla Costituzione
B. No, la Costituzione non prevede alcun caso in cui le Camere possano essere sciolte
C. No, l'unico organo legittimato a sciogliere le Camere è il Presidente del Consiglio dei ministri
D. Sì, la Costituzione italiana prevede che il Presidente della Repubblica possa sciogliere le Camere, o anche una sola di esse
E. No, l'unico organo legittimato a sciogliere le Camere è il vice presidente di ciascun ramo del Parlamento

35) La nostra Costituzione è "rigida", quindi è immutabile?

A. No, in qualsiasi momento il Parlamento può approvare una modifica alla Costituzione come un qualsiasi altro provvedimento legislativo
B. Può essere modificata, ma può farlo solo il Presidente della Repubblica
C. No, la revisione è possibile ma solo mediante particolari procedure e maggioranze
D. Certo
E. No, la revisione è possibile solo mediante il referendum costituzionale

36) Le leggi entrano in vigore:

A. quindici giorni dopo la loro pubblicazione, a meno che le stesse leggi non stabiliscano un termine diverso
B. in ogni caso, quindici giorni dopo la loro pubblicazione
C. subito dopo la loro promulgazione
D. subito dopo la loro approvazione da parte del Parlamento
E. subito dopo la loro approvazione da parte delle Commissioni permanenti

37) Una forma di regime nella quale tutto il potere statale è nelle mani di un unico uomo si definisce:

A. democrazia
B. autocrazia
C. aristocrazia
D. oligarchia
E. anarchia

38) Il giudice di appello sulle sentenze dei tribunali amministrativi regionali è:

A. la Cassazione
B. la Corte dei Conti
C. la Corte Costituzionale
D. la Corte d'Assise
E. il Consiglio di Stato

39) Qual è la durata della legislatura?

A. La Costituzione italiana prescrive che la Camera dei deputati e il Senato della Repubblica sono eletti, rispettivamente, per sette anni e per sei anni
B. La Costituzione italiana stabilisce che la legislatura duri tre anni
C. La Costituzione italiana prescrive che la Camera dei deputati e il Senato della Repubblica sono eletti per cinque anni

D. La Costituzione italiana prevede che la legislatura duri quattro anni
E. La Costituzione prevede che la legislatura duri fin quando non vengono sciolte le Camere

40) Nel nostro ordinamento non esiste l'istituto:

A. della mozione di sfiducia
B. del referendum abrogativo
C. del referendum costituzionale
D. del voto di fiducia costruttivo
E. del referendum confermativo

41) Quale delle seguenti affermazioni, in materia di diritti e doveri dei cittadini, non è conforme a quanto prescritto dalla Costituzione italiana?

A. Non è ammessa la pena di morte
B. La responsabilità penale è personale
C. L'imputato non è considerato colpevole sino alla condanna definitiva
D. Tutte le pene possono tendere alla rieducazione del condannato
E. La scuola è aperta a tutti

42) Prima di assumere le sue funzioni, il Presidente della Repubblica presta giuramento di fedeltà alla Repubblica e di osservanza della Costituzione; dinanzi a chi presta tale giuramento?

A. Dinanzi al Parlamento in seduta comune
B. Dinanzi al Presidente del Senato
C. Dinanzi ai senatori a vita
D. Dinanzi al Presidente del Consiglio dei ministri
E. Dinanzi al Palazzo del Quirinale

43) Le leggi regionali possono essere fonte del diritto penale?

A. Sì, perché la Costituzione riconosce alle Regioni la potestà legislativa
B. No, perché la Costituzione non riconosce alle Regioni la potestà legislativa
C. Sì, perché le leggi regionali rientrano tra le fonti del diritto
D. Sì, ma soltanto riguardo ai reati penali commessi nell'ambito del proprio territorio
E. No, perché la potestà legislativa in materia penale spetta solo allo Stato

44) Perché ne sia garantita l'autonomia di giudizio, la magistratura costituisce un ordine autonomo, che non dipende:

A. dal Governo, ma dipende solo dal Parlamento
B. né dal Parlamento né dal Governo
C. dal Parlamento, ma dipende solo dal Governo
D. dal Parlamento, ma dal Governo e dal Presidente della Repubblica
E. dal Parlamento né dal Governo, ma solo dal Presidente della Repubblica

45) Che cosa è necessario per riformare un articolo della Costituzione italiana?

A. Due deliberazioni da parte di entrambe le Camere e la maggioranza assoluta nella seconda votazione in ciascuna Camera
B. Un'unica deliberazione di entrambe le Camere e la maggioranza dei due terzi al Senato
C. Un'unica deliberazione a Camere riunite alla presenza del Presidente della Repubblica
D. Due deliberazioni a Camere riunite alla presenza del Presidente della Repubblica
E. Un decreto legge approvato dal Consiglio dei Ministri ed emanato dal Presidente della Repubblica

46) Quanti elettori possono richiedere un referendum abrogativo?

A. Settantamila elettori
B. Cinquantamila elettori
C. Cinquecentomila elettori

D. Centomila elettori
E. Trentamila elettori

47) In Italia la Festa della Repubblica si celebra il giorno:

A. 1° maggio
B. 5 luglio
C. 8 settembre
D. 2 giugno
E. 14 luglio

48) Non è una Regione a statuto speciale:

A. Trentino-Alto Adige
B. Friuli-Venezia Giulia
C. Veneto
D. Valle d'Aosta
E. Sicilia

49) Quale organo dell'ONU ha il potere decisionale?

A. L'Assemblea generale
B. La Corte Suprema
C. Il Gran Consiglio degli Stati
D. Il Consiglio di sicurezza
E. La Corte internazionale di giustizia

50) La Dichiarazione universale dei diritti umani è stata emanata:

A. nel 1948
B. nel 1987
C. nel 2003
D. nel 1789
E. nel 1816

51) Da chi fu discussa, elaborata ed approvata la Costituzione italiana?

A. Dal Parlamento
B. Dall'Assemblea Costituente
C. Dal Consiglio dei Ministri
D. Dal Senato della Repubblica
E. Dal Gran Consiglio del fascismo

52) La Costituzione italiana prevede l'esistenza dei partiti politici?

A. Sì, l'art. 49 dispone la facoltà di tutti i cittadini di associarsi liberamente in partiti
B. No, l'esistenza dei partiti è una consuetudine storica
C. No, i partiti politici sono espressione della democrazia moderna
D. Sì, ma solo di quelli che già esistevano al momento dell'approvazione della carta costituzionale
E. Sì, nelle disposizioni transitorie e finali

53) Come si chiama l'atto giudiziario col quale una persona viene informata che il Pubblico Ministero sta indagando nei suoi confronti?

A. Indagini preliminari
B. Istruttoria
C. Ipotesi di reato
D. Incidente probatorio
E. Informazione di garanzia

54) Chi ha l'obbligo di esercitare l'azione penale?

A. Il Giudice di pace
B. Il Consiglio di Stato
C. Il Pubblico Ministero
D. Il Giudice naturale
E. Il Guardasigilli

55) Una imposta che incide sull'imponibile attraverso un'aliquota stabile e costante si dice:

A. verticale
B. proporzionale
C. progressiva
D. reale
E. orizzontale

56) A quale organo la Costituzione attribuisce la funzione legislativa?

A. Alla Magistratura
B. Al Governo

C. Al Presidente del Consiglio
D. Al Parlamento
E. Ai singoli ministri

57) Quanto dura in carica il Presidente della Repubblica?

A. 10 anni
B. 7 anni
C. 4 anni
D. 5 anni
E. 3 anni

58) Quanti Paesi firmarono il Trattato di Roma che, nel 1957, diede vita all'odierna Unione Europea?

A. 6 Paesi
B. 5 Paesi
C. 10 Paesi
D. 8 Paesi
E. 25 Paesi

59) Cosa sono i dazi doganali?

A. Imposte che possono essere messe solo sui beni importati sui territori nazionali
B. Imposte che possono essere messe solo sui beni importati o in transito sui territori nazionali
C. Imposte che possono essere messe sui beni importati o esportati sui territori nazionali
D. Imposte che possono essere messe solo sui beni in transito
E. Imposte che possono essere messe solo sui beni esportati

60) La Costituzione italiana, trattando dei diritti e doveri dei cittadini, affronta il tema della famiglia. In proposito all'art. 29 sancisce che la Repubblica riconosce i diritti della famiglia come società naturale fondata:

A. sull'educazione dei figli
B. sul matrimonio
C. sul rispetto dei coniugi
D. sulla salute
E. sulla fedeltà dei coniugi

61) Un terzo dei giudici della Corte Costituzionale è nominato:

A. dall'Associazione Nazionale Magistrati
B. dall'Ordine degli Avvocati
C. dal Consiglio Superiore della Magistratura
D. dal Presidente della Repubblica
E. dal popolo chiamato ad esprimersi tramite referendum

62) Quante regioni sono previste dalla Costituzione italiana?

A. 15
B. 32
C. 21
D. 20
E. 22

63) In quale data l'euro è entrato in circolazione?

A. Il 1° gennaio 2002
B. Il 1° gennaio 2000
C. Il 1° gennaio 2001
D. Il 1° gennaio 2003
E. Il 1° gennaio 1999

64) Indicare il più giovane Presidente degli Stati Uniti d'America:

A. Theodore Roosevelt
B. Barack Hussein Obama
C. John Fitzgerald Kennedy
D. Bill Clinton
E. Ronald Reagan

65) Il diritto al lavoro di tutti i cittadini è sancito:

A. dal diritto sindacale
B. dalla Costituzione
C. dal Codice civile

D. dalla Gazzetta Ufficiale
E. dal Codice penale

66) Uno degli elementi che differenziano la Camera dei Deputati dal Senato della Repubblica è dato dai requisiti richiesti ai cittadini per esercitare la capacità di voto e per essere eletti. Non si può essere eletti senatori se non al superamento:

A. dei 25 anni di età
B. dei 50 anni di età
C. dei 40 anni di età
D. dei 21 anni di età
E. dei 35 anni di età

67) Ai sensi del dettato costituzionale, è senatore di diritto e a vita, salvo rinunzia:

A. chi è stato Presidente del Senato
B. solo chi ha illustrato la patria per meriti civili o sociali
C. chi è stato Presidente della Repubblica
D. chi ha ricoperto la carica di Presidente del Consiglio dei Ministri
E. tutti i senatori che abbiano compiuto 80 anni

68) Dove ha sede il Senato della Repubblica?

A. A Palazzo Madama
B. A Palazzo Montecitorio
C. A Palazzo del Quirinale
D. A Palazzo Venezia
E. A Palazzo Chigi

69) A cosa si riferisce l'espressione semestre bianco?

A. Ai primi sei mesi del mandato del Presidente della Repubblica
B. Ai primi sei mesi di una legislatura
C. Al periodo durante il quale le Camere devono interrompere i lavori parlamentari
D. Al periodo durante il quale le Camere devono approvare tutti i disegni di legge in discussione
E. Al periodo durante il quale il Presidente della Repubblica italiana non può sciogliere le Camere

70) Qual è l'organo deliberativo del Comune?

A. Il Consiglio comunale
B. La Giunta comunale
C. Il Sindaco
D. Il Segretario comunale
E. Il Commissario prefettizio

71) Quale dei seguenti Ministri è anche comunemente detto Guardasigilli?

A. Ministro della Giustizia
B. Ministro della Difesa
C. Ministro dell'Interno
D. Ministro degli Esteri
E. Ministro dell'Economia

72) Qual è la forma di governo dell'Unione Europea?

A. Federale
B. Parlamentare
C. Presidenziale
D. Direttoriale
E. Repubblicana

73) Quale dei seguenti Paesi non fa parte della cosiddetta zona euro?

A. Irlanda
B. Malta
C. Portogallo
D. Danimarca
E. Lussemburgo

74) Qual è la sede permanente della Corte Costituzionale?

A. Il Palazzo Chigi di Ariccia
B. Il Palazzo Barberini a Roma
C. Il Palazzo della Consulta a Roma

D. Il Palazzo Sforza a Milano
E. Castel Sant'Angelo a Roma

75) Quale dei seguenti Paesi è membro permanente del Consiglio di sicurezza dell'ONU?

A. La Spagna
B. Il Cile
C. La Grecia
D. Il Regno Unito di Gran Bretagna
E. Cuba

76) Nel dicembre 1991 si è verificato in Italia l'unico caso di richiesta di messa in stato d'accusa di un Presidente della Repubblica: di chi si trattava?

A. Francesco Cossiga
B. Oscar Luigi Scalfaro
C. Giovanni Leone
D. Giorgio Napolitano
E. Giuseppe Saragat

77) Cosa s'intende per Prodotto Interno Lordo?

A. L'insieme delle spese e delle entrate di uno Stato
B. Il valore complessivo dei beni e dei servizi che vengono prodotti in un Paese
C. L'ammontare totale dei debiti contratti dallo Stato
D. La spesa che lo Stato sostiene per il mantenimento dei Ministeri
E. Il valore complessivo dei beni acquistabili dai cittadini

78) Per scrutinio palese si intende una procedura di votazione:

A. per iscritto
B. per acclamazione
C. per alzata di mano
D. segretata
E. per lettura orale dinanzi all'Assemblea

79) Il referendum abrogativo non è ammesso:

A. per le leggi tributarie e di bilancio
B. per le leggi di amnistia
C. per le leggi di indulto
D. per la ratifica dei trattati internazionali
E. tutte le alternative sono vere

80) Cosa s'intende per Bilancia dei Pagamenti?

A. La registrazione delle transazioni di un Paese con il Resto del mondo
B. Il bilancio dello Stato
C. L'insieme dei crediti vantati da uno Stato nei confronti di un altro
D. Il disavanzo pubblico
E. La registrazione delle entrate di moneta derivanti dalla vendita di beni e servizi

81) Il Consiglio Atlantico, organo supremo della NATO, ha sede a:

A. Bruxelles
B. Ginevra
C. New York
D. Strasburgo
E. Roma

82) Quale tra le seguenti personalità politiche italiane NON è mai stato eletto Presidente della Repubblica?

A. Giuseppe Saragat
B. Giovanni Gronchi
C. Giovanni Spadolini
D. Luigi Einaudi
E. Carlo Azeglio Ciampi

83) Quale dei seguenti noti personaggi del mondo politico, in un discorso del 1950, propose per la prima volta un'unione dei Paesi europei?

A. Il Primo ministro britannico Winston Churchill

B. Il ministro degli Affari Esteri francesi Robert Schuman
C. Il Presidente della Repubblica Italiana Giovanni Leone
D. Il Presidente della Repubblica democratica tedesca Walter Ulbricht
E. Il Presidente del Consiglio italiano Alcide De Gasperi

84) Come viene chiamato in Germania il Capo del Governo?

A. Cancelliere
B. Lord Major
C. Segretario di Stato
D. Capo del Bundestag
E. Presidente

85) Di quanti articoli si compone la nostra Costituzione?

A. 150
B. 438
C. 491
D. 139
E. 135

86) Come si definiscono le sentenze della Corte Costituzionale che negano l'incostituzionalità di una legge?

A. Sentenze di rigetto
B. Sentenze costitutive
C. Sentenze nomofilattiche
D. Sentenze di accoglimento
E. Sentenze negative

87) I Paesi membri dell'ONU aventi diritto di veto sono:

A. tutti gli Stati membri del Consiglio di Sicurezza
B. Stati Uniti, Russia, Cina, Italia, Gran Bretagna, Francia
C. Stati Uniti e Gran Bretagna
D. Stati Uniti, Russia, Cina, Gran Bretagna, Francia
E. Stati Uniti, Russia, Cina, Giappone, Gran Bretagna, Francia

88) In base alla Costituzione italiana, chi giudica sulle accuse promosse contro il Presidente della Repubblica?

A. Il Parlamento in seduta plenaria
B. La Magistratura ordinaria
C. L'Avvocatura di Stato
D. La Corte Costituzionale
E. La Suprema Corte di Cassazione

89) Quanti anni restano in carica i giudici della Corte costituzionale?

A. 5 anni
B. 10 anni
C. 9 anni
D. 7 anni
E. A vita

90) Quale delle seguenti affermazioni è corretta in base al dettato costituzionale?

A. Solo i provvedimenti restrittivi della libertà personale devono essere motivati
B. Tutti i provvedimenti giurisdizionali devono essere motivati
C. Solo i provvedimenti amministrativi devono essere motivati
D. Alcuni provvedimenti giurisdizionali possono essere motivati a discrezione del giudice
E. Tutti i provvedimenti emessi dalle autorità di pubblica sicurezza devono essere motivati e sono immediatamente ricorribili per Cassazione

91) Secondo la Costituzione italiana, lo Stato italiano e la Chiesa sono:

A. sovrani e indipendenti, ciascuno nel proprio ordine
B. dipendenti, nel senso che l'ordinamento della Chiesa deve essere conforme a quello dello Stato italiano
C. sovrani ciascuno nel proprio ordine, ma la Chiesa dipende economicamente dallo Stato italiano

D. indipendenti, ma l'ordinamento della Repubblica deve tenere conto dei principi della religione cattolica, che è la religione di Stato
E. dipendenti, nel senso che l'ordinamento dello Stato deve essere conforme ai principi della Chiesa

92) Secondo la Costituzione italiana, la Repubblica richiede espressamente l'adempimento dei doveri inderogabili di solidarietà politica, economica e:

A. umana
B. nazionale
C. popolare
D. cristiana
E. sociale

93) Prima di assumere le proprie funzioni, i ministri prestano giuramento:

A. nelle mani del Presidente del Consiglio dimissionario
B. sul Vangelo e sulla Costituzione
C. davanti al popolo italiano rappresentato dal senatore a vita più anziano
D. nelle mani del Presidente della Repubblica
E. in nome del popolo italiano

94) Quale dei seguenti è un requisito indispensabile perché uno Stato possa essere accettato nell'Unione Europea?

A. Rispetto dei parametri di Maastricht
B. Sottoscrizione del Trattato di Kyoto
C. Stabilità della democrazia
D. Essere membro permanente del Consiglio di Sicurezza dell'ONU
E. Avere la bilancia commerciale in attivo da almeno cinque anni

95) La norma giuridica ha carattere coercitivo perché:

A. il suo rispetto si impone con la forza o minacciando di usarla
B. è spontaneamente accettata dall'uomo
C. deve essere osservata dai cittadini solo in casi eccezionali
D. essa si fonda esclusivamente sull'uso della bonaria persuasione
E. deve essere imposta all'uomo in quanto incapace di autogestirsi

96) Cosa sanciscono in generale le leggi?

A. Solo i doveri dei cittadini
B. Solo i diritti dei cittadini
C. La posizione di preminenza dello Stato nei confronti dei cittadini
D. I diritti e i doveri dei cittadini
E. Solo le materie non espressamente trattate dalla Costituzione

97) Lo Stato è rappresentativo se:

A. rappresenta le classi sociali meno abbienti
B. rappresenta effettivamente tutti i cittadini aventi diritti al voto
C. il popolo esercita la sovranità attraverso i suoi rappresentanti
D. rappresenta esclusivamente le classi sociali produttive
E. rappresenta tutti i cittadini maggiorenni e con un titolo di studio superiore

98) Il diritto di sciopero nei servizi pubblici essenziali:

A. può essere esercitato in qualsiasi momento senza preavviso
B. non è regolato da alcuna norma
C. è assolutamente vietato
D. può essere esercitato solo in particolari periodi dell'anno
E. è disciplinato da apposita legge

99) Non è ammesso il referendum popolare per le leggi:

A. che disciplinano la materia elettorale
B. tributarie e di bilancio

C. costituzionali
D. disciplinanti l'ordinamento della Magistratura
E. in materia penale

100) Il Presidente della Repubblica alla scadenza del mandato è rieleggibile?

A. No, alla scadenza del mandato il Presidente diventa senatore a vita
B. Sì, ma solo in seguito ad accordo unanime del Parlamento
C. Sì, in quanto il testo costituzionale non pone alcun espresso divieto al riguardo
D. Sì, ma solo per una volta
E. No, alla scadenza del mandato il Presidente non può ricoprire alcuna carica istituzionale

RISPOSTE CORRETTE

1) C	21) B	41) D	61) D	81) A
2) A	22) A	42) A	62) D	82) C
3) B	23) C	43) E	63) A	83) B
4) D	24) D	44) B	64) C	84) A
5) A	25) B	45) A	65) B	85) D
6) C	26) A	46) C	66) C	86) A
7) C	27) A	47) D	67) C	87) D
8) E	28) D	48) C	68) A	88) D
9) A	29) B	49) D	69) E	89) C
10) B	30) E	50) A	70) A	90) B
11) A	31) D	51) B	71) A	91) A
12) C	32) B	52) A	72) B	92) E
13) B	33) C	53) E	73) D	93) D
14) A	34) D	54) C	74) C	94) C
15) D	35) C	55) B	75) D	95) A
16) C	36) A	56) D	76) A	96) D
17) B	37) B	57) B	77) B	97) C
18) A	38) E	58) A	78) C	98) E
19) D	39) C	59) C	79) E	99) B
20) C	40) D	60) B	80) A	100) C

CAPITOLO 5
Geografia

5.1 • Geografia fisica

Geografia d'Italia

1) Parlando delle catene montuose che si estendono nella Penisola italiana, si può dire che le Cozie appartengono:

A. alle Alpi Centrali
B. alle Alpi Orientali
C. agli Appennini
D. alle Alpi Occidentali
E. alle Dolomiti

2) Escludendo la Sicilia e la Sardegna, quale tra le regioni italiane vanta la maggiore lunghezza del proprio litorale?

A. Puglia
B. Campania
C. Liguria
D. Toscana
E. Calabria

3) L'isola di Lipari appartiene al territorio della Provincia di:

A. La Spezia
B. Grosseto
C. Napoli
D. Messina
E. Reggio Calabria

4) Il Cilento fa parte del territorio della regione:

A. Lazio
B. Sicilia
C. Puglia
D. Campania
E. Calabria

5) In Italia sono presenti alcuni vulcani, tra i quali il maggiore per altitudine è:

A. Vesuvio
B. Stromboli
C. Etna
D. Vulcano
E. Campi Flegrei

6) Il territorio della penisola italiana è interessato da due catene montuose, quali?

A. Le Alpi lungo tutta la penisola e gli Appennini a sud
B. Le Alpi a nord e gli Appennini lungo tutta la penisola
C. Le Alpi a sud e gli Appennini a nord
D. I Carpazi e le Alpi a nord e gli Appennini a sud
E. Gli Appennini a nord e le Alpi lungo tutta la penisola

7) Qual è il nome del noto Parco Nazionale presente in Basilicata?

A. Parco Nazionale dello Stelvio
B. Parco Nazionale del Gran Sasso
C. Parco Nazionale della Maiella
D. Parco Nazionale del Pollino
E. Parco Nazionale del Circeo

8) Quale delle seguenti affermazioni è corretta?

A. La Sicilia è la più grande isola del Mediterraneo

B. La Corsica è la più grande isola del Mediterraneo
C. Creta è la più grande isola del Mediterraneo
D. La Sardegna è la più grande isola del Mediterraneo
E. Capri è la più grande isola del Mediterraneo

9) Il Golfo di Squillace e l'Aspromonte si trovano:

A. in Abruzzo
B. in Emilia-Romagna
C. in Liguria
D. in Calabria
E. in Campania

10) È il più grande dei laghi italiani e prealpini, è di origine glaciale e si trova nell'Italia settentrionale. Si tratta del:

A. lago Trasimeno
B. lago di Varano
C. lago di Massaciuccoli
D. lago di Garda
E. lago di Bolsena

11) Le Alpi rappresentano la più imponente catena montuosa interamente in territorio europeo. Quale tra le seguenti è la più alta vetta alpina?

A. Il Monte Cimone
B. La Maiella
C. Il Gran Sasso
D. Il Monte Bianco
E. Il Monte Rosa

12) In quale regione italiana è situato il promontorio del Gargano?

A. Calabria
B. Campania
C. Toscana
D. Puglia
E. Sicilia

13) La Penisola Salentina si trova nel territorio della:

A. Calabria
B. Puglia
C. Campania
D. Sicilia
E. Sardegna

14) Cos'è e dove si trova il Gennargentu?

A. Un fiume che scorre nella Maremma toscana
B. Un altopiano situato nella zona del Polesine, in Veneto
C. Un lago di origine alpina situato nel Trentino-Alto Adige
D. Un massiccio montuoso situato nell'area centro-orientale della Sardegna
E. Un centro turistico molto rinomato della Calabria

15) In quale delle seguenti regioni italiane il francese è la lingua ufficiale accanto all'italiano?

A. Valle d'Aosta
B. Liguria
C. Toscana
D. Veneto
E. Trentino-Alto Adige

16) Nel sistema orografico italiano la vetta più alta è costituita:

A. dal Velino
B. dal Monte Bianco
C. dalla Maiella
D. dal Gran Sasso
E. dal Monte Matese

17) Il Lago di Garda appartiene al Trentino-Alto Adige?

A. No, è un lago totalmente veneto
B. Sì, anche se solo la parte settentrionale
C. Sì, per intero

D. No, appartiene solo al Veneto e alla Lombardia
E. No, appartiene in parte al Trentino e in parte al Friuli

18) La Val Venosta si trova:

A. in Abruzzo
B. in Trentino-Alto Adige
C. in Campania
D. in Toscana
E. nel Lazio

19) In quali regioni si estende il Parco Nazionale del Gran Paradiso?

A. Lombardia e Trentino-Alto Adige
B. Piemonte e Valle d'Aosta
C. Liguria e Toscana
D. Lombardia e Valle d'Aosta
E. Veneto ed Emilia-Romagna

20) In Valle d'Aosta qual è la lingua ufficiale, oltre all'Italiano?

A. Il Francese
B. Lo Slavo
C. Il Tedesco
D. Il Ladino
E. L'Albanese

21) Quale tra le seguenti isole non appartiene all'arcipelago delle Egadi?

A. Salina
B. Levanzo
C. Marettimo
D. Favignana
E. Maraone

22) I valichi dello Stelvio e del Tonale mettono in comunicazione:

A. Trentino-Alto Adige e Austria
B. Trentino-Alto Adige e Veneto
C. Trentino-Alto Adige e Lombardia
D. Trentino-Alto Adige e Friuli-Venezia Giulia
E. Trentino-Alto Adige e Valle d'Aosta

23) Nel Friuli-Venezia Giulia è presente il territorio del Carso; esso:

A. è una zona umida che ben si presta alla risicoltura
B. è un terreno fertile, adatto alle coltivazioni
C. essendo formato di rocce calcaree molto permeabili ha una rete idrografica per lo più ipogea
D. è un litorale basso e sabbioso, simile alla costa romagnola
E. è un terreno vulcanico molto fertile

24) Sul territorio italiano sono presenti diverse minoranze linguistiche; dialetti greci si trovano:

A. nel Salento e nell'Aspromonte
B. nel Polesine
C. nella Lunigiana
D. nella Bassa Maremma
E. nel Cilento

25) In quali regioni scorre il Po?

A. Piemonte, Lombardia, Emilia-Romagna e Toscana
B. Piemonte, Lombardia, Emilia-Romagna e Veneto
C. Piemonte, Emilia-Romagna, Veneto e Friuli-Venezia Giulia
D. Piemonte, Lombardia, Emilia-Romagna e Friuli-Venezia Giulia
E. Piemonte, Emilia-Romagna e Friuli-Venezia Giulia

26) Quale tra le seguenti affermazioni relative ai confini dello Stato italiano, non è corretta?

A. L'Italia ha confini terrestri con Francia, Germania, Austria, Croazia e Slovenia
B. L'Italia ha confini terrestri con Francia, Svizzera, Austria e Slovenia
C. L'Italia ha confini terrestri solo da Nord-Ovest a Nord-Est

D. Il tratto peninsulare dell'Italia è circondato dai mari mediterranei: Ligure, Tirreno, Ionio e Adriatico
E. I confini territoriali dello Stato italiano si estendono complessivamente per 1.800 km

27) Dove si innalza il massiccio del Cervino? A quale sezione delle Alpi appartiene?

A. Si innalza al confine tra la Valle d'Aosta e il cantone svizzero del Vallese ed appartiene alle Alpi Pennine
B. Si innalza in Valle d'Aosta ed appartiene alle Alpi Graie
C. Si innalza in Piemonte ed appartiene alle Alpi Graie
D. Si innalza in Piemonte ed appartiene alle Alpi Pennine
E. Si innalza in Lombardia ed appartiene alle Alpi Pennine

28) In quale regione italiana si trovano le zone del Sannio e dell'Irpinia?

A. In Toscana
B. In Emilia-Romagna
C. In Calabria
D. In Campania
E. In Umbria

29) Tra i rilievi del territorio italiano vi sono vette che superano i 4.000 m di altitudine?

A. Sì, tra esse il Terminillo e il Monte Cervino
B. Sì, tra esse il Velino e il Pizzo Bernina
C. Sì, tra esse il Monte Rosa e il Gran Paradiso
D. No, l'unica vetta che si avvicina ai 4.000 m è il Monte Bianco
E. Sì, tra esse il Matese e il Monte Rosa

30) In quali regioni italiane si concentra maggiormente la coltivazione di pomodori?

A. Campania, Puglia ed Emilia-Romagna
B. Piemonte e Liguria
C. Lombardia, Veneto e Trentino-Alto Adige
D. Abruzzo e Marche
E. Calabria e Campania

31) A quale regione appartiene il Polesine che nel 1951 fu colpito da una disastrosa alluvione costringendo 160.000 persone a lasciare la propria abitazione?

A. Lombardia
B. Sicilia
C. Veneto
D. Campania
E. Liguria

32) Cos'è e dove si trova l'Aspromonte?

A. È il picco montuoso più alto della Sardegna
B. È il massiccio montuoso della Calabria
C. È un vulcano spento in Sicilia
D. È un'isola dell'arcipelago delle Tremiti
E. È un picco montuoso delle Alpi Graie

33) In quale di queste località esistono delle rinomate terme sorte per la presenza di fenomeni vulcanici attivi?

A. Frosinone
B. Ischia
C. Siena
D. Merano
E. Prato

34) Dove si trova il Canale di Sicilia?

A. Nel tratto di mare tra la Sicilia e la Sardegna
B. Nel tratto di mare tra la Sicilia e la Calabria
C. Nel tratto di mare tra la Sicilia e la Tunisia

D. Nel tratto di mare tra la Sicilia e le Isole Eolie
E. Nel tratto di mare tra la Sicilia e le Isole Egadi

35) Qual è, dopo la Sicilia, la regione più estesa d'Italia?

A. Lombardia
B. Sardegna
C. Campania
D. Piemonte
E. Emilia Romagna

36) In quale regione si trova il Parco Nazionale delle Cinque Terre?

A. Campania
B. Basilicata
C. Liguria
D. Abruzzo
E. Molise

37) In quale zona d'Italia il fenomeno del bradisismo è più accentuato?

A. Napoli
B. Pozzuoli
C. Venezia
D. Ancona
E. Friuli

38) Qual è la pianura italiana più estesa dopo quella padana?

A. Tavoliere delle Puglie
B. Campidano
C. Pianura Veneta
D. Agro Pontino
E. Pianura Pisana

39) Cosa sono le "foibe"?

A. Canali d'irrigazione
B. Fiumi sotterranei
C. Nevicate particolarmente persistenti
D. Strette fenditure del paesaggio carsico, tipiche del Friuli-Venezia Giulia
E. Vegetazione alpina

40) L'orografia è la:

A. mappa dei giacimenti d'oro nel mondo
B. scrittura con penna dalla punta in oro
C. branca della geografia che si occupa dei rilievi terrestri
D. sezione della geografia che si occupa dei corsi d'acqua
E. corretta rappresentazione scritta di suoni e parole

Geografia europea ed extraeuropea

41) Di quale arcipelago fa parte l'isola di Formentera?

A. Cicladi
B. Canarie
C. Baleari
D. Azzorre
E. Capo Verde

42) In quale paese dell'Europa dell'est si parla una lingua latina?

A. Polonia
B. Romania
C. Bulgaria
D. Ungheria
E. Slovacchia

43) Qual è l'isola per metà greca e per metà turca?

A. Ceylon
B. Creta
C. Cefalonia
D. Cipro
E. Corfù

44) A quale nazione appartengono le isole Azzorre?

A. Portogallo
B. Spagna
C. Marocco
D. Algeria

E. Tunisia

45) Qual è la capitale della Scozia?

A. Glasgow
B. Aberdeen
C. Dundee
D. Edimburgo
E. Moray

46) Dove sfocia il Danubio?

A. Mar di Marmara
B. Mar Baltico
C. Mar Egeo
D. Mar Nero
E. Mar Caspio

47) In quale paese è avvenuta nel 1974 la "*rivoluzione dei garofani*"?

A. Cecoslovacchia
B. Polonia
C. Iugoslavia
D. Portogallo
E. Romania

48) Qual è la superficie della Città del Vaticano?

A. Meno di 1 kmq
B. Poco più di un kmq
C. Circa 10 kmq
D. Circa 50 kmq
E. Circa 15 kmq

49) Dove si trova il territorio della Bretagna?

A. Nel nord est della Francia
B. Nel nord ovest della Francia
C. Nel sud dell'Inghilterra
D. A est della Scozia
E. A ovest dell'Inghilterra

50) Qual è il lago più grande d'Europa?

A. Lago di Silvaplana
B. Onega
C. Lago dei Ciudi
D. Iso-Saimaa
E. Ladoga

51) Quale città spagnola è il capoluogo della Catalogna?

A. Siviglia
B. Valencia
C. Barcellona
D. Malaga
E. Madrid

52) Dove si trovano le isole Canarie?

A. A sud della Sicilia
B. A ovest del Portogallo
C. A sud della Spagna
D. A sud-ovest del Marocco
E. A est del Portogallo

53) Dove si trova il mar Rosso?

A. A sud della Somalia
B. A est dell'Egitto
C. A est dell'Arabia Saudita
D. A nord di Israele
E. A nord del Libano

54) Qual è la montagna più alta dell'Africa?

A. Kilimangiaro
B. Kenia
C. Karisimbi
D. Camerun
E. Shimbiris

55) Qual è il golfo più grande del mondo?

A. Golfo di Guinea
B. Golfo del Messico
C. Golfo del Bengala
D. Golfo d'Alaska
E. Golfo Persico

56) A quale arcipelago appartiene la Giamaica?

A. Caroline

B. Piccole Antille
C. Ebridi
D. Grandi Antille
E. Delle Hawaii

57) Chi sono gli originari abitanti dell'Australia?

A. Zulu
B. Boeri
C. Aborigeni
D. Pigmei
E. Afrikaans

58) A chi appartiene la Groenlandia?

A. Canada
B. Danimarca
C. Stati Uniti
D. Russia
E. Alaska

59) Qual è la capitale della Slovacchia?

A. Nitra
B. Praga
C. Brno
D. Bratislava
E. Presov

60) Il Sudafrica è noto per i giacimenti di:

A. piombo
B. zinco
C. diamanti
D. rame
E. zaffiri

61) Dove si parla il fiammingo?

A. Terra del Fuoco
B. Danimarca
C. Finlandia
D. Belgio
E. Francia

62) Qual è lo Stato indipendente più piccolo del mondo?

A. La Città del Vaticano
B. La Repubblica di San Marino
C. Il Principato di Andorra
D. Il Regno del Lesotho
E. L'isola di Cuba

63) Qual è la religione più diffusa in Gran Bretagna?

A. Induista
B. Protestante
C. Cattolica
D. Anglicana
E. Animista

64) Come si chiama la zona compresa fra il tropico del Cancro e il tropico del Capricorno?

A. Zona tropicale
B. Zona boreale
C. Zona australe
D. Zona mediana
E. Zona equatoriale

65) Il tratto di mare compreso tra la Francia settentrionale e le coste meridionali dell'Inghilterra è denominato:

A. Bocche di Bonifacio
B. Golfo di Biscaglia
C. Mar Baltico
D. Canale della Manica
E. Canale di Suez

66) La Normandia, la Bretagna, la Provenza, la Borgogna sono tutte regioni che si trovano in:

A. Ucraina
B. Polonia
C. Francia
D. Spagna
E. Austria

67) Lourdes e Santiago de Compostela, mete di pellegrinaggio di milioni di fedeli, si trovano rispettivamente in:

A. Francia e Portogallo

B. Francia e Spagna
C. Belgio e Spagna
D. Spagna e Portogallo
E. Francia e Belgio

68) La città di Minsk è la capitale:

A. della Russia
B. della Bosnia ed Erzegovina
C. della Bielorussia
D. dell'Ucraina
E. della Bulgaria

69) Dove vivono gli abitanti delle Province Basche?

A. In Portogallo
B. Nella Francia meridionale
C. Nella Repubblica di Andorra
D. In Belgio
E. A Nord della Spagna

70) In quale nazione si trova Greenwich, dove si è convenuto di far passare il meridiano a longitudine "0"?

A. Inghilterra
B. Francia
C. Irlanda
D. Italia
E. Islanda

71) A quale nazione appartengono le isole Baleari?

A. Portogallo
B. Marocco
C. Algeria
D. Spagna
E. Olanda

72) Dove si trova lo Stretto di Bering?

A. È lo stretto che separa la Svezia dalla Danimarca
B. È lo stretto che separa l'America Centrale dall'America del Sud
C. È lo stretto che separa Gibilterra dall'Africa
D. È lo stretto che separa la Scozia dall'Islanda
E. È il passaggio marittimo tra l'Asia (Siberia) e l'America (Alaska)

73) L'Everest, la montagna più alta del mondo, si trova in:

A. Tanzania
B. Nepal
C. Perù
D. Pirenei
E. Australia

74) Quale metropoli si estende su due continenti?

A. Copenhagen
B. Helsinki
C. San Pietroburgo
D. Istanbul
E. Città del Messico

75) Qual è e dove si trova il deserto più esteso della terra?

A. Sahara/Africa
B. Gobi/Asia
C. Deserto Libico/Africa
D. Deserto del Sinai/Arabia
E. Deserto di Atacama/Sud America

76) Quali sono le principali penisole d'Europa?

A. Penisola Iberica, Italia, Norvegia, Penisola Balcanica
B. Penisola Iberica, Italia, Scandinavia, Penisola Balcanica
C. Spagna, Italia, Scandinavia, Penisola Balcanica
D. Penisola Iberica, Italia, Scandinavia, Peloponneso
E. Bretagna, Italia, Scandinavia, Penisola Balcanica

77) Cosa separa la penisola arabica dal continente asiatico?

A. L'Oceano Pacifico
B. Il Mar Nero
C. Il Mar Rosso
D. Il Golfo Persico
E. Il Canale di Suez

78) Lo Stato più esteso degli Stati Uniti d'America è:

A. l'Alaska
B. il Texas
C. il New Mexico
D. la Louisiana
E. l'Arkansas

79) Un atollo è:

A. un'isola circondata da formazioni coralline
B. un'isola corallina a forma di anello che al suo interno racchiude una laguna
C. un'isola delle Antille
D. un blocco di ghiaccio galleggiante
E. una lunga e stretta lingua di sabbia galleggiante detta anche isola di sbarramento

80) La catena montuosa più lunga del mondo è:

A. Carpazi
B. Pirenei
C. Himalaya
D. Cordigliera delle Ande
E. Rocky Mountains

81) Nella penisola iberica, oltre a Spagna e Portogallo, esiste un piccolo Stato indipendente, quale?

A. Malta
B. Liechtenstein
C. Monaco
D. Andorra
E. Città del Vaticano

82) A quali Stati appartiene la Lapponia?

A. Norvegia, Danimarca, Finlandia e Russia
B. Norvegia, Svezia, Finlandia e Russia
C. Finlandia, Svezia, Norvegia
D. Norvegia, Finlandia, Danimarca
E. Norvegia, Svezia, Russia, Canada

83) Quale religione prevale in Germania?

A. Cattolica
B. Metodista
C. Calvinista
D. Luterana
E. Anglicana

84) Dove si trova la Foresta Nera?

A. Nelle Alpi occidentali
B. Nella Svizzera settentrionale
C. Nella Francia orientale
D. Nella Polonia occidentale
E. Nella Germania sud-occidentale

85) Cos'è e dove è situata la Terra del Fuoco?

A. Una penisola/all'estrema punta del Sud America
B. Un'isola/a sud dell'Argentina
C. Un'isola/a sud del Cile
D. Un arcipelago/all'estremità meridionale del Sud America
E. Una lingua di terra/a sud dell'Argentina

5.2 • Geografia economica e umana

86) Quale tra le seguenti affermazioni relative al tasso di mortalità infantile NON è corretta?

A. Il tasso di mortalità infantile esprime il rapporto, per mille nati, fra i bam-

bini morti entro il primo anno di vita e il totale dei bambini nati vivi nello stesso anno
B. Il tasso di mortalità infantile è un forte indicatore del livello di sviluppo di un Paese
C. Un alto tasso di mortalità infantile si registra nei Paesi in cui i servizi sociosanitari sono carenti
D. Un basso livello di istruzione della popolazione è tra le cause di mortalità infantile
E. Nei Paesi sviluppati il tasso di mortalità infantile è pari a zero

87) Come viene definito l'indicatore demografico che misura il numero di anni che un bambino può attendere di vivere rispetto alle condizioni sociali ed economiche del Paese in cui nasce?

A. Tasso di incremento naturale
B. Tasso di fecondità
C. Speranza di vita alla nascita
D. Indice di dipendenza demografica
E. Tasso di mortalità infantile

88) Cos'è la "crisi del debito" dei Paesi in via di sviluppo?

A. È legata all'andamento al ribasso dei prezzi delle materie prime e del petrolio in particolare
B. È la massa del debito che questi Paesi hanno nei confronti dei propri cittadini
C. È l'origine della povertà dei Paesi in via di sviluppo
D. È la conseguenza dell'indebitamento massiccio avvenuto negli anni Settanta del secolo scorso
E. È la conseguenza di una strategia economica che punta a uno sviluppo meno dipendente dall'estero

89) Quali tra questi elementi sono considerati cause interne del sottosviluppo?

A. Bassi livelli educativi, modesti accumuli di capitale, corruzione
B. Colonialismo, elevati flussi migratori, sperequazioni sociali
C. Neocolonialismo economico, bassi tassi demografici, mentalità
D. Interventi delle istituzioni economiche internazionali
E. Mancata integrazione tra il settore industriale e quello agricolo

90) Quale tra le seguenti affermazioni NON è corretta?

A. La malnutrizione, un fenomeno molto diffuso nei Paesi poveri, colpisce lentamente, rallentando lo sviluppo fisico e intellettivo
B. Il movimento migratorio dal Sud al Nord del mondo genera, nei Paesi di origine, l'allontanamento della popolazione giovane e dinamica
C. Per "neocolonialismo" si intende il passaggio da forme di dominazione politico-militare all'ingerenza delle multinazionali
D. Le multinazionali sono imprese oligopolistiche che producono la maggior parte dei beni di largo consumo
E. I Paesi del Sud del mondo, che contano una popolazione pari al 77% di quella mondiale, detengono il 60% del reddito complessivo

91) Tra gli indicatori sociali, utilizzati per misurare il livello di benessere della popolazione, NON si può annoverare:

A. l'offerta turistica
B. il tasso di analfabetismo
C. l'accesso all'acqua potabile
D. il numero di abitanti per medico
E. il livello dei consumi tecnologici

92) Lo sviluppo sostenibile:

A. è un concetto che risale agli anni Cinquanta

B. ha lo scopo di soddisfare le necessità delle attuali generazioni senza pregiudicare le possibilità delle generazioni future
C. è sinonimo di crescita economica
D. mira ad aumentare la produzione di beni di consumo
E. è incompatibile con la salvaguardia dell'ambiente

93) Quale fra queste forme di energia non deriva da una fonte rinnovabile?

A. L'energia eolica
B. L'energia geotermica
C. L'energia nucleare
D. L'energia solare
E. L'energia idroelettrica

94) È vero che la produzione alimentare mondiale sarebbe sufficiente a coprire il fabbisogno calorico della popolazione mondiale?

A. No, altrimenti non ci sarebbe il problema della fame
B. Sì, ma il problema è che i gusti alimentari sono diversi nei vari Paesi
C. No, perché bisogna tener conto delle diverse abitudini e tradizioni alimentari dei vari Paesi
D. Sì, il problema è soprattutto di distribuzione
E. Non è stato calcolato

95) Il più importante fattore di condizionamento della produzione agricola è:

A. l'era geologica del territorio
B. il clima
C. una costante disponibilità di abbondante manodopera
D. la possibilità di disporre e utilizzare ampiamente i concimi chimici
E. un efficiente sistema di irrigazione a cielo aperto

96) In quali regioni italiane si trovano i giacimenti di gas naturale più produttivi?

A. In Italia gli unici giacimenti di gas naturale produttivi sono quelli della Toscana e quelli della Basilicata
B. I giacimenti di gas naturale più produttivi sono quelli della Puglia, seguiti da quelli del Molise, del Lazio e dell'Abruzzo
C. I giacimenti di gas naturale più produttivi sono quelli del Piemonte, seguiti da quelli della Lombardia, del Veneto e della Calabria
D. I giacimenti di gas naturale più produttivi sono quelli dell'Emilia-Romagna, seguiti da quelli delle Marche, della Calabria, dell'Abruzzo e della Puglia
E. I giacimenti di gas naturale più produttivi sono quelli della Lombardia, seguiti da quelli dell'Emilia-Romagna e della Puglia

97) Da quale risorsa naturale si ricava l'energia elettrica prodotta in Toscana?

A. Dai soffioni boraciferi della zona di Larderello
B. Dall'abbondanza di acqua, dovuta alla presenza di numerosi corsi d'acqua che percorrono la Maremma
C. Dal vento, caratterizzante il clima delle colline senesi
D. Dall'irraggiamento solare, presente per la maggior parte dell'anno grazie al clima favorevole
E. Dalle immense distese di pale eoliche presenti praticamente su tutto il territorio regionale

98) Che cosa produce il settore economico denominato "terziario"?

A. Attività artigianali
B. Attività minerarie
C. Agricoltura
D. Servizi
E. Industrie

99) Il fenomeno delle carestie è dovuto solo alla scarsità di cibo e riguarda solo il continente africano?

A. Le carestie dipendono solo dalla scarsità di cibo in certe annate e hanno colpito esclusivamente l'Africa
B. Le carestie dipendono solamente dalla scarsità di cibo in certe annate e hanno colpito tutti i continenti
C. Le carestie dipendono da diversi fattori e hanno colpito Paesi diversi in tempi diversi
D. Le carestie dipendono da diversi fattori, pur avendo colpito solo Paesi asiatici e africani
E. Le carestie colpiscono i Paesi in cui imperversano le guerre

100) Cosa si intende per "rivoluzione verde" in agricoltura?

A. La selezione di nuove sementi adatte all'aridocoltura e diffusesi nelle fasce predesertiche
B. L'avvento negli ultimi anni di coltivazioni geneticamente modificate
C. L'introduzione, negli anni Sessanta del secolo scorso, di nuovi cultivar in certe regioni dell'Asia in modo da poter incrementare la produzione
D. La diffusione dell'agricoltura biodinamica nei Paesi del Nord del mondo
E. La graduale ma costante sostituzione degli antiparassitari con pratiche maggiormente rispettose dell'ecosistema

RISPOSTE CORRETTE

1) D	21) A	41) C	61) D	81) D
2) A	22) C	42) B	62) A	82) B
3) D	23) C	43) D	63) D	83) D
4) D	24) A	44) A	64) A	84) E
5) C	25) B	45) D	65) D	85) D
6) B	26) A	46) D	66) C	86) E
7) D	27) A	47) D	67) B	87) C
8) A	28) D	48) A	68) C	88) D
9) D	29) C	49) B	69) E	89) A
10) D	30) A	50) E	70) A	90) E
11) D	31) C	51) C	71) D	91) A
12) D	32) B	52) D	72) E	92) B
13) B	33) B	53) B	73) B	93) C
14) D	34) C	54) A	74) D	94) D
15) A	35) D	55) C	75) A	95) B
16) B	36) C	56) D	76) B	96) D
17) B	37) B	57) C	77) D	97) A
18) B	38) C	58) B	78) A	98) D
19) B	39) D	59) D	79) B	99) C
20) A	40) C	60) C	80) D	100) C

CULTURA PEDAGOGICO-DIDATTICA

CAPITOLO 1 | Filosofia 253

Risposte corrette ... 264

CAPITOLO 2 | Sociologia 265

Risposte corrette ... 278

CAPITOLO 3 | Pedagogia 279

Risposte corrette ... 291

CAPITOLO 4 | Psicologia 292

Risposte corrette ... 303

CAPITOLO 1
Filosofia

1) La celebre affermazione socratica "*so di non sapere*" significa che:

A. Socrate esalta l'ignoranza più del sapere
B. Socrate si riferisce alla sapienza di Dio
C. Socrate è consapevole della propria ignoranza
D. il filosofo rifiuta il sapere umano
E. il filosofo ignora la scienza del proprio tempo

2) In Parmenide, dall'affermazione che "l'essere è ed è impossibile che non sia e il non essere non è ed è impossibile che sia", si ricava che:

A. nel non-essere si può trovare l'essere, ma nell'essere non c'è non-essere
B. essere e non-essere possono comunicare tra di loro
C. per definire l'essere bisogna escludere tutto ciò che implica il non-essere
D. essere e non-essere hanno qualcosa in comune
E. non si possono definire né l'essere né il non-essere

3) Chi ha scritto l'opera *Principia Ethica*?

A. B. Russell
B. J. Stuart Mill
C. G. E. Moore
D. H. Spencer
E. Ch. Stevenson

4) L'*apodittica* per Aristotele è:

A. l'insieme delle affermazioni indiscutibili
B. la scienza dei principi indimostrabili
C. la tecnica per costruire argomentazioni
D. la scienza della dimostrazione vera
E. la scienza dei principi dimostrabili

5) Chi tra i sotto indicati filosofi ha sostenuto la tesi che il linguaggio è un insieme di pratiche o giochi linguistici?

A. L. Wittgenstein
B. B. Russell
C. G. Frege
D. R. Carnap
E. A.J. Ayer

6) Locke con la sua ricerca intendeva:

A. superare i limiti dell'intelletto
B. liberare l'intelletto da ogni vincolo
C. trovare i limiti dell'intelletto
D. affermare le potenzialità dell'intelletto
E. negare le potenzialità dell'intelletto

7) Chi introdusse per primo nel saggio "*Come rendere chiare le nostre idee*" il termine pragmatismo, divenendo il fondatore del movimento che da esso prende la sua denominazione?

A. F.C.S. Schiller
B. W. James
C. J. Dewey
D. G. H. Mead
E. Ch.S. Peirce

8) Per dogmatismo o uso dogmatico della ragione Kant intende:

A. l'uso della ragione subordinato alle istanze della religione

B. il procedimento della ragione che preliminarmente non critica le proprie capacità
C. la concezione della ragione come facoltà che coglie sempre la verità
D. il procedere della ragione ignorando l'esperienza
E. il procedimento della ragione che preliminarmente critica le proprie capacità

9) L'intento della *Fenomenologia dello Spirito* di Hegel è:

A. comprendere le manifestazioni dello Spirito nelle coscienze
B. mostrare come la coscienza individuale possa innalzarsi fino allo Spirito assoluto
C. compiere il percorso che porta dallo Spirito individuale allo Spirito universale
D. rivelare la presenza dello Spirito in ogni fenomeno
E. mostrare come la coscienza individuale non possa innalzarsi fino allo Spirito assoluto

10) "L'uomo non è che una canna, la più fragile della natura, ma è una canna che pensa". Chi tra i filosofi sotto indicati ha scritto questa riflessione?

A. J.P Sartre
B. M. Heidegger
C. B. Pascal
D. S. Agostino
E. K. Jaspers

11) Per Gadamer l'*opera d'arte*, dal punto di vista ermeneutico:

A. sviluppa i suoi significati attraverso le interpretazioni
B. è rappresentazione di un'epoca
C. è espressione della spontaneità originaria dell'artista
D. è espressione autentica di un'epoca
E. è esperienza – a suo modo compiuta e conclusa – della verità

12) Secondo Marx, il capitale ottiene l'aumento del saggio di plusvalore tramite l'aumento:

A. del capitale variabile investito
B. del saggio di profitto
C. dei prezzi dei prodotti
D. della produttività del lavoro
E. del volume di scambio

13) Il *Dasein* (l'esserci) per Heidegger è:

A. ogni uomo inconsapevole della propria esistenza
B. l'uomo gettato in un mondo senza senso
C. l'uomo che si prende cura di sé e del mondo
D. l'uomo che si disperde in una esistenza impersonale
E. l'essere nel mondo dell'uomo che si disperde nelle attività quotidiane

14) Kierkegaard può essere considerato un precursore de:

A. l'esistenzialismo
B. l'ateismo cristiano
C. l'individualismo religioso
D. l'individualismo ateo
E. l'idealismo religioso

15) L'immanentismo consiste:

A. nel negare l'esistenza di Dio
B. nel dimostrare logicamente l'esistenza di Dio
C. nel negare la trascendenza di Dio
D. nel divinizzare l'uomo
E. nell'ammettere una molteplicità di divinità

16) Per Kant, la scienza è costituita da:

A. ipotesi coerenti

B. impressioni sensibili
C. semplici definizioni
D. giudizi sintetici a priori
E. giudizi analitici a priori

17) Secondo Hume il concetto di sostanza è:

A. vuoto
B. frutto dell'immaginazione
C. espressione dell'essenza dell'individuo
D. una categoria a priori
E. un fascio di proprietà

18) Quale secolo vide il massimo sviluppo della Scolastica?

A. XV secolo
B. III secolo
C. XIII secolo
D. XVIII secolo
E. I secolo a.C.

19) Eraclito poneva l'origine del mondo:

A. nell'acqua
B. nel divenire continuo delle cose
C. nella terra
D. nella fusione di tutti gli elementi
E. nell'aria

20) Per il nominalismo, gli universali sono:

A. segni ricavati per astrazione
B. le idee di Dio
C. idee nella mente dell'uomo
D. nulla
E. delle qualità fisiche

21) Un'etica autonoma:

A. non può fare a meno di un fondamento trascendente
B. pone nel soggetto la fonte della norma morale
C. è semplicemente descrittiva
D. si basa su un codice morale
E. considera l'autosufficienza la virtù più alta

22) Heidegger in *Essere e tempo* afferma che si può impostare il problema dell'essere:

A. grazie all'intuizione delle essenze
B. in base a un'indagine empirica, legata alla temporalità delle cose
C. analizzando le strutture fondamentali dell'Esserci
D. tramite l'utilizzo di categorie astratte
E. ponendosi in un atteggiamento di "ascolto dell'Essere"

23) Nell'opera di S. Tommaso *Contra gentiles*, l'intenzionalità conoscitiva consiste:

A. nel desiderio di conoscenza
B. nell'intuizione pura
C. nell'intuizione cartesiana
D. nella direzione dell'intelletto o dei sensi ad un oggetto
E. in una forma di argomentazione

24) Il mito della caverna di Platone tratta:

A. la teoria della conoscenza
B. una tematica politica
C. la creazione del mondo
D. un problema etico
E. la natura del Demiurgo

25) Chi ha scritto *Trattato teologico-politico*?

A. John Locke
B. David Hume
C. Ludwig Wittgenstein
D. Baruch Spinoza
E. Giordano Bruno

26) Plotino visse:

A. prima di Gesù Cristo

B. nel III secolo d.C.
C. nel periodo in cui fiorirono le prime Università
D. al tempo di Aristotele
E. al tempo in cui visse Boezio

27) Secondo Wittgenstein la matematica è:

A. un insieme di proposizioni vere per convenzione
B. un insieme di ipotesi
C. una scienza basata sull'osservazione sensibile
D. una scienza passibile di falsificazione
E. una pratica linguistica importante per l'etica

28) Per Schopenhauer, la volontà è:

A. l'insieme dei desideri dell'uomo
B. la capacità dell'uomo di desiderare qualcosa
C. il contenuto della rappresentazione
D. l'elemento irrazionale che governa la realtà
E. l'inconscio

29) *Cogito ergo sum* implica:

A. che l'attività del pensiero implica l'esistenza di un soggetto pensante
B. che il pensiero e l'essere sono la stessa cosa
C. che viene scartata l'ipotesi di un genio maligno
D. che le nostre idee sono tutte chiare e distinte
E. che è impossibile l'errore

30) Quale dei seguenti filosofi può essere considerato un nominalista?

A. Platone
B. Guglielmo di Champeaux
C. Roscellino
D. Sant'Anselmo
E. Abelardo

31) Schopenhauer nutrì un'avversione non soltanto dottrinaria per i maestri dell'idealismo classico tedesco, definendoli "i tre ciarlatani". A chi si riferiva?

A. Feuerbach, Schelling ed Hegel
B. Ficthe, Schelling e Kant
C. Kant, Schelling ed Hegel
D. Fichte, Schelling ed Hegel
E. Fichte, Kant ed Hegel

32) Secondo San Tommaso d'Aquino la ragione è in grado di dimostrare i preamboli della fede, tra cui in primo luogo l'esistenza di Dio. Egli, per dimostrare che Dio esiste, presenta:

A. cinque vie, tutte a posteriori
B. tre vie, tutte a priori
C. tre vie, tutte a posteriori
D. una sola prova, a posteriori, che si richiama a quella aristotelica del motore immobile (*ex motu*)
E. cinque vie, tutte a priori

33) Il pensiero di Pietro Verri trasse spunto:

A. dal neoplatonismo di Plotino e dalla logica di Sant'Agostino
B. esclusivamente dalla "*scienza nuova*" di Giovan Battista Vico
C. dall'utilitarismo di Helvétius e dal sensismo di Condillac
D. dall'atomismo di Epicuro e dalla scolastica di Aristotele
E. dal meccanicismo di Unamuno e dal cinismo di Rousseau

34) Locke ha sostenuto, contro la teoria delle idee innate di Cartesio:

A. che i principi della conoscenza sono innati nell'individuo, ma si sono costituiti attraverso le generazioni umane per accumulazione di esperienza

B. che la sola esperienza non basta a spiegare la conoscenza umana. In noi ci sono verità universali e necessarie che ci rivelano all'occasione dell'esperienza ma preesistono ad essa
C. che tutte le nostre conoscenze sono originate dall'esperienza sia esterna sia interna
D. che i principi della conoscenza sono innati nell'individuo, ma come semplici virtualità, occorre pertanto l'esperienza perché si trasformino in conoscenza vera e propria
E. che i principi della conoscenza sono in parte innati ed in parte frutto della ragione

35) La dottrina di quale dei seguenti filosofi può essere considerata come una teorizzazione coerente e rigorosa dell'assolutismo politico derivante da una concezione pessimistica della natura umana (*homo homini lupus*), che ricorda quella del Machiavelli?

A. Sant'Agostino
B. Hobbes
C. Hegel
D. Voltaire
E. Leibniz

36) Quale filosofo presocratico vide nel divenire l'essenza stessa di ciò che esiste: tutto cambia, tutto scorre (*pànta réi*)?

A. Eraclito
B. Zenone di Elea
C. Empedocle
D. Parmenide
E. Anassagora

37) Per Leibniz la realtà è costituita da una molteplicità di sostanze immateriali, ovvero:

A. le monadi prime, dotate di appercezione, cioè coscienti
B. il demiurgo, anima del mondo
C. le monadi, che sono centri di forza spirituale. La monade delle monadi è costituita da tutti gli spiriti dotati di appercezione, cioè coscienti
D. le monadi, che sono centri di forza spirituale. La monade delle monadi è Dio
E. le monadi del mondo animale, le cui percezioni non raggiungono in alcun modo il livello della coscienza

38) "Non far passare la fede in primo luogo è presunzione, ma non far appello in seguito alla ragione è negligenza". Quale filosofo scrisse queste parole, attraverso le quali egli affermò il primato della fede sulla ragione (*credo ut intelligam*) e considerò l'approfondimento razionale come coronamento della fede (*fides quaerens intellectum*)?

A. San Tommaso d'Aquino
B. Sant'Anselmo d'Aosta
C. Bacone
D. Sant'Agostino
E. Cartesio

39) Nella *Critica della ragion pura*, Kant dichiara il suo debito nei confronti di un filosofo, la cui lettura costituì un benefico stimolo a svegliarsi dal sonno dogmatico. A quale filosofo si riferisce?

A. Voltaire
B. Leibniz
C. Hume
D. Hobbes
E. Spinoza

40) Quale dottrina formularono i due filosofi greci Leucippo e Democrito?

A. L'idealismo
B. Lo strutturalismo
C. L'animismo
D. L'atomismo

E. L'antropomorfismo

41) "Di tutte le cose è misura l'uomo, di quelle che sono per ciò che sono e di quelle che non sono per ciò che non sono". Queste parole, espressione di una posizione nuova, radicalmente soggettivistica e relativistica, appartengono ad un celebre frammento dell'opera:

A. Sugli dei di Prodico
B. La Verità di Protagora
C. La Verità di Socrate
D. La Verità di Aristotele
E. Della Natura di Gorgia

42) Quale tra i seguenti filosofi si schierò a favore del nazismo dando un giudizio positivo sul nazionalismo hitleriano, non in quanto ideologia razzista ma in quanto portatrice di energie nuove?

A. Heidegger
B. Jasper
C. Freud
D. Barth
E. Husserl

43) Il termine *noùmeno*:

A. è stato introdotto da Husserl per designare, come è detto nelle "Idee per una fenomenologia pura e per una filosofia fenomenologica", non una determinata conoscenza di qualche cosa, ma solo il pensiero di un qualche cosa in genere, nel quale io astraggo da ogni forma dell'intuizione sensibile
B. è stato introdotto da Kant per designare, come è detto nella "Critica della Ragion pura", non una determinata conoscenza di qualche cosa, ma solo il pensiero di un qualche cosa in genere, nel quale io astraggo da ogni forma dell'intuizione sensibile
C. è stato introdotto da Kant per designare, come è detto nella "Critica della Ragion pura", ciò che non appartiene all'oggetto in se stesso e che è inseparabile dalla rappresentazione che il soggetto ha di questo
D. è stato introdotto da Kant in opposizione a fenomeno o cosa in sé, che resta inconoscibile
E. è stato introdotto da Husserl in opposizione a fenomeno o cosa in sé, che resta inconoscibile

44) Le riserve sulla nozione kantiana di *cosa in sé* e la tendenza a ricavare dalla filosofia critica le premesse di una metafisica non dogmatica sono a fondamento dell'idealismo classico tedesco, rappresentato principalmente da:

A. Fichte, Schelling ed Hegel
B. Fischer e Fichte
C. Bauch, Schelling ed Hegel
D. Hegel e Liebmann
E. Fischer e Liebmann

45) Cartesio divide le idee:

A. in due gruppi: le idee innate e le idee fittizie
B. in due gruppi: le idee innate e le idee avventizie
C. in due gruppi: le idee avventizie e le idee fittizie
D. in tre gruppi: le idee innate, le idee avventizie e le idee fittizie
E. in quattro gruppi: le idee incorporate, le idee innate, le idee avventizie e le idee fittizie

46) L'opposizione tra essenza ed esistenza è fondamentale nella filosofia:

A. esistenzialistica, che afferma la priorità assoluta dell'essenza sull'esistenza
B. esistenzialistica, che giunge ad affermare la perfetta coincidenza tra essenza ed esistenza
C. cartesiana, che afferma la priorità assoluta dell'esistenza sull'essenza

D. esistenzialistica, secondo la quale è la creazione divina che permette il passaggio all'esistenza di quelle essenze pure che la mente di Dio ha concepito
E. esistenzialistica, che afferma la priorità assoluta dell'esistenza sull'essenza

47) I fratelli Verri (Alessandro e Pietro) e Cesare Beccaria fecero parte di uno dei circoli più importanti dell'Illuminismo italiano, il cui programma presupponeva, pur contro ogni sovversione violenta degli ordinamenti, una ferma battaglia contro la conservazione e i privilegi; quale fu tale circolo?

A. L'Accademia di Napoli
B. L'Associazione delle Strette, a Roma
C. L'Accademia dei Pugni, a Milano
D. L'Associazione degli Amici Illuministi di Roma
E. L'Accademia Neoplatonica, a Milano

48) Secondo San Tommaso d'Aquino la fede è *un pensare con assentimento*; che cosa si intende con tale espressione?

A. Che la fede implica un assenso non intellettuale ma volontario ad una verità
B. Che l'adesione alle verità della fede è necessariamente volontaria ed intellettuale
C. Che l'assenso della fede ha, non solo maggior fermezza, ma anche maggior evidenza dell'adesione alle verità della ragione
D. Che non si può avere fede senza un'adesione volontaria ed intellettuale ad una verità
E. Che l'assenso della fede ha come movente la visione intellettuale chiara dell'oggetto e la conseguente adesione ad essa

49) Criterio direttivo centrale della ricerca e del pensiero di Comte è la cosiddetta *legge dei tre stadi*, secondo la quale tutte le speculazioni dell'umanità e il suo stesso sviluppo intellettuale sono inevitabilmente soggetti a passare attraverso tre tappe teoriche, che sono rispettivamente:

A. lo stadio estetico, lo stadio metafisico e lo stadio teologico
B. lo stadio scientifico o positivo, lo stadio morale e lo stadio teologico
C. lo stadio sensibile, lo stadio scientifico o positivo e lo stadio metafisico
D. lo stadio teologico, lo stadio metafisico e lo stadio scientifico o positivo
E. lo stadio del piacere, lo stadio estetico e lo stadio cognitivo

50) Chi ha inventato lo zero?

A. I sacerdoti egizi
B. I filosofi indiani
C. I matematici babilonesi
D. Gli scienziati della Magna Grecia
E. Gli scribi ittiti

51) L'Accademia è l'istituzione fondata in Atene da:

A. Aristotele
B. Pericle
C. Platone
D. Socrate
E. Demostene

52) La divinità di Aristotele è:

A. pensiero di pensiero
B. demiurgo creatore
C. principio del male
D. principio del bene
E. depositaria del verbo

53) Per Plotino l'Uno è:

A. puro intelletto
B. al di là dell'essere e dell'intelletto

C. sostanza perfetta
D. la natura
E. la divinità

54) La parola greca *kosmos* implica:

A. l'idea di ordine
B. la realtà terrestre
C. l'amore mistico
D. l'intelletto umano
E. nessuna delle risposte è corretta

55) La *Critica del giudizio* è un'opera di:

A. Kant
B. Fichte
C. Bergson
D. Plotino
E. Heidegger

56) Quale di questi filosofi viene considerato esponente della filosofia analitica?

A. Heidegger
B. Russell
C. Gadamer
D. Platone
E. Locke

57) Chi ha scritto il *Leviathan*?

A. Porfirio
B. Locke
C. Hobbes
D. Russell
E. Heidegger

58) Giovanni Scoto Eriugena è:

A. un filosofo ebraico appartenente alla corrente cabalistica
B. un filosofo irlandese della corte carolingia
C. un filosofo scozzese di epoca rinascimentale
D. un filosofo greco
E. un filosofo francese del XVIII secolo

59) "La dialettica come arte dell'apparenza". La definizione è di:

A. Platone
B. S. Agostino
C. Kant
D. Spencer
E. Anassimandro

60) S. Tommaso d'Aquino ha scritto il:

A. De Trinitate
B. De Consolatione Philosophiae
C. De ente et essentia
D. De docta ignorantia
E. De rerum natura iuxta propria principia

61) *L'etica protestante e lo spirito del capitalismo* è scritto da:

A. R. Bultmann
B. E. Durkheim
C. M. Weber
D. T. Hobbes
E. B. Spinoza

62) Il ragionamento è un'argomentazione basata su:

A. giudizi analitici
B. esperienza empirica
C. premesse e conclusione
D. res cogitans e res extensa
E. etica ed estetica

63) Il neopositivismo logico riguarda:

A. il Circolo di Vienna
B. il neocriticismo
C. l'empiriocriticismo
D. il neoplatonismo
E. il panlogismo

64) Gli assiomi sono:

A. opinioni diffuse
B. convinzioni accertate
C. principi base di una scienza

D. atomi costituenti l'animo umano
E. nessuna delle risposte è corretta

65) Kant è morto nel:

A. 1798
B. 1804
C. 1807
D. 1779
E. 1812

66) *De natura deorum* è uno scritto di:

A. Lucrezio
B. Tertulliano
C. Cicerone
D. Tacito
E. Sallustio

67) L'armonia prestabilita è una teoria filosofica proposta da:

A. Malebranche
B. Leibniz
C. Hegel
D. Kant
E. Feuerbach

68) *Al di là del bene e del male* è uno scritto di:

A. Bergson
B. Nietzsche
C. Comte
D. Fichte
E. Marx

69) Quale tra le seguenti affermazioni riguardo Socrate è FALSA?

A. Nacque ad Atene nel 469 a.C. e morì nel 399
B. Dalla madre, levatrice, ricavò l'arte della maieutica, ovvero di dialogare per trovare dentro di sé la verità
C. La sua certezza consisteva nella validità universale ed assoluta del bene
D. In Atene fondò la sua scuola, l'Accademia, che verrà chiusa per volere dell'imperatore bizantino Giustiniano
E. Venne accusato nel 399 a.C. da alcuni personaggi vicini al regime democratico di non riconoscere gli dei di Atene e di corruzione dei giovani

70) Quale tra le seguenti opere NON è attribuibile a Rousseau?

A. Le confessioni
B. Il contratto sociale
C. Scuola su misura
D. Discorso sulle scienze e sulle arti
E. Discorso sull'origine dell'ineguaglianza tra gli uomini

71) Quale principio fu decisamente criticato da David Hume?

A. Il principio di causa
B. Il principio di sostanza
C. Il principio di relazione
D. Il principio di necessità
E. Il principio di ragion sufficiente

72) Chi fu il fondatore della scuola di Elea?

A. Talete
B. Pitagora
C. Parmenide
D. Anassimene
E. Empedocle

73) Cosa sono le *omeomerie* teorizzate da Anassagora?

A. Le qualità primarie possedute dagli oggetti
B. Le forze che permettono agli elementi di muoversi
C. Le particelle che compongono l'anima
D. Le particelle elementari che compongono la realtà
E. Le leggi che regolano l'universo

74) Un sinonimo di *esegesi* è:

A. ermeneutica
B. esagerazione
C. critica
D. ermetismo
E. apoteosi

75) Chi fondò ad Atene una scuola chiamata *Liceo*?

A. Platone
B. Aristotele
C. Zenone di Cizio
D. Plotino
E. Epicuro

76) Quale filosofo sosteneva che la realtà è formata da atomi?

A. Protagora
B. Gorgia
C. Platone
D. Democrito
E. Aristotele

77) Qual è il famoso aforisma di Eraclito?

A. L'essere è e il non essere non è
B. Penso dunque esisto
C. Sapiente è colui che sa di non sapere
D. Vivi secondo ragione
E. Tutto scorre, tutto si trasforma

78) Quale dei seguenti filosofi non appartiene all'Umanesimo?

A. Locke
B. Leibniz
C. Spinoza
D. Hobbes
E. Pascal

79) Quale dei seguenti filosofi non appartiene al gruppo degli Enciclopedisti?

A. Fichte
B. Rousseau
C. Voltaire
D. Montesquieu
E. D'Alembert

80) Quale ideale etico sosteneva l'Epicureismo?

A. L'uguaglianza tra gli uomini
B. La ricerca del bene
C. La ricerca della verità assoluta
D. L'amore
E. L'atarassia

81) Chi elaborò il *mito della caverna* per spiegare i diversi gradi della conoscenza?

A. Parmenide
B. Pitagora
C. Platone
D. Anassimandro
E. Gorgia

82) Quale dei seguenti filosofi affermò l'autonomia della scienza dalla religione?

A. Bacone
B. Cartesio
C. Pascal
D. Galilei
E. Cusano

83) Quali sono per Kant le forme a priori dell'esperienza sensibile?

A. Le categorie
B. Le virtù
C. Lo spazio e il tempo
D. Le monadi
E. Le ipostasi

84) Quale filosofo elaborò la teoria dell'evoluzione naturale?

A. Spencer
B. Darwin
C. Comte
D. James
E. Bentham

85) Quale filosofo ha distinto il tempo della scienza dal tempo della coscienza?

A. Husserl
B. Gentile
C. Bergson
D. Croce
E. Rosmini

86) Aristotele spiega la meccanica del divenire attraverso i concetti di:

A. atomo e movimento
B. caldo e freddo
C. materia e forma, potenza e atto
D. fuoco e materia
E. essere e non essere

87) Quali valori contrappone Nietzsche a quelli della scienza e della razionalità?

A. I valori del cristianesimo
B. I valori del superuomo
C. I valori della metafisica
D. I valori dello spirito dionisiaco
E. I valori della filosofia

88) Quale dei seguenti filosofi ha elaborato la *teoria del buon selvaggio*?

A. Voltaire
B. Montesquieu
C. Rousseau
D. Fichte
E. Hegel

89) Chi fu il più importante esponente della sinistra hegeliana?

A. Schelling
B. Feuerbach
C. Marx
D. Schopenhauer
E. Kierkegaard

90) Chi fu l'iniziatore dello scetticismo?

A. Epicuro
B. Pirrone
C. Plotino
D. Zenone di Cizio
E. Protagora

91) Bentham e Mill identificano il bene con:

A. la conoscenza
B. l'utile
C. la fede
D. la virtù
E. la società

92) Quale tra questi filosofi elabora dei modelli teorici a sostegno di un'ideologia politica di stampo liberale?

A. Carl Marx
B. Rosa Luxembourg
C. John Locke
D. Vincenzo Gioberti
E. Emile Boutroux

93) Quale forma di sovranità favorisce il perseguimento del "bene comune" nella teoria politica del filosofo ginevrino Jean-Jacques Rousseau?

A. Monarchia
B. Democrazia
C. Dittatura
D. Oligarchia
E. Regime militare

94) Quale dei seguenti filosofi è considerato un precursore dell'Esistenzialismo?

A. Marx
B. Bentham
C. Kierkegaard
D. Morris
E. Rosmini

95) Quale dei seguenti filosofi ha scritto il *Saggio sui costumi dello spirito delle nazioni*?

A. Voltaire
B. Locke

C. Hume
D. Diderot
E. Schelling

96) Chi fu il massimo esponente del Positivismo sociale?

A. Darwin
B. Comte
C. Husserl
D. Croce
E. Dewey

97) Quale dei seguenti filosofi vinse il premio Nobel per la letteratura nel 1950?

A. Jaspers
B. Adorno
C. Marcuse
D. Russell
E. Neurath

98) Quale delle seguenti è una delle opere più importanti di Rousseau?

A. Lo spirito delle leggi
B. Il contratto sociale
C. L'Enciclopedia
D. Lettere agli inglesi
E. Trattato di metafisica

99) In quale secolo visse il filosofo Blaise Pascal?

A. XVIII
B. XV
C. XVII
D. XIX
E. XIV

100) In quale città fu giustiziato Giordano Bruno il 17 febbraio 1600 in quanto giudicato eretico?

A. Milano
B. Roma
C. Firenze
D. Ravenna
E. Pisa

RISPOSTE CORRETTE

1) C	21) B	41) B	61) C	81) C
2) C	22) C	42) A	62) C	82) D
3) C	23) D	43) B	63) A	83) C
4) D	24) A	44) A	64) C	84) B
5) A	25) D	45) D	65) B	85) C
6) C	26) B	46) E	66) C	86) C
7) E	27) A	47) C	67) B	87) D
8) D	28) D	48) A	68) B	88) C
9) B	29) A	49) D	69) D	89) B
10) C	30) C	50) C	70) C	90) B
11) A	31) D	51) C	71) A	91) B
12) D	32) A	52) A	72) C	92) C
13) C	33) C	53) B	73) D	93) B
14) A	34) C	54) A	74) A	94) C
15) C	35) B	55) A	75) B	95) A
16) D	36) A	56) B	76) D	96) B
17) B	37) D	57) C	77) E	97) D
18) C	38) B	58) B	78) A	98) B
19) B	39) C	59) C	79) A	99) C
20) A	40) D	60) C	80) E	100) B

CAPITOLO 2
Sociologia

1) Quale dei seguenti positivisti distinse, nell'ambito della sociologia, la statica, che esamina le condizioni dell'ordine sociale, e la dinamica, che studia invece il progresso, i mutamenti e quindi la filiazione delle idee?

A. Hobbes
B. Saint-Simon
C. Comte
D. Stuart Mill
E. Hume

2) In riferimento al modello di Stato e di civiltà che si affermò a livello europeo a partire dalla seconda metà del Seicento, la fase che allora si aprì poté essere definita *Le siècle de Louis XIV*. Chi scrisse l'opera così intitolata?

A. Montesquieu
B. Voltaire
C. Rousseau
D. Buffon
E. Diderot

3) La dinamica sociale, secondo Comte, si distingue dalla statica sociale in quanto:

A. la dinamica sociale studia le leggi dell'ordine della società umana
B. la dinamica sociale è elaborata con il ricorso a esperimenti
C. la dinamica sociale studia le leggi del progresso della società umana
D. la dinamica sociale studia l'origine dello stato sociale attraverso il contratto
E. la dinamica sociale studia le strutture economiche della società umana

4) Qual è il settore della pedagogia che guarda agli aspetti oggettivi e misurabili dell'esperienza educativa?

A. La filosofia dell'educazione
B. La pedagogia sperimentale
C. La didattica della matematica
D. La pedagogia sociale
E. La pedagogia interculturale

5) Edgar Morin opera una distinzione tra:

A. civilizzazione e cultura
B. Stato e comunità
C. Io e non-Io
D. nomologia e idiografia
E. nessuna delle risposte è esatta

6) Con il concetto di "sistema sociale" si intende abitualmente, nell'ambito della sociologia:

A. una forma della società rigidamente strutturata e quindi oppressiva nei confronti dei singoli individui che ne fanno parte
B. una forma di società nella quale non esistono rapporti diretti fra gli individui, ma tutto è diretto e gestito dalle istituzioni
C. l'insieme degli istituti che una società si è data per la protezione dell'individuo
D. una società locale nella quale i rapporti fra gli individui sono molto frequenti e basati su valori tradizionali

E. l'insieme dei rapporti che collegano le componenti, ruoli e istituzioni, di una società

7) Con *McDonaldizzazione* del mondo i sociologi intendono:

A. la diffusione mondiale dei locali McDonald's
B. l'adozione per molte istituzioni sociali del principio di razionalizzazione in uso nei McDonald's
C. il potere economico delle Corporation con questo nome
D. la diffusione mondiale dello stile alimentare McDonald's
E. la diffusione mondiale dei locali McDonald's e le teorie formulate per reprimere questo fenomeno, considerato deviante e pericoloso per la società

8) Chi è l'autore di *Introduzione alla sociologia della musica*?

A. F. Chopin
B. T. Adorno
C. W. Benjamin
D. J. Habermas
E. H. Marcuse

9) Le *Formes élémentaires de la vie religieuse* (1912) di Émile Durkheim sono elaborate a partire da:

A. la conoscenza recente degli aborigeni australiani
B. la conoscenza del mondo azteco
C. le recenti ricerche sui movimenti ereticali medievali
D. le ricerche di Bronislaw Malinowski sul ciclo *kula* melanesiano
E. il nuovo catechismo di Pio X

10) Nella sociologia struttural-funzionalista, funzione significa:

A. un'attività sociale ripetitiva, come una messa, una cerimonia, una riunione pubblica
B. una relazione tra due variabili, come in matematica
C. il contributo che alcune azioni sociali danno al mantenimento di alcuni stati del sistema sociale
D. un'occupazione, una mansione o un compito lavorativi
E. una nuova forma di governo delle società

11) In sociologia per "ruolo" di un attore sociale si intende:

A. i compiti, le mansioni svolti nel corso dell'attività lavorativa
B. la deontologia codificata delle professioni
C. l'insieme delle azioni che una persona compie nel corso della sua attività quotidiana
D. le aspettative normative che convergono su una persona in quanto occupa una certa posizione
E. i convincimenti che sottendono giudizi di valore

12) Per "potere" in sociologia si intende:

A. la capacità di un soggetto di imporre la propria volontà ad altri soggetti
B. una costante della teorizzazione psicologica
C. la possibilità di esprimere dei comandi nei confronti degli altri soggetti
D. lo sfruttamento economico esercitato da un gruppo di persone su altri gruppi sociali
E. la manipolazione dell'opinione pubblica da parte di chi controlla i media (TV, stampa, radio)

13) Qual è stata la scoperta più importante degli etnometodologi?

A. L'esistenza di metodi, influenzati dall'appartenenza etnica, di valutazione delle situazioni e di orientamento delle azioni individuali

B. Gli uomini agiscono come se il proprio mondo sociale fosse scontato, mentre è il risultato di pratiche sociali messe in atto dai soggetti nella loro vita quotidiana
C. Il fondamento etnico-culturale dell'interazione umana: i soggetti attribuiscono significati differenti alle situazioni sociali secondo l'etnia di provenienza
D. La maggior rilevanza nelle società contemporanee del conflitto etnico rispetto al conflitto di classe
E. Lo stato di imperturbabilità del pensatore moderno

14) Che cosa comporta in sociologia l'operazione chiamata "comprensione"?

A. Accettare le motivazioni e i valori dell'attore sociale
B. Accettare supinamente la personalità dell'attore sociale
C. Informarsi sulla socializzazione dell'attore, sulla situazione in cui si trova o si è trovato, sulla struttura del suo campo di azione
D. Indagare sulla struttura della sua personalità, usando se necessario le tecniche della psicoanalisi
E. Interpretare il senso dato dagli attori sociali alle azioni compiute

15) Chi ha scritto *La persuasione e la rettorica*?

A. Croce
B. Vico
C. Michelstaedter
D. Tilgher
E. Weber

16) Che cosa intendono in genere i sociologi con il termine "socializzazione"?

A. Il processo sociale grazie a cui gli individui formano un'associazione
B. Il processo d'interazione sociale tra due o più individui che permette relazioni più strette o intime
C. Il processo che trasforma il genotipo in fenotipo sociale
D. Costruire catene di ragionamenti a partire da premesse
E. I processi sociali ludici, di intrattenimento, che permettono la libera creazione di legami sociali, anche temporanei

17) Come si definisce in sociologia il processo di acquisizione delle competenze sociali specifiche, che consentono agli individui di svolgere i diversi ruoli?

A. Acculturazione
B. Socializzazione secondaria
C. Socializzazione primaria
D. Socializzazione relativa
E. Assimilazione

18) I quattro requisiti fondamentali che, secondo Talcott Parsons, ogni sistema sociale deve soddisfare per esistere sono:

A. adattamento, raggiungimento dello scopo, integrazione, mantenimento del modello latente
B. funzionalità, adattamento, economia, razionalità
C. coesione, integrazione, adattabilità, razionalità
D. organizzazione, coesione, razionalità, mantenimento del modello latente
E. adattamento e coesione

19) Le ricerche di quale antropologo revocarono in dubbio l'universalità del complesso di Edipo?

A. Frazer
B. Malinowski

C. Mauss
D. Radcliffe-Brown
E. Perelman

20) In un noto passo di *Teoria e struttura sociale* Robert K. Merton ridefinisce il concetto di "anomia sociale", già ampiamente trattato da Durkheim. Egli propone "una tipologia dei modi di adattamento individuale" articolata in cinque unità e basata sull'incrocio di due condizioni. Indicare, fra i seguenti, l'incrocio corretto delle due condizioni:

A. "orientamenti morali" incrociato con "disposizioni caratteriali"
B. "livello di istruzione dei genitori" incrociato con "livello di istruzione individuale"
C. "origini etniche" incrociato con "appartenenza politico-ideologica"
D. "mete culturali" incrociato con "mezzi istituzionali"
E. "orientamenti religiosi" incrociato con "disposizioni caratteriali"

21) "*Culture*" e "*agency*" sono due categorie concettuali oppositivamente diffuse nella riflessione sociologica più recente e, congiuntamente, costituiscono il titolo (*Culture and Agency* appunto) di un famoso saggio di un autore europeo. Indicare l'autore fra quelli sotto elencati:

A. Anthony Giddens
B. David Bloor
C. P. Teilhard de Chardin
D. Pierre Bourdieu
E. Margaret Archer

22) Che cosa si intende per "società del rischio"?

A. Società dominata dal capitalismo finanziario
B. Società affetta da alti livelli di criminalità
C. Società esposta a cataclismi naturali
D. Società esposta ai rischi derivanti dal processo di modernizzazione
E. Società affetta da alti livelli di analfabetismo

23) L'analisi della "pubblicità" (*Öffentlichkeit*) in Habermas concerne:

A. la critica del ruolo della pubblicità nella formazione dell'opinione pubblica
B. il rapporto tra pubblicità e consumo neocapitalista
C. la formazione della sfera pubblica moderna
D. il rapporto tra pubblicità e mass-media
E. la spettacolarizzazione dell'agire individuale nella postmodernità

24) Cosa si intende negli studi sociali con "famiglia estesa"?

A. Le coppie che abbiano avuto più di tre figli
B. Ogni unione non coniugale o "coppia di fatto"
C. Un gruppo più grande di più di una generazione di persone tra loro imparentate
D. Le reti familiari costituite da coniugi divorziati
E. Le "comunità familiari" dei nuovi movimenti religiosi

25) Che cosa si intende per "role set"?

A. La molteplicità di ruoli costitutiva di uno status
B. La dotazione di "maschere" per l'agire in pubblico
C. La possibilità di mobilità ascendente o discendente nella stratificazione sociale
D. La condizione femminile tra famiglia e lavoro
E. Il mondo nella sua tensione finalistica

26) Il termine *Welfare State* fa riferimento:

A. alle politiche sociali statuali
B. ad un periodo storico passato
C. ad un particolare aspetto della società americana
D. agli aspetti salienti della rivoluzione industriale
E. agli aspetti salienti del secondo dopoguerra fino ai giorni nostri

27) A quale antropologo si deve la prima formulazione compiuta della teoria della "cultura come interpretazione"?

A. Claude Lévi-Strauss
B. Edward B. Tylor
C. James Clifford
D. Clifford Geertz
E. Maine de Biran

28) Bronislaw Malinowski è noto tra le altre cose per aver introdotto un metodo particolare nella ricerca antropologica. Come viene definito questo metodo?

A. Ricerca sul campo
B. Rilevazione con osservazione
C. Osservazione partecipante
D. Osservazione dell'oggetto
E. Ricerca subordinata ad osservazione

29) Che cosa si intende per "tipo ideale" nella sociologia weberiana?

A. Un modello sociale di riferimento
B. Un paradigma etico
C. Il fine ultimo di un'associazione umana
D. Un espediente euristico di ricerca
E. Scontri intercivilizzazionali

30) Nello schema quadrifunzionale di Parsons, qual è la funzione specifica attribuita al sistema della cultura?

A. Adattamento
B. Conseguimento dello scopo
C. Integrazione
D. Mantenimento della struttura latente
E. Tolleranza

31) Nel saggio *La teoria della classe agiata* (1899), Veblen definisce questa classe (*leisure class*) come caratterizzata dall'inclinazione ad un particolare stile di consumo, per cui il consumo viene ad essere:

A. razionale e raffinato
B. improntato all'etica calvinista
C. convulsivo e irrazionale
D. vistoso ed orientato al superfluo
E. orientato a prodotti esotici

32) Il concetto di "*habitus*" è da Bourdieu considerato:

A. una disposizione inconscia di un gruppo sociale, formata attraverso processi di socializzazione e di partecipazione intenzionale
B. uno stile consapevolmente esibito dagli individui per imitare particolari gruppi di riferimento
C. un modello di comportamento socialmente stigmatizzato
D. un prototipo estetico di successo
E. un modello di comportamento da reprimere in quanto deleterio per l'evoluzione della società

33) Il concetto di "subcultura" è stato elaborato originariamente in uno dei seguenti ambiti:

A. nel marxismo classico (Marx, Engels)
B. nella "Scuola Positiva di Criminologia" (Lombroso, Ferri)
C. nell'antropologia culturale degli anni '30 e '40
D. nella "Scuola di Francoforte" (Adorno, Horkheimer)

E. nella Scuola pragmatica di Ch.S. Peirce

34) Con il termine "*cyberdemocracy*" si intende:

A. l'uniformità di comportamenti indotta dal web
B. un modello istituzionale caratterizzante la realtà virtuale
C. la comunicazione/deliberazione politica attraverso il web
D. il dominio della tecnologia computerizzata nella politica del futuro
E. una democrazia puramente 'virtuale'

35) Il termine "sociologia" compare per la prima volta in:

A. Marx
B. A. Smith
C. Weber
D. Comte
E. Saint Simon

36) Chi ha parlato di "cultura del narcisismo"?

A. S. Freud
B. Ch. Lash
C. A. Giddens
D. Z. Bauman
E. Platone

37) *La vita quotidiana come rappresentazione* è stata scritta da:

A. Schopenhauer
B. Goffman
C. Schiller
D. G.H. Mead
E. Husserl

38) J.A. de Gobineau, indicato come uno dei padri della teoria della razza, ha scritto le sue opere nel secolo:

A. XV
B. XVII
C. XVIII
D. XIX
E. XX

39) *Il totemismo oggi* è un saggio di:

A. Kierkegaard
B. Frazer
C. Durkheim
D. Freud
E. Lévi Strauss

40) Chi è l'autore de *Il disagio della postmodernità*?

A. S. Freud
B. F. Lyotard
C. Z. Bauman
D. Ch. Taylor
E. L. Wittgenstein

41) Scienze della natura e scienze storico-sociali sono distinte da Dilthey sulla base di due corrispondenti approcci conoscitivi. Quali sono?

A. Interpretare e misurare
B. Induzione e deduzione
C. Idiografico e nomotetico
D. Spiegare e comprendere
E. Intuire e descrivere

42) Nella "enciclopedia delle scienze" comtiana, quale è la scienza per eccellenza?

A. La matematica
B. La biologia
C. La sociologia
D. La psicologia
E. L'economia

43) La celebre espressione "*the medium is the message*" è stata formulata da:

A. Freud
B. Husserl
C. Lévi-Strauss

D. nessuna delle risposte è corretta
E. McLennan

44) Quale delle seguenti opere è di J. Dewey?

A. Esperienza ed educazione
B. La mente del bambino
C. Una scuola per la vita attraverso la vita
D. Cos'è la scuola attiva
E. Il fondamento dell'educazione attiva

45) Quale fra i seguenti sociologi ha più approfonditamente analizzato il ruolo della religione nello sviluppo del capitalismo?

A. Durkheim
B. Weber
C. Marx
D. Comte
E. Spencer

46) Quali sono i due modelli che secondo Ferdinand Tönnies definiscono il processo sociale?

A. Scienze dello spirito e scienza della natura
B. Solidarietà meccanica e solidarietà organica
C. Comunità e società
D. Sapere nomologico e sapere idiografico
E. Nessuna delle risposte è corretta

47) Edgar Morin opera una distinzione tra:

A. Io e non-Io
B. Stato e comunità
C. civilizzazione e cultura
D. nomologia e idiografia
E. nessuna delle risposte è corretta

48) La *legge dei tre stadi* formulata da Comte si può definire:

A. la legge di sviluppo delle società nella storia
B. una teoria generale del rapporto tra uomo e piacere/dolore
C. una teoria generale dell'evoluzione delle specie viventi
D. la legge di sviluppo dialettico del divenire storico
E. la periodizzazione del progresso scientifico

49) Secondo Comte il progresso dell'umanità ha attraversato tre stadi, in quale l'uomo cerca scientificamente le leggi che regolano lo sviluppo della realtà?

A. Nello stadio religioso
B. Nello stadio positivo
C. Nello stadio metafisico
D. Nello stadio astratto
E. Nello stadio speculativo

50) Quale delle seguenti scuole di pensiero effettuò numerose ricerche empiriche in ambito sociologico?

A. Scuola di Francoforte
B. Scuola di Berlino
C. Circolo di Vienna
D. Circolo di Jena
E. Scuola di Chicago

51) *Le origini del totalitarismo* è un'opera di:

A. E. Lévinas
B. S. Weil
C. H. Arendt
D. G. Deleuze
E. J.P. Sartre

52) Per "stratificazione sociale" si intende:

A. la cultura di una società
B. il modo in cui individui e gruppi sociali sono differenziati e ordinati gerarchicamente

C. l'insieme delle conoscenze accumulate da una società nel corso della sua storia
D. un tipo di azione sociale individuato da Max Weber
E. un aspetto della teoria evoluzionista

53) J. Piaget si è occupato prevalentemente di:

A. sviluppo cognitivo
B. sviluppo sociale
C. sviluppo emotivo
D. costruzione sociale della conoscenza
E. costruzione sociale della devianza

54) "La massima felicità possibile per il maggior numero possibile di persone": questa frase può essere considerata come il principio fondamentale:

A. della scolastica medievale
B. del razionalismo di Cartesio
C. dell'utilitarismo di Bentham
D. del materialismo storico
E. del neopositivismo novecentesco

55) Da chi è stata introdotta la nozione di LAD (*Language Acquisition Device*)?

A. Freud
B. Bernstein
C. Austin
D. Piaget
E. Chomsky

56) L'adolescenza è una fase del ciclo di vita umano che:

A. si caratterizza per la presenza di un pensiero operatorio-concreto
B. va circa dai 13/14 anni a circa i 19 anni
C. si presenta con le stesse caratteristiche in culture collettiviste e individualiste
D. è caratterizzata da equilibrio psicologico
E. va dall'età di circa 8 anni a quella di circa 15 anni

57) Che cosa si intende per "interculturalità"?

A. La possibilità di conoscere culture diverse dalla propria grazie ai viaggi e al turismo di massa
B. L'estensione a tutto il pianeta del modello di cultura occidentale
C. L'incontro tra culture diverse favorito dall'estrema mobilità della società complessa
D. La conoscenza di più culture
E. Gli scambi culturali tra colleghi di Paesi diversi

58) Chi ha scritto *Il suicidio. Studio di sociologia*?

A. Comte
B. Durkheim
C. Lévi-Strauss
D. Morin
E. Dewey

59) Negli anni Sessanta del secolo scorso, David P. Ausubel formulò la teoria dell'apprendimento significativo, secondo la quale esso si produce quando:

A. l'apprendimento avviene solo per scoperta, cioè in modo autonomo
B. l'individuo è in grado di integrare nelle proprie strutture cognitive i nuovi concetti da apprendere
C. il discente assimila le nozioni nella struttura della conoscenza, senza interazione con ciò che essa già contiene
D. l'apprendimento avviene solo per ricezione, cioè attraverso la comunicazione diretta di una conoscenza o di un'informazione
E. il soggetto acquisisce una nuova conoscenza attraverso la pura e semplice memorizzazione

60) Che cos'è un gruppo primario?

A. Un gruppo di coetanei
B. Un gruppo basato su legami affettivi ed emotivi
C. Un gruppo di colleghi di lavoro
D. Un gruppo ristretto da cui scaturiscono altri gruppi
E. Nessuna delle risposte è corretta

61) Il posizionamento di un prodotto consente:

A. un incremento delle vendite
B. la sua precisa collocazione nell'ambito di una gamma di prodotti
C. la quantificazione del fatturato attribuibile al prodotto, nell'ambito di un assortimento
D. di avere indicazioni utili circa le percezioni dei potenziali acquirenti, rispetto ai prodotti della concorrenza
E. la sua facile rintracciabilità in fase di stoccaggio

62) In una pubblicità cosa si intende per "testimonial"?

A. Una star che lega la propria immagine a un prodotto
B. Il gruppo di ascolto sul quale viene testata una campagna pubblicitaria
C. Il consulente dello sponsor che supervisiona la campagna pubblicitaria
D. L'azienda che produce una serie di spot televisivi
E. Il garante della pubblicità, il cui compito è vietare la pubblicità ingannevole

63) Il filosofo Karl Popper ha parlato della televisione in termini di:

A. cattiva maestra
B. serva infedele
C. ladra di tempo
D. maestra di vita
E. specchio dei tempi

64) Durante le campagne elettorali, la cosiddetta *par condicio* consiste ne:

A. la sospensione dei sondaggi di opinione nelle tre settimane antecedenti la data delle elezioni
B. il trattamento equilibrato in ambito comunicativo pubblico delle posizioni dei vari partiti
C. la proibizione per le televisioni locali di fare propaganda politica
D. il divieto di comparire in tv per i maggiori partiti
E. il divieto di pubblicare sondaggi elettorali

65) La pubblicità, quale arma competitiva, rappresenta uno strumento:

A. di marketing operativo
B. di marketing strategico
C. di marketing relazionale
D. di ricerca di mercato
E. nessuna delle risposte è corretta

66) Chi è stato il fondatore della prima rivista dedicata alle scienze sociali?

A. Pareto
B. Durkheim
C. Simmel
D. Weber
E. Spencer

67) Secondo Durkheim, per diventare scientifica la sociologia deve studiare:

A. i fatti scientifici
B. la natura
C. i fatti sociali
D. la psicologia umana
E. nessuna delle risposte è corretta

68) Quale dei seguenti studiosi introdusse per primo il concetto di "coscienza collettiva"?

A. Jaures
B. Weber

C. Marx
D. Durkheim
E. Lévi-Strauss

69) Con il termine "infotainment" si intende:

A. i telegiornali monotematici
B. una trasmissione televisiva che include informazione e intrattenimento
C. una trasmissione giornalistica di grande successo
D. un gioco televisivo con la partecipazione attiva del pubblico
E. nessuna delle risposte è corretta

70) Con il termine "share" si intende:

A. il totale dei telespettatori di un programma
B. la percentuale di televisori sintonizzata su un dato programma rispetto al complesso dei televisori accesi in quel momento
C. la percentuale media di ascolti ottenuta da un programma a puntate
D. la totalità dei contatti ottenuta da un programma
E. nessuna delle risposte è corretta

71) Con la locuzione "opinion leader" si designa:

A. l'opinione prevalente su temi di rilevante attualità
B. un individuo capace di influenzare in modo rilevante gli atteggiamenti degli altri
C. il capo di un partito d'opinione
D. un individuo facilmente influenzabile dall'opinione prevalente
E. nessuna delle risposte è corretta

72) La pubblicità "non-profit" è un tipo di pubblicità:

A. che privilegia la qualità all'immediatezza del profitto
B. che è interamente finanziata dallo Stato
C. che non ha fini di lucro ma solo di utilità sociale
D. che pubblicizza il rispetto per l'ambiente
E. finanziata per metà dallo Stato e per metà dai privati

73) Col termine "videocrazia" si intende:

A. il conferimento di cariche elettive tramite collegamento telematico
B. il monopolio statale delle concessioni televisive
C. l'influenza preponderante dei media nella vita politica e sociale
D. lo sconfinamento delle tematiche politiche in altri generi televisivi di intrattenimento
E. nessuna delle risposte è corretta

74) La definizione "di terziario" si riferisce a:

A. un movimento politico di centro
B. l'insieme dei paesi in via di sviluppo
C. il settore economico dei servizi
D. un ordine religioso esclusivamente femminile
E. una corrente sociologica dei primi del Novecento

75) Il processo di unificazione, sinergia e ibridazione fra i diversi media viene generalmente definito come:

A. Media convergence
B. Media power
C. Netizenship
D. Media development
E. Media concept

76) Nel 1926 nacque la SIPRA. Essa si occupava di:

A. diffondere l'ideologia fascista attraverso il cinema

B. raccogliere la pubblicità che precedeva le proiezioni nelle sale cinematografiche
C. raccogliere la pubblicità
D. definire gli standard morali della programmazione radiofonica
E. censurare tutti i messaggi rivolti al pubblico, pubblicitari e non

77) *Weltanschauung* significa:

A. visione del mondo
B. cultura di massa
C. vocazione
D. volontà di potenza
E. sociologia dell'informazione

78) In uno dei suoi ultimi scritti Popper ha criticato severamente:

A. la televisione
B. la manipolazione genetica
C. l'omosessualità
D. la new age
E. nessuna delle risposte è corretta

79) Chi tra i sotto indicati filosofi ha scritto *La sintassi logica del linguaggio*?

A. Carnap
B. Russell
C. Frege
D. Wittgenstein
E. Ayer

80) Quale dei seguenti positivisti distinse, nell'ambito della sociologia, la statica, che esamina le condizioni dell'ordine sociale, e la dinamica, che studia invece il progresso, i mutamenti e quindi la filiazione delle idee?

A. Hobbes
B. Saint-Simon
C. Comte
D. Stuart Mill
E. Hume

81) *Segni, linguaggio e comportamenti* è opera di:

A. Morris
B. Richard Avenarius
C. Edmund Husserl
D. Henri Bergson
E. Emile Boutroux

82) Il *feticismo delle merci* fu analizzato da:

A. Marx nel "Capitale"
B. Freud in "Totem e tabù"
C. Marx nell'"Ideologia tedesca"
D. Lenin in "Materialismo ed empiriocriticismo"
E. Smith nella "Ricchezza delle nazioni"

83) Chi nel 1925 ha sviluppato "un metodo di lavoro libero per gruppi" considerandolo il miglior sistema per realizzare una forma di socializzazione in grado di rispondere pienamente alle esigenze di "libero sviluppo" del fanciullo?

A. Decroly
B. Cousinet
C. Visalberghi
D. Montessori
E. Binet

84) A quale modello teorico è legato il pensiero di John Dewey?

A. Allo strutturalismo
B. Al problematicismo
C. All'irrazionalismo
D. Al decostruzionismo
E. Al pragmatismo

85) Lo sviluppo psicosociale progredisce secondo il principio epigenetico secondo:

A. Piaget
B. Jung
C. Erikson

D. Bandura
E. Vygotskij

86) Il modello che considera la comunicazione come un processo di trasmissione di informazioni è stato ideato da:

A. Austin
B. Grice
C. Newell e Simon
D. Shannon e Weaver
E. Tulving

87) L'approccio socio-costruttivista è incentrato su:

A. la costruzione sociale della conoscenza
B. l'influenza che la società ha sulla mente dell'individuo
C. il modo in cui le informazioni sociali vengono organizzate in memoria
D. le strutture cognitive che organizzano le informazioni su un oggetto di conoscenza (persone, eventi)
E. tutte le risposte risultano esatte

88) Si indichi quale tra queste coppie di definizioni si applica al processo di socializzazione:

A. intenso/debole
B. primaria/secondaria
C. particolare/universale
D. generale/specialistico
E. affiatato/distaccato

89) Le *life skills* sono:

A. abilità cognitive
B. abilità emotive
C. abilità relazionali
D. abilità cognitive ed emozionali
E. abilità cognitive, emotive e relazionali

90) Secondo Comte, ogni scienza, nel corso della sua evoluzione deve percorrere differenti stadi. Quali sono? E quale il loro ordine corretto?

A. Positivo, metafisico, teologico
B. Empirico, astratto, positivo
C. Divino, eroico, umano
D. Metafisico, empirico
E. Teologico, metafisico, positivo

91) La celebre espressione "il medium è il messaggio" è stata formulata da:

A. Jakobson
B. Halliday
C. de Saussure
D. Marx
E. McLuhan

92) Quale fra i seguenti sociologi ha più approfonditamente analizzato il ruolo della religione nello sviluppo del capitalismo?

A. Durkheim
B. Weber
C. Marx
D. Comte
E. Spencer

93) Edgar Morin opera una distinzione tra:

A. civilizzazione e cultura
B. Stato e comunità
C. Io e non-Io
D. nomologia e idiografia
E. nessuna delle risposte è corretta

94) Quale di questi autori sostenne la teoria della "sfida e risposta"?

A. Derrida
B. Toynbee
C. Deleuze
D. Meinecke
E. Nessuna delle risposte è corretta

95) Il modello che considera la comunicazione come un processo di trasmissione di informazioni è stato ideato da:

A. Austin
B. Grice
C. Newell e Simon
D. Shannon e Weaver
E. Tulving

96) Cosa significa "outsider"?

A. Individuo diverso dal gruppo
B. Deviante rispetto alle norme di un gruppo
C. Individuo integrato in un gruppo
D. Individuo leader di un gruppo
E. Nessuna delle risposte è corretta

97) Cosa si intende in sociologia per "insieme di norme e valori che distinguono un gruppo sociale dalla società nella quale si trova il gruppo"?

A. Adattamento
B. Relativismo culturale
C. Sottocultura
D. Integralismo culturale
E. Nessuna delle risposte è corretta

98) Come si chiama in sociologia il comportamento osservato con maggiore frequenza in una data popolazione?

A. Adattamento
B. Civiltà
C. Acculturazione
D. Normalità
E. Specificità

99) Cos'è lo "stigma" nella teoria di Goffman?

A. Un segno fisico o caratteriale insolito e criticabile della condizione morale di chi lo possiede
B. Un simbolo che unifica in un gruppo
C. Un segno fisico o caratteriale che contraddistingue in maniera negativa un intero gruppo
D. Un simbolo che caratterizza un singolo individuo
E. Nessuna delle risposte è corretta

100) Cosa si intende per "anomia" nella teoria di Emile Durkheim?

A. Momento di anomalia dovuto ad un disagio
B. La scarsa o eccessiva integrazione sociale come principali cause del suicidio
C. Condizione di disagio di un gruppo all'interno della società
D. Specificità comportamentali di un gruppo socialmente emarginato
E. Nessuna delle risposte è corretta

RISPOSTE CORRETTE

1) C	21) E	41) D	61) B	81) A
2) B	22) D	42) C	62) A	82) A
3) C	23) C	43) D	63) A	83) B
4) B	24) C	44) A	64) B	84) E
5) A	25) A	45) B	65) A	85) C
6) E	26) A	46) C	66) B	86) D
7) B	27) D	47) C	67) C	87) A
8) B	28) C	48) A	68) D	88) B
9) A	29) D	49) B	69) B	89) E
10) C	30) D	50) E	70) B	90) E
11) D	31) D	51) C	71) B	91) E
12) A	32) A	52) B	72) C	92) B
13) B	33) C	53) A	73) C	93) A
14) E	34) C	54) C	74) C	94) B
15) C	35) D	55) E	75) A	95) D
16) C	36) B	56) B	76) C	96) B
17) B	37) B	57) C	77) A	97) C
18) A	38) D	58) B	78) A	98) D
19) B	39) E	59) B	79) A	99) A
20) D	40) C	60) B	80) C	100) B

CAPITOLO 3

Pedagogia

1) La *Lettera a una professoressa* uscita dal lavoro della scuola di Don Milani è del:

A. 1959
B. 1967
C. 1963
D. 1965
E. 1961

2) "Meglio una testa ben fatta che una testa ben piena". È questo l'ideale formativo di:

A. Comenio
B. Locke
C. Rousseau
D. Montaigne
E. Rabelais

3) Il *mastery learning* è:

A. la capacità di apprendere attraverso l'esempio dell'insegnante
B. una strategia di insegnamento individualizzato
C. una metodologia di valutazione dell'apprendimento
D. una tecnica di lettura veloce dei testi
E. la sovvenzione che viene data a scuole appartenenti ad aree depresse

4) La rivoluzione pedagogica dell'Umanesimo attua una *paideia* ispirata ai modelli della classicità che si nutre:

A. della tradizione scolastico-medievale
B. di cultura popolare
C. degli *studia humanitatis*
D. di studi mistici
E. di religiosità

5) Cosa si intende per *lifelong learning*?

A. Il progetto alla base dell'Università della terza età
B. Una formazione che dura tutta la vita
C. Una metodologia di insegnamento che produce apprendimenti duraturi
D. Una corrente pedagogica che teorizza l'apprendimento dall'esperienza di vita
E. Un progetto di recupero di adulti analfabeti

6) La "Scuola-città Pestalozzi", un esperimento di scuola attiva, assai più tardo rispetto ai precedenti, sorse a Firenze nel 1945 per iniziativa di:

A. Maria Montessori
B. Rosa e Carolina Agazzi
C. Ernesto Codignola
D. Ferrante Aporti
E. Giuseppe Lombardo Radice

7) Nell'ambito del "sistema formativo integrato" il sistema non-formale:

A. comprende le agenzie extrascolastiche intenzionalmente educative
B. è sinonimo di sistema formativo integrato
C. comprende solo le agenzie scolastiche
D. è sinonimo di sistema informale
E. comprende le agenzie scolastiche ed extrascolastiche

8) Cos'è la docimologia?

A. Una fase della programmazione didattica

B. La scienza che si occupa della valutazione
C. La disciplina che indica la sequenza dei sotto-obiettivi didattici
D. La corrente di pensiero che sostiene la trasversalità tra le discipline
E. La fase di definizione degli obiettivi educativi

9) Quale tra le seguenti fasi non fa parte del *mastery learning*?

A. La valutazione formativa
B. La suddivisione della materia in unità didattiche
C. La fase di associazione
D. La determinazione degli obiettivi cognitivi
E. La fase di recupero

10) Chi scrisse *Il metodo della pedagogia scientifica applicato all'educazione infantile nelle Case dei Bambini*?

A. Maria Montessori
B. Le sorelle Agazzi
C. Ernesto Codignola
D. Ferrante Aporti
E. Giuseppe Lombardo Radice

11) L'autore di una teoria del curricolo è:

A. Chomsky
B. Piaget
C. Rogers
D. Stenhouse
E. Freud

12) Benjamin Samuel Bloom nell'opera *Caratteristiche umane e apprendimento scolastico*:

A. spiega il concetto di curricolo
B. chiarisce i presupposti della strategia del *problem solving*
C. chiarisce i presupposti della strategia del *mastery learning*
D. spiega il concetto di metacognizione
E. nessuna delle risposte è corretta

13) Per PEI (Piano Educativo Individualizzato) si intende:

A. una programmazione di classe
B. una programmazione collegiale
C. un percorso di apprendimento
D. un percorso di apprendimento e socializzazione redatto per un alunno in situazione di handicap
E. nessuna delle risposte è corretta

14) L'educazione interculturale persegue:

A. la coesistenza tra popoli diversi
B. l'accoglienza degli extracomunitari
C. il progetto di formazione umana per l'integrazione tra gruppi etnici portatori di diverse identità culturali
D. la conoscenza di altre culture
E. nessuna delle risposte è corretta

15) Il PTOF (Piano Triennale dell'Offerta Formativa) conferisce a ciascuna istituzione scolastica:

A. poteri in materia di edilizia scolastica
B. poteri relativi ad aumenti retributivi dei docenti
C. una identità culturale e didattica
D. possibilità di accettare o meno studenti stranieri
E. tutte le risposte sono esatte

16) Gli Organi collegiali furono istituiti con:

A. i Decreti Delegati del 1974
B. la Riforma Gentile
C. l'istituzione della scuola media unica nel 1962
D. i Programmi Brocca
E. la Legge Casati

17) Nel corso della seconda metà del Novecento si è compiuta una radicale

trasformazione della pedagogia, si è passati dalla pedagogia alla:

A. scienza etica-filosofica
B. scienza dell'educazione
C. scienza storico-sociale
D. filosofia
E. scienza antropologica

18) Un sussidio didattico è:

A. una sovvenzione per scuole situate in aree depresse
B. qualsiasi strumento usato nel processo di insegnamento-apprendimento
C. un aiuto economico ad allievi disagiati
D. un corso di recupero
E. nessuna delle risposte è corretta

19) Da chi è composto il Consiglio di classe nella scuola secondaria superiore?

A. Dai rappresentanti dei docenti più i rappresentanti dei genitori
B. Da tutti i docenti di classe più un rappresentante degli studenti più un rappresentante dei genitori
C. Da una parte dei docenti di classe più due rappresentanti degli studenti più due rappresentanti dei genitori
D. Da tutti i docenti di classe più due rappresentanti degli studenti più due rappresentanti dei genitori
E. Nessuna delle risposte è corretta

20) Negli istituti e scuole di istruzione secondaria superiore, le competenze relative alla valutazione periodica e finale degli alunni spettano:

A. al consiglio di classe con la sola presenza dei docenti
B. al consiglio di classe con la presenza di alcuni docenti
C. al consiglio di classe con la presenza dei docenti più i rappresentanti dei genitori
D. al consiglio di classe con la presenza dei docenti più un rappresentante degli studenti più un rappresentante dei genitori
E. al consiglio di classe con la presenza dei docenti più due rappresentanti degli studenti più due rappresentanti dei genitori

21) Con la riforma Moratti la scuola elementare è stata definita:

A. primo segmento scolastico
B. scuola iniziale
C. scuola primaria
D. scuola dell'infanzia
E. scuola dei primi elementi culturali

22) John Locke pone al centro della propria riflessione educativa:

A. la figura del principe
B. la figura del gentleman
C. la figura del bambino
D. la figura della madre
E. la figura del cortegiano

23) Nella Tassonomia degli Obiettivi Educativi (*Taxonomy of Educational Objectives*) di Bloom quale dei seguenti obiettivi non compare nell'*Area cognitiva*?

A. Comprensione
B. Conoscenza
C. Ricezione
D. Valutazione
E. Analisi

24) Con quale termine viene indicato lo studioso dei fatti e dei problemi dell'educazione e della formazione – processo e prodotto formativo – esaminati e discussi nei vari aspetti: teorici, metodologici e pratici?

A. Il pedagogo
B. Il pedagogista

C. Il filosofo dell'educazione
D. Lo psicologo dell'educazione
E. Il docente

25) Risale al 1923 un'importante riforma del sistema scolastico italiano. Di quale si tratta?

A. Legge Casati
B. Istituzione della scuola media unica
C. Legge Coppino
D. Riforma Gentile
E. Decreti delegati

26) La programmazione è l'espressione:

A. di una didattica spontaneista
B. di una didattica incidentale
C. di una didattica casuale
D. di una didattica pianificata
E. di una didattica estemporanea

27) La generalizzazione è un processo di apprendimento associato a procedure che sviluppano il riconoscimento di modelli. Il risultato della generalizzazione è:

A. una procedura che si applica a una classe più ampia
B. un pensiero alimentato dall'immaginazione fantastica
C. una procedura che si applica ad una classe più ristretta
D. una procedura in grado di fornire risposte diverse ad uno stesso problema
E. nessuna delle risposte è corretta

28) Chi ha scritto nel 1918 *Il metodo dei progetti*?

A. Dewey
B. Kilpatrick
C. Bruner
D. Parkhurst
E. Wahburne

29) Nella scuola della programmazione è vincente:

A. una procedura spontanea
B. una procedura non intenzionale
C. una procedura intenzionale
D. una procedura indiretta
E. nessuna delle risposte è corretta

30) Da quale autore proviene la nozione di "zona di sviluppo prossimale"?

A. Bruner
B. Vygotskji
C. Pestalozzi
D. Montessori
E. Piaget

31) L'"educazione permanente" è un costrutto concettuale e pedagogico che nasce dalla elaborazione/ricerca nel campo:

A. dell'educazione degli adulti
B. della bio-pedagogia
C. dell'educazione interculturale
D. della filosofia dell'educazione
E. della didattica

32) Nel contesto della scuola pedagogica dell'*attivismo*, con particolare riferimento alla pedagogia di C.W. Wasbburne, il quale inaugura, nel 1920, negli U.S.A. il "Piano Winnetka" (USA), si focalizza il concetto di:

A. adultocentrismo
B. valutazione sommativa
C. individualizzazione dell'insegnamento
D. pedagogia eteronoma
E. gerarchizzazione

33) Qual è l'elemento "categoriale-chiave", ipotetico e regolativo, che orienta la formazione in relazione a obiettivi e valori?

A. La flessibilità educativa
B. L'autonomia

C. L'esperienza educativa
D. L'intenzionalità educativa
E. L'introspezione

34) Con quale termine si indica il progressivo processo di inculturazione del soggetto, ossia l'acquisizione dei codici e delle forme – emotive, cognitive, relazionali, comportamentali – all'interno di un determinato contesto culturale macro o micro che sia?

A. Alfabetizzazione socio-cognitiva
B. Acculturazione
C. Inculturazione sociale
D. Alfabetizzazione culturale
E. Nessuna delle risposte è corretta

35) Chi introdusse a scuola la tecnica della "tipografia scolastica"?

A. Freinet
B. Claparède
C. Montessori
D. Makarenko
E. Parkhurst

36) Il Piano Dalton proponeva:

A. la scuola dei laboratori
B. di insegnare ad apprendere
C. l'istruzione individualizzata
D. di mettere l'allievo al centro del processo formativo
E. tutte le risposte sono corrette

37) Che tipo di modello pedagogico propone Rousseau nell'*Emilio*?

A. Educazione coercitiva
B. Educazione negativa e indiretta
C. Educazione degli istinti
D. Educazione ragionevole
E. Educazione sentimentale

38) Gramsci, nei *Quaderni dal carcere*, teorizza il cambiamento sociale attraverso:

A. una formazione omnilaterale (unità di lavoro e studio)
B. una formazione unilaterale basata solo sul lavoro
C. una formazione unilaterale basata solo sullo studio
D. una formazione locale
E. nessuna delle risposte è corretta

39) La *Didactica Magna* fu scritta da:

A. J.J. Rousseau
B. E. Pestolozzi
C. J.A. Comenio
D. M. Montessori
E. nessuna delle risposte è corretta

40) L'"attualismo pedagogico" è stato teorizzato da:

A. John Dewey
B. Giovanni Gentile
C. Jerome S. Bruner
D. Jacques Maritain
E. nessuna delle risposte è corretta

41) Uno dei rappresentanti più significativi delle "Scuole Nuove" è:

A. Edouard Claparède
B. Henri Bergson
C. Maurice Blondel
D. Hans Georg Gadamer
E. nessuna delle risposte è corretta

42) Il modello della "Scuola laboratorio di democrazia" è da attribuirsi alla riflessione pedagogica di:

A. Bertrand Russel
B. Antonio Gramsci
C. John Dewey
D. Giuseppe Lombardo Radice
E. nessuna delle risposte è corretta

43) Chi pubblicò nel 1949 *Nascita di una pedagogia popolare*?

A. Decroly

B. Freinet
C. Montessori
D. Ferrière
E. Claparède

44) Con il termine *Bildung* si intende:

A. la natura umana
B. la civiltà
C. la democrazia
D. la formazione umana
E. l'eroismo

45) L'autonomia scolastica permette di realizzare:

A. l'autonomia finanziaria delle scuole
B. la libertà di insegnamento
C. l'autonomia gestionale, organizzativa, didattica, di ricerca e di sperimentazione
D. il collegamento della scuola con gli altri Enti autonomi dello Stato
E. tutte le risposte sono corrette

46) Sulla base delle finalità educative da raggiungere e dei metodi didattici da utilizzare, Comenio avanzò una proposta di organizzazione scolastica che prevedeva:

A. la scuola materna per l'infanzia e la scuola nazionale o vernacolare per la fanciullezza
B. la scuola materna per l'infanzia, la scuola nazionale o vernacolare per la fanciullezza, la scuola di latino o ginnasio per l'adolescenza e l'accademia per la giovinezza
C. la scuola di latino o ginnasio per l'adolescenza e l'accademia per la giovinezza
D. la scuola materna per l'infanzia, la scuola nazionale o vernacolare per la fanciullezza e la scuola di latino o ginnasio per l'adolescenza
E. la scuola nazionale o vernacolare per la fanciullezza e la scuola di latino o ginnasio per l'adolescenza

47) Quale metodo di insegnamento, nato ad opera di Andrea Bell, sviluppato da G. Lancaster, prevedeva la diffusione dell'istruzione gratuita ricorrendo agli alunni più grandi e preparati che venivano coinvolti dal maestro nell'educazione dei più piccoli ed inesperti?

A. L'alternativo insegnamento
B. L'insegnamento condiviso
C. Il mutuo insegnamento
D. Il nuovo insegnamento
E. L'insegnamento progressivo

48) Montaigne nel saggio *Della pedanteria* descrive il metodo adottato dagli educatori criticando in particolare:

A. il gusto dell'erudizione
B. il mnemonismo
C. l'assenza della capacità di giudizio
D. l'abuso dei libri
E. tutte le risposte sono corrette

49) *L'educazione al bivio* (1943) e *L'educazione della persona* (1959) sono due opere di:

A. Jerome S. Bruner
B. Emmanuel Mounier
C. Maria Montessori
D. Jacques Maritain
E. Edouard Claparède

50) L'espressione "intenzionalità educativa" designa l'intenzione di:

A. educare
B. programmare
C. promuovere cultura
D. promuovere apprendimento
E. promuovere istruzione

51) Chi pose il problema della pedagogia come disciplina scientifica e autonoma?

A. Herbart
B. Froebel
C. Piaget
D. Bruner
E. Gabelli

52) La teoria pedagogica marxista è collegata alla concezione della società:

A. liberale
B. federale
C. comunista
D. individualista
E. democratica

53) La didattica è una disciplina che:

A. studia il rapporto educativo
B. studia i fattori dell'educazione
C. studia il processo di apprendimento
D. studia il processo di adattamento scolastico
E. studia il processo educativo

54) Chi ha portato l'insegnamento a dignità professionale?

A. Rousseau
B. Pestalozzi
C. Herbart
D. Claparède
E. Cousinet

55) La frequenza della scuola primaria e secondaria di primo grado è:

A. facoltativa e gratuita
B. gratuita e obbligatoria
C. facoltativa
D. obbligatoria
E. a discrezione dei genitori

56) Quale dei seguenti esempi illustra un gioco simbolico?

A. Tirare calci al pallone
B. Saltare la corda
C. Cavalcare il manico della scopa
D. Giocare a nascondino
E. Giocare con il Nintendo

57) Cosa sono gli "asili aportiani"?

A. Sale di custodia
B. Centri sociali
C. Istituti pre-elementari
D. Comunità di accoglienza
E. Non esistono

58) Nel contesto pedagogico, il "modello attivistico" si caratterizza come percorso riguardante:

A. lo sviluppo cognitivo dell'individuo
B. lo sviluppo spirituale dell'individuo
C. la formazione psico-sociale dell'individuo
D. lo sviluppo affettivo dell'individuo
E. nessuna delle risposte è corretta

59) Quale funzione hanno i "doni froebeliani"?

A. Sono materiale di recupero utile all'esplorazione
B. Sono materiale scientifico
C. Sono materiale specifico che favorisce la continuità tra gioco e apprendimento
D. Sono oggetti utili all'istruzione di base
E. Nessuna delle risposte è corretta

60) Che cosa significa "educazione negativa" secondo Rousseau?

A. Insegnare male
B. Eliminare dal contesto educativo l'influenza negativa della società
C. Eliminare dal contesto educativo gli incoraggiamenti
D. Insegnare concetti errati
E. Insegnare concetti negativi

61) Quali elementi costituiscono il metodo di Don Bosco?

A. Ragione – istruzione – tecnica
B. Ragione – religione – amorevolezza
C. Ragione e spiritualità
D. Ragione e sentimento
E. Ragione – religione – spiritualità

62) Quale problema educativo era considerato centrale nell'Ottocento italiano?

A. L'educazione dell'élite liberale
B. La formazione delle masse operaie
C. L'educazione popolare
D. L'educazione del cittadino come buon soldato
E. L'educazione delle fanciulle aristocratiche

63) A che età compaiono i primi legami di attaccamento?

A. 12 mesi di vita
B. 6-7 mesi di vita
C. Nel 1° mese di vita
D. Verso i 2 anni d'età
E. Verso i 3 anni d'età

64) Qual è il compito della maestra direttrice nella scuola montessoriana?

A. Insegnare le attività e intervenire sul bambino
B. Assistere i bambini durante le attività, affinché seguano il percorso predisposto
C. Dare inizio alle attività e controllarne lo svolgimento
D. Osservare i bambini durante le attività mantenendosi a distanza
E. Svolgere funzioni meramente amministrative

65) Nel pensiero delle sorelle Agazzi:

A. il bambino non acquisisce abilità manuali
B. la scuola non va intesa come missione sociale
C. si dà valore agli istituti e ai riflessi
D. il bambino affina le capacità attraverso il fare e la scuola deve porsi come missione sociale
E. si dà valore ai simboli logico-verbali

66) Il metodo pedagogico Montessori fu elaborato:

A. nel primo Novecento
B. nel primo Ottocento
C. nel secondo Ottocento
D. durante il Risorgimento
E. nel secondo Settecento

67) Il permissivismo pedagogico valorizza l'educando:

A. in modo equilibrato
B. in modo esagerato
C. in modo armonico
D. dal punto di vista sociale
E. dal punto di vista intellettuale

68) Come possono essere definite le "cianfrusaglie" utilizzate dalle sorelle Agazzi?

A. Materiale strutturato, scientifico e settoriale
B. Materiale non strutturato adatto all'uso graduale dei simboli
C. Oggetti scolastici predisposti per l'istruzione di base
D. Oggetti specifici studiati per lo sviluppo di precise facoltà sensoriali
E. Nessuna delle risposte è corretta

69) Quali sono i processi assimilativi che sviluppano l'interesse multilaterale per Herbart?

A. L'osservazione e l'imitazione
B. L'immaginazione e la finzione
C. L'interesse e l'esperienza
D. La concentrazione e la riflessione

E. Nessuna delle risposte è corretta

70) Secondo la teoria dell'apprendimento sociale di Albert Bandura, l'apprendimento:

A. implica la necessità di vivere esperienze negative
B. è emotivamente efficace
C. non è efficace se non avviene nel contesto delle agenzie di socializzazione primaria
D. può avvenire anche grazie a esperienze indirette sviluppate attraverso l'osservazione di altre persone
E. implica l'esclusivo contatto diretto con gli oggetti

71) Cosa ravvisa Piaget nel gioco e nell'imitazione di un bambino di 20 mesi?

A. L'assimilazione e l'accomodamento
B. La finzione
C. L'immagine mentale
D. Le prime manifestazioni degli schemi simbolici
E. L'imitazione differita

72) Lev Vygotskij sottolinea:

A. la standardizzazione dei modelli di apprendimento
B. il valore delle discipline viste come costrutto storico
C. la negatività delle teorie ingenue
D. la facilità di modificazione dei modelli mentali
E. il rapporto diretto e causale tra apprendimento e insegnamento

73) Quali aspetti della personalità investe la socializzazione?

A. Tutti gli aspetti della personalità
B. Quelli affettivi
C. Quelli legati alla conoscenza
D. Quelli legati alla motivazione
E. Quelli cognitivi

74) Secondo la "teoria delle sette intelligenze" di Gadamer:

A. ognuno di noi possiede sette intelligenze
B. non esistono intelligenze diverse, ma sette modi di utilizzare l'intelligenza
C. ci sono regole di apprendimento che favoriscono la formazione di sette stadi differenti di intelligenza
D. l'apprendimento avviene secondo diversi fattori che predispongono sette tipi di intelligenza
E. l'intelligenza è composta da sette fattori

75) Secondo la teoria psicoanalitica classica:

A. il bambino fin da piccolissimo controlla le sue intenzioni
B. l'azione concreta è cosciente, così come tutti gli aspetti pulsionali a essa correlati
C. il bambino è un adulto in miniatura, in tutto e per tutto simile
D. la libido è l'espressione dinamica nella vita psichica della pulsione sessuale
E. non esistono i meccanismi di difesa

76) Secondo Erikson, quale variabile non sufficientemente sottolineata da Freud interviene nello sviluppo del bambino?

A. La variabile socioculturale
B. La variabile cognitivistica
C. La variabile comportamentistica
D. La variabile familiare
E. La variabile ereditaria

77) Su cosa si basa principalmente il metodo Bruno Munari?

A. Sull'uso di materiali poveri per costruire oggetti

B. Sullo sviluppo del linguaggio attraverso esercitazioni specifiche
C. Sulla creazione di percorsi e laboratori che stimolino le capacità motorie
D. Sulla valorizzazione del gioco progettuale e creativo
E. Sull'insegnamento logico-matematico attraverso il disegno grafico

78) Quale delle seguenti affermazioni è basilare per l'educazione del bambino secondo Maria Montessori?

A. Il bambino tende a vivere di tutto ciò che lo circonda, offriamogli un ambiente adatto
B. La libertà d'insegnamento deve essere totale
C. Il bambino deve seguire le lezioni dell'insegnante aiutato da materiale didattico
D. La classe è l'ambiente di apprendimento
E. L'apprendimento della lettura e scrittura devono essere precoci

79) Jean Piaget sostiene che il fanciullo:

A. non è cosciente del contenuto del suo pensiero
B. distingue il pensiero dal suo oggetto
C. conosce bene il limite tra Io e mondo esterno
D. è cosciente di come giunge ai processi mentali
E. è cosciente del contenuto del suo pensiero, ma non sa come vi è pervenuto

80) Il metodo montessoriano sottolinea l'importanza del fatto che:

A. l'insegnante sappia attirare l'attenzione del bambino su di sé
B. il bambino venga guidato passo passo nell'ambiente
C. l'insegnante sappia dirigere le scoperte del bambino
D. il bambino svolga esercizi strutturati in serie ordinate predefinite
E. il bambino venga lasciato libero di trovare nell'ambiente qualcosa di organizzato che corrisponda alla sua organizzazione interna

81) Quali sono le fasi dello sviluppo del bambino, elencate in ordine cronologico, secondo Piaget?

A. Senso-motoria, pre-operatoria, delle operazioni concrete e delle operazioni formali
B. Oppositiva, identificativa, delle operazioni concrete e delle operazioni formali
C. Fase orale, anale e identificativa
D. Pre-operatoria, senso-motoria, delle operazioni formali e delle operazioni concrete
E. Senso-motoria, delle operazioni formali, delle operazioni concrete e oppositiva

82) Cosa richiede una didattica interculturale?

A. La conoscenza della lingua degli alunni
B. La conoscenza dei diversi paesi di provenienza degli alunni
C. La formazione specialistica degli insegnanti
D. L'utilizzo di strumenti di lavoro flessibili e adattabili
E. Il relativismo culturale

83) In ambito pedagogico, cos'è la "diagnosi funzionale"?

A. Un documento che descrive, in modo analitico, i possibili livelli di risposta del soggetto riferiti alle relazioni, agli interventi in atto e a quelli programmabili
B. Il documento che descrive in modo analitico la situazione di ogni alunno

C. Uno strumento operativo essenziale per calibrare le proposte didattiche
D. La progettazione e coordinazione degli interventi educativi, didattici, terapeutici, riabilitativi collegati e interconnessi
E. La descrizione analitica della compromissione dello stato psico-fisico dell'alunno al momento in cui accede alla struttura sanitaria

84) Rispetto alla pedagogia, la didattica:

A. investiga i processi, stabilisce contenuti, forme e ritmi dell'educazione
B. studia, aggiorna e costruisce le tassonomie degli obiettivi educativi della programmazione
C. studia i processi di apprendimento
D. si preoccupa principalmente di trovare le coordinate valoriali, il senso e le finalità della educazione
E. studia soprattutto l'impatto delle nuove tecnologie sull'educazione

85) La costruzione dell'identità:

A. è un compito di sviluppo specifico della adolescenza
B. determina l'emergere delle prime parole
C. è oggetto di ricerca del Connessionismo
D. si realizza nei primi sei mesi di vita
E. caratterizza la vecchiaia

86) Il linguaggio si presenta come un sistema di simboli in grado di:

A. permettere la comunicazione tra primati umani e rettili
B. generare un numero illimitato di parole
C. facilitare l'espressione delle pulsioni
D. generare un numero limitato di frasi
E. sostituirsi al pensiero

87) Uno dei retaggi educativi della Rivoluzione francese e del periodo napoleonico è costituito:

A. dalla "scuola Politecnica"
B. dalle "Accademie d'arte"
C. dalla "scuola parificata"
D. dalla "scuola confessionale"
E. dalle "scuole ospedaliere"

88) Cosa si intende per "motivazione"?

A. L'azione di chi cerca i motivi
B. La carica razionale e psicologica che è alla base dell'agire umano
C. La giustificazione dei comportamenti
D. La rabbia di chi si sente condizionato
E. Nessuna delle risposte è corretta

89) In età prescolare i rapporti con i pari sono caratterizzati da:

A. unidirezionalità
B. asimmetria
C. complementarietà
D. reciprocità
E. rivalità

90) A cosa è legato soprattutto il nome di Jean Piaget?

A. Allo studio dei contesti lavorativi e delle attitudini individuali
B. All'epistemologia genetica e alla psicologia cognitiva
C. All'educazione degli adulti e alla epistemologia genetica
D. Alla ricerca scientifica sulle cellule staminali e sulla cognizione
E. All'analisi psicologica del comportamento umano

91) Cosa si intende per "disagio giovanile"?

A. La difficoltà che i giovani incontrano nella gestione dei rapporti con le generazioni adulte

B. Il risultato dell'educazione e della formazione mancate
C. Il conflitto tra gruppi di giovani che si richiamano ad ideologie diverse
D. Lo scontro con la società
E. Nessuna delle risposte è corretta

92) Cos'è l'educazione extrascolastica?

A. La promozione di attività utili all'integrazione tra scuole diverse
B. Lo studio delle dinamiche relazionali e sociali operanti nel quartiere ove è ubicata la scuola
C. La finalizzazione dello studio disciplinare alla vita extrascolastica dello studente
D. Lo studio dei processi socio-culturali che influenzano il processo formativo
E. Nessuna delle risposte è corretta

93) Rispetto all'istruzione, l'educazione accentua:

A. l'informazione comunicativa
B. la mentalità sociale
C. la specificità intellettuale dello sviluppo
D. la globalità e l'unitarietà della formazione
E. la diversificazione degli individui all'interno del proprio gruppo

94) Oggi, il pluralismo educativo è dovuto in primo luogo:

A. alle nuove tecnologie educative
B. alle diverse possibilità economiche che si hanno
C. alle diversificate visioni del mondo e della vita che si hanno
D. alla globalizzazione e alla new economy
E. nessuna delle risposte è corretta

95) L'ortoepia si occupa:

A. della corretta scrittura
B. della corretta pronuncia
C. dello studio delle note musicali
D. della lettura dei manoscritti antichi
E. della corretta trascrizione del parlato

96) Cosa si intende per "seconda infanzia"?

A. L'infantilizzazione della vita adulta
B. Il periodo di sviluppo del bambino dagli 0 ai 3 anni
C. Il periodo di sviluppo del bambino dai 3 ai 6 anni
D. L'età corrispondente alla scuola dell'infanzia
E. L'età in cui il bambino comincia a parlare

97) Quale delle seguenti istituzioni educative è stata fondata da Maria Montessori?

A. La casa dei Bambini
B. La scuola dell'Ermitage
C. I Giardini d'infanzia
D. La Scuola serena
E. I collettivi sociali

98) Quale dei seguenti pedagogisti si è occupato in particolare del rapporto fra democrazia ed educazione?

A. Comenio
B. Rousseau
C. Dewey
D. Herbart
E. Rosmini

99) Ardigò sostiene che il processo di apprendimento si fondi sulla seguente triade:

A. attività, interesse, abitudine
B. attività, interesse, esercizio
C. attitudine, motivazione, esercizio
D. attività, esercizio, abitudine
E. attitudine, attività, abitudine

100) Quale dei seguenti obiettivi rientra nelle finalità della pedagogia speciale?

A. La riduzione dell'handicap
B. L'eliminazione del deficit
C. La riabilitazione
D. La diagnosi
E. La psicoterapia

RISPOSTE CORRETTE

1) B	21) C	41) A	61) B	81) A
2) D	22) B	42) C	62) C	82) D
3) B	23) C	43) B	63) B	83) E
4) C	24) B	44) D	64) B	84) A
5) B	25) D	45) C	65) D	85) A
6) C	26) D	46) B	66) A	86) B
7) A	27) A	47) C	67) B	87) A
8) B	28) B	48) E	68) B	88) B
9) C	29) C	49) D	69) D	89) A
10) A	30) B	50) A	70) D	90) B
11) D	31) A	51) A	71) D	91) A
12) C	32) C	52) C	72) B	92) D
13) D	33) D	53) C	73) A	93) D
14) C	34) D	54) B	74) D	94) C
15) C	35) A	55) B	75) D	95) B
16) A	36) E	56) C	76) A	96) C
17) B	37) B	57) C	77) D	97) A
18) B	38) A	58) D	78) A	98) C
19) D	39) C	59) C	79) E	99) D
20) A	40) B	60) B	80) E	100) A

CAPITOLO 4
Psicologia

1) Una variabile continua è:

A. una variabile che può assumere qualsiasi valore in un insieme continuo
B. la variabile controllata dallo sperimentatore
C. un elemento di disturbo
D. la variabile di cui si vogliono misurare gli effetti
E. definita da specifiche categorie

2) Per "devianza minorile" si intende la condizione di:

A. giovani svantaggiati
B. giovani emarginati
C. giovani che sono a rischio di violazione della norma sociale
D. giovani che contestano
E. giovani esposti al rischio della tossicodipendenza

3) Secondo Piaget quali giochi caratterizzano la fascia d'età dai due ai sette anni?

A. Giochi simbolici
B. Giochi di pensiero
C. Giochi di gruppo
D. Giochi di società
E. Giochi di parole

4) Cosa designa il termine "insight"?

A. Un insuccesso
B. Un'emozione repressa
C. Un'abitudine
D. Un riflesso
E. Una comprensione immediata

5) I primi psicologi sperimentali si dedicarono allo studio di:

A. processi psichici
B. esperienza mediata
C. processi sensoriali
D. processi di pensiero
E. processi di memoria

6) Con il termine "attaccamento" si intende:

A. una teoria psicologica
B. una teoria del legame con una persona specifica
C. una relazione di coppia
D. una relazione patologica
E. un metodo di indagine

7) La psicoanalisi è chiamata, in un primo momento, da Freud:

A. scienza psicologica
B. scienza psichiatrica
C. metapsicologia
D. oltrepsicologia
E. fu sempre e solo chiamata psicoanalisi

8) Per quale approccio psicologico l'ambiente è primario nel determinare il comportamento?

A. Il cognitivismo
B. Il comportamentismo
C. La Gestalt
D. Il costruttivismo
E. L'associazionismo

9) Quale di queste opere fu scritta da Freud?

A. L'Anticristo
B. Filosofia delle forme simboliche
C. L'evoluzione creatrice
D. Il disagio della civiltà
E. Essere e tempo

10) Il sonno REM:

A. coincide con il periodo nel quale il soggetto sogna
B. viene rilevato tramite rilevazioni elettroencefalografiche
C. caratterizza tutta la durata del sonno notturno
D. non è stato studiato in rapporto alla memoria
E. è assente nei bambini piccoli

11) Lo sviluppo cognitivo secondo Piaget:

A. è sottoposto ad un incremento prettamente quantitativo
B. è sottoposto ad un incremento qualitativo
C. risente profondamente del contesto di apprendimento
D. si estende a tutto l'arco della vita
E. è diverso per maschi e per femmine

12) Molte ricerche psicologiche tendono a mostrare che due fenomeni sono tra loro correlati, questo significa che:

A. i due fenomeni si presentano nello stesso modo nel gruppo sperimentale e nel gruppo di controllo
B. un fenomeno è causa dell'altro
C. al variare dei valori di un fenomeno, cambia, in maniera diretta o inversa, il valore dell'altro fenomeno
D. i due fenomeni sono significativamente diversi
E. i due fenomeni sono significativamente uguali

13) A quale corrente della psicologia contemporanea è riconducibile Max Wertheimer?

A. Comportamentismo
B. Psicologia della forma
C. Riduzionismo
D. Funzionalismo
E. Psicologia della personalità

14) L'amnesia anterograda:

A. si manifesta come capacità di ricordare le esperienze vissute
B. viene accusata da coloro che hanno subito un trauma e hanno difficoltà ad acquisire informazioni dopo questa sfortunata circostanza
C. si manifesta come incapacità di ricordare fatti precedenti il trauma
D. è un disturbo della percezione musicale prodotto da lesioni cerebrali
E. è un'amnesia che coinvolge aree cerebrali frontali

15) Lo studio degli atteggiamenti riguarda:

A. le posizioni che assume il corpo
B. l'intelligenza
C. le rappresentazioni
D. i convincimenti che sottendono giudizi di valore
E. la personalità

16) Il quoziente di intelligenza misura il rapporto tra:

A. intelligenza e personalità
B. età mentale ed età cronologica
C. età cronologica ed età mentale
D. età del bambino ed età dei genitori
E. prove motorie e prove verbali dei test di intelligenza

17) In quanti sottostadi si divide lo stadio sensomotorio dello sviluppo mentale del bambino ideato da Jean Piaget?

A. Cinque
B. Quattro
C. Otto
D. Sei
E. Tre

18) La schizofrenia generalmente insorge:

A. durante l'infanzia
B. durante l'adolescenza
C. nella prima età adulta
D. in vecchiaia
E. nessuna risposta è corretta

19) I teorici della personalità utilizzano prevalentemente:

A. gli esperimenti
B. le correlazioni
C. i casi clinici
D. i quasi esprimenti
E. nessuna risposta è corretta

20) Al gruppo C nel DSM IV appartengono i seguenti disturbi di personalità:

A. istrionico, borderline, evitante, dipendente
B. antisociale, borderline, istrionico, narcisistico
C. paranoide, schizoide, schizotipico
D. ossessivo-compulsivo, evitante, dipendente
E. nessuna risposta è corretta

21) Il rapporto tra pensiero e linguaggio:

A. è negato da Piaget
B. è negato da Vygotskij
C. è una costante della teorizzazione psicologica
D. prevede unanimemente una priorità cronologica del pensiero rispetto al linguaggio
E. prevede unanimemente una priorità cronologica del linguaggio rispetto al pensiero

22) Il concetto di autoefficacia è di:

A. Thorndike
B. Tolman
C. Bandura
D. Bowlby
E. Skinner

23) La memoria procedurale è un tipo di memoria:

A. dichiarativa
B. a breve termine
C. semantica
D. implicita
E. episodica

24) Che cosa è la persona per Lewin?

A. Una maschera
B. Una totalità dinamica articolata in regioni
C. Una struttura dell'apparato psichico
D. Un essere razionale dotato di coscienza
E. Una rappresentazione sociale

25) Chi ha formulato la teoria della dissonanza cognitiva?

A. Bronfenbrenner
B. Festinger
C. Freud
D. Gibson
E. Kelly

26) Chi ha parlato di "sé riflesso"?

A. Lacan
B. Freud
C. Winnicott
D. Colley
E. Jung

27) La teoria dell'interferenza distingue due tipi di inferenza:

A. proattiva e retroattiva
B. attiva e passiva
C. di primo e secondo tipo

D. anteriore e posteriore
E. presente e passata

28) Chi descrive le emozioni come stati organizzati e complessi in cui sono distinguibili tre componenti: impulso all'azione, reazioni fisiologiche e valutazione cognitiva dello stimolo?

A. Ekman
B. Schachter
C. Lazarus
D. Darwin
E. Freud

29) Cosa si intende per intelligenza fluida?

A. Un tipo di intelligenza legata al contesto
B. Un tipo di intelligenza che segue l'andamento della crescita
C. Un tipo di intelligenza influenzata da fattori ambientali
D. Un tipo di intelligenza adatta a particolari domini di conoscenza
E. Un tipo di intelligenza generale

30) Quale studioso parla di zona prossimale di sviluppo (ZSP)?

A. Bruner
B. Piaget
C. Vygotskij
D. Ainsworth
E. Chomsky

31) Cosa sono i Modelli Operativi Interni (MOI)?

A. Una rappresentazione interna del mondo
B. Un comportamento di segnalazione
C. Copie fedeli del mondo
D. Un comportamento caratterizzato sessualmente
E. Tutte le risposte sono valide

32) Chi ha scritto *Psicologia dell'Io e problema dell'adattamento*?

A. Freud
B. Jung
C. Hartmann
D. Winnicott
E. Vygotskij

33) Quale delle seguenti terapie non tenta di trasformare i sentimenti inconsci in consci?

A. La psicoanalisi
B. La terapia cognitiva
C. La Gestalt
D. La terapia transazionale
E. Tutte le risposte sono valide

34) Il maggior esponente della terapia centrata sul cliente è:

A. E. Berne
B. A. Beck
C. S. Freud
D. G. Jung
E. C. Rogers

35) L'allucinazione è:

A. un'illusione
B. una percezione senza adeguati stimoli esterni
C. un disturbo comportamentale
D. un disturbo affettivo
E. un alterato senso di benessere

36) Secondo il modello multicomponenziale di A. Baddeley in quanti componenti è articolata la memoria di lavoro?

A. 2
B. 1
C. 3
D. 4
E. 7

37) Quale fra quelli elencati non è un test proiettivo?

A. TAT
B. Rorschach
C. Wartegg
D. MMPI
E. Blacky Pictures Test

38) Il primo vero e proprio test di intelligenza generale fu chiamato:

A. Wechsler Adult Intelligence Scale
B. Minnesota Multiphasic Personality Inventory
C. Rorschach
D. Scala di Binet-Simon
E. Nessuna risposta è corretta

39) Quale dei seguenti autori concepisce la Persona come maschera?

A. Maslow
B. Freud
C. Jung
D. Cattell
E. Watson

40) La ricerca trasversale prevede:

A. un gruppo di controllo
B. osservazioni di gruppi differenti
C. osservazioni ripetute nel tempo
D. osservazioni dello stesso gruppo
E. nessuna risposta è corretta

41) C.G. Jung affermava che le immagini che rappresentano le esperienze accumulate dall'umanità sono memorizzate:

A. nell'inconscio personale
B. nella persona
C. nell'anima
D. nell'inconscio collettivo
E. nessuna risposta è corretta

42) Cosa si intende per "alessitimia"?

A. Elevati stati di eccitazione emotiva per forti sollecitazioni
B. Indifferenza emotiva
C. Incapacità a interpretare e comunicare le emozioni
D. Bassi stati di eccitazione emotiva per forti sollecitazioni
E. Tutte le risposte sono valide

43) Il sillogismo è una forma di ragionamento:

A. deduttivo
B. induttivo
C. abduttivo
D. insight
E. nessuna risposta è corretta

44) Con l'espressione "magico numero 7 più o meno 2" Miller faceva riferimento a:

A. span della memoria a lungo termine
B. span del registro sensoriale
C. span della memoria a breve termine
D. nessuna risposta è corretta
E. tutte le alternative sono valide

45) Il modellamento astratto è un processo teorizzato da:

A. Bandura
B. Tolman
C. Piaget
D. Watson
E. nessuno tra quelli citati

46) La legge dell'oblio, individuata da H. Ebbinghaus, indica che:

A. la perdita di informazione raggiunge la velocità massima dopo 24 ore dall'esposizione allo stimolo
B. la quantità di informazioni diminuisce in modo costante e lineare nel tempo
C. la perdita di informazione è lenta nelle prime ore che seguono l'esposizione allo stimolo, e rapida dopo alcuni giorni

D. la perdita di informazione è rapida nelle prime ore che seguono l'esposizione allo stimolo, e lenta dopo alcuni giorni
E. la quantità di informazioni perdute per unità di tempo non è costante, ed ha un andamento oscillatorio

47) Per A.H. Maslow il tratto distintivo dell'identità è rappresentato da:

A. le pulsioni
B. la relazione materna
C. la motivazione
D. i conflitti
E. le crisi

48) Secondo C. Rogers, la relazione educativa esige da parte dell'insegnante un atteggiamento:

A. di accettazione incondizionata delle condotte dell'allievo
B. di autenticità e congruenza e di ascolto empatico
C. di disponibilità e simpatia
D. di pazienza e intelligenza
E. soprattutto di silenzio

49) Che cosa è la rappresentazione iconica per J. Bruner?

A. L'associazione fra segni convenzionali e oggetti o eventi a cui i segni si riferiscono
B. Una forma di rappresentazione che codifica la realtà attraverso percetti e immagini interne
C. Un'attività rappresentativa che accompagna l'esperienza sensomotoria
D. Un'attività rappresentativa che si trova nel gioco simbolico
E. Un'attività rappresentativa che si trova nei primi mesi di vita

50) Quale delle seguenti affermazioni inerenti l'afasia di Broca (o motoria) NON è vera?

A. L'eloquio non è fluente
B. Il linguaggio scritto è deficitario
C. C'è anosognosia
D. La comprensione è meno compromessa dell'eloquio
E. Lesioni a carico del lobo frontale di sinistra

51) Quale tra i seguenti studiosi è considerato il fondatore della psicologia sperimentale?

A. Cattell
B. James
C. Wundt
D. Watson
E. Guthrie

52) In ambito psicologico che cos'è il DSM?

A. Uno strumento per diagnosticare le principali sindromi cliniche
B. Un codice di ambito medico-clinico
C. Una tecnica di osservazione
D. Una tecnica proiettiva della personalità
E. Nessuna delle risposte è corretta

53) Che cos'è la bulimia?

A. Una forma di disagio psico-sociale
B. Un disturbo affettivo
C. Un disturbo del comportamento alimentare
D. Un disturbo cognitivo
E. Una mania compulsiva

54) Secondo il funzionalismo i fenomeni psichici:

A. non sono strutture ma sovrastrutture
B. sono strutture e non funzioni attraverso cui la mente si adatta all'ambiente
C. sono determinati dalla volontà
D. dipendono dal grado di integrazione sociale

E. non sono strutture ma funzioni attraverso cui la mente si adatta all'ambiente

55) Quali concetti della psicologia vengono trascurati nella teoria del behaviorismo?

A. Comportamentali
B. Metafisici, come mente e psiche
C. Conoscitivi
D. Educativi
E. Lontani dall'ego

56) Quale tra le seguenti pubblicazioni è riconducibile al fondatore della psicoanalisi?

A. Al di là del principio del piacere
B. Avere o essere
C. Al di là del bene e del male
D. L'essere e il nulla
E. L'anello di re Salomone

57) Cosa propongono i "connessionisti"?

A. Di valutare l'apprendimento come un insieme di nozioni
B. Di conferire alla psicologia un carattere scientifico
C. Di paragonare l'apprendimento ad un puzzle
D. Tutte le risposte sono corrette
E. Nessuna delle risposte è corretta

58) Cos'è la psicoanalisi?

A. Un argomento di studio in biotecnologia
B. Un argomento della filosofia
C. La scienza della natura
D. La scienza dei saggi
E. Un approccio terapeutico dei disturbi psichici

59) Il concetto di "*locus of control*" proposto da Rotter riguarda:

A. le altrui abilità
B. il controllo delle azioni proprie e altrui
C. il grado di percezione rispetto al controllo del proprio destino e gli eventi
D. il grado di percezione rispetto al controllo del destino altrui
E. tutte le risposte sono corrette

60) Il modello che considera la comunicazione come un processo di trasmissione di informazioni è stato ideato da:

A. Austin
B. Grice
C. Newell e Simon
D. Shannon e Weaver
E. Tulving

61) Nell'ambito di quali teorie è stato proposto e utilizzato il concetto di "*affordance*"?

A. Psicologia cognitivista
B. Sviluppo dell'intelligenza di Piaget
C. Teoria dei sistemi dinamici
D. Approccio ecologico alla percezione di J.J. Gibson
E. Teoria dell'attaccamento di Bowlby

62) L'assuefazione è:

A. un disturbo psicopatologico
B. un tipo di apprendimento
C. una tendenza di alcuni individui
D. sinonimo di sensibilizzazione
E. sinonimo di debolezza

63) La teoria dell'inferenza inconscia di Helmotz riguarda:

A. la personalità
B. l'inconscio
C. la percezione
D. la memoria
E. tutte le risposte sono corrette

64) L'effetto Stroop è un esempio di:

A. automatismo della percezione
B. selettività della visione

C. illusione ottica
D. costanza percettiva
E. percezione di profondità

65) Quale dei seguenti autori è considerato il fondatore del personalismo in psicologia?

A. W. Stern
B. M. Klein
C. W. Allport
D. K. Jaspers
E. S. Freud

66) Quale dei seguenti studiosi per primo concepì la memoria come un processo attivo di continua ricostruzione del passato in funzione delle esigenze del presente?

A. Ebbinghaus
B. Bartlett
C. Miller
D. Piaget
E. Hull

67) Quale tra le seguenti teorie riteneva che il pensiero fosse un linguaggio implicito?

A. Cognitivismo
B. Strutturalismo
C. Comportamentismo
D. Funzionalismo
E. Costruttivismo

68) Quali sono le dimensioni che ci permettono di ordinare le emozioni di base?

A. Motivazione, attività, stimolo
B. Durata, potenza, attività
C. Attività, intensità, potenza e durata
D. Qualità, potenza, attività
E. Nessuna delle risposte è corretta

69) La teoria del prototipo di Eleanor Rosch riguarda:

A. la formazione degli stereotipi
B. la formazione dei concetti e i processi di categorizzazione
C. le strategie di problem solving
D. la conoscenza procedurale
E. le euristiche del pensiero

70) La misura dell'intelligenza permette di:

A. differenziare fin dal primo anno di vita bambini molto intelligenti da bambini poco intelligenti
B. quantificare con relativa precisione il contributo del patrimonio genetico
C. il livello di nevroticismo dell'individuo
D. mettere in relazione la prestazione intellettiva di un individuo con i valori medi di una determinata popolazione
E. risalire alle specifiche esperienze culturali dell'individuo

71) Gli assunti di base sono:

A. presupposti teorici
B. meccanismi di difesa
C. stati emotivi
D. forze razionali
E. nessuna delle risposte è corretta

72) La teoria del feedback periferico di James sosteneva che la causa dell'emozione è:

A. la valutazione cognitiva dello stimolo
B. la sensazione emozionale
C. l'attivazione fisiologica
D. la percezione dello stimolo
E. nessuna delle risposte è corretta

73) I sostenitori dell'approccio psicobiologico pongono l'accento sui fattori:

A. sociali
B. culturali
C. biologici
D. ambientali
E. biologici e culturali

74) Quale dei seguenti approcci teorici si interroga sul valore adattivo dei processi mentali?

A. Strutturalismo
B. Etologia
C. Cognitivismo
D. Funzionalismo
E. Psicologia sperimentale

75) Chi ha scritto *Psicologia delle folle*?

A. Gustave Le Bon
B. Sigmund Freud
C. Kurt Lewin
D. Floyd H. Allport
E. Carl G. Jung

76) Quale tra le seguenti scale assume per convenzione che esiste un valore zero?

A. Nominale
B. Ordinale
C. A intervalli
D. A rapporti
E. Nessuna delle risposte è corretta

77) La Scuola di Würzburg concentrò le sue ricerche sullo studio di:

A. processi psichici elementari
B. proprietà specifiche del pensiero
C. funzioni dei processi mentali
D. contenuti della coscienza
E. comportamento

78) Lawrence Kohlberg si è occupato principalmente di:

A. sviluppo cognitivo
B. sviluppo morale
C. sviluppo sociale
D. sviluppo della coscienza
E. socializzazione primaria

79) Il New Look è un movimento che si è occupato principalmente di:

A. sensazione
B. memoria
C. percezione
D. intelligenza
E. motivazione

80) In psicoanalisi il concetto di oggetto transizionale è riferibile a:

A. Winnicott
B. Hartmann
C. Klein
D. Rosenfeld
E. Lacan

81) La "forza dell'abitudine" è la variabile interveniente per:

A. Tolman
B. Hull
C. Hebb
D. Cattell
E. Miller

82) Quale dei seguenti autori parla di "angoscia genetica" della madre?

A. F. Fornari
B. D. Napolitani
C. S. Freud
D. M. Mahler
E. C.G. Jung

83) Smettere di somministrare una scossa elettrica ad un soggetto dopo che questi ha emesso una risposta che lo sperimentatore vuole incrementare costituisce un esempio di:

A. rinforzo positivo
B. rinforzo vicariante
C. rinforzo negativo
D. variabile interveniente
E. nessuna delle risposte è corretta

84) Nel periodo del "realismo morale", secondo Piaget, le azioni vengono giudicate buone o cattive:

A. casualmente, senza che vi sia alcuna logica precisa a guidare il giudizio

B. sulla base delle intenzioni di chi le ha compiute
C. sulla base di principi etici universali
D. sulla base delle conseguenze da queste derivate
E. sulla base delle convenzioni sociali

85) Con l'espressione "teoria della mente" ci si riferisce:

A. a un modello del funzionamento cerebrale
B. al fenomeno dell'immaginare da parte del bambino che le cose dotate di attività siano viventi
C. all'attribuzione di stati mentali, che possono essere diversi dai propri, alle altre persone
D. al processo mediante il quale il bambino giunge ad essere consapevole di sé
E. ad un modello di funzionamento mentale

86) Che cosa significa "*goodness of fit*" nella concezione di Chess e Thomas?

A. Un basso grado di conflittualità nella famiglia intesa come sistema
B. La compresenza di qualità di un carattere (temperamento) classificato come "facile"
C. Le compatibilità del carattere (temperamento) della madre con quello del bambino
D. Il grado in cui le proprietà dell'ambiente si adattano alle caratteristiche individuali del bambino
E. L'organizzazione armonica dei tratti del carattere (temperamento)

87) L'incapacità a elaborare numeri e ad eseguire calcoli è detta:

A. acalculia
B. afasia
C. disgrafia
D. dislessia
E. aprassia

88) Quale dei seguenti autori ha elaborato la teoria dell'autismo naturale?

A. M. Mahler
B. E. Jacobson
C. M. Klein
D. A. Spitz
E. D. Winnicott

89) Un insieme di persone con una o più caratteristiche in comune ma prive di legami di altra natura si definisce:

A. gruppo
B. classe
C. aggregato
D. banda
E. nessuna delle risposte è corretta

90) Connessionismo e modularismo sono paradigmi:

A. della scienza cognitiva
B. del comportamentismo
C. della Gestalt
D. dello strutturalismo
E. del funzionalismo

91) Secondo Buss e Plomin le tre dimensioni costitutive del carattere sono:

A. la soglia di sensibilità, l'adattabilità e la socievolezza
B. l'adattabilità, la regolarità e la socievolezza
C. l'arrendevolezza, la sensibilità e la socievolezza
D. l'emotività, l'attività, la socievolezza
E. la qualità dell'umore, la distraibilità e la socievolezza

92) A che età compare nel bambino l'intenzionalità?

A. Inizio sesto anno
B. Fine primo anno
C. Verso i 3 anni

D. Verso i 4 anni
E. Verso i 5 anni

93) Secondo Bandura, i tipi di informazione a partire dai quali valutiamo la nostra efficacia sono:

A. successi o fallimenti di tentativi simili, esperienze vicarie, persuasione verbale, stato fisiologico
B. esperienze vicarie, valutazione cognitiva della situazione, stato fisiologico
C. successi o fallimenti di tentativi simili, stato emotivo, persuasione verbale, valutazione cognitiva della situazione
D. successi o fallimenti di tentativi simili, esperienze vicarie, persuasione verbale, stato emotivo
E. esperienze vicarie, persuasione verbale, stato fisiologico

94) I periodi di sensibilità sono dei momenti in cui è maggiore la predisposizione a:

A. trauma
B. apprendimento
C. socializzazione
D. estraneo
E. nessuna delle risposte è corretta

95) La memoria semantica è un tipo di memoria:

A. prospettica
B. implicita
C. procedurale
D. dichiarativa
E. strategica

96) *La psicoanalisi dei bambini* è stato scritto da:

A. S. Freud
B. K. Abraham
C. M. Klein
D. A. Freud
E. F. Fornari

97) Quale dei seguenti autori parla di posizione schizoparanoidea e posizione maniaco-depressiva?

A. A. Freud
B. K. Abraham
C. W. Bion
D. S. Freud
E. M. Klein

98) Si indichi quale tra queste coppie di definizioni si applica al processo di socializzazione:

A. intenso/debole
B. primaria/secondaria
C. particolare/universale
D. generale/specialistico
E. affiatato/distaccato

99) Quale dei seguenti autori sosteneva che il linguaggio e il pensiero sono in origine indipendenti per poi integrarsi in un processo di reciproco influenzamento?

A. Piaget
B. Vygotskij
C. Chomsky
D. Bruner
E. Sapir e Whorf

100) Il concetto di "falso Sé" è stato teorizzato da:

A. Tustin
B. Klein
C. Freud
D. Winnicott
E. Hartmann

RISPOSTE CORRETTE

1) A	21) A	41) D	61) D	81) D
2) C	22) C	42) C	62) B	82) A
3) A	23) D	43) A	63) C	83) C
4) E	24) B	44) C	64) A	84) D
5) C	25) B	45) A	65) A	85) C
6) B	26) D	46) D	66) B	86) D
7) C	27) A	47) C	67) C	87) A
8) B	28) C	48) B	68) D	88) A
9) D	29) B	49) B	69) B	89) B
10) A	30) C	50) C	70) D	90) A
11) B	31) A	51) C	71) B	91) D
12) C	32) C	52) A	72) C	92) B
13) B	33) B	53) C	73) C	93) A
14) B	34) E	54) E	74) D	94) B
15) D	35) B	55) B	75) A	95) D
16) B	36) C	56) A	76) C	96) C
17) D	37) D	57) B	77) B	97) E
18) C	38) D	58) E	78) B	98) B
19) C	39) C	59) C	79) C	99) B
20) D	40) B	60) D	80) A	100) D

CULTURA MATEMATICO-SCIENTIFICA

CAPITOLO 1 | Biologia 307

Risposte corrette 317

CAPITOLO 2 | Chimica 318

Risposte corrette 327

CAPITOLO 3 | Fisica e Scienze della Terra 328

Risposte corrette 338

CAPITOLO 4 | Matematica e Geometria 339

Risposte corrette 355

CAPITOLO 1
Biologia

1) Quale di queste proteine NON è contenuta nel plasma?

A. Anticorpi
B. Emoglobina
C. Albumina
D. Fibrinogeno
E. Lipidi

2) Secondo la teoria classica neo-darwinista dell'evoluzione, quali sono le unità biologiche che evolvono?

A. Le popolazioni
B. Le specie
C. Le sottospecie
D. Gli individui
E. Le cellule

3) La classificazione degli organismi attuata da Linneo si basava su:

A. il genotipo
B. la storia evolutiva
C. il fenotipo
D. i caratteri biomolecolari
E. i caratteri cellulari

4) Gli stami sono:

A. le cavità presenti nei tessuti parenchimatosi
B. i minuscoli fori presenti sulla superficie delle foglie
C. gli organi produttori di polline
D. un particolare tipo di radici aeree
E. delle radici sotterranee

5) Quale di queste affermazioni riguardante gli enzimi è vera?

A. Sono sostanze di natura sintetica
B. Sono sostanze di natura lipidica
C. L'enzima viene trasformato dalla reazione che catalizza
D. Ognuno di essi può catalizzare tanti tipi di reazioni
E. Ognuno di essi catalizza un determinato tipo di reazione

6) La denominazione *Equus caballus* indica:

A. il genere e la specie
B. la classe e il genere
C. l'ordine e la classe
D. la famiglia e il genere
E. il tipo di specie

7) I principali costituenti dei fosfolipidi presenti nelle membrane biologiche sono:

A. polisaccaridi
B. acidi grassi
C. idrocarburi
D. terpeni
E. enzimi

8) Il collagene è il principale componente:

A. del citoscheletro
B. della lamina nucleare
C. della matrice extracellulare
D. delle strutture giunzionali
E. dell'osseina

9) Il colore della pelle è correlato alla presenza di:

A. emoglobina
B. melanina
C. carotene

D. emocianina
E. ferritina

10) Il codice genetico è un insieme di regole che permette:

A. la riparazione dei danni al DNA causati dalle condizioni ambientali
B. la comprensione del meccanismo di replicazione del DNA
C. la sintesi dell'RNA messaggero sullo stampo del DNA
D. la decifrazione del messaggio genetico scritto nel DNA
E. la delezione cellulare

11) I mitocondri sono organuli che partecipano al processo di:

A. fotosintesi
B. respirazione cellulare
C. secrezione
D. digestione cellulare
E. nessuna delle risposte è corretta

12) Cosa è il miocardio?

A. Una membrana cellulare
B. Una ghiandola
C. Un tessuto muscolare
D. Un tessuto di sostegno
E. Una cavità ematica

13) Con il termine biosfera si intende:

A. le terre emerse
B. le zone di acqua, terra e aria occupate da organismi viventi
C. i mari e gli oceani
D. tutte le opzioni sono errate
E. l'ambiente

14) Un processo si definisce aerobico quando:

A. avviene in presenza di azoto
B. avviene solo ad elevate quote atmosferiche
C. avviene in presenza di ossigeno
D. ha bisogno di energia per poter avvenire
E. in anaerobiosi

15) Quanti sono i regni in cui vengono classificati i viventi?

A. Quattro
B. Tre
C. Sei
D. Cinque
E. Otto

16) Gli stomi sono:

A. i connettivi vegetali
B. peli urticanti vegetali
C. aperture sulle superfici delle foglie
D. peli radicali
E. i tessuti spinosi

17) Il gambero appartiene alla classe:

A. degli aracnidi
B. dei crostacei
C. dei poriferi
D. dei condroitti
E. dei molluschi

18) Le cellule procariote differiscono dalle cellule eucariote perché:

A. non hanno ribosomi
B. non hanno la membrana plasmatica
C. non hanno il citoplasma
D. non hanno acidi nucleici
E. non hanno il nucleo

19) Il termine "eucariota" si riferisce a:

A. particolari anticorpi
B. particolari cellule ben sviluppate
C. cellule con vero nucleo
D. i cromosomi sessuali
E. i cromatidi

20) Le membrane biologiche sono semipermeabili. Ciò significa che il passaggio di sostanze attraverso di esse:

A. non è completamente libero
B. è completamente libero dall'esterno verso l'interno
C. avviene solo in una metà
D. avviene sempre con un consumo di energia
E. avviene per osmosi

21) Le cellule possono inglobare particelle liquide con un processo chiamato:

A. fagocitosi
B. trasporto attivo
C. pinocitosi
D. esocitosi
E. endocitosi

22) I microtubuli che compongono un centriolo sono organizzati in:

A. 9 coppie periferiche e una tripletta centrale
B. 9 coppie periferiche
C. 9 coppie periferiche e una coppia centrale
D. 9 triplette periferiche
E. 9 coppie centrali

23) La struttura cellulare alla quale sono eventualmente adesi i ribosomi è:

A. il lisosoma
B. il reticolo endoplasmatico
C. il citoscheletro
D. l'apparato di Golgi
E. il mitocondrio

24) La funzione dell'apparato di Golgi è di:

A. modificare le proteine destinate alla secrezione o ad altri organuli
B. costituire una riserva di carboidrati
C. metabolizzare i lipidi
D. demolire sostanze di riserva
E. formare una riserva enzimatica

25) Si definisce "aploide" una cellula:

A. che ha perso il nucleo
B. che si sta dividendo
C. embrionale
D. in cui i cromosomi non hanno il corrispondente omologo
E. in metafase

26) Cosa sono le sinapsi?

A. Organuli cellulari propri delle cellule vegetali
B. Interconnessioni tra neuroni in cui si effettua la trasmissione degli impulsi nervosi
C. Organuli cellulari propri dei neuroni
D. Zone di contatto tra due batteri durante lo scambio di materiale genetico
E. Zone di contatto tra virus

27) Quale funzione hanno le foglie nella vita della pianta?

A. Assorbire sali
B. Assorbire acqua
C. Fotosintetica
D. Riproduttiva
E. Estetica e protettiva

28) Mediante il processo della fotosintesi le piante trasformano anidride carbonica e acqua in:

A. proteine e ossigeno
B. carboidrati e ossigeno
C. acidi nucleici e acqua
D. lipidi
E. azoto e derivati

29) La molecola più utilizzata nello svolgimento delle reazioni endoergoniche cellulari è:

A. il citocromo C
B. la glicina
C. l'adenosintrifosfato
D. il glucosio
E. l'ossidasi

30) La glicolisi è un processo:

A. proprio degli organismi aerobi
B. proprio dei batteri
C. proprio degli organismi anaerobi
D. proprio di tutti gli organismi
E. di origine vegetale

31) Indica quale tra le seguenti è la più tipica funzione biologica degli acidi nucleici:

A. la funzione di riserva energetica
B. la funzione di autoduplicazione
C. la funzione strutturale
D. la funzione catalitica
E. la funzione metabolica

32) La sintesi di RNA è un processo definito:

A. trascrizione
B. trasposizione
C. traduzione
D. terminazione
E. clonazione

33) I geni sono elementi funzionali del genoma che codificano per:

A. RNA e proteine
B. DNA
C. ribosomi
D. nucleo
E. lisosomi

34) Elementi cellulari incapaci di effettuare mitosi sono:

A. gli eritroblasti
B. le cellule germinali
C. le cellule nervose
D. le cellule renali
E. i linfociti

35) La determinazione del sesso nella specie umana, come in altri organismi, dipende:

A. dallo zigote
B. dall'ovulo
C. dallo spermatozoo
D. dall'età
E. dai fattori X

36) La fase della mitosi, caratterizzata dal fatto che tutti i cromosomi si raccolgono al centro della cellula, prende il nome di:

A. profase
B. anafase
C. interfase
D. metafase
E. telofase

37) Gli individui di gruppo sanguigno 0:

A. hanno sempre entrambi i genitori di gruppo 0
B. possono avere figli di qualsiasi gruppo sanguigno
C. hanno sicuramente qualche parente di gruppo 0
D. hanno ereditato un allele di tipo 0 da entrambi i genitori
E. possono avere un genitore di gruppo AB

38) La pecora Dolly, morta nel 2003, è diventata famosa perché:

A. è stata clonata a partire da una cellula di topo
B. è stata clonata a partire da una cellula umana
C. è stato il primo mammifero clonato della storia
D. è stato il primo animale clonato della storia
E. è stato il primo esempio di clonazione vegetale

39) Nella selezione naturale, l'agente selettivo è:

A. la fauna
B. la selezione convergente

C. l'uomo
D. l'ambiente
E. la flora

40) Le vene sono i vasi che:

A. portano il sangue verso il cuore
B. portano il sangue al cervello
C. effettuano la filtrazione della linfa
D. trasportano ossigeno
E. trasportano sostanze cataboliche

41) Negli esseri umani le ghiandole endocrine producono:

A. tessuto osseo
B. sudore
C. ormoni
D. globuli rossi
E. globuli bianchi

42) I primi ominidi del genere *Australopithecus* comparvero all'incirca:

A. 10 milioni di anni fa
B. 5 milioni di anni fa
C. 20 milioni di anni fa
D. 1 milione di anni fa
E. 2 milioni di anni fa

43) Quale degli organismi seguenti è in grado di effettuare la fotosintesi?

A. Corallo
B. Spugna
C. Muschio
D. Protozoo
E. Polipo

44) Un organismo che si riproduce asessualmente genera dei figli che normalmente sono:

A. con una variabilità genetica più elevata
B. più adatti al loro ambiente
C. capaci di sopravvivere più a lungo
D. geneticamente identici tra loro
E. destinati a vivere poco

45) Il micelio è:

A. l'apparato vegetativo dei funghi più evoluti
B. un tipo di membrana
C. un corpo fruttifero
D. una foglia metamorfosata
E. un petalo

46) La molecola coinvolta nel trasferimento dell'informazione genetica dal nucleo al citoplasma è:

A. tRNA
B. mRNA
C. proteine
D. rRNA
E. un enzima

47) Una cellula sta ingerendo particelle solide presenti nell'ambiente extracellulare. Si dice che sta compiendo:

A. apoptosi
B. pinocitosi
C. esocitosi
D. fagocitosi
E. anitosi

48) Due organismi che utilizzano le stesse risorse disponibili in quantità limitate vengono definiti:

A. mutualisti
B. predatori
C. competitori
D. parassiti
E. simbionti

49) Indicare quali prodotti si generano durante la fase luminosa della fotosintesi:

A. NADPH, ATP e ossigeno
B. NADPH, ATP e anidride carbonica
C. NADH, ossigeno e acqua
D. NADH, anidride carbonica e acqua
E. NADP, ATP e anidride carbonica

50) Luigi Pasteur fu un:

A. citologo
B. astronauta
C. matematico
D. allievo di Freud
E. batteriologo

51) L'esatto ordine degli stadi della vita di un insetto è:

A. uovo, pupa, larva, adulto
B. pupa, larva, uovo, adulto
C. uovo, larva, pupa, adulto
D. pupa, uovo, larva, adulto
E. uovo, larva, pupo, adulto

52) L'acqua si muove tra le particelle del suolo verso le radici delle piante per:

A. imbibizione
B. capillarità
C. adesione
D. coesione
E. contatto

53) Le piogge acide sono dovute a modifiche ambientali operate dall'uomo su:

A. ciclo del carbonio e dello zolfo
B. ciclo dell'azoto e del fosforo
C. ciclo dell'azoto e dello zolfo
D. ciclo del carbonio e dell'ossigeno
E. ciclo della CO_2

54) Il carbonio inorganico entra nel ciclo dei viventi mediante il processo di:

A. fossilizzazione
B. decomposizione
C. respirazione
D. fotosintesi
E. degradazione

55) La definizione biologica di specie si fonda:

A. sulle differenze genotipiche tra due organismi
B. sulle differenze anatomiche e di sviluppo tra due gruppi di organismi
C. sull'isolamento riproduttivo di due gruppi di organismi
D. sulle differenze nell'adattamento di due gruppi di individui
E. sulle differenze sferotipiche

56) I batteri:

A. contengono un singolo cromosoma
B. presentano un nucleo delimitato da membrana
C. hanno riproduzione sessuata
D. sono sempre causa di malattia
E. sono sempre autotrofi

57) Un batterio si dice anaerobio obbligato se:

A. vive solo in assenza di ossigeno
B. vive solo in presenza di aria
C. vive in assenza di aria ma si replica solo in presenza di aria
D. vive solo in presenza di ossigeno puro
E. vive senza acqua

58) Il *Plasmodium falciparum*, responsabile della malaria, è un:

A. fungo
B. insetto
C. virus
D. protozoo
E. enzima

59) Che cosa sono gli antibiotici?

A. Sostanze prodotte dalle cellule tumorali
B. Proteine prodotte dall'uomo o da altri mammiferi
C. Sostanze che stimolano il sistema immunitario
D. Sostanze antimicrobiche prodotte da batteri, funghi e vegetali
E. Sostanze di sintesi vegetale

60) Le piante verdi di notte producono:

A. glucosio
B. solo anidride carbonica
C. azoto
D. idrogeno
E. solo ossigeno

61) Il trasporto dei gas respiratori tra esterno e interno negli insetti avviene:

A. attraverso la pelle
B. mediante le antenne
C. mediante trachee
D. mediante i polmoni
E. mediante spore

62) Quale fra i seguenti animali produce uova dotate di guscio rigido?

A. Rana
B. Pinguino
C. Salmone
D. Canguro
E. Balena

63) Gli animali per vivere hanno bisogno dei vegetali, perché rimarrebbero privi di:

A. idrogeno
B. acqua
C. vitamine
D. energia
E. azoto

64) Le cellule sono in grado di compiere reazioni chimiche a temperature relativamente basse soprattutto grazie:

A. agli enzimi
B. alle vitamine
C. ai substrati ricchi di energia
D. all'ATP
E. ai mitocondri

65) Le vitamine sono:

A. sostanze che si trovano solo negli agrumi
B. sostanze da cui l'organismo ottiene calorie
C. sostanze necessarie per l'attività degli enzimi
D. le unità fondamentali delle proteine strutturali
E. sostanze che si trovano negli acidi grassi

66) Individuare l'unica affermazione del tutto corretta.

A. Tutte le cellule contengono mitocondri
B. Tutte le cellule traggono origine da altre cellule
C. Tutte le cellule presentano la parete cellulare
D. Tutte le cellule presentano compartimenti interni
E. Tutte le cellule contengono i loci

67) Molecole di ossigeno entrano in un globulo rosso mediante il processo di:

A. pinocitosi
B. osmosi
C. trasporto attivo
D. diffusione
E. diapedesi

68) Il processo attraverso il quale le sostanze vengono trasportate dall'interno all'esterno della cellula è detto:

A. esocitosi
B. fagocitosi
C. pinocitosi
D. osmosi
E. diffusione

69) La cromatina è:

A. una sostanza responsabile della colorazione della pelle
B. una sostanza colorabile presente nel nucleo delle cellule
C. una proteina presente nelle cellule vegetali

D. una proteina presente in tutte le cellule
E. un patrimonio genetico

70) I lisosomi sono organuli cellulari:

A. in cui avviene il ciclo di Krebs
B. in cui avviene la sintesi delle proteine
C. che contengono enzimi idrolitici
D. in cui avviene la respirazione cellulare
E. che contengono cellule epitelioidi

71) Una cellula è immersa in una soluzione isotonica. Avviene che:

A. l'acqua esce dalla cellula
B. l'acqua entra nella cellula
C. l'acqua entra ed esce dalla cellula in ugual misura
D. la cellula va incontro a lisi
E. la cellula diventa iperplasica

72) La più piccola unità contrattile di un muscolo è:

A. la fibra muscolare
B. il sarcomero
C. la miofibrilla
D. il filamento di astina
E. la capsula

73) In quale parte della cellula vegetale avviene la fotosintesi?

A. Nucleo
B. Ribosomi
C. Mitocondri
D. Cloroplasti
E. Lisosomi

74) La tappa finale della degradazione degli alimenti, quella che porta alla formazione di ATP, avviene:

A. nel citosol
B. nel nucleo
C. nei mitocondri
D. nei ribosomi
E. nel follicolo endoplasmico

75) Quando una molecola di clorofilla è colpita da energia luminosa:

A. la luce verde non è assorbita
B. la luce verde è la più assorbita
C. la luce rossa è riflessa
D. tutte le lunghezze d'onda sono riflesse
E. anche la luce gialla non è assorbita

76) Qual è la sequenza degli eventi che trasformano le informazioni codificate nel DNA in strutture proteiche tridimensionali?

A. Trascrizione – duplicazione – traduzione
B. Traduzione – trascrizione – duplicazione
C. Traduzione – duplicazione – trascrizione
D. Trascrizione – traduzione – duplicazione
E. Duplicazione – trascrizione – traduzione

77) Una proteina è costituita da 100 aminoacidi. Quanti nucleotidi costituiscono l'mRNA codificante?

A. 100
B. 200
C. 300
D. 50
E. 125

78) In quale fase del ciclo cellulare i cromosomi non sono condensati?

A. Nella profase
B. Nell'interfase
C. Nell'anafase
D. Nella metafase
E. Nella telofase

79) Quale dei seguenti ormoni viene rilasciato dalla neuroipofisi?

A. Somatotropina
B. Prolattina

C. Vasopressina
D. Tireostimolante
E. Tirosina

80) Quale, tra i seguenti mammiferi, NON ha dentatura?

A. Il formichiere
B. Il gatto persiano
C. L'armadillo
D. Il bradipo
E. L'istrice

81) Quale delle seguenti piante si riproduce tramite spore?

A. La betulla
B. La felce
C. L'ulivo
D. Il mandorlo
E. Il larice

82) La carenza di vitamina C provoca:

A. rachitismo
B. scorbuto
C. gozzo
D. pellagra
E. ossidazione cellulare

83) La gastrula è:

A. una fase della mitosi
B. un tessuto
C. il rivestimento dello stomaco
D. uno stadio dello sviluppo embrionale
E. la morte di una cellula

84) La mancanza di ferro nell'organismo può provocare:

A. anoressia
B. aporia
C. anossia
D. idiozia
E. astenia

85) In ambito ecologico per "popolazione" si intende:

A. un gruppo numeroso di organismi viventi
B. un gruppo di organismi viventi della stessa specie che occupano una data zona
C. un insieme di organismi viventi di specie affini
D. tutti gli organismi viventi presenti in un preciso ambiente
E. un ecosistema

86) Una fondamentale differenza tra piante ed animali consiste nella capacità di:

A. utilizzare l'ossigeno atmosferico
B. demolire i polisaccaridi
C. riprodursi
D. produrre ossigeno
E. glicolisi

87) Quale tra i seguenti organismi è un animale?

A. Il mais
B. Il lievito
C. Il corallo
D. Il plasmodio
E. Il riso

88) Il regno dei Funghi non è costituito da organismi:

A. autotrofi
B. le cui cellule hanno una parete cellulare composta da chitina
C. per la maggior parte decompositori
D. che possono essere patogeni
E. eterotrofi

89) Negli acidi nucleici gli zuccheri contenuti sono:

A. solo ribosio e deossiribosio a seconda se si tratta di RNA o DNA
B. maltosio e glucosio
C. glucosio e ribosio
D. legati a 2 gruppi fosforici

E. solo il ribosio

90) Le piramidi ecologiche possono rappresentare:

A. concentrazioni di veleni ambientali
B. i cicli biogeochimici
C. le concentrazioni di inquinanti nel suolo
D. le concentrazioni di inquinanti nell'aria
E. la struttura trofica dell'ecosistema

91) Gli animali del fondo marino formano:

A. il surplus
B. il benthos
C. il necton
D. il plancton
E. l'humus

92) Le piastrine si formano:

A. nei muscoli scheletrici
B. nelle vene
C. nel rene
D. nel midollo osseo
E. nel plasma

93) La proteina che ha concentrazione più elevata nel plasma umano è:

A. la gammaglobulina
B. l'emoglobina
C. l'albumina
D. il fibrinogeno
E. la globulina

94) Il processo che fa maturare molte specie animali da larva ad animale adulto si chiama:

A. metamorfosi
B. maturazione
C. metempsicosi
D. meta-trasformazione
E. crisalide

95) Le muffe sono:

A. protozoi
B. funghi
C. licheni
D. batteri
E. metazoi

96) L'ecologia studia:

A. le interazioni tra gli organismi viventi e l'ambiente
B. le interazioni tra gli animali
C. l'inquinamento dell'ambiente
D. le condizioni dell'ambiente
E. l'ecosistema

97) L'ippocampo è:

A. un crostaceo marino
B. un piccolo pesce marino
C. un animale della mitologia con corpo di cavallo e grandi ali bianche
D. una piccola struttura funzionale dell'orecchio che capta i suoni ad alta frequenza
E. un mollusco

98) La sequenza di fasi nella divisione cellulare è:

A. citocinesi, anafase, metafase, profase, telofase
B. profase, metafase, citocinesi, anafase, telofase
C. citocinesi, metafase, profase, anafase, telofase
D. profase, metafase, anafase, telofase, citocinesi
E. telofase, megafase, profase, citocinesi

99) La citodieresi è:

A. la divisione e separazione dei centromeri durante l'anafase della mitosi
B. la suddivisione di ogni cromosoma in due parti identiche
C. la divisione del citoplasma per formare due cellule figlie

D. una manifestazione citologica
E. una mutazione

100) Da cosa sono determinati i gruppi sanguigni?

A. Dai tipi di globuli bianchi del sangue
B. Dagli antigeni presenti sui globuli rossi
C. Solo dal gruppo sanguigno paterno
D. Solo dal gruppo sanguigno materno
E. Dalle ematoporfirine

RISPOSTE CORRETTE

1) B	21) C	41) C	61) C	81) B
2) A	22) D	42) B	62) B	82) B
3) C	23) B	43) C	63) D	83) D
4) C	24) A	44) D	64) A	84) C
5) E	25) D	45) A	65) C	85) B
6) A	26) B	46) B	66) B	86) D
7) B	27) C	47) D	67) D	87) C
8) C	28) B	48) C	68) A	88) A
9) B	29) C	49) A	69) B	89) A
10) D	30) D	50) E	70) C	90) E
11) B	31) B	51) C	71) C	91) B
12) C	32) A	52) B	72) B	92) D
13) B	33) A	53) C	73) D	93) C
14) C	34) C	54) D	74) C	94) A
15) D	35) C	55) C	75) A	95) B
16) C	36) D	56) A	76) E	96) A
17) B	37) D	57) A	77) C	97) B
18) E	38) C	58) D	78) B	98) D
19) C	39) D	59) D	79) C	99) C
20) A	40) A	60) B	80) A	100) B

CAPITOLO 2
Chimica

1) In quale gruppo del sistema periodico degli elementi si trovano gli alogeni?

A. III gruppo
B. II gruppo
C. VII gruppo
D. V gruppo
E. VI gruppo

2) Nell'elettrolisi dell'acqua i volumi di idrogeno e ossigeno che si liberano agli elettrodi sono in rapporto di:

A. 2 : 1
B. 3 : 1
C. 1 : 1
D. 1 : 2
E. 1 : 3

3) Il simbolo chimico del bronzo è:

A. Br
B. il bronzo non è un elemento chimico
C. Bo
D. Bn
E. Bz

4) Il simbolo chimico del sodio è:

A. Sc
B. S
C. Si
D. Na
E. Sd

5) La differenza tra gli isotopi 18 e 16 dell'ossigeno consiste nel fatto che:

A. il primo possiede un neutrone e un protone in più
B. il primo possiede due neutroni in più
C. il primo possiede un neutrone e un elettrone in più
D. il primo possiede due protoni in più
E. il primo possiede due elettroni in più

6) Quale, tra le seguenti molecole, è un carboidrato?

A. Il galattosio
B. L'albumina
C. L'acido pantotenico
D. L'elastina
E. Il metano

7) Quale delle seguenti proprietà dei reagenti e dei prodotti viene sempre conservata durante una reazione chimica?

A. Il numero di aggregazione
B. Il numero di ossidazione
C. Lo stato di aggregazione
D. La massa
E. Il colore

8) Le molecole d'acqua interagiscono tra loro per mezzo di legami:

A. covalenti
B. a idrogeno
C. dativi
D. ionici
E. basici

9) Una caratteristica fondamentale di un enzima è:

A. abbassare l'energia necessaria per fare avvenire una data reazione

B. combinarsi in maniera stabile con i reagenti
C. funzionare solo se il substrato è di natura proteica
D. funzionare solo in presenza di ossigeno
E. funzionare anche in presenza di ossigeno

10) La chimica organica studia i derivati:

A. dei carboidrati
B. degli idrocarburi
C. del carbonio
D. delle proteine
E. degli amminoacidi

11) Il legame idrogeno è:

A. un legame ionico
B. presente tra molecole d'acqua
C. un legame covalente
D. presente nel ciclobutano
E. un legame basico

12) Quando una reazione chimica produce calore, questa è detta:

A. solvatazione
B. azeotropica
C. allotropica
D. isotermica
E. esotermica

13) Il legame fosfodiesterico è sicuramente presente:

A. nell'acetato di etile
B. nei peptidi
C. nel saccarosio
D. nel DNA
E. nel glucosio

14) Quale dei seguenti composti NON entra nella costituzione degli acidi nucleici?

A. Guanina
B. Ribosio
C. Guanidina
D. Timina
E. Uracile

15) Quale dei seguenti composti è un lipide?

A. Treonina
B. Colesterolo
C. Glucosio
D. Lisina
E. Saccarosio

16) Qual è l'elemento più elettronegativo?

A. Carbonio
B. Sodio
C. Francio
D. Fosforo
E. Fluoro

17) Quale dei seguenti sistemi non è eterogeneo?

A. Sospensione
B. Fumo
C. Schiuma
D. Emulsione
E. Nessuna delle risposte è corretta

18) Un esempio di proteina è:

A. il saccarosio
B. il collageno
C. il glucosio
D. la cellulosa
E. la vitamina

19) Il nome corretto del composto KCl è:

A. potassio-clorito
B. clorato di potassio
C. cloruro di potassio
D. clorito di potassio
E. clorato potassico

20) Un "acido carbossilico" è:

A. un composto organico che contiene un gruppo "CHO"
B. un composto organico che contiene un gruppo "COOH"
C. un composto organico che contiene un gruppo "CO"
D. un composto organico che contiene un gruppo "CH"
E. un composto organico che contiene un gruppo "CHOO"

21) Quale dei seguenti è un elemento chimico?

A. Il diamante
B. Il topazio
C. Il bronzo
D. Il piombo
E. Lo smeraldo

22) Poiché i pesi atomici di H, S e O sono rispettivamente 1, 32 e 16 u.m.a., il peso molecolare espresso in u.m.a. dell'acido solforico vale:

A. 85
B. 98
C. 76
D. 104
E. 110

23) La cellulosa è:

A. un polisaccaride
B. una proteina vegetale
C. un polimero del fruttosio
D. una proteina che si trova sulla parete cellulare
E. una proteina animale

24) Una soluzione non satura di KBr in acqua rappresenta un esempio di:

A. sistema bifasico
B. sistema colloidale
C. emulsione
D. sistema omogeneo
E. sistema enzimatico

25) Il più abbondante costituente chimico degli organismi è rappresentato da:

A. carboidrati
B. acidi nucleici
C. acqua
D. proteine
E. ossigeno

26) Dire quale, tra i seguenti solventi, è quello più polare.

A. Etano
B. Acqua
C. Metano
D. Esano
E. Acetato di metile

27) Cos'è la distillazione?

A. Non è un processo di separazione
B. È un processo di separazione basato sul diverso peso atomico
C. È un processo di soluzione
D. È un processo di separazione basato sul diverso punto di ebollizione
E. È un processo di separazione basato sul diverso peso molecolare

28) L'idratazione di un alchene produce:

A. un etere
B. un alchino
C. un alcool
D. un altro alchene
E. niente

29) Gli alchini posseggono:

A. un doppio legame C-C
B. un triplo legame C-C
C. un doppio legame C-O
D. un legame singolo C-C
E. un triplo legame C-O

30) L'ossidazione di un alcool secondario porta ad:

A. un epossido
B. un'ammina
C. un chetone
D. un alchene
E. un inerte

31) Quale delle seguenti affermazioni sui tioli è falsa?

A. Sono sostanze acide
B. Contengono un atomo di zolfo
C. Possono essere ossidati
D. Sono sostanze basiche
E. Contengono due atomi di zolfo

32) Quale delle seguenti affermazioni sui composti aromatici è falsa?

A. Non possono essere degli idrocarburi
B. Devono essere ciclici
C. Il benzene è una sostanza aromatica
D. Possono contenere atomi di azoto
E. Contengono solo idrocarburi

33) Quale dei seguenti composti NON è un derivato degli acidi carbossilici?

A. Ammide
B. Estere
C. Alogenuro acilico
D. Etere
E. Nitrili

34) Quale delle seguenti affermazioni sul glucosio è falsa?

A. È costituito da 6 atomi di carbonio
B. È uno zucchero
C. Possiede un gruppo chetonico
D. Possiede una funzione aldeidica
E. Differisce dal galattosio per la sua configurazione

35) Quale degli atomi seguenti NON è presente negli acidi nucleici?

A. Ribosio
B. Azoto
C. Ossigeno
D. Fosforo
E. Zolfo

36) L'albumina è:

A. una vitamina
B. una proteina
C. una globulina
D. uno zucchero
E. un carboidrato

37) La torba è:

A. il nome del sedimento lavico
B. il nome del secondo strato della crosta terrestre
C. un minerale di estrazione lavica
D. un tipo di carbon fossile
E. il nome dell'ultimo strato della crosta terrestre

38) Quale minerale è costituito da carbonio purissimo cristallizzato?

A. Il quarzo
B. Il diamante
C. Il topazio
D. Il rubino
E. L'ametista

39) Quelle elencate rappresentano proprietà delle molecole di acqua, tranne una. Quale?

A. Notevole tensione superficiale
B. Elevata tendenza all'idrolisi spontanea
C. Alto calore specifico
D. Ottimo solvente
E. Capacità di assumere più forme in natura

40) L'azoto in molti mammiferi, compreso l'uomo, si elimina prevalentemente come:

A. amminoacidi
B. ammoniaca

C. urina
D. urea
E. idrazina

41) Gli animali conservano i carboidrati sotto forma di:

A. glucosio
B. glicogeno
C. amido
D. saccarosio
E. galattosio

42) Il composto CaO è:

A. il clorofosfato di calcio
B. l'anidride di calcio
C. l'idrossido di calcio
D. il biossido di calcio
E. l'ossido di calcio

43) Il simbolo chimico del selenio è:

A. Se
B. Sn
C. S
D. il selenio non è un elemento chimico
E. Sl

44) Indicare quale dei seguenti elementi NON è un metallo:

A. Hg
B. Ti
C. P
D. Cu
E. Sn

45) Il simbolo chimico del tungsteno è:

A. T
B. W
C. Su
D. il tungsteno non è un elemento chimico
E. Tg

46) Il simbolo chimico del promezio è:

A. il promezio non è un elemento chimico
B. Pr
C. Po
D. Pm
E. Pz

47) Quanti amminoacidi sono codificati dalla sequenza di mRNA "UUGUCGACACUC"?

A. Due
B. Quattro
C. Sei
D. Uno
E. Nessuno

48) Il simbolo chimico dell'ottone è:

A. l'ottone non è un elemento chimico
B. Ot
C. Oe
D. On
E. Oo

49) L'arginina e la fenilalanina sono:

A. basi azotate
B. carboidrati
C. costituenti di proteine
D. grassi
E. gas

50) Secondo la teoria atomica di Bohr, l'elettrone che orbita attorno al nucleo dell'idrogeno:

A. può avere qualsiasi momento angolare, ma la sua energia deve essere un multiplo intero di una quantità detta quanto di energia
B. deve avere necessariamente momento angolare nullo
C. si muove su orbite di energia e momento angolare costanti, emettendo o assorbendo radiazione elettromagnetica solo nel passare da un'orbita all'altra
D. emette una radiazione elettromagnetica di frequenza pari alla frequenza di rotazione attorno al nucleo
E. nessuna delle risposte è corretta

51) Qual è la massa di una mole di litio (numero di massa 7, numero atomico 3)?

A. 48 g
B. 7 g
C. Una quantità in g pari al numero di Avogadro
D. 21 g
E. 20 g

52) Variando il valore di pH di una soluzione da 4 a 6 la concentrazione degli ioni idrogeno:

A. diminuisce di 2 volte
B. aumenta di 100 volte
C. diminuisce di 100 volte
D. aumenta di 2 volte
E. resta immutata

53) Quale fra i seguenti composti è un acido?

A. NaCl
B. KOH
C. HCl
D. NaOH
E. Na_2O

54) Quale dei seguenti non è un elemento chimico?

A. Il rame
B. L'ossigeno
C. L'acqua
D. Il manganese
E. Il mercurio

55) Il benzene è un:

A. ammina
B. alcool
C. acido organico
D. idrocarburo aromatico
E. metallo alcalino

56) L'Au:

A. è un metallo alcalino
B. è un metallo
C. è un gas nobile
D. è una lega
E. è un alcool

57) La molecola biatomica dell'azoto contiene:

A. un legame doppio
B. un legame triplo
C. due doppi legami
D. un legame covalente polare
E. due tripli legami

58) Il simbolo chimico del platino è:

A. il platino non è un elemento chimico
B. Pl
C. Pn
D. Pt
E. Pa

59) Il potassio (che possiede numero di massa 39 e numero atomico 19) ha:

A. 39 elettroni e 20 neutroni
B. 19 protoni e 39 neutroni
C. 19 elettroni e 20 neutroni
D. 39 elettroni e 19 neutroni
E. 20 elettroni e 20 neutroni

60) Una soluzione che ha pH = 14 è:

A. debolmente acida
B. fortemente basica
C. neutra
D. fortemente acida
E. debolmente basica

61) Il metano è un:

A. idrocarburo saturo
B. idrocarburo ciclico
C. idrocarburo aromatico
D. chetone
E. anione

62) Se un atomo neutro perde un elettrone diviene un:

A. acido

B. anione
C. catione
D. isotopo
E. gas

63) Quali sono i prodotti che derivano dalla combustione di metano e ossigeno?

A. Carbonio e idrogeno
B. Anidride carbonica e acqua
C. Carbonio e acqua
D. Anidride carbonica
E. Acqua

64) Quando il cloruro di sodio viene sciolto in acqua si ottiene:

A. un miscuglio
B. una soluzione
C. un composto
D. una soluzione tampone
E. nulla

65) Un acido forte è caratterizzato da:

A. una struttura elementare, basata sulla ripetizione di una cella elementare
B. essere coniugato ad una base forte
C. fornire un pH superiore a 7
D. essere solubile solo in solventi apolari
E. essere completamente dissociato in soluzione acquosa

66) Per definizione un'anidride è un composto:

A. a basso peso molecolare
B. poco solubile in acqua
C. dissociato in soluzione acquosa
D. privo di molecole d'acqua
E. a base di molecole d'acqua

67) La soda caustica è:

A. un acido forte
B. una base forte
C. un acido debole
D. una base debole
E. poco solubile in acqua

68) Il glicogeno è:

A. una glicoproteina
B. un estere del glicerolo
C. un polimero del glucosio
D. un polimero di nucleotidi
E. un polimero del galattosio

69) I metalli alcalini appartengono al:

A. I gruppo
B. II gruppo
C. VII gruppo
D. VIII gruppo
E. V gruppo

70) Nella tavola periodica, eccetto l'elio, ciascun gas nobile è preceduto:

A. da un atomo elettropositivo
B. da un metallo alcalino-terroso
C. da un alogeno
D. da un atomo elettronegativo
E. tutte le risposte sono errate

71) Nel sistema periodico gli elementi sono sistemati secondo:

A. il peso atomico crescente
B. il numero atomico crescente
C. l'importanza chimica
D. l'ordine cronologico della scoperta
E. l'ordine alfabetico del simbolo

72) Un gas ha:

A. forma del recipiente e volume proprio
B. forma e volume proprio
C. forma propria e volume del recipiente
D. forma e volume del recipiente
E. esclusivamente forma propria

73) Perché l'olio non si scioglie in acqua?

A. Perché è più viscoso

B. Perché è formato da molecole idrofile
C. Perché è formato da molecole idrofobiche
D. Perché ha peso molecolare più alto
E. Perché è una base minerale forte

74) La riduzione di un'aldeide porta a:

A. un acido carbossilico
B. un alcool primario
C. un alcool secondario
D. un'ammina
E. un processo cloro-soda

75) Quale delle seguenti affermazioni sugli acidi carbossilici è falsa?

A. Posseggono il gruppo -COOH
B. Sono acidi forti
C. Possono derivare da fonti naturali
D. Reagiscono con basi
E. Sono composti organici

76) Il legame ammidico è sicuramente presente:

A. negli acidi nucleici
B. nei lipidi
C. nei carboidrati
D. nelle proteine
E. nei polisaccaridi

77) Il saccarosio è:

A. una proteina
B. un polisaccaride
C. un disaccaride
D. un monosaccaride
E. un lipide

78) I principali gas contenuti nell'aria sono:

A. azoto e idrogeno
B. azoto e ossigeno
C. ossigeno e idrogeno
D. ossigeno e argon
E. azoto e argon

79) Due atomi possiedono ugual numero atomico ma numero di massa diverso. Essi, quindi, sono:

A. due isotopi del medesimo elemento
B. due isomeri del medesimo elemento
C. due isotipi del medesimo elemento
D. due ioni
E. due cationi

80) Nella tavola periodica degli elementi, lungo un periodo, il numero atomico:

A. resta invariato
B. diminuisce progressivamente
C. aumenta progressivamente
D. aumenta o diminuisce in rapporto alla classe di appartenenza dell'elemento considerato
E. aumenta e diminuisce in rapporto alla classe di appartenenza dell'elemento considerato

81) Quale dei seguenti è un elemento chimico?

A. L'ottone
B. L'alluminio
C. L'acciaio
D. Il bronzo
E. Il diamante

82) Quale, tra i seguenti, NON è un gas nobile?

A. L'elio
B. Il radon
C. L'ossigeno
D. Il neon
E. L'argon

83) Il simbolo chimico del magnesio è:

A. Mn
B. Mg
C. M
D. Ma
E. Me

84) Con l'aumentare della temperatura, la velocità di una reazione chimica:

A. cresce con legge di proporzionalità diretta
B. non varia
C. diminuisce
D. cresce in maniera esponenziale
E. cresce moderatamente

85) Nella tavola periodica, un elemento che inizia un nuovo livello con un solo elettrone è un:

A. atomo
B. metallo alcalino terroso
C. metallo
D. gas nobile
E. metallo alcalino

86) L'ammoniaca a temperatura ambiente è:

A. un gas
B. un liquido
C. un solido
D. una miscela
E. un non metallo

87) La molecola di acqua:

A. contiene legami ad idrogeno
B. è completamente dissociata
C. è un dipolo
D. è apolare
E. è un orbitale ibrido

88) L'etanolo presente nel vino deriva dalla conversione:

A. della cellulosa
B. delle proteine
C. del glucosio
D. della clorofilla
E. del metano

89) Gli elementi chimici più abbondanti della materia vivente sono:

A. carbonio - azoto - calcio - ossigeno
B. carbonio - idrogeno - ossigeno - azoto
C. carbonio - fosforo - potassio- calcio
D. carbonio azoto - ossigeno – sodio
E. carbonio – ossigeno – fosforo - sodio

90) Il simbolo chimico del fosforo è:

A. P
B. Ph
C. Fs
D. il fosforo non è un elemento chimico
E. Ff

91) Un orbitale *s* ha forma di:

A. una clessidra
B. una ciambella
C. una circonferenza
D. un cilindro
E. una sfera

92) Una soluzione di cloruro di ammonio è:

A. basica
B. colorata
C. neutra
D. acida
E. soprasatura

93) Il peso molecolare dell'acido carbonico è 62 u.m.a. Quanto pesa una mole di acido carbonico?

A. 62 mg
B. 62 g
C. 620 g
D. 62 Kg
E. 6,2 Kg

94) L'anione derivante dall'atomo di idrogeno viene detto:

A. ione idrogeno
B. idrogenione
C. ossidrilione
D. ione idruro
E. catione idruro

95) La molecola biatomica del cloro contiene un legame:

A. covalente eteropolare
B. covalente omopolare
C. dativo
D. ionico
E. basico

96) In una equazione chimica cosa indicano i coefficienti stechiometrici?

A. I rapporti molari di reagenti e prodotti
B. Il numero di atomi dei reagenti e prodotti
C. Il numero di elettroni di valenza di reagenti e prodotti
D. Tutte le risposte sono errate
E. Il numero di elettroni

97) Quale delle seguenti sostanze è un alcool?

A. Propanale
B. Propino
C. Propanolo
D. Propene
E. Propizio

98) Quale delle seguenti affermazioni sul cicloesano è vera?

A. È una molecola planare
B. Possiede tutti atomi di carbonio con ibridazione sp^3
C. Ha la forma di un esagono regolare
D. Possiede dieci atomi di idrogeno
E. Ha una solubilità direttamente proporzionale alla temperatura

99) Quale delle seguenti affermazioni sui trigliceridi è falsa?

A. Sono esteri neutri del glicerolo
B. Sono lipidi
C. Contengono atomi di azoto
D. Possono essere idrolizzati
E. Non sono solubili in acqua

100) Qual è il simbolo chimico del mercurio?

A. Hg
B. Mr
C. Me
D. Mc
E. Hm

RISPOSTE CORRETTE

1) C	21) D	41) B	61) A	81) B
2) A	22) B	42) E	62) C	82) C
3) B	23) A	43) A	63) B	83) B
4) D	24) D	44) C	64) B	84) D
5) B	25) C	45) B	65) E	85) E
6) A	26) B	46) D	66) D	86) A
7) D	27) D	47) B	67) B	87) C
8) B	28) C	48) A	68) C	88) C
9) A	29) B	49) C	69) A	89) B
10) C	30) C	50) C	70) C	90) A
11) B	31) D	51) B	71) B	91) E
12) E	32) A	52) C	72) D	92) D
13) D	33) D	53) C	73) C	93) B
14) C	34) C	54) C	74) B	94) D
15) B	35) E	55) D	75) B	95) B
16) E	36) B	56) B	76) D	96) A
17) E	37) D	57) B	77) C	97) C
18) B	38) B	58) D	78) B	98) B
19) C	39) B	59) C	79) A	99) C
20) B	40) D	60) B	80) C	100) A

CAPITOLO 3
Fisica e Scienze della Terra

1) In quale tipo di rocce è più facile trovare fossili?

A. Nelle rocce magmatiche intrusive
B. Nelle rocce sedimentarie
C. Nelle rocce metamorfiche
D. In tutti i tre tipi di roccia, perché dipende dalla zona geologica
E. Nelle rocce magmatiche effusive

2) L'atmosfera è suddivisa in:

A. troposfera, stratosfera, mesosfera, termosfera
B. fotosfera, ionosfera, troposfera, stratosfera
C. idrosfera, troposfera, ionosfera
D. stratosfera, troposfera, biosfera
E. stratosfera, biosfera

3) Le valli fluviali:

A. sono sempre sospese
B. hanno profilo trasversale a V
C. hanno profilo longitudinale con contropendenze
D. hanno profilo trasversale ad U
E. hanno profilo trasversale con contropendenze

4) Un maremoto è:

A. un'onda anomala provocata da un uragano
B. un sisma con epicentro lungo la spiaggia
C. una violenta corrente di marea
D. un possibile effetto di un sisma con epicentro sul fondo marino
E. un'onda anomala provocata da un tifone

5) Al solstizio d'estate la radiazione che la Terra riceve dal Sole ha la massima potenza:

A. all'equatore
B. al tropico del capricorno
C. al tropico del cancro
D. alla latitudine di 45 gradi
E. in corrispondenza del meridiano di Greenwich

6) La temperatura della fotosfera del Sole è di circa:

A. 1 milione di °C
B. 5.500 °C
C. 10.000 °C
D. 100.000 °C
E. 2 milioni di °C

7) Relativamente ai pianeti, quale delle seguenti affermazioni è errata?

A. Emettono luce propria
B. Sono otto
C. Riflettono la luce del Sole
D. Differiscono per aspetto, composizione chimica e dimensioni
E. Sono distinti in due categorie: pianeti terrestri (o rocciosi) e pianeti gioviani (o gassosi)

8) Una faglia è:

A. uno scivolamento di una massa rocciosa
B. una frattura beante nella roccia
C. una frattura con scorrimento di una massa rocciosa
D. una deformazione plastica
E. una frattura che non presenta evidenti segni di movimento relativo

9) Un bradisismo è:

A. un terremoto a bassa intensità
B. l'effetto di un'oscillazione eustatica
C. la separazione di una placca litosferica da un'altra
D. un sollevamento o un abbassamento lento del terreno
E. un abbassamento repentino del terreno

10) Quale tra le seguenti è un'unità di misura dell'energia?

A. Elettronvolt
B. Baria
C. Newton
D. Watt
E. Newton metro

11) L'unità di misura della densità di un corpo è:

A. J/m^3
B. Kg/m^3
C. N/m^3
D. W/m^3
E. Kg/j^3

12) Nel Sistema Internazionale (SI) l'unità di misura della potenza è:

A. Erg
B. Dina
C. Watt
D. Caloria
E. Baria

13) Il raggio lunare è circa:

A. metà di quello terrestre
B. un decimo di quello terrestre
C. un centesimo di quello terrestre
D. un quarto di quello terrestre
E. un terzo di quello terrestre

14) Un transistor è costruito con:

A. materiali semiconduttori
B. materiali isolanti
C. silicio puro
D. germanio puro
E. alluminosilicati

15) Un corpo solido immerso in un liquido subisce una spinta verticale dal basso verso l'alto pari:

A. alla quantità di liquido spostato
B. al volume del corpo
C. al peso del corpo
D. alla densità di liquido spostato
E. al peso del volume del liquido spostato

16) Lo zero assoluto corrisponde a:

A. 0 °C
B. –273 °C
C. –1000 °C
D. –273 °K
E. –10.000 °C

17) Il dinamometro è uno strumento usato per misurare:

A. la velocità di un corpo
B. l'intensità della forza
C. la differenza di un potenziale
D. una lunghezza
E. la velocità della forza

18) Quale frazione di un centimetro è un micrometro?

A. La decima parte
B. La millesima parte
C. La decimillesima parte
D. La centesima parte
E. La ventesima parte

19) Quale tra gli scienziati elencati sostenne la concezione geocentrica dell'universo?

A. Newton
B. Tolomeo
C. Keplero
D. Copernico
E. Curie

20) Le onde luminose:

A. hanno una velocità che non dipende dal mezzo in cui si propagano
B. si propagano solamente nel vuoto
C. si propagano anche nel vuoto
D. hanno una lunghezza d'onda che non dipende dal mezzo in cui si propagano
E. hanno una velocità che dipende dal mezzo in cui si propagano

21) Si consideri un corpo che sulla Terra ha massa M; se fosse portato sulla Luna, la sua massa:

A. non varierebbe
B. aumenterebbe
C. si annullerebbe
D. diminuirebbe
E. varierebbe repentinamente

22) Il numero di massa di un atomo è 32; il numero atomico è 15; i neutroni presenti nel nucleo sono:

A. 16
B. 47
C. 17
D. 40
E. 25

23) I fotoni:

A. si muovono alla velocità del suono
B. si muovono alla velocità della luce
C. non si muovono mai
D. hanno velocità costante pari a 100 m/s
E. hanno velocità costante pari a 1000 m/s

24) La velocità di un corpo esprime:

A. il suo spostamento lungo la traiettoria
B. lo spazio percorso a un certo istante di tempo
C. la curvatura della traiettoria
D. la rapidità con cui varia lo spazio percorso
E. la curvatura con cui varia lo spazio percorso

25) Il numero atomico di un atomo indica:

A. il numero di neutroni dell'atomo
B. il gruppo cui appartiene l'atomo
C. il numero di protoni dell'atomo
D. la somma del numero di protoni e neutroni dell'atomo
E. la somma del numero di protoni, neutroni ed elettroni dell'atomo

26) Qual è il più grande pianeta del sistema solare?

A. Giove
B. Marte
C. Terra
D. Venere
E. Saturno

27) La discontinuità tra crosta e mantello è detta:

A. di Gutenberg
B. di Moho
C. di Moro
D. di Lehmann
E. nessuna delle risposte è corretta

28) L'energia meccanica di un corpo è uguale:

A. alla differenza tra la sua energia cinetica e potenziale
B. alla sua energia potenziale
C. alla somma della sua energia cinetica e potenziale
D. al rapporto fra l'energia cinetica e potenziale
E. alla sua energia cinetica

29) Quale delle seguenti grandezze ha un carattere vettoriale?

A. Energia
B. Massa

C. Carica
D. Temperatura
E. Velocità

30) Per conoscere la forza esercitata da un oggetto dal peso di 10 newton, appoggiato sul pavimento di una stanza, occorre conoscere:

A. niente altro
B. l'area della superficie su cui poggia il corpo
C. la densità del corpo
D. la massa del corpo
E. la velocità del corpo

31) 10 cm^2 di acqua hanno una massa praticamente uguale a:

A. 10 kg
B. 1 g
C. 1 kg
D. 10 g
E. 100 kg

32) Un'auto viaggia a 120 km/h. Quanti metri percorre in un secondo?

A. 12 m
B. 0,12 m
C. 3,3 m
D. 33,3 m
E. 120 m

33) A Marie Sklodowska-Curie fu conferito due volte il Premio Nobel (per la fisica e per la chimica) per le sue scoperte relative a:

A. onde radio
B. radioattività
C. aspirina
D. penicillina
E. vitamine antineuritiche

34) La temperatura di ebollizione dell'acqua a 3.000 metri di quota:

A. è maggiore di 100 °C
B. è uguale a 100 °C
C. è minore di 100 °C
D. è pari a 103 °C
E. è pari a 110 °C

35) Quale delle seguenti affermazioni è vera?

A. Il suono ha carattere ondulatorio
B. Il suono si propaga nel vuoto
C. La luce non si propaga nel vuoto
D. La velocità della luce è indipendente dal mezzo attraversato
E. Il suono ha carattere sussultorio

36) Un raggio di luce blu e un'onda radio sono onde elettromagnetiche che si propagano nel vuoto:

A. con uguale velocità e uguale lunghezza d'onda
B. con uguale velocità e uguale frequenza
C. con uguale velocità e diversa lunghezza d'onda
D. con diversa velocità e diversa lunghezza d'onda
E. con uguale velocità e lunghezza d'onda proporzionalmente variabile

37) Lo strato più denso dell'atmosfera terrestre è la:

A. stratosfera
B. troposfera
C. mesosfera
D. esosfera
E. ionosfera

38) Qual è il principale componente della maggior parte delle stelle?

A. Il carbonio
B. L'anidride carbonica
C. Il ferro
D. L'idrogeno
E. L'acqua

39) Il nucleo della Terra è costituito da:

A. carbonio e nichel
B. idrogeno e ferro
C. ferro e nichel
D. ferro e silicio
E. silicio e nichel

40) Per litosfera s'intende:

A. l'insieme di crosta e strato superiore del mantello
B. l'insieme di mantello e nucleo
C. nucleo esterno più nucleo interno
D. solo il mantello
E. nessuna delle risposte è corretta

41) Come conseguenza dello sfruttamento di risorse naturali quali gas, petrolio, acqua, si può avere un abbassamento del suolo che viene chiamato:

A. subsidenza
B. infossamento
C. sublimazione
D. cedimento
E. sussistenza

42) A quale classe cristallochimica appartengono i minerali più diffusi sulla crosta terrestre?

A. Carbonati
B. Alogenuri
C. Solfati
D. Silicati
E. Alessandriti

43) Il metamorfismo è un processo geologico che avviene:

A. in prossimità di un cratere vulcanico
B. all'interno della crosta terrestre
C. in seguito a violente scosse sismiche
D. negli strati alti dell'atmosfera
E. nella ionosfera

44) Quale delle seguenti sostanze è il componente principale delle sabbie?

A. Il permanganato di ferro
B. Il cloruro d'ammonio
C. Il carbonato di calcio
D. Il biossido di silicio
E. Il cloruro di sodio

45) La classificazione dei climi secondo Köppen si basa su:

A. latitudine e longitudine
B. pressione atmosferica e venti
C. piovosità e temperatura
D. pressione atmosferica e piovosità
E. piovosità e venti

46) Il prodotto di una potenza ed un tempo è:

A. una potenza
B. una accelerazione
C. un'energia
D. una velocità
E. una resistenza

47) Un Ampere (A) equivale a:

A. 1 A = 1 Coulomb / 1 secondo
B. 1 A = 1 Coulomb × 1 secondo
C. 1 A = 1 Coulomb × 1 Farad
D. 1 A = 1 Coulomb / 1 Farad
E. 1 A = 1 Coulomb + 1 secondo

48) Nel solstizio d'estate il sole passa per lo zenith:

A. al Tropico del Capricorno
B. al Polo Nord
C. all'Equatore
D. al Tropico del Cancro
E. al Polo Sud

49) Il basalto è:

A. una roccia calcarea
B. una roccia ignea
C. una roccia metamorfica
D. una roccia arenaria

E. una roccia sedimentaria

50) Secondo la teoria della tettonica a placche, in corrispondenza delle fosse oceaniche si registra:

A. sollevamento del mantello terrestre
B. formazione di nuova crosta oceanica
C. distruzione di litosfera
D. deciso innalzamento del flusso termico delle rocce
E. deciso abbassamento del flusso termico delle rocce

51) Quale dei seguenti gruppi di grandezze fisiche comprende solo grandezze fondamentali (e non derivate) del Sistema Internazionale?

A. Lunghezza, massa, temperatura e forza
B. Resistenza elettrica, lunghezza, massa e tempo
C. Corrente elettrica, massa, lunghezza e tempo
D. Lunghezza, massa, tempo e forza
E. Nessuna delle risposte è corretta

52) Una roccia magmatica è acida quando:

A. il quarzo è abbondante
B. la selce è abbondante
C. il quarzo è scarso
D. plagioclasio e ortoclasio sono in uguale percentuale
E. non vi è traccia di quarzo

53) Nel S.I. l'induzione magnetica si misura in:

A. Farad
B. Tesla
C. Volt
D. Newton
E. Pascal

54) Un Volt corrisponde a:

A. 1 Volt = 1 Coloumb / 1 Farad
B. 1 Volt = 1 Joule × 1 Coloumb
C. 1 Volt = (1 Joule / 1 Coloumb) × 1 Farad
D. 1 Volt = 1 Coloumb × 1 Farad
E. 1 Volt = 1 Coloumb / 1 Joule

55) Quale dei seguenti italiani NON ha ottenuto il Premio Nobel per la Fisica?

A. Emilio Segrè
B. Guglielmo Marconi
C. Enrico Fermi
D. Ettore Majorana
E. Carlo Rubbia

56) In tutto l'universo l'elemento più abbondante è:

A. l'ossigeno
B. l'idrogeno
C. il carbonio
D. il ferro
E. il calcio

57) Le costellazioni sono gruppi di stelle:

A. raggruppate insieme perché hanno avuto origine nello stesso periodo
B. raggruppate insieme perché poste tutte circa alla stessa distanza dalla Terra
C. poste a distanze diverse dalla Terra e apparentemente raggruppate per effetto della prospettiva
D. tutte simili tra loro per colore e luminosità
E. poste tutte alla stessa distanza dalla Terra

58) L'alta marea si verifica all'incirca:

A. due volte ogni 48 ore
B. una volta ogni 24 ore
C. tre volte ogni 24 ore

D. due volte ogni 24 ore
E. una volta ogni 48 ore

59) Una temperatura di 100 °C corrisponde a circa:

A. 373 Kelvin
B. –373 Kelvin
C. 273 Kelvin
D. 100 Kelvin
E. 383 Kelvin

60) L'energia cinetica di un oggetto è proporzionale:

A. al peso e alla velocità
B. alla massa e al quadrato della velocità
C. alla massa e alla velocità
D. alla massa e all'accelerazione di gravità
E. alla velocità e all'accelerazione di gravità

61) La velocità della luce nel vuoto è una costante fisica che vale:

A. 3.000.000 km/s
B. 30.000 km/s
C. 3.000 km/s
D. 30.000.000 km/s
E. 300.000 km/s

62) Un magnete in movimento genera:

A. un campo elettrico
B. calore
C. la magnetizzazione dell'aria
D. l'effetto Joule
E. una costante dielettrica

63) Un'eruzione di tipo esplosivo comporta:

A. la formazione di fontane di lava
B. la fuoriuscita di colate laviche molto fluide
C. l'emissione di materiali piroclastici
D. la risorgenza di acque termali
E. l'emissione di gas mortali

64) In un recipiente chiuso contenente azoto a temperatura ambiente se si aumenta la pressione del gas cosa succede?

A. Diminuisce la temperatura
B. Aumenta il volume
C. Aumenta la temperatura
D. Diminuisce il volume
E. Tutto rimane invariato

65) In una pila avviene:

A. l'idrolisi di un sale
B. un trasferimento di elettroni da una coppia ossidoriduttiva ad un'altra
C. la trasformazione di anioni in cationi
D. l'elettrolisi di un sale
E. l'attrazione o la repulsione tra corpi dotati di carica elettrica

66) Un sasso viene lasciato cadere da fermo. Dopo 2 s la sua velocità è circa:

A. 10 m/s
B. 30 m/s
C. nessuna delle risposte è corretta
D. 20 m/s
E. 0 m/s

67) Le radiazioni gamma sono:

A. onde elettromagnetiche
B. fasci di protoni
C. fasci di elettroni
D. particelle beta
E. particelle alfa

68) L'Ohm misura:

A. un lavoro
B. una carica magnetica
C. una resistenza
D. una velocità
E. un peso

69) Il fenomeno delle maree è causato:

A. dal vento

B. dalla forza centrifuga come conseguenza della rotazione terrestre
C. dalla forza di attrazione gravitazionale esercitata dalla Luna e dal Sole
D. dalla forza di attrazione gravitazionale e dalla forza centrifuga della Terra
E. da nulla, è un semplice fenomeno naturale

70) L'eclisse di Luna accade quando:

A. la Luna si trova tra la Terra e il Sole
B. la Terra si trova tra la Luna e il Sole
C. il Sole si trova tra la Luna e la Terra
D. la Luna è più vicina alla Terra
E. la Luna è più lontana dalla Terra

71) La temperatura assoluta T = 293 K corrisponde a:

A. 20 °C
B. 15 °C
C. 0 °C
D. 293 °C
E. – 20° C

72) Lo strato di ozono nell'atmosfera è importante per:

A. intensificare la radiazione del visibile
B. incrementare l'ossigeno nell'aria
C. schermare la radiazione dell'infrarosso lontano
D. schermare la radiazione ultravioletta
E. filtrare l'ossigeno nell'aria

73) L'energia elettrica si misura in:

A. Volt
B. Joule
C. Ohm
D. Ampere
E. Kelvin

74) In quale dei seguenti mezzi il suono NON può propagarsi?

A. Vapore acqueo
B. Acqua
C. Vuoto
D. Ghiaccio
E. Aria

75) La lampadina è stata inventata da:

A. Guglielmo Marconi
B. Thomas Alva Edison
C. Alessandro Volta
D. i fratelli Lumière
E. James Clerk Maxwell

76) La legge della caduta dei corpi è stata enunciata da:

A. Galileo Galilei
B. Pitagora
C. Newton
D. Archimede
E. Copernico

77) Niccolò Copernico è l'autore della teoria:

A. dei buchi neri
B. geocentrica
C. eliocentrica
D. radiale
E. della relatività

78) Quali, tra le seguenti onde che si generano durante un terremoto, sono dette superficiali?

A. Le onde S
B. Le onde P
C. Sia le onde S che le onde P
D. Le onde L
E. Sia le onde S che le onde L

79) Nel sistema cgs l'unità di misura dell'energia è:

A. Dina
B. Watt
C. Erg
D. Newton
E. Decibel

80) La pressione idrostatica a 30 metri di profondità nel mare è pari a circa:

A. 60 atm
B. 4 atm
C. 12 atm
D. 30 atm
E. 10 atm

81) Vengono definite "acque freatiche" le acque:

A. delle falde sotterranee
B. provenienti dagli scarichi industriali
C. classificate "fredde"
D. oligominerali
E. dei laghi artificali

82) In merito alle spinte di Archimede esercitate su un pezzo di sughero e su un oggetto di piombo di uguale volume, completamente immersi in acqua, si può dire che:

A. è assente per il piombo perché va a fondo
B. è maggiore quella sul piombo
C. è maggiore quella sul sughero
D. sono tra loro uguali
E. è minore quella sul sughero

83) L'insieme dei movimenti della crosta terrestre che portano alla formazione di catene montuose è indicato con il nome di:

A. bradisismi
B. subsidenza
C. orogenesi
D. convezione
E. tettonica

84) La lava di tipo acido contiene:

A. una concentrazione di silice intermedia
B. un'alta concentrazione di silice
C. molti composti di ferro e magnesio
D. una notevole concentrazione di composti dello zolfo
E. l'assenza totale di silice

85) Un treno che corre a 30 km/h precede un treno che corre a 50 km/h. Di quanti kilometri distano l'uno dall'altro i treni, se occorreranno 15 minuti al treno più rapido per raggiungere quello più lento?

A. 9
B. 8
C. 3
D. 5
E. 10

86) La luce passando dal vuoto all'acqua:

A. aumenta la sua velocità
B. mantiene la stessa velocità
C. diminuisce la sua velocità
D. viene riflessa
E. rimane invariata

87) Un voltmetro è uno strumento che serve a misurare:

A. la tensione tra due punti in un circuito
B. la corrente che passa in un circuito
C. la potenza che si sviluppa in un circuito
D. la resistenza di un tratto di circuito
E. la lunghezza di un tratto di circuito

88) La pressione si può misurare in:

A. N
B. N/m^2
C. mm
D. N/m^3
E. M

89) La lava che alimenta un vulcano è prodotta:

A. dalla presenza di rocce intrusive

B. dalla fusione in profondità di masse rocciose
C. dalle vibrazioni dei terremoti in profondità
D. dalla discesa in profondità di fluidi caldi
E. dalla discesa in profondità di fluidi freddi

90) L'origine dell'Universo secondo il modello cosmologico standard è datata:

A. 30 miliardi di anni fa
B. 300.000 anni fa
C. 4.5 miliardi di anni fa
D. 13.7 miliardi di anni fa
E. 25 miliardi di anni fa

91) Che cosa distingue la radiazione luminosa emessa da una sorgente di luce dalla radiazione emessa da un'antenna per telefoni cellulari?

A. La prima ha natura corpuscolare, la seconda no
B. L'intensità
C. La lunghezza d'onda
D. La velocità di propagazione
E. La seconda ha natura corpuscolare, la prima no

92) Il Sole è una stella:

A. gigante
B. supergigante
C. nana bianca
D. nana rossa
E. nana gialla

93) L'effetto dell'attrito su un corpo si manifesta attraverso:

A. una diminuzione di energia cinetica
B. un aumento di accelerazione
C. un aumento di velocità
D. una diminuzione della sua temperatura
E. un aumento di energia cinetica

94) 200 cm^3 di acqua hanno una massa praticamente uguale a:

A. 20 kg
B. 2 kg
C. 200 g
D. 2 g
E. 20,5 kg

95) Una velocità di 36 km/h a quale valore in m/s corrisponde?

A. 100 m/s
B. 0,36 m/s
C. 36 m/s
D. 10 m/s
E. 15 m/s

96) Quando cessa istantaneamente l'azione di qualunque forza su un corpo di massa *m*:

A. il corpo si arresta
B. il corpo prosegue con moto rettilineo uniforme
C. il corpo decelera fino a ritornare alla velocità iniziale
D. nulla cambia
E. il corpo ricade compiendo una traiettoria parabolica

97) Il colore delle stelle dipende:

A. dalla loro distanza dal Sole
B. dalle loro dimensioni
C. dalla loro composizione chimica
D. dalla loro temperatura superficiale
E. dalla loro distanza dalla Terra

98) L'esistenza delle stagioni dipende:

A. dall'inclinazione dell'asse terrestre rispetto al piano dell'orbita
B. dalla variazione della luminosità del Sole durante l'anno
C. dalla variazione della velocità di rotazione della Terra durante l'anno
D. dalla forma dell'orbita percorsa dalla Terra intorno al Sole

E. dalle maree

99) Se un corpo subisce una dilatazione termica, cosa avviene alla sua densità?

A. Aumenta all'aumentare del volume
B. Diminuisce all'aumentare della temperatura
C. Aumenta all'aumentare della temperatura
D. Resta costante, qualunque sia l'aumento di temperatura
E. Diminuisce al diminuire della temperatura

100) Una stessa forza applicata a corpi diversi produce:

A. nessuna variazione
B. la stessa accelerazione
C. la stessa velocità
D. accelerazioni direttamente proporzionali alle masse
E. accelerazioni inversamente proporzionali alle masse

RISPOSTE CORRETTE

1) B	21) A	41) A	61) E	81) A
2) A	22) C	42) D	62) A	82) D
3) B	23) B	43) B	63) C	83) C
4) D	24) D	44) D	64) C	84) B
5) C	25) C	45) C	65) B	85) D
6) B	26) A	46) C	66) D	86) C
7) A	27) B	47) A	67) A	87) A
8) C	28) C	48) D	68) C	88) B
9) D	29) E	49) B	69) C	89) B
10) A	30) A	50) C	70) B	90) D
11) B	31) D	51) C	71) A	91) C
12) C	32) D	52) A	72) D	92) E
13) D	33) B	53) B	73) B	93) A
14) A	34) C	54) A	74) C	94) C
15) E	35) A	55) D	75) B	95) D
16) B	36) C	56) B	76) A	96) B
17) B	37) B	57) C	77) C	97) D
18) C	38) D	58) D	78) D	98) A
19) B	39) C	59) A	79) C	99) B
20) C	40) A	60) B	80) B	100) E

CAPITOLO 4
Matematica e Geometria

1) I numeri la cui radice quadrata è un numero finito si dicono:

A. radici giuste
B. quadrati perfetti
C. quadrati giusti
D. radici perfette
E. quadrati semplici

2) La potenza di un numero intero qualsiasi con esponente 1 è:

A. impossibile
B. uguale al numero stesso
C. 1
D. 0
E. –1

3) Calcolare il m.c.m. e il M.C.D. tra i numeri 30 e 75.

A. 105; 10
B. 250; 2
C. 150; 15
D. 100; 5
E. 105; 15

4) Se Fabrizio mangia in un primo tempo 1/3 di un barattolo di marmellata e poi i 3/4 della parte rimanente, che parte del contenuto iniziale rimane alla fine?

A. 9/14
B. 5/6
C. 7/10
D. 1/6
E. 1/5

5) Ridurre ai minimi termini la frazione 63/252:

A. 1/4
B. 1/3
C. 2/9
D. 3/7
E. 6/5

6) Calcolare la seguente divisione: 253,45 : 4,22 (approssimare alla 2ª cifra decimale)

A. 61,42
B. 60,06
C. 60,09
D. 63,57
E. 60, 56

7) Calcolare il risultato della seguente equazione: $x/2 = -x/2$.

A. L'equazione è impossibile
B. $x = 1$
C. $x = -2$
D. $x = 2$
E. $x = 0$

8) $(x - 2) - 3 \cdot (2 - x) = (x - 1) + 2$

A. $x = 3/2$
B. $x = 3$
C. $x = -9/11$
D. $x = 10$
E. $x = 1/3$

9) 48 è il valore del termine incognito della proporzione:

A. $x : 9 = 141 : 27$
B. $75 : 15 = x : 25$
C. $69 : x = 184 : 8$
D. $83 : 16 = 249 : x$
E. $x : 15 = 185 : 69$

10) Il numero 464 è scomponibile nei seguenti fattori primi:

A. $29 \times 2^3 \times 3$
B. $11 \times 5^2 \times 2$
C. 29×2^4
D. $13 \times 2^3 \times 3$
E. $30 \times 2 \times 11$

11) Una corsa ciclistica si svolge in 4 tappe: la prima è lunga 156 km, la seconda 173 km, la terza supera la prima di 34 km, la quarta supera la seconda di 20 km. Qual è la lunghezza complessiva dell'intero percorso?

A. 756 km
B. 712 km
C. 789 km
D. 735 km
E. 702 km

12) Calcolare $-(2^6 - x^2)/x - 8$.

A. $16 - x$
B. $x + 8$
C. $x - 8$
D. $-x + 8$
E. $-32 - x$

13) Il numero razionale 0,996 corrisponde alla frazione:

A. 264/377
B. 191/195
C. 2/3
D. 249/250
E. 223/19

14) Il quoziente tra i numeri 1.264 e 79 aumentato di 14 è:

A. 35
B. 30
C. 1.199
D. 23
E. 25

15) Calcolare la seguente operazione letterale: $(a-b)(a^2+ab+b^2)$

A. $a^3-ab^2+a^2b+b^3$
B. $a^2+a^3b^2+b^2$
C. $a^3+ab^2+b^3$
D. $a^3+a^2b+b^3$
E. a^3-b^3

16) Calcolare il risultato della seguente sottrazione tra numeri relativi: 24 – (78) – (– 46) – (–32) – (210) – (–152) =

A. –34
B. –494
C. –32
D. –492
E. –54

17) Calcolare la seguente moltiplicazione: 15,3 × 9,25.

A. 1415,25
B. 141,525
C. 14152,5
D. 14,1525
E. 1451,52

18) 76 sta a 19 come 380 sta a:

A. 85
B. 95
C. 59
D. 99
E. 45

19) Se aggiungo 2 al doppio del quadrato di 8 ottengo:

A. 130
B. 128
C. 256
D. 34
E. 25

20) Il risultato della seguente sottrazione tra i numeri decimali 34,24 e 27,08 è:

A. 17,26
B. 39

C. 7,16
D. 1,26
E. 7,25

21) Una signora acquista un abito che costa 390 euro spendendo i 3/4 del denaro che ha portato con sé. Fa poi altre compere, spendendo 1/5 del denaro residuo. Con quanto denaro rimane?

A. 98 euro
B. 113 euro
C. 104 euro
D. 91 euro
E. 53 euro

22) $7(x-2)+x=3(x-8)-5$

A. $x=2$
B. $x=-3$
C. $x=13/4$
D. $x=9/4$
E. $x=1/5$

23) Impostare la corretta somma algebrica dei seguenti numeri relativi: – (+ 3) + (– 7) – (+ 5,5) + (+6) + (– 2) – (– 4)

A. – 3 – 7 – 5,5 + 6 – 2 + 4
B. + 3 – 7 + 5,5 + 6 – 2 – 4
C. – 3 + 7 – 5,5 – 6 + 2 + 4
D. + 3 + 7 + 5,5 + 6 + 2 + 4
E. – 3 + 5 + 7 – 2 – 5,5 + 4

24) Quale, fra queste, non è una frazione propria?

A. 3/2
B. 1/2
C. 9/10
D. 10/17
E. 5/7

25) La somma di un numero col doppio del suo precedente è uguale a 7. Qual è il numero?

A. – 4
B. 3
C. 4
D. –3
E. –5

26) (7/20) (2–2/3)+(3–1/2):6–(3/25): (2/5)–(1/14) : (1–5/7)

A. 5/6
B. 1/6
C. 0
D. 1/3
E. 1/5

27) (7 – 1/8) : (1+1/4) – (17+1/2) : (3 + 1/2) + (5/4) : (15/8)–1/6

A. 0
B. 11
C. 1
D. 4/3
E. 2

28) Qual è il valore del termine incognito della seguente proporzione?
37 : 24 = 111 : x

A. 65
B. 86
C. 72
D. 66
E. 25

29) Calcolare due numeri sapendo che il maggiore di essi è il quadruplo del minore e che la loro differenza è 36.

A. 14; 56
B. 12; 48
C. 13; 52
D. 11; 44
E. 13; 25

30) Quale tra le seguenti frazioni è riducibile?

A. 3/7
B. 21/3
C. 2/9
D. 5/3

E. 17/21

31) Un terreno è coltivato per i 5/14 a mais e per i 2/7 a orzo; i 25 ettari residui sono coltivati ad avena. Qual è l'estensione dell'intero terreno? Quanti ettari sono coltivati a mais? E quanti a orzo?

A. 67; 13; 34
B. 70; 30; 20
C. 70; 25; 20
D. 56; 20; 16
E. 70; 35; 15

32) Quando il quoziente tra 2 numeri è uguale al divisore?

A. Quando il dividendo è 1
B. Quando il dividendo è uguale al divisore
C. Quando il divisore è 1
D. Quando il dividendo è il quadrato del divisore
E. Quando il dividendo è il doppio del divisore

33) In un ipermercato c'è un'offerta per la quale ogni 3 prodotti acquistati, quello con costo minore è gratis. In quale caso il cliente ha il guadagno massimo?

A. Nel caso in cui un prodotto costi più della somma degli altri 2
B. Nel caso in cui almeno un prodotto costi meno della somma degli altri 2
C. Nel caso in cui i tre prodotti abbiano lo stesso prezzo
D. Nel caso in cui due prodotti abbiano lo stesso prezzo
E. Nel caso in cui due prodotti abbiano lo stesso prezzo e il terzo prodotto abbia un prezzo inferiore alla somma dei due

34) Determinare due numeri naturali consecutivi sapendo che la differenza dei loro quadrati è 191.

A. 87; 88
B. 83; 84
C. 91; 92
D. 95; 96
E. 33; 34

35) Ridurre ai minimi termini la frazione 86/258.

A. 3/2
B. 1/3
C. 1/2
D. 1/4
E. 1/5

36) Qual è il risultato della radice quadrata del quoziente 17576 : 26?

A. 28
B. 22
C. 26
D. 24
E. 32

37) Una fontana riempie i 7/32 di una vasca in 35 minuti. Il tempo necessario per riempire la restante parte della vasca è:

A. 3 ore
B. 164 minuti
C. 158 minuti
D. 125 minuti
E. 130 minuti

38) Qual è il valore della cifra 0 nel numero naturale 73406?

A. Unità
B. Decine
C. Migliaia
D. Centinaia
E. Decine di migliaia

39) Il risultato dell'elevamento a potenza di 3 con esponente 6 è:

A. 729
B. 738
C. 721
D. 735
E. 634

40) Se elevo alla quarta la somma di 1 e 5 e divido il risultato per il cubo della somma di 2 e 4, ottengo:

A. 216
B. 1
C. 36
D. 6
E. 16

41) 5 alla quarta, per 3 corrisponde al numero:

A. 1874
B. 1875
C. 1880
D. 1882
E. 1877

42) 2006 × 3 = 2005 + 2007 + ...; per realizzare l'uguaglianza devo sostituire ai puntini:

A. 2004
B. 2007
C. 2006
D. 2005
E. 2002

43) Una cisterna può contenere 1000 litri di gasolio. Sapendo che ne contiene per i 7/20 della sua capacità, quanto gasolio è necessario versare per riempirla?

A. 540 litri
B. 350 litri
C. 720 litri
D. 650 litri
E. 200 litri

44) Qual è il risultato della radice quadrata del quoziente 2744 : 14?

A. 18
B. 14
C. 16
D. 12
E. 23

45) Un agricoltore in 10 ore miete i 15/24 di un terreno coltivato a grano. Quanto ulteriore tempo impiegherà per ultimare il lavoro?

A. 6 ore
B. 1 giorno
C. 5 ore
D. 16 ore
E. 2 giorni

46) Un allevatore ha acquistato capi di bestiame per un valore di € 35.600 e pagando in contanti gli viene accordato lo sconto del 3,5%. L'importo versato a saldo è:

A. € 34.112
B. € 34.354
C. € 34.358
D. € 32.100
E. € 34.220

47) Qual è quel numero naturale tale che i suoi 7/9, aumentati di 20, risultino uguali a 300?

A. 360
B. 355
C. 362
D. 349
E. 358

48) Un rivenditore ha acquistato una partita di tavoli ed avendo pagato in contanti ha ottenuto il ribasso del 7%, versando complessivamente l'importo di € 930.000. Il valore iniziale della merce è:

A. € 994.400

B. € 1.014.500
C. € 1.000.000
D. € 999.390
E. € 1.115.500

49) Il risultato dell'elevamento a potenza di 2 con esponente 8 è:

A. 242
B. 254
C. 248
D. 256
E. 234

50) Calcolare l'interesse di € 1.920 impiegati per 7 mesi al 10% annuo.

A. € 110
B. € 112
C. € 114
D. € 115
E. € 118

51) 756 secondi corrispondono a:

A. 18 min, 56 sec.
B. 12 min, 36 sec.
C. 14 min, 25 sec.
D. 11 min, 16 sec.
E. 13 min, 32 sec.

52) Sono stati asfaltati i 24/30 di una strada, pari a 120 km. Quanto misura la restante parte della strada non asfaltata?

A. 110 km
B. 96 km
C. 150 km
D. 30 km
E. 45 km

53) Una potenza di potenza è una potenza che:

A. ha per base la stessa base e per esponente la differenza degli esponenti
B. ha per base la stessa base e per esponente la somma degli esponenti
C. ha per base la stessa base e per esponente il prodotto degli esponenti
D. ha per base la stessa base e per esponente la potenza degli esponenti
E. ha per base la stessa base e per esponente il triplo degli esponenti

54) 2170 è il valore del termine incognito della proporzione continua:

A. $6.400 : x = x : 841$
B. $961 : x = x : 4.900$
C. $3.600 : x = x : 961$
D. $5.776 : x = x : 676$
E. $971 : x = x : 4.339$

55) Determinare il risultato della seguente equazione: $2x - 3 = -3$.

A. L'equazione è impossibile
B. $x = -3$
C. $x = 2$
D. $x = 0$
E. $x = -5$

56) Su un totale di 180 partite giocate, una squadra ne ha vinte il 25%, perse il 20% e pareggiate il 55%. Quante partite ha vinto, perso e pareggiato?

A. 41; 33; 106
B. 35; 29; 116
C. 45; 36; 99
D. 52; 46; 82
E. 45; 32; 89

57) Un negoziante ha acquistato della merce usufruendo di uno sconto del 12% e spendendo in tal modo € 22.220. Quanto avrebbe speso se non avesse ottenuto la riduzione?

A. € 25.000
B. € 34.220
C. € 25.250
D. € 26.000
E. € 35.200

58) Walter ha acquistato dei titoli per un valore di 15.000 euro. Alla fine dell'anno riceve un interesse pari a 1/12 della somma investita. Egli spende i 4/5 di questi interessi per acquistare un televisore. Qual è il prezzo dell'elettrodomestico?

A. 1.000 euro
B. 825 euro
C. 1.250 euro
D. 950 euro
E. 870 euro

59) Qual è la frazione complementare di 91/142?

A. 103/91
B. 51/142
C. 91/142
D. 142/91
E. 65/125

60) Un'officina ha acquistato pezzi di ricambio aventi valore di € 2.838.200; per l'ingente quantità gli viene accordato lo sconto del 9%. L'importo versato a saldo è:

A. € 2.593.071
B. € 2.555.894
C. € 2.470.248
D. € 2.582.762
E. € 2.370.200

61) In un'espressione quale operazione tra le seguenti va effettuata per prima (rispettando comunque l'ordine delle parentesi)?

A. Moltiplicazione
B. Divisione
C. Elevamento a potenza
D. Sottrazione
E. Addizione

62) La frazione complementare di 13/27 è:

A. 14/27
B. 17/27
C. 27/13
D. 20/27
E. 19/25

63) La proprietà commutativa non vale per:

A. potenza
B. addizione
C. addizione e moltiplicazione
D. moltiplicazione
E. minimo comune multiplo

64) Calcolare il capitale che impiegato per 3 anni al 13% frutta l'interesse di € 2.184.

A. € 5.750
B. € 5.400
C. € 5.600
D. € 5.650
E. € 5.700

65) Francesco ha sistemato nella sua libreria prima i 2/7 e poi i 3/7 di tutti i suoi libri. Gli rimangono ancora 24 libri. Quanti libri saranno nella libreria a lavoro finito? Quanti ne ha già sistemati?

A. 85; 45
B. 87; 63
C. 92; 57
D. 91; 54
E. 84; 60

66) Dato un totale di 300 persone, a quante unità corrisponde il 27%?

A. 145
B. 81
C. 93
D. 110
E. 75

67) 57 sta a 11 come 285 sta a:

A. 33
B. 44

C. 28
D. 55
E. 50

68) Quale termine deve essere sostituito ai puntini affinché la seguente equazione risulti indeterminata?
$6 - 2x - x + 3x = \ldots$

A. – 6
B. 3
C. – 3
D. 6
E. 2

69) [(5/6 – 3/4) / (1/3) + (11/12 – 5/9) (18/13)] : {1 – [8/5 – (6/5)(2/3 + 3/5)] (5/4)} =

A. 27/40
B. – 5/6
C. 5/6
D. 15/23
E. 7/25

70) Calcolare il tasso percentuale di sconto se su € 395.000 si è ottenuta la riduzione di € 14.220.

A. 3,7%
B. 3,6%
C. 4,0%
D. 3,8%
E. 2,9%

71) Qual è il valore del termine incognito della seguente proporzione continua? 1.089 : $x = x$: 1

A. 31
B. 34
C. 33
D. 35
E. 32

72) Qual è il risultato della radice quadrata del prodotto 144 × 36?

A. 72
B. 73
C. 74
D. 71
E. 70

73) Con la birra contenuta in una botte si riempiono 400 bottiglie della capacità di 0,66 litri cadauna; usando, invece, bottiglie della capacità di 0,50 litri, quante se ne potrebbero riempire?

A. 528 bottiglie
B. 303 bottiglie
C. 530 bottiglie
D. 520 bottiglie
E. 518 bottiglie

74) La quinta parte di un centesimo è:

A. 0,02
B. 0,01
C. 0,002
D. 0,005
E. 0,0002

75) Calcolare la radice quadrata della seguente addizione: $(3{,}6)^2 + (4{,}8)^2$.

A. 14,8
B. 11,4
C. 6
D. 4
E. 5

76) Verificare qual è la coppia di frazioni fra loro equivalenti.

A. 1/3 e 4/9
B. 4/7 e 8/14
C. 3/7 e 5/14
D. 2/7 e 3/8
E. 3/7 e 7/36

77) Gianluca ha 210 euro. Se spende, successivamente, 1/2, 1/6 e 1/3 della somma posseduta, con quanto denaro rimane?

A. 4 euro

B. 2 euro
C. 1 euro
D. 0 euro
E. 10 centesimi di euro

78) Il numero naturale precedente del quoziente tra 826 e 14 è:

A. 811
B. 58
C. 59
D. 57
E. 56

79) Un commerciante ha acquistato una partita di merce avente valore di € 92.150 e pagando in contanti gli viene accordato lo sconto del 4%. L'importo versato a saldo è:

A. € 88.464
B. € 88.565
C. € 86.655
D. € 88.354
E. € 85.754

80) Il signor Willis ha passato una lunga vacanza in Italia. Egli ha trascorso 1/4 dell'anno a Firenze e 1/3 dell'anno a Roma. Quanto è durato complessivamente il soggiorno in Italia del signor Willis?

A. 3 mesi
B. 6 mesi
C. 7 mesi
D. 4 mesi
E. 5 mesi

81) Un ragazzo ha ceduto i 2/5 della sua collezione di francobolli ad un amico. I francobolli rimasti sono ora 45. Quanti ne aveva prima?

A. 69
B. 75
C. 67
D. 82
E. 77

82) Se con 64 litri di vino si sono riempite 110 bottiglie, quante bottiglie della stessa capacità si potrebbero riempire con 256 litri di vino?

A. 440 bottiglie
B. 450 bottiglie
C. 437 bottiglie
D. 390 bottiglie
E. 420 bottiglie

83) Determinare due numeri, sapendo che la loro somma è 155 e la loro differenza 23.

A. 88; 67
B. 87; 68
C. 89; 66
D. 86; 69
E. 88; 98

84) Sapendo che da 156 chilogrammi di olive si sono ottenuti 70 litri di olio, quanti chilogrammi di olive sono necessari per ottenere 245 litri di olio?

A. 580 chilogrammi
B. 550 chilogrammi
C. 546 chilogrammi
D. 540 chilogrammi
E. 548 chilogrammi

85) Quali sono i due numeri la cui somma risulta 56 e che sono proporzionali a 2 e 5 secondo lo stesso coefficiente?

A. Le informazioni non sono sufficienti per poter calcolare i due numeri
B. I due numeri sono 35 e 26
C. I due numeri sono 20 e 36
D. I due numeri sono 27 e 29
E. I due numeri sono 16 e 40

86) Calcolare l'interesse che produce un capitale di € 459.000 impiegato al tasso del 6% annuo in 7 mesi.

A. € 16.150

B. € 15.360
C. € 15.975
D. € 16.065
E. € 15.450

87) Calcolare quale somma avete pagato in totale se avete ottenuto la riduzione del 12% su una spesa di € 1.450 e dell'8% su una spesa di € 6.475.

A. € 7.369,40
B. € 7.174,50
C. € 7.233
D. € 7.144,45
E. € 7.234,30

88) In una classe mista di 25 alunni si sa che 1/3 del numero dei maschi, aumentato di 7, è uguale al numero delle femmine diminuito di 2. Determinare il numero dei maschi e quello delle femmine.

A. 9; 16
B. 12; 13
C. 11; 14
D. 10; 15
E. 15; 10

89) Un automobilista, in viaggio da Bari a Reggio Calabria, ha percorso 51 km, pari a 1/9 della distanza complessiva che deve percorrere. Qual è la distanza stradale fra le due città?

A. 459 km
B. 445 km
C. 467 km
D. 463 km
E. 435 km

90) $(-0{,}2)^2 =$

A. – 0,04
B. 0,004
C. 1/4
D. 0,04
E. – 2

91) Aumentando del 10% le lunghezze della base e dell'altezza di un rettangolo, l'area aumenta del:

A. 20%
B. 100%
C. 121%
D. 21%
E. 10%

92) Per il rivestimento di un appartamento si usano zoccoli d'ardesia lunghi 80 centimetri e ne occorrono 75. Se fossero lunghi 125 centimetri ne occorrerebbero:

A. 70
B. 60
C. 118
D. 48
E. 72

93) La somma delle età di tre fratelli è 28 anni. Il maggiore ha un'età doppia del secondo e il minore ha quattro anni meno del secondo. Quanti anni ha il fratello minore?

A. 8
B. 7
C. 4
D. 6
E. 5

94) La frazione reciproca di 11/12 è:

A. 12/11
B. 13/12
C. 11/12
D. 1/12
E. 10/13

95) Si deve dividere la somma di 2440 euro fra tre persone, facendo in modo che la prima abbia 120 euro meno della seconda e che la terza abbia il doppio del denaro ricevuto dalla prima. Calcolare le somme ricevute da ciascuna delle tre persone.

A. 645 euro; 792 euro; 1003 euro
B. 373 euro; 821 euro; 1246 euro
C. 450 euro; 670 euro; 1320 euro
D. 580 euro; 700 euro; 1160 euro
E. 809 euro; 631 euro; 1000 euro

96) I numeri romani XV, LIII e DII corrispondono ai numeri:

A. 15; 103; 52
B. 15; 23; 52
C. 20; 33; 102
D. 15; 53; 502
E. 15; 63; 520

97) 2 giorni a quanti secondi corrispondono?

A. 172.800 sec.
B. 137.800 sec.
C. 324.300 sec.
D. 184.200 sec.
E. 186.400 sec.

98) Una scuola media è frequentata da 294 ragazzi. I 2/3 di essi studiano inglese, i rimanenti francese. Quanti ragazzi studiano il francese?

A. 109
B. 98
C. 91
D. 103
E. 95

99) Moltiplicando il numero 275,15 per 7 e per 0,4 otteniamo:

A. 770,42
B. 754,42
C. 724,42
D. 762,42
E. 734,56

100) Prendendo un terzo di una torta e dividendola in 4 fette uguali, quale frazione dell'intera torta è ciascuna fetta?

A. 1/7
B. 1/3
C. 1/6
D. 1/12
E. 1/5

101) Calcolare l'area di un cerchio il cui raggio è la metà del raggio di un altro cerchio il cui diametro è lungo 20 cm.

A. 9 π cm^2
B. 25 π cm^2
C. 144 π cm^2
D. 49 π cm^2
E. 14 π cm^2

102) In un trapezio la base maggiore è 5/2 dell'altezza e la base minore è 1/3 della maggiore. Calcolare l'area del trapezio sapendo che la base maggiore misura 45 cm.

A. 540 cm^2
B. 630 cm^2
C. 685 cm^2
D. 515 cm^2
E. 388 cm^2

103) Un arco è i 7/8 dell'intera circonferenza. Calcolare la misura dell'angolo al centro corrispondente.

A. 172°
B. 225°
C. 289°
D. 315°
E. 235°

104) I cateti di un triangolo rettangolo sono lunghi, rispettivamente, 303 e 404. Determinare la lunghezza dell'ipotenusa.

A. 507
B. 705
C. 707
D. 505
E. 575

105) Due angoli di un quadrilatero misurano rispettivamente 130° e 40°; calcolare le misure degli altri due angoli sapendo che la misura di uno è il quadruplo di quella dell'altro.

A. 38°; 152°
B. 46°; 128°
C. 29°; 145°
D. 53°; 81°
E. 45°; 138°

106) Un rettangolo avente il perimetro di 210 cm è inscritto in una circonferenza. Sapendo che il rapporto tra i due lati è 3/4, determinare la misura della circonferenza.

A. 225 cm
B. 105 cm
C. 75 π cm
D. 150 π cm
E. 57 π cm

107) Un triangolo ha la superficie che misura 5,46 cm^2 ed il perimetro che misura 10,5 cm. Determinare la misura del raggio della circonferenza inscritta al triangolo.

A. 1 cm
B. 1,2 cm
C. 0,42 cm
D. 1,04 cm
E. 2 cm

108) Un rombo, la cui diagonale minore è 3/4 dell'altra, ha la superficie che misura 1.536 dam^2. Determinare la misura dell'area del cerchio inscritto nel rombo.

A. 361 π dam^2
B. 1.111 dam^2
C. 1.160 dam^2
D. 368,64 π dam^2
E. 2.100 dam^2

109) Un triangolo rettangolo ha l'area di 245,76 cm^2 e il cateto minore misura 19,2 cm. Calcolare l'ipotenusa e il perimetro.

A. 27 cm; 63,4 cm
B. 35 cm; 81,3 cm
C. 25 cm; 60,9 cm
D. 32 cm; 76,8 cm
E. 35 cm; 45,8 cm

110) Un triangolo isoscele ABC ha l'area di 300 cm^2 e la base di 40 cm. Calcolare la lunghezza del contorno della figura delimitata da tre semicirconferenze aventi per diametri i lati del triangolo.

A. 129,66 cm
B. 165,11 cm
C. 141,3 cm
D. 132,6 cm
E. 135,8 cm

111) Quando due rette hanno in comune uno ed un solo punto, queste si dicono:

A. tangenti
B. incidenti
C. parallele
D. ortogonali
E. perpendicolari

112) Se due circonferenze hanno tre punti in comune, allora sono:

A. non necessariamente appartenenti allo stesso piano
B. tangenti
C. coincidenti
D. secanti
E. parallele

113) Il tetraedro regolare è formato da:

A. 4 triangoli isosceli
B. 6 quadrati
C. 6 rettangoli
D. 4 triangoli equilateri

E. 4 triangoli scaleni

114) Calcolare il perimetro e l'area di un trapezio rettangolo sapendo che l'altezza ha una lunghezza doppia della base minore, la differenza fra le misure delle basi è 7 cm mentre la loro somma è 19 cm (approssimare alla seconda cifra decimale).

A. 44,89 cm; 114 cm^2
B. 32,56 cm; 125 cm^2
C. 45,32 cm; 120 cm^2
D. 32,56 cm; 210 cm^2
E. 33,78 cm; 330 cm^2

115) Un ottagono regolare si ottiene sovrapponendo:

A. due rettangoli
B. due parallelogrammi
C. due esagoni
D. due quadrati
E. due rombi

116) In un quadrato il perimetro è 56 cm. Calcolare la misura della diagonale del rettangolo avente l'altezza lunga quanto la diagonale del quadrato e la base che misura 46 cm (approssimare alla seconda cifra decimale).

A. 48,71 cm
B. 53,75 cm
C. 50,08 cm
D. 43,18 cm
E. 50,15 cm

117) Determinare il numero di giri compiuti dalla ruota di un veicolo avente un raggio di 22 cm quando questa percorre 8 km, 289 m e 6 cm (approssimare alla cifra intera).

A. 4000
B. 5000
C. 3000
D. 6000
E. 2000

118) Un trapezio isoscele è circoscritto ad una circonferenza ed ha il perimetro che misura 160 cm. Sapendo che la base maggiore è 5/3 della minore, determinare le misure delle basi e del lato obliquo.

A. 35 cm; 45 cm; 40 cm
B. 27 cm; 45 cm; 44 cm
C. 30 cm; 50 cm; 40 cm
D. 33 cm; 55 cm; 36 cm
E. 25 cm; 50 cm; 43 cm

119) A quanti metri quadrati equivalgono 10 ettari?

A. 100
B. 1.000.000
C. 100.000
D. 1000
E. 10.000

120) Se ABC è un angolo ottuso la sua bisettrice lo divide in:

A. due angoli retti
B. due angoli ottusi
C. due angoli acuti
D. due angoli maggiori di 180°
E. un angolo retto ed uno acuto

121) Come si può definire la corda di un cerchio?

A. Un tratto di circonferenza pari alla lunghezza del diametro
B. Un tratto di circonferenza pari alla lunghezza del raggio
C. Un arco di circonferenza
D. Un segmento che unisce due punti della circonferenza
E. L'esatta metà della circonferenza

122) Come si definisce una parte di retta compresa tra due punti?

A. Corda

B. Secante
C. Semiretta
D. Segmento
E. Diagonale

123) In un parallelogramma un lato misura 9,1 m e l'altezza relativa al secondo lato misura 7 m. Sapendo che l'area è 109,2 m^2, calcolare il secondo lato e l'altezza relativa al primo lato.

A. 14,3 m; 9,8 m
B. 9,8 m; 14,3 m
C. 15,6 m; 12 m
D. 12 m; 18,6 m
E. 16,5 m; 14 m

124) Quale delle seguenti affermazioni è corretta?

A. La somma degli angoli interni di un triangolo è 270°
B. Gli angoli interni di un triangolo isoscele misurano sempre 60°
C. Un triangolo isoscele può avere due angoli di 90°
D. Un triangolo rettangolo può avere un angolo di 60°
E. Gli angoli interni di un triangolo equilatero misurano sempre 90°

125) Quale di questi poligoni non è sempre inscrivibile e circoscrivibile ad una circonferenza?

A. Quadrato
B. Esagono
C. Triangolo isoscele
D. Triangolo equilatero
E. Triangolo scaleno

126) Un rombo è equivalente ai 3/5 di un rettangolo avente il perimetro di 130 dm e la base lunga 40 dm. Calcolare la misura della diagonale minore del rombo sapendo che la diagonale maggiore è il triplo dell'altezza del rettangolo.

A. 21 dm
B. 27 dm
C. 19 cm
D. 16 dm
E. 15 dm

127) In un cerchio di area 169 π cm^2, la corda AB misura 24 cm e la corda BC (situata dalla parte opposta di AB rispetto al centro) è 5/12 di AB. Calcolare la distanza di ciascuna delle due corde dal centro O, la lunghezza del perimetro e l'area del quadrilatero ABCO.

A. 4 cm; 11 cm; 61 cm; 117 cm^2
B. 6 cm; 10 cm; 69 cm; 126 cm^2
C. 5 cm; 12 cm; 60 cm; 120 cm^2
D. 7 cm; 13 cm; 58 cm; 134 cm^2
E. 3 cm; 12 cm; 50 cm; 110 cm^2

128) Un triangolo rettangolo, ruotando intorno all'ipotenusa, genera:

A. due coni uniti per la base
B. un prisma
C. un tronco di cono
D. un cono retto
E. un cilindro

129) Un parallelogramma ABCD ha la superficie che misura 10.140 m^2. Calcolare la misura del perimetro di un trapezio rettangolo, equivalente ad 1/3 del parallelogramma, avente l'altezza e la base minore che misurano rispettivamente 52 m e 45,5 m.

A. 257 m
B. 201,5 m
C. 234 m
D. 260 m
E. 247 m

130) Calcolare, in m, la misura della base di un triangolo sapendo che l'area è 1,68 m^2 e l'altezza misura 42 dm.

A. 3,4 m
B. 6,5 m

C. 8 m
D. 0,8 m
E. 0,5 m

131) La diagonale di un cubo:

A. passa per il centro del cubo
B. ha lunghezza minore della lunghezza della diagonale di ciascuna faccia
C. ha lunghezza pari alla lunghezza della diagonale di ciascuna faccia
D. è la base di un triangolo isoscele formato da due spigoli
E. ha lunghezza pari al doppio della lunghezza dello spigolo

132) In un quadrato il perimetro è 100 m. Calcolare il perimetro di un rettangolo equivalente al quadrato sapendo che la sua altezza è lunga il doppio del lato del quadrato.

A. 112 m
B. 136 m
C. 148 m
D. 125 m
E. 135 m

133) Un arco è lungo 1 mm ed è ampio 1°. Quanto è lunga la circonferenza a cui appartiene?

A. 150 mm
B. 280 mm
C. 430 mm
D. 180 mm
E. 360 mm

134) Un parallelogrammo è equivalente a un quadrato il cui lato è lungo 28 cm. Sapendo che la base del parallelogrammo è i 7/4 del lato del quadrato, calcolare l'altezza del parallelogrammo.

A. 27 cm
B. 16 cm
C. 42 cm
D. 53 cm
E. 14 cm

135) Dato un triangolo di lati 12 cm, 9 cm e 17 cm, determinare la misura del raggio del cerchio ad esso inscritto.

A. 6,77 cm
B. 5,8 cm
C. 5,4 cm
D. 2,71 cm
E. 5,54 cm

136) Per tre punti non allineati:

A. passano infinite rette
B. passa una e una sola retta
C. passa uno e un solo piano
D. passano solo due rette
E. passano infiniti piani

137) Due segmenti che hanno un estremo in comune ed appartengono alla stessa retta sono detti:

A. secanti
B. tangenti
C. adiacenti
D. consecutivi
E. congruenti

138) Calcolare l'area di un cerchio il cui raggio misura il doppio di quello di un'altra circonferenza il cui diametro è lungo 27 cm.

A. 729 π cm^2
B. 636 π cm^2
C. 444 π cm^2
D. 556 π cm^2
E. 675 π cm^2

139) Ciascuna delle due parti in cui un piano è diviso da una retta giacente sullo stesso piano si chiama:

A. poligonale
B. semipiano
C. angolo

D. arco
E. poligono

140) Un angolo i cui lati sono due semirette coincidenti si definisce:

A. piatto
B. acuto
C. giro
D. retto
E. ottuso

141) Ad un angolo al centro ampio 90° corrisponde un arco lungo 8 π cm. Calcolare la misura del diametro della circonferenza a cui appartiene l'arco.

A. 24 cm
B. 16 cm
C. 35 cm
D. 40 cm
E. 32 cm

142) In un triangolo rettangolo, il lato opposto all'angolo retto è detto:

A. ipotenusa
B. mediana
C. cateto
D. bisettrice
E. diagonale

143) Due rette perpendicolari sono anche:

A. parallele
B. sghembe
C. incidenti
D. generatrici
E. coincidenti

144) Due figure si dicono equivalenti quando:

A. hanno uguale perimetro
B. hanno tutti gli angoli uguali
C. hanno uguale area
D. giacciono sullo stesso piano
E. hanno un solo lato uguale

145) La somma di due segmenti è lunga 18 cm e il secondo è la metà del primo; calcolare la lunghezza di ciascuno dei due segmenti.

A. 20 cm; 10 cm
B. 12 cm; 6 cm
C. 8 cm; 4 cm
D. 16 cm; 8 cm
E. 15 cm; 6 cm

146) Un trapezio rettangolo ha l'altezza lunga 19 cm e l'area è 361 cm^2. Calcolare la lunghezza di ciascuna delle due basi sapendo che la maggiore supera la minore di 2 cm.

A. 13 cm; 15 cm
B. 21 cm; 23 cm
C. 18 cm; 20 cm
D. 12 cm; 14 cm
E. 19 cm; 25 cm

147) Le diagonali di un rombo sono una la metà dell'altra e la loro somma è 96 m. Calcolare il perimetro del rombo (approssimare la misura del suo lato alla prima cifra decimale).

A. 115,6 m
B. 163,2 m
C. 234,8 m
D. 142,8 m
E. 132,3 m

148) Un trapezio è equivalente a un quadrato avente il perimetro lungo 168 cm; sapendo che le basi del trapezio sono lunghe rispettivamente 36 cm e 27 cm, calcolare la lunghezza dell'altezza del trapezio.

A. 19 cm
B. 67 cm
C. 56 cm
D. 45 cm
E. 43 cm

149) Nella geometria euclidea, quali sono gli enti primitivi?

A. Punto, angolo e segmento
B. Piano, semipiano e semiretta
C. Punto, retta e piano
D. Semiretta, segmento e poligonale
E. Retta, segmento e poligono

150) Quale dei seguenti quadrilateri ha quattro angoli congruenti?

A. Rombo
B. Parallelogramma
C. Rettangolo
D. Trapezio
E. Nessuno tra quelli citati

RISPOSTE CORRETTE

1) B	26) D	51) B	76) B	101) B	126) D
2) B	27) C	52) D	77) D	102) A	127) C
3) C	28) C	53) C	78) B	103) D	128) A
4) D	29) B	54) B	79) A	104) D	129) E
5) A	30) B	55) D	80) C	105) A	130) D
6) B	31) C	56) C	81) B	106) C	131) A
7) E	32) D	57) C	82) A	107) D	132) D
8) B	33) C	58) A	83) C	108) D	133) E
9) D	34) D	59) B	84) C	109) D	134) B
10) C	35) B	60) D	85) E	110) C	135) D
11) B	36) C	61) C	86) D	111) B	136) C
12) B	37) D	62) A	87) C	112) C	137) C
13) D	38) B	63) A	88) B	113) D	138) A
14) B	39) A	64) C	89) A	114) A	139) B
15) E	40) D	65) E	90) D	115) D	140) C
16) A	41) B	66) B	91) D	116) C	141) E
17) B	42) C	67) D	92) D	117) D	142) A
18) B	43) D	68) D	93) C	118) C	143) C
19) A	44) B	69) C	94) A	119) C	144) C
20) C	45) A	70) B	95) D	120) C	145) B
21) C	46) B	71) C	96) D	121) D	146) C
22) B	47) A	72) A	97) A	122) D	147) D
23) A	48) C	73) A	98) B	123) C	148) C
24) A	49) D	74) C	99) A	124) D	149) C
25) B	50) B	75) C	100) D	125) B	150) C

SIMULAZIONI D'ESAME

TEST 1

1) Qual è il significato di *sindacare*?

A. Criticare
B. Fare proselitismo
C. Difendere
D. Perorare
E. Eleggere

2) Qual è il significato di *lena*?

A. Vigore
B. Infamia
C. Debolezza
D. Dissolutezza
E. Virtù

3) Qual è il significato di *clorofilla*?

A. Disinfettante
B. Derivato del cloro
C. Pigmento vegetale
D. Reagente chimico
E. Additivo

4) Se Giovanna ama i quadri di Kandinskij; Kandinskij è un pittore astrattista; a chi ama Kandinskij non piacciono tutti i quadri di Picasso, quale delle seguenti affermazioni è sicuramente VERA?

A. Giovanna va a vedere tutte le mostre di pittura che si tengono nella sua città
B. Giovanna apprezza solo alcune opere di Picasso
C. Tutti coloro che amano Kandinskij amano anche Picasso
D. Chi ama Picasso non va a vedere mostre di quadri di Kandinskij
E. Giovanna ama tutti i pittori astrattisti

5) "Tutti i francesi sono romantici". "Jean è francese". In base alle precedenti informazioni, quale delle seguenti affermazioni è certamente VERA?

A. I francesi hanno molte relazioni sentimentali
B. Jean ha successo con le donne
C. Jean ha avuto molte donne nella sua vita
D. Jean è romantico
E. Jean non è romantico

6) Aldo è titolare di una azienda casearia, e in un dato giorno può produrre formaggio se e solo se ha a disposizione sia latte che caglio. Determinare quale delle seguenti deduzioni è corretta.

A. Aldo oggi non può produrre formaggio, quindi non possiede caglio
B. Aldo oggi possiede caglio, quindi può produrre formaggio
C. Aldo oggi possiede latte ma non può produrre formaggio, quindi non ha caglio
D. Aldo oggi non può produrre formaggio, quindi non possiede latte
E. Aldo oggi non può produrre formaggio, quindi non possiede né latte né caglio

7) Qual è il significato di *quiescente*?

A. Ammalato
B. In stato di inerzia
C. Convalescente
D. In stato di grazia
E. Calmo

8) Un contrario di *idrorepellente* è:

A. riarso
B. astemio
C. impermeabile
D. permeabile
E. resistente

9) Strasburgo, Bruxelles e Lussemburgo sono:

A. le sedi delle tre agenzie dell'ONU
B. le tre capitali dell'Unione Europea più ricche
C. le tre sedi del Consiglio d'Europa
D. le tre sedi di lavoro del Parlamento europeo
E. le sedi itineranti del Consiglio di sicurezza dell'ONU

10) Qual è l'età minima per essere eleggibili alla carica di deputato?

A. 25 anni
B. 18 anni
C. 40 anni
D. 35 anni
E. 21 anni

11) Aggiungi la lettera che completa la serie: B, F, L, P

A. S
B. G
C. L
D. T
E. V

12) Un contrario di *furbizia* è:

A. astuzia
B. dolcezza
C. furia
D. ingenuità
E. perseveranza

13) Un contrario di *castigatezza* è:

A. carità
B. morigeratezza
C. licenziosità
D. isterismo
E. pudore

14) Un contrario di *lecito* è:

A. interdetto
B. lesivo
C. legittimo
D. loquace
E. consentito

15) Un contrario di *freddezza* è:

A. pace
B. entusiasmo
C. movimento
D. indifferenza
E. astio

16) Un contrario di *scorporare* è:

A. escludere
B. spogliare
C. addentrarsi
D. rammendare
E. includere

17) Un contrario di *rinsavire* è:

A. voltare
B. scendere
C. costringere
D. impazzire
E. guarire

18) Un contrario di *lenire* è:

A. distrarre
B. aggravare
C. formare
D. sondare
E. calmare

19) Un contrario di *defalcare* è:

A. dedurre
B. aggiungere
C. togliere
D. derubricare

E. scorporare

20) Un contrario di *gioviale* è:

A. affabile
B. bonario
C. scontroso
D. vecchio
E. cortese

21) Completa i termini mancanti della seguente proporzione: "scalatore : corda = pianista : *x* = chimico : *y*"

A. *x* = sgabello ; *y* = composto
B. *x* = leggìo; *y* = libro
C. *x* = archetto ; *y* = provetta
D. *x* = tastiera ; *y* = provetta
E. *x* = musica ; *y* = computer

22) Tempo sta a cronometro come pressione sta a:

A. altimetro
B. termometro
C. barometro
D. igrometro
E. anemometro

23) Quali tra i termini proposti completano correttamente la seguente proporzione?

"Adda : *x* = *y* : mare"
A. *x* = lago; *y* = Jonio
B. *x* = monte; *y* = Adriatico
C. *x* = fiume; *y* = Sila
D. *x* = Po ; *y* = fiume
E. *x* = fiume; *y* = Tirreno

24) Completa correttamente la proporzione sostituendo alla x uno dei seguenti artisti.
"Mecenate : Orazio = Giulio II : *x*"

A. *x* = Michelangelo
B. *x* = Bernini
C. *x* = Botticelli
D. *x* = Tiziano
E. *x* = Mantegna

25) Individuare la parola da scartare.

A. La Scala
B. Prado
C. Louvre
D. Hermitage
E. British Museum

26) Quale dei seguenti stati dell'Unione Europea non ha adottato l'euro?

A. Lussemburgo
B. Austria
C. Danimarca
D. Finlandia
E. Portogallo

27) *Addio alle armi* è un romanzo di:

A. Ernest Hemingway
B. Erich Maria Remarque
C. Thomas Mann
D. Pablo Neruda
E. Alberto Moravia

28) Le basi dell'attuale criterio di classificazione degli organismi viventi sono state poste da:

A. G. Favilli
B. Gregorio Mendel
C. Carl Von Friesh
D. Charles Darwin
E. Carlo Linneo

29) Quale delle seguenti strutture può essere presente in una cellula batterica ma non in una cellula animale?

A. Il nucleo
B. Una capsula
C. Il citoscheletro
D. Il ribosoma
E. Il capside

30) Il simbolo chimico del plutonio è:

A. il plutonio non è un elemento chimico

B. Pl
C. Pt
D. Pu
E. Pn

31) I bioelementi (o elementi biogeni) sono:

A. gli elementi chimici di base degli organismi viventi animali e vegetali
B. gli elementi chimici su cui dovrebbe basarsi una sana alimentazione
C. gli elementi chimici di base dei soli organismi viventi animali
D. gli elementi sintetici di base dell'ingegneria genetica
E. gli elementi chimici di base dei soli organismi viventi vegetali

32) Trovare il perimetro e la diagonale di un rettangolo di area 150 cm^2 sapendo che una dimensione è 2/3 dell'altra.

A. 32,4 cm; 12,96 cm
B. 50 cm; 18,02 cm
C. 100 cm; 36,04 cm
D. 48 cm; 15,75 cm
E. 45 cm; 17,05 cm

33) Da una tela si tagliano prima i 2/5 e poi 1/3 della rimanente. Se la tela residua, dopo queste operazioni, è lunga 6 metri, quale era la lunghezza dell'intera tela?

A. 24 m
B. 15 m
C. 21 m
D. 18 m
E. 25 m

34) La massa del Sole, rispetto alla Terra, è approssimativamente:

A. trecentomila volte più grande
B. cinquecentomila volte più grande
C. seicentomila volte più grande
D. un milione di volte più grande
E. due milioni di volte più grande

35) Le morene sono forme di:

A. deposito fluviale
B. erosione glaciale
C. deposito glaciale
D. accumulo eolico
E. deposito oceanico

36) Quale pedagogista teorizzò di superare la barriera che divide la scuola dalla vita reale?

A. Dewey
B. Piaget
C. Bloom
D. Freinet
E. Bruner

37) La pedagogia generale mette in rilievo:

A. i fini della formazione e le strategie educative
B. l'apetto filosofico della formazione
C. la teoria e la pratica dell'insegnare
D. il rapporto tra insegnante e allievo
E. gli strumenti metodologici utili all'insegnante

38) L'autore di *Pensiero e linguaggio* è:

A. Piaget
B. Lurija
C. Vygotskij
D. Don Milani
E. Freud

39) Chi diede vita ai "Giardini d'infanzia"?

A. Fröbel
B. Comenio
C. Pestalozzi
D. Montessori
E. Le sorelle Agazzi

40) In quale raccolta di versi di Carducci compare "Davanti San Guido"?

A. Rime nuove

B. Odi barbare
C. Rime e ritmi
D. San Martino
E. Levia Gravia

41) Quali sono le regioni definite dalla Costituzione a Statuto speciale?

A. Toscana, Emilia-Romagna, Sardegna
B. Sicilia, Sardegna, Valle d'Aosta, Trentino-Alto Adige, Friuli-Venezia Giulia
C. Sicilia, Sardegna, Piemonte, Liguria, Lombardia
D. Valle d'Aosta, Trentino-Alto Adige, Friuli-Venezia Giulia
E. Sicilia e Sardegna

42) Nell'ordinamento costituzionale italiano costituisce espressione della democrazia diretta:

A. il decreto legislativo
B. il regolamento della Camera dei deputati
C. il referendum abrogativo
D. il decreto legge
E. il regolamento del Senato della Repubblica

43) Qual è la più nota opera di H. G. Gadamer?

A. Conoscenza e metodo
B. Verità e metodo
C. Parola e oggetto
D. L'essere e il nulla
E. Totalità e infinito

44) La teoria dei sistemi sociali si deve a:

A. Radcliffe-Brown
B. Schelsky
C. Malinowski
D. Parsons
E. Luhmann

45) Dewey fu ispiratore:

A. della pedagogia dell'individuo
B. della pedagogia esperienziale
C. dell'attivismo pedagogico
D. della pedagogia pragmatica
E. della pedagogia ambientale

46) Il "metodo globale", secondo Decroly, vale:

A. per l'aritmetica e le scienze
B. per la scrittura e la lettura
C. per tutte le materie
D. per il disegno e per il canto
E. per la scrittura, la lettura, il disegno e il canto

47) I deliri sono:

A. disturbi della percezione
B. disturbi del contenuto del pensiero
C. disturbi dissociativi
D. meccanismi di difesa primari
E. disturbi del sonno Rem

48) Individuare quale tra i seguenti diagrammi soddisfa la relazione insiemistica esistente fra i tre termini seguenti: Scienziati, Professori, Orsetti lavatori.

DIAGRAMMA 1

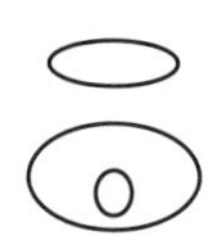
DIAGRAMMA 2

DIAGRAMMA 3

DIAGRAMMA 4

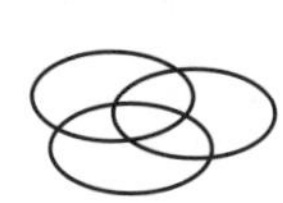
DIAGRAMMA 5

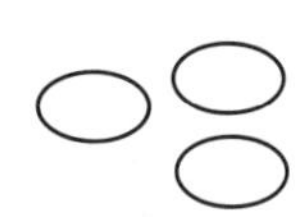
DIAGRAMMA 6

A. Diagramma 1
B. Diagramma 3
C. Diagramma 4
D. Diagramma 5
E. Diagramma 2

49) Individuare quale tra i seguenti diagrammi soddisfa la relazione insie-

mistica esistente fra i tre termini seguenti: Artisti, Pittori, Cassieri.

DIAGRAMMA 1

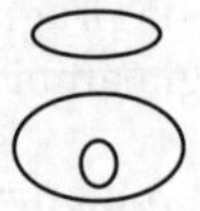
DIAGRAMMA 2

DIAGRAMMA 3

DIAGRAMMA 4

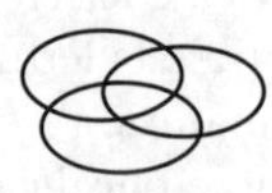
DIAGRAMMA 5

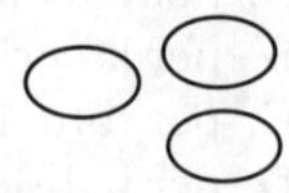
DIAGRAMMA 6

A. Diagramma 2
B. Diagramma 5
C. Diagramma 4
D. Diagramma 3
E. Diagramma 1

50) Durante un brindisi fra sei amici, ognuno incrocia il proprio calice una sola volta con tutti gli altri. Quanti tintinnii si ascoltano:

A. 30
B. 15
C. 36
D. 18
E. 100

RISPOSTE CORRETTE

1) A	11) D	21) D	31) A	41) B
2) A	12) D	22) C	32) B	42) C
3) C	13) C	23) E	33) B	43) B
4) B	14) A	24) A	34) A	44) E
5) D	15) B	25) A	35) C	45) C
6) C	16) E	26) C	36) D	46) C
7) B	17) D	27) A	37) A	47) B
8) D	18) B	28) E	38) C	48) A
9) D	19) B	29) B	39) A	49) A
10) A	20) C	30) D	40) A	50) B

TEST 2

1) Qual è il significato di *rivendicazione*?

A. Sopraffazione
B. Rappresaglia
C. Compensazione mediante scambio
D. Riaffermazione di un diritto negato
E. Intimidazione

2) Qual è il significato di *minatorio*?

A. Esplosivo
B. Di minaccia
C. Dirompente
D. Espettorante
E. Di offesa

3) Qual è il significato di *incontinente*?

A. Trascendente
B. Intemperante
C. Immanente
D. Lesivo
E. Vasto

4) Secondo la teoria di Charles Darwin l'evoluzione avviene per:

A. adattamento graduale a nuove condizioni ambientali
B. un processo di eliminazione del meno adatto da un certo ambiente
C. apprendimento di nuovi comportamenti
D. selezione del più adatto ad un certo ambiente
E. habitat incompatibile

5) Le angiosperme sono anche chiamate:

A. senza semi
B. gimnosperme
C. piante a fiore
D. cotiledoni
E. nemosperme

6) Dal doppio di 40 togli il quadruplo della somma tra 7 e 13 e moltiplica il parziale per 10 e al nuovo parziale aggiungi 1; il risultato è:

A. 1
B. 17
C. 11
D. 0
E. 6

7) Per estrarre il minerale contenuto in un filone aurifero 10 minatori impiegano 77 ore. Quanto avrebbero impiegato 14 minatori per eseguire lo stesso lavoro?

A. 52 ore
B. 60 ore
C. 55 ore
D. 107 ore
E. 112 ore

8) Quale delle seguenti affermazioni NON si riferisce agli organismi viventi?

A. Sono tutti costituiti da cellule
B. Scambiano materia ed energia con l'ambiente circostante
C. Sono in grado di svilupparsi e di crescere
D. Possiedono codice genetico diverso a seconda della specie
E. Hanno un meccanismo per il mantenimento dell'omeostasi

9) L'eutrofizzazione delle acque deriva da:

A. un arricchimento di azoto e fosforo nell'acqua
B. un accumulo di metalli pesanti
C. un accumulo di zuccheri nell'acqua
D. pratiche di pesca illegali
E. un accumulo di ossigeno nell'acqua

10) Quale sarà la densità (espressa in Kg/dm^3) di un materiale avente una massa di 30 kg e un volume di 50 dm^3?

A. 0,4
B. 0,6
C. 0,9
D. 1,5
E. 2,5

11) L'area di un triangolo è 96 cm^2 e l'altezza 16 cm. Quanto misura la base?

A. 10 cm
B. 6 cm
C. 14 cm
D. 9 cm
E. 12 cm

12) Individuare la parola da scartare.

A. Delfino
B. Rana
C. Dorso
D. Stile libero
E. Slalom

13) I membri-non permanenti del Consiglio di sicurezza dell'ONU sono:

A. dieci
B. cinque
C. tre
D. quattro
E. sei

14) I decreti legge sono approvati:

A. dal Parlamento
B. dal Governo
C. dal Presidente della Repubblica
D. dalla Camera dei deputati
E. dal Senato della Repubblica

15) Quale delle seguenti catene montuose non si erge fra i due stati confinanti indicati accanto.

A. Alpi – tra Francia e Italia
B. Alpi – tra Italia e Austria
C. Pirenei – tra Francia e Spagna
D. Urali – tra Russia e Ucraina
E. Alpi scandinave – tra Norvegia e Svezia

16) Dove si trova l'altopiano del Deccan?

A. India
B. Messico
C. Francia
D. Svezia
E. Cina

17) Secondo la concezione più moderna come è denominato il trasferimento di determinate attribuzioni, prevalentemente deliberative, dalla sfera di competenza degli organi centrali dello Stato agli organi o enti locali?

A. Delegificazione
B. Deregulation
C. Decentramento amministrativo
D. Escussione
E. Derubricazione

18) L'Organizzazione delle Nazioni Unite è stata istituita:

A. dagli Stati europei
B. dagli Stati vincitori della seconda guerra mondiale
C. dagli Stati Uniti d'America
D. da USA, Germania e Giappone
E. dall'ONU

19) Chi può essere considerato il fondatore del liberalismo?

A. Locke
B. Rousseau
C. Montesquieu
D. Hume
E. Platone

20) Che cosa intendeva Platone per "dialettica"?

A. Il processo della realtà che si sviluppa attraverso contraddizioni
B. L'arte di prevalere nella discussione sul proprio avversario
C. Il metodo della divisione
D. L'unità degli opposti
E. Un modo di esprimersi

21) Cosa si intende per Gestalt?

A. Una corrente psicologica che si occupa della percezione e dell'esperienza. Essa nacque e si sviluppò agli inizi del secolo XX in Germania per poi proseguire negli USA, dove i suoi principali esponenti si erano trasferiti nel periodo delle persecuzioni naziste
B. Una branca della psicologia che ha come obiettivo lo studio dei processi mediante i quali le informazioni vengono acquisite dal sistema cognitivo, trasformate, elaborate, archiviate e recuperate
C. È un approccio alla psicologia basato sull'assunto che il comportamento esplicito è l'unica unità di analisi scientificamente studiabile della psicologia
D. Una teoria psicologia che afferma che ogni evento psichico complesso derivi da elementi psichici più semplici i quali sono tra loro associati
E. Nessuna delle risposte è corretta

22) Le fobie sono:

A. sensazioni spiacevoli
B. paure incontrollabili verso qualcosa o qualcuno
C. disturbi della personalità
D. disturbi dell'umore
E. disturbi del sonno

23) In psicoanalisi per "fissazione" si intende:

A. un sintomo
B. una fase dello sviluppo
C. un disturbo psicopatologico
D. un meccanismo difensivo
E. una strategia cognitiva

24) Individuare la parola da scartare.

A. Traviata
B. Turandot
C. Rigoletto
D. Flauto Magico
E. O Sole Mio

25) Individuare la parola da scartare.

A. Merengue
B. Valzer
C. Rumba
D. Mambo
E. Cha Cha Cha

26) Completare la frase "Avevo sperato che tutto … bene".

A. Finiva
B. Finisse
C. Finirebbe
D. Finisce
E. Finirà

27) Quale delle seguenti voci verbali completa correttamente la frase: "Se … prima, non avresti perso il treno"?

A. uscivi
B. saresti uscito
C. uscissi
D. eri uscito
E. fossi uscito

28) Individuare l'alternativa che completa la frase nel modo più corretto nel contesto dato: "Annalisa ha iniziato a lavorare come ... in un istituto bancario".

A. sportantina
B. sportellente
C. sportellista
D. sportelliera
E. sportelleria

29) "La conoscenza aumenta sicuramente nel corso degli studi medici, mentre successivamente alla laurea sono possibili sia un suo ulteriore incremento, sia un impoverimento legato alla perdita delle nozioni non strettamente legate alla routine professionale. In ogni caso, le caratteristiche della conoscenza si modificano sostanzialmente quando il sanitario entra in contatto con la realtà professionale".
Quale delle seguenti affermazioni NON può essere dedotta dalla lettura del brano precedente?

A. Gli studenti di medicina aumentano le loro conoscenze durante gli studi
B. Gran parte delle nozioni acquisite durante gli studi va comunque perduta dopo la laurea
C. Una parte delle nozioni acquisite durante gli studi può andare perduta dopo la laurea
D. È possibile che alcuni medici aumentino le loro conoscenze dopo la laurea
E. A contatto con la realtà professionale si verificano modifiche qualitative della conoscenza

30) Concetto cardine per l'approccio McKenzie è che la maggior parte dei dolori lombari abbiano un'origine di natura meccanica. Il dolore insorge per una deformazione meccanica dei tessuti molli tale da attivare il sistema nocicettivo. L'esame di McKenzie utilizza metodi meccanici, movimenti ripetuti e posizioni mantenute per determinare le caratteristiche di tale deformazione del tessuto molle. Ciò consente di inquadrare il paziente in una o più delle sindromi meccaniche e di scegliere il metodo di trattamento appropriato. Avvicinando il problema da una prospettiva meccanica, McKenzie ha identificato due principali fattori di predisposizione derivanti dallo stile di vita: A. la postura seduta scorretta; B. la frequenza della flessione. Tali fattori meccanici sono causati da un complessivo stile di vita che porta a un cedimento, per eccesso di logoramento, dei tessuti molli che sostengono la spina dorsale. Tali fattori predisponenti sono affrontati nel piano di trattamento a breve e lungo termine per ciascun paziente, in quanto specificamente collegati al disturbo del paziente stesso.
In base al brano, individuare tra le seguenti l'affermazione vera.

A. La possibilità di effettuare un trattamento adeguato è legata alla diagnosi di una specifica sindrome
B. Il mal di schiena deriva dall'attività del meccanico
C. Per guarire il mal di schiena occorre correggere la postura scorretta
D. Le persone che non fanno mai flessioni non hanno mal di schiena
E. Il trattamento a breve termine della lombaggine è una questione meccanica

31) Pochi giorni fa, l'Istituto archeologico di Halle, in Germania, ha annunciato di aver risolto il mistero del manufatto di bronzo con Sole, Luna e stelle d'oro, datato 1.600 avanti Cristo, ritrovato vicino alla città tedesca di Nebra: il Disco di Nebra è un orologio astronomico usato per calcolare le discrepanze fra il calendario solare e quello lunare. La notizia contiene due rivelazioni. La prima è che, nell'Età del bronzo, i nordeuropei erano più evoluti di quanto ci si aspettasse. E la seconda è che, già 3.600 anni fa, gli esseri umani – da Babilonia alle rive del Reno – erano alle prese con il grande ingannatore: il tempo. La scienza deve ancora trovare la risposta a un mistero ancor più grande del Disco di Nebra: per quale meccanismo biologico il tempo passa lentamente in gioventù – dando la sensazione che la vita sia lunga – e si mette a correre con l'età adulta? In compenso, sappiamo che il corpo umano è pieno di "cronometri" cellulari, regolati chimicamente: sono la dopamina e altre molecole, a far sì che il fluire del tempo paia interminabile durante un convegno sui tassi d'interesse argentini e che invece voli via, in una notte d'amore. Ma il più spettacolare degli enigmi, rimane quello della freccia del tempo. Ai nostri occhi – giovani o vecchi che siano – il tempo dà sempre la sensazione di un flusso, che va diritto lungo la traiettoria passato-presente-futuro. Peccato che, in fisica, questo tempo unidirezionale non abbia significato. "Passato, presente e futuro sono solo illusioni", scrisse Einstein a un amico. Secondo la Relatività speciale, due eventi che possono apparire simultanei da una visuale, possono non esserlo da un'altra. "La conclusione più immediata – osserva il divulgatore Paul Davies – è che sia il passato che il futuro siano prefissati. Per questo motivo, i fisici concepiscono il tempo nella sua interezza: un "tempo-rama" analogo a un panorama, con tutti gli eventi passati e futuri osservati insieme". La percezione del tempo è soggettiva, e pure illusoria. Per di più, secondo la teoria della gravità quantistica, lo spazio e il tempo non sarebbero continui come ci appaiono, bensì avanzerebbero in pezzi "discreti". Un po' come la musica che ascoltiamo: è codificata in blocchi di bit, ma la udiamo come una cosa continua.

Secondo il testo del brano, la percezione del tempo come più lento durante la giovinezza e più veloce durante l'età adulta è dovuta:

A. a un fenomeno quantistico denominato futurama
B. all'invecchiamento del sistema cerebrale
C. ad alcune molecole che fungono da cronometri chimici
D. alla sensazione di unidirezionalità del tempo: passato – presente – futuro
E. al fatto che i giovani non vedono l'ora di diventare adulti

32) Tutti i bambini piangono quando hanno freddo. Marco ha freddo, pertanto:

A. Marco è un bambino
B. Marco ha freddo ma resiste
C. Marco si copre
D. Marco piange
E. non è possibile stabilire il comportamento di Marco

33) L'emoglobina è ricca di:

A. magnesio
B. rame
C. ferro
D. calcio
E. potassio

34) In condizioni normali, in quale percentuale l'azoto gassoso si trova nell'aria?

A. Circa il 78%
B. Circa il 98%
C. Circa il 3%
D. Circa il 35%
E. Circa il 21%

35) Indicare il fondatore dell'epistemologia genetica.

A. Freud
B. Piaget
C. Wundt
D. Bruner
E. Erikson

36) Indicare che cosa è, secondo la psicoanalisi, la sublimazione.

A. Un meccanismo di difesa
B. Un'emozione
C. Un istinto primordiale
D. Un sentimento
E. Una manifestazione aggressiva

37) Quanto dura in carica il Parlamento europeo?

A. Dieci anni
B. Quattro anni
C. Due anni
D. Sette anni
E. Cinque anni

38) Nel paese di Belpoggio tutti i ragazzi praticano qualche sport. Se:
chi gioca a calcio fa anche nuoto
chi gioca a tennis non fa nuoto
chi gioca a pallavolo gioca anche a calcio
si può concludere che:

A. chi fa nuoto gioca anche a calcio
B. chi gioca a tennis gioca anche a calcio
C. chi fa nuoto e gioca a pallavolo, gioca anche a tennis
D. chi non gioca a calcio non fa nuoto
E. chi gioca a pallavolo fa anche nuoto

39) "L'autobus partirà se e solo se i posti saranno tutti occupati". In base alla precedente affermazione, quale delle seguenti non è necessariamente vera?

A. L'autobus non partirà se i posti non saranno tutti occupati
B. Anche se i posti saranno tutti occupati, l'autobus potrà non partire
C. Se i posti saranno tutti occupati, l'autobus potrà partire
D. Nessuna delle risposte è vera
E. È sufficiente che i posti siano tutti occupati perché l'autobus parta

40) Lorenzo discute con Matteo. Quest'ultimo sostiene che, se i marziani esistessero, nessuna persona potrebbe vederli. Lorenzo invece crede il contrario. In quale caso Lorenzo avrebbe certamente torto?

A. I marziani esistono, ma non possono essere visti da alcuna persona
B. I marziani non esistono
C. I marziani esistono e almeno una persona può vederli
D. I marziani esistono e qualcuno potrebbe non vederli
E. I marziani esistono e, se arrivano sulla Terra, tutti possono vederli

41) In una gara di corsa a ostacoli hanno partecipato: Antonio, Bruno, Carlo, Davide, Franco, Gianni e Ivan. Tutti sono arrivati al traguardo ma non in questo ordine. Si sa che: Bruno è arrivato prima di Antonio e dopo di Franco; Davide dopo Carlo ma prima di Ivan; Gianni prima di Franco ma dopo Ivan. Chi è arrivato per ultimo?

A. Antonio
B. Bruno
C. Davide
D. Carlo
E. Ivan

42) In una corsa, Giuseppe è più veloce di Alfio, il quale a sua volta è più lento di Federico. Di conseguenza:

A. Federico è più veloce di Giuseppe
B. Alfio impiega lo stesso tempo degli altri due

C. Giuseppe è più lento di Federico
D. Giuseppe è più veloce di Federico
E. Alfio impiega più tempo degli altri due

43) Sulla base delle informazioni riportate nel grafico e sapendo che gli intervistati con meno di 20 anni sono 60, quanti sono approssimativamente gli intervistati con un'età compresa fra i 40 e i 60 anni?

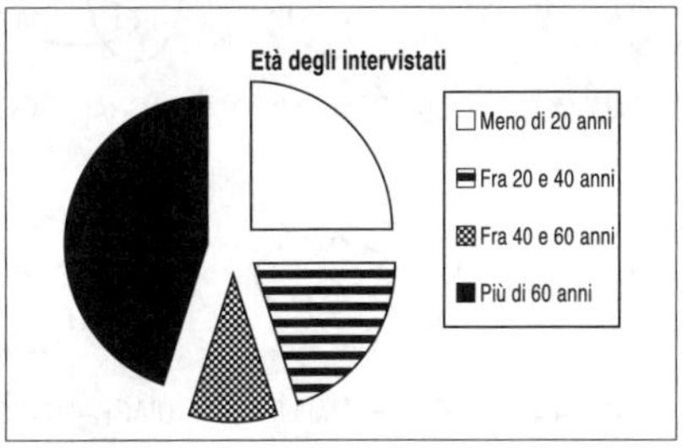

A. Circa 25
B. Circa 10
C. Circa 50
D. Circa 5
E. Circa 30

44) Sulla base delle informazioni riportate nel grafico in quale anno l'azienda Gamma ha venduto più del doppio dei pezzi venduti dall'azienda Alpha?

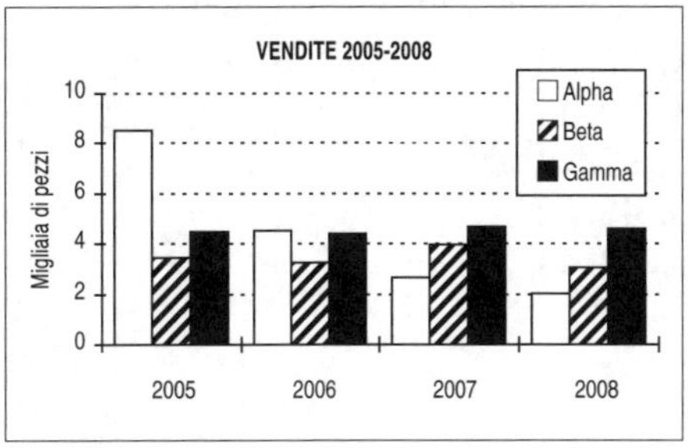

A. Nel 2006
B. Nel 2008
C. Nel 2007
D. Nel 2005
E. Nel 2007 e nel 2008

45) Sulla base delle informazioni riportate nel grafico qual è il fatturato complessivo previsto per il 2009 in Asia e America?

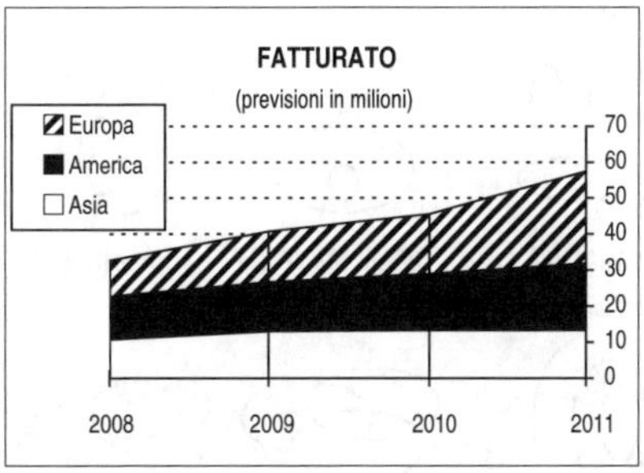

A. Circa 70 milioni
B. Circa 28 milioni
C. Circa 35 milioni
D. Circa 10 milioni
E. Circa 18 milioni

46) Individuare quale tra i seguenti diagrammi soddisfa la relazione insiemistica esistente fra i tre termini seguenti: Romanzieri, Scrittori, Biblioteche.

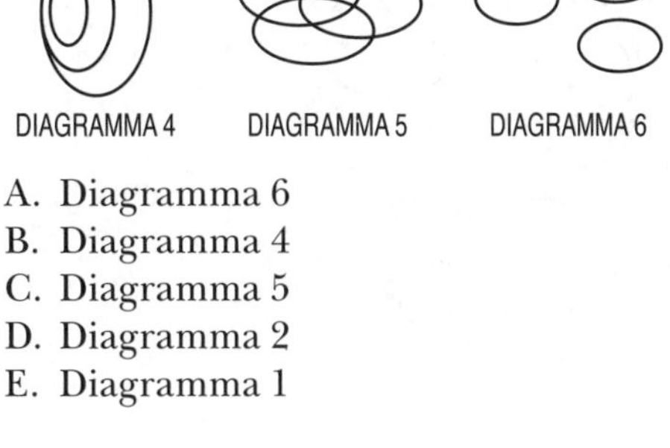

A. Diagramma 6
B. Diagramma 4
C. Diagramma 5
D. Diagramma 2
E. Diagramma 1

47) Individuare quale tra i seguenti diagrammi soddisfa la relazione insiemistica esistente tra i tre termini seguenti: Autostrade, Giornali, Mass media.

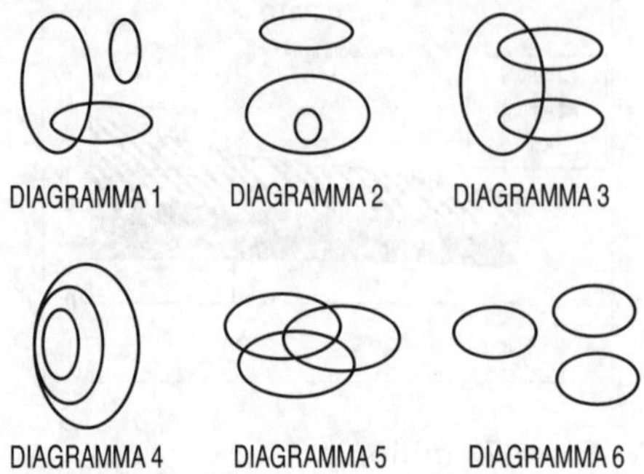

A. Diagramma 2
B. Diagramma 5
C. Diagramma 1
D. Diagramma 3
E. Diagramma 6

48) Individuare quale tra i seguenti diagrammi soddisfa la relazione insiemistica esistente fra i tre termini seguenti: Biondi, Abitanti di Siracusa, Città di mare.

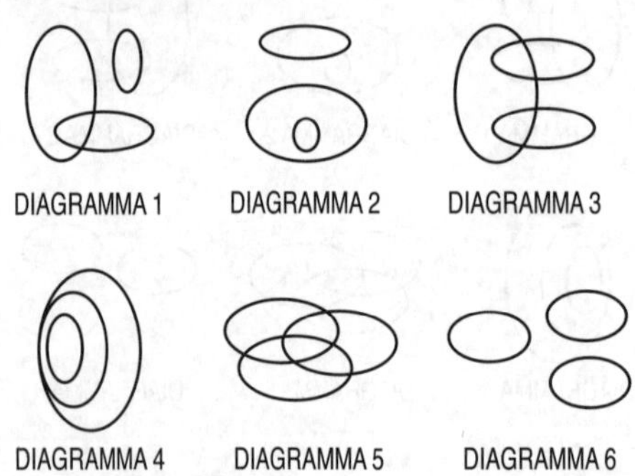

A. Diagramma 1
B. Diagramma 2
C. Diagramma 4
D. Diagramma 6
E. Diagramma 5

49) Individuare quale tra i seguenti diagrammi soddisfa la relazione insiemistica esistente fra i tre termini seguenti: Città siciliane, Città con più di centomila abitanti, Città lombarde.

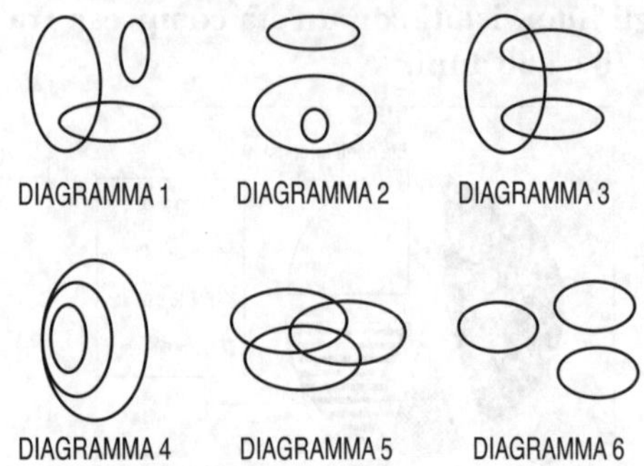

A. Diagramma 5
B. Diagramma 3
C. Diagramma 4
D. Diagramma 1
E. Diagramma 6

50) Data la sequenza di terne di numeri:
(10, 20, 24) (16, 32, 36) (26, ?, ?)
qual è la coppia di numeri mancante da sostituire ai punti interrogativi?

A. 52, 56
B. 40, 44
C. 52, 72
D. 48, 52
E. 52, 44

RISPOSTE CORRETTE

1) D	11) E	21) A	31) C	41) A
2) B	12) E	22) B	32) E	42) E
3) B	13) A	23) D	33) C	43) A
4) B	14) B	24) E	34) A	44) B
5) C	15) D	25) B	35) B	45) B
6) A	16) A	26) B	36) A	46) D
7) C	17) C	27) E	37) E	47) A
8) D	18) B	28) C	38) E	48) A
9) A	19) A	29) B	39) B	49) B
10) B	20) A	30) A	40) A	50) A

TEST 3

1) UNA sola delle soluzioni completa correttamente l'eguaglianza di significati proposta:
"grafomane : x = y : lirica"

A. x = scrittura; y = canto
B. x = scrittore; y = libro
C. x = scrittura; y = melomane
D. x = libro; y = operetta
E. x = melomane; y = scrittore

2) Completa i termini mancanti della seguente proporzione:
"strumento : orchestra = x : y"

A. x = tromba; y = assolo
B. x = uccello; y = stormo
C. x = marmo; y = statua
D. x = rima; y = poesia
E. x = violino; y = suonata

3) Quali, tra i termini proposti, completano correttamente la seguente proporzione? "agosto : x = y : martedì"

A. x = settembre; y = lunedì
B. x = 8; y = 2
C. x = mese; y = giorno della settimana
D. x = mercoledì; y = luglio
E. x = prima; y = dopo

4) Qual è il significato di *desueto*?

A. Stantio
B. Antico
C. Inconsueto
D. Disusato
E. In uso

5) Qual è il significato di *palustre*?

A. Di palude
B. Lucido
C. Famoso
D. Preistorico
E. Di lago

6) Qual è il significato di *simulacro*?

A. Effigie
B. Falsità
C. Simulazione
D. Altare
E. Dispiacere

7) Qual è il significato di *unanimità*?

A. Attivismo sfrenato
B. Concordanza totale
C. Situazione controversa
D. Concorrenza accanita
E. Concordanza maggioritaria

8) Un contrario di *estratto* è:

A. immesso
B. indigeno
C. straniero
D. estromesso
E. tolto

9) Un contrario di *fulgido* è:

A. rapido
B. raggiante
C. fuggiasco
D. opaco
E. splendente

10) Un contrario di *trangugiare* è:

A. ingoiare
B. giovare
C. sopportare

D. vomitare
E. servire

11) Un contrario di *scialbo* è:

A. stupito
B. chiaro
C. squallido
D. nero
E. vivace

12) Individuare l'alternativa che completa la frase nel modo più corretto nel contesto dato: "Trovai lavoro come ... in un'azienda informatica".

A. Sistematico
B. Sistemico
C. Sistemista
D. Sistemato
E. Sistolico

13) Individuare l'alternativa che completa correttamente la frase: "Se ti fossi curato subito ... prima".

A. Guariresti
B. Avresti guarito
C. Fossi guarito
D. Guaristi
E. Saresti guarito

14) Individuare l'alternativa che completa correttamente la frase: "Se ... più concordi, ... concluso di più".

A. Fossimo – avessimo
B. Eravamo – avessimo
C. Fossimo stati – avremmo
D. Saremmo – abbiamo
E. Saremmo stati – avevamo

15) Completare, con il complemento di scambio, la frase "Hanno comperato un dipinto ...".

A. E non un tappeto
B. Con disinvoltura
C. Per regalarlo
D. Per pochi denari
E. Senza pensarci

16) Quale delle seguenti frasi contiene un complemento diretto?

A. Fammi sapere qual è l'orario di partenza del treno
B. Sciare mi è sempre piaciuto moltissimo
C. Ho ingurgitato una quantità enorme di ciliegie
D. Devi deciderti, Rita, una volta per tutte
E. Il nuoto è il mio sport preferito

17) Quale proposizione subordinata è contenuta nella frase "Pur sospettando di lui non lo denunciò"?

A. Causale
B. Concessiva
C. Consecutiva
D. Condizionale
E. Attributiva

18) Quale frase contiene il tempo verbale corretto?

A. Fossi felice se restassi
B. Ero felice se restassi
C. Sono felice se restassi
D. Sarei felice se restassi
E. Spero che non è troppo tardi per telefonarle

19) Quale tra i seguenti termini NON è scritto correttamente?

A. Conveniente
B. Accucciato
C. Accellerato
D. Immobilizzato
E. Raddrizzato

20) Quale frase contiene un errore ortografico?

A. La sua dipartita fu molto triste

B. Dovete dimezzare le spese
C. È necessario dirimere la questione
D. Dobbiamo diumidificare questo ambiente
E. Questa stanza necessita di una grande pulizia

21) Quale tra i seguenti luoghi fa parte della "topografia" del Purgatorio nella *Divina Commedia*?

A. Monte scosceso
B. Burrone scosceso
C. Città infuocata
D. Lago ghiacciato
E. Terra del fuoco

22) Quando scoppia la polemica classico-romantica?

A. 1878
B. 1816
C. 1861
D. 1833
E. 1848

23) Quando nasce l'estetica?

A. All'inizio del Novecento
B. Alla fine del Settecento
C. All'inizio dell'Ottocento
D. All'inizio del Settecento
E. Alla fine del Cinquecento

24) Chi fu il fondatore della rivista "La voce"?

A. Benedetto Croce
B. Giovanni Papini
C. Luigi Einaudi
D. Gaetano Salvemini
E. Giuseppe Prezzolini

25) Quale poeta è autore dell'*Inno a Satana*?

A. Giosuè Carducci
B. Gabriele D'Annunzio
C. Giovanni Pascoli
D. Salvatore Quasimodo
E. Giacomo Leopardi

26) In che anno Maometto conquistò la Mecca?

A. Nel 674
B. Nel 635
C. Nel 630
D. Nel 655
E. Nel 661

27) Qual è il nome del condottiero mongolo che, nel 1215, occupò Pechino facendo vacillare l'impero dei Chin?

A. Ogodei
B. Kubilay Khan
C. Ashikaga
D. Gengis Khan
E. Chu Yuan-chang

28) Con i Trattati di Parigi e di Hubertsburg, nel 1763, ha termine:

A. la guerra dei Tre Enrichi
B. la guerra dei Cento Anni
C. la guerra delle Due Rose
D. la guerra dei Sette Anni
E. la guerra di Successione polacca

29) Quale famoso letterato italiano partecipò all'occupazione militare di Fiume?

A. D'Annunzio
B. Carducci
C. Pirandello
D. Pascoli
E. Quasimodo

30) Con la dizione "tempo di dimezzamento plasmatico", si indica quello spazio di tempo in cui la quantità di un farmaco che si trova nel plasma si riduce della metà; questa diminuzione può avvenire attraverso l'escrezione o attraverso il decadimento biologico. Al tempo zero viene iniettato in un paziente un farmaco che ha un tempo di di-

mezzamento plasmatico di 8 ore. Dopo 24 ore si trovano nel plasma del paziente ancora 10 milligrammi del farmaco. Quanti milligrammi del farmaco sono stati iniettati nel paziente?

A. 400 milligrammi
B. 200 milligrammi
C. 160 milligrammi
D. 40 milligrammi
E. 80 milligrammi

31) Se A + B = C e C – D = A, allora:

A. 2B = A
B. C = B
C. 3D = C
D. B = D
E. C > D

32) Quale tra gli animali qui elencati non è un pesce?

A. Capodoglio
B. Cavalluccio marino
C. Storione
D. Salmone
E. Sgombro

33) Qual è l'oggetto di studio dell'entomologia?

A. I pesci
B. I rettili
C. Gli insetti
D. Gli uccelli
E. I mammiferi

34) Qual è il numero di ossidazione del cloro nella molecola HClO?

A. 1
B. –1
C. –2
D. 2
E. 4

35) Indicare quale dei seguenti elementi non è un alogeno:

A. I
B. F
C. Br
D. B
E. St

36) "Il clima della Valle d'Aosta presenta una notevole varietà, legata alla complessità morfologica del territorio; in genere il clima stesso può essere definito come semicontinentale di montagna, di tipo temperato freddo, con precipitazioni assai scarse, specie in autunno e in inverno: la piovosità è assai ridotta soprattutto nella parte centrale della valle (Aosta 580 mm di pioggia media annua, Saint Marcel 475 mm, circa la metà di Napoli). Ciò obbliga a ricorrere all'irrigazione artificiale delle colture".
Quale delle seguenti affermazioni PUÒ essere dedotta dalla lettura del brano?

A. L'irrigazione artificiale delle colture in Valle d'Aosta deve essere effettuata in autunno e in inverno
B. La piovosità media annua a Napoli è inferiore a 475 mm
C. La piovosità media annua a Napoli è di poco superiore a 1 m
D. A Napoli non è necessario ricorrere all'irrigazione artificiale delle colture
E. A Napoli piove sempre più che ad Aosta

37) *Ineffabile* vuol dire:

A. inesprimibile
B. amichevole
C. ostile
D. arguto
E. inutile

38) Il termine *illeso* è un sinonimo di:

A. incolume
B. casto
C. illegittimo

D. coscritto
E. ferito

39) Individuare il termine contrario della parola *adamantino*:

A. opaco
B. certo
C. falso
D. lunatico
E. miracoloso

40) *Educazione al bivio* è opera di:

A. G. Vico
B. R. Descartes
C. P. Teilhard de Chardin
D. H. Bergson
E. J. Maritain

41) Cosa indaga l'A.A.I. della Main?

A. L'attaccamento del bambino
B. I modelli operativi interni nell'adulto
C. I meccanismi di difesa
D. Le psicopatologie infantili
E. La costanza dell'oggetto

42) In un giardino botanico vi sono complessivamente 84 piante tra cactacee, euforbiacee e lauracee, 14 in ogni settore, 6 di ogni settore sono lauracee. Quante sono complessivamente le cactacee e le euforbiacee?

A. 48
B. 8
C. 11
D. 599
E. 16

43) Un frigorifero è in vendita per 250 euro. Dopo un primo sconto del 20%, il nuovo prezzo viene scontato del 15%. Quanto risparmia complessivamente l'acquirente?

A. 35 euro
B. 50 euro
C. 80 euro
D. 70 euro
E. 100 euro

44) La probabilità che lanciando 3 monete si ottengano tre risultati identici (tutte teste ovvero tutte croci) è:

A. 3/8
B. 2/8
C. 0
D. 1
E. nessuna delle alternative è corretta

45) In un trapezio isoscele la base maggiore è lunga 7,2 m, la base minore è i 5/6 della maggiore e l'altezza è 5 m. Calcolare l'area del trapezio.

A. 28 m^2
B. 42 m^2
C. 49 m^2
D. 33 m^2
E. 39 m^2

46) In un trapezio rettangolo la differenza delle misure delle basi è 39 dm, il lato obliquo e l'altezza misurano rispettivamente 41 dm e 12,64 dm. Sapendo che il perimetro è 148,64 dm, calcolare le misure delle due basi.

A. 37 dm; 55 dm
B. 28 dm; 67 dm
C. 49 dm; 77 dm
D. 19 dm; 85 dm
E. 13 dm; 75 dm

47) Calcolare la radice quadrata della seguente divisione: (64/125 : 4/5).

A. 3/2
B. 5/4
C. 2/3
D. 4/5
E. 6/7

48) Due corpi aventi lo stesso volume e la stessa densità hanno:

A. la stessa carica elettrica
B. la stessa superficie
C. la stessa massa
D. lo stesso numero di elettroni
E. lo stesso numero di neutroni

49) Sulla base delle informazioni contenute nel grafico quanti pezzi sono stati venduti dal settore Nord nel terzo trimestre?

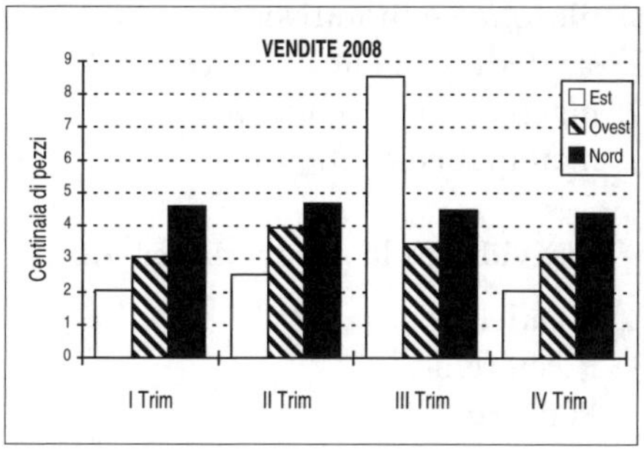

A. Circa 210 pezzi
B. Circa 150 pezzi
C. Circa 450 pezzi
D. Circa 90 pezzi
E. Circa 380 pezzi

50) Sulla base delle informazioni contenute nel grafico e sapendo che i nati nel 1975 sono 36, quanti sono approssimativamente i nati nel 1972?

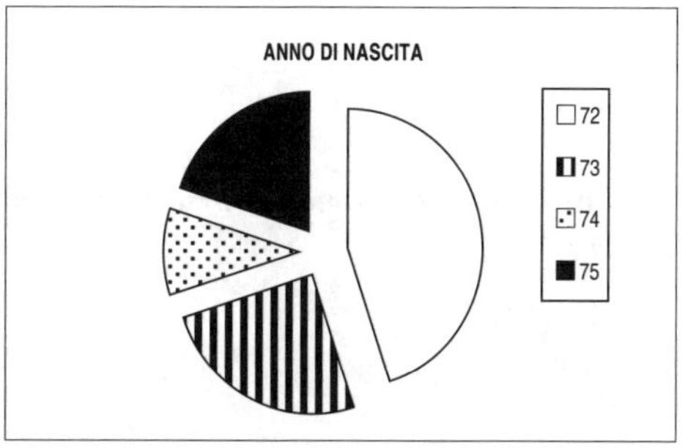

A. Circa 10
B. Circa 20
C. Circa 80
D. Circa 40
E. Circa 30

RISPOSTE CORRETTE

1) C	11) E	21) A	31) D	41) B
2) B	12) C	22) B	32) A	42) A
3) A	13) E	23) D	33) C	43) C
4) D	14) C	24) E	34) A	44) B
5) A	15) D	25) A	35) D	45) D
6) A	16) C	26) C	36) A	46) B
7) B	17) B	27) D	37) A	47) D
8) A	18) D	28) D	38) A	48) C
9) D	19) C	29) A	39) A	49) C
10) D	20) D	30) E	40) E	50) C

TEST 4

1) Chi ha scritto *Genesi e struttura della società*?

A. Mazzini
B. Gioberti
C. Croce
D. Gentile
E. Gramsci

2) Quale filosofo ha affermato che l'intelletto attivo non è separato dall'anima umana?

A. Sant'Agostino
B. Alessandro di Afrodisia
C. Avicenna
D. Averroè
E. Tommaso d'Aquino

3) Emile Durkheim distingue diversi tipi di solidarietà: qual è quello caratteristico della società moderna?

A. La solidarietà organica
B. La solidarietà meccanica
C. La solidarietà organica o quella meccanica, secondo i contesti
D. La solidarietà asociale
E. Nessun tipo di solidarietà: la società moderna è individualista

4) Per Gentile la pedagogia è:

A. etica
B. scienza della formazione psicologica
C. scienza della formazione dello spirito (ossia filosofia)
D. psicologia
E. scienza della morale

5) Secondo Ardigò, l'insegnamento prevede un metodo:

A. basato sull'intuizione sia diretta che indiretta
B. filosofico e induttivo
C. sia deduttivo che induttivo
D. matematico e deduttivo
E. matematico e letterario

6) Individuare la parola da scartare.

A. Strudel
B. Ricciarelli
C. Panforte
D. Cassata
E. Calzone

7) Individuare la parola da scartare.

A. Thomas Moore
B. Francis Drake
C. Henry Morgan
D. William Fly
E. Barbanera

8) Individuare la parola da scartare.

A. Vascello
B. Bastimento
C. Brigantino
D. Galeone
E. Caravella

9) Individuare l'intruso.

A. Elvis Presley
B. Michael Jackson
C. Barbra Streisand
D. John Lennon
E. George Harrison

10) Individuare l'intruso.

A. My Fair Lady
B. West Side Story
C. Cabaret
D. Riso Amaro
E. Mary Poppins

11) Completare correttamente la frase seguente: "Marco è stato assunto come ... da una grande ditta".

A. Magazzinatore
B. Magazziniere
C. Magnetizzatore
D. Magazzinaggio
E. Magazzino

12) Completare correttamente la frase seguente: "... lo si giudichi, è un incapace".

A. Comunque
B. Per quanto
C. Quindi
D. Anche
E. Così

13) Individuare l'alternativa che completa la frase nel modo più corretto nel contesto dato: "Mio padre, Atticus Finch, sparò a un cane ...".

A. Idrofugo
B. Idrorepellente
C. Idrofobo
D. Idrogeno
E. Idrofilo

14) Individuare, tra le alternative proposte, quella che completa correttamente la frase seguente: "La scienza che studia la costituzione, la struttura e l'evoluzione della crosta terrestre è la: ...".

A. Vulcanologia
B. Geotermia
C. Geodesia
D. Geologia
E. Geometria

15) Completare correttamente la frase seguente: "... si sforzasse non riusciva a ricordare il suo nome".

A. Anche se
B. Mentre
C. Finché
D. Per quanto
E. Poiché

16) Quali cittadini possono esprimere il proprio voto nel referendum popolare?

A. Tutti gli elettori, tranne coloro che hanno proposto il referendum
B. Tutti i cittadini chiamati ad eleggere la Camera dei deputati
C. Tutti i cittadini che abbiano compiuto 35 anni
D. Tutti i cittadini chiamati ad eleggere il Senato della Repubblica
E. Tutti i residenti maggiorenni

17) Come è definito dalla Costituzione l'esercizio del voto?

A. Un dovere civico
B. Un diritto civile
C. Un diritto politico
D. Un obbligo civile
E. Un obbligo politico

18) La Costituzione della Repubblica italiana è:

A. un documento programmatico prodotto dai partiti nel 1946
B. un regolamento
C. una legge ordinaria
D. la legge fondamentale dello Stato
E. una legge costituzionale

19) Quali tra i termini proposti completano correttamente la seguente proporzione?
"manubrio : bicicletta = *x* : *y*"

A. *x* = volante; *y* = cambio
B. *x* = timone; *y* = barca

C. *x* = ciclista; *y* = ruota
D. *x* = freno; *y* = marcia
E. *x* = sterno; *y* = deltoide

20) Quali tra i termini proposti completano correttamente la seguente proporzione?
"pagina : libro = *x* : *y*"

A. *x* = accento; *y* = apostrofo
B. *x* = numero; *y* = volume
C. *x* = indice; *y* = medio
D. *x* = capitolo; *y* = romanzo
E. *x* = romanzo; *y* = rivista

21) Quali tra i termini proposti completano correttamente la seguente proporzione?
"calzolaio : *x* = cappellaio : *y*"

A. *x* = suola; *y* = pioggia
B. *x* = scarpa; *y* = cappello
C. *x* = colla; *y* = feltro
D. *x* = artigianato; *y* = moda
E. *x* = capo; *y* = piede

22) Quali tra i termini proposti completano correttamente la seguente proporzione?
"corolla : petalo = *x* : *y*"

A. *x* = sonetto; *y* = canzone
B. *x* = fiore; *y* = pianta
C. *x* = sonetto; *y* = verso
D. *x* = poesia; *y* = testo
E. *x* = gambo; *y* = stelo

23) Quali tra i termini proposti completano correttamente la seguente proporzione?
"bottone : camicia = *x* : *y*"

A. *x*= stringa; *y* = scarpa
B. *x* = castello; *y* = grattacielo
C. *x* = pesce; *y* = pescivendolo
D. *x* = iguana; *y* = rettile
E. *x* = fiaba; *y* = stivale

24) Quali tra i termini proposti completano correttamente la seguente proporzione?
"*x* : acqua = *x*enofobo : *y*"

A. *x* = idrofilo; *y* = estero
B. *x* = acquatico; *y* = estivo
C. *x* = idrofobo; *y* = straniero
D. *x* = nuoto; *y* = corsa
E. *x* = idrovolante; *y* = straniero

25) Individuare quale tra i seguenti diagrammi soddisfa la relazione insiemistica esistente fra i tre termini seguenti: Medici, Farmaci, Farmacie.

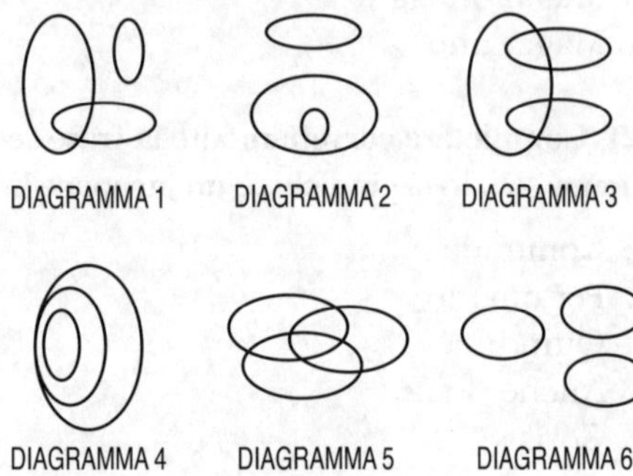

A. Diagramma 5
B. Diagramma 4
C. Diagramma 6
D. Diagramma 3
E. Diagramma 1

26) Individuare quale tra i seguenti diagrammi soddisfa la relazione insiemistica esistente fra i tre termini seguenti: Uomini, Deputati, Senatori.

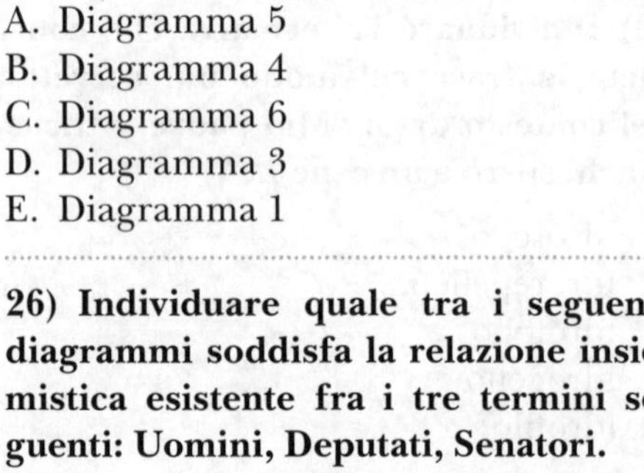

A. Diagramma 1
B. Diagramma 5
C. Diagramma 3
D. Diagramma 6
E. Diagramma 2

27) Nella frase "Questi problemi ambientali ... ci coinvolgono direttamente" va inserito al posto dei puntini il pronome:

A. cui
B. di che
C. che
D. da cui
E. per cui

28) Nella frase "Il giovane ... ti parlai" va inserito al posto dei puntini:

A. di cui
B. con che
C. con cui
D. che
E. cui

29) Individuare l'alternativa che completa correttamente la frase: "Se Giovanni ... in tempo, si ... andare al mare".

A. Arriva - poteva
B. Arriverà - poteva
C. Arriva - potesse
D. Arriverebbe - potrà
E. Arrivasse - potrebbe

30) Individuare la parola da scartare.

A. Oca
B. Gallina
C. Tacchino
D. Lepre
E. Gallo

31) Individuare la parola da scartare.

A. Ampere
B. Volt
C. Watt
D. Ohm
E. Anodo

32) Individuare la parola da scartare.

A. Stiria
B. Croazia
C. Carinzia
D. Tirolo
E. Vorarlberg

33) Individuare l'alternativa che completa correttamente la frase: "Lo ... lasciato erede di tutti i suoi beni, se ... sposato".

A. Avrebbe - si fosse
B. Avrebbe - sarebbe
C. Avrà - sarebbe
D. Avesse - si fosse
E. Aveva - era

34) Con quale grande evento si fa comunemente iniziare la storia contemporanea?

A. Rivoluzione francese
B. Rivoluzione americana
C. Scoperta dell'America
D. Rinascimento
E. Rivoluzione industriale

35) Dopo la "marcia" su Roma, Mussolini, ricevuto l'incarico dal re di formare il nuovo governo, impose subito la sua dittatura?

A. Sì, sciolse subito il Parlamento e mise fuori legge i partiti diversi da quello fascista
B. Sì, impose subito la sua dittatura, sciogliendo i partiti diversi da quello fascista, ma accettò dei nazionalisti e dei liberali conservatori nel suo governo
C. No, diede vita ad un governo di coalizione formato da esponenti di tutte le forze politiche parlamentari

D. No, formò un governo di coalizione di ministri fascisti e nazionalisti in pari numero
E. No, formò un governo autoritario con alcuni ministri nazionalisti di altre forze politiche che si aggiunsero ai ministri fascisti

36) Nel Natale del 1066 Guglielmo il Conquistatore fu incoronato re d'Inghilterra, dopo aver sconfitto ad Hastings Aroldo II di Wessex. Da quale terra partì alla conquista dell'Inghilterra?

A. Dalla Francia
B. Dalla Germania
C. Dall'Italia
D. Dalla Normandia
E. Dall'Africa

37) Quale dei seguenti imperatori romani diede inizio alla dinastia dei Severi?

A. Caligola
B. Caracalla
C. Settimio
D. Nerone
E. Tiberio

38) Nel Sistema Internazionale, l'unità di misura dell'intensità luminosa è:

A. la candela
B. l'ampere
C. il parsec
D. il kernel
E. il pascal

39) Un padre divide una certa somma di denaro tra i suoi 4 figli. Il primo riceve 45 euro più del secondo, il secondo 20 euro più del terzo, il terzo 130 euro, il quarto 50 euro più del secondo. Calcolare l'importo complessivo della somma.

A. 825 euro
B. 740 euro
C. 675 euro
D. 580 euro
E. 534 euro

40) 45 sta a 12 come 225 sta a:

A. 68
B. 67
C. 65
D. 60
E. 55

41) Individuare la coppia anomala.

A. Firenze – Galleria degli Uffizi
B. Washington – Metropolitan Museum of Art
C. Parigi – Louvre
D. Londra – British Museum
E. Madrid – Museo Nacional Del Prado

42) Secondo quale filosofo il principio originario della realtà era l'acqua?

A. Eraclito
B. Pitagora
C. Anassimandro
D. Anassimene
E. Talete

43) Tra gli ideali etici dell'Epicureismo figura l'atarassia, termine con cui si designa:

A. la ricerca incessante dell'uguaglianza tra gli uomini
B. la capacità di lasciarsi turbare dai fatti emotivi
C. l'amore verso il prossimo
D. la perfetta pace dell'anima che nasce dalla liberazione delle passioni
E. la ricerca di un linguaggio artistico

44) Quale pensatore può essere considerato il fondatore della pedagogia moderna?

Pestalozzi

Rousseau
Platone
Abelardo
Comenio

45) Quale, fra le seguenti opere, non è di Ugo Foscolo?

A. Dell'origine e dell'uffizio della letteratura
B. All'amica risanata
C. I grandi Idilli
D. A Zacinto
E. Ultime lettere di Jacopo Ortis

46) In quale periodo fiorì il movimento letterario del Futurismo?

A. Nel primo ventennio del XX secolo
B. Nell'ultimo trentennio del XX secolo
C. Nella seconda metà del XVIII secolo
D. Nel prima metà del XIX secolo
E. Nell'ultimo trentennio del XIX secolo

47) Quale di queste sostanze è un prodotto della fase luminosa:

A. glucosio
B. CO_2
C. H_2O
D. NADPH
E. O_2

48) Quale dei seguenti organismi NON è autotrofo?

A. Il pesce
B. L'abete
C. Il cianobatterio
D. Il fitoplancton
E. Il micelio

49) Come si chiamano gli animali costituiti da una sola cellula?

A. Metazoi
B. Sporozoi
C. Protozoi
D. Cenozoi
E. Monozigoti

50) Quale dei seguenti composti non è un amminoacido?

A. Glicina
B. Citidina
C. Asparagina
D. Lisina
E. Cisteina

RISPOSTE CORRETTE

1) D	11) B	21) B	31) E	41) B
2) E	12) A	22) C	32) B	42) E
3) A	13) C	23) A	33) A	43) D
4) C	14) D	24) C	34) A	44) E
5) A	15) D	25) C	35) E	45) C
6) E	16) B	26) C	36) D	46) A
7) A	17) A	27) C	37) C	47) D
8) B	18) D	28) A	38) A	48) A
9) C	19) B	29) E	39) C	49) C
10) D	20) D	30) D	40) D	50) B

TEST 5

1) Individuare la parola da scartare.

A. Waterloo
B. Termopili
C. Filippi
D. Guernica
E. Trafalgar

2) Individuare la parola da scartare.

A. Uccellacci e uccellini
B. Operazione San Gennaro
C. Ladri di biciclette
D. Il monaco di Monza
E. I due colonnelli

3) Individuare la parola da scartare.

A. Pollice
B. Piede
C. Yard
D. Decametro
E. Miglio

4) Qual è il significato di *imperscrutabile*?

A. Tenebroso
B. Abissale
C. Insondabile
D. Perfezionista
E. Introvabile

5) Individuare tra i termini seguenti un sinonimo di *rovello*.

A. Trottola
B. Rotondo
C. Valore
D. Gioia
E. Assillo

6) Il contrario di *eluso* è:

A. Uscito
B. Affrontato
C. Evitato
D. Barattato
E. Evaso

7) Un contrario di *becero* è:

A. Antico
B. Ignorante
C. Sorpassato
D. Moderno
E. Raffinato

8) Indica la coppia di termini che completa correttamente la seguente proporzione:
"alti : belli = *x* : *y*"

A. x = brutti; y = intelligenti
B. x = simpatici; y = attraenti
C. x = bassi; y = brutti
D. x = brutti; y = simpatici
E. x = attraenti; y = intelligenti

9) Completa i termini mancanti della seguente proporzione:
"laconico : loquace = *x* : *y*"

A. x = sensuale; y = incontinente
B. x = miope; y = robusto
C. x = miope; y = ipermetrope
D. x = ribelle; y = robusto
E. x = serpentino; y = impostore

10) Completa i termini mancanti della seguente proporzione:
"*x* : mente = medico : *y*"

A. x = infermiere; y = insegnante

B. x = psicologo; y = corpo
C. x = psichiatra; y = medicine
D. x = idee; y = infermiere
E. x = brutti; y = psicologo

11) Completa i termini mancanti della seguente proporzione:
"Stendhal : La certosa di Parma = x : y"

A. x = Molière; y = Il processo
B. x = Hemingway; y = La metamorfosi
C. x = Mann; y = La fattoria degli animali
D. x = Marquez; y = Cent'anni di solitudine
E. x = Kafka; y = Il vecchio e il mare

12) Individuare l'alternativa che completa correttamente la seguente proporzione tra parole:
"accidia : ozio = x : y"

A. x = flemma; y = calma
B. x = faretra; y = frecce
C. x = panoplia; y = arco
D. x = ombrello; y = pioggia
E. x = gradasso; y = modesto

13) Completare la frase: "Temevo che non ...".

A. Avrebbe capito
B. Capiva
C. Abbia capito
D. Capirebbe
E. Capirà

14) Completare correttamente la frase seguente: "In quella circostanza non ... fare altrimenti".

A. Possetti
B. Potei
C. Possi
D. Potessi
E. Ebbi potuto

15) Completare con il termine più appropriato la frase: "Non ho più ... tue notizie".

A. Preso
B. Percepito
C. Sentito
D. Ricevuto
E. Recepito

16) Completare la frase: "Chiesi a Nadia se ... con noi".

A. Verrà
B. Sarebbe venuta
C. Sarà venuta
D. Fosse venuta
E. Verrebbe

17) Una recente stima compiuta negli U.S.A. ha valutato che il 10% della popolazione è destinata a soffrire di depressione con sintomatologia clinica nel corso della propria vita. Questa stima, che pure molti esperti considerano prudente, è più alta di quella che potrebbe essere fatta per altri paesi occidentali e per il Giappone – che pure hanno uno stile di vita analogo a quello degli U.S.A. – semplicemente perché i medici di questi paesi tendono a formulare meno facilmente la diagnosi di depressione, preferendo dire al paziente che è affetto da gastrite, insonnia, stanchezza psicofisica e così via, in realtà tutti sintomi che discendono dalla malattia psichiatrica principale. La percentuale di individui destinati a soffrire di depressione viene valutata maggiore negli U.S.A. che in altri paesi occidentali ed in Giappone perché:

A. negli U.S.A. è maggiore il numero dei pazienti affetti da gastrite, insonnia o stanchezza psicofisica
B. lo stile di vita degli U.S.A. è analogo a quello degli altri paesi occidentali e del Giappone

C. la depressione è in realtà una conseguenza di altre affezioni, quali insonnia, stanchezza psicofisica, gastrite, etc.
D. gastrite, insonnia o stanchezza psicofisica sono, in realtà, tutti sintomi della depressione
E. i medici degli U.S.A. tendono a formulare più facilmente la diagnosi di depressione

18) "Durante la guerra qualcuno tentò di convincere un grande scienziato olandese che il potere veniva prima del diritto nella storia dell'uomo. – Non so confutare l'esattezza della vostra affermazione – egli rispose – ma so che non mi importerebbe di vivere in un tale mondo. Dobbiamo pensare, sentire e agire come quest'uomo, rifiutandoci di accettare dei compromessi fatali!" (A. Einstein).
Quale delle seguenti deduzioni È AUTORIZZATA dal testo proposto?

A. Einstein è in grado di dimostrare che la giustizia è il risultato di imposizioni a cui l'umanità si è adattata
B. Einstein è in grado di dimostrare che la giustizia non è il risultato di imposizioni a cui l'umanità si è adattata
C. Einstein ritiene che lo scienziato non si possa sottrarre al compromesso con il potere sotto cui si opera, qualunque esso sia
D. Einstein è in grado di dimostrare che esiste un diritto naturale, da cui procede la giustizia
E. Einstein ritiene che talvolta si debba rifiutare ogni compromesso con il potere, anche quando qualunque forma di resistenza sembri destinata allo scacco

19) "Andrea è laureato. I ricchi vivono in case di loro proprietà. Tutti i laureati sono persone responsabili". Se le precedenti informazioni sono corrette, quale delle seguenti informazioni addizionali non consentirebbe di concludere che Andrea vive in una casa di sua proprietà?

A. Andrea è una persona responsabile
B. Andrea è ricco
C. Tutti i laureati sono ricchi
D. Le persone responsabili vivono in case di loro proprietà
E. Tutte le persone responsabili sono ricche

20) Completare con una proposizione causale la frase: "Sentiamoci domani mattina, ...".

A. Nel caso qualcuno avesse cambiato idea
B. Una volta definito il calendario
C. Per decidere la data del contratto
D. A costo di perdere tempo
E. Dopo una buona dormita

21) "Eugenio sta bevendo un'aranciata". In base alla precedente informazione, quale delle seguenti affermazioni è sicuramente esatta?

A. Eugenio beve sempre aranciata
B. Eugenio talvolta beve aranciata
C. Eugenio è costretto a bere aranciata
D. Eugenio non beve mai aranciata
E. Ad Eugenio piace l'aranciata

22) "Tutti gli insegnanti sono competenti; Roberto è tenace; tutte le persone tenaci sono competenti". In base alle precedenti affermazioni, quale delle seguenti è necessariamente vera?

A. Roberto è competente
B. Non esistono insegnanti tenaci
C. Tutte le persone tenaci sono insegnanti
D. Roberto è un insegnante
E. Tutti gli insegnanti sono tenaci

23) Nell'Unione Europea, che cos'è la BEI?

A. L'Istituto Monetario Europeo
B. La Banca Europea per gli Investimenti
C. Il Bill European Investment
D. Il Comitato Economico e Sociale europeo
E. La Banca Europea per le Importazioni

24) Secondo il dettato costituzionale, come è determinato il numero dei ministeri?

A. Dal popolo con referendum
B. Dal Presidente della Repubblica con decreto
C. Dal Presidente del Consiglio dei ministri con decreto
D. Con legge
E. Dal Parlamento in seduta comune

25) Quale filosofo analitico ha sostenuto che l'essere è solo il valore di una variabile?

A. Russell
B. Ryle
C. Austin
D. Quine
E. Putnam

26) Con il termine "alienazione" Marx intende:

A. la principale conseguenza di quel processo che egli definisce "feticismo delle merci"
B. una delle contraddizioni del capitalismo
C. la condizione in cui vive l'operaio nella società capitalistica
D. l'insieme dei rapporti di produzione
E. nessuna delle risposte è esatta

27) *Miseria della filosofia* è un'opera di:

A. Durkheim
B. Marx
C. Weber
D. Comte
E. Spencer

28) Il mobbing è:

A. una tecnica terapeutica
B. una modalità di coping
C. una situazione di disagio lavorativo
D. un meccanismo di difesa
E. una reazione ad un sopruso

29) J. H. Pestalozzi, pioniere della scuola moderna, ha posto le basi di una pedagogia dell'educazione popolare fondata:

A. sul controllo dei fanciulli
B. sullo sviluppo del metodo deduttivo
C. sullo studio dei classici
D. sull'importanza dei libri
E. sulla spontaneità antilibresca e sullo sviluppo del metodo intuitivo

30) Qual è il capoluogo più alto d'Italia?

A. Potenza
B. Campobasso
C. Aosta
D. Enna
E. Benevento

31) Qual è la religione più diffusa in Albania?

A. Buddista
B. Ortodossa
C. Cattolica
D. Musulmana
E. Induista

32) Da quale fiume è formata la Cascata delle Marmore?

A. Calore
B. Tevere
C. Clitunno
D. Arno
E. Velino

33) In quale isola troviamo una Marina Grande e una Marina Piccola?

A. La Maddalena
B. Capri
C. Pantelleria
D. Alicudi
E. Nisida

34) Quale delle seguenti non è una città della Libia?

A. Tobruch
B. Bengasi
C. Tripoli
D. Tangeri
E. Murzuk

35) Sono detti *verbi servili* quei verbi che reggono l'infinito di un altro verbo, del quale:

A. completano il significato
B. indicano una modalità
C. indicano un aspetto verbale
D. indicano un aspetto temporale
E. indicano il tempo

36) Il termine *chi* grammaticalmente può essere un:

A. aggettivo dimostrativo
B. pronome personale
C. pronome relativo
D. aggettivo qualificativo
E. sostantivo difettivo

37) Quando appaiono i primi testi in volgare di una qualche importanza letteraria?

A. Nel XIV secolo
B. Nel XIII secolo
C. Nel XII secolo
D. Nell'XI secolo
E. Nel XVI secolo

38) Le basi puriniche principali sono:

A. adenina e guanina
B. guanina e uracile
C. citosina e adenina
D. uracile e citosina
E. timidina e uracile

39) Quanto misura il perimetro di un triangolo rettangolo i cui cateti misurano 8 m e 15 m?

A. 45 m
B. 28 m
C. 40 m
D. 38 m
E. 39 m

40) In un pendolo le piccole oscillazioni sono:

A. isostatiche
B. isobare
C. isocore
D. isotone
E. isocrone

41) Il prodotto Watt per Secondi dà:

A. un'energia
B. un'accelerazione
C. una forza
D. una velocità
E. una massa

42) Quale è il valore del termine incognito della seguente proporzione continua?
$49 : x = x : 144$

A. 65
B. 82
C. 84
D. 91
E. 45

43) Se un triangolo ha 2 lati che misurano 7 e 11 cm, quale di questi può essere il terzo lato?

A. 21 cm
B. 19 cm
C. 17 cm
D. 20 cm
E. 22 cm

44) Vittorio Alfieri fu un importante autore di:

A. tragedie
B. melodrammi
C. romanzi
D. commedie
E. poesie

45) Il presidente americano Kennedy fu assassinato a:

A. Dallas
B. New York
C. San Francisco
D. Filadelfia
E. Chicago

46) Il Protocollo di Kyoto è:

A. un accordo stipulato dai paesi dell'Unione Europea riguardante l'inquinamento ambiente
B. un trattato internazionale in materia di difesa dei diritti umani
C. un accordo di pace stipulato alla fine della seconda guerra mondiale tra Giappone e Stati Uniti
D. un trattato internazionale sui cambiamenti climatici
E. un accordo stipulato tra Stati Uniti e Corea del Nord sul disarmo nucleare

47) Il Viminale è sede del:

A. Governo
B. Presidente della Repubblica
C. Ministero dell'Interno
D. Ministero della Difesa
E. Senato

48) Individuare quale tra i seguenti diagrammi soddisfa la relazione insiemistica esistente fra i tre termini seguenti: Persone con i capelli castani, Architetti, Milanesi.

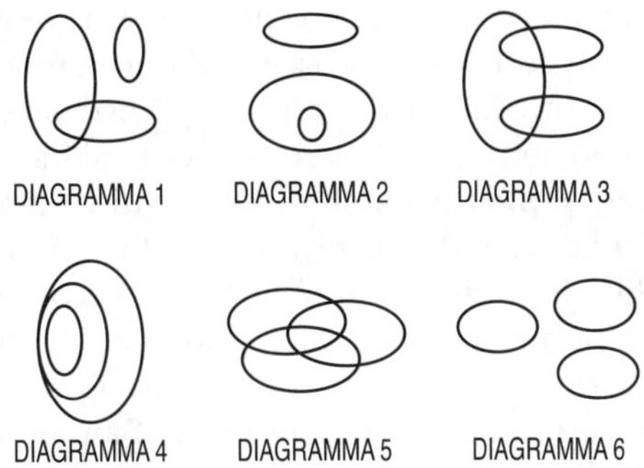

A. Diagramma 5
B. Diagramma 4
C. Diagramma 2
D. Diagramma 1
E. Diagramma 3

49) Individuare quale tra i seguenti diagrammi soddisfa la relazione insiemistica esistente fra i tre termini seguenti: Pasticcieri, Cuochi, Camerieri.

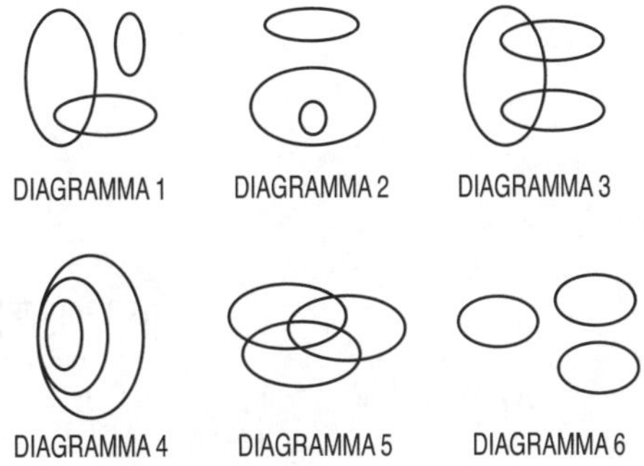

A. Diagramma 2
B. Diagramma 1
C. Diagramma 5
D. Diagramma 4
E. Diagramma 3

50) Durante il processo a un bambino di 10 anni che era stato accusato di crimini violenti frequenti, le leggi sulla privacy prevedevano che i giornali si potessero riferire al bambino solamente come "bambino B". Un giornale, però, lo definiva continuamente il "Bambino diabolico". Nonostante numerose fonti mediatiche riferissero di un'educazione difficile e violenta ricevuta dal bambino, invocando quindi comprensione e indulgenza, molte lettere inviate ai giornali e molti commenti scritti sui forum di internet dimostravano una forte rabbia da parte del pubblico che chiedeva la punizione più severa possibile. Quasi tutte queste richieste di adottare misure severe usavano il termine il "Bambino diabolico". Ciò dimostra che era stato solo il nome a influenzare l'opinione pubblica e a impedire al pubblico di provare empatia nei confronti del bambino.

Quale delle seguenti affermazioni, se vera, rafforzerebbe il ragionamento espresso sopra?

1. Il giornale che ha utilizzato l'espressione "Bambino diabolico" ha descritto il caso e l'educazione del bambino in modo accurato.

2. Anche gli editori del giornale che hanno utilizzato l'espressione "Bambino diabolico" hanno richiesto la punizione più severa possibile.

3. Il giornale che ha utilizzato l'espressione "Bambino diabolico" si è anche continuamente riferito alle vittime come "innocenti" e "indifese".

A. Solo la 1
B. 1 e 3
C. Solo la 3
D. Solo la 2
E. 1 e 2

RISPOSTE CORRETTE

1) D	11) D	21) B	31) D	41) A
2) C	12) A	22) A	32) E	42) C
3) D	13) A	23) B	33) B	43) C
4) C	14) B	24) D	34) D	44) A
5) E	15) D	25) D	35) B	45) A
6) B	16) B	26) C	36) C	46) D
7) E	17) E	27) B	37) B	47) C
8) C	18) E	28) C	38) A	48) A
9) C	19) A	29) E	39) C	49) A
10) B	20) A	30) D	40) E	50) A

TEST 6

1) Individuare fra i seguenti il sinonimo di *istigare*.

A. Insegnare
B. Stimolare
C. Maltrattare
D. Offendere
E. Impartire

2) Individuare, tra le seguenti alternative, un sinonimo del termine *capillare*.

A. Grossolano
B. Chioma
C. Sangue
D. Minuzioso
E. Operazione

3) Quale complemento è "da cento ruspe" nella frase "Gli argini erano stati costruiti da cento ruspe di cento volontari"?

A. Complemento di causa efficiente
B. Complemento di mezzo
C. Complemento di agente
D. Complemento di compagnia e unione
E. Complemento di qualità

4) Quale delle seguenti frasi contiene una proposizione oggettiva?

A. Uscì di soppiatto dal garage
B. Ricordati di prendere le chiavi
C. La pallottola lo ferì di striscio
D. La donna di cui ti parlo è mia madre
E. Guardò di nascosto la scena

5) Quale frase contiene l'ausiliare errato?

A. Con il suo comportamento è leso la sua dignità
B. Mi sono dovuto arrangiare da solo
C. Ha preferito arrangiarsi come poteva
D. Se fossi riuscito a dissuaderlo avremmo risolto il problema
E. Hanno adempiuto alla loro promessa

6) La prima persona plurale del passato remoto del verbo "mettere" è:

A. misimo
B. mettessimo
C. mettemmo
D. misi
E. messo

7) Quale frase contiene un errore ortografico?

A. Deploro senza esitare certe risposte
B. Quando lo trovò era denutrito
C. La disidratazione è letale per l'uomo
D. Lavora per una ditta a cotimo
E. I bambini giocano in spiaggia

8) Quali dannati sono "immersi nella pece" nell'Inferno dantesco?

A. I bestemmiatori
B. Gli ignavi
C. Gli adulatori
D. I ruffiani
E. I barattieri

9) Individuare la parola da scartare.

A. Afrodite
B. Demetra
C. Nike
D. Rea Silvia
E. Tiche

10) Completare correttamente la frase seguente: "Questo progetto nasce dalla ... fra aziende internazionali".

A. Coperazione
B. Cooptazione
C. Coperativa
D. Cooperazione
E. Costruzione

11) Completare la frase: "Il sole le ... la pelle".

A. Arrossò
B. Arrossi
C. Arrostì
D. Rossò
E. Arrossette

12) Che cos'è il "*Conciliatore*"?

A. Un'opera di Manzoni
B. Un periodico illuminista
C. Un periodico classicista
D. Un periodico romantico
E. Un'opera di Alfieri

13) Con quale romanzo Leonardo Sciascia impose all'attenzione del pubblico il problema della mafia?

A. Il giorno della civetta
B. Gli zii di Sicilia
C. Il consiglio d'Egitto
D. Il Contesto
E. Morte dell'Inquisitore

14) Chi è l'autore de "Il romanzo sperimentale"?

A. E. Goncourt
B. E. Zola
C. G. Flaubert
D. A. Dreyfus
E. D. Defoe

15) La Resistenza ispira l'opera di un noto autore; quale?

A. Mario Luzi
B. Vasco Pratolini
C. Elio Vittorini
D. Beppe Fenoglio
E. Primo Levi

16) Chi era Spartaco?

A. Un senatore
B. Un gladiatore
C. Un generale romano
D. Un imperatore romano
E. Un nobile romano

17) In che anno Giovanni Senza Terra emana la Magna Charta Libertatum?

A. 1315
B. 1015
C. 1215
D. 1125
E. 1225

18) Qual era la capitale degli Incas conquistata da F. Pizarro nel 1533?

A. Cuzco
B. Asunciòn
C. Santiago
D. Sao Vicente
E. Buenos Aires

19) In quale anno e in quale occasione in Italia, per la prima volta, votarono anche le donne?

A. Nel 1950 in occasione delle elezioni amministrative
B. Nel 1914 in occasione delle elezioni politiche
C. Nel 1946 in occasione delle elezioni per la Costituente
D. Nel 1946 in occasione delle elezioni amministrative
E. Nel 1948 in occasione del referendum istituzionale

20) La corazzata Potëmkin, resa celebre dal film del regista Sergej M.

Ejzenstejn, la si può mettere in relazione con:

A. la rivoluzione russa del 1905
B. la "notte dei cristalli"
C. la guerra civile spagnola
D. la rivolta dei boxer
E. la "notte dei lunghi coltelli"

21) "Tutti i mari italiani sono molto profondi". In base alla precedente informazione, quale delle seguenti affermazioni è certamente vera?

A. Almeno un mare italiano è poco profondo
B. È impossibile negare che esista almeno un mare italiano poco profondo
C. Non esistono mari italiani poco profondi
D. È impossibile affermare che la maggior parte dei mari italiani siano profondi
E. Non esistono mari più profondi di quelli italiani

22) "I leoni amano gli elefanti; gli elefanti amano le giraffe; le giraffe amano gli scoiattoli". Se le precedenti affermazioni sono vere, quale delle seguenti è sicuramente vera?

A. Gli scoiattoli amano gli elefanti
B. I leoni non amano le giraffe
C. I leoni amano le giraffe
D. I leoni amano gli elefanti
E. Le giraffe amano i leoni

23) C'è una scatola contenente gettoni da gioco. La metà di essi è quadrata e l'altra metà è rotonda. I gettoni per metà sono verdi e per metà sono blu. Si può dedurre necessariamente che:

A. il numero di gettoni rotondi verdi è uguale al numero di gettoni quadrati blu
B. il numero di gettoni deve essere un multiplo di quattro
C. il numero dei gettoni quadrati blu è uguale al numero dei gettoni quadrati verdi
D. i quattro tipi di gettoni (quadrati blu, quadrati verdi, rotondi blu, rotondi verdi) sono in numero uguale
E. il numero dei gettoni quadrati blu è uguale al numero dei gettoni rotondi blu

24) Sherlock Holmes sta interrogando tre sospettati di un delitto. Marco dice: "Io sono innocente, e anche Giulia lo è". Giulia dice: "Silvio è colpevole e Marco è innocente". Silvio dice: "Io sono innocente e Giulia è colpevole". Il colpevole mente e i due innocenti dicono la verità. Chi ha commesso il delitto?

A. Giulia
B. Marco
C. Silvio
D. Tutti e tre
E. Nessuno dei tre

25) Dove si trova il territorio della Ciociaria?

A. Toscana
B. Lazio
C. Campania
D. Calabria
E. Puglia

26) A quale Stato appartiene amministrativamente l'isola di Pasqua?

A. Perù
B. Argentina
C. Cile
D. Gran Bretagna
E. Colombia

27) Dove si trova la penisola dello Yucatàn?

A. Colombia
B. India
C. Stati Uniti
D. Messico
E. Argentina

28) Qual è l'antico nome della Repubblica dello Sri Lanka?

A. Creta
B. Ceylon
C. Sion
D. Sumatra
E. Lagos

29) Quale dei seguenti non è un sottoinsieme dell'insieme di tutti gli alberi?

A. Gli alberi di Varese
B. Le foglie di quercia
C. Gli alberi malati
D. Le conifere
E. Gli alberi di alto fusto

30) Mario ha incontrato passeggiando l'unico cognato della moglie dell'unico fratello di suo padre. Chi era?

A. Suo padre
B. Suo fratello
C. Suo zio
D. Suo nipote
E. Suo cugino

31) Nell'espressione "il bene altrui" il termine *altrui* è:

A. un pronome indefinito
B. un pronome relativo
C. un aggettivo indefinito
D. un aggettivo possessivo
E. un aggettivo identificativo

32) Completare correttamente la frase seguente: "Chiedo ... per il mio increscioso comportamento dell'altro giorno".

A. Ragione
B. Riconoscenza
C. Pena
D. Venia
E. Apprezzamento

33) Completare la frase: "I marosi ... la diga foranea".

A. Fratturarono
B. Frangettero
C. Fransero
D. Frangerono
E. Frangessero

34) "Le aziende con allevamenti sono risultate al censimento dell'agricoltura del 2007 circa 675.835 (pari al 26,1% del totale), con una flessione del 35,2% rispetto al 1997, che indica l'abbandono della pratica zootecnica da parte di un gran numero di aziende. La zootecnia ha il suo punto di forza nella Pianura Padana, dove i bovini vengono allevati con criteri moderni e prevalentemente in funzione della produzione del latte". Quale delle affermazioni che seguono è contenuta nel (o deducibile dal) testo?

A. Nel 1997 le aziende con allevamenti erano più di 900.000 e meno di 1.000.000
B. Nel 1997 le aziende con allevamenti erano più di 1.000.000
C. Nella Pianura Padana si allevano bovini esclusivamente in funzione della produzione del latte
D. Nella Pianura Padana si allevano più bovini che suini
E. Nel 2007 vi è stato un aumento del numero di aziende con allevamenti rispetto al 1997

35) "Il male non ci ferma: possiamo cadere mille volte, ma il male non ci definisce, come invece definisce la mentalità mondana, per cui alla fine gli uomini giustificano quello che non riescono a non fare. Caratteristica della vera moralità è allora il desiderio di correzione. Il termine "correggere", che traduce il latino "regere cum", indica il camminare reggendosi assieme". Una sola delle seguenti affermazioni è coerente con il significato del brano precedente. Quale?

A. Non importa fare il male o il bene: l'importante è fare, tanto poi qualcuno potrà intervenire a correggere gli errori
B. Le persone non possono essere fermate dalle azioni malvagie perché alla fine qualcuno giustificherà quello che non riescono a fare
C. Una persona veramente morale non ha come caratteristica quella di non fare mai il male, bensì il desiderio di correzione
D. Se si cammina assieme si può fare ciò che si vuole perché il giudizio morale deriva dal sorreggersi a vicenda
E. Gli uomini con il desiderio di correzione giustificano quello che non riescono a non fare

36) Analizzate le premesse seguenti: "tutti gli psicologi sono fumatori; i distratti sono sempre presi in giro; alcuni psicologi sono distratti". Sulla base delle premesse proposte è possibile concludere che:

A. certi distratti sono fumatori e presi in giro
B. i fumatori sono sempre presi in giro
C. gli psicologi sono tutti distratti
D. i fumatori sono sempre distratti
E. tutti i fumatori sono distratti

37) In una scuola lavorano Amilcare, Basilio e Concetto, come bidello, professore e segretario (non necessariamente in quest'ordine). Amilcare è figlio di Concetto, ed è più basso di statura del professore. Il bidello è il più alto di statura, e non ha figli. Quale delle seguenti affermazioni è compatibile con le premesse?

A. Amilcare è il segretario, Basilio è il bidello, Concetto è il professore
B. Basilio è il segretario, Amilcare è il bidello, Concetto è il professore
C. Non è possibile attribuire esattamente a ciascuna persona il proprio ruolo
D. Concetto è il segretario, Basilio è il bidello, Amilcare è il professore
E. Amilcare è il segretario, Basilio è il professore

38) "Recenti ricerche hanno convalidato la tesi secondo la quale è impossibile negare l'esistenza di computer alimentati con l'energia solare". Qual è il corretto significato della precedente affermazione?

A. Recenti ricerche hanno confermato che esistono computer alimentati con l'energia solare
B. Recenti ricerche hanno dimostrato che non esiste alcun computer alimentato con l'energia solare
C. Recenti ricerche hanno dimostrato che esiste un solo computer alimentato con l'energia solare
D. Recenti ricerche non hanno confutato la tesi secondo la quale non è possibile confermare l'inesistenza di computer non alimentati con l'energia solare
E. Nessuna delle risposte è corretta

39) "Se è vero che tutti i filosofi sono saggi alcuni filosofi sono anche matematici. Aristotele fu un importante filosofo greco". Se ne deduce necessariamente che:

A. esistono matematici che non sono saggi
B. i saggi greci furono filosofi
C. alcuni matematici sono saggi
D. Aristotele fu anche un matematico
E. tutte le persone sagge sono anche matematici

40) La perizia balistica non ha escluso l'impossibilità che il colpo non sia stato sparato dalla casa di fronte. La precedente affermazione è logicamente equivalente a:

A. il colpo può essere stato sparato dalla casa di fronte
B. il colpo non deve essere stato sparato dalla casa di fronte
C. il colpo non è stato sicuramente sparato dalla casa di fronte
D. dalla casa di fronte si sparano sempre colpi
E. la perizia non è riuscita a certificare, dopo molte ricerche, che il colpo sia stato sparato dalla finestra

41) Se l'affermazione "tutte le diete fanno dimagrire" è FALSA, quale delle seguenti alternative è necessariamente vera?

A. Tutte le diete fanno ingrassare
B. Almeno una dieta fa dimagrire
C. Nessuna dieta fa dimagrire
D. Almeno una dieta non fa dimagrire
E. Alcune diete fanno ingrassare

42) Facendo riferimento al grafico seguente, qual è stato il fatturato in Italia nel primo semestre 2008?

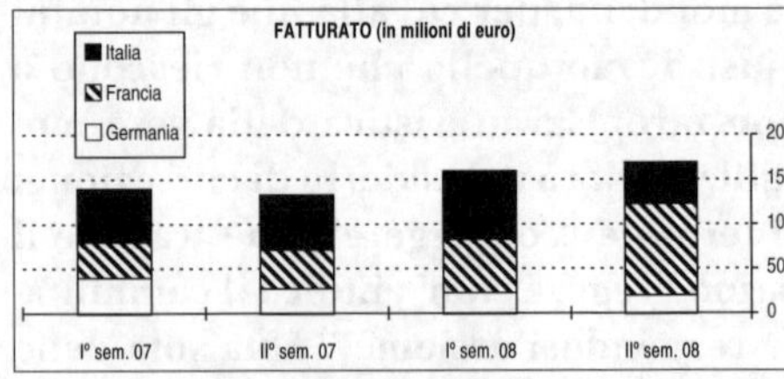

A. Circa 60 milioni di euro
B. Circa 80 milioni di euro
C. Circa 100 milioni di euro
D. Circa 40 milioni di euro
E. Circa 70 milioni di euro

43) Facendo riferimento al grafico seguente, qual è il rapporto tra gli intervistati con più di 20 anni e quelli con meno di 20 anni?

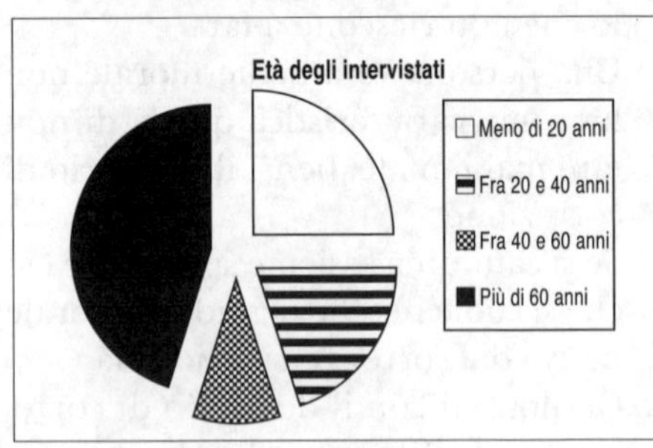

A. Circa 1 a 3
B. Circa 3 a 1
C. Circa 4 a 1
D. Circa 1 a 4
E. Circa 1 a 2

44) Facendo riferimento al grafico seguente e scegliendo fra le risposte proposte, quale divisione (e in quale anno) ha venduto di più?

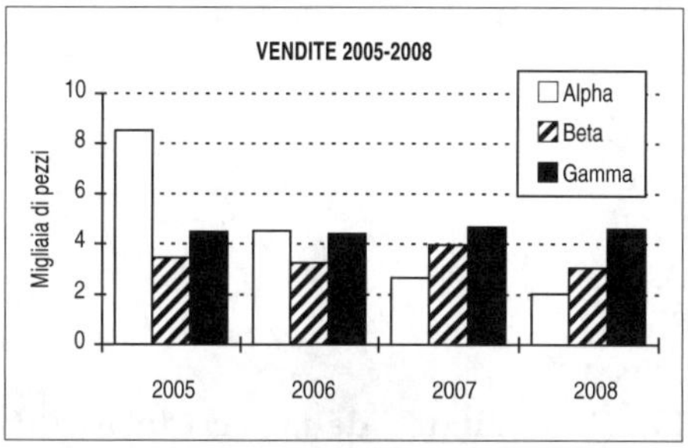

A. La divisione Alpha nel 2007
B. La divisione Gamma nel 2007
C. La divisione Beta nel 2007
D. La divisione Alpha nel 2005
E. Per rispondere è necessario conoscere i dati numerici

45) In base alle informazioni contenute nel grafico, quale settore ha aumentato maggiormente le vendite fra il primo e il terzo trimestre?

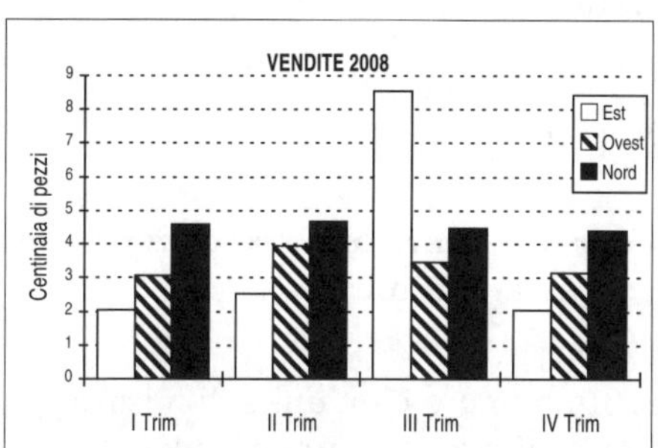

A. Il settore Nord
B. Il settore Ovest
C. Il settore Est
D. Il settore Sud
E. Non è possibile rispondere

46) Individuare quale tra i seguenti diagrammi soddisfa la relazione insiemistica esistente fra i tre termini seguenti: Persone con i capelli rossi, Maggiorenni, Patentati.

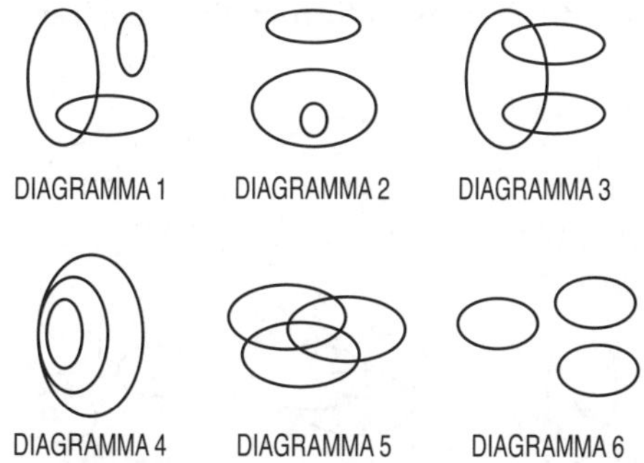

A. Diagramma 6
B. Diagramma 1
C. Diagramma 3
D. Diagramma 4
E. Diagramma 5

47) Individuare quale tra i seguenti diagrammi soddisfa la relazione insiemistica esistente fra i tre termini seguenti: Olandesi, Motociclisti, Spagnoli.

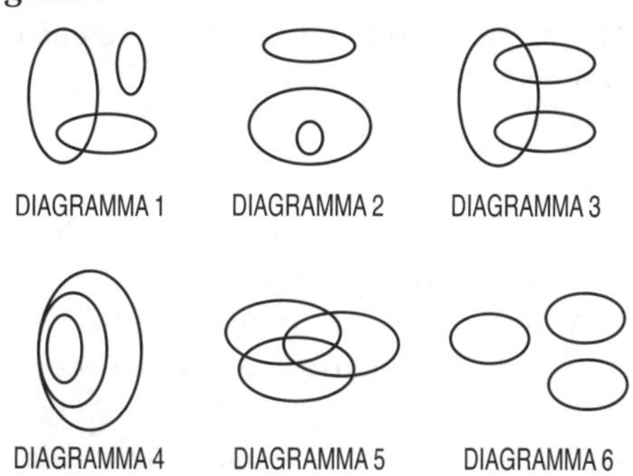

A. Diagramma 6
B. Diagramma 2
C. Diagramma 3
D. Diagramma 4
E. Diagramma 1

48) Individuare quale tra i seguenti diagrammi soddisfa la relazione insiemistica esistente fra i tre termini seguenti: Elementi chimici, Sodio, Alberi.

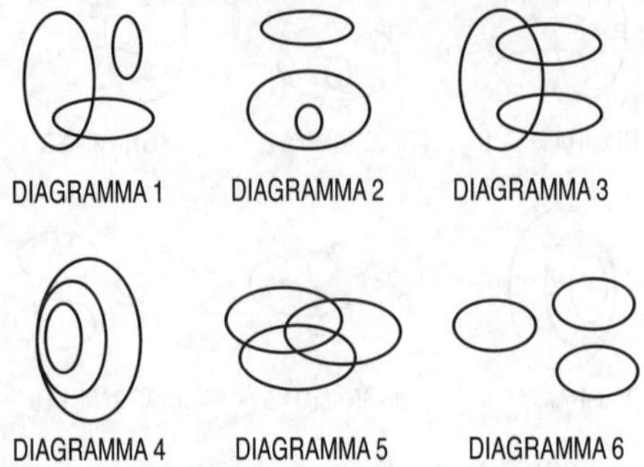

A. Diagramma 2
B. Diagramma 3
C. Diagramma 6
D. Diagramma 1
E. Diagramma 4

49) Se si soffre in gioventù si è felici in vecchiaia e viceversa; Antonio è vecchio e non è felice; se non si soffre in gioventù però si vive a lungo. Se le precedenti affermazioni sono vere, allora è sicuramente vero che:

A. anche chi soffre in gioventù vive a lungo
B. chi è felice in vecchiaia vive a lungo
C. Antonio vive a lungo
D. Antonio ha sofferto in gioventù
E. Nessuna delle affermazioni è vera

50) La frase "Non c'è casa senza scale" implica che:

A. almeno una casa ha una scala
B. ogni casa ha almeno una scala
C. ogni casa ha due scale
D. nessuna casa ha due scale
E. qualche casa ha almeno una scala

51) Il risultato di $3^3 \cdot (3^4 : 3^3)^2$ è:

A. 1
B. 3
C. 3^5
D. 3^4
E. 3^3

52) Il minimo comune multiplo tra 12 e 6 è:

A. 12
B. 6
C. 1
D. 3
E. 24

53) Il risultato della scrittura $[3^2 \cdot (5-2)^3]^0 - 1$ è:

A. 0
B. 1
C. 3
D. $3^5 - 1$
E. $3^{10} - 1$

54) Quale delle seguenti potenze di 10 si indica con il prefisso nano?

A. 10^{-6}
B. 10^6
C. 10^9
D. 10^{-9}
E. 10^{-12}

55) Per definire una grandezza scalare è necessario indicare:

A. vettore
B. un numero e un'unità di misura
C. una direzione e un modulo
D. un verso
E. una direzione

56) Per legge oraria di un moto si intende una relazione che esprime:

A. la posizione di un punto in funzione della sua accelerazione
B. l'accelerazione di un punto in funzione del tempo
C. la posizione di un punto in funzione del tempo

D. la velocità di un punto in funzione del tempo
E. la posizione di un punto in funzione della sua velocità

57) L'unico oggetto di studio errato della chimica è:

A. studio della composizione della materia
B. studio delle proprietà della materia
C. studio della produzione di energia elettrica
D. studio delle sostanze inquinanti
E. studio delle trasformazioni del cibo durante la digestione

58) Qual è lo stato di aggregazione di un corpo che ha volume e forma propria?

A. Solido
B. Liquido
C. Aeriforme
D. Gassoso
E. Plasma

59) Quale cambiamento di stato di aggregazione si realizza quando si riscalda un liquido?

A. La fusione
B. La condensazione
C. L'evaporazione
D. L'ebollizione
E. Il brinamento

60) In quale sfera terrestre si trovano gli organismi viventi?

A. Idrosfera
B. Atmosfera
C. Litosfera
D. In tutte e tre
E. In nessuna delle tre

61) Tra le caratteristiche peculiari degli esseri viventi c'è:

A. una particolare struttura delle molecole
B. un ambiente interno variabile con le condizioni ambientali esterne
C. lo sviluppo secondo un programma dell'apparato del Golgi
D. la capacità di riprodursi
E. l'incapacità di autoregolazione

62) La clorofilla è verde perché:

A. assorbe tutti i colori
B. assorbe il verde e riflette gli altri colori
C. riflette il verde e assorbe gli altri colori
D. riflette tutti i colori
E. è la combinazione di più colori

63) I movimenti tettonici:

A. sono provocati dalla rotazione terrestre
B. sono provocati da pennacchi caldi in risalita dal mantello
C. sono provocati probabilmente dai moti convettivi del mantello
D. sono provocati da fenomeni in gran parte sconosciuti
E. sono provocati dall'effetto delle maree

64) La maggior parte dei vulcani terrestri:

A. è dovuta ai movimenti della litosfera
B. è indipendente dalla dinamica della litosfera
C. è collegata ai moti convettivi del mantello
D. si trova all'interno dei continenti o in mezzo agli oceani
E. è collegata ai terremoti

65) L'atmosfera terrestre:

A. ha sempre avuto la composizione attuale
B. è analoga a quella di altri pianeti del Sistema Solare

C. ha composizione costante per tutto il suo spessore
D. è costituita prevalentemente di azoto
E. riflette il 49% della radiazione solare in arrivo

66) Pensaci Giacomino sta a Pirandello come:

A. Moravia sta alla Noia
B. La ragazza di Bube sta a Cassola
C. Il visconte dimezzato sta a Pavese
D. La coscienza di Zeno sta a Platone
E. Voltaire sta a Candido

67) Completare l'uguaglianza:
Romanov : Russia = Tito : ....

A. Croazia
B. Repubblica Ceca
C. Boemia
D. Jugoslavia
E. Italia

68) Indicare il termine contrario della parola "modestamente":

A. orgogliosamente
B. presuntuosamente
C. dimessamente
D. umilmente
E. francamente

69) La congiunzione è:

A. parte mobile del discorso che serve a collegare due o più parole o due o più preposizioni di un periodo
B. parte variabile del discorso che serve a collegare due o più proposizioni di un periodo
C. parte invariabile del discorso che serve a collegare due o più parole o due o più proposizioni di un periodo
D. parte invariabile del discorso che serve a collocare nello spazio e nel tempo più parole o più preposizioni di un periodo
E. parte ininfluente del discorso che serve da casuale riempitivo

70) Alice dice a Michele: "Se domenica fa bello, vado a Genova; se sta bene porto anche la nonna". La domenica pomeriggio Michele vede Alice a passeggio in piazza Duomo. Allora sicuramente:

A. fa bello, ma la nonna non sta bene
B. non fa bello e la nonna non sta bene
C. fa bello, ma la nonna non ha voluto andare
D. la nonna non sta bene
E. non fa bello

71) Quale delle seguenti affermazioni è logicamente equivalente a: "I giovani non dimenticano mai nulla"?

A. Gli anziani dimenticano tutto
B. Gli anziani dimenticano sovente
C. Chi non dimentica nulla è giovane
D. I giovani ricordano sempre tutto
E. Quando i giovani diventano anziani dimenticano tutto

72) In base alle informazioni in suo possesso, l'ispettore Colombo non può negare che è falso quanto affermato dal suo informatore, il quale dichiara di non conoscere l'autore della rapina di ieri. Basandosi su queste affermazioni, individuare quale delle seguenti alternative è esatta:

A. l'informatore conosce l'autore della rapina di ieri
B. l'informatore non conosce l'autore della rapina di ieri
C. non è possibile sapere se l'informatore conosce l'autore della rapina di ieri
D. l'ispettore Colombo non ha alcuna informazione
E. nessuna delle risposte è esatta

73) Sei pasticcieri sfornano centoventi torte in venti giorni, quanti giorni occorrono a tre pasticcieri per sfornare sessanta torte dello stesso tipo:

A. dodici
B. venti
C. diciotto
D. trenta
E. dieci

74) Se il 7% del 20% di A vale 7, allora A vale:

A. 100
B. 200
C. 300
D. 500
E. 600

75) Carlo legge 30 pagine al giorno più di Christian che, a sua volta, ne legge un terzo più di Emilio. Sapendo che Emilio legge 60 pagine al giorno, qual è il numero minimo di giorni necessari ai tre amici insieme per leggere complessivamente 1000 pagine?

A. 4 giorni
B. 6 giorni
C. 8 giorni
D. 5 giorni
E. 10 giorni

76) Completare la seguente successione di numeri:
2 4 7 6 12 15 14 28 31 …

A. 26
B. 27
C. 28
D. 29
E. 30

77) A chi appartengono i seguenti versi?
"Ahi come,
come passata sei,
cara compagna dell'età mia nova,
mia lacrimata speme!"

A. Alessandro Manzoni
B. Vittorio Alfieri
C. Giovanni Pascoli
D. Giacomo Leopardi
E. Ugo Foscolo

78) Dante la definì una "veritade ascosa sotto bella menzogna". Che cosa?

A. Allocuzione
B. Antifrasi
C. Metonimia
D. Perìfrasi
E. Allegoria

79) Come si chiamò l'alleanza stipulata dall'Italia fascista con la Germania nazista subito dopo le sanzioni economiche della Società delle Nazioni?

A. Patto antikomintern
B. Patto dei due dittatori
C. Patto d'acciaio
D. Patto di non aggressione
E. Asse Roma-Berlino

80) Quale deprecabile provvedimento fu preso dal governo italiano nel 1938 sull'esempio della Germania nazista?

A. Il riarmo generalizzato
B. La militarizzazione della gioventù
C. L'istituzione di squadre paramilitari
D. Le leggi razziali antisemite
E. Un tribunale militare per giudicare i reati di opinione

RISPOSTE CORRETTE

1) B	17) C	33) C	49) C	65) D
2) D	18) A	34) B	50) B	66) B
3) A	19) D	35) C	51) C	67) D
4) B	20) A	36) A	52) A	68) B
5) A	21) C	37) A	53) A	69) C
6) C	22) D	38) A	54) D	70) E
7) D	23) A	39) C	55) B	71) D
8) E	24) C	40) A	56) C	72) A
9) D	25) B	41) D	57) C	73) B
10) D	26) C	42) B	58) A	74) D
11) A	27) D	43) B	59) C	75) A
12) D	28) B	44) D	60) D	76) E
13) A	29) B	45) C	61) D	77) D
14) B	30) A	46) E	62) C	78) E
15) D	31) D	47) C	63) C	79) E
16) B	32) D	48) A	64) A	80) D

TEST 7

1) **Qual è il significato di *oppugnare*?**

A. Lottare
B. Affiggere
C. Contestare
D. Edificare
E. Combattere

2) **Qual è il significato di *appariscente*?**

A. Lampante
B. Semplice
C. Vistoso
D. Evidente
E. Ovvio

3) **Qual è il significato di *elusivo*?**

A. Sfuggente
B. Invalso
C. Esclusivo
D. Solerte
E. Pigro

4) **Qual è il significato di *onta*?**

A. Onore
B. Rappresaglia
C. Vendetta
D. Disonore
E. Ripicca

5) **Qual è il significato di *vessare*?**

A. Disperdere
B. Rovesciare
C. Tormentare
D. Appianare
E. Spostare

6) **Qual è il significato di *affresco*?**

A. Dipinto murale
B. Progetto
C. Sinopia
D. Allestimento
E. Scultura

7) **Qual è il significato di *dipanare*?**

A. Impastare
B. Dirimere
C. Smielare
D. Svolgere
E. Tessere

8) **Qual è il significato di *assoggettare*?**

A. Identificare il soggetto grammaticale
B. Legare
C. Sottomettere
D. Assegnare le parti teatrali
E. Riunire

9) **Un contrario di *vessatorio* è:**

A. persecutorio
B. liberatorio
C. prevaricatore
D. opprimente
E. accessorio

10) **Un contrario di *raffinatezza* è:**

A. sagacia
B. garbo
C. furbizia
D. rozzezza
E. finezza

11) **Un contrario di *omega* è:**

A. inizio

B. traguardo
C. sosta
D. tappa
E. fine

12) Quale tra i seguenti termini NON è scritto correttamente?

A. Arcuato
B. Innoquo
C. Scuoiato
D. Liquido
E. Quadro

13) Qual è l'esatta divisione in sillabe di abbuiare?

A. Ab-bui-a-re
B. Ab-buia-re
C. Ab-bu-ia-re
D. Abb-u-ia-re
E. A-bbu-ia-re

14) Quale frase contiene un errore di punteggiatura?

A. Ecco la lista, ascolta bene. Pane, latte, uova e farina
B. Ma ti sembra il caso, a quest'ora, di citofonare?
C. E allora disse adirato: "Siete degli inetti!"
D. Quello laggiù in fondo, vedi, è mio zio
E. E, con sguardo languido, mi rispose: "Credimi, non sono stata io"

15) Un contrario di *centellinare* è:

A. tracannare
B. farfugliare
C. tirare
D. suggerire
E. risparmiare

16) Un contrario di *detrimento* è:

A. salute
B. vantaggio
C. pulizia
D. candore
E. ricchezza

17) Un contrario di *laico* è:

A. civile
B. ateo
C. biblico
D. profano
E. confessionale

18) Un contrario di *tracotanza* è:

A. abbondanza
B. affabilità
C. boria
D. tracimazione
E. cattiveria

19) Un contrario di *obbedire* è:

A. schiarire
B. trasgredire
C. adempiere
D. intimare
E. inveire

20) Nel 402 i Visigoti invadono l'Italia, ma vengono fermati:

A. dal generale Stilicone a Verona
B. dal generale Ezio a Roma
C. dalle truppe di Magnenzio a Pavia
D. dalle truppe di Massimiano a Venezia
E. dai Marcomanni a Ravenna

21) Nel 1469, Lorenzo il Magnifico con il fratello Giuliano assume la signoria di:

A. Parma
B. Firenze
C. Piacenza
D. Pisa
E. Arezzo

22) Nel 1945 a Yalta si riunirono i capi delle maggiori potenze tra quelle che avevano vinto la guerra; si tratta di:

A. Stalin, Roosevelt e Churchill

B. Truman, Stalin e De Gaulle
C. Lenin, Roosevelt e Churchill
D. Roosevelt, Stalin e De Gaulle
E. Lenin, Truman e Churchill

23) L'O.N.B. (Opera Nazionale Balilla) fu costituita quale ente giuridico nell'anno:

A. 1936
B. 1945
C. 1941
D. 1926
E. 1938

24) A quale dei seguenti conflitti del Novecento non ha partecipato l'Italia?

A. Guerra delle Falkland
B. Seconda guerra mondiale
C. Guerra del Kosovo
D. Guerra del Golfo
E. Prima guerra mondiale

25) Quali tra i termini proposti completano correttamente la seguente proporzione?
"prode : valoroso = x : y"

A. x = granito; y = roccia
B. x = fragile; y = delicato
C. x = scampolo; y = tessuto
D. x = retto; y = curvo
E. x = stella; y = costellazione

26) Quali tra i termini proposti completano correttamente la seguente proporzione?
"mercoledì : x = y : autunno"

A. x = martedì; y = inverno
B. x = giorno; y = mese
C. x = mese; y = stagione
D. x = primavera; y = giovedì
E. x = settimana; y = mese

27) Quale tra i termini proposti completa correttamente la seguente proporzione?
"torrido : gelido = x : fiacco"

A. x = indolente
B. x = spossato
C. x = esaurito
D. x = vigoroso
E. x = infuocato

28) Individuare l'alternativa che completa correttamente la seguente proporzione tra parole. "guaina : fodero = x : y"

A. x = flemma; y = calma
B. x = faretra; y = frecce
C. x = panoplia; y = arco
D. x = ombrello; y = pioggia
E. x = gradasso; y = modesto

29) Quali tra i termini proposti completano correttamente la seguente proporzione?
"x : y = giallo : colore"

A. x = senso; y = vista
B. x = limone; y = arcobaleno
C. x = sapore; y = salato
D. x = ocra; y = indaco
E. x = Asia; y = continente

30) Individuare la parola da scartare.

A. Iblei
B. Peloritani
C. Gennargentu
D. Nebrodi
E. Madonie

31) Un sinonimo di *nòvero* è:

A. riepilogo
B. moltitudine
C. categoria
D. seguito
E. riassunto

32) Quale delle seguenti frasi contiene un complemento di stato in luogo?

A. Io e Giulia vivevamo molto lontane a quei tempi

B. Si allontanava furtivamente dal negozio
C. Domani andrò in palestra
D. Mario stava partendo per Parigi quando l'ho chiamato ieri
E. Franco e Andrea vivono a Milano

33) Quale proposizione si ottiene eliminando l'azione principale dalla frase: "Non ho superato l'esame nonostante abbia studiato giorno e notte nell'ultimo mese".

A. Non ho superato l'esame
B. Giorno e notte
C. Negli ultimi mesi
D. Nonostante abbia studiato giorno e notte negli ultimi mesi
E. Abbia studiato

34) Quale frase contiene il tempo verbale errato?

A. Se mi cercavi ti avrei aiutato
B. Non appena fu rincasato gli comunicarono l'esito dell'esame
C. Lo videro passare e, facendogli cenno, attirarono la sua attenzione
D. Ti sei resa conto di quanto sia stato ingiusto il tuo comportamento?
E. Nonostante dica di essere innocente non gli credo

35) Dove nacque Niccolò Machiavelli?

A. Siena
B. Roma
C. Parma
D. Firenze
E. Ravenna

36) La morte di quale personaggio ispirò *Il Cinque Maggio*?

A. Napoleone
B. Goethe
C. Schiller
D. Cavour
E. Adriano

37) La *Mirra* è un'opera di:

A. Monti
B. Alfieri
C. Manzoni
D. Parini
E. Goldoni

38) Quale fra i seguenti romanzi NON fu scritto da Primo Levi?

A. La tregua
B. Se questo è un uomo
C. Una visita in fabbrica
D. Il sistema periodico
E. La chiave a stella

39) Quale mondo viene rappresentato nella raccolta di novelle *Per le vie* di Verga?

A. Quello contadino siciliano
B. Quello popolare milanese
C. Quello industriale torinese
D. Quello marinaro siciliano
E. Quello nobiliare veneto

40) Quale delle seguenti città non è capoluogo di provincia?

A. Caltanissetta
B. Gela
C. Siracusa
D. Agrigento
E. Latina

41) Qual è la forma di governo dell'Austria?

A. Monarchia assoluta
B. Repubblica popolare
C. Monarchia costituzionale
D. Repubblica socialista
E. Repubblica federale

42) Quale delle seguenti isole non si trova nel Golfo di Napoli?

A. Giannutri

B. Capri
C. Ischia
D. Procida
E. Nisida

43) Completare la seguente successione numerica: "14, 18, 18, 14, 10, 14, 14, ?, 06, 10, ?, 06".

A. 10, 10
B. 06, 04
C. 10, 14
D. 14, 06
E. 14, 10

44) Completare la seguente successione numerica: "..., 3, 8, 19, 42, 89".

A. 2
B. 1
C. 3
D. 0
E. 18

45) Uno studente ha avuto 5 e mezzo ai primi due compiti. Quale voto dovrà raggiungere al terzo compito per ottenere la media del 6?

A. 6
B. 5 e mezzo
C. 8
D. 6 e mezzo
E. 7

46) Individuare la parola da scartare.

A. Alce
B. Sika
C. Daino
D. Gnu
E. Barasinga

47) Individuare la parola da scartare.

A. Tartaruga
B. Lucertola
C. Geco
D. Lontra
E. Vipera

48) Quale di queste cariche è compatibile con quella di Presidente della Repubblica?

A. Presidente della Corte Costituzionale
B. Senatore a vita
C. Presidente del Consiglio Superiore della Magistratura
D. Membro di un Consiglio Regionale
E. Sindaco

49) Il Governo in Italia dura in carica:

A. 4 anni
B. fino a che non è colpito dalla sfiducia del Parlamento
C. 5 anni
D. fino alle elezioni politiche, indipendentemente dalla data di insediamento
E. fino alla scadenza della carica, determinata volta per volta dal Presidente della Repubblica

50) Quale tra le seguenti non è un'opera di Luigi Pirandello?

A. Così è (se vi pare)
B. Uno nessuno e centomila
C. Il compagno
D. Sei personaggi in cerca d'autore
E. Enrico IV

51) Quale dei seguenti scrittori è autore dell'opera intitolata "Fontamara"?

A. Elio Vittorini
B. Matilde Serao
C. Beppe Fenoglio
D. Carlo Levi
E. Ignazio Silone

52) Quale delle seguenti alternative riporta gli autori secondo il corretto ordine cronologico?

A. Guicciardini, Tasso, Pirandello, Ungaretti

B. Tasso, Guicciardini, Ungaretti, Pirandello
C. Pirandello, Tasso, Guicciardini, Ungaretti
D. Ungaretti, Tasso, Pirandello, Guicciardini
E. Guicciardini, Ungaretti, Pirandello, Tasso

53) In quale nazione europea è nata e si è affermata la corrente critico-letteraria del "formalismo"?

A. Russia
B. Germania
C. Francia
D. Ungheria
E. Polonia

54) Cos'erano le Corporazioni fasciste?

A. I nuovi sindacati fascisti: la loro funzione consisteva nel procurare il consenso dei lavoratori al regime
B. Organizzazioni che riunivano i datori di lavoro e i lavoratori di ogni categoria: la loro funzione era di subordinare gli interessi di classe ai "superiori" interessi della nazione
C. Organizzazioni che riunivano i rappresentanti dei datori di lavoro e dei lavoratori di ogni categoria allo scopo di pianificare lo sviluppo economico dell'Italia
D. Organizzazioni professionali da cui il regime fascista traeva i funzionari dell'amministrazione pubblica
E. Particolari associazioni di categoria all'interno del Partito fascista

55) Che cos'era il "taylorismo"?

A. La particolare politica estera isolazionista perseguita dagli Stati Uniti negli anni venti
B. L'applicazione scientifica del lavoro umano alle macchine in modo da aumentare la produttività del lavoro nell'industria
C. La divisione del lavoro in fabbrica
D. Una particolare corrente politica negli Stati Uniti degli anni venti
E. Una particolare politica economica che negli Stati Uniti degli anni venti favorì la diffusione dei consumi di massa

56) Quando il fascismo promosse la svolta "autarchica" dell'Italia?

A. Appena prese il potere
B. Nel 1939, allo scoppio della seconda guerra mondiale
C. Nel 1940, quando l'Italia entrò nella seconda guerra mondiale
D. Quando la Società delle Nazioni emise le sanzioni economiche a carico dell'Italia per punirla dell'aggressione all'Etiopia
E. Nel 1935, subito dopo l'inizio della guerra d'Etiopia

57) Se A è l'insieme dei numeri pari e B è l'insieme dei multipli di 3, allora l'insieme intersezione $A \cap B$ è:

A. l'insieme dei multipli dispari di 3
B. l'insieme dei numeri dispari non divisibili per 3
C. l'insieme dei numeri pari non divisibili per 3
D. l'insieme dei multipli di 6
E. l'insieme dei multipli di 12

58) Se A è un insieme che ha 5 elementi e B ha 8 elementi, allora $A \cup B$ ha:

A. 13 elementi
B. 5 elementi
C. 8 elementi
D. almeno 13 elementi
E. al massimo 13 elementi

59) Il Massimo Comune Divisore tra 28 e 14 è:

A. 28
B. 4
C. 7
D. 14
E. 1

60) Quale dei seguenti gruppi di grandezze contiene solo grandezze scalari?

A. Massa, tempo, velocità
B. Accelerazione, massa, forza
C. Temperatura, lavoro,tempo
D. Carica elettrica, velocità, temperatura
E. Frequenza, spostamento, tempo

61) Un automezzo viaggia con velocità iniziale di 72 km/h e si ferma in 10 minuti. Il modulo dell'accelerazione vale:

A. 6 km/h^2
B. 2 m/s^2
C. 60 m/s^2
D. 0,02 m/s^2
E. 5,33 km/h^2

62) Un punto *P* si muove di moto circolare uniforme. La sua proiezione *P´* sul diametro della circonferenza descritta si muove di:

A. moto circolare uniforme
B. moto rettilineo uniforme
C. moto armonico
D. moto uniformemente accelerato
E. moto rettilineo uniformemente accelerato

63) Con il termine materia si intende:

A. tutto ciò che ha una forma precisa
B. solo ciò che è solido e ben visibile
C. tutto ciò che è percepito dai nostri sensi
D. tutto ciò che ha una massa e occupa un certo volume
E. tutto ciò che si osserva e si può studiare

64) Un corpo nello stato di aggregazione liquido:

A. ha un volume proprio e tende ad espandersi fino ad occupare tutto lo spazio a disposizione
B. possiede un volume proprio e assume la forma del recipiente in cui è contenuto
C. tende ad occupare tutto il recipiente in cui è contenuto
D. non ha né forma né volume propri
E. possiede forma e volume propri

65) L'olio galleggia sull'acqua perché:

A. l'olio è meno pesante dell'acqua
B. l'olio è meno denso dell'acqua
C. l'olio è più viscoso dell'acqua
D. l'olio è insolubile in acqua
E. l'olio è meno volatile dell'acqua

66) Le sostanze quando passano dallo stato di aggregazione liquido a quello solido:

A. aumentano di volume
B. aumentano la loro temperatura
C. aumentano la loro massa
D. manifestano una forte diminuzione di densità
E. cedono calore all'ambiente

67) Il ghiaccio galleggia sull'acqua perché:

A. l'acqua ha un elevato calore specifico
B. le molecole d'acqua sono in grado di formare tra loro il numero massimo di legami idrogeno
C. l'acqua fredda va a fondo
D. il ghiaccio ha una densità minore dell'acqua
E. nessuna delle alternative è corretta

68) Il parametro della materia, che è indipendente dalla posizione che essa occupa e dalle condizioni esterne, è:

A. il volume
B. la densità
C. la massa
D. il peso
E. la velocità

69) I cromosomi:

A. sono costituiti da due cromatidi diversi
B. si allineano sul piano equatoriale durante la metafase
C. sono costituiti da due filamenti di cromatidi collegati in un punto centrale detto istone
D. sono quattro cromatidi omologhi
E. sono costituiti da RNA

70) Le cellule somatiche umane:

A. possiedono 23 cromosomi
B. sono diploidi
C. si dividono per meiosi
D. sono uguali a quelle germinali
E. sono aploidi

71) I bradisismi:

A. sono getti di vapore rovente ricchi di sali minerali
B. sono in relazione con l'attività dell'Etna
C. sono movimenti della crosta terrestre provocati dalle masse magmatiche soprattutto nei Campi Flegrei
D. sono sismi provocati dall'infiltrazione dell'acqua nel focolaio eruttivo
E. sono sismi leggeri

72) Il 78% dell'atmosfera è formata dal gas:

A. ossigeno
B. azoto
C. idrogeno
D. argon
E. elio

73) La percentuale più elevata delle acque continentali è rappresentata:

A. dai ghiacciai
B. dai corsi d'acqua
C. dai laghi
D. dalle acque sotterranee
E. dalle paludi

74) Tra i seguenti elementi meteorologici si cela un fattore clandestino:

A. temperatura
B. pressione
C. altitudine
D. venti
E. precipitazioni

75) Tra i fattori climatici:

A. troviamo la latitudine, che influenza il riscaldamento della superficie terrestre
B. troviamo la presenza d'acqua, che accentua l'escursione termica
C. troviamo le perturbazioni, che influenzano il clima di date regioni
D. sono vere tutte
E. sono false tutte

76) La colonizzazione romana ha prodotto cambiamenti nel sistema politico, amministrativo, commerciale, edilizio, piuttosto che sostituzioni di intere popolazioni. Analogamente, l'adozione di un'unica lingua, il latino, non è certo stata completa, se ancora oggi ciascuna regione d'Italia parla un dialetto diverso, in cui si trovano molti relitti delle lingue usate dagli abitanti più antichi. L'analisi genetica dell'Italia sembra concordare con alcune osservazioni che la dialettologia aveva da tempo avanzato. Si è detto, per esempio, che la maggior fedeltà e somiglianza del toscano al latino rispetto ad altri dialetti sarebbe dovuta al substrato etrusco, troppo differente dal latino per consentire ibridazioni. Anche le affinità linguistiche dei dialetti nord-occidentali, dall'Emilia-Romagna al Piemonte, ma escludendo il Veneto, sono dovute al substrato comune celto-ligure di queste regioni, cioè ad insediamenti che precedono la nostra era.

Dal brano si inferiscono alcune affermazioni. Di quelle che seguono una sola, benché vera, non è tratta dal testo.

A. I Romani hanno provocato nelle colonie mutamenti di tipo politico, militare, amministrativo, commerciale
B. Il latino non è stato ovunque adottato senza contaminazioni con le lingue preesistenti
C. Il dialetto toscano è, più degli altri dialetti italiani, simile al latino
D. Esistono affinità linguistiche tra i dialetti dell'Emilia Romagna e del Piemonte
E. Il dialetto veneto non possiede un substrato celto-ligure

77) Salerno : Campania = ... : ......

A. Macerata : Toscana
B. Udine : Veneto
C. Lombardia : Veneto
D. Terni : Umbria
E. Sicilia : Palermo

78) Completare la seguente proporzione:
Massimo : Palermo = ... : Napoli

A. San Carlo
B. minimo
C. San Gennaro
D. San Paolo
E. medio

79) Chi promette ad un altro "ti darò un premio se mi farai un favore" e l'altro non gli fa il favore, ma lui gli dà ugualmente il premio, è stato:

A. onesto
B. coerente con quanto ha promesso
C. incoerente con quanto ha promesso
D. truffaldino
E. fedele

80) Quattro delle seguenti parole hanno una caratteristica in comune che le distingue dalla quinta parola. Quale parola è estranea?

A. Carte
B. Certa
C. Torce
D. Cetra
E. Trace

RISPOSTE CORRETTE

1) C	17) E	33) D	49) B	65) B
2) C	18) B	34) A	50) C	66) E
3) A	19) B	35) D	51) E	67) D
4) D	20) A	36) A	52) A	68) C
5) C	21) B	37) B	53) A	69) B
6) A	22) A	38) C	54) B	70) B
7) D	23) D	39) B	55) B	71) C
8) C	24) A	40) B	56) D	72) B
9) B	25) B	41) E	57) D	73) A
10) D	26) A	42) A	58) E	74) C
11) A	27) D	43) A	59) D	75) A
12) B	28) A	44) B	60) C	76) A
13) C	29) E	45) E	61) B	77) D
14) A	30) C	46) D	62) C	78) A
15) A	31) C	47) D	63) D	79) C
16) B	32) E	48) C	64) B	80) C

TEST 8

1) Individuare la parola da scartare.

A. Staffetta
B. Maratona
C. Sollevamento pesi
D. Salto con l'asta
E. Lancio del disco

2) Individuare la parola da scartare.

A. Panama
B. Sombrero
C. Foulard
D. Basco
E. Bombetta

3) Individuare la parola da scartare.

A. Noci
B. Nocciole
C. Pinoli
D. Arachidi
E. Banane

4) Individuare la parola da scartare.

A. Moffo
B. Tebaldi
C. Simionato
D. Milva
E. Callas

5) Qual è il significato di *sofisma*?

A. Ragionamento vano
B. Ragionamento illogico
C. Ragionamento capzioso
D. Ragionamento insidioso
E. Ragionamento fittizio

6) Un sinonimo di *schietto* è:

A. doppio
B. scettico
C. scialbo
D. sincero
E. insipido

7) *Diradare* significa:

A. rendere folto
B. rendere meno fitto
C. orientare in una direzione
D. distogliere
E. distrarre

8) Individuare fra i seguenti un sinonimo di *normale*.

A. Ordinario
B. Corretto
C. Enorme
D. Definitivo
E. Legale

9) Un contrario di *selvatico* è:

A. agreste
B. addomesticato
C. lieto
D. silvestre
E. rapace

10) Individuare, tra i seguenti verbi, un contrario di *dilazionare*.

A. Rimandare
B. Rimanere
C. Anticipare
D. Allargare
E. Rinviare

11) Un contrario di *ratifica* è:

A. licenziamento

B. offerta
C. conferma
D. disdetta
E. autorizzazione

12) Il contrario di *incolume* è:

A. leso
B. curato
C. sceso
D. comodo
E. illeso

13) Quali tra i termini proposti completano correttamente la seguente proporzione?
"giallo : *x* = dolce : *y*"

A. *x* = arancione; *y* = dolciastro
B. *x* = vista; *y* = gusto
C. *x* = semaforo; *y* = vigile
D. *x* = udito; *y* = tatto
E. *x* = rosso; *y* = semaforo

14) Quali tra i termini proposti completano correttamente la seguente proporzione?
"monologo : *x* = uno : *y*"

A. *x* = donna; *y* = uomo
B. *x* = canzone; *y* = due
C. *x* = dialogo; *y* = due
D. *x* = discorso; *y* = tre
E. *x* = dialogo; *y* = numero

15) Quale tra i termini proposti completa correttamente la seguente proporzione?
"cane : cene = varo : x"

A. x = nave
B. x = mare
C. x = sere
D. x = vero
E. x = vate

16) Quali tra i termini proposti completano correttamente la seguente proporzione?
"Gargantua : x = Dottor Zivago : y"

A. x = Rabelais; y = Pasternak
B. x = Amleto; y = Pirandello
C. x = Cirano; y = Bulgakov
D. x = Mattia Pascal; y = Shakespeare
E. x = Don Giovanni; y = Beckett

17) "Non esiste pendio senza alberi". Se la precedente affermazione è FALSA, quale delle seguenti è necessariamente vera?

A. Esiste almeno un pendio senza alberi
B. Nessun pendio ha gli alberi
C. Tutti i pendii sono senza alberi
D. Molti pendii sono privi di alberi
E. Tutti i pendii hanno gli alberi

18) Tra le seguenti parole trovare quella che abbia lo stesso significato di "abbandono" e rimborso".

A. Rifusione
B. Defezione
C. Indennizzo
D. Risarcimento
E. Resa

19) La frase "Durante la tua assenza sono accaduti fatti straordinari" contiene una forma verbale:

A. attiva
B. passiva
C. riflessiva
D. impersonale
E. transitiva

20) A partire dal 1947, gli Stati Uniti intervennero in Europa con un programma di aiuti economici chiamato:

A. Piano Marshall
B. Piano Roosevelt
C. New Deal
D. New Day
E. New Economy

21) Alla vigilia della prima guerra mondiale, la Triplice Intesa era costituita da:

A. Austria-Ungheria, Germania e Turchia
B. Francia, Gran Bretagna e Russia
C. Russia, Francia e Italia
D. Francia, Gran Bretagna e Italia
E. Francia, Russia e Italia

22) Qual è il capoluogo italiano più a sud?

A. Reggio Calabria
B. Cagliari
C. Ragusa
D. Lecce
E. Napoli

23) Qual è la religione più diffusa in Austria?

A. Protestante
B. Cattolica
C. Musulmana
D. Atea
E. Ortodossa

24) Su quale monte è situata la Repubblica di San Marino?

A. Conero
B. Falterona
C. Fumaiolo
D. Titano
E. Grappa

25) Qual è la distanza fra New York e Los Angeles?

A. Circa 4.500 km
B. Circa 4.000 km
C. Circa 3.000 km
D. Circa 1.500 km
E. Circa 2.000 km

26) Su quale lago si trova la città di Chicago?

A. Ontario
B. Erie
C. Michigan
D. Winnipeg
E. Huron

27) Individuare la coppia anomala rispetto alle altre.

A. Franco e Ciccio
B. Stanlio e Ollio
C. Fred Astaire e Ginger Rogers
D. Gianni e Pinotto
E. Jerry Lewis e Dean Martin

28) Richard C. Lewontin, eminente genetista di popolazioni dell'Università di Harvard, e Martin Kreitman, suo giovane collaboratore, stanno sequenziando un gene particolare in diverse varietà di Drosofila. La Drosofila è il celeberrimo moscerino della frutta che costituisce da oltre mezzo secolo il banco di prova preferito dei genetisti. Il gene di cui Kreitman e Lewontin stanno analizzando la sequenza dirige la sintesi di un enzima piuttosto banale, una deidrogenasi dell'alcool, ideale per cogliere le differenze genetiche, spesso infinitesime, tra individui di una stessa specie. In genetica queste differenze si chiamano polimorfismi. Il più noto caso nell'uomo è quello dei gruppi sanguigni (A, B, AB, O). Uno dei risultati più sorprendenti delle ricerche di Kreitman e Lewontin è che le regioni silenti dei geni, dette introni, mutano esattamente alla stessa frequenza delle regioni codificanti, dette esoni. Questi segmenti dormienti, che si trovano all'interno dei geni degli organismi superiori, non sono mai "tradotti" o "espressi" in prodotti finiti, cioè in proteine.
Delle seguenti affermazioni, una sola NON è tratta dal brano. Quale?

A. La Drosofila è stata lungamente studiata dai genetisti

B. La deidrogenasi dell'alcool è un enzima
C. Le differenze genetiche tra individui di una stessa specie si chiamano polimorfismi
D. I polimorfismi dei gruppi sanguigni sono diversi da quelli degli enzimi
E. Le regioni dei geni si distinguono in introni ed esoni

29) "Tutti i geometri sono precisi. Paola è una geometra". In base alle precedenti informazioni, quale delle seguenti affermazioni è certamente vera?

A. Paola è precisa
B. Paola può non essere precisa
C. Alcuni geometri sono imprecisi
D. Tutte le persone precise sono geometri
E. Nessuna risposta è corretta

30) "Tutti i miei parenti hanno la patente nautica. Alcuni di essi non hanno la barca". Questo significa che:

A. i miei parenti non hanno la barca
B. alcuni miei parenti non hanno la patente nautica ma hanno la barca
C. alcuni miei parenti, pur essendo patentati, non hanno la barca
D. alcuni miei parenti non hanno la barca e neppure la patente nautica
E. tutti i miei parenti hanno la patente nautica e la barca

31) Se l'affermazione "tutti i Watussi sono alti" è vera, allora è anche vero che:

A. chi non è Watusso non è alto
B. non esistono Watussi bassi
C. alcuni Watussi sono bassi
D. alcuni Watussi sono alti e alcuni Watussi sono bassi
E. tutte le persone alte sono Watussi

32) "Chi legge romanzi o va in chiesa ama passeggiare. Chi ama passeggiare ama la natura". Se le precedenti affermazioni sono vere, allora è vero che:

A. chi ama la natura va abitualmente in chiesa
B. chi legge romanzi va in chiesa
C. chi ama la natura e legge romanzi va abitualmente in chiesa
D. chi ama passeggiare va in chiesa
E. chi legge romanzi ama la natura

33) L'affermazione "non tutti gli oggetti di vetro sono prodotti a Venezia" equivale a:

A. alcuni oggetti di vetro non sono prodotti a Venezia
B. tutti gli oggetti di vetro vengono prodotti fuori Venezia
C. non tutti gli oggetti prodotti a Venezia sono oggetti di vetro
D. tutti gli oggetti di vetro sono prodotti a Venezia
E. alcuni oggetti prodotti a Venezia non sono oggetti di vetro

34) Individuare quale tra i seguenti diagrammi soddisfa la relazione insiemistica esistente fra i tre termini seguenti: Libri, Romanzi, Il nome della rosa.

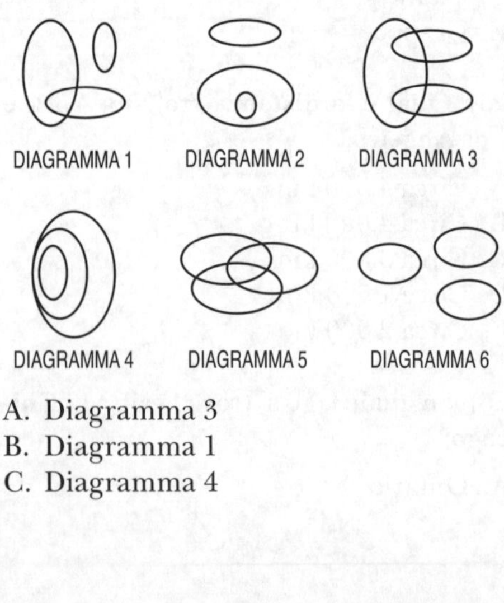

A. Diagramma 3
B. Diagramma 1
C. Diagramma 4

D. Diagramma 6
E. Diagramma 5

35) Individuare quale tra i seguenti diagrammi soddisfa la relazione insiemistica esistente fra i tre termini seguenti: Dadi, Bulloni, Oggetti sferici.

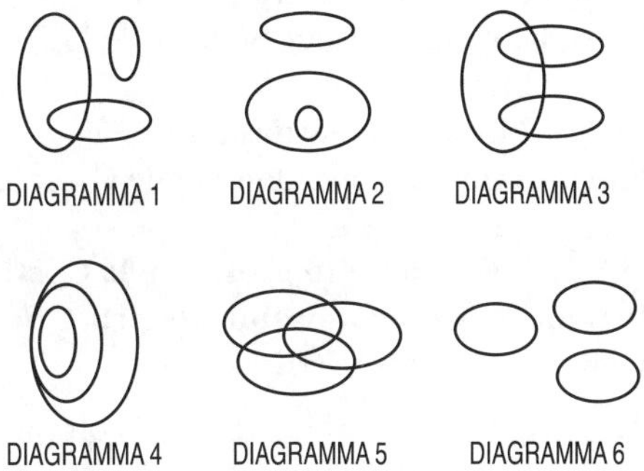

A. Diagramma 3
B. Diagramma 6
C. Diagramma 2
D. Diagramma 4
E. Diagramma 1

36) Individuare quale tra i seguenti diagrammi soddisfa la relazione insiemistica esistente fra i tre termini seguenti: Svizzeri, Sciatori, Italiani.

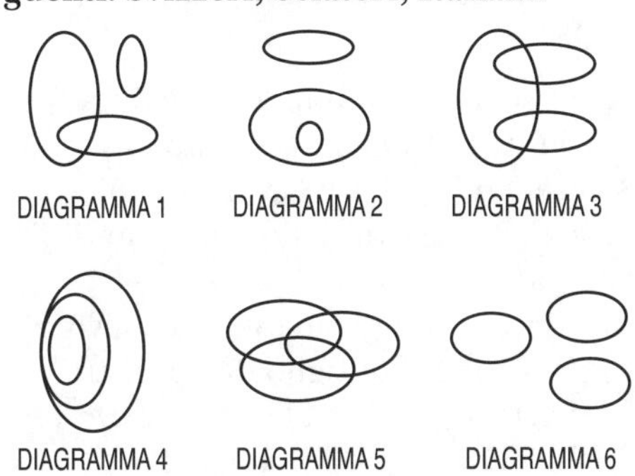

A. Diagramma 6
B. Diagramma 4
C. Diagramma 5
D. Diagramma 2
E. Diagramma 3

37) Individuare quale tra i seguenti diagrammi soddisfa la relazione insiemistica esistente fra i tre termini seguenti: Francesi, Casalinghe, Persone con la patente di guida.

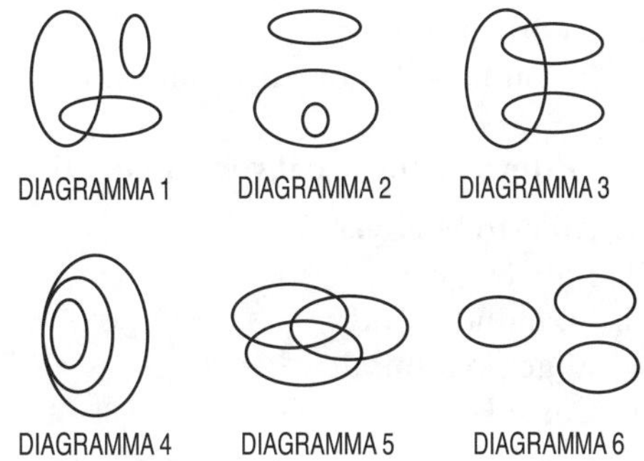

A. Diagramma 3
B. Diagramma 1
C. Diagramma 2
D. Diagramma 6
E. Diagramma 5

38) Individuare quale tra i seguenti diagrammi soddisfa la relazione insiemistica esistente fra i tre termini seguenti: Astronavi, Viaggi, Stelle.

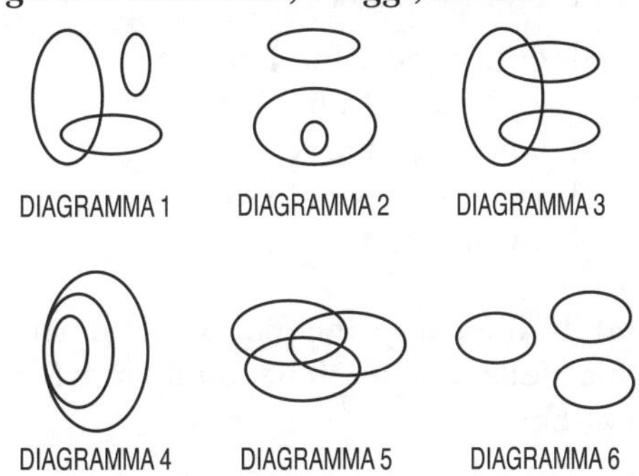

A. Diagramma 1
B. Diagramma 6
C. Diagramma 4
D. Diagramma 5
E. Diagramma 3

39) A quale corrente letteraria, tra le seguenti, partecipò Guido Gozzano?

A. Romanticismo
B. Illuminismo
C. Petrarchismo
D. Neorealismo
E. Nessuna delle correnti citate

40) Ettore Schmitz è il vero nome di:

A. Alberto Moravia
B. Italo Svevo
C. Sigmund Freud
D. Eugenio Montale
E. Dario Fo

41) Il romanzo storico *Il re di Girgenti* è stato scritto da:

A. Andrea Camilleri
B. Tomasi di Lampedusa
C. Italo Calvino
D. Giovanni Verga
E. Alberto Bevilacqua

42) Quale tra le seguenti non è un'opera di Italo Calvino?

A. Il sentiero dei nidi di ragno
B. La ragazza di Bube
C. Il barone rampante
D. Il castello dei destini incrociati
E. Il visconte dimezzato

43) In linea di principio, il primo articolo della Costituzione Italiana afferma che:

A. tutti i cittadini sono uguali davanti alla legge
B. tutti coloro che lavorano sono italiani
C. ogni cittadino trova collocazione nella società per mezzo del suo lavoro
D. sono concessi privilegi agli aristocratici
E. fornisce indicazioni sui colori della bandiera italiana

44) Da chi sono svolte le funzioni del Presidente della Repubblica nel caso egli non possa adempiervi?

A. Dal Presidente della Camera dei deputati
B. Dal Presidente del Consiglio superiore della Magistratura
C. Dal Presidente del Senato della Repubblica
D. Dal Ministro Guardasigilli
E. Da entrambi i presidenti delle Camere

45) In base a quanto prescrive la Costituzione, chi è responsabile degli atti del Consiglio dei ministri?

A. I singoli ministri che hanno compiuto gli atti illegittimi
B. Collegialmente l'intero Consiglio dei ministri
C. Il Presidente della Repubblica che li ha nominati
D. Il Presidente del Consiglio dei ministri
E. Nessuno, il Consiglio dei ministri non è imputabile in alcun modo

46) Il Presidente della Repubblica in Italia:

A. presiede il Parlamento in seduta congiunta di Camera e Senato
B. presiede la Corte Costituzionale
C. presiede il Consiglio Supremo di Difesa
D. in situazioni di emergenza convoca e presiede il Consiglio dei Ministri
E. presiede il Consiglio Nazionale dell'Economia e del Lavoro

47) Come si manifestò, in particolare, la grave crisi che colpì la Germania nel 1923?

A. Con un'altissima inflazione che in pratica azzerò il valore del marco, la moneta nazionale

B. Con un'alta e diffusa disoccupazione
C. Con un'ondata di scioperi dei lavoratori
D. Con un'inflazione che fu presto riportata sotto controllo
E. Con sanguinosi scontri di piazza fomentati dal Partito nazionalsocialista di Adolf Hitler

48) Il Presidente della Repubblica può, in casi eccezionali, abrogare la Costituzione?

A. Sì, ma solo dopo tre anni di mandato
B. Sì, ma solo se è stato eletto per la seconda volta
C. Sì
D. No
E. Sì, ma limitatamente alla Parte I del testo costituzionale

49) Individuate l'esatta successione cronologica dei presidenti del Consiglio italiani del primo dopoguerra.

A. Giolitti, Nitti, Bonomi, Facta, Mussolini
B. Nitti, Giolitti, Salandra, Bonomi, Mussolini
C. Vittorio Emanuele Orlando, Nitti, Giolitti, Bonomi, Facta, Mussolini
D. Giolitti, Turati, Bonomi, Mussolini, Facta
E. Vittorio Emanuele Orlando, Nitti, Zanardelli, Facta, Mussolini

50) Chi era Mustafa Kemal Atatürk?

A. Gran Visir dell'Impero ottomano
B. Fondatore e primo presidente della Repubblica Turca
C. Un ammiraglio turco, di origine albanese
D. Il capo di stato maggiore dell'esercito ottomano durante la Prima guerra mondiale
E. Fondatore e primo presidente della Repubblica Greca

51) Il valore assoluto di un intero relativo è:

A. il valore dell'intero
B. il valore del numero preso senza segno
C. il numero stesso se è positivo, l'opposto se è negativo
D. il numero stesso se è negativo, l'opposto se è positivo
E. il valore relativo

52) L'insieme dei numeri interi relativi è contenuto:

A. nell'insieme dei numeri naturali
B. nell'insieme dei numeri razionali
C. nell'insieme dei numeri trascendenti
D. nell'insieme dei numeri pari
E. nell'insieme dei numeri dispari

53) Il $\log_{10}$ (ab) con a e b numeri reali maggiori di 1:

A. è compreso fra –1 e 0
B. è minore di 0
C. è maggiore di 0
D. è uguale a 0
E. non esiste

54) Se $3^x = 27$, allora x è:

A. 0
B. 1
C. 2
D. 3
E. 4

55) L'accelerazione centripeta è presente:

A. nel moto rettilineo uniforme
B. nel moto lungo una traiettoria circolare a velocità costante
C. in tutti i moti caratterizzati da una variazione di velocità in modulo
D. nel moto rettilineo uniformemente accelerato
E. ogni qualvolta la velocità cresce

56) La velocità in un moto circolare uniforme:

A. è nulla
B. è costante in modulo, direzione e verso
C. ha la stessa direzione dell'accelerazione centripeta
D. ha direzione tangente alla circonferenza
E. varia in modulo in modo uniforme

57) Indicare l'affermazione corretta.

A. Il peso e la massa di un corpo si misurano rispettivamente in chilogrammi e grammi e vale che la massa di un grammo pesa un chilogrammo
B. La massa è una caratteristica intrinseca di un corpo, mentre il peso è una forza con modulo proporzionale alla massa
C. Peso e massa sono entrambe grandezze vettoriali
D. Peso e massa sono entrambe grandezze scalari
E. Un corpo di massa di un chilogrammo sulla Terra pesa un newton

58) La forza di gravitazione universale fra due masse:

A. può essere di tipo repulsivo o attrattivo
B. dipende esclusivamente dalla distanza tra le due masse
C. è diretta secondo la congiungente le due masse ed è sempre attrattiva
D. ha modulo pari al prodotto delle masse diviso la loro distanza
E. raddoppia il suo modulo se raddoppia la distanza fra le due masse

59) Quale delle seguenti affermazioni riguardanti i miscugli omogenei non è corretta?

A. I componenti del miscuglio sono facilmente visibili anche ad occhio nudo
B. I componenti del miscuglio sono mescolati in maniera uniforme
C. I componenti del miscuglio mantengono solo alcune proprietà
D. La possibilità di mescolare i componenti del miscuglio è limitata
E. La separazione dei componenti del miscuglio avviene tramite cambio di stato di aggregazione o sfruttando la loro diversa solubilità

60) Un sistema costituito da un solo componente è:

A. un miscuglio
B. un materiale puro
C. un miscuglio omogeneo
D. un materiale
E. un miscuglio eterogeneo

61) Per definizione le sostanze sono:

A. materiali puri
B. soluzioni
C. miscugli omogenei
D. miscugli eterogenei
E. tutte le risposte sono corrette

62) Un elemento chimico è:

A. un miscuglio eterogeneo separabile in sostanze più semplici
B. una sostanza separabile in sostanze più semplici
C. una sostanza semplice non scomponibile in sostanze più semplici
D. un miscuglio omogeneo non separabile in sostanze più semplici
E. una soluzione separabile in sostanze più semplici

63) Nell'uomo i cromosomi sessuali:

A. sono detti autosomi
B. sono due e sono entrambi cromosomi X

C. sono responsabili della trasmissione di tutte le malattie ereditarie
D. sono due
E. sono posti sul cromosoma 22

64) Un gene consta di una sequenza:

A. di DNA che codifica per una catena polipeptidica
B. nucleotidica che codifica per un amminoacido
C. nota come introne
D. nota come esone
E. di RNA tradotto dal DNA

65) Quando due specie vivono in stretta associazione tra di loro si dice:

A. competizione
B. mutualismo
C. simbiosi
D. parassitismo
E. imprinting

66) Fanno parte di un ecosistema:

A. gli organismi autotrofi
B. gli organismi eterotrofi
C. le componenti abiotiche
D. gli organismi autotrofi, eterotrofi e le componenti abiotiche
E. solo le componenti autotrofe ed abiotiche

67) Le onde sismiche:

A. si dividono in longitudinali, trasversali e superficiali
B. possono essere di compressione e longitudinali
C. se superficiali possono essere longitudinali e trasversali
D. possono essere trasversali e di taglio
E. possono essere profonde e superficiali

68) Attraverso l'atmosfera dal basso verso l'alto è possibile riconoscere una serie di strati. L'ordine di questa serie risulta essere il seguente:

A. troposfera, stratosfera, mesosfera, ionosfera-termosfera, esosfera
B. troposfera, mesosfera, stratosfera, ionosfera-termosfera, esosfera
C. troposfera, ionosfera-termosfera, stratosfera, mesosfera, esosfera
D. ionosfera-termosfera, mesosfera, troposfera, stratosfera, esosfera
E. ionosfera-termosfera, troposfera, mesosfera, stratosfera, esosfera

69) La temperatura dell'aria:

A. dipende soltanto dall'irraggiamento solare
B. non è influenzata dalla vegetazione
C. è indipendente dall'altitudine
D. dipende da vari fattori, che influenzano anche l'irraggiamento terrestre
E. è indipendente da qualunque fattore

70) La basicità dell'acqua di mare è determinata principalmente dalla presenza dello ione:

A. HCO^{-}_{3}
B. Na^{+}
C. Cl^{-}
D. Ca^{2+}
E. K^{+}

71) Attore sta a film come:

A. pizza sta a pizzaiolo
B. tela sta a cavalletto
C. pennello sta a colore
D. pittore sta a quadro
E. dente sta a dentiera

72) Il significato del termine "acronimo" è:

A. abbreviazione
B. riassunto
C. discorso
D. accezione

E. sconosciuto

73) Quale tra le seguenti NON è una parte variabile del discorso?

A. Verbo
B. Aggettivo
C. Avverbio
D. Articolo
E. Nome

74) Mentre tre logici dormivano sotto un albero, un loro collega buontempone pitturò le loro fronti di rosso. Un volta svegli, ogni logico vide la fronte degli altri due dipinta di rosso. Naturalmente tutti e tre iniziarono a ridere ma improvvisamente uno di loro si zittì. Perché?

A. Perché era triste e non gli andava di ridere
B. Perché riteneva che: "risus abundat in ore stultorum" (*il riso eccede sulla bocca degli stolti*)
C. Perché si rese conto di avere anche a lui la fronte dipinta
D. Perché trattandosi di uno scherzo, già meditava su come ricambiare lo scherzo ricevuto
E. Perché era daltonico e non riusciva a distinguere il colore

75) Date le seguenti affermazioni:
– i sardi sono ospitali
– Paolo è ospitale
– alcune persone ospitali sono simpatiche
Quale delle seguenti affermazioni è vera?

A. Paolo è sardo
B. Paolo è simpatico
C. Non si può dire se Paolo sia o meno sardo
D. I sardi sono tutti simpatici
E. Nessuna delle risposte è corretta

76) Scopri i numeri nascosti dal punto interrogativo:

2	2	2	?
5	7	11	?

A.	B.	C.	D.	E.
2	2	2	2	2
17	40	26	38	21

77) Scopri il termine mancante:

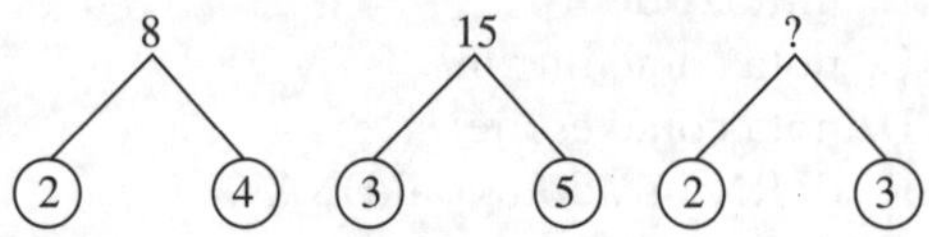

A. 5
B. 6
C. 12
D. 20
E. 10

78) Un extraterrestre manda un messaggio sulla Terra la cui lettura indica che egli utilizza il simbolo "44" per indicare il nostro 80. Qual è la base della sua numerazione?

A. 15
B. 8
C. 4
D. 11
E. 19

79) Indicare la figura da scartare.

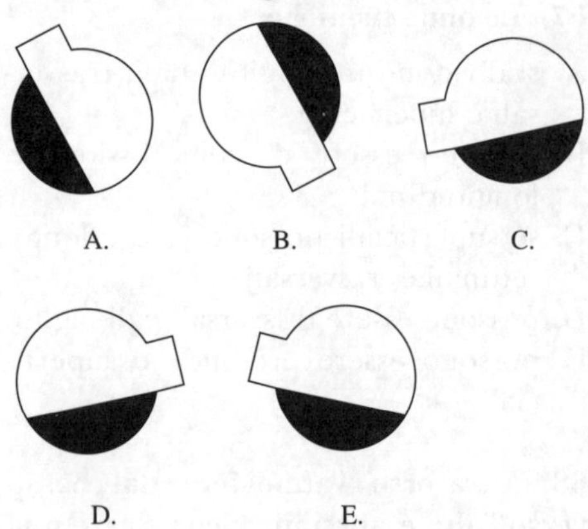

80) Indicare la figura da scartare.

A.

B.

C.

D.

E.

RISPOSTE CORRETTE

1) C	17) A	33) A	49) C	65) C
2) C	18) E	34) C	50) B	66) D
3) E	19) A	35) B	51) C	67) A
4) D	20) A	36) E	52) B	68) A
5) C	21) B	37) E	53) C	69) D
6) D	22) C	38) B	54) D	70) A
7) B	23) B	39) E	55) B	71) D
8) A	24) D	40) B	56) D	72) A
9) B	25) A	41) A	57) B	73) C
10) C	26) C	42) B	58) C	74) C
11) D	27) C	43) C	59) A	75) C
12) A	28) D	44) C	60) B	76) A
13) A	29) A	45) B	61) A	77) B
14) C	30) C	46) C	62) C	78) E
15) D	31) B	47) A	63) D	79) D
16) A	32) E	48) D	64) A	80) E

TEST 9

1) Individuare tra i seguenti termini un sinonimo di *equipollenza*.

A. Imparzialità
B. Parità
C. Disparità
D. Diversificazione
E. Illegittimità

2) Quale complemento è "di te" nella frase "Lei fatica più di te"?

A. Complemento di qualità
B. Complemento di abbondanza
C. Complemento di paragone
D. Complemento di quantità
E. Non è un complemento

3) Qual è la proposizione principale nella frase: "Spero di avere ragione per ottenere ciò che voglio"?

A. Spero
B. Di avere ragione
C. Per ottenere
D. Ciò che voglio
E. Spero di avere

4) Quale delle seguenti parole è sinonimo di *fragranza*?

A. Qualità
B. Profumo
C. Bontà
D. Friabilità
E. Durezza

5) Qual è il significato di *ansa*?

A. Manico
B. Malattia respiratoria
C. Tensione
D. Poltrona
E. Angoscia

6) Un contrario di *assecondare* è:

A. illudere
B. ascoltare
C. avversare
D. vincere
E. perdere

7) Un contrario di *ardere* è:

A. rischiare
B. istigare
C. alimentare
D. smorzare
E. infiammare

8) Quali tra i termini proposti completano correttamente la seguente proporzione?
"pecora : gregge = x : y"

A. x = mucca; y = toro
B. x = nave; y = barca
C. x = mandria; y = allevamento
D. x = ape; y = mandria
E. x = nave; y = flotta

9) Quali tra i termini proposti completano correttamente la seguente proporzione?
"ginseng : ciclamino = x : y"

A. x = frutto; y = tubero
B. x = rosa; y = tea
C. x = radice; y = fiore
D. x = colore; y = sapore
E. x = profumo; y = minestra

10) Quali tra i termini proposti completano correttamente la seguente proporzione?
"pennello : pittore = x : y"

A. x = pialla; y = falegname
B. x = paziente; y = strumento
C. x = degente; y = medico
D. x = paziente; y = ambulanza
E. x = coltello; y = paziente

11) Quali tra i termini proposti completano correttamente la seguente proporzione?
"Genova : x = y : Piemonte"

A. x = La Spezia; y = Liguria
B. x = Lazio; y = Rieti
C. x = Liguria; y = Torino
D. x = Capoluogo di Provincia; y = Regione
E. x = Terni; y = Umbria

12) Individuare la regione che non confina con la Svizzera.

A. Trentino Alto Adige
B. Veneto
C. Piemonte
D. Valle d'Aosta
E. Lombardia

13) Completare con una proposizione comparativa la frase: "Do da mangiare al tuo cane ..."

A. Mentre passa
B. Malgrado sia un po' invadente
C. Quando viene da me
D. Molto meglio di te
E. Mentre calpesta il mio prato

14) Completare correttamente la frase seguente: "Tutti sanno che il vetro è un materiale ...".

A. Flessibile
B. Duttile
C. Fragile
D. Ostinato
E. Malleabile

15) Nella frase "La casa ... abitiamo" va inserito al posto dei puntini:

A. della quale
B. di cui
C. in cui
D. nel cui
E. per cui

16) L'isola di Creta è in una posizione geografica particolarmente favorevole: allungandosi da Ovest a Est, è un ponte naturale dal Peloponneso all'Asia Minore. Il suo carattere prevalentemente montuoso consente lo sfruttamento del suolo soltanto in piccole zone: la fascia costiera Canea, la pianura di Eraclion, dove sorge Cnosso, la pianura orientale costiera dove c'è Zakros e la pianura di Mesarà, nella quale si trovano Festos e Haghia Triada. La disposizione stessa dei palazzi al centro delle aree pianeggianti mostra subito quale fosse la loro principale funzione: la raccolta dei prodotti agricoli e la loro ridistribuzione. Nel neolitico, con la trasformazione dell'uomo da cacciatore in agricoltore, il passaggio dall'insediamento più antico, in grotta, allo stanziamento all'aperto è molto probabilmente legato allo sviluppo dell'agricoltura. Dei primi insediamenti all'aperto, presumibilmente capanne di paglia e fango, non sono rimaste tracce. Le più antiche strutture risalgono al sub-neolitico/Minoico Antico I e testimoniano, pur nella loro semplicità, un'abitazione legata all'agricoltura. La pianta di una casa di Magasà (circa 2800 a.C.) presenta un ingresso che si affaccia su di un vestibolo usato forse come magazzino, da dove si passa in un'unica stanza. Questa struttura racchiude in sé i due elementi tipici dell'architettura minoica.

Su quale dei seguenti argomenti NON sono fornite informazioni dal testo?

A. La morfologia dell'isola di Creta
B. L'uso del territorio in epoca minoica
C. Il passaggio dal Paleolitico al Neolitico
D. La topografia dell'edilizia privata
E. La topografia dell'edilizia pubblica

17) "Tutti i camerieri amano le donne bionde. Tutti gli attori vanno spesso dall'estetista. Chi ama le donne bionde va spesso dall'estetista". Se le precedenti informazioni sono vere, quale delle seguenti affermazioni è necessariamente vera?

A. Tutti i camerieri vanno spesso dall'estetista
B. Chi va spesso dall'estetista è un attore o un cameriere
C. Alcuni camerieri, che fanno anche gli attori, vanno spesso dall'estetista
D. Chi ama le donne bionde è un cameriere
E. Tutti gli attori amano le donne bionde

18) "Se c'è lo sciopero dei treni, rimando la partenza per le vacanze". In base alla precedente affermazione, è necessariamente vero che:

A. rimando la partenza per le vacanze solo se c'è lo sciopero dei treni
B. l'unica possibilità che io rimandi la partenza per le vacanze è che ci sia lo sciopero dei treni
C. se non ho rimandato la partenza per le vacanze, vuol dire che non c'è stato lo sciopero dei treni
D. se rimando la partenza per le vacanze, significa che c'è lo sciopero dei treni
E. se non c'è lo sciopero dei treni, non rimando la partenza per le vacanze

19) Elio è nato prima di Franco, il quale è nato prima di Giorgio. Anche Italo è nato prima di Giorgio. Pertanto:

A. Italo e Franco hanno la stessa età
B. Elio e Franco hanno sicuramente età diverse
C. È certo che Elio sia il più anziano
D. Franco ha il doppio dell'età di Giorgio
E. Italo è sicuramente il più anziano

20) Se l'affermazione "Nessun cuoco è magro" è FALSA, quale delle seguenti affermazioni è necessariamente vera?

A. Tutti i cuochi sono magri
B. Almeno un cuoco è grasso
C. Almeno un cuoco è magro
D. I cuochi sono tutti grassi
E. Nessun cuoco è grasso

21) Se l'affermazione "tutti i computer sono costosi" è FALSA, allora necessariamente:

A. nessun computer è costoso
B. almeno un computer è costoso
C. pochi computer sono economici
D. tutti i computer sono costosi
E. esiste almeno un computer che costa poco

22) Quale tra i seguenti termini NON è scritto correttamente?

A. Crociera
B. Indulgente
C. Adiaciente
D. Prospiciente
E. Indigente

23) A quale importante opera appartiene il seguente incipit? "Le donne, i cavallier, l'arme, gli amori, le cortesie, l'audaci imprese io canto, che furono che passaro i Mori d'Africa il mare, e in Francia nocquer tanto, (...)".

A. Orlando Furioso

B. Orlando Innamorato
C. Chanson de Roland
D. La Gerusalemme liberata
E. Iliade

24) A chi si deve la codificazione del petrarchismo?

A. Luigi Tansillo
B. Giovanni Della Casa
C. Isabella di Morra
D. Pietro Bembo
E. Francesco Berni

25) "Storia milanese scoperta e rifatta da Alessandro Manzoni" è il sottotitolo di quale opera?

A. Adelchi
B. I Promessi Sposi
C. Il Conte di Carmagnola
D. Storia della Colonna Infame
E. Inni sacri

26) Di quale scrittore di lingua inglese fu amico Italo Svevo?

A. Oscar Wilde
B. T. S. Eliot
C. Ford Madox Ford
D. E. M. Forster
E. James Joyce

27) Nel 1478, la famiglia guelfa fiorentina dei Pazzi congiurò, uccidendolo, contro un membro della potente famiglia dei Medici. Di chi si tratta?

A. Cosimo
B. Giuliano
C. Lorenzo
D. Giovanni
E. Gian Gastone

28) Quale dei seguenti re Franchi si convertì al cattolicesimo nel 498?

A. Teodorico II
B. Pipino di Landen
C. Ludovico il Pio
D. Ludovico il Balbo
E. Clodoveo

29) Nel 1224 fondò a Napoli la prima università "statale":

A. Federico II
B. Federico I
C. Carlo V
D. Carlo d'Angiò
E. Lorenzo il Magnifico

30) In Austria, nel 1782, Giuseppe II avvia una serie di riforme amministrative ed ecclesiastiche che vanno sotto il nome di:

A. riformismo giuseppiniano
B. giuseppinismo
C. riformismo austriaco
D. giuseppianesimo
E. giansenismo

31) Quale organo istituzionale può disporre inchieste parlamentari su materie di pubblico interesse?

A. Ciascuna delle due Camere
B. Solo la Camera dei deputati
C. Solo il Senato della Repubblica
D. Solo il Consiglio dei ministri
E. Solo la Magistratura

32) Qual è l'organo deputato a controllare che le leggi emanate dal Parlamento siano coerenti col dettato costituzionale?

A. Il Consiglio dei ministri
B. Il Presidente della Repubblica
C. La Corte Costituzionale
D. Il Presidente della Camera dei deputati
E. La Corte di Cassazione

33) La Corte di Cassazione è un organo:

A. legislativo

B. giudiziario
C. esecutivo
D. amministrativo
E. rappresentativo

34) Di quale paese era originario Ernesto "Che" Guevara?

A. Argentina
B. Cuba
C. Messico
D. Nicaragua
E. Bolivia

35) Come si chiamava la tassa che nel Medioevo obbligava a pagare una parte dei terreni posseduti?

A. Sul macinato
B. Fondiaria
C. Decima
D. Agraria
E. Sul grano

36) Il *De bello gallico* è lo scritto sicuramente più conosciuto di:

A. Publio Cornelio Tacito
B. Gaio Giulio Cesare
C. Marco Aurelio
D. Gaio Sallustio Crispo
E. Marco Tullio Cicerone

37) Quale, fra i seguenti uomini politici, non partecipò alla redazione della Dichiarazione di indipendenza degli Stati Uniti d'America (1776)?

A. Roger Sherman
B. Robert Livingston
C. John Adams
D. George Washington
E. Thomas Jefferson

38) Il bioma con più specie animali è:

A. la foresta tropicale
B. la savana
C. la brughiera
D. la macchia mediterranea
E. la steppa

39) Una carenza di fosforo nel terreno renderebbe particolarmente difficile per una pianta sintetizzare:

A. la cellulosa
B. la parete cellulare
C. il DNA
D. il glucosio
E. la glicolisi

40) Il codice genetico è strutturato in:

A. sequenze di sei lipidi
B. sequenze di tre nucleotidi
C. sequenze di tre amminoacidi
D. sequenze di due nucleotidi
E. sequenze di aminoacidi

41) Quanti geni possiede un uomo?

A. Decine di migliaia
B. Centinaia
C. Due
D. Dieci
E. Cento

42) Completare la seguente successione numerica:
?, ?, 40, 37, 32, 29, 24, 21, 16

A. 46, 48
B. 45, 47
C. 48, 45
D. 48, 47
E. 47, 45

43) Sulla base delle informazioni contenute nel grafico, in quale anno le due divisioni Valigie e Zaini (Borsette escluse) hanno complessivamente venduto di meno?

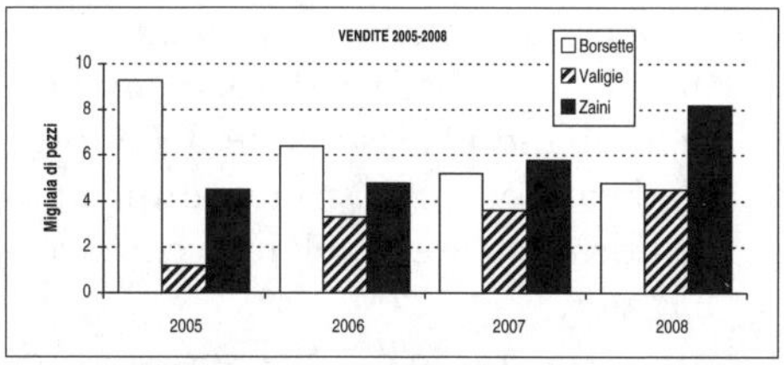

A. Nel 2005
B. Nel 2006
C. Nel 2007
D. Nel 2008
E. Nel 2006 e nel 2007

44) Sulla base delle informazioni contenute nel grafico, nel 2008 le tre aziende (Alpha, Beta e Gamma) hanno venduto circa:

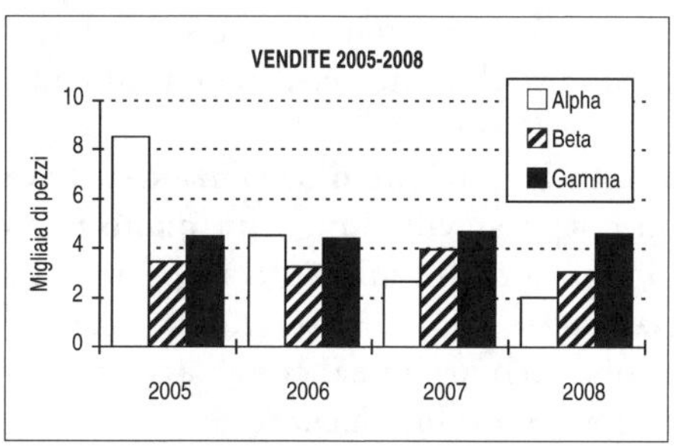

A. 4.500 pezzi
B. 9.500 pezzi
C. 8.000 pezzi
D. 10.500 pezzi
E. 5.000 pezzi

45) Sulla base delle informazioni contenute nel grafico, in quale trimestre il settore Ovest ha venduto di più?

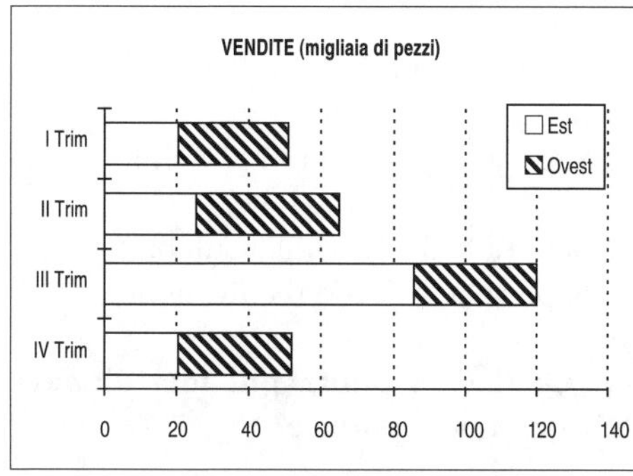

A. Nel terzo trimestre
B. Nel primo trimestre
C. Nel secondo trimestre
D. Nel quarto trimestre
E. Nel primo e quarto trimestre

46) Carlo Rosselli, traendo ispirazione dalla Rivoluzione liberale di Piero Gobetti, tentò una sintesi delle più profonde esigenze liberali e socialiste e si propose di combattere il fascismo promuovendo un radicale rinnovamento della società italiana; fu su questi ideali che a Parigi fondò:

A. la camera del popolo
B. la Concentrazione antifascista
C. il Tribunale speciale per la difesa dello Stato
D. i gruppi di Giustizia e Libertà
E. il gruppo di Forza Nuova

47) Quale nazione araba invase il Kuwait nel 1990?

A. Giordania
B. Iraq
C. Iran
D. Siria
E. Emirati arabi

48) Quale tra le seguenti affermazioni riferite allo Stretto di Messina è errata?

A. Collega il Mar Ionio con il Mar Tirreno
B. Collega il Mar Ionio con il Mar Adriatico
C. Separa le due città di Messina e Reggio Calabria
D. Separa la Sicilia dalla Calabria
E. Separa la Sicilia dal continente

49) Qual è la punta più meridionale dell'Italia peninsulare?

A. Capo S. Maria di Leuca/Puglia
B. Capo Passero/Sicilia
C. Punta Melito/Calabria
D. Punta Campanella/Campania
E. Capo Sud

50) Qual è la forma di governo del Giappone?

A. Monarchia costituzionale
B. Repubblica popolare
C. Repubblica federale
D. Dittatura
E Repubblica socialista

51) In prossimità della superficie terrestre il modulo dell'accelerazione di gravità vale:

A. $g = 90\frac{m}{s^2}$

B. $g = 9{,}8\frac{m}{s^2}$

C. $g = 81\frac{m}{s^2}$

D. $g = 8{,}9\frac{m}{s^2}$

E. $g = 0{,}98\frac{m}{s^2}$

52) La prima legge della dinamica (o principio di inerzia) afferma che:

A. quando ad un corpo non sono applicate forze, o la risultante delle forze applicate è nulla, questo corpo si trova necessariamente in quiete
B. un corpo in assenza di forze applicate, o quando la risultante delle forze applicate è nulla, si muove di moto uniformemente accelerato con accelerazione g
C. un corpo permane nel suo stato di quiete o di moto rettilineo uniforme in assenza di forze applicate, o quando la risultante delle forze applicate è nulla
D. applicando ad un punto materiale di massa m una forza $\vec{F}$, il punto subisce un'accelerazione tale per cui $\vec{F} = m/\vec{a}$
E. quando ad un corpo sono applicate forze con risultante non nulla e costante nel tempo, questo corpo si muove di moto rettilineo uniforme

53) In condizione di assenza di attrito, un corpo scivola lungo un piano che è inclinato di un angolo α rispetto all'orizzontale e ha un'altezza h da terra. Si può affermare che il corpo arriva a terra con una velocità che:

A. dipende dall'altezza del piano e dall'inclinazione del piano rispetto all'orizzontale
B. dipende dall'altezza del piano e dalla lunghezza del piano stesso
C. è maggiore di quella che avrebbe se fosse lasciato in caduta libera dalla stessa altezza h
D. è minore di quella che avrebbe se fosse lasciato in caduta libera dalla stessa altezza h
E. è la stessa che avrebbe se fosse lasciato in caduta libera dalla stessa altezza h

54) Il modulo della quantità di un moto, per un corpo di massa *m* che si muove con velocità di modulo *v*:

A. diminuisce al crescere della velocità del corpo
B. quadruplica se raddoppia la velocità del corpo
C. raddoppia se la velocità del corpo quadruplica
D. è direttamente proporzionale alla velocità del corpo
E. si conserva anche al variare della velocità del corpo

55) I simboli chimici sono:

A. un'abbreviazione del nome italiano o latino dell'elemento
B. una sigla formata da due lettere e adottata a livello internazionale per abbreviare il nome dell'elemento
C. una convenzione adottata in Italia per abbreviare il nome dell'elemento
D. un modo per abbreviare il nome dello scopritore dell'elemento
E. un'abbreviazione del nome dell'elemento adottato da tutti i paesi del mondo

56) Quale dei seguenti è un elemento monoatomico?

A. Acqua
B. Latte
C. Benzene
D. Elio
E. Anidride carbonica

57) La grandezza corrispondente alla massa per unità di volume, relativamente ad un materiale, rappresenta:

A. densità
B. peso specifico
C. volume
D. peso
E. nessuna delle alternative è corretta

58) La cellula procariotica:

A. possiede una regione nucleare, detta nucleoide, non delimitata dal citoplasma
B. presenta il DNA suddiviso in molecole lineari, associate a proteine, note come cromosomi
C. è più grande della cellula eucariotica
D. costituisce la più piccola parte degli organismi pluricellulari
E. non possiede membrana cellulare

59) Qual è la principale caratteristica delle cellule eucariotiche?

A. La parete cellulare
B. Un grosso vacuolo
C. Un nucleo circondato da una doppia membrana
D. La possibilità di poter effettuare la divisione cellulare
E. Essere grande

60) Quale di questi organuli non è presente nelle cellule animali?

A. Cloroplasti
B. Mitocondri
C. Reticolo endoplasmatico
D. Apparato del Golgi
E. Ribosomi

61) Le tre tappe della respirazione cellulare sono:

A. glicolisi – ciclo di Krebs – catena di trasporto degli elettroni
B. glicolisi – ciclo di Calvin – catena di trasporto degli elettroni
C. glicolisi – ciclo di Calvin – fissazione del carbonio
D. glicolisi – catena di trasporto degli elettroni – ciclo di Calvin
E. ciclo di Calvin – glicolisi – catena di trasporto degli elettroni

62) Il processo di trasformazione dell'ADP in ATP è detto:

A. idrolisi
B. fosforilazione
C. ossidazione
D. catabolismo
E. condensazione

63) L'ipocentro di un sisma:

A. è sempre posto nel mantello
B. è sempre situato sulla superficie della crosta
C. può non verificarsi
D. è sempre situato a più di 300 km di profondità
E. è subito al di sotto dell'epicentro

64) La superficie terrestre assorbe e riflette raggi:

A. X
B. gamma
C. infrarossi
D. ultravioletti
E. infrarossi e ultravioletti

65) L'assorbimento delle radiazioni solari da parte dell'acqua marina è selettivo in funzione della loro lunghezza d'onda. La componente dello spettro che raggiunge le profondità maggiori ha il colore:

A. rosso
B. verde
C. azzurro
D. giallo
E. arancione

66) Come completare nella misura idonea il seguente periodo?
"In molti annunci pubblicitari sono inseriti messaggi subliminali per incrementare le vendite. Annunci luminosi e colorati possono attirare molte persone; stimoli uditivi (suoni, canzoni) possono richiamarne altre. Alla base di questi stimoli sensoriali vi è lo scopo di…":

A. fare un annuncio elegante
B. richiamarsi alla sensibilità uditiva
C. stimolare anche il subconscio
D. aumentare l'audience
E. aumentare la lunghezza del messaggio commerciale

67) Nella stessa area, e nello stesso intervallo di tempo ('80-'90), il numero dei pazienti con oltre 45 anni che arrivano alla dialisi è aumentato del 75%. Si può dedurre che il numero assoluto dei soggetti con meno di 45 anni:

A. è praticamente invariato
B. è aumentato, ma meno di quello dei soggetti più anziani
C. si è ridotto
D. è aumentato del 10%
E. è sbagliato tentare delle deduzioni di questo tipo dalle affermazioni disponibili

68) Se 2 dietisti elaborano 6 diete in 120 minuti, quanti dietisti sarebbero teoricamente necessari per elaborarne 12 in 7200 secondi?

A. 4
B. 6
C. 3
D. 12
E. 2

69) In un gruppo di 12 persone ognuna può studiare, lavorare o fare entrambe le cose. Se 9 persone studiano solamente e 7 persone lavorano solamente, quante sono le persone che studiano e lavorano contemporaneamente?

A. 12
B. 7
C. 1
D. 3
E. Nessuna delle risposte è corretta

70) Tra le seguenti parole trovare quella che abbia lo stesso significato di "fattezza" e "segno".

A. Portamento
B. Gesto
C. Tratto
D. Indizio
E. Atto

71) Completa i termini mancanti della serie:

+	−	−		−	−	+		+	−	+				
+	+	−		−	+	+		−	+	−			?	
+	+	+		+	+	+		−	−	+				

A.

−	+	−
−	+	−
−	−	+

B.

+	−	−
+	+	−
+	+	+

C.

+	−	+
−	+	−
+	−	−

D.

+	+	+
+	−	−
−	−	−

E.

−	−	−
−	−	−
−	−	−

72) Quale tra le seguenti alternative completa la serie?

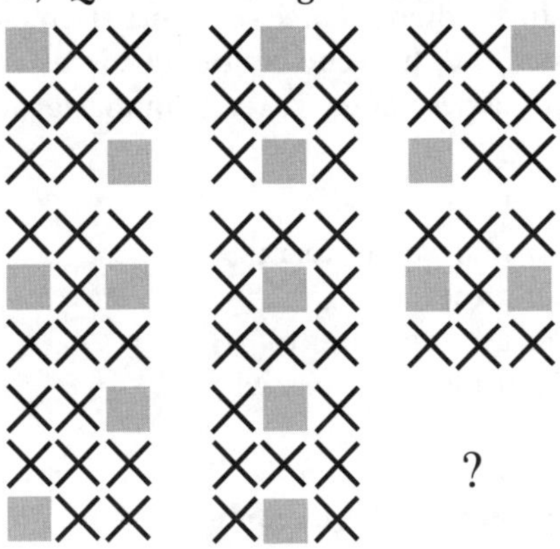

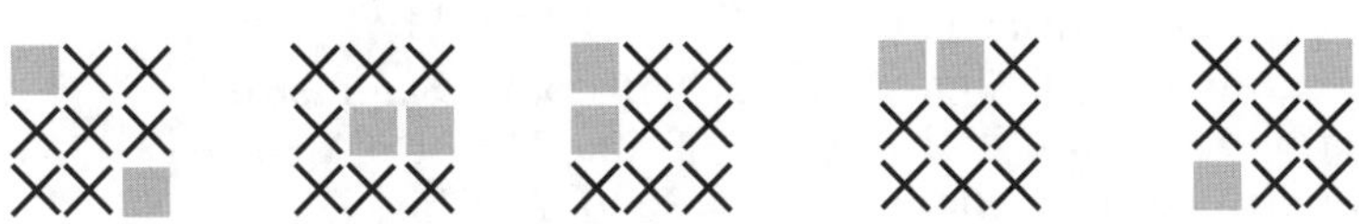

A. B. C. D. E.

73) Tutti i P non sono Q è correttamente rappresentata da:

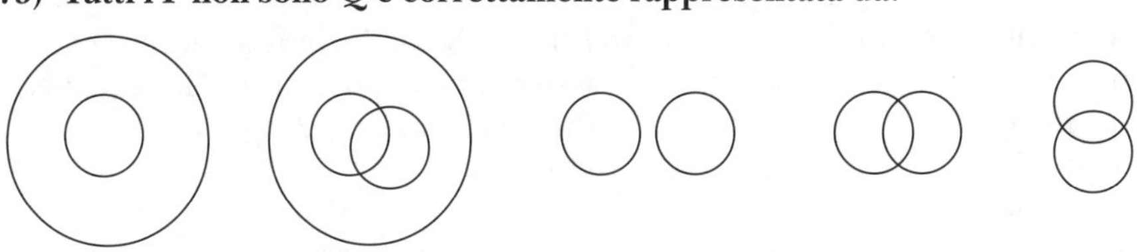

A. B. C. D. E.

74) "Lina Presotto, la mia formosa e alacre domestica che pochi giorni or sono lasciò il mio servizio per esordire nel varietà, parlando con me e con mia moglie o con i miei figli usava il verbo aspettare, ma al telefono usava il verbo attendere (pensa che attendere sia più elegante che aspettare). Nella terza edizione del Furioso, Ariosto cambia tutti gli attendere in altrettanti aspettare. Resta a vedere se è meglio prendere esempio dal nostro Ludovico o da Lina Presotto, la mia domestica alacre e formosa, passata or non è molto ai fasti del varietà".
da Alberto Savinio, *Nuova Enciclopedia*
Tra le seguenti note UNA È SCORRETTA, in quanto fraintende il senso che la parola assume nel testo:

A. Varietà: genere teatrale di intrattenimento, misto di prosa e canto
B. Formosa: di belle e procaci forme
C. Alacre: veloce, come fornita di ali
D. Fasti: vita brillante, che dà notorietà
E. Esordire: incominciare, fare la prima prova

75) Termine che in origine indicava il codice di pergamena su cui, raschiata la prima scrittura, si vergava un nuovo testo (dal greco [...] "raschiato di nuovo"). [ ] Nel linguaggio televisivo è utilizzato per definire il prospetto o quadro d'insieme delle trasmissioni programmate da una rete per un dato periodo [ ], con titoli dei programmi, caratteristiche tecniche, durata, orari di messa in onda. Lo schema della programmazione può essere continuamente rielaborato in rapporto agli obiettivi della rete (proprio come le antiche pergamene venivano continuamente corrette, raschiate e riutilizzate).

A. Grasso, *Storia della televisione. Vol. II: dizionario dei personaggi; glossario dei termini tecnici e gergali*, Garzanti, 1998, pp. 414-415

La definizione si riferisce ad UNA delle voci sotto elencate:

A. palinsesto
B. copione
C. vademecum
D. diorama
E. organigramma

76) Tra le seguenti parole trovare quella che abbia lo stesso significato di "masse" e "demente".

A. Complessi
B. Folle
C. Blocchi
D. Gruppi
E. Mentecatto

77) Individuare fra i seguenti il complemento di fine che completa correttamente la seguente frase: "Combatterono ____".

A. Per la libertà
B. Per mare e per terra
C. Per anni
D. Per un anno intero
E. Per attacchi successivi

78) Quale tra le coppie di termini proposti completa logicamente la seguente proporzione verbale?
X : Onorevole = Conclave : Y

A. X = Senato, Y = San Pietro
B. X = Primo Ministro, Y = Papa
C. X = Stato, Y = Chiesa
D. X = Parlamento, Y = Eminenza
E. X = Italia, Y = Vaticano

79) Quale delle parole minuscole ha significato opposto a quella scritta in caratteri maiuscoli?
PONDERATO

A. Prudente
B. Accorto
C. Calcolato

D. Impulsivo
E. Soppesato

80) Indicare la parola da scartare.

A. Einaudi
B. Mondadori
C. Garzanti
D. De Agostini
E. De Crescenzo

RISPOSTE CORRETTE

1) B	17) A	33) B	49) C	65) A
2) C	18) C	34) A	50) A	66) C
3) A	19) B	35) C	51) B	67) E
4) B	20) C	36) B	52) C	68) A
5) A	21) E	37) D	53) E	69) E
6) C	22) C	38) A	54) D	70) C
7) D	23) A	39) C	55) E	71) C
8) E	24) D	40) B	56) D	72) A
9) C	25) B	41) A	57) E	73) C
10) A	26) E	42) C	58) A	74) C
11) C	27) B	43) A	59) C	75) A
12) B	28) E	44) B	60) A	76) B
13) D	29) A	45) C	61) A	77) A
14) C	30) B	46) D	62) B	78) D
15) C	31) A	47) B	63) D	79) D
16) E	32) C	48) B	64) E	80) E

TEST 10

1) "Tutti coloro che inviano sms sanno accendere un cellulare; Luca sa accendere il cellulare; chi invia sms sa effettuare una telefonata". Se le precedenti affermazioni sono vere, quale delle seguenti è necessariamente falsa?

A. È probabile che chi effettua una telefonata sappia anche inviare sms
B. È probabile che chi sappia accendere un cellulare sia in grado di effettuare una telefonata
C. È probabile che Luca talvolta invii sms
D. È probabile che esista una persona in grado di inviare sms, ma che non sappia accendere il cellulare
E. È probabile che Luca possieda un cellulare

2) "Affinché l'atleta vinca le Olimpiadi, occorre che si alleni tutto l'anno". Se l'affermazione precedente è vera, quale delle seguenti deve essere vera?

A. Anche se l'atleta si allena tutto l'anno non vince le Olimpiadi
B. Se l'atleta non ha vinto le Olimpiadi, allora non si è allenato tutto l'anno
C. Se l'atleta si allena tutto l'anno, allora vince le Olimpiadi
D. Se l'atleta non si allena tutto l'anno, allora non vince le Olimpiadi
E. È sufficiente che l'atleta si alleni tutto l'anno perché vinca le Olimpiadi

3) "Se Ivano corre in moto, allora Bianca è in apprensione". Se l'argomentazione precedente è vera, quale delle seguenti è certamente vera?

A. Se Bianca è in apprensione, allora Ivano corre in moto
B. Se Bianca non è in apprensione significa che Ivano non corre in moto
C. Bianca è in apprensione solo se Ivano corre in moto
D. È necessario che Ivano corra in moto perché Bianca sia in apprensione
E. Se Ivano non corre in moto allora Bianca non è in apprensione

4) Dieci amici, per fare una scampagnata, hanno a disposizione tre auto da cinque posti. Quale delle seguenti affermazioni possiamo ritenere certamente vera?

A. Nessuna auto partirà piena
B. Nessuna auto rimarrà vuota
C. Se un'auto rimarrà vuota, almeno un'auto sarà piena
D. Almeno un'auto rimarrà vuota
E. Almeno un'auto partirà piena

5) "Il confronto delle due fotografie non ha consentito di dimostrare l'impossibilità che la persona ritratta sia la stessa che abbiamo visto ieri". Qual è il corretto significato della precedente affermazione?

A. Il confronto delle due fotografie non ha dimostrato che la persona ritratta non è la stessa che abbiamo visto ieri
B. Il confronto delle due fotografie ha dimostrato che la persona ritratta è la stessa che abbiamo visto ieri

C. Il confronto delle due fotografie ha consentito di dimostrare l'impossibilità che la persona ritratta sia la stessa che abbiamo visto ieri
D. È impossibile che la persona ritratta sia la stessa che abbiamo visto ieri
E. Il confronto delle due fotografie ha dimostrato che la persona ritratta non può essere la stessa che abbiamo visto ieri

6) Individuare la parola da scartare.

A. Prudenza
B. Giustizia
C. Fortezza
D. Temperanza
E. Speranza

7) Individuare la parola da scartare.

A. Balestra
B. Revolver
C. Pugnale
D. Mazza
E. Alabarda

8) Individuare la parola da scartare.

A. Romeno
B. Spagnolo
C. Tedesco
D. Catalano
E. Portoghese

9) Individuare la parola da scartare.

A. Prezzemolo
B. Noce moscata
C. Curcuma
D. Zenzero
E. Cumino

10) Individuare la parola da scartare.

A. Pelè
B. Maradona
C. Rosolino
D. Beckenbauer
E. Platini

11) Qual è il significato di *accollarsi*?

A. Aderire
B. Assumere su di sé
C. Incollarsi
D. Caricare
E. Appiccicare

12) Qual è il significato di *imbandire*?

A. Preparare e disporre materiale illustrativo
B. Allestire un'esposizione d'arte
C. Vendere all'asta
D. Preparare e disporre i cibi sulla tavola
E. Allestire uno stand

13) Qual è il significato di *perspicace*?

A. Acuto
B. Loquace
C. Pervicace
D. Inusitato
E. Ostinato

14) Individuare la forma verbale che completa correttamente la seguente frase: "Se ..., prenderei la giacca a vento gialla e blu".

A. Potendo scegliere
B. Potevo scegliere
C. Avrei potuto scegliere
D. Potessi scegliere
E. Potrei scegliere

15) Completare correttamente la frase seguente: "... delle sue responsabilità, il manager abbandonò il lavoro senza preavviso".

A. Dimentico
B. Dimenticato
C. Dimenticando
D. Dimenticate
E. Dimenticante

16) Individuare l'alternativa che completa correttamente la frase: "... sorpreso se tu ... ad arrivare puntuale".

A. Fossi - saresti riuscito
B. Sarei - riuscissi
C. Ero - riuscissi
D. Sarò - fossi riuscito
E. Sarebbe - riusciresti

17) Sulla base delle informazioni contenute nel grafico, qual è approssimativamente la percentuale di nati nel 1974?

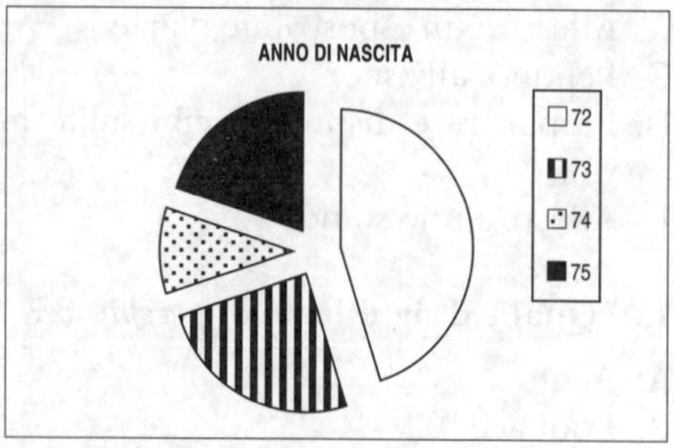

A. Circa 30%
B. Circa 20%
C. Circa 40%
D. Circa 60%
E. Circa 10%

18) Sulla base delle informazioni contenute nel grafico, in quale anno le due divisioni Borsette e Valigie (Zaini esclusi) hanno globalmente venduto di più?

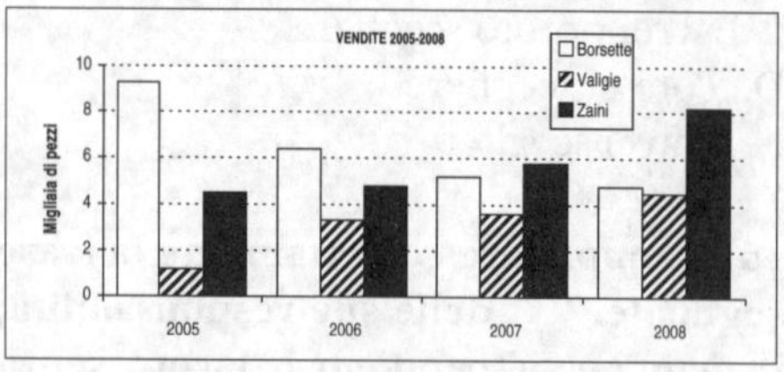

A. Nel 2005
B. Nel 2007
C. Nel 2008
D. Nel 2006
E. Nel 2006 e nel 2007

19) Sulla base delle informazioni contenute nel grafico, qual è stato l'utile dell'azienda Beta nel 2005?

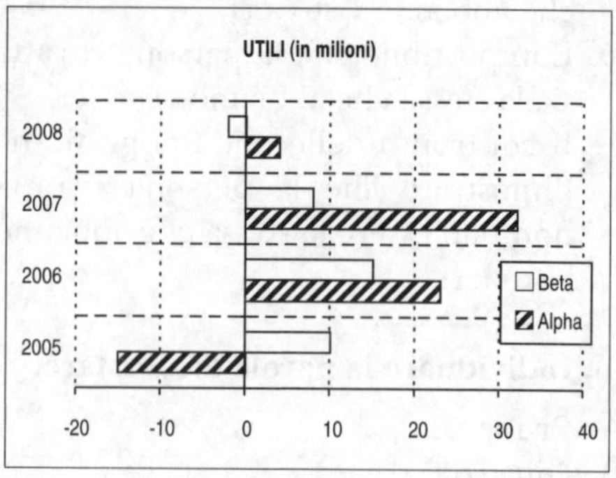

A. Circa 30 milioni
B. Circa 5 milioni
C. Circa 10 milioni
D. Circa 60 milioni
E. Circa 40 milioni

20) Sulla base delle informazioni contenute nel grafico, a quanto ammontano le vendite dell'area Sud nell'arco dei quattro trimestri?

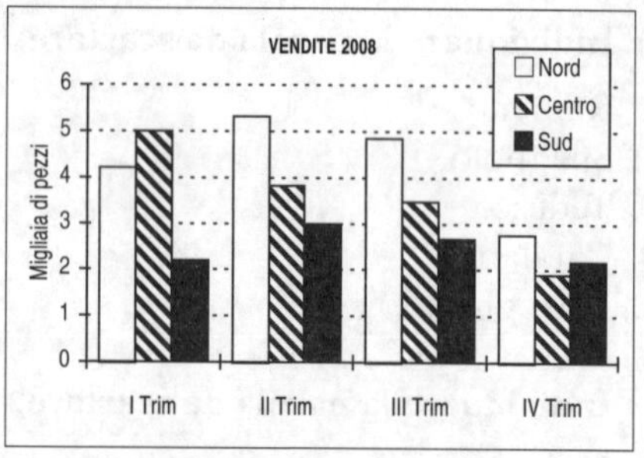

A. Circa 20.000 pezzi
B. Circa 10.000 pezzi
C. Circa 5.000 pezzi
D. Circa 15.000 pezzi
E. Circa 12.000 pezzi

21) Sulla base delle informazioni contenute nel grafico, e scegliendo fra le

risposte proposte, quale divisione (e in quale anno) ha venduto di più?

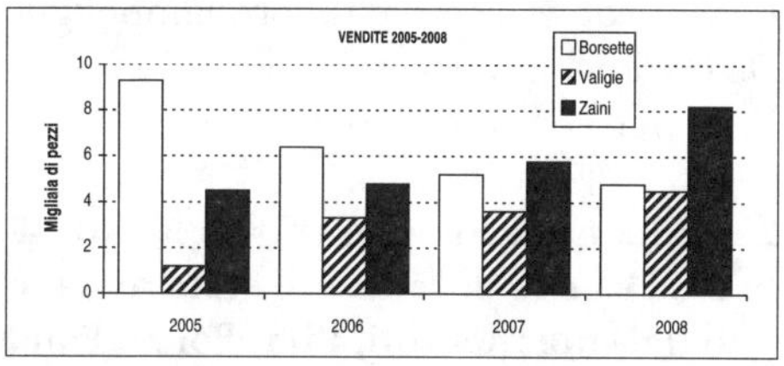

A. La divisione Borsette nel 2006
B. La divisione Valigie nel 2006
C. La divisione Zaini nel 2008
D. La divisione Valigie nel 2005
E. La divisione Borsette nel 2005

22) Individuare quale tra i seguenti diagrammi soddisfa la relazione insiemistica esistente fra i tre termini seguenti: Università, Istituti Magistrali, Licei.

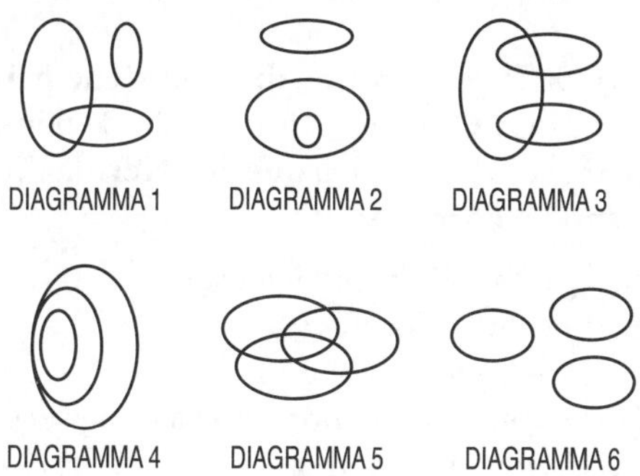

A. Diagramma 3
B. Diagramma 1
C. Diagramma 2
D. Diagramma 6
E. Diagramma 4

23) Individuare quale tra i seguenti diagrammi soddisfa la relazione insiemistica esistente fra i tre termini seguenti: Cittadini europei, Italiani, Milanesi.

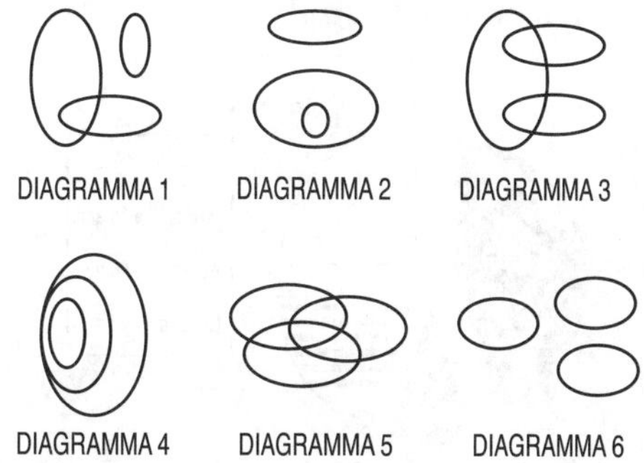

A. Diagramma 4
B. Diagramma 1
C. Diagramma 3
D. Diagramma 5
E. Diagramma 2

24) Sulla base delle informazioni contenute nel grafico, qual è approssimativamente la percentuale di dizionari venduti?

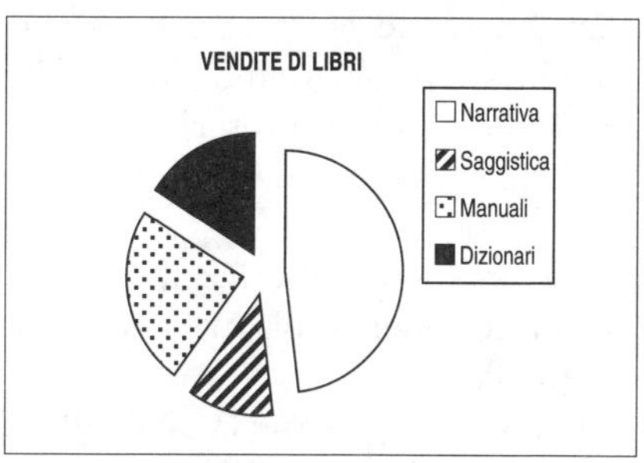

A. Circa 80%
B. Circa 25%
C. Circa 40%
D. Circa 15%
E. Circa 60%

25) Sulla base delle informazioni contenute nel grafico, qual è il rapporto tra gli intervistati con più di 60 anni e quelli con meno di 20 anni?

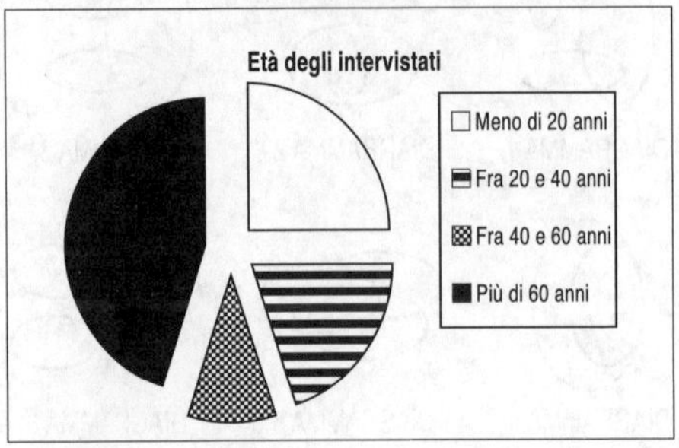

A. Circa 2 a 1
B. Circa 1 a 2
C. Circa 1 a 4
D. Circa 4 a 1
E. Circa 3 a 1

26) "È sufficiente che Sandra segua la dieta perché il medico non le prescriva il farmaco Obex". Se l'argomentazione precedente è vera, quale delle seguenti è certamente vera?

A. Sandra segue la dieta soltanto se il medico le prescrive il farmaco Obex
B. Se il medico non prescrive a Sandra il farmaco Obex vuol dire che lei segue la dieta
C. Se il medico prescrive a Sandra il farmaco Obex vuol dire che lei non segue la dieta
D. Se Sandra non segue la dieta allora il medico le prescrive il farmaco Obex
E. Se il medico non prescrive a Sandra il farmaco Obex vuol dire che lei non segue la dieta

27) "Solo se il blu è spento il verde è acceso. Solo se il viola è acceso il nero lampeggia. Ma o il blu è spento o il viola è acceso".
Sulla base delle affermazioni fornite in precedenza, quale delle seguenti è sicuramente vera?

A. Il viola e il nero lampeggiano
B. Il nero lampeggia
C. Il verde è acceso o il nero lampeggia
D. Il viola e il verde sono accesi
E. Il nero e il verde sono accesi

28) Alla nonna hanno rubato la crostata e lei sa che deve essere stato almeno uno dei suoi nipotini, Pim, Pom e Pam. Sa che se Pim è colpevole e Pom è innocente, allora Pam è colpevole. Che cosa si può dedurre?

A. C'è almeno un colpevole fra Pim e Pom
B. Il colpevole è uno solo
C. C'è almeno un colpevole fra Pim e Pam
D. C'è almeno un colpevole fra Pom e Pam
E. I colpevoli sono almeno due

29) Se P viene prima di Q; O viene prima di Q; Q viene prima di R; O viene prima di P, quale tra queste affermazioni non è corretta?

A. Q non è l'ultima della serie
B. O viene dopo R
C. L'ordine è alfabetico
D. O non è la seconda lettera della serie
E. O viene prima di P

30) In una corsa automobilistica di auto d'epoca una Balilla è stata più veloce di un'Alfa Romeo Giulietta Spider, una Mercedes Benz ha battuto una Lamborghini ma ha perduto rispetto all'Alfa Romeo Giulietta Spider, la Lamborghini ha superato una Lancia Fulvia. Chi è arrivato per ultimo?

A. Mercedes Benz
B. Lamborghini
C. Lancia Fulvia
D. Alfa Romeo Giulietta Spider
E. Balilla

31) Data la frase: "I laureati del corso sono dotati di una adeguata preparazione nelle discipline di base", quale delle seguenti alternative sostituisce correttamente il termine "adeguata" senza alterare il significato della frase?

A. Corrispondente
B. Idonea
C. Elevata
D. Salubre
E. Medesima

32) Quale delle seguenti frasi contiene un complemento di distanza?

A. Io e Marcella vivevamo molto lontane a quei tempi
B. Si allontanava furtivamente dal giardino
C. La facoltà è distante due chilometri da casa
D. Percorreva trenta chilometri al giorno in moto
E. Antonio e Giulio vivono a Milano

33) Un sinonimo di *delega* è:

A. apertura
B. fattura
C. esenzione
D. mandato
E. chiusura

34) Quale proposizione si ottiene eliminando l'azione principale dalla frase "Mi affascina navigare perché da bambino andavo in barca con mio padre nonostante mia madre fosse contraria"?

A. Mi affascina navigare
B. Andavo in barca con mio padre nonostante mia madre fosse contraria
C. Mi affascina navigare perché da bambino andavo in barca con mio padre
D. Perché da bambino andavo in barca con mio padre nonostante mia madre fosse contraria
E. Nonostante mia madre fosse contraria

35) Quale frase contiene l'ausiliare errato?

A. Non avete potuto intervenire alla riunione
B. Non avete potuto discutere la decisione con gli altri
C. Non avete potuto educare vostro figlio come volevate
D. Non avete potuto indirizzare il ragazzo secondo le vostre idee
E. Quando sono salito sull'albero ho visto l'orizzonte

36) Data la frase: "La piazza era il luogo dove le persone si conoscevano, discorrevano, facevano affari, trascorrevano il tempo libero", quale delle seguenti alternative sostituisce correttamente il termine "discorrevano" senza alterare il significato della frase?

A. Litigavano
B. Correvano
C. Conversavano
D. Livellavano
E. Ridevano

37) Individuare quale, tra le seguenti voci verbali, è un congiuntivo presente.

A. Imballano
B. Divergano
C. Incollano
D. Sgorgano
E. Mollano

38) Chi ha scritto *La Mandragola*?

A. Niccolò Machiavelli
B. Vittorio Alfieri
C. Gabriele D'Annunzio
D. Ludovico Ariosto
E. Alessandro Manzoni

39) A quale opera appartiene la novella *Chichibio cuoco*?

A. Il Convivio
B. Il Novellino
C. Decameron
D. Il Milione
E. Novelle per un anno

40) Il teatro per Manzoni deve fondarsi:

A. sulle passioni
B. sulla storia
C. sull'amore
D. sulla fede
E. sulle virtù

41) Qual è fra questi il capolavoro di Ennio Flaiano?

A. Tempo di uccidere
B. Le ombre bianche
C. Autobiografia del blu di Prussia
D. Lavorare stanca
E. Un bel giorno di libertà

42) Quale frase contiene un verbo in forma riflessiva reciproca?

A. Se non se ne fossero accorti sarebbe andato tutto bene
B. Se ne avessimo saputo di più te lo avremmo detto
C. Si misero a sedere sulle sedie foderate di damasco
D. Si appoggiavano uno all'altro per non scivolare
E. Se non se ne fossero accorti sarebbe stato un bel guaio

43) Quale delle seguenti voci è l'indicativo passato prossimo attivo, prima persona plurale, del verbo "concedere"?

A. Siamo stati concessi
B. Abbiamo concesso
C. Concedemmo
D. Avessimo concesso
E. Concederemo

44) È corretto affermare che la Costituzione italiana attribuisce espressamente al Pubblico Ministero la facoltà di esercitare l'azione penale?

A. Sì
B. No, la Costituzione non contiene alcuna previsione circa la facoltà o l'obbligo da parte del PM di esercitare l'azione penale
C. No, ne prevede l'obbligo
D. Sì, salvo il caso in cui il ministro della Giustizia ne imponga l'esercizio, nel qual caso è obbligato a provvedervi
E. Tale facoltà non è prevista nella Costituzione, bensì dal Codice di Procedura penale

45) Con l'Unione di Kalmar, nel 1397, vengono unificati i regni di:

A. Danimarca, Svezia e Norvegia
B. Spagna, Portogallo e Francia
C. Danimarca, Russia e Austria
D. Svezia, Prussia e Austria
E. Danimarca, Spagna e Norvegia

46) M. K. Gandhi morì nel 1948:

A. ucciso dalla moglie
B. per un infarto
C. di propria mano
D. ucciso da un indù
E. ucciso dalla CIA

47) "Descamisados" è il soprannome dato in Argentina ai seguaci di:

A. Fidel Castro
B. Juan Domingo Perón
C. Luiz Inácio Lula da Silva
D. Simón Bolívar
E. Pinochet

48) Qual è il capoluogo italiano più a nord?

A. Bolzano
B. Trento

C. Trieste
D. Aosta
E. Genova

49) In quale provincia si trova l'Abbazia di Pomposa?

A. Forlì
B. Ravenna
C. Ferrara
D. Mantova
E. Parma

50) In quale città possiamo vedere il Ponte Vecchio e il Palazzo Vecchio?

A. Pisa
B. Firenze
C. Roma
D. Civitavecchia
E. Venezia

51) Indicare la parola da scartare.

A. Sandro Pertini
B. François Mitterand
C. Helmut Kohl
D. Boris Eltsin
E. John F. Kennedy

52) Individuare, tra le alternative proposte, il termine da scartare.

A. Roosevelt
B. Stalin
C. Wilson
D. Ford
E. Kennedy

53) Indicare il nome da scartare.

A. Torquato Tasso
B. Carlo Emilio Gadda
C. Giovanni Verga
D. Filippo Tommaso Marinetti
E. Giuseppe Tomasi di Lampedusa

54) Talete, il filosofo greco, aveva osservato, verso il 600 avanti Cristo, che una resina fossile che si trovava sulle rive del Baltico, che noi chiamiamo ambra e i greci chiamavano "elektron", acquisiva la capacità di attrarre piume, fili, batuffoli di lanugine, quando veniva strofinata con un pezzo di pelliccia. Fu l'inglese William Gilbert, lo studioso del magnetismo, a proporre per primo di chiamare tale forza attrattiva "elettricità", appunto dal greco "elektron". Egli scoprì che, oltre all'ambra, altri materiali, come il vetro, acquistavano proprietà elettriche se li si strofinava.
Stando al contenuto del brano, "elektron" è il nome greco:

A. del magnetismo
B. dell'elettricità
C. dell'ambra
D. dei batuffoli di lanuggine
E. dell'elettrone

55) "I totalitarismi moderni, basati sul consenso di masse politicizzate, sono stati accesi nel loro furore ideologico dai tossicomani dell'Idea, dai profeti delle idee che uccidono. (...) Robert Conquest, storico degli orrori staliniani, racconta e interpreta ne *Il secolo delle idee assassine* il delirio ideologico del Novecento, le aberrazioni mentali che hanno animato e condizionato uomini, partiti e Stati. (...) siamo usciti indenni dal Novecento 'assassino' solo per un soffio; le ideologie, con la loro attitudine all'utopia, sono state sconfitte sul piano intellettuale e politico. Gli anticorpi sono stati la conoscenza della storia, la libertà, la democrazia e il pluralismo politico. Il crollo del Muro è stato un tornante e una grande emozione. Ma i valori positivi devono restare sentimento e non diventare idea. Perché la presunzione di essere nel vero è sempre traditrice e la cultura a misura dell'uomo è quella del dubbio: quel rimettere in discussione tutto e tutti che è l'antitesi dell'utopia e il motore dell'immaginazione politica."

da: Marco Innocenti, *Un secolo con la vocazione al male,* Il sole 24 ore; recensione comparsa il 6/5/2001

Delle note esplicative delle parole sottolineate nel testo di M. Innocenti UNA È IMPRECISA.

A. Aberrazioni: deviazioni, follie
B. Indenni: senza danno
C. Utopia: progetto ideale irrealizzabile
D. Anticorpi: elementi che costituiscono una difesa
E. Totalitarismi: tirannidi

56) "Miglioramento e 'progresso' sono oggi intimamente legati alle nozioni di piccolo, leggero, trasferibile. Viaggiare a mani libere, anziché attaccarsi tenacemente a cose ritenute attraenti per la loro affidabilità e concretezza (vale a dire per il loro peso, solidità e resistenza): questo è oggi il tratto distintivo del potere. Ancorarsi a un posto non è così importante se questo posto può essere raggiunto e abbandonato quando si vuole, in poco tempo [...]. Per contro, ancorarvisi eccessivamente, sovraccaricare il legame con un coinvolgimento reciprocamente vincolante può rivelarsi estremamente dannoso qualora spuntino altrove nuove opportunità. [...] Ribaltando una tradizione millenaria, oggi sono i ricchi e potenti a odiare tutto quanto è durevole e a cercare il transitorio, mentre i più poveri si aggrappano a quel po' che posseggono e tentano disperatamente e contro tutte le avversità di farlo durare il più a lungo possibile."

da: Zygmunt Bauman, *Modernità liquida,* Laterza, Bari, 2002, p. XXI

Si scelga, per il brano riportato, La FRASE CHE SINTETIZZA LA TESI di Bauman:

A. viaggiare a mani libere senza attaccarsi a niente
B. stabile non è più bello
C. i poveri non hanno bisogno del superfluo
D. i poveri si ancorano, i ricchi no
E. ricchezza e povertà sono in eterno conflitto

57) Chi è l'autore dei seguenti versi? "Erano i capei d'oro a l'aura sparsi, / che 'n mille dolci nodi gli avolgea, / e 'l vago lume oltre misura ardea / ei quei begli occhi, ch'or ne son sì scarsi, / (...)"

A. Giacomo Leopardi
B. Francesco Petrarca
C. Gaspara Stampa
D. Pietro Bembo
E. Dante Alighieri

58) Quale dei seguenti autori fu soprannominato il Poliziano?

A. Angelo Ambrogini
B. Pico della Mirandola
C. Luigi Pulci
D. Jacopo Sannazaro
E. Matteo Maria Boiardo

59) "L'arte per l'arte" rimanda:

A. all'Estetismo
B. all'Espressionismo
C. all'Esistenzialismo
D. al Romanticismo
E. al Classicismo

60) Cos'è una quartina?

A. Una frase di quattro sillabe
B. Una parola di quattro sillabe
C. Una strofa di quattro versi
D. Un verso di quattro parole
E. Un trattato di quattro libri

61) Quale frase contiene un errore ortografico?

A. Dobbiamo ammodernare l'appartamento del nonno
B. Si ammanta di onestà ma è una persona squallida e interessata
C. Mi guardava e ammiccando con l'occhio mi invitava a sedurlo
D. Devo presentare le mie rimmostranze per il suo comportamento
E. Il turpiloquio non è ammesso in questa scuola

62) Quale tra queste città è stata storicamente sede di Papato?

A. Marsiglia
B. Avignone
C. Venezia
D. Trento
E. Firenze

63) In quale anno lo Stato di Savoia prese il nome di Regno di Sardegna e chi ne fu il primo re?

A. 1820/Vittorio Emanuele I
B. 1870/Vittorio Emanuele II
C. 1848/Carlo Alberto
D. 1720/Vittorio Amedeo II
E. 1830/Carlo Felice

64) Joseph Goebbels:

A. fu Ministro della Propaganda del Terzo Reich
B. fu un politico tedesco vissuto nel XIX secolo
C. è un deputato tedesco del Parlamento europeo
D. è stato cancelliere dell'Austria negli anni '90
E. nessuna delle alternative

65) Quale delle seguenti città non si trova in Afghanistan?

A. Kunduz
B. Herat
C. Kabul
D. Kandahar
E. Jalandhar

66) La forza di gravità sulla Luna è:

A. maggiore di quella sulla Terra
B. uguale a quella sulla Terra
C. minore di quella sulla Terra
D. non è possibile misurare la forza di gravità sulla Luna
E. 1/8 di quella sulla Terra

67) Le strutture più antiche della crosta terrestre sono:

A. le dorsali oceaniche
B. i cratoni
C. gli orogeni
D. le fosse tettoniche
E. gli archi magmatici

68) Il valore di $3^5 : 3$ è uguale a:

A. 3^{-5}
B. 3^6
C. 3^5
D. 3^{-3}
E. 3^4

69) Quanti sono i numeri primi tra 2 e 11 (2 e 11 compresi, se primi)?

A. 4
B. 6
C. 5
D. 3
E. Nessuno

70) Nel S.I., il prodotto di una forza per una distanza si esprime in:

A. watt/s
B. m/s
C. watt/m
D. newton · m
E. pascal/m^3

71) Nel Sistema Internazionale la temperatura si misura in:

A. ohm
B. gradi Reamur
C. gradi Celsius
D. Kelvin
E. gradi Fahrenheit

72) Nel Sistema Internazionale S.I., l'unità di misura della forza è:

A. il joule
B. la dina
C. il watt
D. il volt
E. il newton

73) Quale dei seguenti NON può essere considerato un fenomeno chimico?

A. Digestione del cibo
B. Evaporazione di una massa d'acqua
C. Esplosione di un candelotto di dinamite
D. Crescita di un filo d'erba
E. Arrugginimento di una sbarra di ferro

74) Che cosa avviene durante la combustione di una candela?

A. Un consumo di anidride carbonica
B. Una sublimazione
C. Un processo chimico
D. Una evaporazione della cera
E. Un'emissione di ossigeno

75) L'acqua è:

A. un aggregato di atomi di idrogeno e ossigeno
B. una sostanza elementare in quanto presente in natura
C. un composto chimico
D. una miscela
E. una miscela omogenea perché trasparente alla luce

76) Le proteine derivano:

A. dalla condensazione di amminoacidi
B. dall'idrolisi di amminoacidi
C. dall'idrolisi dei grassi
D. dalla condensazione di zuccheri
E. dalla carenza di zuccheri

77) Gli enzimi sono:

A. catalizzatori industriali
B. catalizzatori biologici
C. catalizzatori inorganici
D. monosi
E. vitamine

78) La teoria cellulare, la cui elaborazione a metà '800 da parte di Schleiden e Schwann segna la nascita della biologia moderna, afferma che:

1. la cellula è l'unità fondamentale della materia vivente
2. tutti gli organismi viventi sono formati da cellule
3. le cellule derivano esclusivamente dalla divisione di altre cellule

A. sono vere la 1, la 2 e la 3
B. sono vere solo la 1 e la 2
C. sono vere solo la 2 e la 3
D. è vera solo la 3
E. è vera solo la 2

79) Micro è un prefisso che indica un sottomultiplo dell'unità pari a:

A. un decimo
B. un miliardesimo
C. due milionesimi
D. un centesimo
E. un milionesimo

80) Un micrometro è un:

A. centomillesimo di millimetro
B. decimo di metro
C. millesimo di metro
D. decimo di metro
E. millesimo di millimetro

RISPOSTE CORRETTE

1) D	17) E	33) D	49) C	65) E
2) D	18) A	34) D	50) B	66) C
3) B	19) C	35) A	51) C	67) B
4) C	20) B	36) C	52) B	68) E
5) A	21) E	37) B	53) A	69) C
6) E	22) D	38) A	54) C	70) D
7) B	23) A	39) C	55) E	71) D
8) C	24) D	40) B	56) D	72) E
9) A	25) A	41) A	57) B	73) B
10) C	26) C	42) D	58) A	74) C
11) B	27) C	43) B	59) A	75) C
12) D	28) D	44) C	60) C	76) A
13) A	29) B	45) A	61) D	77) B
14) D	30) C	46) D	62) B	78) A
15) A	31) B	47) B	63) D	79) C
16) B	32) C	48) A	64) A	80) D

SCHEDE DELLE RISPOSTE

Test ______________________________

	A	B	C	D	E		A	B	C	D	E		A	B	C	D	E		A	B	C	D	E
1	☐	☐	☐	☐	☐	21	☐	☐	☐	☐	☐	41	☐	☐	☐	☐	☐	61	☐	☐	☐	☐	☐
2	☐	☐	☐	☐	☐	22	☐	☐	☐	☐	☐	42	☐	☐	☐	☐	☐	62	☐	☐	☐	☐	☐
3	☐	☐	☐	☐	☐	23	☐	☐	☐	☐	☐	43	☐	☐	☐	☐	☐	63	☐	☐	☐	☐	☐
4	☐	☐	☐	☐	☐	24	☐	☐	☐	☐	☐	44	☐	☐	☐	☐	☐	64	☐	☐	☐	☐	☐
5	☐	☐	☐	☐	☐	25	☐	☐	☐	☐	☐	45	☐	☐	☐	☐	☐	65	☐	☐	☐	☐	☐
6	☐	☐	☐	☐	☐	26	☐	☐	☐	☐	☐	46	☐	☐	☐	☐	☐	66	☐	☐	☐	☐	☐
7	☐	☐	☐	☐	☐	27	☐	☐	☐	☐	☐	47	☐	☐	☐	☐	☐	67	☐	☐	☐	☐	☐
8	☐	☐	☐	☐	☐	28	☐	☐	☐	☐	☐	48	☐	☐	☐	☐	☐	68	☐	☐	☐	☐	☐
9	☐	☐	☐	☐	☐	29	☐	☐	☐	☐	☐	49	☐	☐	☐	☐	☐	69	☐	☐	☐	☐	☐
10	☐	☐	☐	☐	☐	30	☐	☐	☐	☐	☐	50	☐	☐	☐	☐	☐	70	☐	☐	☐	☐	☐
11	☐	☐	☐	☐	☐	31	☐	☐	☐	☐	☐	51	☐	☐	☐	☐	☐	71	☐	☐	☐	☐	☐
12	☐	☐	☐	☐	☐	32	☐	☐	☐	☐	☐	52	☐	☐	☐	☐	☐	72	☐	☐	☐	☐	☐
13	☐	☐	☐	☐	☐	33	☐	☐	☐	☐	☐	53	☐	☐	☐	☐	☐	73	☐	☐	☐	☐	☐
14	☐	☐	☐	☐	☐	34	☐	☐	☐	☐	☐	54	☐	☐	☐	☐	☐	74	☐	☐	☐	☐	☐
15	☐	☐	☐	☐	☐	35	☐	☐	☐	☐	☐	55	☐	☐	☐	☐	☐	75	☐	☐	☐	☐	☐
16	☐	☐	☐	☐	☐	36	☐	☐	☐	☐	☐	56	☐	☐	☐	☐	☐	76	☐	☐	☐	☐	☐
17	☐	☐	☐	☐	☐	37	☐	☐	☐	☐	☐	57	☐	☐	☐	☐	☐	77	☐	☐	☐	☐	☐
18	☐	☐	☐	☐	☐	38	☐	☐	☐	☐	☐	58	☐	☐	☐	☐	☐	78	☐	☐	☐	☐	☐
19	☐	☐	☐	☐	☐	39	☐	☐	☐	☐	☐	59	☐	☐	☐	☐	☐	79	☐	☐	☐	☐	☐
20	☐	☐	☐	☐	☐	40	☐	☐	☐	☐	☐	60	☐	☐	☐	☐	☐	80	☐	☐	☐	☐	☐

Test ____

	A	B	C	D	E		A	B	C	D	E		A	B	C	D	E		A	B	C	D	E
1	☐	☐	☐	☐	☐	21	☐	☐	☐	☐	☐	41	☐	☐	☐	☐	☐	61	☐	☐	☐	☐	☐
2	☐	☐	☐	☐	☐	22	☐	☐	☐	☐	☐	42	☐	☐	☐	☐	☐	62	☐	☐	☐	☐	☐
3	☐	☐	☐	☐	☐	23	☐	☐	☐	☐	☐	43	☐	☐	☐	☐	☐	63	☐	☐	☐	☐	☐
4	☐	☐	☐	☐	☐	24	☐	☐	☐	☐	☐	44	☐	☐	☐	☐	☐	64	☐	☐	☐	☐	☐
5	☐	☐	☐	☐	☐	25	☐	☐	☐	☐	☐	45	☐	☐	☐	☐	☐	65	☐	☐	☐	☐	☐
6	☐	☐	☐	☐	☐	26	☐	☐	☐	☐	☐	46	☐	☐	☐	☐	☐	66	☐	☐	☐	☐	☐
7	☐	☐	☐	☐	☐	27	☐	☐	☐	☐	☐	47	☐	☐	☐	☐	☐	67	☐	☐	☐	☐	☐
8	☐	☐	☐	☐	☐	28	☐	☐	☐	☐	☐	48	☐	☐	☐	☐	☐	68	☐	☐	☐	☐	☐
9	☐	☐	☐	☐	☐	29	☐	☐	☐	☐	☐	49	☐	☐	☐	☐	☐	69	☐	☐	☐	☐	☐
10	☐	☐	☐	☐	☐	30	☐	☐	☐	☐	☐	50	☐	☐	☐	☐	☐	70	☐	☐	☐	☐	☐
11	☐	☐	☐	☐	☐	31	☐	☐	☐	☐	☐	51	☐	☐	☐	☐	☐	71	☐	☐	☐	☐	☐
12	☐	☐	☐	☐	☐	32	☐	☐	☐	☐	☐	52	☐	☐	☐	☐	☐	72	☐	☐	☐	☐	☐
13	☐	☐	☐	☐	☐	33	☐	☐	☐	☐	☐	53	☐	☐	☐	☐	☐	73	☐	☐	☐	☐	☐
14	☐	☐	☐	☐	☐	34	☐	☐	☐	☐	☐	54	☐	☐	☐	☐	☐	74	☐	☐	☐	☐	☐
15	☐	☐	☐	☐	☐	35	☐	☐	☐	☐	☐	55	☐	☐	☐	☐	☐	75	☐	☐	☐	☐	☐
16	☐	☐	☐	☐	☐	36	☐	☐	☐	☐	☐	56	☐	☐	☐	☐	☐	76	☐	☐	☐	☐	☐
17	☐	☐	☐	☐	☐	37	☐	☐	☐	☐	☐	57	☐	☐	☐	☐	☐	77	☐	☐	☐	☐	☐
18	☐	☐	☐	☐	☐	38	☐	☐	☐	☐	☐	58	☐	☐	☐	☐	☐	78	☐	☐	☐	☐	☐
19	☐	☐	☐	☐	☐	39	☐	☐	☐	☐	☐	59	☐	☐	☐	☐	☐	79	☐	☐	☐	☐	☐
20	☐	☐	☐	☐	☐	40	☐	☐	☐	☐	☐	60	☐	☐	☐	☐	☐	80	☐	☐	☐	☐	☐

Test ______________________________

	A	B	C	D	E		A	B	C	D	E		A	B	C	D	E		A	B	C	D	E
1	☐	☐	☐	☐	☐	21	☐	☐	☐	☐	☐	41	☐	☐	☐	☐	☐	61	☐	☐	☐	☐	☐
2	☐	☐	☐	☐	☐	22	☐	☐	☐	☐	☐	42	☐	☐	☐	☐	☐	62	☐	☐	☐	☐	☐
3	☐	☐	☐	☐	☐	23	☐	☐	☐	☐	☐	43	☐	☐	☐	☐	☐	63	☐	☐	☐	☐	☐
4	☐	☐	☐	☐	☐	24	☐	☐	☐	☐	☐	44	☐	☐	☐	☐	☐	64	☐	☐	☐	☐	☐
5	☐	☐	☐	☐	☐	25	☐	☐	☐	☐	☐	45	☐	☐	☐	☐	☐	65	☐	☐	☐	☐	☐
6	☐	☐	☐	☐	☐	26	☐	☐	☐	☐	☐	46	☐	☐	☐	☐	☐	66	☐	☐	☐	☐	☐
7	☐	☐	☐	☐	☐	27	☐	☐	☐	☐	☐	47	☐	☐	☐	☐	☐	67	☐	☐	☐	☐	☐
8	☐	☐	☐	☐	☐	28	☐	☐	☐	☐	☐	48	☐	☐	☐	☐	☐	68	☐	☐	☐	☐	☐
9	☐	☐	☐	☐	☐	29	☐	☐	☐	☐	☐	49	☐	☐	☐	☐	☐	69	☐	☐	☐	☐	☐
10	☐	☐	☐	☐	☐	30	☐	☐	☐	☐	☐	50	☐	☐	☐	☐	☐	70	☐	☐	☐	☐	☐
11	☐	☐	☐	☐	☐	31	☐	☐	☐	☐	☐	51	☐	☐	☐	☐	☐	71	☐	☐	☐	☐	☐
12	☐	☐	☐	☐	☐	32	☐	☐	☐	☐	☐	52	☐	☐	☐	☐	☐	72	☐	☐	☐	☐	☐
13	☐	☐	☐	☐	☐	33	☐	☐	☐	☐	☐	53	☐	☐	☐	☐	☐	73	☐	☐	☐	☐	☐
14	☐	☐	☐	☐	☐	34	☐	☐	☐	☐	☐	54	☐	☐	☐	☐	☐	74	☐	☐	☐	☐	☐
15	☐	☐	☐	☐	☐	35	☐	☐	☐	☐	☐	55	☐	☐	☐	☐	☐	75	☐	☐	☐	☐	☐
16	☐	☐	☐	☐	☐	36	☐	☐	☐	☐	☐	56	☐	☐	☐	☐	☐	76	☐	☐	☐	☐	☐
17	☐	☐	☐	☐	☐	37	☐	☐	☐	☐	☐	57	☐	☐	☐	☐	☐	77	☐	☐	☐	☐	☐
18	☐	☐	☐	☐	☐	38	☐	☐	☐	☐	☐	58	☐	☐	☐	☐	☐	78	☐	☐	☐	☐	☐
19	☐	☐	☐	☐	☐	39	☐	☐	☐	☐	☐	59	☐	☐	☐	☐	☐	79	☐	☐	☐	☐	☐
20	☐	☐	☐	☐	☐	40	☐	☐	☐	☐	☐	60	☐	☐	☐	☐	☐	80	☐	☐	☐	☐	☐